레이 트레이싱

레이 트레이싱

DXR과 최신 API를 사용한
고품질 실시간 렌더링

에릭 헤인스 · 토마스 아케나인 몰러 편저
구진수 옮김

i!i
에이콘

에이콘출판의 기틀을 마련하신 故 정완재 선생님 (1935-2004)

추천의 글

단순성, 병렬성, 접근성은 레이 트레이싱에서 떠오르는 주제다. 나는 레이 트레이싱이 글로벌 일루미네이션을 위한 최고의 매개가 돼 줄 것이라 생각하지 못했지만 단순성은 매력적이다. 그래픽 렌더링 알고리즘은 시각화하거나 설명 혹은 코드화하기 쉽지 않다. 이 단순성은 초보 프로그래머가 두 개의 투명 구체와 포인트 라이트 소스로 밝히는 체커보드를 쉽게 렌더링할 수 있게 한다. 실습에서 경로 추적과 원래 알고리즘에서의 다른 출발을 구현하는 것은 좀 더 복잡하지만 경로를 따라 놓여있는 모든 것과 계속 교차한다.

'처치 곤란 병렬embarrassingly parallel'이라는 용어는 레이 트레이싱을 실행할 합리적인 병렬 엔진이 있기 훨씬 이전부터 레이 트레이싱에 적용됐다. 오늘날 레이 트레이싱은 현대 GPU의 탁월한 병렬 처리와 원시 처리 능력에 부합한다.

접근성은 모든 프로그래머에게 항상 중요한 문제였다. 수십 년 전 내가 원하는 것을 컴퓨터가 하지 않으면 나는 그 뒤를 걸어 다니며 회로를 사소하게 변경했을 것이다(농담이 아니다). 요즘은 커스터마이즈하고자 그래픽 API의 레이어 아래를 들여다보는 것은 생각조차 하지 못할 일이 돼버렸다. 프로그래밍할 수 있는 셰이딩의 점진적인 확장으로 인해 수십 년 전에 미묘하게 변경됐다. 지원 프로그래밍 도구와 함께 현대 GPU의 유연성은 병렬 처리 요소에 전례 없는 접근성을 제공한다.

그렇다면 이 모든 것이 실시간 레이 트레이싱으로 어떻게 이어졌을까? 분명 성능, 복잡성, 정확성의 문제는 그래픽 프로그래머가 품질과 속도를 동시에 향상시키는 것을 막지 않았다. 그래픽 프로세서도 진화해 레이 트레이싱은 더할 나위 없이 딱 들어맞게 됐다. 그래픽 하드웨어에 레이 트레이싱 가속 기능을 도입하는 것은 실시간 레이 트레이싱을 일반적인 용도로 가져오는 주요 단계다. 레이 트레이싱의 단순성 및 내재된 병렬성과 최신 GPU의 접근성 및 마력과의 결합은 모든 그래픽 프로그래머가 도달할 수 있는 범위 내로 실시간 레이 트레이싱 성능을 낼 수 있게 만든다. 그러나 운전면허를 받는 것은 자동차 경주에서 우승하는 것과 동일하지 않다. 배워야 할 기술이 있으며 공유해야 할 경험이 있다. 여느 분야와 마찬가지로 지름길이 있다.

이 책에 공헌한 전문가들이 이러한 트릭과 기술을 공유할 때 그것은 진정한 보석이 된다.

— 터너 위티드^{Turner Whitted}

2018년 12월

* * *

그래픽에 빠질 놀라운 시간이다. 실시간 레이 트레이싱의 시대에 들어섰다. 모든 이가 결국엔 도달할 것이라는 것을 알았지만 최근까지는 수십 년이 걸릴 것으로 간주한 시대 말이다. 이 분야가 이와 같은 '빅뱅' 이벤트를 경험한 마지막 시기는 프로그래밍 가능한 셰이더용 첫 번째 하드웨어와 API가 개발자를 위한 새로운 가능성의 세계를 열어준 2001년이다. 프로그래밍 가능한 셰이딩은 굉장한 숫자의 렌더링 기술을 발명했다. 기술 중 여럿(예, 리얼타임 렌더링과 GPU 젬)은 이 책에서 다룬다. GPU의 증가하는 마력 및 다양성과 결합된 이러한 기술 뒤에서 증가하는 독창성은 지난 몇 년간 실시간 그래픽 발전의 주요 동력이었다. 이 진화 덕분에 게임과 다른 그래픽 애플리케이션이 현재 아름답게 보인다.

그러나 아직까지도 진화하고 있지만 래스터화 기반의 접근 방식으로 가능한 것은 한계에 이르렀다. 특히 빛의 행동을 시뮬레이션할 때(사실적인 렌더링의 본질) 개선은 한계점에 도달했다. 모든 형태의 빛 전송 시뮬레이션은 기본적으로 래스터화가 제공할 수 없는 작업, 씬의 특정 지점에서 "내 주변에 있는 것은 무엇인가?"를 묻는 기능을 필요로 하기 때문이다. 이 기능이 매우 중요하기 때문에 지난 수십 년간 발명된 대부분의 중요한 래스터화 기술은 그 당시에는 현명한 해결 방안이었다. 일반적으로 취하는 접근법은 대략적인 씬 정보를 포함한 일부 데이터 구조를 미리 만들고 셰이딩 중에 해당 구조에 대한 조회를 수행하는 것이다.

셰도우 맵, 베이킹 라이트 맵, 반사와 앰비언트 오클루전의 화면 공간 버퍼, 라이트 프로브, 복셀 그리드는 이러한 대안의 예다. 공통적인 문제는 이들이 의존하는 헬퍼 데이터 구조체의 제한된 충실도다. 구조체는 필연적으로 단순화된 표현만 할 수 있다. 정확한 결과를 얻고자 요구되는 양과 해상도로 미리 계산하고 저장하는 것은 가장 간단한 시나리오를 제외한 모든 경우에 실행 불가능하기 때문이다. 결과적으로 이러한 데이터 구조를 기반으로 하는 기술에는 명백한 렌더링 오류나 누락된 효과를 초래하는 피할 수 없는 실패 사례가 생긴다. 이는 콘택트 셰도우가 제대로 보이지 않거나, 카메라 뒤의 물체가 반사에서 사라지거나, 간접 조명의 세부 사항이 너무 조잡한 경우 등의 이유다. 또한 수동 파라미터 튜닝은 일반적으로 최상의 결과를 내고자 이러한 테크닉에서 필요하다.

레이 트레이싱은 레스터화 기법이 에뮬레이트하려고 하는 기본 작업(씬의 어느 곳에서든지 원하는 방향으로 쿼리를 생성하고 어떤 오브젝트가 어디서, 얼마나 되는 거리에서 맞았는지를 찾아낼 수 있는지)을 정확하게 제공하기 때문에 이러한 사례를 우아하고 정확하게 해결할 수 있다. 근사치에 제한되지 않고 실제 씬 지오메트리를 검사해 수행할 수 있다. 결과적으로 레이 트레이싱을 기반으로 하는 계산은 모든 종류의 빛 전송을 매우 세부적인 레벨로 시뮬레이션하기 충분할 만큼 정확하다. 목표가 포토리얼리즘인 경우 이 기능을 대신할 것은 없다. 광자가 여행하는 복잡한 길을 결정해야 하기 때문이며, 실시간 도메인에 대한 소개가 컴퓨터 그래픽의 중요한 단계인 이유다.

물론 이미지 생성을 위해 레이 트레이싱을 사용하는 것이 새로운 아이디어는 아니다. 그 기원은 1960년대로 거슬러 올라간다. 영화 렌더링과 디자인 시각화 같은 애플리케이션은 실제와 같은 결과를 제공하기 위해 수십 년간 이 기술에 의존해 왔다. 그러나 새로운 것은 현대 시스템에서 광선을 처리할 수 있는 속도다. 전용 레이 트레이싱 실리콘 덕분에 최근 출시된 엔비디아[NVIDIA] 튜닝 GPU의 처리량은 초당 수십억 개의 광선으로 측정된다. 이는 전 세대에 비해 훨씬 향상된 수준이다.

이 수준의 성능을 가능하게 하는 하드웨어는 RT 코어라고 불린다. 연구와 개발에 수년이 걸린 정교한 장치다. RT 코어는 GPU의 스트리밍 멀티프로세서^{SM}와 밀접하게 결합돼 있으며, 레이 트레이스 작업의 중요한 '내부 루프'인 바운딩 볼륨 계층 구조$^{BVH, Bounding Volume Hierarchies}$와 삼각형에 대한 광선의 교차 테스트를 구현한다. 특수 회로에서 이러한 계산을 수행하는 것은 소프트웨어 구현보다 훨씬 빠르게 실행할 수 있으며 광선이 병렬로 처리되는 동안 셰이딩 같은 다른 작업을 하도록 일반 SM 코어를 자유롭게 한다. RT 코어를 통해 달성한 성능의 획기적인 도약은 까다로운 실시간 애플리케이션에서 레이 트레이싱이 실현 가능하게 되는 토대를 마련했다.

특히 게임과 같이 효과적으로 RT 코어를 활용하는 애플리케이션을 가능하게 하려면 기존 생태계로 원활하게 통합되는 새로운 API의 생성을 필요로 했다. 마이크로소프트와의 긴밀한 협력을 통해 다이렉트X 레이 트레이싱^{DXR}이 개발됐고, 다이렉트X 12의 필수 요소가 됐다. 3장에서 이를 소개한다. 불칸^{Vulkan}에 대한 **NV_ray_tracing** 확장은 크로노스^{Khronos} API에서 동일한 개념을 제공한다.

이러한 인터페이스에 들어가는 핵심 설계 결정은 전반적인 추상화 수준을 낮추면서(다이렉트X 12와 불칸의 방향을 유지하면서) 동시에 미래의 하드웨어 개발과 다른 공급업체의 구현을 허용하려는 욕구에 의해 결정됐다. 호스트 API 측면에서 이는 자원 할당과 전송, 셰이더 컴파일, BVH 구성, 다양한 형태의 동기화 같은 측면을 제어하는 애플리케이션을 의미했다. GPU 타임라인에서 생성되는 광선 생성과 BVH 생성은 멀티스레드 디스패칭과 래스터를 통한 레이 트레이싱 작업의 원활한 인터리빙과 계산을 가능하게 하는 명령어 목록을 사용해 호출됐다. 셰이더 테이블 개념은 셰이더 및 리소스와 씬 지오메트리를 연결하는 간단한 방법을 제공하고자 특별히 개발됐으며, 씬 그래프를 추적하는 추가적인 드라이버 사이드 데이터 구조가 필요하지 않다. GPU 디바이스 코드에서 레이 트레이싱은 몇 가지 새로운 셰이더 단계를 통해 노출된다. 이 단계는 광선 처리 중(가령 광선과 씬 사이의 교차점이 발생하는 시기 중) 자연스러운 지점에서 프로그래밍 가능한 훅을 제공한다. 따라서 레이 트레이싱 디스패치의 제어 흐름은 프로그래밍 가능한 단계와 BVH 탐색이나 셰이더 스케줄링 같은 고정된 기능(잠재적으로 하드웨어 가속된) 작업 사이에서 번갈아 나타난다. 래스터라이저(프래그먼트 셰이더의 스케줄러로 볼 수 있는)와 같은 고정 함수로 프로그래밍 가능한 셰이더 실행이 인터리브된 전통적인 그래픽 파이프라인과 유사하다. 이 모델을 통해 GPU 공급업체는 기존 API를 손상시키지 않고 고정 함수 하드웨어 아키텍처를 발전시킬 수 있다.

빠른 레이 트레이싱 GPU와 API는 이제 널리 사용할 수 있고 그래픽 프로그래머의 도구상자에 강력한 새로운 도구를 추가했다. 그러나 이는 결코 실시간 그래픽이 해결된 문제임을 뜻하는 것은 아니다. 실시간 애플리케이션의 자비 없는 프레임 비율 요구치는 무차별 대입^{brute force}으로 전체 빛 전달 시뮬레이션을 순진하게 해결하기에는 너무 작다. 수년에 걸친 래스터화 기술의 발전과 달리 실시간 성능과 오프라인에서 렌더링된 '최종 픽셀' 간의 품질 간극을 줄여줄 영리한 레이 트레이싱 기술의 개발을 보게 될 것이다. 이러한 기술 중 일부는 비실시간 생산 렌더링 분야의 광범위한 경험과 연구를 기반으로 한다. 다른 일부는 게임 엔진과 같은 실시간 애플리케이션의 요구에 고유하게 될 것이다. 에픽, SEED, 엔비디아의 그래픽 엔지니어가 첫 번째 DXR 기반 데모의 일부에서 두 가지 훌륭한 사례 연구는 19장과 25장에서 찾을 수 있다.

엔비디아의 레이 트레이싱 기술의 생성을 담당하는 누군가 덕분에 2018년 마침내 기술이 빛을 보게 된 것은 굉장히 보람 있는 경험이었다. 몇 달 만에 실시간 레이 트레이싱은 판매자 독립적인 API 지원, 메인스트림 GPU의 전용 하드웨어, 가속화된 레이 트레이싱 이펙트를 실은 첫 번째 AAA 게임 타이틀(EA의 배틀필드 5)까지 완벽하게 소비자 제품에 녹아들었다. 레이 트레이싱이 게임 엔진 제공업체에 의해 채택되는 속도와 개발자의 열정 수준은 모든 기대를 뛰어 넘는다. 레이 트레이싱만으로 가능한 수준의 실시간 이미지 품질을 얻으려는 강한 열망이 분명히 존재하며, 엔비디아에서 기술을 꾸준히 발전시키려는 영감으로 변한다. 실제로 그래픽은 여전히 레이 트레이싱 시대의 시작 단계다. 앞으로의 10년은 좀 더 강력한 GPU, 알고리즘의 발전, 렌더링의 많은 측면으로 인공지능 통합, 기초부터의 레이 트레이싱을 위한 게임 엔진과 콘텐츠 저작물을 보게 될 것이다. 그래픽이 '충분히 좋은' 상태가 되기까지 해야 할 일이 많으며, 다음 단계에 도달하는 데 도움이 되는 도구 중 하나가 이 책이다.

에릭 헤인스와 토마스 아키네스 몰러는 수십 년 동안 개발자와 연구원을 교육시키고 영감을 준 그래픽 베테랑이다. 이 책에서는 기술이 전례 없는 모멘텀을 모으기 때문에 적시에 레이 트레이싱의 영역에 집중한다. 업계 최고의 전문가 중 일부는 커뮤니티를 위해 이 볼륨의 지식과 경험을 공유해 그래픽의 미래에 지속적인 영향을 미칠 중요한 자원을 만들었다.

— 마틴 스티치(Martin Stich)

DXR & RTX 레이 트레이싱 소프트웨어 리드, 엔비디아 2018년 12월

기고자 소개

막심 아이젠슈타인^{Maksim Aizenshtein}

헬싱키 엔비디아의 시니어 소프트웨어 엔지니어다. 현재 작업과 연구는 실시간 레이 트레이싱과 최신 렌더링 엔진 디자인에 중점을 두고 있다. 이전에는 UL 벤치마크의 3D마크 팀리드였다. 3D마크 팀은 다이렉트X 레이 트레이싱 API를 사용해 레이 트레이싱 지원을 구현하고 실시간 레이 트레이싱용 새로운 렌더링 기술을 고안했다. 또한 UL 벤치마크에서 발표한 다양한 벤치마크를 개발하거나 기여했다. UL 벤치마크 이전에는 바이오센스-웹스터에서 새로운 의료 이미징 시스템의 GPU 기반 렌더링을 담당했다. 2011년 이스라엘 공과 대학에서 컴퓨터 과학 학사를 취득했다.

토마스 아케나인 몰러^{Tomas Akenine-Möller}

2016년부터 스웨덴의 엔비디아에서 뛰어난 연구 과학자로, 현재 룬드 대학교의 컴퓨터 그래픽과 교수로 재직 중이다. 『Real-Time Rendering』(CRC Press)과 『Immersive Linear Algebra』를 공동 집필했으며, 100개 이상의 연구 논문을 작성했다. 이전에는 에릭슨 리서치와 인텔에서 근무했다.

요한 앤더슨^{Johan Andersson}

새로운 기술의 잠재력을 탐색하는 임바크^{Embark}의 CTO다. 지난 18년 동안 SEED, DICE, 일렉트로닉 아츠에서 렌더링, 성능, 코어 엔진 시스템을 작업했으며, 프로스트바이트 게임 엔진 설계자 중 한 명이었다. 여러 산업 및 하드웨어 자문 위원회의 구성원으로 GDC, SIGGRAPH 및 기타 회의에서 렌더링, 성능, 게임 엔진 설계, GPU 아키텍처와 같은 주제를 자주 발표했다.

매그너스 앤더슨^{Magnus Andersson}

2016년 엔비디아에 입사했으며 레이 트레이싱에 중점을 둔 시니어 소프트웨어 개발자다. 룬드 대학교에서 2008년과 2015년에 각각 컴퓨터 과학 및 공학 석사 학위, 컴퓨터 그래픽 박사 학위를 받았다. 박사 학위 연구는 인텔에서 자금을 지원했으며, 연구 관심 분야는 확률론적 래스터화 기술과 오클루전 컬링^{occlusion culling}을 포함한다.

디이트거 반 안트웨펜^{Dietger van Antwerpen}

베를린 엔비디아의 시니어 그래픽 소프트웨어 엔지니어다. GPU에서의 물리적 기반 렌더링이라는 주제로 대학원 학위 논문을 작성했으며, 2012년부터 엔비디아에서 전문 GPU 렌더러로 일하고 있다. 물리 기반 빛 전송 시뮬레이션과 병렬 컴퓨팅의 전문가다. 엔비디아 Iray 빛 전송 시뮬레이션 및 렌더링 시스템과 엔비디아 OptiX 레이 트레이싱 엔진에 기여했다.

디에데 에이퍼스 Diede Apers

스톡홀름 프로스트바이트의 렌더링 엔지니어다. 2016년 브레다 응용과학 대학교에서 게임 기술 석사 학위를 받았다. 이전에는 라리안 스튜디오에서 인턴십을 하면서 호이스트 응용과학 대학교에서 디지털 예술과 엔터테인먼트를 공부했다.

콜린 바레 브리스보이스 Colin Barré-Brisebois

일렉트로닉 아츠의 첨단 미래 기술과 창조적 경험에 종사하는 여러 분야의 팀인 SEED의 시니어 렌더링 엔지니어다. SEED 이전에는 WB 게임즈 몬트리얼에서 배트맨 아캄 프랜차이즈의 기술 디렉터/수석 렌더링 엔지니어로 일했으며, 렌더링 팀과 그래픽 기술 이니셔티브를 이끌었다. WB 이전에는 배틀필드 3, 니드 포 스피드, 아미 오브 투, 메달 오브 아너 등을 비롯한 일렉트로닉 아츠의 여러 게임에서 렌더링 엔지니어였다. 또한 여러 회의(GDC, SIGGRAPH, HPG, I3D)에서 발표하며 책(GPU Pro 시리즈)과 ACM, 블로그로 간행물을 펴낸다.

재스퍼 베커스 Jasper Bekkers

일렉트로닉 아츠의 첨단 미래 기술과 창조적 경험에 종사하는 여러 분야의 팀인 SEED의 렌더링 엔지니어다. SEED 이전에는 OTOY의 렌더링 엔지니어였으며, 브리가데와 옥테인 경로 추적의 최첨단 렌더링 테크닉을 개발했다. OTOY 이전에는 스톡홀름 프로스트바이트에서 렌더링 엔지니어로 일했으며, 미러스 엣지, 피파, 드래곤 에이지, 배틀필드 타이틀을 작업했다.

스테판 버그맨 Stephan Bergmann

독일 카를스루에의 엔스케이프Enscape의 렌더링 엔지니어다. 카를스루에 공과대학교KIT의 컴퓨터 그래픽 그룹에서 컴퓨터 과학 박사 학위를 받았으며, 2018년 Enscape에 입사했다. 연구는 산업용 애플리케이션과 이미지 기반 렌더링용 센서–현실적sensor-realistic 이미지 합성을 포함한다. 또한 KIT에서 2006년 컴퓨터 과학을 전공했다. 2000년부터 소비자 전자 제품과 자동차 산업의 다양한 위치에서 소프트웨어와 비주얼 컴퓨팅 엔지니어로 일했다.

니콜라우스 바인더 Nikolaus Binder

엔비디아의 시니어 연구원이다. 엔비디아에 입사하기 전에는 독일 울름 대학교에서 컴퓨터 과학 석사 학위를 받았으며, Mental Images에서 연구 컨설턴트로 일했다. 기반이 되는 수학과 알고리즘 구조와 함께 준몬테카를로 메서드, 포토리얼리즘한 이미지 합성, 레이 트레이싱, 렌더링 알고리즘에 중점을 두고 연구하고 이에 대해 공유한다.

지리 비트너 Jiri Bittner

프라하 체코 공과 대학의 컴퓨터 그래픽 및 상호작용 부의 부교수다. 2003년 같은 기관에서 박사 학위를 받았다. 몇 년 동안 Technische Universität Wien의 연구원으로 일했다. 연구 관심 분야에는 가시성 계산, 실시간 렌더링, 공간 데이터 구조 및 글로벌 일루미네이션 등이다. 다수의 국내외 연구 프로젝트와 복잡한 씬의 실시간 렌더링을 다루는 여러 상용 프로젝트에 참여했다.

야쿠브 복산스키^{Jakub Boksansky}

프라하 체코 공과 대학교의 컴퓨터 그래픽 및 상호작용 부의 연구 과학자로, 2013년 컴퓨터 과학 석사 학위를 취득했다. 플래시를 사용해 웹 기반 컴퓨터 게임을 개발하면서 컴퓨터 그래픽에 관심을 가졌고, 유니티 게임 엔진용 이미지 효과 패키지를 개발하고 출시했다. 연구 분야는 레이 트레이싱 및 효과적인 그림자 평가와 이미지 공간 효과 같은 실시간 렌더링 테크닉 등이다.

주안 캐나다^{Juan Cañada}

에픽 게임즈의 리드 엔지니어로, 언리얼 엔진 엔지니어링 팀에서 트레이싱 개발을 이끌고 있다. 이전에는 넥스트 리미트 테크놀로지^{Next Limit Technologies}의 시각화 부문 책임자였으며, 10년 이상 맥스웰 렌더 팀을 이끌었다. 또한 IE 비즈니스 스쿨에서 데이터 시각화와 빅데이터의 강사였다.

페트릭 클라버그^{Petrik Clarberg}

2016년부터 엔비디아의 시니어 연구 과학자였으며, 실시간 렌더링의 한계를 뛰어넘으려고 한다. 연구 관심 분야는 물리 기반 렌더링, 샘플링과 셰이딩, 새로운 기능의 하드웨어/API 개발을 포함한다. 이전에는 2008년부터 인텔의 연구 과학자였으며, 그래픽 스타트업의 공동 창립자였다. 1990년대 데모 씬에 참여하면서 그래픽의 길에 들어섰으며, 룬드 대학교에서 컴퓨터 과학 박사 학위를 취득했다.

데이비드 클라인^{David Cline}

데이비드 클라인^{David Cline}

2007년 브리검영 대학교에서 컴퓨터 과학 박사 학위를 받았다. 졸업 후 애리조나 주립대학교에서 박사후 연구원으로 일하고 오클라호마 주립대학교에서 2018년까지 조교수로 일했다. 현재 솔트레이크 시티에서 실시간 레이 트레이싱 그룹에서 일하는 엔비디아의 소프트웨어 개발자다.

알레한드로 콘티 에스테제즈^{Alejandro Conty Estevez}

2009년부터 소니 픽처스 이미지웍스의 수석 렌더링 엔지니어며, 양방향 경로 추적과 기타 하이브리드 기술을 비롯해 BSDF, 조명, 통합 알고리즘과 같은 물리적 기반 렌더링 파이프라인의 여러 구성 요소를 개발했다. 이전에는 2003년경에 공개된 오픈소스 렌더링 엔진인 YafRay의 제작자이자 주요 개발자였다. 2004년 스페인 오비에도 대학교에서 컴퓨터 과학 석사 학위를 받았다.

피터 에드블룸^{Petter Edblom}

일렉트로닉 아츠의 프로스트바이트 렌더링 팀의 소프트웨어 엔지니어다. 이전에는 DICE에서 스타워크 배틀프론트 I과 II, 배틀필드 4와 V 등 여러 게임 타이틀을 담당했다. 우메오 대학교에서 컴퓨팅 과학 석사 학위를 받았다.

크리스티앙 그리블^{Christiaan Gribble}

SURVICE Engineering Company의 응용 기술 운영에서 고성능 컴퓨팅을 담당하는 주요 연구 과학자이자 팀 리드다. 연구 분야는 인터랙티브 시각화와 고성능 컴퓨팅의 통합이며, 예측 렌더링과 비주얼 시뮬레이션 애플리케이션용 알고리즘, 아키텍처, 시스템에 중점을 둔다. 2012년 SURVICE에 합류하기 전에 그로브 시티 대학교의 컴퓨터 과학과 부교수로 근무했다. 2000년 그로브 시티 대학교에서 수학 학사 학위, 2002년 카네기멜론 대학교에서 정보 네트워킹 석사 학위, 2006년 유타 대학교에서 컴퓨터 과학 박사 학위를 받았다.

홀거 그루인 Holger Gruen

25년 전에 소프트웨어 래스터라이저를 작성해 3차원 실시간 그래픽에 대한 경력을 쌓기 시작했다. 과거에는 게임 미들웨어, 게임 회사, 군사 시뮬레이션 회사, GPU 하드웨어 공급업체에서 근무했다. 현재 엔비디아의 유럽 개발자 기술팀에서 일하면서 개발자가 엔비디아 GPU를 최대한 활용할 수 있게 돕는다.

요하네스 귄터 Johannes Günther

인텔의 시니어 그래픽 소프트웨어 엔지니어다. 고성능 레이 트레이싱 기반 시각화 라이브러리를 개발하고 있다. 인텔에 입사하기 전에는 Dassault Systèmes® 3D익사이트에서 수년간 시니어 연구원이자 소프트웨어 아키텍트였다. 자를란트 대학교에서 컴퓨터 과학 박사 학위를 받았다.

에릭 헤인스 Eric Haines

현재 엔비디아에서 인터랙티브 레이 트레이싱을 담당하고 있다. 『Real-Time Rendering』과 『An Introduction to Ray Tracing』(Academic Press)을 공동 집필했으며, 『The Ray Tracing News』를 편집했고 「Journal of Graphics Tools」와 「Journal of Computer Graphics Techniques」를 공동 저술했다. 또한 유다시티 MOOC 인터랙티브 3D 그래픽의 제작자이자 강사다.

헨릭 할렌 ^{Henrik Halén}

일렉트로닉 아츠의 최첨단 미래 기술 및 창조적 경험에 종사하는 여러 분야의 팀인 SEED의 시니어 렌더링 엔지니어다. SEED 이전에는 마이크로소프트의 수석 렌더링 엔지니어였으며, 기어스 오브 워 프랜차이즈의 최첨단 렌더링 기술을 개발했다. 마이크로소프트 이전에는 로스앤젤레스의 일렉트로닉 아츠 스튜디오와 스톡홀름 DICE의 렌더링 엔지니어였으며, 미러스 엣지, 메달 오브 아너, 배틀필드 타이틀을 담당했다. GDC, SIGGRAPH와 마이크로소프트 게임페스트 같은 콘퍼런스에서 발표했다.

데이비드 하트 ^{David Hart}

엔비디아 OptiX 팀의 엔지니어다. 코넬 대학교에서 컴퓨터 그래픽 석사 학위를 취득했으며, 드림웍스와 디즈니에서 CG 영화와 게임을 제작하는 데 15년을 보냈다. 엔비디아에 입사하기 전에는 온라인 다중 사용자 WebGL 화이트보드를 제작하는 회사를 설립해 판매했다. 디지털 헤어 스타일링에 대한 특허를 보유하고 있으며, 인공 진화를 사용한 아마추어 디지털 아티스트로도 일하고 있다. 컴퓨터를 사용해 예쁜 그림을 제작하고 그 길을 따라가기 위한 멋진 도구를 만드는 것이 목표다.

세바스티앙 힐리 ^{Sébastien Hillaire}

일렉트로닉 아츠 프로스트바이트 엔진 팀의 렌더링 엔지니어다. 물리 기반 셰이딩, 체적 시뮬레이션과 렌더링, 시각 효과, 포스트 프로세싱 같은 다양한 영역에서 시각적인 품질과 성능을 향상시켰다. 2010년, 프랑스 국립 응용과학 연구소에서 컴퓨터 과학 박사 학위를 취득했으며, 시선 추적을 사용해 가상 현실 사용자 경험을 시각적으로 향상시키는 데 주력했다.

안티 히르보넨 Antti Hirvonen

현재 UL 벤치마크에서 리드 그래픽 엔지니어를 맡고 있다. 다른 소프트웨어 분야에서 수년간 일한 후 실시간 컴퓨터 그래픽에 대한 열정을 따르고자 2014년 UL에 그래픽 엔지니어로 합류했다. 수년 동안 세계적으로 유명한 게임 벤치마크인 3DMark와 관련 내부 개발 도구에 상당한 공헌을 했다. 현재 관심사에는 현대 그래픽 엔진 아키텍처, 실시간 글로벌 일루미네이션 등이 있다. 알토 대학교에서 컴퓨터 과학 석사(기술) 학위를 취득했다.

요하네스 옌데세이 Johannes Jendersie

독일 클라우스 테크놀로지 대학교의 박사 과정 학생이다. 현재 연구는 견고성과 병렬화 측면에서 몬테카를로 빛 전송 시뮬레이션의 개선에 초점을 맞추고 있다. 2013년과 2014년 마그데부르크 대학교에서 컴퓨터 과학 학사 학위와 컴퓨터 그래픽 석사 학위를 받았다.

테로 카라스 Tero Karras

2009년에 엔비디아에 합류한 엔비디아 리서치의 수석 연구 과학자다. 현재 연구 관심사는 딥러닝, 생성 모델, 디지털 콘텐츠 제작이 중심이다. 또한 특히 가속 구조 구축과 전용 하드웨어 유닛과 관련된 엔비디아의 실시간 레이 트레이싱에 대한 노력에서 중추적인 역할을 했다.

알렉산더 켈러 Alexander Keller

엔비디아의 연구 디렉터다. 이전에는 멘탈 이미지의 수석 과학자였으며, 엔비디아 Iray 빛 전송 시뮬레이션과 렌더링 시스템의 디자인을 비롯한 향후 제품과 전략에 대한 연구와 개념적인 부분을 담당했다. 업계에 들어오기 전에는 울름 대학교의 컴퓨터 그래픽 및 과학 컴퓨팅 전임 교수로 재직하면서 UZWR^{Ulmer Zentrum für wissenschaftliches Rechnen}을 공동 설립하고 교육의 우수성에 대한 상을 받았다. 레이 트레이싱에 30년이 넘는 경험이 있으며, 빛 전송 시뮬레이션을 위한 콰지 몬테 카를로 방법을 개척했고 머신러닝과 렌더링의 영역을 연결 했다. 박사 학위를 소지하고 30개가 넘는 특허를 저술했으 며, 50개 이상의 연구 논문을 발표했다.

패트릭 켈리^{Patrick Kelly}

에픽 게임즈의 시니어 렌더링 프로그래머로, 언리얼 엔진으 로 실시간 레이 트레이싱을 담당한다. 실시간 렌더링에 들 어가기 전에는 드림웍스 애니메이션, Weta Digital, 월트 디 즈니 애니메이션 스튜디오와 같은 스튜디오에서 오프라인 렌더링 작업에 10여년을 보냈다. 2004년, 알링턴 텍사스 대 학교에서 컴퓨터 과학 학사 학위, 2008년 유타 대학교에서 컴퓨팅 석사 학위를 취득했다.

김혁

넥슨 코리아의 데브캣 스튜디오에서 드래곤 하운드의 엔진 과 그래픽 프로그래머로 일하고 있다. 존 카맥^{John Carmack}의 오리지널 둠에서 영감을 받아 게임 개발자가 되기로 결심했 다. 주요 관심사는 게임 산업에서의 실시간 컴퓨터 그래픽 과 관련 있다. 서강대학교에서 레이 트레이싱에 중점을 둔 석사 학위를 취득했다. 레이 트레이싱, 글로벌 일루미네이 션, 광자 매핑 같이 오프라인에서 실시간 렌더링으로 이동하 는 기술에 관심 갖고 있다.

애런 놀^{Aaron Knoll}

엔비디아 코퍼레이션의 개발자 기술 엔지니어다. 2009년, 유타 대학교에서 박사 학위를 받았으며, Argonne National Laboratory과 Texas Advanced Computing Center 같은 고성능 컴퓨팅 시설에서 근무했다. 현재 연구는 슈퍼컴퓨팅 환경에서의 대규모 시각화용 레이 트레이싱 기술에 중점을 두고 있다. OSPRay 프레임워크의 얼리어댑터이자 기여자였으며, 현재 엔비디아 OptiX를 통한 레이 트레이싱된 시각화 활성에 대한 작업을 하고 있다.

사무릴 레인^{Samuli Laine}

엔비디아의 주요 연구 과학자다. 현재 연구는 신경 네트워크, 컴퓨터 비전, 컴퓨터 그래픽의 교차에 초점을 맞추고 있다. 이전에는 효율적인 GPU 레이 트레이싱, 복셀 기반 지오메트리 표현, 리얼한 조명 계산용 다양한 방법을 연구했다. 2006년에 헬싱키 공과 대학교에서 컴퓨터 과학 분야의 석사 학위와 박사 학위를 받았다.

앤드류 라우리젠^{Andrew Lauritzen}

SEED의 수석 렌더링 엔지니어로, 일렉트로닉 아츠에서 최첨단의 미래 기술과 창의적인 경험을 쌓고자 노력 중이다. 그 전에는 인텔의 Advanced Technology Group에서 렌더링에 사용된 알고리즘, API, 하드웨어를 개선하고자 노력했다. 2008년, 워털루 대학교에서 컴퓨터 과학 분야 MMath를 받았으며, 분산 그림자 맵과 기타 그림자 필터링 알고리즘에 중점을 두고 연구한다.

닉 리프^{Nick Leaf}

데이비스 캘리포니아 대학교의 컴퓨터 과학 분야의 박사 과정 학생이자 엔비디아의 소프트웨어 엔지니어다. 주요 연구는 특히 현장 시각화에 대한 눈에서의 대규모 분석과 시각화에 집중돼 있다. 2008년, 위스콘신 대학교에서 물리학 및 컴퓨터 과학 학사 학위를 받았다.

파스칼 르코크^{Pascal Lecocq}

2017년부터 소니 픽처 이미지웍스의 수석 렌더링 엔지니어다. 2001년, 규스따브 에펠 대학교에서 컴퓨터 과학 박사 학위를 받았다. 이미지웍스에 입사하기 전에는 르노, STT 시스템과 테크니컬러에서 일했으며, 시뮬레이션, 모션 캡처, 영화 산업을 주도하는 실시간 렌더링 기술을 연구 개발했다. 주요 연구 관심사는 실시간 그림자, 영역-빛 셰이딩, 볼루메트릭뿐만 아니라 생산 렌더링을 위한 효율적인 경로 추적 기술에 중점을 둔다.

에드워드 리우^{Edward Liu}

엔비디아 Applied Deep Learning Research의 선임 연구원으로, 딥러닝, 컴퓨터 그래픽, 컴퓨터 비전 간의 흥미로운 교차점을 탐구한다. 현재 역할 이전에는 Developer Technology와 Real-Time Ray Tracing 팀 같은 엔비디아의 다른 팀에서 근무했으며, 실시간 레이 트레이싱, 이미지 재구성, 가상 현실 렌더링을 비롯한 미래 GPU 아키텍처의 다양한 새로운 특징들의 연구 개발에 몰두했다. 또한 GPU 애플리케이션의 성능을 최적화하는 데 많은 시간을 보냈다. 여가에는 여행과 풍경 사진 촬영을 즐긴다.

이그나시오 라마Ignacio Llamas

엔비디아의 실시간 레이 트레이싱 소프트웨어 디렉터로, 레이 트레이싱을 통한 실시간 렌더링과 엔비디아의 RTX 기술을 최대한으로 활용하는 렌더링 엔지니어 팀을 이끌고 있다. 엔비디아에서 드라이버 개발, 개발자 기술, 연구, GPU 아키텍처를 비롯한 여러 가지 역할을 수행하면서 10년 이상 근무했다.

아담 마르스Adam Marrs

엔비디아의 게임 엔진 및 코어 테크놀로지 그룹의 컴퓨터 과학자로 게임과 영화의 실시간 렌더링 작업을 담당하고 있다. 상용 게임 엔진, 출시된 게임 타이틀, 실시간 레이 트레이싱, 출판된 그래픽 연구의 경험이 있다. 노스캐롤라이나 주립대학교에서 컴퓨터 과학 석사 학위와 박사 학위, 버지니아 폴리 테크닉 연구소에서 컴퓨터 과학 학사 학위를 취득했다.

모건 맥과이어Morgan McGuire

토론토에 있는 엔비디아의 저명한 연구 과학자다. 새로운 사용자 경험을 위한 실시간 그래픽 시스템을 연구한다. 『Computer Graphics: Principles and Practice, 3rd Edition』(Addison-wesley Professional)과 『Creating Games』(CRC Press)를 공동 저술했다. 윌리엄스 대학, 워털루 대학교, 맥길 대학교에서 교수를 했으며, 이전에는 유니티와 로블록스, 스카이랜더스, 타이탄 퀘스트, 콜 오브 듀티, 마블 얼티밋 얼라이언스 게임 시리즈의 게임과 그래픽 기술에 대해 작업했다.

피터 메시^{Peter Messmer}

엔비디아의 수석 엔지니어며 고성능 컴퓨팅 시각화 그룹을 이끌고 있다. 과학자들이 GPU의 시각화 기능을 사용해 시뮬레이션 결과에 대한 통찰력을 얻을 수 있는 도구와 방법론을 개발하는 데 주력한다. 엔비디아에 합류하기 전에는 대규모 물리 시뮬레이션 현상을 연구하고자 대규모 병렬 시뮬레이션 코드를 개발하고 사용했다. 스위스 취리히의 Eidgenössische Technische Hochschule(ETH)에서 물리학 석사와 박사 학위를 취득했다.

피에르 모로우^{Pierre Moreau}

스웨덴 룬드 대학교의 컴퓨터 그래픽 그룹의 박사 과정 학생이며, 룬드의 엔비디아의 인턴 사원이다. 컴퓨터 공학 분야를 전공했으며, 렌 대학교에서 BSC 학위, 보르도 대학교에서 석사 학위를 받았다. 현재 연구는 레이 트레이싱이나 광자 산란을 사용하는 실시간 포토리얼리즘한 렌더링에 중점을 둔다. 일 이외에는 음악을 듣고 연주하는 것은 물론 GPU 하드웨어와 그것을 프로그래밍하는 방법의 학습을 즐긴다.

케이스 몰리^{R. Keith Morley}

현재 엔비디아의 개발 기술 엔지니어로, 핵심 파트너가 엔비디아 GPU에서 레이 트레이싱 기반 솔루션을 설계하고 구현할 수 있게 지원한다. 배경은 물리적인 렌더링을 기반으로 하며, 엔비디아에 합류하기 전에는 장편 영화 애니메이션 작업을 했다. 엔비디아 Optix 레이 트레이싱 API의 개발자 중 한 명이다.

제이콥 먼크버그Jacob Munkberg

엔비디아의 실시간 렌더링 연구 그룹의 시니어 연구원이다. 현재 연구는 컴퓨터 그래픽용 머신러닝에 중점을 둔다. 엔비디아 이전에는 인텔의 Advanced Rendering Technology 팀에서 일했고 컬링 기술을 전문으로 하는 Swiftfoot Graphics를 공동 설립했다. 룬드 대학교에서 컴퓨터 과학 박사 학위를 받았고, Chalmers University of Technology에서 공학 물리학 석사 학위를 받았다.

클레멘스 머스텔레Clemens Musterle

렌더링 엔지니어며, 현재 엔스케이프에서 렌더링을 담당하는 팀 리더로 일하고 있다. 2015년, 뮌헨 응용과학 대학교에서 실시간 컴퓨터 그래픽에 중점을 두고 컴퓨터 과학 석사 학위를 취득했다. 2015년에 엔스케이프 팀에 합류하기 전에는 Dassault Systèmes 3DEXCITE에서 수년간 근무했다.

짐 닐슨Jim Nilsson

스웨덴의 Chalmers University of Technology에서 컴퓨터 아키텍처를 전공했으며, 박사 학위를 받았다. 2016년 10월에 엔비디아에 입사했으며 그 전에는 인텔의 Advanced Rendering Technology 그룹에서 일했다.

매트 파르Matt Pharr

엔비디아의 연구 과학자로 레이 트레이싱과 실시간 렌더링 작업을 하고 있다. 『물리 기반 렌더링 3/e』(에이콘, 2020)을 저술했으며, 공동 저자는 2014년 영화 산업에 미친 영향 때문에 Scientific and Technical Academy Award를 수상했다.

마타아스 라브 ^{Matthias Raab}

2007년, Mental Images(이후 엔비디아 ARC)에 입사해 영향력 있는 레이 트레이싱 시스템인 Mental Ray에서 렌더링 소프트웨어 엔지니어로 일했다. 처음부터 GPU 기반의 포토리얼리즘스러운 렌더러 엔비디아 Iray의 개발에 크게 관여했으며, 머티리얼 설명과 콰시 몬테카를로 빛 전송 시뮬레이션 분야에 기여했다. 현재 엔비디아의 Material Definition Language (MDL) 팀에서 일하고 있다.

알렉산더 레시토프 ^{Alexander Reshetov}

러시아의 Keldysh Applied Mathematics 연구소에서 박사 학위를 받았다. 2014년 1월에 엔비디아에 입사했다. 엔비디아 이전에는 17년간 인텔 랩에서 3차원 그래픽 알고리즘과 애플리케이션을 연구했으며, 텍사스의 Super-Conidering Super-Collider Laboratory에서 2년간 가속기의 제어 시스템을 설계했다.

샤를 드 루시에 ^{Charles de Rousiers}

일렉트로닉 아츠 프로스트바이트 엔진 팀의 렌더링 엔지니어다. 라이팅, 머티리얼, 포스트 프로세스를 담당하며, 물리 기반 렌더링으로 엔진을 옮기는 데 도움을 줬다. 복잡한 머티리얼의 현실적인 렌더링을 연구한 후 2011년 Institut National de Recherche en Informatique et En Automatique (INRIA)에서 컴퓨터 과학 박사 학위를 취득했다.

라훌 사테^{Rahul Sathe}

엔비디아의 수석 DevTech 엔지니어로 일한다. 현재 역할은 게임 개발자와 협력해 지포스 그래픽에 대한 게임 경험을 향상시키고 새로운 아키텍처와 향후 아키텍처를 위한 알고리즘을 프로토타이핑하는 것이다. 이 직책을 수행하기 전에는 인텔의 연구 및 제품 그룹에서 다양한 업무를 수행했다. 3D 그래픽 및 그래픽의 하드웨어 기반에 대한 모든 측면에서 열정이 있다. 클렘슨 대학교과 뭄바이 대학교를 다녔다. 렌더링과 관련성이 있는 것을 만들지는 않지만 달리기, 자전거 타기, 가족, 친구들과 함께 좋은 음식을 즐기는 것을 좋아한다.

다니엘 시버트^{Daniel Seibert}

베를린 엔비디아의 시니어 그래픽 소프트웨어 엔지니어다. 2007년부터 생활을 위한 전문 렌더러를 제작했으며, 콰시 몬테카를로와 물리 기반의 빛 전송 시뮬레이션 전문가다. Mental Ray 렌더러와 엔비디아 Iray 빛 전송 시뮬레이션 및 렌더링 시스템에 기여했으며, 엔비디아의 머티리얼 정의 언어인 MDL의 디자이너 중 한 명이다.

아테 세빨라^{Atte Seppälä}

UL 벤치마크에서 그래픽 소프트웨어 엔지니어로 일하고 있다. 알토 대학교에서 컴퓨터 공학 석사 학위를 받았으며, 2015년부터 UL 벤치마크에서 근무하면서 3DMark와 VRMark 벤치마크를 개발했다.

피터 셜리^{Peter Shirley}

엔비디아의 저명한 연구 과학자다. 공식적으로 두 개의 소프트웨어 회사를 공동 창립했으며, 인디애나 대학교, 코넬 대학교, 유타 대학교의 교수/연구원이었다. 1985년, 리드 대학에서 물리학 학사 학위를 받았으며, 1991년 일리노이 대학교에서 컴퓨터 과학 박사 학위를 받았다. 컴퓨터 그래픽과 다양한 기술에 관해 여러 권의 책을 썼다. 전문 분야는 인터랙티브 및 하이 다이내믹 레인지 이미징, 전산 사진, 사실적인 렌더링, 통계 계산, 시각화, 몰입형 환경을 포함한다.

니클라스 스몰^{Niklas Smal}

UL 벤치마크에서 그래픽 소프트웨어 엔지니어로 일한다. 2015년에 입사해 3DMark와 VRMark 그래픽 벤치마크를 개발했다. 컴퓨터 과학 분야에서 학사 학위(기술)를 취득했으며, 현재 알토 대학교에서 석사 학위를 취득했다.

요셉 스파튜트^{Josef Spjut}

e스포츠, 증강 현실, 레이 트레이싱을 연구하는 엔비디아의 연구 과학자다. 엔비디아에 입사하기 전에는 하비 머드 대학 엔지니어링 부의 객원 교수였다. 유타 대학교의 Hardware Ray Tracing 그룹에서 박사 학위를 받았으며, 캘리포니아 대학교 리버사이드에서 컴퓨터 공학 분야의 학사 학위를 받았다.

토마스 스토호비치^{Tomasz Stachowiak}

토마스 스토호비치^{Tomasz Stachowiak}

반짝이는 픽셀과 로우레벨의 GPU 해킹에 대한 열정을 가진 소프트웨어 엔지니어다. 빠른 컴파일 시간, 강력한 타입 시스템을 즐기며 세상을 더 이상한 곳으로 만든다.

클리포드 스타인^{Clifford Stein}

소니 픽처 이미지웍스의 소프트웨어 엔지니어로 Arnold 렌더러의 사내 버전을 작업한다. Arnold에 기고한 것으로 2017년에 Academy Scientific and Engineering Award를 수상했다. 소니에 합류하기 전에는 STMicroelectronics에서 머신 비전에서부터 고급 렌더링 아키텍처에 이르기까지 다양한 프로젝트를 수행했으며, Lawrence Livermore National Laboratory에서 시뮬레이션과 시각화 알고리즘에 대한 연구를 수행했다. 하비 머드 대학교에서 학사 학위, 캘리포니아, 데이비스 대학교에서 석사 학위와 박사 학위를 취득했다.

존 스톤^{John E. Stone}

Beckman Institute for Advanced Science and Technology의 이론 및 Computational Biophysics 그룹의 시니어 연구 프로그래머자 일리노이 대학교의 엔비디아 쿠다 센터부 이사다. 전 세계 연구자들이 사용하는 고성능 분자 시각화 도구인 VMD^{Visual Molecular Dynamics}의 수석 개발자다. 연구 관심 분야는 과학적 시각화, GPU 컴퓨팅, 병렬 컴퓨팅, 레이 트레이싱, 햅틱, 가상 환경을 포함한다. 2010년에 엔비디아 쿠다^{CUDA} 펠로우로 선정됐다. 2015년, 불칸 그래픽스 API에 대한 Khronos Group Advisory Panel에 합류했다. 2017년과 2018년에는 기술 커뮤니티에서 혁신적인 사고 리더십을 발휘할 IBM Champion for Power로 선정됐다. 또한 컴퓨터 그래픽, GPU

컴퓨팅 및 고성능 컴퓨팅과 관련된 프로젝트에 컨설팅 서비스를 제공한다. ACM SIGGRAPH 와 IEEE의 회원이다.

로버트 토쓰 Robert Toth

스웨덴 룬드에 있는 엔비디아의 시니어 소프트웨어 엔지니어로, 레이 트레이싱 드라이버 개발에 참여하고 있다. 2008년, 룬드 대학교에서 공학 물리학 석사 학위를 취득했다. 라라비 프로젝트와 통합 그래픽 솔루션에 대한 알고리즘을 개발하고자 인텔의 Advanced Research Technology 팀의 연구 과학자로 근무했으며, 확률론적 래스터화 방법, 셰이딩 시스템, 가상 현실에 대한 연구에 중점을 뒀다.

카스텐 워커 Carsten Wächter

Mental Ray 및 Iray 렌더러에 대한 10년간의 작업을 포함해 레이 트레이싱 소프트웨어 분야에서 경력을 쌓았다. 이 분야에서 여러 특허와 발명품을 소지하고 현재 엔비디아 레이 트레이싱 라이브러리의 핵심 GPU 가속화와 관련된 엔비디아 팀을 이끌고 있다. 레이 트레이싱용 메모리에서 효율적이고 빠른 알고리즘과 함께 샘플링을 위한 새로운 콰시 몬테카를로 방법을 사용해서 빛 운송을 가속화하는 것으로 울름 대학교에서 박사 학위를 받았다. 여가에는 오픈소스 핀볼 에뮬레이션 및 시뮬레이션을 통해 핀볼 머신을 보존하고 있다.

잉고 발트 Ingo Wald

엔비디아의 레이 트레이싱 디렉터다. 레이 트레이싱 관련 주제로 카이저슬라우테른 대학교에서 석사 학위를 받았고, 자를란트 대학교에서 박사 학위를 받았다. 그 후 MaxPlanck Institute Saarbrücken에서 박사후 과정으로, 유타 대학교에서 연구 교수로 재직했으며, 인텔의 소프트웨어 정의 렌더링

활동(특히 Embree 및 OSPRay)의 기술 리더로도 활동했다. 75가지 이상의 논문, 여러 특허와 레이 트레이싱을 중심으로 널리 사용되는 여러 소프트웨어 프로젝트를 공동 저술했다. 관심 분야는 시각화에서 프로덕션 렌더링, 실시간 렌더링부터 오프라인 렌더링, 하드웨어부터 소프트웨어에 이르기까지 효율적이고 고성능인 레이 트레이싱의 모든 측면을 중심으로 계속 진행된다.

그레이엄 위럴드^{Graham Wihlidal}

일렉트로닉 아츠의 첨단 미래 기술과 창조적 경험에 종사하는 여러 분야의 팀인 SEED의 수석 렌더링 엔지니어다. SEED 이전에는 프로스트바이트 렌더링 팀에서 <전장>, <드래곤 에이지: 인퀴지션>, <식물 대 좀비>, <피파>, <스타워즈: 배틀프론트> 등과 같은 많은 인기 게임에서 사용된 기술을 구현하고 지원했다. 프로스트바이트 이전에는 바이오웨어의 선임 엔지니어로 <매스 이펙트>와 <드래곤 에이지 3부작>, <스타워즈: 구공화국> 등 수많은 타이틀을 제공했다. 출판한 저자이기도 하며 여러 회의에서 발표했다.

토마스 윌버거^{Thomas Willberger}

엔스케이프의 CEO 겸 창립자다. 엔스케이프는 워크플로 통합 실시간 렌더링을 제공하며, 100대 건축 회사 중 80개가 넘는 곳에서 사용된다. 관심 있는 주제에는 이미지 필터링, 볼륨메트릭, 머신러닝, 물리 기반 셰이딩이 있다. 2011년, 카를스루에 공과 대학에서 기계 공학 학사 학위를 받았다.

마이클 위머^{Michael Wimmer}

마이클 위머^{Michael Wimmer}

현재 빈 공과대학교의 비주얼 컴퓨팅과 인간 중심 기술 연구소의 부교수로 있으며, 렌더링 및 모델링 그룹의 책임자다. 학문 경력은 빈 공과대학교에서의 1997년 석사 학위를 시작으로 하며, 2001년 박사 학위를 취득했다. 연구 관심 분야는 실시간 렌더링, 컴퓨터 게임, 도시 환경의 실시간 시각화, 포인트 기반 렌더링, 도시 모델 재구성, 절차 모델링, 셰이프 모델링이다. 이 분야에서 130종이 넘는 논문을 공동 저술했다. 또한 『Real-Time Shadows』(CRC Press)를 공동 저술했다. ACM SIGGRAPH, SIGGRAPH Asia, Eurographics, IEEE VR, EGSR, ACM I3D, SGP, SMI, HPG를 비롯해 현장의 중요한 회의 프로그램 위원회에서 정기적으로 활동한다. 현재 IEEE Transactions에서 Visualization and Computer Graphics, Computer Graphics Forum, Computers & Graphics 관련 편집자로 일하고 있다. 2008년 Eurographics Symposium, Pacific Graphics 2012, Eurographics 2015 및 Eurographics Workshop on Graphics and Cultural Heritage 2018의 공동 논문 의장이었다.

크리스 와이만^{Chris Wyman}

엔비디아의 수석 연구 과학자로, 래스터화, 레이 트레이싱, 하이브리드 기술을 사용해 새로운 실시간 렌더링 알고리즘을 개발하고 있다. 딥러닝, 물리적 기반의 빛 이동, 더러운 래스터 해킹을 비롯한 기술을 적용해 당면한 문제에 적합한 도구를 사용한 경력이 있다. 유타 대학교에서 컴퓨터 과학 박사 학위, 미네소타 대학교에서 학사 학위를 취득했으며, 아이오와 대학교에서 약 10년 동안 강의했다.

옮긴이 소개

구진수(paser2@gmail.com)

게임과 앱, 프로그래밍에 관심이 있어 여러 가지 번역하면서 새로운 것을 배우고 있다. 좀 더 좋은 자료를 더 좋은 번역으로 제공하고 싶은 마음에서 최선을 다한다. 나를 검색했을 때 인터넷 서점의 한 페이지가 작업한 책들로 꽉 찰 때까지 열심히 번역하는 것이 목표다.

옮긴이의 말

점점 더 많은 게임이 레이 트레이싱을 지원하고 있습니다. 얼마 전 새롭게 나온 RTX 30 시리즈에서는 좀 더 좋은 레이 트레이싱을 지원하며, 아마 앞으로는 더 많은 게임이 레이 트레이싱을 지원할 것입니다.

레이 트레이싱의 학습을 돕고자 많은 분이 지혜를 모아 책을 냈습니다. 내용이 다른 분에게 조금이라도 잘 전달되길 바랍니다.

검토를 도와주신 이상우 님, 김혁 님께 감사드립니다.

차례

1부 레이 트레이싱 기본

2부 교차와 효율성

3부 반사, 굴절, 셰도우

4부 샘플링

5부 노이즈 제거와 필터링

6부 하이브리드 접근법과 시스템

7부 전역 조명

들어가며

레이 트레이싱은 마침내 실시간 렌더링의 핵심 요소가 됐다. 이제는 레이 트레이싱을 가속시키는 소비자 GPU와 API가 있지만, 각 프레임당 고품질 이미지를 제공하면서 초당 60 프레임 이상을 실행하는 데 초점을 둔 알고리즘도 필요하다. 이 책에서 그 방법을 알려줄 것이다.

들어가며에서는 다음 두 가지를 꼭 알아두길 바란다.

- 이 책과 관련된 보충 코드와 다른 자료는 http://raytracinggems.com에 있다.

- 원문의 모든 내용은 오픈 액세스다.

원서 『Ray Tracing Gems』는 적절한 크레딧을 부여하고 상업적인 목적으로 사용하지 않는 한 모든 장이나 책 전체를 자유롭게 복사하고 재배포할 수 있다. https://creativecommons.org/licenses/by-nc-nd/4.0/에는 저자와 다른 모든 사람이 이 책의 정보를 가능한 한 빨리 볼 수 있도록 정보를 적어뒀다. 번역서에는 번역서에 대한 저작권이 있으므로 유의하길 바란다.

그리고 감사의 말을 전한다. 여기에 참여한 모든 사람의 도움은 이 프로젝트를 진행하는 큰 즐거움 중 하나였다. 레이 트레이싱에 대한 젬 스타일의 책을 만드는 아이디어를 갖고 엔비디아의 아론 르폰^{Aaron Lefohn}, 데이비드 뤼벡^{David Luebke}, 스티븐 파커^{Steven Parker}, 빌 댈리^{Bill Dally}에게 말했을 때 즉시 만드는 것이 좋겠다고 했다. 실행할 수 있게 도와준 그들에게 감사한다.

앤서니 카시오^{Anthony Cascio}와 나딤 모하메드^{Nadeem Mohammad}에게 웹 사이트와 제출 시스템에 대해 도움 주신 것에 감사드리며, 전자책 형태로 무료 열람할 수 있게 해준 그의 계약 협상해준 나임에게 감사드린다.

엔비디아의 창작 팀과 에이프레스 퍼블리셔 제작 팀의 헌신 없이는 이 책의 출간이 훨씬 지연됐을 것이다. 엔비디아 창작 팀의 많은 사람이 7가지 부분의 시작과 커버를 우아하게 해주는 Project Sol 이미지를 만들었다. 특히 아만다 램Amanda Lam, 로리 로에브Rory Loeb, TJ에게 감사드린다. 모랄레스는 책 표지 디자인과 파트 소개 레이아웃을 제공함과 동시에 일관된 스타일을 갖고 있다. 엔비디아의 행정 지원을 해주신 던 바든Dawn Bardon, 니콜 디에프Nicole Diep, 더그 맥밀란Doug MacMillan, 윌 라메이Will Ramey에게 감사드린다.

에이프레스의 나탈리에 파오Natalie Pao와 제작 팀에 감사드린다. 그들은 길을 따라 무수히 많은 문제를 해결하면서 마감 기한을 맞추고자 끊임없이 노력했다.

또한 폰투스 앤더슨Pontus Andersson, 앤드류 드라우드Andrew Draudt, 아론 놀Aaron Knoll, 브랜든 로이드Brandon Lloyd, 아담 마르스Adam Marrs와 같이 책을 훨씬 더 잘 만들 수 있게 노력한 사람들에게 감사드린다.

주요 크레딧은 그들의 사려 깊은 리뷰와 편집, 그리고 필요한 때 외부 편집자를 찾아 준 편집 드림 팀인 알렉산더 켈러Alexander Keller, 모건 맥과이어Morgan McGuire, 제이콥 문크버그Jacob Munkberg, 매트 파르Matt Pharr, 피터 셜리Peter Shirley, 잉고 발트Ingo Wald, 크리스 와이먼Chris Wyman에게 돌아간다.

마지막으로 그래픽 커뮤니티에서 경험과 지식을 아낌없이 공유한 각 장의 저자 없이는 책이 없었을 것이다. 그들은 여러 가지 방법으로 장을 개선하고자 열심히 노력했으며, 종종 한 시간이나 몇 분 내에 한 번 더 수정, 설명이나 그림을 요구했다. 모두에게 감사드린다.

– 에릭 헤인스Eric Haines와 토마스 아케나인 몰러Tomas Akenine-Möller

2019년 1월

표기법

여기서는 이 책에서 사용된 표기법을 요약한다. 벡터는 굵은 소문자로 표시한다(예, v). 행렬은 굵은 대문자로 표시한다(예, M). 스칼라는 이탤릭 소문자로 표시한다(예, a와 v). 점은 대문자다(예, P). 벡터의 요소는 다음과 같다.

$$\mathbf{v} = \begin{pmatrix} v_x \\ v_y \\ v_z \end{pmatrix} = \begin{pmatrix} v_0 \\ v_1 \\ v_2 \end{pmatrix} = \begin{pmatrix} v_x & v_y & v_z \end{pmatrix}^{\mathsf{T}} \tag{1}$$

후자는 전치된 벡터를 보여준다. 즉, 열이 행이 된다. 텍스트를 단순화하고자 때때로 $\mathbf{v} = (v_x, v_y, v_z)$를 사용한다. 스칼라가 콤마로 분리돼 있다면 전치된 열벡터를 나타낸다. 기본적으로 열벡터를 사용하는데, 행렬-벡터 곱셈이 $\mathbf{Mv}$로 표시됨을 의미한다. 행렬의 구성 요소는 다음과 같이 나타낸다.

$$\mathbf{M} = \begin{pmatrix} m_{00} & m_{01} & m_{02} \\ m_{10} & m_{11} & m_{12} \\ m_{20} & m_{21} & m_{22} \end{pmatrix} = \begin{pmatrix} \mathbf{m}_0, \mathbf{m}_1, \mathbf{m}_2 \end{pmatrix} \tag{2}$$

여기서 $\mathbf{m}_i, i \in \{0, 1, 2\}$는 행렬의 열벡터다. 정규화된 벡터의 경우 다음의 단축 표기법을 사용한다.

$$\hat{\mathbf{d}} = \frac{\mathbf{d}}{\|\mathbf{d}\|} \tag{3}$$

즉, 벡터 위에 ∧ 부호가 있으면 정규화된 것이다. 전치된 벡터와 행렬은 각각 $\mathbf{v}^{\mathsf{T}}$과 $\mathbf{M}^{\mathsf{T}}$으로 표시된다. 표기법의 핵심 요소는 다음 표에 정리돼 있다.

표기법	의미
P	점
v	벡터
$\hat{\mathbf{v}}$	정규화된 벡터
M	행렬

구의 방향 벡터는 종종 ω로, (반)구의 방향의 전체 세트는 종종 Ω로 표시된다. 마지막으로 두 벡터 사이의 외적은 $a \times b$로, 내적은 $a \cdot b$다.

예제 코드 다운로드

이 책에 사용된 소스코드는 에이프레스 깃허브 저장소(https://github.com/Apress/ray-tracing-gems)와 에이콘출판사의 도서정보 페이지(http://www.acornpub.co.kr/book/ray-tracing)에서 다운로드할 수 있다.

문의

한국어판에 관한 질문이 있다면 에이콘출판사 편집 팀(editor@acornpub.co.kr)이나 옮긴이의 이메일로 문의하길 바란다.

PART I

레이 트레이싱
기본

1부

레이 트레이싱 기본

오늘날 래스터화는 대부분의 애플리케이션 영역에서 실시간 렌더링을 지배하므로 실시간 렌더링 팁을 찾는 많은 독자는 10년 전의 교과 과정에서 레이 트레이싱을 경험했을 수 있다. 1부에서는 기초를 다듬고 공통된 어휘를 만들며 다른 간단한(그러나 유용한) 빌딩 블록을 제공하는 데 도움이 되는 다양한 입문용 장이 있다.

1장, 레이 트레이싱 용어에서는 이 책의 전반에 걸쳐 사용되는 일반적인 용어를 정의하고, 이러한 아이디어를 도입한 세미나 연구 논문을 참조한다. 초보 독자의 경우 문헌을 파헤칠수록 중복되면서도 안 좋은 이름을 가진 헷갈리고 진화하는 다양한 용어가 기다리고 있다. 30년 전의 논문을 읽는 것은 현재 용어가 어떻게 사용되는지 이해하지 않고는 좌절감을 불러일으킬 수 있다. 1장에서는 기본적인 로드맵을 제공한다.

2장, 광선 소개에서는 광선에 관한 몇 가지 일반적인 수학적 정의, 정의에 대해 생각하는 방법과 최신 API에서 일반적으로 사용되는 공식을 다룬다. 간단한 장이긴 하지만, 이 기본 구성의 기초를 구분하면 독자가 수치 정밀도 문제가 많다는 것을 상기하는 데 도움이 될 것이다. 래스터화의 경우 정밀도 문제가 z 파이팅이나 셰도우 매핑과 관련해 발생한다. 레이 트레이싱에서 모든 레이 쿼리는 허위 교차^{spurious} _{intersections}를 피하고자 주의를 기울여야 한다(정밀도 문제의 좀 더 광범위한 내용은 6장에서 다룬다).

최근 마이크로소프트는 다이렉트X 래스터 API의 확장인 다이렉트X 레이 트레이싱을 도입했다. **3장, 다이렉트X 레이 트레이싱 소개**에서는 이 프로그래밍 인터페이스에서 소개하는 추상화, 멘탈 모델, 새로운 셰이더 단계를 간단하게 소개한다. 또한

API를 초기화하는 데 필요한 단계를 따라가면서 설명하고, 시작하는 데 도움이 되는 샘플 코드에 대한 포인터를 제공한다.

레이 트레이서는 4×4 투명 매트릭스로 카메라를 정의하도록 제한된 일반적인 래스터 API와는 달리 임의의 카메라 모델의 구성을 간단하게 할 수 있다. **4장, 플라네타리움 돔 마스터 카메라**에서는 플라네타리움 같은 180° 반구형 돔 프로젝션용 레이 트레이스 카메라를 만들기 위한 수학과 샘플 코드를 제공한다. 또한 레이 트레이서를 사용할 때 스테레오스코픽 렌더링^{stereoscopic rendering} 혹은 피사계 심도 추가의 단순성을 보여준다.

5장, 서브배열의 최소와 최대 계산에서는 기본적인 알고리즘 빌딩 블록(배열의 임의의 하위 집합에서 최솟값이나 최댓값을 계산)을 위한 세 가지 계산 메서드를 (다양한 계산 트레이드오프를 포함해) 설명한다. 표면적으로 봐서는 쿼리를 평가하는 것이 레이 트레이싱과 관련은 없어 보이지만, 레이 쿼리가 일반적으로 사용되는 과학적 시각화 같은 영역에서 적용된다.

1부의 정보는 현대 레이 트레이싱의 기본과 효율적으로 렌더링하는 데 필요한 사고방식을 이해하는 데 도움이 된다.

크리스 와이만^{Chris Wyman}

레이 트레이싱 용어

엔비디아의 에릭 헤인스(Eric Haines)와 피터 셜리(Peter Shirley)

개요

1장에서는 이 책 전반에 걸쳐 사용하는 용어의 배경 정보와 정의를 제공한다.

1.1 역사적 노트

레이 트레이싱은 환경에서 빛의 움직임을 추적하는 분야에서 풍부한 역사를 갖고 있으며, 종종 복사 전달$^{radiative\ transfer}$이라고도 한다. 그래픽 실무자는 중성자 전달[2], 열전달[6], 조명 공학[11] 같은 분야에서 아이디어를 가져왔다. 많은 분야에서 이러한 개념을 연구했기 때문에 용어가 발전하고, 때로는 분야 간이나 분야 내에서 갈라졌다. 기존 논문은 용어를 잘못 사용하는 것처럼 보여 혼동을 줄 수도 있다.

광선을 따라 움직이는 빛의 기본 양은 SI 단위 분광 복사$^{spectral\ radiance}$며, 이는 (진공의) 광선에서 일정하게 유지되고 종종 지각 개념 밝기와 같이 직관적으로 행동한다. 용어가 표준화되기 전에 분광 복사는 종종 '강도'나 '밝기'로 불렸다. 컴퓨터 그래픽에서는 일반적으로 '스펙트럴^{spectral}'을 모든 파장에 걸친 많은 양이 결코 사용되지 않는 비분광 복사라는 용어가 됐다.

광선과 관련된 그래픽 관련 용어는 시간이 지남에 따라 발전했다. 거의 대부분의 현대 레이 트레이서는 재귀적이고 몬테카를로$^{Monte\ Carlo}$다. 이제 렌더러를 '재귀적인 몬테카를로' 레이 트레이서라고 부르면서 귀찮게 하는 경우는 거의 없다. 1968년, 아펠^{Appel}[1]은 이미지를 렌더링하고자 광선을 사용했다. 1979년에 위티드^{Whitted}[16],

케이^{Kay}, 그린버그^{Greenberg}[9]는 정확한 굴절과 반사를 묘사하고자 재귀적 레이 트레이싱을 개발했다. 1982년, 로쓰^{Roth}[13]는 CSG 모델의 렌더링(및 볼륨 추정^{volume estimates})을 생성하고자 로컬 인스턴싱만큼 광선을 따라 내/외부 간격 목록을 사용했다.

1984년, 쿡^{Cook} 등[4]은 분산 혹은 분포 레이 트레이싱을 제시했다. 다른 곳에서 이 메서드는 분산 처리와의 혼동을 피하고자 확률적^{stochastic} 레이 트레이싱[1]이라고 종종 불렸다. 피사계 심도, 퍼지 리플렉션^{fuzzy reflection}, 소프트 셰도우 같은 효과를 캡처하고자 랜덤하게 샘플링하는 핵심적인 통찰력은 거의 모든 최신 레이 트레이서에서 사용된다. 1984년 이후 몇 년 동안 연구자들은 전통적인 복사 전송 방식을 사용해 렌더링을 다른 방식으로 표현했다. 두 가지 중요한 알고리즘이 1986년에 도입됐다. 카지야^{Kajiya}[8]는 렌더링 방정식으로 적분 운송 방정식을 언급했다. 그는 패스 트레이싱이라고 이름 붙인 몬테카를로 접근법을 비롯한 다양한 솔루션을 시도했다. 이멜^{Immel}, 코헨^{Cohen}, 그린버그^{Greenberg}[7]는 같은 운송 방정식을 다른 단위로 작성하고 현재 라디오서티^{radiosity}라고 불리는 유한 요소법으로 풀었다.

30년 전에 고전 운송법을 사용해 그래픽 문제를 수정한 이후로 많은 연구가 수치적으로 문제를 푸는 방법을 모색했다. 핵심 알고리즘의 변경은 1990년대에 도입된 양방향[10, 14] 및 경로 기반[15] 방법을 포함한다. 이러한 기술을 구현하는 방법을 포함한 많은 세부 사항은 파르^{Pharr}, 제이콥^{Jakob}, 험프레이스^{Humphreys}의 책[12]에서 다뤄졌다.

1.2 정의

이 책에서 사용된 중요한 단어를 강조한다. 표준화된 단위의 용어를 제외한 용어의 표준은 존재하지 않지만, 이 책에서의 정의는 현재 현장에서의 사용을 반영한 것이다.

---

1. 이 이름은 쿡(Cook)[3]의 또 다른 논문에서 유래했다. 여기서는 앨리어싱 아티팩트(aliasing artifacts)를 피하고자 노이즈로 변환해 비균등 샘플링을 사용하는 것을 설명했다.

레이 캐스팅^{Ray casting}은 광선을 따라 가장 가까운 물체나 특정 물체를 찾는 과정이다. 광선의 정의는 2장을 참고하자. 광선은 카메라를 떠나 가장 가까운 물체에 닿을 때까지 픽셀을 통해 이동한다. 이 접촉점을 셰이딩하는 과정에서 물체가 음영을 지녔는지를 판단하고자 새로운 광선이 광원에서 나아갈 수 있다. 그림 1-1을 참고하자.

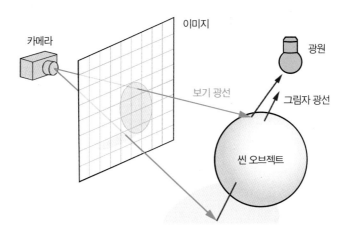

▲ **그림 1-1.** 레이 캐스팅. 광선은 카메라의 위치에서 픽셀 격자를 통해 씬으로 이동한다. 각 위치에서 표면이 빛나는 지 그림자가 졌는지를 판단하고자 또 다른 광선이 빛을 향해 나아간다. (위키피디아의 'Ray tracing (graphics)'에서 헨릭(Henrik)이 그림)

레이 트레이싱^{Ray tracing}은 반사 혹은 굴절 물체에서 빛의 기여도를 재귀적으로 얻고 자 레이 캐스팅 메커니즘을 사용한다. 예를 들어 거울을 만났을 때 광선은 거울의 접촉점에서 반사 방향으로 나아간다. 이 **반사 광선**이 무엇과 교차하든지 간에 거울 의 최종 음영에 영향을 준다. 마찬가지로 투명한 오브젝트 혹은 유리 오브젝트는 반사 광선과 **굴절 광선** 모두를 생성할 수도 있다. 이 과정은 재귀적으로 발생하며 각각의 새로운 광선은 잠재적으로 추가적인 반사 혹은 굴절 광선을 생성한다. 재 귀에는 최대 반사 횟수와 같은 일부 차단 한계가 일반적으로 주어진다. 이 광선 트리는 색상을 제공하고자 체인을 따라 다시 평가된다. 이전과 마찬가지로 각 교 차점은 각 광원을 향해 광선을 생성해 셰도우가 생겼는지 여부를 쿼리할 수 있다. 그림 1-2를 참고하자.

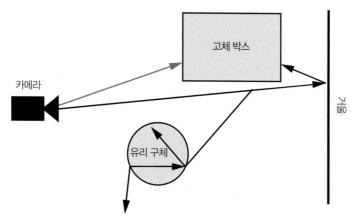

▲ **그림 1-2.** 레이 트레이싱. 세 광선이 카메라에서 씬으로 이동한다. 상단의 초록 광선은 직접 상자와 닿는다. 중앙의 보라 광선은 거울과 닿아 반사돼 상자의 뒷면으로 간다. 하단의 파란 광선은 유리 구체에 닿으며 반사와 굴절 광선을 생성한다. 굴절 광선은 차례대로 2개의 추가적인 자식 광선을 생성하고, 그중 유리를 통해 이동하는 하나는 2개의 광선을 추가적으로 생성한다.

위티드 혹은 고전적인 레이 트레이싱에서 표면은 완벽하게 빛나는 매끄러운 것으로 취급되며, 광원은 방향이나 아주 작은 점으로 표시된다. 쿡^Cook 혹은 확률적 레이 트레이싱에서는 다양한 효과를 내고자 광선 트리의 노드에서 더 많은 광선이 방출될 수 있다. 예를 들어 점으로 된 광원 대신 구체형 빛을 상상해보자. 표면은 이제 부분적으로 조명될 수 있으며, 따라서 조명을 도착하는 양에 근접시키고자 구체에서 다양한 방향으로 수많은 광선을 쏠 수 있다. 지역 빛 가시성을 통합할 때 완전히 음영 처리된 지점은 **움브라**^umbra에 놓인다. 부분적으로 밝혀진 지점은 페눔브라^penumbra 내에 있다. 그림 1-3을 참고하자.

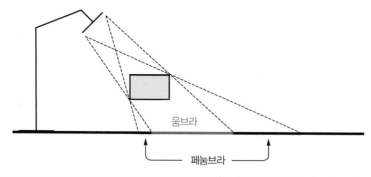

▲ **그림 1-3.** 영역 빛은 부드러운 페눔브라 셰도우 지역을 생성하며 움브라는 완전히 셰도우로 가득 차 있다.

56

반사 방향 주변의 원뿔에 수많은 광선을 발사하고 결과를 혼합하는 것으로 대칭 반사 대신 광택을 얻을 수 있다. 그림 1-4를 참고하자. 샘플을 분산하는 이 아이디어는 반투명, 필드의 깊이와 모션 블러 효과를 모델링하는 데 사용할 수도 있다.

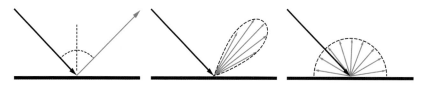

▲ **그림 1-4.** 거울, 광택, 확산 반사 광선. 왼쪽: 들어오는 빛은 반사되는 표면에서 한 방향으로 반사된다. 중간: 황동처럼 표면이 광택 처리돼 반사 방향 근처에서 빛을 반사하고 광택을 제공한다. 오른쪽: 석고처럼 머티리얼이 확산이나 무광택이며, 들어오는 빛은 모든 방향으로 산란한다.

실제 세계에서는 많은 광원이 빛을 발산한다. 이 빛은 굴절과 반사를 비롯한 다양한 수단을 통해 눈으로 향한다. 광택이 있는 표면은 단순히 반사 방향뿐만이 아닌 많은 방향으로 빛을 반사한다. 확산이나 **무광택** 표면은 빛을 더 넓게 퍼뜨린다. 표면의 셰도우로 오는 다양한 방향의 중요성을 결정하는 데 도움이 되고자 경로 추적에서 빛의 산란 동작을 빛이 나가는 방향과 머티리얼을 사용해 반전한다.

이러한 복잡한 빛 전송을 추적하는 것은 빠르게 부담이 커지게 되고 비효율적인 렌더링으로 쉽게 이어질 수 있다. 이미지를 생성하려면 특정한 방향에서 카메라 렌즈를 통과하는 빛이 필요하다. 다양한 형태의 재귀적인 레이 트레이싱은 물리적 과정을 거슬러 돌아가며, 특정한 방향으로 눈에서 생성된 광선은 이미지에 영향을 준다.

카지야 스타일이나 경로 추적에서 빛은 씬의 무광택 표면에서 반사되며 (회절과 같은 위상 효과를 제외한) 실세계에서 모든 빛의 경로를 허용한다. 여기서 경로는 카메라에서 시작해 빛으로 끝나는 일련의 빛-오브젝트 상호작용을 나타낸다.

각각의 표면 교차 위치는 표면의 반사 특성과 결합된 표면 교차 위치를 둘러싼 모든 방향에서 빛의 기여도를 평가해야 한다. 예를 들어 하얀 천장 옆의 빨간 벽은 천장에 빨간 빛을 반사하며, 천장은 벽에 하얀 빛을 반사한다. 이 반사된 빛을 각각 추가로 반사하기 때문에 벽과 천장 사이의 추가적인 상호 반사가 발생하며, 이로 인해 서로에게 영향을 줄 수 있다. 눈의 시각에서 이러한 효과를 재귀적으로 합산하는 것으로 빛이 발생할 때에만 종료되며, 실제적이고 물리적 기반인 이미지가 형성될 수 있다.

여기서의 작동하는 문구는 "형성될 수 있다."이다. 거친 표면의 교차점에서 수천 개의 광선 목록을 쏘면 각각의 광선은 광원이 각 광선과 마주칠 때까지 계속 반복적으로 또 다른 수천 개의 광선을 각각 보내며, 거의 영원히 하나의 픽셀을 계산할 수도 있다. 광선이 눈에서 생성되고 보이는 표면과 충돌할 때 경로 추적기는 대신에 표면에서 유용한 방향으로 하나의 광선만을 생성할 것이다. 이 광선은 경로를 생성하는 광선 세트와 함께 차례대로 새로운 광선을 생성할 것이다. 픽셀을 추적한 여러 경로를 한데 묶으면 픽셀의 실제 밝기를 측정할 수 있으며, 더 많은 경로를 묶을수록 결과가 좋아진다. 적절한 주의를 기울인 경로 추적은 물리적인 현실성과 일치하는 공정한 결과를 제공할 수 있다.

대부분의 현대 레이 트레이서는 몬테카를로^{MC} 알고리즘의 일부로, 픽셀당 하나 이상의 광선을 사용한다. 쿡 스타일과 카지야 스타일의 알고리즘이 그 예다. 이러한 방법은 모두 어떤 공간에 대한 다양한 확률 밀도 함수$^{PDF, Probability Density Functions}$를 어느 정도 이해하고 있다. 예를 들어 쿡 스타일 레이 트레이서에서는 렌즈 영역에 PDF를 포함시킬 수 있다. 경로 기반 메서드에서 PDF는 경로 공간의 경로를 통해 전달된다.

오류를 줄이고자 몬테카를로 알고리즘에 대한 샘플링 PDF를 비균일하게 만드는 것이 샘플링에서 중요하다고 알려져 있다. 기존의 의사 난수 생성기 대신 정수론적 방법으로 샘플의 낮은 불일치 패턴을 사용한 랜덤 샘플을 생성하는 것은 콰지 몬테카를로$^{QMC, Quasi-Monte Carlo}$ 샘플링이라고 알려져 있다. 상당한 부분에서 컴퓨터 그래픽 전문가는 MC나 QMC 분야의 표준 용어를 사용한다. 그러나 이런 관행은 혼동되는 동의어를 유발할 수 있다. 예를 들어 그래픽의 '셰도우 광선을 통한 직접 조명'은 MC/QMC의 '다음 이벤트 추정'의 예다.

공식적인 관점에서 볼 때 렌더러는 일반적으로 그래픽 관련 문제에 대한 렌더링 방정식$^{rendering equation}$이라고도 불리는 전송 방정식$^{transport equation}$을 해결한다. 이는 대개 표면상의 한 점에서 에너지 균형 방정식으로 작성된다. 표기법은 문헌에 따라 다소 차이가 있긴 하지만 다음의 형식과 유사하다.

$$L_0(P, w_0) = \int_{S^2} f(P, w_0, w_1) L_i(P, w_i) \, |\cos\theta_i| \, dw_i \tag{1}$$

여기에서 L_0는 점 P에서 방향 ω_0로 표면을 떠나는 광도며, 표면 속성 f는 양방향 반사도 분포 함수[BRDF]다. 이 함수는 일반적으로 f_r 또는 ρ로 표시된다. 또한 L_i는 방향 ω_i에 따른 입사광이고, 표면 법선과 입사광 방향 사이의 각도는 θ_i이며 $|\cos\theta_i|$는 이 각도로 인한 기하학적 강하를 나타낸다. 단순히 광원뿐만이 아니라 모든 표면과 오브젝트의 모든 들어오는 방향과 표면의 BRDF 효과에서 접히는 빛의 효과를 통합하는 것으로 광선의 색인 광도를 얻는다. L_i는 보통 재귀적으로 계산되므로 점 P에서 보이는 모든 표면은 이에 대해 계산된 복사량 값을 가져야 하며, 경로 추적과 이에 관련된 메서드는 가능한 모든 방향의 효과에 대한 좋은 근사를 계산하고자 의미 있는 방향으로 경로를 따라 발사되는 각 광선의 목표 지점이 있는 모든 가능한 경로 중에서 하나를 선택하는 데 사용된다.

위치점 P는 종종 암시적으로 생략된다. 또한 파장 길이 λ를 함수 입력으로 추가할 수 있다. 연기나 안개 같은 반투과 매체와 회절 같은 물리 광학 효과를 포함하는 좀 더 일반적인 방정식도 있다.

반투명체와 관련해 레이 마칭^{ray marching}은 광선의 방향을 따라 샘플링해 일정 간격으로 광선을 따라 진행하는 과정이다. 이 광선을 생성하는 방법은 종종 특정한 표면이 없는 볼륨 렌더링에 사용된다. 대신 각각의 위치에서 볼륨의 빛 효과는 몇 가지 방법으로 계산된다. 레이 마칭의 대안은 볼륨에서 충돌을 시뮬레이션하는 것이다.

또한 하트의 **구체 트레이싱 알고리즘**[5]의 변형인 레이 마칭은 표면의 검색에서 광선을 따라 점을 샘플링해 암시적 거리 방정식 혹은 내/외부 테스트로 정의된 표면을 교차하는 과정을 기술하는 데 사용된다. 이 경우의 '구체'는 표면에서 등거리 지점의 구체로, 교차하는 구체와는 아무런 관련이 없다. 이전 표기법에 따르면 이 방식은 '구체 트레이싱' 대신 '구체 캐스팅'이라고 이상적으로는 불러야 할 것이다. 이 타입의 교차 테스트는 일반적으로 demoscene 프로그램에서 볼 수 있으며 Shadertoy 웹 사이트에서 온라인으로 널리 보급된다.

지금까지 광선 관련 렌더링 테크닉과 사용 용어의 기초만을 다뤘다. 추가적인 리소스의 안내는 이 책의 웹 사이트 http://raytracinggems.com을 참고하자.

참고 문헌

[1] Appel, A. Some Techniques for Shading Machine Renderings of Solids. In AFIPS '68 Spring Joint Computer Conference (1968), pp. 37–45.

[2] Arvo, J., and Kirk, D. Particle Transport and Image Synthesis. Computer Graphics (SIGGRAPH) 24, 4 (1990), 63–66.

[3] Cook, R. L. Stochastic Sampling in Computer Graphics. ACM Transactions on Graphics 5, 1 (Jan. 1986), 51–72.

[4] Cook, R. L., Porter, T., and Carpenter, L. Distributed Ray Tracing. Computer Graphics (SIGGRAPH) 18, 3 (1984), 137–145.

[5] Hart, J. C. Sphere Tracing: A Geometric Method for the Antialiased Ray Tracing of Implicit Surfaces. The Visual Computer 12, 10 (Dec 1996), 527–545.

[6] Howell, J. R., Menguc, M. P., and Siegel, R. Thermal Radiation Heat Transfer. CRC Press, 2015.

[7] Immel, D. S., Cohen, M. F., and Greenberg, D. P. A Radiosity Method for Non-Diffuse Environments. Computer Graphics (SIGGRAPH) 20, 4 (Aug. 1986), 133–142.

[8] Kajiya, J. T. The Rendering Equation. Computer Graphics (SIGGRAPH) (1986), 143–150.

[9] Kay, D. S., and Greenberg, D. Transparency for Computer Synthesized Images. Computer Graphics (SIGGRAPH) 13, 2 (1979), 158–164.

[10] Lafortune, E. P. Bidirectional Path Tracing. In Compugraphics (1993), pp. 145–153.

[11] Larson, G. W., and Shakespeare, R. Rendering with Radiance: The Art and Science of Lighting Visualization. Booksurge LLC, 2004.

[12] Pharr, M., Jakob, W., and Humphreys, G. Physically Based Rendering: From Theory to Implementation, third ed. Morgan Kaufmann, 2016.

[13] Roth, S. D. Ray Casting for Modeling Solids. Computer Graphics and Image Processing 18, 2 (1982), 109–144.

[14] Veach, E., and Guibas, L. Bidirectional Estimators for Light Transport. In Photorealistic Rendering Techniques (1995), pp. 145–167.

[15] Veach, E., and Guibas, L. J. Metropolis Light Transport. In Proceedings of SIGGRAPH (1997), pp. 65–76.

[16] Whitted, T. An Improved Illumination Model for Shaded Display. Communications of the ACM 23, 6 (June 1980), 343–349.

2장

광선 소개

엔비디아의 피터 셜리(Peter Shirley), 잉고 발트(Ingo Wald), 토마스 아케나인 몰러(Tomas Akenine-Möller), 에릭 헤인스(Eric Haines)

개요

광선[Ray]을 정의하고 광선 간격[ray interval]을 사용하는 방법을 보여준 후 다이렉트X 레이 트레이싱[DXR]을 사용해 광선을 지정하는 방법을 보여준다.

2.1 광선의 수학적 설명

레이 트레이싱에서 중요한 계산 구조는 3차원 광선이다. 수학과 레이 트레이싱 양쪽 모두에서 광선은 일반적으로 3차원 반직선[half-line]을 나타낸다. 광선은 일반적으로 직선의 간격으로 지정된다. 2차원 직선 $y = mx + b$와 유사한 3차원 직선에 대한 암시적인 방정식은 없으므로 일반적으로 파라메트릭[parametric] 방정식이 사용된다. 2장에서는 모든 직선, 점, 벡터는 3차원으로 가정한다.

파라메트릭 직선은 점 A와 B의 가중 평균으로 나타낼 수 있다.

$$P(t) = (1 - t)A + tB \tag{1}$$

프로그래밍에서 이 표현은 실수 t를 입력으로 받고 점 P를 반환하는 함수 $P(t)$로 생각할 수 있다. 전체 직선의 경우 파라미터는 실제 값, 즉 $t \in [-\infty, +\infty]$를 취할 수 있고, 점 P는 그림 2-1과 같이 t가 변경됨에 따라 끊임없이 선을 따라 이동한다. 이 함수를 구현하려면 점 A와 B를 나타낼 방법이 필요하다. 모든 좌표계를 사용할 수 있지만, 거의 항상 직교 좌표계를 사용한다. API와 프로그래밍 언어에서는 종종 vec3나 float3로 불리며 3개의 실수 x, y, z를 포함한다. 동일한 직선은 직선을 따르는 임의의 두 개의 다른 점으로 나타낼 수 있다. 그러나 다른 점을 고르면 주어진 t 값으로 정의된 위치를 변경한다.

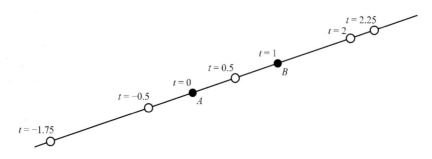

▲ **그림 2-1.** t의 값의 변화는 광선에서 다른 점을 제공한다.

일반적으로는 두 점보다는 점과 방향 벡터를 사용한다. 그림 2-2에서 볼 수 있듯이 광선 방향 d를 $B - A$로, 광선 원점 O를 A 점으로 선택할 수 있다.

$$P(t) = O + t\mathbf{d} \tag{2}$$

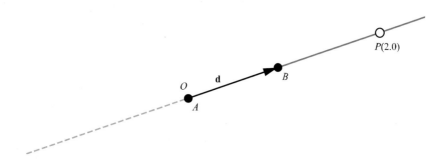

▲ **그림 2-2.** 광선 $P(t) = O + t\mathbf{d}$는 원점 O와 광선 방향 d로 설명되며, 이 경우에는 $\mathbf{d} = B - A$다. 종종 발견된 점이 원점 앞에 있는 경우($t > 0$) 같은 양의 교차점에만 관심이 있다. 이는 원점 뒤에 점선으로 선을 그려 표시한다.

점곱을 통해 벡터 간 코사인을 계산하는 등의 다양한 이유로 일부 프로그램은 d를 단위 벡터 $\hat{\mathbf{d}}$, 즉 정규화로 제한하는 것이 유용하다는 것을 발견했다. 방향 벡터를 정규화하는 한 가지 유용한 결과는 t가 원점에서 부호 있는 거리를 직접 나타내는 것이다. 일반적으로 어떤 두 t 값의 차이는 점 사이의 실제 거리다.

$$\| P(t_1) - P(t_2) \| = |t_2 - t_1| \tag{3}$$

일반 벡터 d의 경우 이 수식은 d의 길이로 조정해야 한다.

$$\| P(t_1) - P(t_2) \| = |t_2 - t_1| \| \mathbf{d} \| \tag{3}$$

2.2 광선 간격

식 (2)의 광선 공식을 통해 심상$^{\text{mental picture}}$은 광선을 반무한한 직선으로 본다. 그러나 레이 트레이싱에서 광선은 종종 추가 간격(교차가 유용한 t값의 범위)과 함께 제공된다. 일반적으로 이 간격을 t_{min}과 t_{max} 두 값으로 지정하며 t 값을 $t \in [t_{min}, t_{max}]$로 바인드한다. 즉, t에서 교차가 발견됐을 때 이 교차가 $t < t_{min}$ 혹은 $t > t_{max}$일 경우 보고되지 않을 것이다. 그림 2-3을 참고하자.

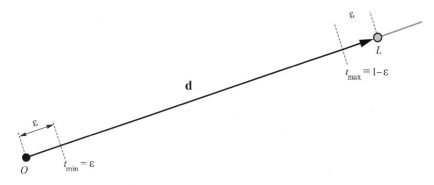

▲ **그림 2-3.** 이 예에서는 L에 광원이 있고 O와 L 사이에 있는 교차점만을 찾으려고 한다. 광선 간격 $[t_{min}, t_{max}]$는 $[t_{min}, t_{max}]$로 t 값의 교차점 검색을 제한하는 데 사용된다. 정밀도 문제를 피하고자 이 제한은 광선 간격을 $[\varepsilon, 1 - \varepsilon]$로 설정하는 것으로 구현했으며, 이 그림에서는 밝은 파란색으로 표시했다.

세도우 광선과 같이 특정 거리를 넘어선 충돌이 중요하지 않은 때 최댓값이 주어진다. 점 P를 가리고 L에서 빛의 가시성을 쿼리하기 원한다고 해보자. $O = P$의 원점, 정규화되지 않은 방향 벡터 $\mathbf{d} = L - P$, $t_{min} = 0$, $t_{max} = 1$로 세도우 광선을 만든다. $[0, 1]$의 t에서 교차가 발생하면 광선은 빛을 차단하는 지오메트리와 교차한다. 실제로 작은 숫자 ε에 대해 $t_{min} = \varepsilon$과 $t_{max} = 1 - \varepsilon$을 종종 설정한다. 이 조정은 숫자 부정확성으로 인한 셀프 교차를 피하는 데 도움을 준다. 부동소수점 수학을 사용해 P가 누워 있는 표면은 작지만 0이 아닌 값 t에서 광선과 만날 수도 있다. 비포인트 라이트의 경우 빛의 프리미티브가 세도우 광선을 가려서는 안 되므로 $t_{max} = 1 - \varepsilon$을 사용해 간격을 줄인다. 완벽한 수학을 통해 이 문제는 정확하게 $t = 0$과 1인 교차를 무시하고 열린 간격을 사용하면 사라진다. 부동소수점 정밀도는 제한돼 있기 때문에 ε 퍼지 인수를 사용하는 것이 일반적인 해결책이다. 자가 교차를 피하는 방법의 자세한 내용은 6장을 참고하자.

정규화된 광선 방향의 구현에서 $d = \dfrac{L - P}{\|L - P\|}$와 $t_{max} = l - \varepsilon$을 대신 사용할 수 있다. 여기서 $l = \|L - P\|$은 광원 L까지의 거리다. 이제 t는 다른 거리를 가지므로 엡실론은 이전 엡실론과 달라야 한다.

일부 렌더러는 모든 광선이나 일부 광선 방향에 대해 단위 길이 벡터를 사용한다. 이렇게 하면 다른 단위 벡터와의 점곱을 통한 효율적인 코사인 계산을 허용하며 코드를 더 쉽게 추론할 수 있고 읽기도 쉬워진다. 앞에서 언급했듯이 단위 길이는 광선 파라미터 t가 방향 벡터의 길이만큼 스케일링되지 않고도 거리로 해석될 수 있음을 뜻한다. 그러나 인스턴스화된 지오메트리는 각 인스턴스에 대한 변환을 사용해 표현할 수 있다. 광선/오브젝트 교차는 오브젝트의 공간으로 광선을 변형시킬 필요가 있다. 이는 방향 벡터의 길이를 변경한다. 이 새로운 공간에서 t를 적절하게 계산하려면 변환된 방향을 정규화하지 않은 채로 남겨둬야 한다. 또한 정규화는 약간의 비용이 들며 세도우 광선에서와 같이 불필요할 수 있다. 이러한 경쟁적인 이점 때문에 단위 방향 벡터를 사용할지의 여부에 대한 보편적인 권장 사항은 존재하지 않는다.

2.3 DXR의 광선

이 절에서는 다이렉트X 레이 트레이싱에서 광선의 정의를 설명한다. DXR에서 광선은 다음 구조로 정의한다.

```
1  struct RayDesc
2  {
3      float3 Origin;
4      float  TMin;
5      float3 Direction;
6      float  TMax;
7  };
```

광선 타입은 DXR에서 다르게 처리되며, 특정 셰이더 프로그램이 각각 다른 종류의 광선과 연관돼 있다. DXR에서 TraceRay() 함수로 광선을 추적하려면 RayDesc가 필요하다. RayDesc::Origin은 광선의 원점 O로 설정되고 RayDesc::Direction은 방향 d로 설정된다. t 간격(RayDesc::TMin과 RayDesc::TMax)도 초기화해야 한다. 예를 들어 눈의 광선(RayDesc eyeRay)의 경우 eyeRay.TMin = 0.0과 eyeRay.TMax = FLT_MAX로 설정하며, 이는 원점 앞에 있는 모든 교차에 대해 관심이 있다는 것을 가리킨다.

2.4 결론

2장에서는 광선이 레이 트레이서에서 일반적으로 정의되고 사용되는 방법을 살펴봤으며, DXR API의 광선 정의를 예로 들었다. OptiX와 불칸 레이 트레이싱 확장 같은 다른 레이 트레이싱 시스템에는 사소한 차이가 있다. 예를 들어 OptiX는 셰도우 광선과 같은 광선 유형을 명시적으로 정의한다. 이러한 시스템에는 광선 페이로드라는 아이디어 같은 다른 공통점이 있다. 이는 별도의 셰이더나 모듈에서 접근하고 수정할 수 있는 광선을 따라 추가적인 정보를 전달하고자 사용자가 정의할 수 있는 데이터 구조체다. 이러한 데이터는 애플리케이션에 따라 다르다. 코어에서 광선을 선언하는 모든 렌더링에서 광선의 원점, 방향, 간격을 찾을 수 있다.

참고 문헌

[1]   NVIDIA. OptiX 5.1 Programming Guide.
      http://raytracing-docs.nvidia.com/optix/guide/index.html, Mar. 2018.

[2]   Subtil, N. Introduction to Real-Time Ray Tracing with Vulkan. NVIDIA Developer
      Blog, https://devblogs.nvidia.com/vulkan-raytracing/, Oct. 2018.

[3]   Wyman, C., Hargreaves, S., Shirley, P., and Barré-Brisebois, C. Introduction to
      DirectX RayTracing. SIGGRAPH Courses, Aug. 2018.

3장

다이렉트X 레이 트레이싱 소개

엔비디아의 크리스 와이만(Chris Wyman)과 아담 마르스(Adam Marrs)

개요

다이렉트 12와 같은 최신 그래픽 API는 개발자에게 로우레벨의 하드웨어 접근과 제어를 제공하며, 종종 초보자를 위협할 수 있는 복잡하고 자세한 코드를 생성한다. 3장에서는 레이 트레이싱을 위해 다이렉트X를 설정하고 사용하는 단계를 설명한다.

3.1 소개

2018년, 게임 개발자 콘퍼런스에서 마이크로소프트는 다이렉트X 레이 트레이싱 DXR API를 발표했다. DXR은 레이 트레이싱의 자연적인 지원과 함께 다이렉트X 12를 확장한다. 윈도우 10에 대한 2018년 10월 업데이트부터는 API가 전용 하드웨어 가속을 사용하거나 계산 기반 소프트웨어 폴백을 통해 모든 다이렉트X 12 GPU에서 실행된다. 이 기능은 다이렉트X 렌더러, 완벽한 범위, 래스터 셰도우 혹은 반사를 레이 트레이싱으로 교체한 것처럼 좀 더 로우레벨의 광선-래스터 하이브리드로의 영화 품질 경로 추적용 새로운 옵션을 활성화한다.

모든 그래픽 API와 마찬가지로 코드로 들어가기 전에 몇 가지 중요한 전제 조건이 있다. 3장은 독자가 레이 트레이싱의 기본 지식을 지녔다고 가정하며 기본적인 내용은 이 책의 다른 장이나 입문용 서적[4, 10]을 권장한다. 또한 GPU 프로그래밍에 익숙하다고 가정한다. 레이 트레이싱 셰이더를 이해하려면 기본 다이렉트X, 불칸, OpenGL을 경험해보자. 로우레벨의 세부 사항은 다이렉트X 12를 사용한 이전의 경험이 도움이 될 수 있다.

3.2 개요

GPU 프로그래밍에는 API와 독립적인 세 가지 주요 구성 요소가 있다. (1) GPU 장치 코드, (2) CPU 호스트 측 설정 프로세스, (3) 호스트와 장치 간의 데이터 공유다. 각 컴포넌트를 설명하기 전에 3.3절에서는 DXR 기반 프로그램을 빌드하고 실행하는 데 필요한 중요한 소프트웨어와 하드웨어 요구 사항을 설명한다.

그런 다음 3.4, 3.5, 3.6절에서 DXR 셰이더를 코딩하는 방법부터 시작해 각 핵심 구성 요소를 설명한다. DXR용 고급 레벨 셰이딩 언어^{HLSL, High-Level Shading Language} 코드는 C++로 작성된 시리얼 CPU 레이 트레이서와 유사하게 보인다. 호스트 측 그래픽 API(예, Falcor[2])를 추상화하고자 라이브러리를 사용하면 초보자조차도 흥미로운 GPU 가속화된 레이 트레이서를 빠르게 구축할 수 있다. 예는 그림 3-1에 있으며 간단한 경로 추적기를 확장한 Factor를 사용해 렌더링했다.

▲ 그림 3-1. 다이렉트X 기반 경로 추적기로 렌더링된 Amazon Lumberyard Bistro.

3.7절에서는 DXR 호스트 측 설정 과정의 개요를 제공하고 새로운 API를 구동하는 멘탈 모델을 설명한다. 3.8절에서는 DXR을 초기화하고 필요한 광선 가속 구조를

만들고 레이 트레이싱 셰이더를 컴파일하는 데 필요한 호스트 측 단계를 자세히 다룬다. 3.9절과 3.10절에서는 호스트와 GPU 간의 데이터 공유를 정의하는 새로운 레이 트레이싱 파이프라인 상태 오브젝트와 셰이더 테이블을 각각 소개한다. 마지막으로 3.11절에서는 광선을 구성하고 발사하는 방법을 보여준다.

광선 가속 구조를 선택하는 것이 성능에 영향을 끼치는 주요 선택인 소프트웨어 렌더러와는 달리 다이렉트X는 이런 구조를 추상화한다. 오늘날의 합의는 다른 데이터 구조보다 바운딩 볼륨 계층[BVH, Bounding Volume Hierarchies]이 더 나은 특성을 갖고 있음을 암시한다. 따라서 3장 앞부분에서는 다이렉트X가 BVH의 사용을 요구하지는 않지만 바운딩 볼륨 계층과 같은 가속 구조를 언급한다. 가속 구조의 초기화는 3.8.1절에서 설명한다.

3.3 시작

다이렉트X 레이 트레이싱 애플리케이션을 작성하려면 몇 가지 표준 도구가 필요하다. DXR은 윈도우 10 RS5(및 이후 버전)에서만 돌아가며, 이는 버전 1809 혹은 2018년 10월 업데이트로도 알려져 있다. winver.exe를 실행하거나 설정 ❯ 시스템 ❯ 정보를 열어 윈도우 버전을 확인하자.

운영체제를 확인한 후 DXR 기능이 있는 헤더와 라이브러리를 포함하는 윈도우 SDK의 업데이트된 버전을 설치한다. 윈도우 10 SDK 10.0.17763.0 이상이 필요하다. 이는 윈도우 10 SDK 버전 1809라고도 한다.

비주얼 스튜디오나 비슷한 컴파일러가 필요하다. 비주얼 스튜디오 2017의 프로페셔널 버전과 무료 커뮤니티 버전 모두 동작한다.

마지막으로 레이 트레이싱에는 다이렉트X 12를 지원하는 GPU가 필요하다(dxdiag. exe를 실행해 확인해보자). 하드웨어 가속된 레이 트레이싱을 사용하면 복잡한 씬과 더 높은 해상도에서 성능이 크게 향상된다. 특별히 간단한 씬이나 낮은 해상도일 때 픽셀당 몇 개의 광선을 추적하는 것은 오래된 GPU에서도 가능할 수 있다. 여러 가지 이유로 레이 트레이싱은 래스터화보다 일반적으로 더 많은 메모리를 필요로 한다. 온보드 메모리가 적은 하드웨어는 스레싱^{thrashing}으로 인해 성능이 저하될 수 있다.

3.4 다이렉트X 레이 트레이싱 파이프라인

전통적인 GPU 래스터 파이프라인은 개발자가 생성된 이미지를 제어하고자 커스텀 셰이더 코드를 작성하는 수많은 프로그래밍 가능한 단계를 포함한다. 다이렉트X 레이 트레이싱은 새로운 광선 프리미티브와 유연한 광선별 데이터 저장소와 그림 3-2의 단순화된 파이프라인 다이어그램에서 보여주는 다섯 가지 새로운 셰이더 단계를 도입했다. 이 셰이더는 광선 발사, 광선/지오메트리 교차 제어, 식별된 충돌의 셰이딩을 가능하게 한다.

1. 광선 생성 셰이더는 파이프라인을 시작해 새로운 내장 TraceRay() 셰이더 함수를 사용해 발사할 광선을 개발자가 지정할 수 있게 한다. 전통적인 계산 셰이더와 비슷하게 일반적인 1차원, 2차원, 3차원 샘플 그리드에서 실행한다.

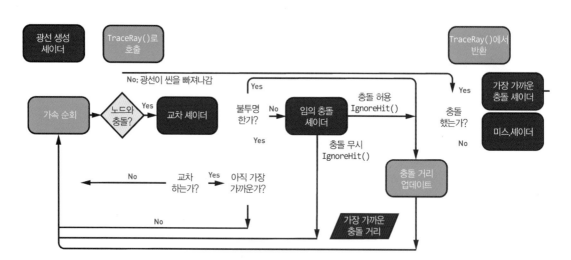

▲ 그림 3-2. 다섯 개의 새로운 셰이더 스테이지(파란색)을 포함한 새로운 다이렉트X 레이 트레이싱 파이프라인의 단순화된 뷰: 광선 생성, 교차, 모든 충돌, 가장 가까운 충돌, 미스 셰이더 복잡성은 순회 루프(큰 회색 윤곽선, 그림의 대부분)에서 일어난다. 순회 루프는 광선이 바운딩 볼륨 노드에 대해 테스트되고 잠재적 충돌이 식별되며 가장 가까운 충돌을 결정하고자 정렬되는 곳이다. 가장 가까운 충돌 셰이더와 미스 셰이더에서 TraceRay()의 재귀 호출을 할 가능성은 없다.

2. 교차 셰이더^{intersection shader}는 임의의 프리미티브와의 광선 교차에 대한 계산을 정의한다. 광선/삼각형 교차에 대한 고성능 기본이 제공된다.

3. 임의 충돌 셰이더^{Any-hit shader}는 텍스처 룩업 후 알파 마스킹된 지오메트리를 무시하는 것 같이 유효한 교차 이외를 버리는 것을 조절할 수 있도록 한다.

4. 가장 가까운 충돌 셰이더^{closest-hit shader}는 각 광선을 따라 가장 가까운 하나의 교차점에서 실행한다. 일반적으로 이것은 래스터 파이프라인의 픽셀 셰이더와 비슷하게 교차점에서 색상을 계산한다.

5. 미스 셰이더^{miss shader}는 광선이 씬의 모든 지오메트리를 놓칠 때마다 실행한다. 예를 들어 이것은 환경 맵이나 동적 스카이라이트 모델을 살펴보는 것을 허용한다.

입문 서적[9]에서 찾을 수 있듯이 간단한 CPU 레이 트레이서에 대해서는 아래의 의사 코드를 참고하자. 코드는 출력 이미지를 반복하고 각 광선의 방향을 계산하고 가속 구조를 가로지르며 겹치는 가속 구조 노드의 지오메트리를 교차시키며, 이 교차가 유효하면 쿼리하고 최종 결과를 셰이딩한다.

```
for x, y ∈ image.dims() do
    [1] ray = computeRay(x, y);
    closestHit = null;
    while
    leaf = findBvhLeafNode(ray, scene)
    do
        [2] hit = intersectGeometry(ray,
        leaf);
        if isCloser(hit, closestHit) then
            if [3] isOpaque(hit) then
                closestHit = hit;
    if closestHit then
        [4] image[x,y] = shade(ray,
        closestHit);
    else
        [5] image[x,y] = miss(ray);
```

이름과는 달리 임의 충돌 셰이더는 대부분 성능 문제 때문에 교차당 한 번 실행되지 않는다. 기본적으로 광선당 구현 의존 횟수만큼 변수를 실행할 수도 있다. 좀더 복잡한 사용 사례를 위해 행동을 이해하고 제어하려면 사양을 자세히 읽자.

적어도 표준 사용 사례의 경우 새로운 DXR 셰이더는 이 간단한 레이 트레이서의 일부와 일치한다. 광선 생성 셰이더의 시작 크기는 이미지 크기에 해당한다. 각 픽셀의 광선을 생성하는 카메라 계산은 광선 생성 셰이더에서 발생한다.

광선이 바운딩 볼륨 계층을 가로지르는 동안 잎 노드에 있는 프리미티브의 실제 교차는 다이렉트X 교차 셰이더에서 발생하고 발견된 교차는 임의 충돌 셰이더에서 버려질 수 있다. 마지막으로 광선이 가속 구조를 통과하는 것이 완료되면 가장 가까운 충돌 셰이더에서 셰이딩되거나 미스 셰이더에서 기본 색상으로 지정된다.

3.5 다이렉트X 레이 트레이싱을 위한 새로운 HLSL 지원

표준 HLSL 데이터 타입, 텍스처, 버퍼 자원, 내장 함수(다이렉트X 문서[5]를 참고)를 향상시키고자 마이크로소프트는 레이 트레이싱에 필요한 기능을 지원하는 다양한 내장 함수를 추가했다. 새로운 내장 함수는 다음과 같은 다섯 가지 카테고리로 나뉜다.

1. 광선 통과 함수는 광선을 생성하고 실행을 제어할 수 있다.

2. 내부 검사 함수 실행은 실행 차원을 쿼리하고 현재 스레드가 처리 중인 광선(혹은 픽셀)을 식별한다. 이 함수는 모든 레이 트레이싱 셰이더에서 유효하다.

3. 광선 자가 분석Ray introspection 함수는 광선 파라미터와 속성을 쿼리하며 입력 광선(광선 생성 셰이더를 제외한 모든 레이 트레이싱 셰이더)을 가질 때마다 사용할 수 있다.

4. 객체 내부 검사 함수는 오브젝트와 인스턴스 속성을 쿼리하며 입력 프리미티브(교차, 임의 충돌, 가장 가까운 충돌 셰이더)가 있을 때마다 사용할 수 있다.

5. 충돌 자가 분석^{Hit introspection} 함수는 현재 교차의 속성을 쿼리한다. 속성은 보통 사용자 정의이므로 이 함수는 교차와 충돌 셰이더 간의 통신을 허용한다. 이 함수는 임의 충돌 셰이더와 가장 가까운 충돌 셰이더에서만 사용할 수 있다.

3.5.1 HLSL에서 새로운 광선 발사

가장 중요한 새로운 함수 TraceRay()는 광선을 발사한다. 논리적으로 이는 텍스처 페치와 비슷하게 동작한다. 이것은 GPU 클록의 가변적인(그리고 잠재적으로 큰) 숫자만큼 셰이더를 일시 중지하고 이후 실행을 위한 결과가 사용 가능해졌을 때 실행을 재개한다. 광선 생성, 가장 가까운 충돌 셰이더와 미스 셰이더는 TraceRay()를 호출할 수 있다. 이 셰이더는 스레드당 0개, 1개, 혹은 여러 개의 광선을 발사할 수 있다. 기본 광선 발사의 코드는 다음과 같다.

```
1  RaytracingAccelerationStructure scene;                // C++에서의 씬 BVH
2  RayDesc ray = { rayOrigin, minHitDist, rayDirection, maxHitDist };
3  UserDefinedPayloadStruct payload = { ... <initialize here>... };
4
5  TraceRay( scene, RAY_FLAG_NONE, instancesToQuery,     // 어떤 지오메트리?
6      hitGroup, numHitGroups, missShader,               // 어떤 셰이더?
7      ray,                                              // 추적할 광선이 무엇인가?
8      payload );                                        // 사용할 데이터가 무엇인가?
```

사용자 정의 페이로드 구조는 광선의 수명 동안 지속되는 광선당 데이터를 포함한다. 순회와 TraceRay()에서의 결과 반환 동안 광선 상태를 유지하고자 사용한다. 다이렉트X는 광선 원점, 방향, 최소 및 최대 충돌 거리(두 개의 float4로 묶고자 정렬됨)를 저장하고자 RayDesc 구조체를 정의했다. 지정한 간격 밖의 광선 교차는 무시된다. 가속 구조는 호스트 API(3.8.1절 참고)를 통해 정의된다.

첫 번째 TraceRay() 파라미터는 지오메트리를 포함하는 BVH를 선택한다. 간단한 레이 트레이서는 종종 단일 BVH를 사용하지만 다중 구조를 독립적으로 쿼리하면 다른 지오메트리 클래스(예, transparent/opaque, dynamic/static)에 다양한 동작을 허용할 수 있다. 두 번째 파라미터는 예를 들어 광선에서 유효한 추가 최적화를 지정하는 등의 광선 동작을 변경하는 플래그가 포함돼 있다. 세 번째 파라미터는 인스턴스당 비트 마스크를 기반으로 하는 지오메트리를 건너뛸 수 있게 하는 정수 인스턴스 마스크다. 모든 지오메트리 테스트를 위해서는 0xFF여야 한다.

네 번째와 다섯 번째 파라미터는 사용할 충돌 그룹을 선택하는 데 도움을 준다. 충돌 그룹은 교차, 가장 가까운 충돌, 임의 충돌 셰이더로 구성된다(일부는 null일 수도 있음). 사용되는 세트는 이들 파라미터와 지오메트리 타입과 BVH 인스턴스가 테스트된 것에 따라 다르다. 기본 레이 트레이서의 경우 일반적으로 광선 타입당 하나의 충돌 그룹이 있다. 예를 들어 주광선은 충돌 그룹 0을 사용할 것이고, 세도우 광선은 충돌 그룹 1을, 전역 조명 광선은 충돌 그룹 2를 사용할 것이다. 이 경우 네 번째 파라미터는 광선 타입을 선택하고 다섯 번째는 다른 타입의 수를 지정한다.

여섯 번째 파라미터는 사용할 미스 셰이더가 무엇인지를 지정한다. 이는 단순히 로드된 미스 셰이더의 목록을 색인한다. 일곱 번째 파라미터는 추적할 광선이며, 여덟 번째 파라미터는 이 광선의 사용자 정의 영구 페이로드 구조여야 한다.

3.5.2 HLSL에서 광선 순회 제어

광선 발사 시 플래그를 지정하는 것 외에도 다이렉트X는 교차와 임의 충돌 셰이더에서 광선 행동을 조절하기 위한 세 가지 추가적인 함수를 제공한다. 커스텀 교차 셰이더에서의 ReportHit() 호출은 광선이 프리미티브와 충돌하는 곳을 식별한다. 예를 들면 다음과 같다.

```
1  if ( doesIntersect( ray, curPrim ) ) {
2      PrimHitAttrib hitAttribs = { ... <여기서 초기화>... };
```

```
3        uint hitType = <사용자-정의-값>;
4        ReportHit( distToHit, hitType, hitAttribs );
5    }
```

ReportHit()의 입력은 광선에서 교차점까지의 거리, 충돌 타입을 지정하는 사용자가 정의 가능한 정수, 사용자가 정의 가능한 충돌 속성 구조체다. 충돌 타입은 HitKind()가 반환하는 8비트 부호 없는 정수로 셰이더를 충돌시키는 것이 가능하다. 이는 면 방향 같은 광선/프리미티브 교차의 속성을 결정하는 데 유용하지만 사용자 정의이므로 커스터마이징할 수 있다. 내장된 삼각형 교차가 충돌을 보고할 때 HitKind()는 D3D12_HIT_KIND_TRIANGLE_FRONT_FACE 혹은 D3D12_HIT_KIND_TRIANGLE_BACK_FACE를 반환한다. 충돌 속성은 임의 충돌과 가장 가까운 충돌 셰이더에게 파라미터로 넘겨진다. 내장 삼각형 교차를 사용할 때 충돌 셰이더는 BuiltInTriangleIntersectionAttributes 타입의 파라미터를 사용한다. 또한 ReportHit()는 충돌이 가장 가까운 충돌로 받아들여지면 True를 반환한다.

임의 충돌 셰이더에서 현재 충돌 지점의 처리를 중단하려면 IgnoreHit()를 호출한다. 이는 교차 셰이더로의 실행을 반환하고(ReportHit()는 거짓을 반환함) 광선 페이로드에 대한 수정이 보존된다는 것을 제외하면 래스터의 **discard** 호출과 유사하게 작동한다.

현재 충돌을 받아들이거나 검색되지 않은 BVH 노드를 건너뛰거나 현재의 가장 가까운 충돌을 사용해 즉시 가장 가까운 충돌 셰이더로(충돌 처리를) 계속하려면 임의 충돌 셰이더에서 AcceptHitAndEndSearch() 함수를 호출한다. 이는 셰도우 광선 통과를 최적화하는 데 유용하다. 이 광선은 단순히 좀 더 복잡한 셰이딩과 빛 평가를 트리거하지 않은 채로 무엇인가와 충돌했는지를 판단하기 때문이다.

3.5.3 추가적인 HLSL INTRINSICS

모든 레이 트레이싱 셰이더는 DispatchRaysDimensions()나 DispatchRaysIndex()를 통해 현재 광선 발사 차원과 스레드의 광선 인덱스를 쿼리할 수 있다. 광선이

1, 2, 3차원일 수 있으므로 두 함수 전부 uint3를 반환한다.

자가 검사의 경우 WorldRayOrigin(), WorldRayDirection(), RayTMin(), RayFlags()는 각각 원점, 방향, 최소 순회 거리, TraceRay()에 제공되는 광선 플래그를 반환한다. 임의 충돌과 가장 가까운 충돌 셰이더에서 RayTCurrent()는 현재 충돌과의 거리를 반환한다. 교차 셰이더에서 RayTCurrent()는 가장 가까운 충돌과의 거리를 반환한다(셰이더 실행 중에 변경될 수도 있다). 미스 셰이더 중 RayTCurrent()는 TraceRay()에 지정된 최대 순회 거리를 반환한다.

교차, 임의 충돌, 가장 가까운 충돌 셰이더에서 여러 오브젝트의 인트로스펙션 인트린식스^{introspection intrinsic}가 가능하다.

- InstanceID()는 현재 인스턴스에 대한 사용자 정의 식별자를 반환한다.

- InstanceIndex()와 PrimitiveIndex()는 현재 인스턴스와 프리미티브에 대한 시스템 정의 식별자를 반환한다.

- ObjectToWorld3x4()와 ObjectToWorld4x3()는 오브젝트 공간에서 월드 공간으로 변환되는 전치 행렬이다.

- WorldToObject3x4()와 WorldToObject4x3()은 월드 공간에서 오브젝트 공간으로의 행렬을 반환한다.

- ObjectRayDirection()과 ObjectRayOrigin()은 인스턴스의 좌표 공간으로 변환된 광선 데이터를 제공한다.

3.6 간단한 HLSL 레이 트레이싱 예제

실제로 작동하는 방식의 좀 더 구체적인 예를 위해 다음 HLSL 코드 조각을 참고하자. 이 코드는 ShadowRay() 함수가 인스턴스화한 광선을 정의한다. 이 함수는 광선이 가려지면 0을 반환하고, 그 외에는 1을 반환한다(즉 '셰도우 광선'이다). ShadowRay()가 TraceRay()를 호출하므로 광선 생성, 가장 가까운 충돌, 미스 셰이더에서만 호출할 수 있다. 논리적으로 광선은 미스 셰이더가 실행되고 광선이 가로막히지 않았다고 확실하게 알 때가 아니라면 막혔다고 가정한다. 이는 가장 가까운 셰이더의 실행을 피하게 하고(RAY_FLAG_SKIP_CLOSEST_HIT_SHADER) 오클루전이 일어나는 곳에서 이후의 모든 충돌을 막는다(RAY_FLAG_ACCEPT_FIRST_HIT_AND_END_SEARCH).

```
1  RaytracingAccelerationStructure scene;   // C++는 여기에 빌드된 BVH를 놓는다.
2
3  struct ShadowPayload {                     // 광선 페이로드 정의
4      float isVisible;                       // 0: 막힘, 1: 보임
5  };
6
7  [shader("miss")]                           // 미스 셰이더 #0 정의
8  void ShadowMiss(inout ShadowPayload pay) {
9      pay.isVisible = 1.0f;                  // 놓쳤다. 광선 미차단
10 }
11
12 [shader("anyhit")]                         // 충돌 그룹 #0에 추가
13 void ShadowAnyHit(inout ShadowPayload pay,
14             BuiltInTriangleIntersectionAttributes attrib) {
15     if ( isTransparent( attrib, PrimitiveIndex() ) )
16         IgnoreHit();                       // 투명 충돌 건너뛰기
17 }
18
19 float ShadowRay( float3 orig, float3 dir, float minT, float maxT ) {
20     RayDesc ray = { orig, minT, dir, maxT }; // 새로운 광선 정의
21     ShadowPayload pay = { 0.0f };          // 광선이 차단됐다고 가정
22     TraceRay(  scene,
23             (RAY_FLAG_SKIP_CLOSEST_HIT_SHADER |
24             RAY_FLAG_ACCEPT_FIRST_HIT_AND_END_SEARCH),
25             0xFF, 0, 1, 0, ray, pay );     // 히트 그룹 0; 미스 0
26     return pay.isVisible;                  // 광선 페이로드 반환
27 }
```

이 코드는 알파 테스트를 수행하고자 머티리얼 시스템(프리미티브 ID와 충돌 지점을 기반으로 하는)을 쿼리하기 위한 커스텀으로 작성된 isTransparent() 함수를 사용한다.

이를 사용하면 셰도우 광선을 다른 셰이더에서 쉽게 캐스팅할 수 있다. 예를 들어 간단한 앰비언트 오클루전 렌더러는 다음과 같이 보일 수 있다.

```
1   Texture2D<float4> gBufferPos, gBufferNorm;      // G 버퍼 입력
2   RWTexture2D<float4> output;                     // AO 버퍼 출력
3
4   [shader("raygeneration")]
5   void SimpleAOExample() {
6       uint2 pixelID = DispatchRaysIndex().xy;     // 사용할 픽셀은?
7       float3 pos = gBufferPos[ pixelID ].rgb;     // 어디의 AO 광선?
8       float3 norm = gBufferNorm[ pixelID ].rgb;   // G 버퍼 법선
9       float aoColor = 0.0f;
10      for (uint i = 0; i < 64; i++)               // 64개 광선 사용
11          a oColor += (1.0f/64.0f) * ShadowRay(pos, GetRandDir(norm), 1e-4);
12      output[ pixelID ] = float4( aoColor, aoColor, aoColor, 1.0f );
13  }
```

GetRandDir() 함수는 표면 법선이 정의한 유닛 반구 내에서 랜덤하게 정해진 방향을 반환하며, ShadowRay()로 전달되는 1e-4minT 값은 자가 교차를 방지하는 데 도움이 되는 오프셋이다(좀 더 자세한 옵션은 6장을 참고하자).

3.7 다이렉트X 레이 트레이싱의 호스트 초기화 개요

지금까지 다이렉트X 레이 트레이싱에 필요한 셰이더 코드에 중점을 뒀다. DXR을 지원하는 엔진이나 프레임워크를 사용한다면 이는 시작하기에 충분할 것이다. 그러나 처음부터 시작하는 경우 레이 트레이서를 초기화하기 위한 일부 로우레벨의 다이렉트X 호스트 측 코드가 필요할 것이다. 3.8 ~ 3.11절에 설명된 주요 초기화 단계는 다음을 포함한다.

1. 다이렉트X 장치를 초기화하고 레이 트레이싱을 지원하는지 확인한다.

2. 레이 가속 구조를 작성하고 씬 지오메트리를 지정한다.

3. 셰이더를 로드하고 컴파일한다.

4. CPU에서 GPU로 렌더링 파라미터를 전달하고자 루트 서명과 셰이더 테이블을 정의한다.

5. 레이 트레이싱 파이프라인용 다이렉트X 파이프라인 상태 객체를 정의한다.

6. 실제로 광선을 추적하고자 GPU로 작업을 보낸다.

모든 다이렉트X 12 API와 마찬가지로 레이 트레이싱 API는 낮은 레벨이며 자세하다. 심지어 간단한 샘플[3]조차 모든 자원 할당, 유효성 검사 실행, 에러 확인에 C++ 코드 1,000줄 이상을 실행한다. 명확함과 간결함을 위해 다음 절의 코드 조각은 레이 트레이싱에 필요한 새로운 주요 함수와 구조체에 초점을 둔다.

3.7.1 멘탈 모델 들여다보기

이 코드 조각을 이해하려고 할 때 목표를 기억하자. 래스터화와 달리 각 광선을 레이 트레이싱할 때 임의의 지오메트리 및 머티리얼과 교차할 수도 있다. 이러한 유연성을 허용하는 동시에 높은 성능을 달성하는 것은 잘 정리되고 쉽게 인덱싱할 수 있는 포맷으로 GPU에서 모든 잠재적으로 교차되는 표면을 위해 사용할 수 있는 셰이더 데이터를 만드는 것을 의미한다. 결과적으로 교차된 표면의 광선과 셰이딩의 추적 과정은 오프라인이나 CPU 레이 트레이서 두 작업이 종종 독립적인 것과 달리 다이렉트X와 결합돼 있다.

3.4절의 새로운 셰이더 스테이지를 고려하자. 광선 생성 셰이더는 표준 GPU 프로그래밍 모델을 가진다. 스레드 그룹은 병렬로 실행되지만 다른 셰이더 프로그램은 콜백처럼 효과적으로 행동한다. 광선이 구와 부딪혔을 때 하나를 실행하고, 삼각형의 점을 음영 처리하고자 다른 하나를 실행하며, 모든 지오메트리를 놓쳤을 때 세 번째를 실행한다. 셰이더는 스폰되고 깨어난 다음 지속적인 실행 히스토리의 이점 없이 수행할 작업을 식별할 필요가 있다. 생성된 셰이더의 작업이 지오메트릭 속성에 의존하는 경우 다이렉트X는 이 관계를 이해할 필요가 있다. 예를 들어 가장 가까운 충돌 셰이더는 교차 도중 계산되는 표면 법선에 의존할 수 있다.

표면에서 실행할 올바른 셰이더를 식별하는 데 필요한 정보는 무엇인가? 레이 트레이서의 복잡성에 따라 셰이더는 다음의 것에 따라 달라질 수 있다.

- **광선 종류:** 광선은 다른 계산(예, 셰도잉)이 필요할 수도 있다.
- **프리미티브 종류:** 삼각형, 구체, 원뿔 등은 서로 다른 필요성을 가질 수 있다.
- **프리미티브 식별자:** 각 프리미티브는 다른 머티리얼을 사용할 수도 있다.
- **인스턴스 식별자:** 인스턴스화는 필요한 셰이딩을 변경할 수도 있다.

실제로 다이렉트X 런타임에 의한 셰이더 선택은 TraceRay(), 지오메트릭 정보, 인스턴스당 데이터가 제공하는 파라미터의 조합이다.

실시간 레이 트레이싱에 필요한 유연한 추적과 셰이딩 작업의 효율적인 구현을 위해 DXR은 가속 구조와 셰이더 테이블이라는 두 가지 새로운 데이터 구조를 도입했다. 셰이더 테이블은 특별히 중요한데, 광선, 지오메트리, 셰이딩 작업을 한데 묶는 접착제 같은 역할을 하기 때문이다. 3.8.1절과 3.10절에서 자세히 설명한다.

3.8 기본 DXR 초기화와 설정

DXR의 호스트 측 초기화와 설정은 다이렉트X 12에서 정의한 프로세스를 확장한다. 어댑터, 커맨드 할당자, 커맨드 큐, 펜스와 같은 기본 오브젝트의 생성은 바뀌지 않는다. 새로운 기기 타입 ID3D12Device5는 GPU 레이 트레이싱 지원을 쿼리하고 레이 트레이싱 가속 구조의 메모리 요구 사항을 결정하며, 레이 트레이싱 파이프라인 상태 오브젝트^{RTPSO, Ray Tracing Pipeline State Objects}를 생성하는 함수를 포함한다. 레이 트레이싱 함수는 레이 트레이싱 가속 구조의 빌드와 조작, 레이 트레이싱 파이프라인 상태 오브젝트의 생성과 설정, 광선 디스패칭용 함수를 비롯해 새로운 명령 목록 타입 ID3D12GraphicsCommandList4에 있다. 기기 생성, 레이 트레이싱 지원 쿼리, 레이 트레이싱 명령 목록 생성용 샘플 코드는 다음과 같다.

```
 1  IDXGIAdapter1* adapter;              // 래스터 기반 코드로 생성
 2  ID3D12CommandAllocator* cmdAlloc;    // 래스터 기반 코드로 생성
 3  ID3D12GraphicsCommandList4* cmdList; // 레이 트레이싱용 명령 목록
 4  ID3D12Device5* dev;                  // 레이 트레이싱용 기기
 5  HRESULT hr;                          // D3D12 호출을 위한 반환 타입
 6
 7  // 레이 트레이싱이 가능한 D3D12 기기 생성
 8  hr = D3D12CreateDevice(adapter, D3D_FEATURE_LEVEL_12_1,
 9                         _uuidof(ID3D12Device5), (void**)&dev);
10  if (FAILED(hr)) Exit("Failed to create device");
11
12  // 실제로 D3D12 기기가 레이 트레이싱을 지원하는지 확인
13  D3D12_FEATURE_DATA_D3D12_OPTIONS5 caps = {};
14  hr = dev->CheckFeatureSupport(D3D12_FEATURE_D3D12_OPTIONS5,
15                               &caps, sizeof(caps));
16
17  if (FAILED(hr) || caps.RaytracingTier < D3D12_RAYTRACING_TIER_1_0)
18  Exit("Device or driver does not support ray tracing!");
19
20  // 레이 트레이싱을 지원하는 명령 목록 생성
21  hr = dev->CreateCommandList(0, D3D12_COMMAND_LIST_TYPE_DIRECT,
22                             cmdAlloc, nullptr, IID_PPV_ARGS(& cmdList));
```

기기 생성 후에 레이 트레이싱은 새로운 **D3D12_FEATURE_DATA_OPTIONS5** 구조를 사용하는 **CheckFeatureSupport()**를 통해 쿼리된다. 레이 트레이싱 지원은 **D3D12_RAYTRACING_TIER** 열거형에 의해 정의된 계층에 속한다. 현재는 두 계층 **D3D12_RAYTRACING_TIER_1_0**와 **D3D12_RAYTRACING_TIER_NOT_SUPPORTED**가 있다.

3.8.1 지오메트리와 가속 구조

계층적 씬 표현은 고성능 레이 트레이싱에서 필수적이다. 트레이싱 복잡도를 선형에서 광선/프리미티브 교차 수의 로그로 줄이기 때문이다. 최근 몇 년 동안 연구자는 이런 레이 트레이싱 가속 구조의 다양한 대안을 모색했지만 오늘날에는 바운딩 볼륨 계층^{BVH, Bounding Volume Hierarchies}의 변형이 가장 좋은 특징을 갖고 있다는 것에 의견이 일치했다. 또한 계층적으로 프리미티브를 그룹화하는 것 외에도 BVH

는 한정된 메모리 사용을 보장할 수 있다.

다이렉트X 가속 구조는 불투명하며 드라이버와 기본 하드웨어는 데이터 구조와 메모리 레이아웃을 결정한다. 기존 구현은 BVH에 의존하지만 공급업자는 대체 구조를 선택할 수도 있다. DXR 가속 구조는 일반적으로 GPU에서 런타임에 빌드되며 하단과 상단 두 가지 레벨을 포함한다. 하단 레벨 가속 구조^{BLAS, Bottom-Level Acceleration Structures}는 지오메트릭이나 절차적 프리미티브를 포함한다. 상단 레벨 가속 구조^{TLAS, Top-Level Acceleration Structures}는 하나 이상의 하단 레벨 구조를 포함한다. 이를 통해 TLAS에 같은 BLAS를 여러 번 삽입해 지오메트리 인스턴싱을 허용하며, 각자 다른 변환 매트릭스를 가진다. 하단 레벨 구조는 빌드가 느리지만 빠른 광선 교차를 제공한다. 상단 레벨 구조는 빌드가 빠르고 지오메트리의 유연성과 재사용성을 증가시키지만 과도한 사용은 성능을 저하시킬 수 있다. 최상의 성능을 위해 하단 레벨 구조는 가능한 한 거의 겹치지 않아야 한다.

다이내믹 씬에서 BVH를 리빌드하는 대신 지오메트리 토폴로지가 고정된 경우(노드 바운드만 변경된 경우) 가속 구조는 '재구성'될 수 있다. 재구성은 리빌드보다는 적은 비용이 들지만 반복적인 재구성은 일반적으로 시간이 지남에 따라 레이 트레이싱 성능을 저하시킨다. 추적과 빌드 비용 간의 균형을 위해 적절한 재구성과 리빌드의 조합을 사용하자.

3.8.1.1 하단 레벨 가속 구조

가속 구조를 만들려면 하단 레벨의 구축부터 시작해야 한다. 우선 하단 레벨 구조에 담긴 지오메트리의 버텍스, 인덱스, 변형 데이터를 지정하고자 D3D12_RAYTRACING_GEOMETRY_DESC 구조를 사용한다. 레이 트레이싱 버텍스와 인덱스 버퍼는 특별하지는 않지만 래스터화에 사용되는 버퍼와 동일하다. 다음 예제는 불투명 지오메트리를 지정하는 방법을 보여준다.

```
1  struct Vertex {
2      XMFLOAT3 position;
3      XMFLOAT2 uv;
```

```
 4  };
 5
 6  vector<Vertex> vertices;
 7  vector<UINT> indices;
 8  ID3D12Resource* vb;       // 버텍스 버퍼
 9  ID3D12Resource* ib;       // 인덱스 버퍼
10
11  // 지오메트리 서술
12  D3D12_RAYTRACING_GEOMETRY_DESC geometry;
13  geometry.Type = D3D12_RAYTRACING_GEOMETRY_TYPE_TRIANGLES;
14  geometry.Triangles.VertexBuffer.StartAddress =
15      vb->GetGPUVirtualAddress();
16  geometry.Triangles.VertexBuffer.StrideInBytes = sizeof(Vertex);
17  geom etry.Triangles.VertexCount = static_cast<UINT>(vertices.size());
18  geometry.Triangles.VertexFormat = DXGI_FORMAT_R32G32B32_FLOAT;
19  geometry.Triangles.IndexBuffer = ib->GetGPUVirtualAddress();
20  geometry.Triangles.IndexFormat = DXGI_FORMAT_R32_UINT;
21  geometry.Triangles.IndexCount = static_cast<UINT>(indices.size());
22  geometry.Triangles.Transform3x4 = 0;
23  geometry.Flags = D3D12_RAYTRACING_GEOMETRY_FLAG_OPAQUE;
```

BLAS 지오메트리를 서술할 때 지오메트리에 대해 레이 트레이싱 셰이더가 알리고
자 플래그를 사용한다. 예를 들어 3.6절에서 살펴본 것처럼 교차한 지오메트리가
투명인지 불투명인지를 알려면 셰이더가 유용하다. 지오메트리가 불투명하다면
D3D12_RAYTRACING_GEOMETRY_FLAG_OPAQUE를 지정한다. 그렇지 않다면 *_FLAG_NONE
을 지정한다.

그다음 BLAS를 빌드하고 완전히 빌드된 구조를 저장하고자 필요한 메모리를 쿼리
한다. 새로운 GetRaytracingAccelerationStructurePrebuildInfo() 기기 함수를
사용해 스크래치와 결과 버퍼의 크기를 얻는다. 스크래치 버퍼는 빌드 과정 중에
사용되며, 결과 버퍼는 완료된 BLAS를 저장한다.

빌드 플래그는 예상되는 BLAS 사용, 메모리와 성능 최적화 허용을 나타낸다.
D3D12_RAYTRACING_ACCELERATION_STRUCTURE_BUILD_FLAG_MINIMIZE_MEMORY와
*_ALLOW_COMPACTION 플래그는 필요한 메모리를 줄이는 데 도움이 된다. 다른 플

래그는 좀 더 빠른 추적이나 빌드 타임(*_PREFER_FAST_TRACE나 *_PREFER_FAST_BUILD)이나 동적 BVH 개조 허용(*_ALLOW_UPDATE) 같은 추가적인 바람직한 특성을 요구한다. 다음은 간단한 예제다.

```
 1  // 하단 레벨 가속 구조 입력을 설명한다.
 2  D3D12_BUILD_RAYTRACING_ACCELERATION_STRUCTURE_INPUTS ASInputs = {};
 3  ASInputs.Type =
 4      D3D12_RAYTRACING_ACCELERATION_STRUCTURE_TYPE_BOTTOM_LEVEL;
 5  ASInputs.DescsLayout = D3D12_ELEMENTS_LAYOUT_ARRAY;
 6
 7  // 이전 코드 조각에서
 8  ASInputs.pGeometryDescs = &geometry;
 9
10  ASInputs.NumDescs = 1;
11  ASInputs.Flags =
12      D3D12_RAYTRACING_ACCELERATION_STRUCTURE_BUILD_FLAG_PREFER_FAST_TRACE;
13
14  // BLAS 빌드를 위해 필요한 메모리 얻기
15  D3D12_RAYTRACING_ACCELERATION_STRUCTURE_PREBUILD_INFO ASBuildInfo = {};
16  dev->GetRaytracingAccelerationStructurePrebuildInfo(
17                                      &ASInputs, &ASBuildInfo);
```

필요한 메모리를 결정한 후에 BLAS용 GPU 버퍼를 할당한다. 스크래치와 결과 버퍼 둘 다 D3D12_RESOURCE_FLAG_ALLOW_UNORDERED_ACCESS 플래그로 설정된 정렬되지 않은 접근 뷰^{UAV, Unordered Access View}를 지원해야 한다. 최종 BLAS 버퍼의 초기 상태로 D3D12_RESOURCE_STATE_RAYTRACING_ACCELERATION_STRUCTURE를 사용한다. 지오메트리를 지정하고 BLAS 메모리를 할당했다면 가속 구조를 만들 수 있다. 이는 다음과 같다.

```
 1  ID3D12Resource* blasScratch;      // 문서에 설명한 대로 만들기
 2  ID3D12Resource* blasResult;       // 문서에 설명한 대로 만들기
 3
 4  // 하단 레벨 가속 구조 입력을 설명한다.
 5  D3D12_BUILD_RAYTRACING_ACCELERATION_STRUCTURE_DESC desc = {};
 6  desc.Inputs = ASInputs;           // 이전 코드 조각에서
```

```
 7
 8  desc.ScratchAccelerationStructureData =
 9  blasScratch->GetGPUVirtualAddress();
10  desc.DestAccelerationStructureData =
11      blasResult->GetGPUVirtualAddress();
12
13  // 하단 레벨 가속 구조 만들기
14  cmdList->BuildRaytracingAccelerationStructure(&desc, 0, nullptr);
```

BLAS는 GPU에서 비동기로 빌드될 수 있으므로 사용하기 전에 빌드 완료를 기다리자. 이를 위해 BLAS 결과 버퍼를 참조하는 명령 목록에 UAV 장벽을 추가하자.

3.8.1.2 상단 레벨 가속 구조

TLAS 작성은 작지만 중요한 변경점 몇 가지를 가진 하단 레벨 구조 작성과 비슷하다. 지오메트리 설명을 제공하는 대신에 각각의 TLAS는 BLAS에서의 지오메트리 인스턴스를 포함한다. 각 인스턴스는 TraceRay()에 대한 파라미터와 연결되는 어떠한 프리미티브 교차 없이 광선 단위 기반으로 전체 인스턴스를 거부할 수 있는 마스크를 가진다(3.5.1절 참고). 예를 들어 인스턴스 마스크는 오브젝트 단위 기반으로 셰이딩을 비활성화할 수 있다. 인스턴스는 각자 고유하게 BLAS 지오메트리를 변형할 수 있다. 추가적인 플래그는 투명도, 전면 와인딩, 컬링을 덮어쓰는 것을 허용한다. 다음 예제 코드는 TLAS 인스턴스를 정의한다.

```
 1  // 상위 레벨 가속 구조 인스턴스 설명
 2  D3D12_RAYTRACING_INSTANCE_DESC instances = {};
 3  // 셰이더에서 사용 가능
 4  instances.InstanceID = 0;
 5  // 충돌 그룹 셰이더 선택
 6  instances.InstanceContributionToHitGroupIndex = 0;
 7  // TraceRay() 파라미터로 비트 단위 AND
 8  instances.InstanceMask = 1;
 9  instances.Transform = &identityMatrix;
10  // 투명한가? 컬링인가?
```

```
11  instances.Flags = D3D12_RAYTRACING_INSTANCE_FLAG_NONE;
12  instances.AccelerationStructure = blasResult->GetGPUVirtualAddress();
```

인스턴스 설명을 만든 뒤에는 GPU 버퍼에 업로드한다. 메모리 요구 사항을 쿼리할 때 이 버퍼를 TLAS 입력으로 참조하자. BLAS와 마찬가지로 메모리 쿼리는 GetRaytracingAccelerationStructurePrebuildInfo()의 사용이 필요하지만 D3D12_RAYTRACING_ACCELERATION_STRUCTURE_TYPE_TOP_LEVEL 타입을 사용해 TLAS 구조를 지정해야 한다. 그런 다음 스크래치와 결과 버퍼를 할당하고 TLAS를 작성하고자 BuildRaytracingAccelerationStructure()를 호출한다. 하단 레벨에서와 마찬가지로 상단 레벨 결과 버퍼에 UAV 장벽을 치는 것은 사용하기 전에 가속 구조빌드가 완료됐음을 보장한다.

3.8.2 루트 서명

C++의 함수 서명과 비슷하게 다이렉트X 12 루트 서명은 셰이더 프로그램에 전달되는 파라미터를 정의한다. 이 파라미터는 GPU 메모리에 있는 리소스(버퍼, 텍스처, 상수 같은)를 찾는 데 사용하는 정보를 저장한다. DXR 루트 서명은 기존 다이렉트X 루트 서명에서 파생됐으며 주목할 만한 두 가지 변경점이 있다. 우선 레이 트레이싱 셰이더는 로컬이나 글로벌 루트 서명을 사용할 수도 있다. 로컬 루트 서명은 DXR 셰이더 테이블에서 데이터를 가져오고 (3.10절 참고) D3D12_ROOT_SIGNATURE_FLAG_LOCAL_ROOT_SIGNATURE 플래그를 사용해 D3D12_ROOT_SIGNATURE_DESC 구조체를 초기화한다. 이 플래그는 레이 트레이싱에만 적용되므로 다른 서명 플래그와 혼합하지 말자. 글로벌 루트 서명은 다이렉트X 명령 목록에서 데이터를 가져오고 특별한 플래그를 필요로 하지 않으며 그래픽, 계산, 레이 트레이싱 사이에서 공유할 수 있다. 로컬과 글로벌 서명의 구별은 다양한 업데이트 속도(프리미티브당 대 프레임당 같은)로 자원을 분리하는 데 유용하다.

둘째로 모든 레이 트레이서 셰이더는 로컬이나 글로벌 루트 서명을 사용해 D3D12_ROOT_PARAMETER의 가시성 파라미터를 위해 D3D12_SHADER_VISIBILITY_ALL

를 사용해야 한다. 레이 트레이싱 루트 서명이 계산과 함께 명령 목록 상태를 공유하므로 로컬 루트 서명은 언제나 모든 레이 트레이싱 셰이더가 볼 수 있다. 가시성을 더 좁힐 수는 없다.

3.8.3 셰이더 컴파일

가속 구조체를 작성하고 루트 서명을 정의한 후에는 다이렉트X 셰이더 컴파일러(dxc)[7]로 셰이더를 로드하고 컴파일한다. 다양한 헬퍼를 사용해 컴파일러를 초기화하자.

```
1  dxc::DxcDllSupport            dxcHelper;
2  IDxcCompiler*                 compiler;
3  IDxcLibrary*                  library;
4  CComPtr<IDxcIncludeHandler>   dxcIncludeHandler;
5
6  dxcHelper.Initialize();
7  dxcHelper.CreateInstance(CLSID_DxcCompiler, &compiler);
8  dxcHelper.CreateInstance(CLSID_DxcLibrary, &library);
9  library->CreateIncludeHandler(&dxcIncludeHandler);
```

다음으로 셰이더 소스를 로드하는 데 **IDxcLibrary** 클래스를 사용하자. 이 헬퍼 클래스는 셰이더 코드를 컴파일한다. **lib_6_3**를 대상 프로파일로 지정하자. 컴파일된 다이렉트X 중간 언어^{DXIL, DirectX Intermediate Language} 바이트 코드는 나중에 레이 트레이싱 파이프라인 상태 오브젝트의 설정을 위해 사용하는 **IDxcBlob**에 저장된다. 대부분의 애플리케이션은 많은 셰이더를 사용하므로 헬퍼 함수로 컴파일을 캡슐화하는 것은 유용하다. 다음 예제에서 함수와 사용법을 보여준다.

```
1  void CompileShader(IDxcLibrary* lib, IDxcCompiler* comp,
2                     LPCWSTR fileName, IDxcBlob** blob)
3  {
4      UINT32 codePage(0);
5      IDxcBlobEncoding* pShaderText(nullptr);
6      IDxcOperationResult* result;
```

```
7
8      // 셰이더 파일을 로드하고 인코딩한다.
9      lib->CreateBlobFromFile(fileName, & codePage, & pShaderText);
10
11     // 셰이더 컴파일. "main"은 실행이 시작하는 곳
12     comp->Compile(pShaderText, fileName, L"main", "lib_6_3",
13                   nullptr, 0, nullptr, 0, dxcIncludeHandler, &result);
14
15     // 셰이더 바이트코드 결과를 얻는다.
16     result->GetResult(blob);
17 }
18
19 // 컴파일된 셰이더 DXIL 바이트 코드
20 IDxcBlob *rgsBytecode, *missBytecode, *chsBytecode, *ahsBytecode;
21
22 // 레이 트레이싱 셰이더의 컴파일을 위해 헬퍼 함수를 호출한다.
23 CompileShader(library, compiler, L"RayGen.hlsl", &rgsBytecode);
24 CompileShader(library, compiler, L"Miss.hlsl", &missBytecode);
25 CompileShader(library, compiler, L"ClosestHit.hlsl", &chsBytecode);
26 CompileShader(library, compiler, L"AnyHit.hlsl", &ahsBytecode);
```

3.9 레이 트레이싱 파이프라인 상태 오브젝트

광선은 씬의 모든 것과 교차할 수 있으므로 애플리케이션은 실행 가능한 모든 셰이더를 미리 지정해야 한다. 래스터 파이프라인의 파이프라인 상태 오브젝트[PSO, Pipeline State Objects]와 비슷하게 새로운 레이 트레이싱 파이프라인 상태 오브젝트[RTPSO, Ray Tracing Pipeline State Objects]는 실행 전에 전체 셰이더 집합과 설정 정보를 DXR 런타임에 제공한다. 이는 드라이버의 복잡성을 줄이고 셰이더 스케줄링 최적화를 가능하게 한다.

RTPSO를 구축하려면 D3D12_STATE_OBJECT_DESC를 초기화한다. 파이프라인 오브젝트 타입에는 레이 트레이싱 파이프라인(D3D12_STATE_OBJECT_TYPE_RAYTRACING_PIPELINE)과 컬렉션(D3D12_STATE_OBJECT_TYPE_COLLECTION) 두 종류가 있다. 컬렉션은 여러 스레드에서 레이 트레이싱 셰이더를 병렬로 컴파일하는 데 유용하다.

DXR ID3D12StateObjects는 파이프라인의 셰이더, 루트 서명, 설정 데이터를 정의하는 많은 서브오브젝트로 구성된다. 다양한 D3D12_STATE_SUBOBJECT를 사용해이를 구성하고 CreateStateObject() 기기 함수를 호출해 오브젝트를 생성한다. ID3D12StateObjectProperties 타입을 사용해 셰이더 식별자 같은 RTPSO의 속성을 쿼리한다(3.10절 참고). 이 과정의 예는 다음과 같다.

```
1   ID3D12StateObject* rtpso;
2   ID3D12StateObjectProperties* rtpsoInfo;
3
4   // 셰이더, 루트 서명, 설정 데이터에 대한
5   // 상태 서브오브젝트 정의
6   vector<D3D12_STATE_SUBOBJECT> subobjects;
7   //...
8
9   // 레이 트레이싱 파이프라인 상태 오브젝트 설명
10  D3D12_STATE_OBJECT_DESC rtpsoDesc = {};
11  rtpsoDesc.Type = D3D12_STATE_OBJECT_TYPE_RAYTRACING_PIPELINE;
12  rtpsoDesc.NumSubobjects = static_cast<UINT>(subobjects.size());
13  rtpsoDesc.pSubobjects = subobjects.data();
14
15  // 레이 트레이싱 파이프라인 상태 오브젝트 생성
16  dev->CreateStateObject(&rtpsoDesc, IID_PPV_ARGS(&rtpso));
17
18  // 레이 트레이싱 파이프라인 상태 오브젝트의 속성 얻기
19  rtpso->QueryInterface(IID_PPV_ARGS(&rtpsoInfo));
```

레이 트레이싱 파이프라인은 로컬과 글로벌 루트 서명에서 가능한 서브오브젝트, GPU 노드 마스크, 셰이더, 컬렉션, 셰이더 설정, 파이프라인 설정을 비롯해 다양한 다른 서브오브젝트 타입을 포함한다. 핵심 서브오브젝트만을 다루지만 DXR은 좀더 복잡한 경우에 대해 많은 유연성을 제공한다. 자세한 내용은 사양을 참고하자.

셰이더의 서브오브젝트를 만들 때 D3D12_STATE_SUBOBJECT_TYPE_DXIL_LIBRARY를 사용한다. 셰이더 포인터와 컴파일된 크기를 제공할 때는 컴파일된 바이트 코드 IDxcBlob(3.8.3절)을 사용하자. 셰이더의 진입점과 고유한 셰이더 식별자를 지정할 때는 D3D12_EXPORT_DESC를 사용하자. 중요한 점은 셰이더 진입점은 RTPSO 내

에서 고유한 이름을 가져야 한다는 것이다. 여러 셰이더가 동일한[identical] 함수 이름을 재사용할 경우 이름을 ExportToRename 필드에 넣고 Name 필드에서 새로운 고유한 이름을 생성하자. 다음은 그 예를 보여준다.

```
 1  // DXIL 라이브러리 진입점과 이름을 기술한다.
 2  D3D12_EXPORT_DESC rgsExportDesc = {};
 3  // 고유한 이름(다른 곳에서 참조하기 위해)
 4  rgsExportDesc.Name = L"Unique_RGS_Name";
 5  // HLSL 셰이더 소스의 진입점
 6  rgsExportDesc.ExportToRename = L"RayGen";
 7  rgsExportDesc.Flags = D3D12_EXPORT_FLAG_NONE;
 8
 9  // DXIL 라이브러리 설명
10  D3D12_DXIL_LIBRARY_DESC libDesc = {};
11  libDesc.DXILLibrary.BytecodeLength = rgsBytecode->GetBufferSize();
12  libDesc.DXILLibrary.pShaderBytecode = rgsBytecode->GetBufferPointer();
13  libDesc.NumExports = 1;
14  libDesc.pExports = &rgsExportDesc;
15
16  // 광선 생성 셰이더 상태 서브오브젝트 설명
17  D3D12_STATE_SUBOBJECT rgs = {};
18  rgs.Type = D3D12_STATE_SUBOBJECT_TYPE_DXIL_LIBRARY;
19  rgs.pDesc = &libDesc;
```

마찬가지로 미스, 가장 가까운 충돌, 임의 충돌 셰이더의 서브오브젝트를 생성한다. 교차, 임의 충돌, 가장 가까운 충돌 셰이더 그룹은 충돌 그룹을 형성한다. 잎의 프리미티브에 따라 BVH 탐색이 잎 노드에 도달하면 이 셰이더가 실행된다. 이러한 각각의 클러스터에 대한 서브오브젝트를 만들어야 한다. **D3D12_EXPORT_DESC**에 지정한 고유한 셰이더 이름은 충돌 그룹으로 셰이더를 '가져오기' 할 때 사용된다.

```
 1  // 충돌 그룹 설명
 2  D3D12_HIT_GROUP_DESC hitGroupDesc = {};
 3  hitGroupDesc.ClosestHitShaderImport = L"Unique_CHS_Name";
 4  hitGroupDesc.AnyHitShaderImport = L"Unique_AHS_Name";
```

```
 5  hitGroupDesc.IntersectionShaderImport = L"Unique_IS_Name";
 6  hitGroupDesc.HitGroupExport = L"HitGroup_Name";
 7
 8  // 충돌 그룹 상태 서브오브젝트 설명
 9  D3D12_STATE_SUBOBJECT hitGroup = {};
10  hitGroup.Type = D3D12_STATE_SUBOBJECT_TYPE_HIT_GROUP;
11  hitGroup.pDesc = &hitGroupDesc;
```

사용자 정의 페이로드와 속성 구조는 셰이더 간에 데이터를 전달한다. 크기를 정하고자 D3D12_STATE_SUBOBJECT_TYPE_RAYTRACING_SHADER_CONFIG 서브오브젝트와 D3D12_RAYTRACING_SHADER_CONFIG를 사용해 이 구조의 런타임 공간을 할당하자. 속성 구조에는 초과할 수 없는(현재 32바이트) 상대적으로 작은 다이렉트X에서 정의한 최대 크기를 가진다.

```
 1  // 셰이더 설정을 설명한다.
 2  D3D12_RAYTRACING_SHADER_CONFIG shdrConfigDesc = {};
 3  shdrConfigDesc.MaxPayloadSizeInBytes = sizeof(XMFLOAT4);
 4  shdrConfigDesc.MaxAttributeSizeInBytes =
 5      D3D12_RAYTRACING_MAX_ATTRIBUTE_SIZE_IN_BYTES;
 6
 7  // 셰이더 설정 상태 서브오브젝트 생성
 8  D3D12_STATE_SUBOBJECT shdrConfig = {};
 9  shdrConfig.Type = D3D12_STATE_SUBOBJECT_TYPE_RAYTRACING_SHADER_CONFIG;
10  shdrConfig.pDesc = &shdrConfigDesc;
```

셰이더 구성은 파이프라인 상태에 페이로드 서브오브젝트를 추가하는 것 이상이 필요하다. 또한 연관된 셰이더와 구성 서브오브젝트를 연결해야 한다(이는 동일한 파이프라인 내에서 여러 크기의 페이로드를 허용한다). 셰이더 구성을 정의한 후에 구성 오브젝트와 연결하기 위한 DXIL 라이브러리의 진입점을 지정하고자 D3D12_STATE_SUBOBJECT_TYPE_SUBOBJECT_TO_EXPORTS_ASSOCIATION을 사용하자. 다음은 예제 코드다.

```
1   // 페이로드를 사용하는 셰이더 진입점 이름 목록을 만든다.
2   const WCHAR* shaderPayloadExports[] =
3       { L"Unique_RGS_Name", L"HitGroup_Name" };
4
5   // 셰이더와 페이로드 사이의 연관성을 설명한다.
6   D3D12_SUBOBJECT_TO_EXPORTS_ASSOCIATION assocDesc = {};
7   assocDesc.NumExports = _countof(shaderPayloadExports);
8   assocDesc.pExports = shaderPayloadExports;
9   assocDesc.pSubobjectToAssociate = &subobjects[CONFIG_SUBOBJECT_INDEX];
10
11  // 연관 상태 서브오브젝트를 만든다.
12  D3D12_STATE_SUBOBJECT association = {};
13  association.Type =
14      D3D12_STATE_SUBOBJECT_TYPE_SUBOBJECT_TO_EXPORTS_ASSOCIATION;
15  association.pDesc = &assocDesc;
```

D3D12_STATE_SUBOBJECT_TYPE_LOCAL_ROOT_SIGNATURE 타입의 서브오브젝트를 사용해 로컬 루트 서명을 지정하고 직렬화된 루트 서명의 포인터를 제공한다.

```
1   ID3D12RootSignature* localRootSignature;
2
3   // 로컬 루트 서명을 위한 상태 서브오브젝트를 생성한다.
4   D3D12_STATE_SUBOBJECT localRootSig = {};
5   localRootSig.Type = D3D12_STATE_SUBOBJECT_TYPE_LOCAL_ROOT_SIGNATURE;
6   localRootSig.pDesc = &localRootSignature;
```

셰이더 구성과 마찬가지로 로컬 루트 서명과 셰이더를 연결해야 한다. 앞의 셰이더 페이로드 연결과 동일한 방식을 사용한다. D3D12_SUBOBJECT_TO_EXPORTS_ASSOCIATION 서브오브젝트를 통해 셰이더 이름과 관련된 서브오브젝트 포인터 (이 경우에는 로컬 루트 서명)를 제공한다. 글로벌 루트 서명은 연관 서브오브젝트가 필요하지 않으므로 단순히 D3D12_STATE_SUBOBJECT_TYPE_GLOBAL_ROOT_SIGNATURE 서브오브젝트를 만들고 직렬화된 글로벌 루트 서명을 가리키게 한다.

```
1   // 루트 서명을 사용하는 셰이더의 익스포트 이름 목록을 생성한다.
2   const WCHAR* lrsExports[] =
3       { L"Unique_RGS_Name", L"Unique_Miss_Name", L"HitGroup_Name" };
4
5   // 셰이더와 로컬 루트 서명의 연관성을 설명한다.
6   D3D12_SUBOBJECT_TO_EXPORTS_ASSOCIATION assocDesc = {};
7   assocDesc.NumExports = _countof(lrsExports);
8   assocDesc.pExports = lrsExports;
9   assocDesc.pSubobjectToAssociate =
10      &subobjects[ROOT_SIGNATURE_SUBOBJECT_INDEX];
11
12  // 연관 서브오브젝트를 생성한다.
13  D3D12_STATE_SUBOBJECT association = {};
14  association.Type =
15      D3D12_STATE_SUBOBJECT_TYPE_SUBOBJECT_TO_EXPORTS_ASSOCIATION;
16  association.pDesc = &assocDesc;
```

모든 실행 가능한 레이 트레이싱 파이프라인 오브젝트는 **D3D12_STATE_SUBOBJECT_TYPE_RAYTRACING_PIPELINE_CONFIG** 타입의 파이프라인 구성 서브오브젝트를 포함해야 한다. 재귀적 광선의 최대 깊이를 설정하는 **D3D12_RAYTRACING_PIPELINE_CONFIG** 구조를 사용해 구성을 설명한다. 최대 재귀 설정은 실행이 완료되고 잠재적인 최적화를 위해 드라이버에 정보가 전달될 것을 보장한다. 좀 더 낮은 재귀 제한은 성능을 향상시킬 수 있다. 다음은 예제 코드다.

```
1   // 레이 트레이싱 파이프라인 구성을 설명한다.
2   D3D12_RAYTRACING_PIPELINE_CONFIG pipelineConfigDesc = {};
3   pipelineConfigDesc.MaxTraceRecursionDepth = 1;
4
5   // 레이 트레이싱 파이프라인 구성 상태 서브오브젝트를 생성한다.
6   D3D12_STATE_SUBOBJECT pipelineConfig = {};
7   pipelineConfig.Type =
8       D3D12_STATE_SUBOBJECT_TYPE_RAYTRACING_PIPELINE_CONFIG;
9   pipelineConfig.pDesc = &pipelineConfigDesc;
```

레이 트레이싱 파이프라인 상태 오브젝트와 연관된 모든 서브오브젝트를 생성한 뒤에는 셰이더 테이블 생성으로 이동할 수 있다(3.10절). 셰이더 테이블 레코드를 구성하는 데 필요한 세부 정보를 위해 `ID3D12StateObjectProperties` 오브젝트를 쿼리할 것이다.

3.10 셰이더 테이블

셰이더 테이블은 레이 트레이싱 셰이더 데이터와 씬 자원 바인딩을 포함하는 64비트로 정렬된 GPU 메모리의 연속적인 블록이다. 그림 3-3에서처럼 셰이더 테이블은 셰이더 레코드로 채워져 있다. 셰이더 레코드는 셰이더의 로컬 루트 서명이 정의한 고유한 셰이더 식별자와 루트 인수가 포함됐다. 셰이더 식별자는 RTPSO가 생성한 32비트 데이터 청크며 셰이더나 충돌 그룹에 대한 포인터 역할을 한다. 셰이더 테이블은 단순히 애플리케이션이 직접 보유하고 수정한 GPU 메모리이므로 레이아웃과 구성이 매우 유연하다. 결과적으로 그림 3-3에 표시된 조직은 셰이더 테이블을 정렬하는 여러 방법 중 하나일 뿐이다.

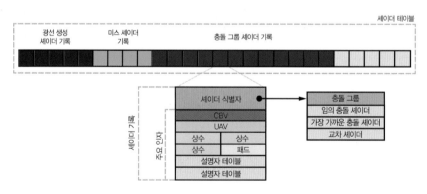

▲ **그림 3-3.** DXR 셰이더 테이블과 셰이더 레코드의 시각화. 셰이더 레코드는 리소스 검색에 사용하는 셰이더 식별 자와 루트 인수가 포함돼 있다.

광선 통과 중에 셰이더를 생성할 때 셰이더 코드와 리소스를 찾고자 셰이더 테이블을 참고하고 셰이더 레코드를 읽는다. 예를 들어 광선이 가속 구조를 통과한 후에 모든 지오메트리를 놓치면 다이렉트X는 셰이더 테이블을 사용해 호출할 셰이더를 찾는다. 미스 셰이더의 경우 인덱스는 첫 번째 미스 셰이더의 주소에 셰이더 레코드 간격과 미스 셰이더의 인덱스 곱을 합해 계산한다. 이는 다음과 같다.

$$\&M[0] + (sizeof(M[0]) \times I_{miss}) \tag{1}$$

미스 셰이더 인덱스 I_{miss}는 HLSL의 **TraceRay()**에게 파라미터로 제공된다.

충돌 그룹(즉 교차, 가장 가까운 충돌, 임의 충돌 셰이더의 조합)에 대한 셰이더 레코드를 선택할 때 계산은 좀 더 복잡해진다.

$$\&M[0] + (sizeof(M[0]) \times (I_{ray} + \mathbb{G}_{mult} \times \mathbb{G}_{id} + \mathbb{I}_{offset})) \tag{2}$$

여기서 I_{ray}는 광선 타입을 표현하며 **TraceRay()**의 일부로 지정된다. BVH에서 서로 다른 프리미티브에 대한 다른 셰이더를 가질 수 있다. $\mathbb{G}_{id}$는 내부적으로 정의된 지오메트리 식별자로, 하단 레벨 가속 구조에서 프리미티브 순서에 따라 정의된다. $\mathbb{G}_{mult}$는 **TraceRay()**에 파라미터로 지정되며 광선 타입 개수를 표현하는 간단한 경우다. $\mathbb{I}_{offset}$은 상단 레벨 가속 구조에서 정의된 인스턴스당 오프셋이다.

셰이더 테이블을 만들려면 GPU 메모리를 예약하고 셰이더 레코드로 채운다. 다음 예제에서는 광선 생성 셰이더와 로컬 데이터, 미스 셰이더, 로컬 데이터를 가진 충돌 그룹의 세 가지 레코드에 대해 공간을 할당한다. 테이블에 셰이더 레코드를 작성할 때 **ID3D12StateObjectProperties** 오브젝트의 **GetShaderIdentifier()** 메서드를 사용해 셰이더의 식별자를 쿼리한다. 셰이더 식별자를 검색하는 키로는 RTPSO 생성 중에 지정한 셰이더 이름을 사용하자.

```
1   # define TO_DESC(x)(*reinterpret_cast<D3D12_GPU_DESCRIPTOR_HANDLE*>(x))
2   ID3D12Resource* shdrTable;
3   ID3D12DescriptorHeap* heap;
4
5   // 셰이더 레코드를 셰이더 테이블 GPU 버퍼로 복사한다.
6   uint8_t* pData;
```

```
 7  HRESULT hr = shdrTable->Map(0, nullptr, (void**)&pData);
 8
 9  // [ 셰이더 레코드 0]
10  // 광선 생성 셰이더 식별자를 설정한다.
11  memcpy (pData, rtpsoInfo->GetShaderIdentifier(L"Unqiue_RGS_Name"));
12
13  // 로컬 루트 서명에서 광선 생성 셰이더의 데이터를 설정한다.
14  TO_DESC(pData + 32) = heap->GetGPUDescriptorHandleForHeapStart();
15
16  // [셰이더 레코드 1]
17  // 미스 셰이더 식별자를 설정한다(설정할 로컬 루트 인수 없음).
18  pData += shaderRecordSize;
19  memcpy(pData, rtpsoInfo->GetShaderIdentifier(L"Unqiue_Miss_Name"));
20
21  // [셰이더 레코드 2]
22  // 가장 가까운 충돌 셰이더 식별자 설정
23  pData += shaderRecordSize;
24  memcpy(pData, rtpsoInfo->GetShaderIdentifier(L"HitGroup_Name"));
25
26  // 로컬 루트 서명에서 충돌 그룹의 데이터를 설정한다.
27  TO_DESC(pData + 32) = heap->GetGPUDescriptorHandleForHeapStart();
28
29  shdrTable->Unmap(0, nullptr);
```

셰이더 테이블은 애플리케이션이 보유한 GPU 메모리에 들어가며 이는 많은 유연성을 제공한다. 예를 들어 리소스와 셰이더 업데이트는 애플리케이션의 업데이트 전략에 따라 필요한 최소한의 셰이더 레코드로 줄이거나 이중 또는 삼중 버퍼링을 하는 것으로 최적화할 수 있다.

3.11 광선 디스패칭

3.8~3.10절의 단계를 마친 후에는 마침내 광선을 추적할 수 있다. 셰이더 테이블에는 임의의 유연한 레이아웃이 있으므로 레이 트레이싱이 시작되기 전에 D3D12_DISPATCH_RAYS_DESC를 사용하는 테이블을 설명해야 한다. 이 구조는 셰이더 테이

블 GPU 메모리를 가리키며 사용할 광선 생성 셰이더, 미스 셰이더, 충돌 그룹을 지정한다. 이 정보는 셰이더 테이블 레코드 색인을 계산하고자 DXR 런타임을 활성화한다(3.7.1절과 3.10절에 설명돼 있음).

다음으로 광선 디스패치 크기를 지정한다. 셰이더 계산과 비슷하게 광선 디스패치는 3차원 그리드를 사용한다. 2차원(예, 이미지)으로 광선을 디스패치하는 경우 깊이 치수가 1로 설정됐는지 확인한다. 기본 초기화는 0으로 설정돼 있으며, 이는 아무 작업도 생성하지 않을 것이다. 셰이더 테이블 포인터와 디스패치 차원^{dimensions}을 구성한 후에 새로운 명령 목록 함수 **SetPipelineState1()**로 RTPSO를 설정하고 **DispatchRays()**를 사용해 광선을 생성한다. 이에 대한 예는 다음에 있다.

```
1  // 광선 디스패치에 대해 설명한다.
2  D3D12_DISPATCH_RAYS_DESC desc = {};
3
4  // 광선 생성 테이블 정보를 설정한다.
5  desc.RayGenerationShaderRecord.StartAddress =
6      shdrTable->GetGPUVirtualAddress();
7  desc.RayGenerationShaderRecord.SizeInBytes = shaderRecordSize;
8
9  // 미스 테이블 정보를 설정한다.
10 uint32_t missOffset = desc.RayGenerationShaderRecord.SizeInBytes;
11 desc.MissShaderTable.StartAddress =
12     shdrTable->GetGPUVirtualAddress() + missOffset;
13 desc.MissShaderTable.SizeInBytes = shaderRecordSize;
14 desc.MissShaderTable.StrideInBytes = shaderRecordSize;
15
16 // 충돌 그룹 테이블 정보를 설정한다.
17 uint32_t hitOffset = missOffset + desc.MissShaderTable.SizeInBytes;
18 desc.HitGroupTable.StartAddress =
19     shdrTable->GetGPUVirtualAddress() + hitGroupTableOffset;
20 desc.HitGroupTable.SizeInBytes = shaderRecordSize;
21 desc.HitGroupTable.StrideInBytes = shaderRecordSize;
22
23 // 광선 디스패치 차원을 설정한다.
24 desc.Width = width;
25 desc.Height = height;
```

```
26  desc.Depth = 1;
27
28  commandList->SetPipelineState1(rtpso);      // RTPSO를 설정한다.
29  commandList->DispatchRays(&desc);           // 광선을 디스패치한다.
```

3.12 더 깊게 들어가기와 추가 자원

3장에서는 다이렉트X 레이 트레이싱 확장과 그 뒤에 있는 적절한 멘탈 모델의 개요를 제공한다. 특히 DXR로 시작하고 실행돼야 하는 셰이더와 호스트 측 코드의 기본에 초점을 뒀다. 자신만의 다이렉트X 호스트 측 코드를 작성하든 혹은 일부 라이브러리(예를 들면 Falcor 같은)를 갖든지 이 시점에서부터 레이 트레이싱 사용은 훨씬 쉬워진다. 기본 설정이 완료되면 더 많은 레이 트레이싱 효과의 추가는 몇 줄의 셰이더 코드를 변경하는 것만큼 쉬워진다.

분명 제한된 길이의 소개를 위한 3장에서는 더 깊이 들어갈 수 없다. 따라서 기본적인 다이렉트X 인프라 코드, 샘플, 모범 사례, 성능 팁을 제공하는 다양한 다른 리소스를 살펴보는 것을 권장한다.

SIGGRAPH 2018 코스인 '다이렉트X 레이 트레이싱 소개'[12]는 유튜브에서 볼 수 있고, 로우레벨 다이렉트X 세부 정보를 추상화해 핵심 빛 전송의 세부 사항에 집중하게 하는 Falcor 프레임워크[2]를 사용하는 깊이 있는 DXR 셰이더 튜토리얼[11]을 제공한다. 이 튜토리얼은 창 열기, 간단한 G 버퍼 생성, 앰비언트 오클루전을 사용한 렌더링은 물론 안티앨리어싱과 피사계 심도에 대한 고급 카메라 모델, 전체 멀티바운스 전역 조명까지 기본을 설명한다. 그림 3-4는 튜토리얼 코드를 사용해 렌더링한 몇 가지 예를 보여준다.

▲ **그림 3-4.** SIGGRAPH 2018 코스 '다이렉트X 레이 트레이싱 소개' 튜토리얼을 사용한 샘플 렌더링

다른 유용한 튜토리얼은 3장에서 뒷부분 절반에 영감을 준 마르스의 API 샘플[3], 마이크로소프트의 DXR 소개 샘플 모음[6], Falcor 팀[1]의 로우레벨 샘플을 포함하는 로우레벨 호스트 코드에 중점을 둔 것 등이 있다. 또한 엔비디아는 개발자 블로그[8]에 추가 코드 샘플과 연습을 포함한 다양한 리소스를 보유하고 있다.

3.13 결론

시작하는 데 도움이 되는 다른 리소스에 대한 포인터를 제공하고 다이렉트X를 사용한 기본 하드웨어 가속 레이 트레이서를 구성하는 데 필요한 개념을 이해하는 데 도움이 되길 바라면서 다이렉트X 레이트레이싱의 기본 개요를 제공했다.

셰이더 모델은 이전의 CPU 레이 트레이서의 API와 비슷하며 일반적으로 기존 CPU 레이 트레이서의 조각과 깨끗하게 매핑된다. 호스트 측 프로그래밍 모델은 처음에는 복잡하고 불투명하게 보일 수도 있다. 디자인은 잠재적으로 각 광선에 지속적인 실행 이력의 이득 없이 셰이더를 생성하는 임의이자 대량의 병렬 하드웨어를 지원해야 한다는 것을 기억하자. 새로운 DXR 파이프라인 상태 오브젝트와 셰이더 테이블은 데이터와 셰이더를 지정해 광선이 씬을 가로지를 때 GPU가 임의로 작업을 생성할 수 있게 돕는다.

다이렉트X 12의 복잡성과 레이 트레이싱의 유연성을 감안할 때 API를 완전히 다룰 수는 없다. 목표는 시작하기에 충분한 정보를 제공하는 것이다. 좀 더 복잡한 렌더링을 목표로 한다면 좀 더 많은 지침을 위해 DXR 사양이나 다른 문서를 참고해야 한다. 특히 좀 더 복잡한 셰이더 컴파일, 기본 파이프라인 서브오브젝트 설정, 시스템 제한, 에러 처리, 최적화된 성능을 위한 팁 모두에 다른 참고가 필요하다.

시작하기 위한 조언을 해주겠다. 간단하게 시작하라. 주요 문제는 레이 트레이싱 파이프라인 상태 오브젝트와 셰이더 테이블을 올바르게 설정하는 것을 중심으로 이뤄지며, 소수의 간단한 셰이더를 디버그하는 것이 훨씬 쉽다. 예를 들어 기본 가시성을 위해 래스터화된 G 버퍼를 사용하는 기본 레이 트레이싱된 셰도잉 혹은 앰비언트 오클루전은 좋은 시작점이다.

다이렉트X 레이 트레이싱과 최신 GPU를 사용하면 광선 발사가 이전보다 훨씬 빨라진다. 그러나 레이 트레이싱은 무료가 아니다. 가까운 미래에 픽셀당 최대 몇 개의 광선을 정할 수 있다. 즉, 하이브리드 광선-래스터 알고리즘, 안티앨리어싱, 노이즈 제거, 재구성이 모두 고품질 렌더링을 빠르게 달성하기 위한 필수적인 요소가 될 것이다. 이 책의 다른 작업은 이런 주제에 대한 아이디어를 제공하지만 많은 문제가 해결되지 않은 채 남아 있다.

참고 문헌

[1]   Benty, N. DirectX Raytracing Tutorials. https://github.com/NVIDIAGameWorks/DxrTutorials, 2018. Accessed October 25, 2018.

[2]   Benty, N., Yao, K.-H., Foley, T., Kaplanyan, A. S., Lavelle, C., Wyman, C., and Vijay, A. The Falcor Rendering Framework. https://github.com/NVIDIAGameWorks/Falcor, July 2017.

[3]   Marrs, A. Introduction to DirectX Raytracing. https://github.com/acmarrs/IntroToDXR, 2018. Accessed October 25, 2018.

[4]   Marschner, S., and Shirley, P. Fundamentals of Computer Graphics, fourth ed. CRC Press, 2015.

[5]   Microsoft. Programming Guide and Reference for HLSL. https://docs.microsoft.com/en-us/windows/desktop/direct3dhlsl/dx-graphics-hlsl. Accessed October 25, 2018.

[6] Microsoft. D3D12 Raytracing Samples. https://github.com/Microsoft/DirectX-Graphics-S amples/tree/master/Samples/Desktop/D3D12Raytracing, 2018. Accessed October 25, 2018.

[7] Microsoft. DirectX Shader Compiler. https://github.com/Microsoft/DirectXShaderCompiler, 2018. Accessed October 30, 2018.

[8] NVIDIA. DirectX Raytracing Developer Blogs. https://devblogs.nvidia.com/tag/dxr/, 2018. Accessed October 25, 2018.

[9] Shirley, P. Ray Tracing in One Weekend. Amazon Digital Services LLC, 2016. https://github.com/petershirley/raytracinginoneweekend.

[10] Suffern, K. Ray Tracing from the Ground Up. A K Peters, 2007.

[11] Wyman, C. A Gentle Introduction To DirectX Raytracing. http://cwyman.org/code/dxrTutors/dxr_tutors.md.html, 2018.

[12] Wyman, C., Hargreaves, S., Shirley, P., and Barré-Brisebois, C. Introduction to DirectX Raytracing. SIGGRAPH Courses, 2018. http://intro-to-dxr.cwyman.org, https://www.youtube.com/watch?v=Q1cuuepVNoY.

플라네타리움 돔 마스터 카메라

Urbana-Champaign의 일리노이 대학교 Beckman 선진 과학 기술 연구소의
존 E. 스톤(John E. Stone)

개요

4장에서는 방위각 등거리 투영을 사용한 플라네타리움 돔 마스터 이미지의 고품질 인터랙티브 레이 트레이싱용 카메라를 구현한다. 레이 트레이싱은 이미지 품질의 희생 없이 다양한 범위의 특별한 파노라마와 스테레오스코픽stereoscopic 투영을 구현하는 데 적합하다. 이 카메라 구현은 안티앨리어싱, 피사계 심도 초점 흐림, 원형 스테레오스코픽 투영, 기존 래스터화와 이미지 왜곡을 사용해서는 고품질로 생산하기 힘든 모든 효과를 지원한다.

4.1 소개

플라네타리움 돔 마스터 이미지는 플라네타리움 돔에 투영하기 위한 시야를 포함하는 내접원 이미지와 함께 검은 사각형 내의 180° 반구형 시야를 인코딩한다. 돔 마스터 이미지는 방위각 등거리 투영이라고 불리는 것을 사용해 생성되며, 실세계의 180° 등거리 어안 렌즈의 출력과 매우 일치하지만 실제 렌즈의 불완전성과 광학 수차는 없다. 래스터화와 이미지 래핑 기술을 사용해 돔 마스터 투영을 생성하는 여러 방법이 있지만 직접적인 레이 트레이싱은 다른 대안과 비교해서 특별한 이점을 지닌다. 그 이점에는 최종 돔 마스터 이미지의 균일한 샘플 밀도(큐빅 투영이나 많은 플라나 퍼스펙티브planar perspectiv 투영[3]을 래핑할 때와 같이 오버샘플링된

영역에서 샘플이 낭비되지 않음), 스테레오스코픽 렌더링 지원, 구부러진 초점 표면에서의 피사계 심도 지원 등이 있다. 공상과학 시각화 소프트웨어 내에서 돔 마스터 이미지의 인터랙티브 프로그레시브 레이 트레이싱을 통합하는 것으로 훨씬 넓은 범위의 과학적 시각화 자료가 공동 풀돔 투영 장소[1, 5, 7]에서 만들어질 수 있다.

4.2 방법

돔 마스터 이미지는 그림 4-1과 같이 방위각 등거리 투영을 사용해 형성한다. 돔 마스터 이미지는 일반적으로 사각형 뷰포트 내에서 계산되며 사각형 뷰포트 내에 내접된 원을 채우는 180° 시야로 렌더링된다. 내접된 원은 뷰포트의 가장자리에 닿으며 다른 나머지 부분은 검은 배경이다. 돔 마스터 투명은 위 또는 아래에서 볼 때처럼 돔 반구의 직교 투영과 대략적으로 비슷하게 나타날 수도 있지만, 돔 마스터 이미지의 위도 고리 간의 간격이 일정하다는 중요한 차이점이 있다. 이 균일한 간격은 레이 트레이서 카메라가 이미지 면에서 균일한 샘플링의 이용을 편리하게 한다. 그림 4-2는 이미지 면의 위치와 돔 반구에서 광선의 결과 방향 사이의 관계를 보여준다. 그림 4-3은 여기서 설명한 카메라 모델을 사용해 생성된 레이 트레이싱된 돔 마스터 이미지의 예제 시퀀스를 보여준다.

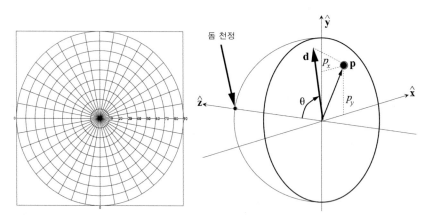

▲ **그림 4-1.** 돔 마스터 이미지는 방위각 등거리 투영을 사용했으며 180° 어안 렌즈의 사진과 유사하게 나타난다. 왼쪽: 돔 마스터 이미지는 투영된 180° 시야에 대해 10 간격으로 그려진 위도(원)와 경고(선)의 시각적으로 균등한 간격을 가진다. 뷰포트 중심까지 픽셀의 거리는 투명 중심의 실제 각도에 비례한다. 오른쪽: 돔 마스터 이미지 면의 벡터 p, 방위각 방향 성분 p_x와 p_y, 광선 방향 $\hat{d}$, 광선 방향 $\hat{d}$와 돔 천정 사이의 각도 θ, 카메라 직교 기반 벡터 $\hat{x}$, $\hat{y}$, $\hat{z}$

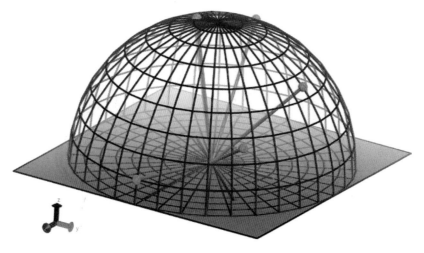

▲ **그림 4-2.** 이미지 면(내접된 위도/경도선이 있는 회색 사각형), 돔 반구(파랑), 이미지 면의 예제 p 벡터(빨강), 돔 표면의 해당하는 광선 방향(초록)과 관련된 시각적 묘사

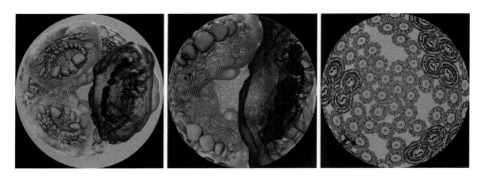

▲ **그림 4-3.** OptiX가 있는 시각적 분자 역학(VMD, Visual Molecular Dynamics)[4, 7]에서 인터랙티브하게 렌더링된 일련의 돔 마스터 이미지. 이 시퀀스는 보라 박테리아에서 발견되는 광합성 소낭으로 날아가는 카메라를 보여준다. 구조가 주로 구형이기 때문에 카메라가 소낭 중심에 도달할 때 돔 투명은 가장 오른쪽 이미지에서 평평하게 나타난다.

4.2.1 뷰포트 좌표에서 광선 방향 계산

돔 마스터 카메라는 몇 가지 주요 단계에서 기본 광선 방향을 계산한다. 중심에서의 최대 시야각 θ_{max}는 전체 시야 p의 절반으로 계산된다. 예를 들어 일반적인 180° 시야에서 θ_{max}는 90° 혹은 $\pi/2$ 라디안이다.

방위각 등거리 투영의 경우 각 픽셀에서 뷰포트의 중앙까지의 거리는 투영 중심에서의 실제 각도와 라디안 단위로 비례한다. 돔 마스터 이미지는 일반적으로 사각형이므로 180° 시야를 가진 4096 × 4096 돔 이미지 p의 경우 두 치수 모두에서 $\pi/4096$의 라디안/픽셀 스케일링 계수를 가진다. 이미지 면의 각 픽셀에서 거리는 픽셀 I와 뷰포트의 중간점 M 사이의 거리를 계산한 다음 시야 라디안/픽셀 스케일링 계수, 라디안 단위의 2차원 벡터 $\mathbf{p} = (p_x, p_y)$만큼 곱한다. 길이 $\|\mathbf{p}\|$는 뷰포트 중심에서의 두 거리 컴포넌트 p_x와 p_y에서 계산되며 θ는 돔 버텍스에서의 실제 각도(라디안)다. θ를 계산하기 위한 주요 단계는 다음 두 수식이다.

$$\mathbf{p} = (I - M)\, \pi/4096 \qquad\qquad (1)$$

$$\theta = \|\mathbf{p}\| \qquad\qquad (2)$$

180° 시야를 지닌 돔 마스터의 경우 각도 θ는 $\mathbf{p}$에서 계산된 광선의 양각에 보완적이다.

θ는 거리(뷰포트의 중심에서부터 라디안/픽셀로 스케일링됨)와 각도(돔 천정에서)로 사용된다는 점에 유의해야 한다. 광선의 방위각 방향 성분을 계산하고자 $\mathbf{p}$를 θ로 나눠 여기서 길이로 사용되는 $\hat{\mathbf{p}}$를 계산했다. $\theta = 0$인 경우 돔의 천정에서의 주광선 지점과 방위각은 정의되지 않으므로 0으로 나누는 경우를 방지해야 한다. θ가 θ_{max}보다 크다면 픽셀은 돔의 시야를 벗어나 검정으로 칠해진다. θ 값이 0과 θ_{max} 사이인 경우 돔 좌표의 정규화된 광선 방향은 다음과 같다.

$$\hat{\mathbf{n}} = \left(\frac{p_x \sin\theta}{\theta}, \ \frac{p_y \sin\theta}{\theta}, \ \cos\theta \right) \qquad\qquad (3)$$

예를 들어 피사계 심도 같은 데에서 각 광선에 대해 직교적인 위쪽 방향 $\hat{\mathbf{u}}$와 오른쪽 방향 $\hat{\mathbf{r}}$이 필요하다면 기존의 중간값을 사용해 저렴하게 결정할 수 있다. 위쪽 방향은 광선 방향의 미분을 θ의 함수로 무효화해 계산할 수 있으며, 돔 천정을 가리키는 경도의 수직선으로 정렬한 단위 벡터를 산출한다.

$$\hat{\mathbf{u}} = \left(\frac{-p_x \cos\theta}{\theta},\ \frac{-p_y \cos\theta}{\theta},\ \sin\theta \right) \tag{4}$$

오른쪽 방향은 순수하게 방위각 성분 p_x와 p_y를 사용해 결정하며 수평 위도선으로 정렬된 단위 벡터를 산출한다.

$$\hat{\mathbf{r}} = \left(\frac{-p_x}{\theta},\ \frac{p_y}{\theta},\ 0 \right) \tag{5}$$

돔 좌표계에서 광선, 위쪽, 오른쪽 방향을 계산하는 최소화된 예제는 리스트 4-1을 참고하자. 마지막으로 광선 방향을 돔 좌표에서 월드 좌표로 변환하고자 카메라의 직교 방향 기반 벡터 $\hat{\mathbf{x}}, \hat{\mathbf{y}}, \hat{\mathbf{z}}$로 구성 요소를 투영한다.

$$\hat{\mathbf{d}} = (n_x \hat{\mathbf{x}} + n_y \hat{\mathbf{y}} + n_z \hat{\mathbf{z}}) \tag{6}$$

필요하다면 같은 좌표 시스템 변환 작업을 위쪽과 오른쪽 벡터에서도 수행해야 한다.

리스트 4-1. 이 짧은 예제 함수는 광선 방향 돔 반구의 바닥에서 사용자가 지정한 각도의 시야(보통 180°)와 뷰포트 크기가 주어진 이미지 면의 한 점까지의 광선 방향을 계산하는 데 필요한 주요 수학을 보여준다. 투영 중앙에서의 돔 각도는 뷰포트 중앙부터 이미지 면의 지정된 점까지의 거리에 비례한다. 이 함수는 양의 z 방향으로 천장을 가진 돔 반구에 대해 작성했다. 이 함수가 반환하는 광선 방향은 이 함수를 호출하는 코드에 의해 카메라 기반 벡터에 투영돼야 한다.

```
1  static _ _device_ _ _ _inline_ _
2  int dome_ray(float fov,              // 라디안 FoV
3               float2 vp_sz,           // 뷰포트 크기
4               float2 i,               // 이미지 면의 픽셀/점
5               float3 &raydir,         // 반환된 광선 방향
6               float3 &updir,          // 위, 정렬된 위/경도선
7               float3 & rightdir) {    // 오른쪽 정렬된 위/경도선
8      float thetamax = 0.5f * fov;     // 라디안 반-FoV
9      float2 radperpix = fov / vp_sz;  // X/Y로 라디안/픽셀 계산
10     float2 m = vp_sz * 0.5f;         // 뷰포트 중앙/중앙점 계산
11     float2 p = (i - m) * radperpix;  // azimuth, theta 컴포넌트 계산
12     float theta = hypotf(p.x, p.y);  // hypotf()는 최고의 정확성을 보장한다.
```

```
13      if (theta < thetamax) {
14          if (theta == 0) {
15              // 돔 중앙에서 방위각은 정의되지 않았으며
16              // 0으로 나누는 것을 피해야 하므로 광선 방향을 천정으로 설정한다.
17              raydir = make_float3(0, 0, 1);
18              updir = make_float3(0, 1, 0);
19              rightdir = make_float3(1, 0, 0);
20          } else {
21              // 일반적인 경우: 방위각과 높이(elevation) 컴포넌트를 계산하고 합친다.
22              float sintheta, costheta;
23              sincosf(theta, &sintheta, &costheta);
24              raydir      = make_float3(sintheta * p.x / theta,
25                                        sintheta * p.y / theta,
26                                        costheta);
27              updir       = make_float3(-costheta * p.x / theta,
28                                        -costheta * p.y / theta,
29                                        sintheta);
30              rightdir    = make_float3(p.y / theta, -p.x / theta, 0);
31          }
32
33          return 1;  // 이미지 평면의 점은 FoV 내에 있다.
34      }
35
36      raydir = make_float3(0, 0, 0);  // FoV 바깥
37      updir = rightdir = raydir;
38      return 0;  // 이미지 면의 점은 FoV 바깥이다.
39  }
```

4.2.2 원형 스테레오스코픽 투영

돔 투영 초점 표면의 비평면 파노라마 성질은 스테레오스코픽 렌더링을 위한 특별한 도전을 제공한다. 비스테레오스코픽 돔 마스터 이미지는 다단계 렌더링, 뒤틀림, 많은 기존 투시 투영법의 필터링을 통해 합성될 수 있지만 고품질 스테레오스코픽 출력은 기본적으로 이미지의 모든 샘플에 대해 (따라서 레이 트레이싱할 때 광선당) 별도의 스테레오스코픽 카메라 계산을 필요로 한다. 이로 인해 기존 래스터화 API를 사용하는 것으로 상당한 성능 오버헤드와 이미지 품질 교환이 발생하

지만 인터랙티브 레이 트레이싱에는 이것이 이상적이다. 수학은 앞 절에서 설명한 광선 계산을 자연스럽게 확장하고 한 쌍의 단색 이미지를 렌더링하는 것과 비교해 약간의 성능 비용을 발생시킨다.

돔 마스터 카메라로 입체 스테레오스코픽 투영[2, 6, 8]을 사용하고자 각 광선의 원점을 안구 간 거리의 절반만큼 왼쪽이나 오른쪽으로 이동한다. 이동은 스테레오스코픽 안구 축을 따라 일어나는데, 이는 광선 방향 $\hat{d}$와 청중의 로컬 천정 혹은 '위' 방향 $\hat{q}$가 직각이라는 것을 의미한다. 그림 4-4에 보이는 것을 비롯해 다양한 기울어진 돔 구성을 설명한다. 기울어진 광선 원점은 $O = O + e(\hat{d} \times \hat{q})$로 계산된다. 여기서 $e(\ )$는 그림 4-5에서와 같이 월드 공간에서 눈 위치를 올바르게 이동하고자 이동 방향과 배율 인수를 적용하는 눈 이동 함수다. 각 광선에 대해 독립적으로 스테레오스코픽 눈 이동을 계산해 원형 스테레오스코픽 투영을 얻는다.

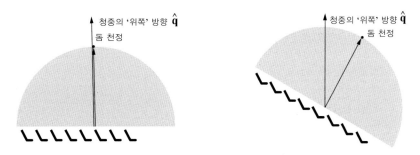

▲ **그림 4-4.** 전통적인 평면 플라네타리움 돔(왼쪽)과 30도 기울어졌으며, 경기장 스타일의 좌석이 있는 좀 더 현대적인 돔 극장(오른쪽)에서의 돔 천정과 청중의 '위쪽' 방향 $\hat{q}$ 간의 관계

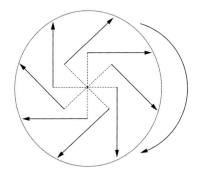

▲ **그림 4-5.** 원형 스테레오스코픽 투영 테크닉과 광선 방향을 따라 각 광선의 원점으로 안구 거리 절반의 눈 오프셋을 적용한 효과를 나타낸다. 그림은 왼쪽 눈 투영에 대한 눈 이동 오프셋(점선)을 보여준다.

원형 스테레오스코픽 투영은 왜곡이 전혀 없는 것은 아니지만 "보고 있는 곳에서 언제나 정확하다"[6]. 원형 스테레오스코픽 투영은 보는 사람이 스테레오스코픽 투영의 수평선을 바라볼 때 가장 정확하지만 청중 천정 $\hat{q}$ 근처를 바라볼 때는 정확하지 않다. 스테레오스코픽 극 축 뒤의 영역을 볼 수 있을 때 후방 스테레오 이미지를 볼 수도 있을 것이다. 이 문제를 완화하고자 스테레오스코픽 눈 분리는 청중의 스테레오스코픽 적도나 수평선과 관련된 $\hat{d}$의 양각 함수로 모듈화할 수 있다. 청중의 천정에서 눈 분리 간격을 0으로 조절하면 (따라서 모노스코픽^{monoscopic} 투영으로 저하됨) 후방 스테레오 보기 경향을 크기 줄일 수 있다. 간단하지만 대표적인 구현 예는 리스트 4-2를 참고하자.

리스트 4-2. 스테레오스코픽과 모노스코픽 투영을 모두 처리하는 최소한의 눈 전환 함수 구현

```
1  static _ _host_ _ _ _device_ _ _ _inline_ _
2  float3 eyeshift(float3 ray_origin,      // 원래의 비스테레오 눈 원점
3                  float eyesep,           // 안구의 거리, 월드 좌표
4                  int whicheye,           // 왼쪽/오른쪽 눈 플래그
5                  float3 DcrossQ) {       // 광선 방향 x 청중 "위" 방향
6      float shift = 0.0;
7      switch (whicheye) {
8          case LEFTEYE :
9              shift = -0.5f * eyesep;     // 광선 원점 왼쪽으로 이동
10             break;
11
12         case RIGHTEYE:
13             shift = 0.5f * eyesep;      // 광선 원점 오른쪽으로 이동
14             break;
15
16         case NOSTEREO:
17         default:
18             shift = 0.0;                // 모노스코픽 투영
19             break;
20     }
21
22     return ray_origin + shift * DcrossQ;
23 }
```

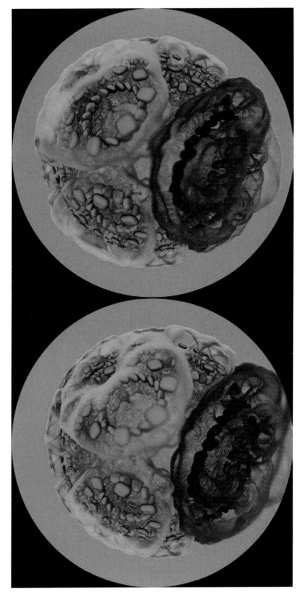

▲ **그림 4-6.** 구형 초점면에 적용된 피사계 심도와 함께 싱글 패스로 렌더링된 수직으로 쌓인 돔 마스터 이미지의 스테레오스코픽 쌍

스테레오스코픽 돔 마스터 이미지는 양 스테레오스코픽 서브이미지를 같은 출력 버퍼에서 이중 높이 프레임버퍼의 상단 반은 왼쪽 눈 서브이미지로, 하단 반은 오른쪽 눈 서브이미지로 오버/언더 레이아웃에 렌더링하는 것으로, 싱글 패스로 계산된다. 그림 4-6은 상하로 쌓인 스테레오스코픽 프레임버퍼 레이아웃을 보여준

다. 이 접근법은 각 프레임의 데이터 병렬 레이 트레이싱 작업의 최대량을 모으기 때문에 API 오버헤드를 줄이고 하드웨어 스케줄링 효율성을 높인다. 기존 하드웨어 가속 레이 트레이싱 프레임워크는 카메라와 출력 버퍼의 목록에서 프로그레시브 레이 트레이싱을 실행하기 위한 효율적인 메커니즘이 없어 패킹된 스테레오 카메라 구현이 인터랙티브 스테레오스코픽 돔 시각화용 프로그레시브 렌더링을 훨씬 더 쉽게 사용할 수 있게 했다. 원격에 위치한 클라우드 호스트 렌더링 엔진에서 실시간 결과를 보고자 비디오 스트리밍 기술을 사용할 때 특히 유용하다. 수직으로 쌓인 스테레오스코픽 서브이미지 레이아웃의 주요 이점은 메모리에서 연속적이기 때문에 이미지 포스트 프로세싱이나 출력 소프트웨어가 간단한 포인터 오프셋 계산으로 각각의 두 스테레오스코픽 서브이미지에 독립적으로 접근할 수 있다. 원형 스테레오스코픽 투영으로 제작된 돔 마스터 이미지와 동영상은 종종 기존 이미지와 비디오 편집 소프트웨어로 직접 가져올 수 있다. 가장 기본적인 편집과 포스트 프로세싱은 기존 투시 투영에 사용하는 것과 같은 도구를 사용해 수행할 수 있다.

4.2.3 피사계 심도

돔 마스터 투영을 위한 피사계 심도 초점 흐림은 우선 혼란 디스크의 피사계 심도 원에 대한 기본 벡터를 계산하고 지터링된jittered 광선 원점 오프셋을 계산하고자 기본 벡터를 사용한 다음 마지막으로 광선 방향을 업데이트하는 것으로 구현할 수 있다. 혼동 기본 벡터 u와 r의 원은 동일한 중간값에 모두가 의존하므로 광선 방향 d를 통해 가장 잘 계산된다. 식 (4)와 (5)는 각각 u와 r의 계산을 설명한다. 지터링된 피사계 심도 광선 원점이 u와 r을 사용해 계산된 후에는 광선 방향이 업데이트돼야 한다. 업데이트된 광선 방향은 광선이 초점 표면(이 경우 구체)과 교차하는 지점에서 새로운 광선 원점을 빼고 결과를 정규화해 계산한다. 간단한 구현 예제는 리스트 4-3을 참고하자.

리스트 4-3. 이 짧은 예제 함수는 피사계 심도가 사용될 때 새로운 광선 원점과 방향을 계산하는 데 필요한 주요 수학을 보여준다.

```
 1  // 새로운 광선 원점과 광선 방향을 계산하기 위한 CUDA 기기 함수
 2  // 혼란(confusion) 디스크 원의 반경,
 3  // 각 광선에 대한 직각의 "위"와 "오른쪽" 기본 벡터,
 4  // focal 면/구체 거리와 RNG/QRNG 시드/상태 벡터를 제공한다.
 5  static _ _device_ _ _ _inline_ _
 6  void dof_ray(const float3 &ray_org_orig, float3 &ray_org,
 7              const float3 &ray_dir_orig, float3 &ray_dir,
 8              const float3 &up, const float3 &right,
 9              unsigned int &randseed) {
10    float3 focuspoint = ray_org_orig +
11              (ray_dir_orig * cam_dof_focal_dist);
12    float2 dofjxy;
13    jitter_disc2f(randseed, dofjxy, cam_dof_aperture_rad);
14    ray_org = ray_org_orig + dofjxy.x*right + dofjxy.y*up;
15    ray_dir = normalize(focuspoint - ray_org);
16  }
```

4.2.4 안티앨리어싱

돔 마스터 이미지의 안티앨리어싱은 연속적인 샘플의 뷰포트 좌표를 지터링해 특별한 이슈 없이 쉽게 수행된다. 인터랙티브 레이 트레이싱의 경우 간단한 샘플을 통한 박스 필터링된 평균은 저렴하면서도 구현하기 쉽다. 시야 밖의 샘플은 검은색으로 표시되기 때문에 안티앨리어싱 샘플 역시 돔 마스터 이미지 내에서 생성된 원형 이미지에서 부드러운 가장자리를 제공한다.

4.3 플라네타리움 돔 마스터 투영 샘플 코드

4장에서 제공하는 예제 소스는 CUDA GPU 프로그래밍 언어를 사용하는 엔비디아 OptiX API용으로 작성됐다. 샘플 소스는 간략화를 위해 생략됐지만 중요한 전역 범위 카메라와 씬 파라미터는 피사계 심도 계산, 디스크에 균일한 랜덤 샘플을

생성하고 비슷한 작업을 위한 작은 헬퍼 함수로 나타난다. 이 소스는 독자가 자신의 필요에 맞게 샘플 구현을 좀 더 쉽게 해석하고 적용할 수 있게 제공됐다.

돔 마스터 카메라는 템플릿 카메라 함수로 구현됐으며 OptiX 레이 트레이싱 프레임워크의 여러 주요 광선 생성 '프로그램'에서 인스턴스화된다. 함수는 각각 스테레오스코픽 돔 마스터 이미지의 생성과 피사계 심도 포컬 블러의 생성을 활성화하거나 비활성화하는 STEREO_ON과 DOF_ON 템플릿 파라미터를 허용한다. 카메라 함수에 별도의 인스턴스화를 생성하는 것으로 비활성화된 기능과 관련된 수학 연산이 제거되므로 복잡한 씬의 고해상도 인터랙티브 레이 트레이싱에 특히 유용하다.

감사의 말

이 작업은 부분적으로 국립 보건원의 P41-GM104601, NCSA 고급 시각화 실험실, NSF award ACI-1445176에서 부분적으로 지원하는 CADENS 프로젝트의 일부로 지원됐다.

참고 문헌

[1] Borkiewicz, K., Christensen, A. J., and Stone, J. E. Communicating Science Through Visualization in an Age of Alternative Facts. In ACM SIGGRAPH Courses (2017), pp. 8:1-8:204.

[2] Bourke, P. Synthetic Stereoscopic Panoramic Images. In Interactive Technologies and Sociotechnical Systems, H. Zha, Z. Pan, H. Thwaites, A. Addison, and M. Forte, Eds., vol. 4270 of Lecture Notes in Computer Science. Springer, 2006, pp. 147-155.

[3] Greene, N., and Heckbert, P. S. Creating Raster Omnimax Images from Multiple Perspective Views Using the Elliptical Weighted Average Filter. IEEE Computer Graphics and Applications 6, 6 (June 1986), 21-27.

[4] Humphrey, W., Dalke, A., and Schulten, K. VMD - Visual Molecular Dynamics. Journal of Molecular Graphics 14, 1 (1996), 33-38.

[5]   Sener, M., Stone, J. E., Barragan, A., Singharoy, A., Teo, I., Vandivort, K. l., Isralewitz, B., liu, B., Goh, B. C., Phillips, J. C., Kourkoutis, l. F., Hunter, C. N., and Schulten, K. Visualization of Energy Conversion Processes in a light Harvesting Organelle at Atomic Detail. In International Conference on High Performance Computing, Networking, Storage and Analysis (2014).

[6]   Simon, A., Smith, R. C., and Pawlicki, R. R. Omnistereo for Panoramic Virtual Environment Display Systems. In IEEE Virtual Reality (March 2004), pp. 67-73.

[7]   Stone, J. E., Sener, M., Vandivort, K. l., Barragan, A., Singharoy, A., Teo, I., Ribeiro, J. V., Isralewitz, B., liu, B., Goh, B. C., Phillips, J. C., MacGregor-Chatwin, C., Johnson, M. P., Kourkoutis, l. F., Hunter, C. N., and Schulten, K. Atomic Detail Visualization of Photosynthetic Membranes with GPU-Accelerated Ray Tracing. Parallel Computing 55 (2016), 17-27.

[8]   Stone, J. E., Sherman, W. R., and Schulten, K. Immersive Molecular Visualization with Omnidirectional Stereoscopic Ray Tracing and Remote Rendering. In IEEE International Parallel and Distributed Processing Symposium Workshop (2016), pp. 1048-1057.

5장

서브배열의 최소와 최대 계산

엔비디아의 잉고 발트(Ingo Wald)

개요

5장은 다음의 문제를 탐구한다. N개의 숫자 A_i가 있는 배열 A가 주어지면 배열의 하위 범위에서 최소 혹은 최대 수를 어떻게 효율적으로 쿼리할 수 있는가? 예를 들면 "8번째부터 23번째까지의 요소 중 최솟값은 무엇인가?"

5.1 동기

다른 장의 주제와는 달리 이 특정 문제는 광선을 생성, 추적, 교차, 셰이드하는 방법처럼 레이 트레이싱과 직접적으로 관련이 있는 것을 다루는 것은 아니다. 그러나 이는 레이 트레이싱할 때, 특히 볼루메트릭^{volumetric} 데이터 세트를 렌더링할 때 가끔 마주치는 문제다. 구조화된 혹은 비구조화된 볼륨에 상관없이 데이터 세트의 볼루메트릭 렌더링은 일반적으로 일종의 광선 마칭의 형태로 렌더링되는 스칼라 필드 $z = f(x)$로 정의한다. 표면 기반 데이터 세트에서처럼 빠른 렌더링의 핵심은 볼륨의 어느 영역이 비어있거나 덜 중요한지를 신속하게 판단하고, 이런 영역을 건너뛰고 좀 더 적은 샘플을 취하거나 다른 근삿값을 사용해 계산의 속도를 높이는 것이다. 이는 일반적으로 기본 스칼라 영역의 최소와 최댓값을 잎마다 저장하는 공간적 데이터 구조를 작성하는 것과 관련된다.

실제로 5장의 문제는 스칼라 필드가 거의 직접 렌더링되지 않기 때문에 발생한다. 대신 사용자는 다른 스칼라 필드 값에 매핑하는 색상과 불투명도 값을 지정하는 일종의 전송 함수 $t(z)$를 인터랙티브하게 수정한다(예, 근육과 피부를 투명하게 만들고 인대와 뼈를 불투명하게 만들기). 이 경우 영역에서 스칼라 필드의 극한 값은 렌더링에 중요하지 않다. 대신 스칼라 필드에 적용된 전송 함수 결과의 극한 값이 필요하다. 즉, 전달 함수를 배열 $A[i]$로 나타내고 배열에 매핑된 스칼라 필드의 최솟값과 최댓값을 i_{lo}와 i_{hi}라고 가정할 때 원하는 것은 $i \in [i_{lo}, i_{hi}]$에 대한 $A[i]$의 최솟값과 최댓값이다.

언뜻 보기에 이 문제는 합산 영역 테이블[SAT, Summed-Area Tables][3, 9]을 사용해 수행할 수 있는 서브배열의 합을 계산하는 것과 비슷해 보인다. 그러나 `min()`과 `max()`는 변환할 수 없으므로 SAT는 동작하지 않을 것이다. 5장의 나머지 부분에서는 이 문제에 대한 네 가지 다른 해결법을 설명한다. 각각의 해결법은 사전 계산과 쿼리 시간에 필요한 메모리와 관련해 트레이드오프를 가진다.

5.2 나이브한 전체 테이블 탐색

나이브한 해결법[naive solution]은 $N \times N$ 크기의 테이블, $M_{jk} = \min \{A_i, i \in [j, k]\}$를 미리 계산하고 단순히 원하는 값을 찾는 방법이다.

이 해결법은 간단하고 좋은 '빠른' 해결법을 제공한다(예, OSPRay[7]에서 사용되는 `getMinMaxOpacityInRange()`를 참고하자). 그러나 한 가지 큰 단점이 있다. 저장소 비용은 배열 크기 N에서 제곱($O(N^2)$)이므로 큰 배열(예, 1k 혹은 4k 항목)의 경우 이 테이블은 커질 수 있다. 크기 외에도 테이블은 전달 함수가 변경될 때마다 최소 $O(N^2)$의 비용으로 매번 다시 계산돼야 한다.

이러한 복잡성을 감안할 때 전체 테이블 방식은 작은 테이블 크기에는 좋지만 큰 배열의 경우에는 다른 해결법이 필요할 수 있다.

5.3 희소 테이블 해결법

전체 테이블 메서드에 대한 덜 알려져 있지만 보람 있는 개선은 GeeksForGeeks 온라인 포럼[6]에 요약된 희소^{sparse} 테이블 접근법이다. 문헌을 검색할 때까지 이 방법을 알지 못했다(그리고 다른 곳에서는 발견하지 못했다). 여기에서 간단히 설명하겠다.

희소 테이블 해결법의 핵심 아이디어는 모든 n요소 범위 $[i..j]$가 두 개의 (잠재적으로 중복되는) 2의 거듭제곱 크기 범위(i에서 첫 번째 시작, j에서 끝남)의 결합으로 볼 수 있다. 이 경우 모든 가능한 쿼리 범위의 전체 테이블을 미리 계산할 필요는 없으며 오직 2의 거듭제곱 크기의 쿼리만 하면 된다. 그런 다음 두 개의 2의 거듭제곱 범위에 대한 미리 계산된 결과를 찾아 결과를 합칠 수 있다.

좀 더 자세하게 설명하자면 $2^1 = 2$인 모든 가능한 쿼리의 룩업 테이블 $L^{(1)}$을 우선 미리 계산한다고 가정한다. $L_0^{(1)} = \min(A_0, A_1)$, $L_1^{(1)} = \min(A_1, A_2)$ 등을 계산한다. 비슷하게 모든 $2^2 = 4$ 쿼리의 테이블 $L^{(2)}$, $2^3 = 8$ 쿼리에 대한 테이블 $L^{(3)}$ 등을 계산한다.[1]

모든 쿼리 범위 $[l_o, h_i]$에 대한 $\log N$ 테이블 $L^{(i)}$를 가졌다면 다음 단계를 취할 수 있다. 우선 $n = (hi - lo + 1)$로 쿼리의 너비를 계산한다. 그런 다음 2^p가 n보다 작은 최대 정수 p를 계산한다. 그러면 범위 $[lo, hi]$는 두 범위 $[lo, lo + 2^p - 1]$과 $[hi - 2^p + 1, hi]$의 합집합으로 볼 수 있다. 이에 대한 쿼리가 이미 테이블 $L^{(p)}$에서 미리 계산됐으므로 값 $L_{lo}^{(p)}$와 $L_{hi-2^p+1}^{(p)}$을 찾고 최소를 계산한 다음 결과를 반환할 수 있다. 이 방식의 자세한 설명은 그림 5-1에서 보여준다.

---

1. 논리적으로 볼 때 1개의 넓은 쿼리의 테이블 $L^{(0)}$을 가정할 수도 있지만, 이는 입력 배열 A와 분명히 동일하므로 저장되지 않을 것이다.

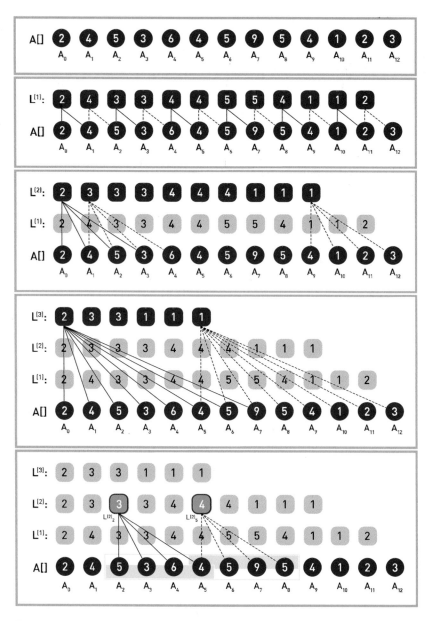

▲ **그림 5–1.** 희소 테이블 방법의 예: 13 요소의 입력 배열 A[]에서 2, 4, 8 와이드 쿼리를 포함하는 테이블 $L^{(1)}$, $L^{(2)}$, $L^{(3)}$를 미리 계산한다. 7 요소의 범위에서 최소인 $[A_2..A_8]$을 쿼리한다고 가정했을 때 두 오버래핑된 4 와이드 쿼리인 ($[A_2..A_6]$와 $[A_5..A_8]$)의 합집합으로 이 쿼리를 분해할 수 있다. 분해된 쿼리는 테이블 $L^{(2)}$에서 미리 계산됐다. 따라서 결과는 $\min(L_2^{(2)}, L_5^{(2)}) = \min(3, 4) = 3$이다.

2의 거듭제곱이 아닌 입력 범위의 경우 두 하위 범위가 겹칠 것이므로 일부 배열 요소가 두 번 계산된다. 이는 합계나 곱하기 같은 다른 종류의 감소에는 적절하지 않은 방법이다. 그러나 최솟값과 최댓값의 경우 이런 이중 계산은 결과를 변경하지 않는다. 계산 비용 측면에서 보면 모든 쿼리는 정확히 두 번의 조회로 완료할 수 있으므로 여전히 $O(1)$이다. 메모리 비용 측면에서는 $L^{(1)}$에는 $N-1$의 항목이, $L^{(2)}$에는 $N-3$의 항목이 있다. 총 저장 비용은 $O(N \log N)$이다. 이는 전체 테이블 메서드 $O(N^2)$에 비해 크게 절약된다.

5.4 (재귀) 범위 트리 방식

레이 트레이싱에서 (이진트리가 있는 곳에서 결국 공통적으로 발생하는) 분명한 해결책은 벤틀리[Bentley]와 프리드먼[Friedman][1, 2, 8]이 소개한 몇몇 종류의 범위 트리를 사용하는 것이다. 범위 트리를 이 문제에 적용하는 것에 관한 훌륭한 토론은 온라인에서 찾을 수 있다[4, 5].

범위 트리는 재귀적으로 입력 범위를 분할하고 각 노드에서 해당하는 서브트리의 결과를 저장하는 이진트리다. 각 잎은 하나의 배열 요소에 정확하게 해당된다. 내부 노드는 두 자식을 가지며 (입력 범위의 아래쪽 절반과 위쪽 절반을 각각 가진다) 두 자식의 최소, 최대, 합계, 곱 등을 저장한다. (최소와 최대 쿼리 모두에 대한) 이런 트리의 예는 그림 5-2에서 보여준다.[2]

---

2. 이 문서는 세그먼트 트리(segment tree)라는 용어를 사용하지만 같은 데이터 구조와 알고리즘을 설명한다. 5장에서는 벤틀리와 위키피디아에서 사용하는 범위 트리라는 용어를 사용한다.

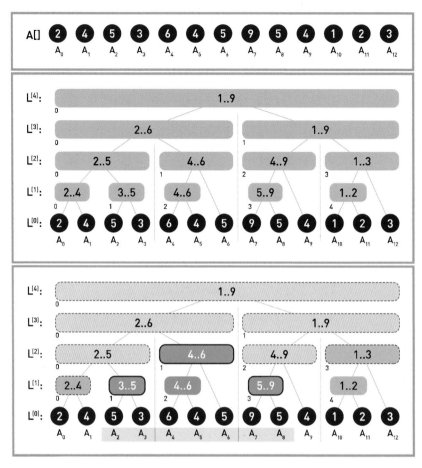

▲ **그림 5-2.** 재귀 범위 트리 방식을 표현한다. 입력 배열 A(상단)가 주어지면 해당하는 잎 노드의 최소와 최대를 저장하는 노드가 있는 이진트리(중간)를 계산한다. 쿼리 범위에 대한 순환 탐색(하단)은 의사 코드의 세 가지 사례를 모두 사용한다. 회색 노드는 두 자식 모두를 순환한다(경우 3). 검은 윤곽선이 있는 초록 노드는 계산된 뒤에 종료된다 (경우 2). 점선이 있는 파란 노드는 범위 밖을 벗어난다(경우 1).

이러한 범위 트리가 주어질 경우 어떤 범위 $[lo, hi]$를 쿼리하려면 입력 범위를 정확하게 표현하는 노드의 집합을 찾아야 한다. 다음의 간단한 재귀 알고리즘이 이 쿼리를 수행한다.

```
1  RangeTree::query(node,[lo,hi]) {
2      if (node.indexRange does not overlap [lo,hi])
3          /* 경우 1: 노드가 완벽하게 쿼리 범위 밖이다 -> 무시한다. */
4          return { empty range }
```

```
5       if (node.indexRange is inside [lo,hi])
6           /* 경우 2: 노드가 완벽하게 쿼리 범위 안이다 -> 사용한다. */
7           return node, valueRange
8           /* 경우 3: 부분적으로 겹침 -> 자식으로 재귀하고 병합한다. */
9       return merge(query(node.leftChild,[lo,hi]),
10                   query(node.rightChild,[lo,hi])
11  }
```

범위 트리에는 오직 선형 저장과 전처리 시간만 필요하다. 이 시간은 희소 테이블 방식보다 적은 정수 요소가 될 수 있다. 단점이라면 쿼리는 더 이상 일정 시간 내에 발생하지 않고 대신 $O(\log N)$ 복잡성을 가진다. 더 안 좋은 점은 재귀 쿼리는 신중한 데이터 레이아웃과 포인터 추적을 피할 때조차 상대적으로 높은 '구현 상수'를 초래할 수 있다는 점이다(특히 SIMD나 SPMD 아키텍처에서).

5.5 반복적인 범위 트리 쿼리

실제로 범위 트리 쿼리의 주비용은 $O(\log N)$ 복잡성에 있는 것이 아니라 재귀를 위한 높은 구현 상수에 있다. 따라서 반복적인iterative 방법이 매우 바람직하다.

이런 방법을 도출하고자 이제 각각의 더 세밀한 레벨의 연속적인 병합으로 논리 범위 트리를 밑에서부터 살펴본다. 최고 레벨 $L^{(0)}$에서 $N_0 = N$인 원래의 배열 값 $L_i^{(0)} = A_i$를 가진다. 다음 레벨에서는 이전 레벨에서 각각의 (완전한) 값 쌍의 최소나 최대를 계산한다. f가 최소 혹은 최대가 되는 $L_i^{(1)} = f(L_{2i}^{(0)}, L_{2i+1}^{(0)})$의 값 $N_1 = [N_0/2]$가 있다는 뜻이다. 레벨 2는 $L^{(1)}$에서 병합된 쌍과 같은 $N_2 = [N_1/2]$를 가진다. 2의 제곱이 아닌 배열의 경우 N_i의 일부는 홀수일 수 있다. 일부 노드는 부모를 갖지 않을 것이라는 의미다. 이는 다소 직관력이 떨어지지만 순회 알고리즘은 괜찮게 작동할 것이다.

일련의 이진트리(N이 2의 제곱인 경우 하나의 트리, 그 외에는 하나 이상)를 형성하는 결과 데이터 구조의 예는 그림 5-3을 참고하자. 모든 레벨 L의 노드 n은 이 (하위) 트리 내의 모든 배열 값을 나타내는 이진트리의 루트다.

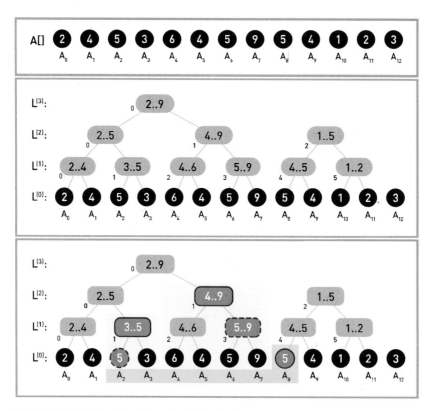

▲ **그림 5-3.** 반복적인 범위 트리의 표현: 13개 입력의 배열이 주어지면 쌍을 연속적으로 좀 더 작은 레벨로 반복적으로 병합해 (이 예제에서) 총 3개의 이진트리를 형성한다. 샘플 쿼리 [lo = 2, hi = 8]의 경우 어두운 외곽선으로 표시된 세 노드 $L_8^{(0)}$, $L_1^{(1)}$, $L_1^{(2)}$를 찾아야 한다. 알고리즘은 $L^{(0)}$에서 lo = 2와 hi = 8로 시작한다. hi는 짝수이고 계산돼야 하며(실선 동그라미) lo는 홀수이므로 계산되지 않아야 한다(점선 동그라미). 다음 단계는 lo와 hi를 lo = 1, hi = 3으로 업데이트하고(이제 $L^{(1)}$에 있다) 올바르게 $lo_L^{(1)}$(실선 외곽선)을 센다. lo은 홀수이므로 세고 hi는 짝수가 아니기 때문에 $L_{hi}^{(1)}$는 건너뛴다(점선 외곽선). $L^{(2)}$에서 lo = 1과 hi = 1이 같다면 $L^{(3)}$에서의 lo = 1, hi = 0으로 진행하고 종료한다.

쿼리 범위 [lo, hi]가 주어지면 자식이 쿼리 내에서 완전히 떨어지지만 범위 내의 좀 더 큰 트리의 일부는 되지 않을 모든 서브트리 n_0, n_1, n_2...을 살펴보자(그림 5-3의 굵은 동그라미). 이는 분명히 고려하기 원하는 노드다. 따라서 이 노드를 순회하는 효과적인 방법을 찾아야 한다.

이를 위해서는 각 레벨 L에 쿼리 범위가 걸쳐 있는 노드 범위를 고려해야 한다. 이 것을 [lo_L..hi_L]로 부르자. 이제 우선 lo_L을 살펴보자. 구성에 따라 lo_L은 인덱스가 홀수인 경우에만 서브트리의 루트가 될 수 있다(그렇지 않으면 다른 서브트리의 왼쪽 자식이다). 홀수 짝수에 관계없이 다음 거친 레벨^coarser level^의 가장 왼쪽 인덱스는

$lo_L + 1 = (lo_L + 1)/2$로 계산할 수 있다.[3] '짝수'와 '홀수'가 교환되는 것과 다음 인덱스는 $hi_L + 1 = (hi + 1)/2 - 1$(혹은 부호 있는 정수 연산에서 $(hi - 1) \gg 1$처럼)로 계산된다는 것을 제외하고 오른쪽 인덱스 hi_L에 대한 비슷한 인수가 만들어질 수 있다. 이 반복적인 거침은 lo_L이 hi_L보다 커질 때까지 계속되며, 도달한 지점은 아무런 서브트리를 갖지 않은 첫 번째 레벨이다.[4] 이러한 고려 사항을 통해 서브트리를 반복하는 간단한 알고리즘을 사용하게 된다.

```
1   Iterate(lo,hi) {
2       Range result = { empty range }
3       L = finest level
4       while (lo <= hi) {
5           if (lo is odd) result = merge(result,L[lo])
6           if (hi is even) result = merge(result,L[hi])
7           L = next finer Level;
8           lo = (lo+1)>>1
9           hi = (hi-1)>>1 /* 부호 있는 계산이 필요함, 그렇지 않으면 (hi+1)/2-1 */
10          return result
11      }
12  }
```

의사 코드에서 언급했듯이 $hi = 0$일 때 높은 인덱스의 계산을 적절하게 처리해야 하지만 의사 코드 다음에 처리해야 한다. 기존의 범위 트리처럼 이 반복 방법은 입력 범위의 각 값을 정확하게 한 번만 계산하므로 최솟값과 최댓값 이외의 쿼리에 사용할 수 있다.

메모리 레이아웃과 관련해 알고리즘을 배열의 시퀀스(레벨당 하나)를 사용해 논리적으로 설명했다. 실제 첫 번째로 L_1의 모든 N_1 값을 포함하고 그런 다음 L_2의 모든 값을 포함하는 식으로 단일 배열에 모든 레벨을 쉽게 저장할 수 있다. 언제나 최고에서부터 연속적으로 거친 레벨까지 순회하므로 암묵적으로 레벨 오프셋을 계산

---

3. 여기는 간략한 증명이다. lo_L이 L의 루트 노드라면 홀수이므로 오른쪽의 다음 서브트리로 이동한다. 그렇지 않으면 여전히 가장 왼쪽의 서브트리인 lo_L의 부모로 이동한다. 어느 방식이든 인덱스는 $lo_L + 1 = (lo_L + 1)/2$로 계산할 수 있다.

4. lo_L과 hi_L이 정확히 같은 노드에서 만나는 경우는 괜찮다. 값은 홀수이거나(낮은 쪽에서 계산한다) 짝수이거나(높은 쪽에서 계산한다) 다음 단계는 종료될 것이다.

할 수도 있으며, 간단하면서도 같은 타이트한 내부 루프를 생성할 수도 있다. http://gitlab.com/ingowald/rtgem-minmax에서 참조 구현을 온라인으로 살펴보자.

5.6 결과

이론적으로 반복적인 방법은 기존 범위 트리 방식과 동일한 저장소 복잡성 $O(N)$ 과 계산 복잡성 $O(logN)$을 갖는다. 그러나 메모리 레이아웃은 훨씬 간단하며 쿼리의 시간 상수는 다른 재귀 구현보다 훨씬 적다. 실제로 샘플 코드에서는 이 반복 버전이 최소한 수십만 개의 요소가 있는 테이블을 제외하면 $O(1)$ 희소 테이블 방식과 거의 비슷하게 빠르다. 좀 더 적은 메모리를 사용하면서도 말이다.

예를 들어 4천 개 가량의 요소를 지닌 배열과 랜덤하게 정해진 쿼리 엔드포인트 lo와 hi를 사용하면 반복 방식은 희소 테이블 방식보다 메모리를 10배 적게 사용함에도 5%만 느리다. 더 큰 10만 개 정도의 요소를 갖는 테이블의 경우 속도 차이는 대략 30% 정도 벌어지지만 메모리 사용량은 15배 낮아진다. 이미 흥미로운 절충안이지만 랜덤하게 정해진 쿼리 엔드포인트가 반복 메서드에서 최악의 경우에 가까우면 주의해야 한다. 반복 횟수가 $|hi-lo|$에서 로그이므로 '좀 더 좁은' 쿼리는 실제로 균일하게 선택된 lo와 hi 값에 의해 매우 넓은 쿼리보다 빠르게 실행된다. 예를 들어 쿼리 값을 $|hi-lo| \le \sqrt{N}$으로 제한하면 10만 개 가량의 요소를 지닌 배열에서의 반복 방식은 희소 테이블 방식과 비교해 30% 느린 속도에서 15% 빠른 속도로 변한다(15배 적은 메모리를 가지면서).

5.7 요약

5장에서는 숫자 배열의 모든 하위 범위에서 최솟값과 최댓값을 계산하는 네 가지 방법을 정리했다. 나이브한 전체 테이블 방식은 구현하기 매우 쉽고 쿼리가 빠르다. 그러나 $O(N^2)$ 저장소와 계산 비용으로 인해 유용성이 제한된다. 희소 테이블 방식은 다소 복잡하지만 $O(1)$ 쿼리 복잡성을 유지하면서도 메모리 오버헤드를 크게 줄인다. 재귀적 범위 트리 방식은 더 많이($O(N)$까지) 메모리 오버헤드를 줄인다. 그러나 이론적인 것뿐만이 아니라 실제 구현 상수에서도 현저히 높은 쿼리 복잡성($O(logN)$)이 필요하다. 마지막으로 반복 범위 트리는 범위 트리의 낮은 메모리 오버헤드를 유지하면서도 좀 더 단순한 메모리 레이아웃을 사용하고 재귀 쿼리를 타이트한 반복 루프로 변환한다. 여전히 $O(logN)$이지만 실제로 쿼리는 좀 더 적은 메모리를 소모하면서도 $O(1)$ 희소 테이블 방식과 비슷하게 작동한다. 전반적으로 사전 계산 코드와 쿼리 코드가 놀라울 정도로 단순하기 때문에 반복 방식을 선호한다.

희소 테이블과 반복 범위 트리 방식의 샘플 코드는 https://gitlab.com/ingowald/rtgem-minmax에서 온라인으로 볼 수 있다.

참고 문헌

[1] Bentley, J. L., and Friedman, J. H. A Survey of Algorithms and Data Structures for Range Searching. http://www.slac.stanford.edu/cgi-wrap/getdoc/slac-p ub-2189.pdf, 1978.

[2] Bentley, J. L., and Friedman, J. H. Algorithms and Data Structures for Range Searching. ACM Computing Surveys 11, 4 (1979), 397-409.

[3] Crow, F. Summed-Area Tables for Texture Mapping. Computer Graphics (SIGGRAPH) 18, 3 (1984), 207-212.

[4] GeeksForGeeks. Min-Max Range Queries in Array. https://www.geeksforgeeks.org/min-max-range-queries-array/. Last accessed December 7, 2018.

[5] GeeksForGeeks. Segment Tree: Set 2 (Range Minimum Query). https://www.geeksforgeeks.org/segment-tree-set-1-range-minimum-query/. Last accessed December 7, 2018.

[6] GeeksForGeeks. Sparse Table. https://www.geeksforgeeks.org/sparse-table/. Last accessed December 7, 2018.

[7] Wald, I., Johnson, G. P., Amstutz, J., Brownlee, C., Knoll, A., Jeffers, J. L., Guenther, J., and Navratil, P. OSPRay - A CPU Ray Tracing Framework for Scientific

Visualization. IEEE Transactions on Visualization 23, 1 (2017), 931–940.

[8]   Wikipedia. Range Tree. https://en.wikipedia.org/wiki/Range_tree. Last accessed December 7, 2018.

[9]   Wikipedia. Summed-Area Table. https://en.wikipedia.org/wiki/Summed-area_table. Last accessed December 7, 2018.

PART 2

교차와 효율성

교차와 효율성

레이 트레이싱은 많은 유용한 속성을 갖고 있지만, 결국 사람들이 가장 매료되는 두 가지 요소는 우아함과 단순성이다. 일부 광선만을 추적하는 것으로 새로운 렌더링 알고리즘과 효과를 추가할 수 있다. 새로운 표면 프리미티브는 단순히 경계 상자와 교차 프로그램을 지정함으로써 추가할 수 있다. 병렬 처리는 종종 '당황스러울 정도로' 간단하다.

그 밖의 모든 것은 진실이 아닐 때까지는 근본적으로 진실이다. 위의 속성 중 하나는 원칙적으로 '좋은, 나쁜, 못생긴' 경우가 있을 때까지만 참이다. 즉, 기본 교차점 찾기 인터페이스가 더 이상 충분하지 않은 경우, 제한된 부동소수점 정밀도가 훌륭한 수학 솔루션을 망치는 경우, 다중의 동일 평면 표면과 같은 '가장자리 케이스', '부당하게' 작거나 먼 기하학, 또는 픽셀당 크게 고르지 않은 비용으로 인한 못생긴 헤드 같은 경우다. 이러한 도전은 병적인 경우로 끝내고 싶은 유혹이 들지만, 실제로는 위험에 처했을 때만 무시당할 수 있다.

6장, 자기 교차를 피하는 빠르고 강력한 방법에서는 표면에서 시작된 광선이 표면 자체와 어떻게 교차하는지 설명한다. 구현하기 쉽지만 생산 레이 트레이서에서 입증된 솔루션을 제시한다.

7장, 광선/교차의 정밀도 향상에서는 제한된 부동소수점 정밀도가 광선/구체 교차에서 일어나는 루트 찾기를 얼마나 빠르게 방해할 수 있는지 살펴보고 수치적이면서 안정적인 방식으로 이를 고칠 수 있는 방법을 살펴본다.

8장, 멋진 패치: 광선/이중선형 패치 교차에 대한 지오메트릭 접근에서는 임의의(즉, 비평면의) 사변형 패치를 두 개의 삼각형으로 나눌 필요 없이도 쉽게 처리 가능하도록

하는 새로운 지오메트릭 프리미티브를 설명한다. 이때 둘은 수학적으로 강력하고 빠르게 유지된다.

9장, DXR에서의 다중 충돌 레이 트레이싱에서는 애플리케이션이 광선을 따라 (여러 번) 성공적으로 교차하는 곳을 효율적이고 견고하게 찾아야 하는 방법과 기존 DXR API의 위에 기능을 추가하는 방법을 살펴본다.

10장, 높은 스케일 효율성을 지닌 단순한 로드밸런스 체계에서는 작업 균형이 잘 잡힌 이미지 공간 병렬화를 달성하는 간단하면서도 효율적인 방법을 제안한다. 나이브한 접근이 무너져 내리는 경향이 있는 픽셀당 비용이 크게 달라지는 경우에도 작동한다.

과거에 2부에서 다루는 모든 주제를 다뤄야 했기 때문에 이 부분을 발표하게 돼 특히 기쁘다. 아직 작성되지 않은 레이 트레이서에 대한 통찰력(이상적으로는 참조 솔루션)을 제공하기 바란다.

잉고 발트^{Ingo Wald}

6장

자기 교차를 피하는 빠르고 강력한 방법

엔비디아의 카스텐 워커(Carsten Wächter)와 니콜라우스 바인더(Nikolaus Binder)

개요

여기서는 레이 트레이싱에서 자가 교차를 피하는 솔루션을 제공한다. 이 솔루션은 현재 일반적인 관행보다 강력하면서 최소한의 오버헤드만 있고 파라미터의 미세 조정이 필요 없다.

6.1 서론

광선과 경로 추적 시뮬레이션은 카메라나 광원에서 시작해 씬 지오메트리와 광선을 교차시켜 빛 경로를 생성한다. 물체에 부딪히면 경로를 이어가고자 부딪힌 물체의 표면에서 새로운 광선이 생성된다. 이론적으로 이 새로운 광선은 같은 표면과의 교차를 다시 일으키지 않는다. 거리 0의 교차는 교차 알고리즘이 제외하기 때문이다. 그러나 실제로는 실제 구현에서 사용되는 유한 부동소수점 정밀도가 종종 자가 교차라고 알려진 거짓된 긍정 결과를 이끌어내며 표면에 부적절한 셰도우가 있는 셰도우 아크네^{shadow acne}와 같은 아티팩트를 생성한다.

이런 문제를 해결할 수 있는 가장 보편적인 해결책은 다양한 일반적인 제작 콘텐츠를 처리할 수 있을 정도로 강력하지 않으며 씬 단위로 매뉴얼 파라미터 조정이 필요할 수도 있다. 대안으로는 수치적 부정확성의 원인을 철저하게 분석함으로

써 견고한 취급을 할 수 있다. 그러나 이는 상당한 성능의 오버헤드와 함께 제공되며 일부 소프트웨어 API와 엔비디아[NVIDIA] RTX 같은 하드웨어 가속 기술에서는 가능하지 않은 광선/표면 교차 루틴의 기본 구현에 대한 소스 접근이 필요하다.

6장에서는 비교적 견고하고 파라미터 조정을 할 필요가 없으며 동시에 최소한의 오버헤드를 도입해 실시간 애플리케이션과 오프라인 렌더링에 적합하게 하는 방법을 제공한다.

6.2 방법

좀 더 견고하게 새로운 광선 원점을 계산하는 것은 두 단계로 구성된다. 우선 레이 트레이싱 결과에서 교차점을 계산해 부동소수점 수학을 고려하면서 가능하면 표면에 가깝게 한다. 둘째로 경로를 이어가고자 다음 광선을 생성할 때 동일한 표면에서 다시 교차하는 일이 발생하지 않도록 조치를 취해야 한다. 6.2.2절에서는 기존 방식의 일반적인 함정을 설명하고 문제 해결법을 제시한다.

6.2.1 표면의 교차점 계산

경로를 따라가는 다음 광선의 원점 계산은 일반적으로 유한 정밀도로 인해 어려움을 겪는다. 교차점을 계산하는 다양한 방식이 수학적으로는 동일하지만 실제로는 결과 숫자 오류의 크기에 직접 영향을 주기 때문에 가장 적합한 방법의 선택이 중요하다. 또한 각 방식마다 고유한 장단점이 있다.

이러한 점의 계산은 보통 충돌 거리를 광선 방정식에 삽입해야 한다. 그림 6-1을 참고하자. 결과적으로 새로운 원점이 표면에서 멀리 떨어져 있을 수 있으므로 이 절차에는 반대하는 것이 좋다. 이는 특히 광선 원점에서 멀리 떨어진 교차점의 경우에 해당한다. 부동소수점 숫자의 지수 스케일 때문에 표현 가능한 값 사이의 간격은 교차 거리에 따라 기하급수적으로 증가한다.

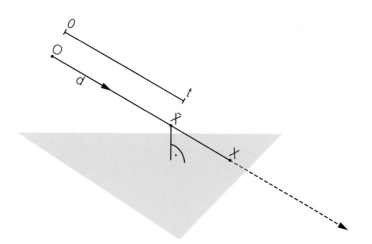

▲ **그림 6-1.** 광선 방정식에 교차 거리 *t*를 넣어 광선/표면 교차점 X를 계산한다. 이 경우 *t*에 대한 불충분한 정밀도를 통해 생긴 모든 에러는 대부분 계산된 교차점 X를 광선 방향 **d**로 이동시킬 것이다. 그리고 보통 삼각형의 면에서 멀리 떨어지게 할 것이다.

표면 파라미터화를 기반으로 하는 이전 광선의 교차점을 계산하는 대신 (예, 광선/프리미티브 교차 동안 계산된 중심 좌표를 사용해) 다음 광선의 원점은 표면에 최대한 가깝게 계산할 수 있다. 그림 6-2를 참고하자. 유한 정밀도 연산은 약간의 오차를 발생시키지만 표면 파라미터화를 사용할 때 이 오차는 문제가 덜 된다. 충돌 거리를 사용할 때 유한 정밀도를 통해 생긴 모든 오차는 계산된 교차점을 원래 광선의 선을 따라 표면에서 멀리 떨어지도록 이동시킨다(그리고 일부 점은 표면 앞이나 뒤에서 끝나므로 자가 교차를 피하기에는 좋지 않게 된다). 반대로 표면 파라미터화를 사용할 때 모든 계산된 오차는 대부분 표면을 따라 계산된 교차점을 이동시킨다. 즉, 다음 광선의 원점이 이전 광선의 선에서 약간 벗어날 수 있지만, 항상 원래 면에서 최대한 가깝다. 또한 표면 파라미터화의 사용은 보간된 셰이딩 법선과 텍스처 좌표 같은 표면 파라미터화에 일반적으로 의존하는 새로운 원점과 표면 속성 간의 일관성을 보장한다.

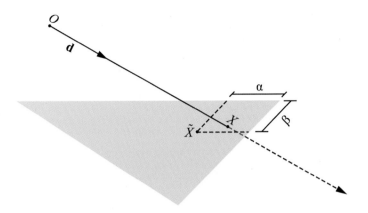

▲ **그림 6-2.** 무게 중심 좌표 (α, β)로 교차점 X를 계산한다. 이 경우 (α, β)의 유한 정밀도는 계산된 교차점 X가 광선에 더 이상 정확히 있지 않을 수도 있다는 것을 의미한다. 그러나 언제나 표면과 매우 가까이 있을 것이다.

6.2.2 자가 교차 방지

새로운 광선의 원점을 '정확히' 표면에 배치해도 일반적으로 자가 교차self-intersection[4]가 여전히 발생한다. 표면까지의 계산된 거리가 반드시 0과 같을 필요는 없기 때문이다. 따라서 거리가 0인 교차점을 제외하는 것으로는 충분하지 않으며 자가 교차는 명시적으로 피해야만 한다. 다음 절에서는 일반적으로 사용하는 해결법의 개요와 각 스키마의 실패 사례를 보여준다. 제안하는 방법은 6.2.2.4절에서 설명한다.

6.2.2.1 프리미티브 식별자를 사용한 배제

자가 교차는 식별자를 사용해 교차에서 동일한 프리미티브를 명시적으로 제외하는 것으로 종종 피할 수 있다. 이 방법은 파라미터가 없고 스케일이 일정하지 않으며 근처 지오메트리를 스킵하지 않지만 두 가지 주요 문제를 가진다. 첫째, 공유된 모서리나 동일 평면 지오메트리의 교차와 입사각의 새로운 광선은 여전히 자가 교차를 일으킨다(그림 6-3과 6-4). 인접한 데이터를 사용할 수 있는 경우에도 오목하거나 볼록한 모양을 형성하는 인접한 표면을 구별해야 한다. 둘째, 중복되거나 중첩된 지오메트리를 처리할 수 없다. 그럼에도 일부 제품 렌더러는 자가 교차를 처리하기 위한 해결법 중 일부로 식별자 테스트를 사용한다[2].

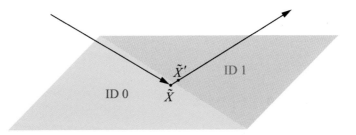

▲ **그림 6-3.** 이전 교차점 $\tilde{X}$가 발견된 프리미티브의 ID와 일치하는 프리미티브 식별자를 지닌 표면을 거부하는 것은 이전 교차점 $\tilde{X}$가 공유된 가장자리(shared edge)이거나 매우 근접한 경우 다음 교차점 $\tilde{X}'$에서 실패할 수 있다. 이 예제에서 $\tilde{X}$는 ID 0인 프리미티브에서 발견됐다. 유한 정밀도 때문에 거짓된 다음 교차점 $\tilde{X}'$이 ID 1을 가진 프리미티브에서 검출될 것이고 ID 불일치가 될 때까지 유효한 것으로 간주될 것이다.

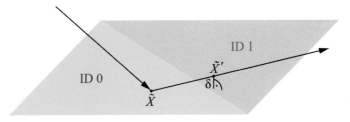

▲ **그림 6-4.** 프리미티브 ID를 가진 채 거부하는 것은 다음 광선이 입사각에 존재할 경우 프리미티브의 모든 교차점에 대해 평면이나 약간 볼록한 지오메트리에서도 실패할 것이다. 거짓 교차점 $\tilde{X}'$에서 다른 프리미티브의 표면까지의 거리 δ는 임의로 0에 가까워지고 프리미티브 ID는 불일치하므로 이 거짓 교차는 유효하다고 간주된다.

또한 프리미티브 식별자를 사용한 제외는 오직 평면 표면에만 적용할 수 있다. 비평면 표면은 유효한 자가 교차를 나타낼 수 있기 때문이다.

6.2.2.2 광선 간격 제한

영거리$^{zero\ distance}$의 교차만을 제외하는 대신 허용된 거리의 간격에 대한 하한을 작은 값 ε: $t_{min} = \varepsilon > 0$으로 설정할 수 있다. 성능상의 오버헤드는 없지만 ε 자체의 값은 씬에 따라 다르고 입사각에서는 실패할 것이며, 자가 교차(그림 6-5)나 근처 표면을 건너뛰는 것(그림 6-6)을 초래하므로 이 방식은 매우 깨지기 쉽다.

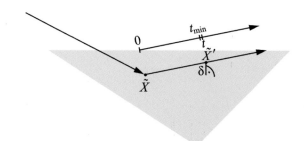

▲ **그림 6–5.** t_{min}을 작은 값 ε 〉 0으로 설정하는 것은 자가 교차를 강력하게 방지하지는 않는다. 특히 방사각에 존재하는 광선의 경우에 말이다. 이 예제에서 광선을 따르는 거리 t는 t_{min}보다 크다. 그러나 다음 (가짜) 교차점 $\tilde{X}$과 표면과의 거리 δ는 유한 정밀도로 인해 0이다.

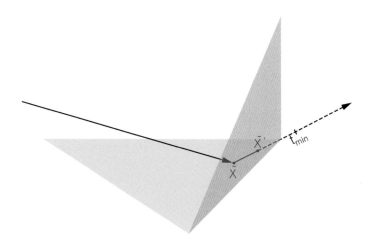

▲ **그림 6–6.** $t_{min} = \varepsilon$ 〉 0으로 설정하는 것 때문에 유효한 교차점 $\tilde{X}$를 건너뛰는 것은 경로가 닫힌 오브젝트 안으로 혹은 밖으로 밀리기 때문에 코너에서 특히 볼 수 있다.

6.2.2.3 셰이딩 법선 또는 이전 광선 방향을 따르는 오프셋 설정

셰이딩 법선을 따르는 광선 원점 오프셋 설정은 광선의 하향 $t_{min} = \varepsilon > 0$을 설정하는 것과 유사하며 같은 실패 사례를 보인다. 이 벡터는 반드시 표면에 수직일 필요는 없기 때문이다(범프 혹은 법선 맵에서 계산된 보간 혹은 변동으로 인해).

이전 광선 방향을 따라 새로운 광선 원점을 옮기는 것도 비슷한 문제가 발생할 것이다.

6.2.2.4 지오메트릭 법선을 따르는 적응형 오프셋 설정

앞 절에서 볼 수 있듯이 디자인에 따라 표면과 직교하는 지오메트리 법선만이 언급된 단점을 아무것도 포함하지 않으면서도 자가 교차를 피하고자 교차점까지의 거리에 따라 가장 작은 오프셋을 만들 수 있다. 다음 단계는 오프셋을 따라 광선 원점을 놓고자 오프셋을 계산하는 방법에 초점을 맞출 것이다.

고정 길이 ε의 오프셋 사용은 축적이 일정하지 않으므로 파라미터가 없으며 다양한 길이의 거리에서 교차점이 작동하지 않을 것이다. 따라서 무게 중심 좌표를 사용해 교차점을 계산하고자 부동소수점 계산의 오류를 분석하면 표면의 면에서 교차점까지의 거리가 원점 $(0, 0, 0)$에서의 거리에 비례한다는 것을 알 수 있다. 동시에 표면의 크기도 오차에 영향을 미치며, 심지어 원점 $(0, 0, 0)$에 매우 가까운 삼각형에 대해 지배적이게 된다. 정규화된 광선 방향만을 사용하면 수치 오류에 대한 광선 길이의 추가적인 영향을 제거한다. 그림 6-7의 임의의 삼각형에 대한 실험 결과는 이 행동을 보여준다. 계산된 교차점부터 1,000만개의 2^{-16}부터 2^{22} 사이의 모서리 길이를 갖는 삼각형까지의 평균과 최대 거리를 계산한다. 결과 점이 실제 면의 어느 한쪽에 위치할 수 있기 때문에 강력한 오프셋은 최대 길이만큼은 커야 한다.

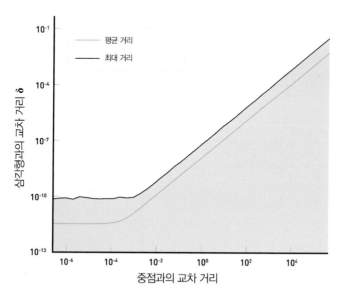

▲ **그림 6-7.** 원점까지의 거리가 다른 1천만 개의 랜덤 삼각형에 대해 무게 중심 좌표를 사용해 삼각형에 배치한 점의 평균 및 최대 거리를 실험적으로 분석한 결과는 리스트 6-1에서 사용한 상수의 스케일을 제공한다.

다양한 거리의 교차점을 암시적으로 처리하고자 지오메트릭 법선의 방향으로 광선 원점 오프셋을 설정할 때 부동소수점 숫자 정수 표현에서 정수 수학을 사용한다. 이는 오프셋이 스케일 불변이 되도록 해서 다른 크기^{magnitudes}의 거리에서 자가 교차를 방지한다.

원점/제로에 가까이 있는 교차점의 표면/컴포넌트를 처리하려면 각각 개별적으로 접근해야 한다. 광선 방향의 부동소수점 지수는 교차점 컴포넌트의 지수와 크게 다르다. 따라서 고정 정수 ε를 사용한 오프셋 설정은 광선/면 교차 계산 중 발생할 수 있는 수치 오류를 처리하고자 실행 가능한 옵션이 아니다. 따라서 작은 상수 부동소수점 값 ε는 추가적으로 비용이 드는 폴백^{fallback}을 피하기 위한 이 특별한 경우를 처리하는 데 사용된다. 결과 소스코드는 리스트 6-1에 나와 있다. 제공된 상수는 그림 6-7에 따라 선택됐으며 실험에 포함되지 않은 좀 더 극단적인 경우를 처리하고자 작은 안전 마진을 포함한다.

리스트 6-1. 6.2.2.4절에 설명한 대로 메서드를 구현한다.

```
 1  constexpr float origin()     { return 1.0f / 32.0f; }
 2  constexpr float float_scale() { return 1.0f / 65536.0f; }
 3  constexpr float int_scale()   { return 256.0f; }
 4
 5  // 법선은 표면에서 나오는 광선을 바깥쪽으로 향하게 하며, 그 외에는 뒤집는다.
 6  float3 offset_ray(const float3 p, const float3 n)
 7  {
 8      int3 of_i(int_scale() * n.x, int_scale() * n.y, int_scale() * n.z);
 9
10      float3 p_i(
11          int_as_float(float_as_int(p.x)+((p.x < 0) ? -of_i.x : of_i.x)),
12          int_as_float(float_as_int(p.y)+((p.y < 0) ? -of_i.y : of_i.y)),
13          int_as_float(float_as_int(p.z)+((p.z < 0) ? -of_i.z : of_i.z)));
14
15      return float3(fabsf(p.x) < origin() ? p.x+ float_scale()*n.x : p_i.x,
16                    fabsf(p.y) < origin() ? p.y+ float_scale()*n.y : p_i.y,
17                    fabsf(p.z) < origin() ? p.z+ float_scale()*n.z : p_i.z);
18  }
```

이 방법을 사용해도 기하학적 법선을 따라 이동하는 것이 표면을 건너뛰는 상황은 여전히 존재한다. 이런 상황의 예는 그림 6-8에 표시된 틈이다. 유사한 실패 사례가 확실히 만들어지며, 때로는 실제로 발생한다. 그러나 앞에서 언급된 좀 더 단순한 접근법의 실패 사례보다 훨씬 덜 발생한다.

▲ **그림 6-8.** 깊고 얇은 틈새와 같은 매우 미세한 기하학적 세부 사항은 나열된 방법 중 하나를 사용해 견고하게 처리할 수 없다. 이 예제에서 초기 교차점 $\tilde{X}$는 실제 표면보다 약간 아래에 있다. 왼쪽: 일부 광선(상단 광선)의 경우 광선 간격의 제한으로 자가 교차를 피할 수 있지만 다른 광선(하단 광선)의 경우 실패할 수도 있다. 오른쪽: 표면 법선을 따라 오프셋을 설정하면 다음 광선의 원점 $\tilde{X}$를 동일하거나 근접한 오브젝트로 움직일 수 있다.

6.3 결론

경로를 따라 다음 광선의 강력한 원점을 계산하고자 제안된 2단계 절차는 우선 표면 파라미터화를 사용해 최초 위치를 표면의 면과 최대한 가깝게 설정한다. 그런 다음 기하학적 법선을 따라 위치에 스케일 불변 오프셋을 적용해 표면에서 교차점을 이동한다. 광범위한 평가에 따르면 이 방식은 실제로 충분히 견고하며, 모든 기존 렌더러에 포함하기 간단하다는 것을 보여준다. 이 방식은 삼각형에 대한 자가 교차를 피하고자 10년 이상 동안 Iray 렌더링 시스템의 일부였다[1].

남은 실패 사례는 아주 드문 특별한 경우다. 그러나 인스턴싱 변형에서 값의 큰 변환이나 스케일링은 더 큰 오프셋 값을 가져오게 할 것이다(분석의 경우 『물리 기반 렌더링 3/e』(에이콘, 2019)을 참고하자). 이 현상은 일반적인 품질 이슈로 이어진다. 특히 인근 반사에서 명백하게 나타나고 심지어는 아티팩트로까지 이어지는 모든 직간접적인 라이팅은 눈에 띄게 '오프셋'될 것이기 때문이다. 이 문제를 해결하고자 월드 단위의 모든 메시를 원점 (0,0,0) 주변을 중심으로 저장하는 것을 권장한다. 또한 카메라 변환에서 변환과 스케일링을 추출하고 대신 오브젝트 인스턴 싱 매트릭스에 포함시켜야 한다. 그렇게 하면 모든 계산을 원점 (0, 0, 0)에 가깝게 이동시킬 수 있다. 이 절차는 이 방식이 제공한 구현을 수행할 수 있게 해주며, 큰 오프셋으로 인한 렌더링 아티팩트를 피하게 해준다.

이전에 발견된 교차점의 프리미티브 식별자를 사용한 플랫 프리미티브를 제외하 는 것이 거짓 부정에 영향을 주지 않으므로 신속하고 간단한 테스트로 추가적으 로 더해질 수 있으며, 종종 처음에 불필요한 표면 교차를 방지한다.

참고 문헌

[1] Keller, A., Wächter, C., Raab, M., Seibert, D., van Antwerpen, D., Korndörfer, J., and Kettner, L. The Iray Light Transport Simulation and Rendering System. arXiv, https://arxiv.org/ abs/1705.01263, 2017.

[2] Pharr, M. Special Issue On Production Rendering and Regular Papers. ACM Transactions on Graphics 37, 3 (2018).

[3] Pharr, M., Jakob, W., and Humphreys, G. Physically Based Rendering: From Theory to Implementation, third ed. Morgan Kaufmann, 2016.

[4] Woo, A., Pearce, A., and Ouellette, M. It's Really Not a Rendering Bug, You See... IEEE Computer Graphics & Applications 16, 5 (Sept. 1996), 21–25.

7장

광선/교차의 정밀도 향상

엔비디아의 에릭 헤인스(Eric Haines), 인텔의 요하네스 귄터(Johannes Günther),
엔비디아의 토마스 아케나인 몰러(Tomas Akenine-Möller)

개요

전통적인 이차 공식은 종종 광선과 구체의 교차를 계산하기 위한 방법으로 제안
됐다. 수학적으로는 올바르더라도 이 인수분해는 부동소수점 수학을 사용할 때
수치적으로 불안정할 수 있다. 두 가지 알려지지 않은 재공식화^{reformulations}를 제공
하고 각각에서 정밀도를 향상시키는 방법을 보여준다.

7.1 기본 광선/구체 교차

레이 트레이스하기 가장 단순한 오브젝트 중 하나는 구체다. 많은 초기 레이 트레
이스된 이미지가 구체를 특징으로 했는지는 의심할 여지가 없다. 그림 7-1을 참고
하자.

▲ **그림 7-1.** 프랙탈 구체 플레이크 테스트 씬: 지상 면은 실제로 큰 구체다. 씬은 4천 8백만 개의 구체를 포함하며 대부분의 서브픽셀 크기를 차지한다.

구체는 중심 G와 반지름 r로 정의할 수 있다. 구체 표면의 모든 점 P에 대해 다음 식이 성립한다.

$$(P - G) \cdot (P - G) = r^2 \tag{1}$$

구체와 광선 사이의 교차를 찾고자 P를 $R(t) = O + t\mathbf{d}$로 변경할 수 있다. 단순화와 $\mathbf{f} = O - G$의 사용 후에는 다음에 도달한다.

$$\underbrace{(\mathbf{d} \cdot \mathbf{d})}_{a} t^2 + \underbrace{2(\mathbf{f} \cdot \mathbf{d})}_{b} t + \underbrace{\mathbf{f} \cdot \mathbf{f} - r^2}_{c} = at^2 + bt + c = 0 \tag{2}$$

이 이차 다항식의 해는 다음과 같다.

$$t_{0,1} = \frac{-b \pm \sqrt{b^2 - 4ac}}{2a} \tag{3}$$

판별기 $\Delta = b^2 - 4ac < 0$이면 광선은 구체를 놓치고 $\Delta = 0$이면 광선은 구체와 접촉한다. 즉, 두 교차가 동일하다. 그렇지 않으면 서로 다른 교차점에 해당하는 두 t 값이 있다. 그림 7-2를 참고하자.

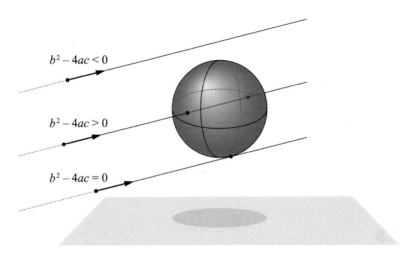

▲ **그림 7-2.** 광선/구체 교차 테스트. 교차의 세 가지 종류로 상단에서 하단으로 충돌 없음, 두 가지 교차점과 단일 충돌(두 교차점이 같은 때)이 있다.

이 t 값은 두 교차점을 생성하는 광선 방정식 $P_{0,1} = R(t_{0,1}) = O + t_{0,1}\mathbf{d}$에 넣을 수 있다. 교차점을 계산한 후 그 점의 정규화된 법선 P_0는 다음과 같다.

$$\hat{n} = \frac{P_0 - G}{r} \tag{4}$$

7.2 부동소수점 정밀도 고려 사항

부동소수점 수학은 놀라울 정도로 빠르게 분해할 수 있다. 특히 32비트 단일 정밀도 숫자를 사용해 식 (3)을 구현할 때 말이다. 구체가 광선 원점까지의 거리와 비례해서 작을 때(그림 7-3)와 광선이 거대한 구체와 가까울 때(그림 7-4)인 두 가지 일반적인 경우에 대한 해결책을 제시할 것이다.

▲ **그림 7-3.** 4개의 단위 구체($r = 1$)가 정사각형 카메라에서 100, 2000, 4100, 8000 거리에 (왼쪽부터 오른쪽으로) 놓였다. 식 (3)을 직접 구현하면 4100의 경우와 마찬가지로 심각한 부동소수점 정밀도 아티팩트에서 교차점 누락까지 발생할 수 있다.

▲ **그림 7-4.** 이차 방정식 정밀도: 지형 '면'을 형성하는 거대한 구체에 대한 원본, 교과서 테스트(왼쪽), 프레스 등의 좀 더 안정적인 해법의 효과(오른쪽)를 사용할 때 확대한 결과

이러한 아티팩트가 보이는 이유를 설명하고자 부동소수점의 속성에 대한 간략한 소개가 필요하다. 부호 비트를 무시하고 부동소수점은 내부적으로 유효한 숫자에 대한 고정 자릿수 s와 지수 e를 가진 $s \times 2^e$으로 표현된다. 부동소수점 더하기와 빼기의 경우 두 숫자의 지수가 일치해야 한다. 따라서 작은 숫자의 유효 숫자 비트가 오른쪽으로 이동한다. 가장 오른쪽 비트가 손실되므로 이 숫자의 정확도가 감소한다. 단일 정밀도 부동소수점은 유효 숫자에 대해 24비트를 가지며 이는 크기가 $2^{24} \approx 10^7$배 작은 숫자를 더해도 결과가 변경되지 않음을 뜻한다.

이 의미 감소 문제는 계수 $c = \mathbf{f} \cdot \mathbf{f} - r^2$(식 2)를 계산할 때 크게 두드러진다. 항을 빼기 전에 제곱해서 유효한 정밀도를 효과적으로 반감하기 때문이다. $\mathbf{f} \cdot \mathbf{f} = \|O - G\|^2$은

구체에서 광선 원점까지 거리의 제곱이다. 구체가 O에서 $2^{12}r = 4096r$ 이상 떨어져 있으면 반경 r은 교차 솔루션에 영향을 미치지 않는다. 아티팩트는 좀 더 짧은 거리에서 표시될 것이다. 소수의 중요한 r 비트만이 남아 있기 때문이다. 그림 7-3을 참고하자.

작은 구체에 대한 수치적으로 좀 더 강력한 변형은 헌[Hearn]과 베이커[Baker][3]가 제공하고 소니 픽처스 이미지웍스에서 예제로 사용했다. 아이디어는 $\mathbf{v} \cdot \mathbf{v} = \|\mathbf{v}\|^2 = v^2$이라는 편리한 표기법을 사용하는 곳에서 $b^2 - 4ac$를 재작성하는 것이다.

$$
\begin{aligned}
b^2 - 4ac &= 4a\left(\frac{b^2}{4a} - c\right) \\
&= 4\mathbf{d}^2\left(\frac{(\mathbf{f} \cdot \mathbf{d})^2}{\|\mathbf{d}\|^2} - (\mathbf{f}^2 - r^2)\right) \\
&= 4\mathbf{d}^2\left(r^2 - (\underbrace{\mathbf{f}^2 - (\mathbf{f} \cdot \hat{\mathbf{d}})^2}_{l^2})\right) \\
&= 4\mathbf{d}^2\left(r^2 - (\mathbf{f} - (\mathbf{f} \cdot \hat{\mathbf{d}})\hat{\mathbf{d}})^2\right)
\end{aligned}
\tag{5}
$$

마지막 단계는 설명이 필요하며 기하학적으로 용어를 해석할 경우 훨씬 이해하기 쉽다. 중심 G에서 광선까지의 수직 거리 l는 피타고라스의 정리 $\mathbf{f}^2 = l^2 + (\mathbf{f} \cdot \hat{\mathbf{d}})^2$ 또는 $\mathbf{f}$의 길이에서 광선의 원점에서 수직선의 발[foot]까지 벡터를 뺀 값 $S = O + (\mathbf{f} \cdot \hat{\mathbf{d}})\hat{\mathbf{d}}$로 계산할 수 있다. 그림 7-5를 참조하자. 이 두 번째 변형은 더 정확하다. 벡터 구성요소가 내적에서 제곱되기 전에 빼기를 하기 때문이다. 판별기는 이제 $\Delta = r^2 - l^2$가 된다. 교차가 있는 경우 $r \geq l$이므로 반경 r은 이 뺄셈에서 중요한 비트를 잃지 않는다. 그림 7-6을 참고하자.

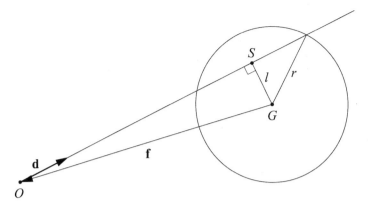

▲ **그림 7-5.** l^2를 계산하기 위한 옵션에 대한 지오메트릭 설정: 광선 원점 O, 구체 중심 G, 구체의 투영 S는 직각 삼각형을 이룬다.

▲ **그림 7-6.** 작은 구체의 정밀도: 카메라는 그림 7-1의 원래 뷰보다 100배 멀리 이동했으며 시야는 좁아졌다. 전통적인 이차 공식 사용의 결과(왼쪽)와 헌 및 베이커의 좀 더 안정된 해결책의 효과(오른쪽)

정밀도를 잃을 수 있는 또 다른 방법은 서로 가까이 있는 숫자를 빼는 것이다. 이걸하면 많은 중요한 비트가 서로를 제거하고 소수의 의미 있는 비트만이 남는다. 근처의 거대 구체와의 교차가 광선의 원점과 가까운 경우처럼 $b \approx \sqrt{b^2 - 4ac}$ 이면 이차 방정식의 해(식 3)에서 종종 치명적인 취소catastrophic cancellation라고 불리는 상황이 발생할 수 있다. 프레스 등[6]은 pbrt 렌더러[5]와 다른 시스템에서 사용하는 좀 더 안정된 버전을 제공한다. 중요한 관찰점은 b의 부호에 따라 두 이차 해결법 중 하나에서만 치명적인 취소가 발생한다는 것이다. 식별자 $t_0t_1 = c/a$를 사용하는 좀 더 높은 정밀도를 갖는 솔루션으로 계산할 수 있다.

$$\begin{cases} t_0 = \dfrac{c}{q}, \\ t_1 = \dfrac{q}{a}, \end{cases} \quad \text{여기에서 } q = -\frac{1}{2}\left(b + \text{sign}(b)\sqrt{b^2 - 4ac}\right) \tag{6}$$

여기서 **sign**은 인수가 0보다 크면 1을 반환하고 그 외에는 –1을 반환하는 함수다. 효과는 그림 7-4를 참고하자.

두 메서드는 서로에 대해 독립적이므로 함께 사용할 수 있다. 첫 번째는 좀 더 안정적인 방식으로 판별기를 계산하고 두 번째는 이 판별기를 사용해 거리를 찾는 가장 좋은 방법을 결정한다. 이차 방정식은 b 값을 재공식화해 '4'와 같은 값을 필요로 하지 않고도 풀 수 있다. 다른 단순화와 함께 통합된 예는 다음과 같다.

$$a = \mathbf{d} \cdot \mathbf{d} \tag{7}$$

$$b' = -\mathbf{f} \cdot \mathbf{d} \tag{8}$$

$$\Delta = r^2 - \left(\mathbf{f} + (b'/a)d\right)^2 \tag{9}$$

여기서 Δ는 판별기다. Δ가 음수가 아니라면 광선은 구체와 충돌하므로 b'와 Δ는 두 거리를 찾는 데 사용된다. 그 뒤에 다음 수식을 얻고자 이전처럼 $c = \mathbf{f}^2 - r^2$을 계산한다.

$$\begin{cases} t_0 = \dfrac{c}{q}, \\ t_1 = \dfrac{q}{a}, \end{cases} \quad \text{여기에서 } q = b' + \text{sign}(b')\sqrt{a\Delta} \tag{10}$$

광선 방향이 정규화됐다고 가정한다면 $a = 1$이고 솔루션은 약간 더 간단해진다.

상황이 좋다면 좀 더 빠른 출구와 지름길도 가능하다. 예를 들어 광선이 구체 밖에서 시작할 때 c는 양수이고 안에서 시작하면 음수다. 이는 t_0 혹은 t_1을 각각 반환할지 여부를 말해준다. b'가 음수라면 구체의 중심은 광선의 뒤에 있으므로 c가 양수일 경우 광선은 무조건 구체를 놓친다[2].

따라서 구체를 광선과 교차하는 최선의 단일 방식은 없다. 예를 들어 애플리케이션이 카메라를 큰 구체 가까이에 있게 하지 않을 것이라는 것을 안다면 약간의 복잡성을 추가하는 프레스 등의 방식을 사용하는 것을 원하지 않을 수도 있다.

7.3 관련 자료

이 변형 공식을 구현한 코드는 깃허브[8]에서 사용할 수 있다. 셰이더토이[Shadertoy][7]의 셰이더에서 구현된 것과 같은 광선 교차는 다양한 공식을 실험하기 위한 또 다른 방법이다.

감사의 말

헌과 베이커의 작은 구체 실험을 지적한 스테판 예스키[Stefan Jeschke], 구체 플라스크 데모가 작성된 프레임워크를 만든 크리스 와이먼[Chris Wyman]과 Falcor 팀[1], 독립적인 결과를 확인해준 존 스톤[John Stone]에게 감사를 드린다.

참고 문헌

[1] Benty, N., Yao, K.-H., Foley, T., Kaplanyan, A. S., Lavelle, C., Wyman, C., and Vijay, A. The Falcor Rendering Framework.
https://github.com/NVIDIAGameWorks/Falcor, July 2017.

[2] Haines, E. Essential Ray Tracing Algorithms. In An Introduction to Ray Tracing, A. S. Glassner, Ed. Academic Press Ltd., 1989, pp. 33-77.

[3] Hearn, D. D., and Baker, M. P. Computer Graphics with OpenGL, third ed. Pearson, 2004.

[4] Kulla, C., Conty, A., Stein, C., and Gritz, L. Sony Pictures Imageworks Arnold. ACM Transactions on Graphics 37, 3 (2018), 29:1-29:18.

[5]   Pharr, M., Jakob, W., and Humphreys, G. Physically Based Rendering: From Theory to Implementation, third ed. Morgan Kaufmann, 2016.

[6]   Press, W. H., Teukolsky, S. A., Vetterling, W. T., and Flannery, B. P. Numerical Recipes: The Art of Scientific Computing, third ed. Cambridge University Press, 2007.

[7]   Quílez, I. Intersectors. http://www.iquilezles.org/www/articles/intersectors/intersectors.htm, 2018.

[8]   Wyman, C. A Gentle Introduction to DirectX Raytracing, August 2018. Original code linked from http://cwyman.org/code/dxrTutors/dxr_tutors.md.html; newer code available via https://github.com/NVIDIAGameWorks/GettingStartedWithRTXRayTracing. Last accessed November 12, 2018.

[9]   Wyman, C., and Haines, E. Getting Started with RTX Ray Tracing. https://github.com/ NVIDIAGameWorks/GettingStartedWithRTXRayTracing, October 2018.

8장

멋진 패치: 광선/이중선형 패치 교차에 대한 지오메트릭 접근

엔비디아의 알렉산더 레시토프(Alexander Reshetov)

개요

단순한 기하학적 구조를 사용해 광선과 비평면 이중선형 패치 간의 교차를 찾는다. 새로운 알고리즘은 아트 성능의 상태를 6배 이상 향상시키고 두 개의 삼각형으로 패치를 근사하는 것보다 빠르다.

8.1 소개와 선행 기술

컴퓨터 그래픽은 풍부한 형상과 색상으로 실제 세계를 시각화하려고 노력한다. 일반적으로 곡면은 현대 GPU의 처리 능력을 활용하고자 테셀레이션된다. 래스터화와 레이 트레이싱의 두 주요 렌더링 기술은 이제 하드웨어 최적화 삼각형 프리미티브[6, 19]를 지원한다. 그러나 테셀레이션에는 복잡한 모양을 정확하게 나타내는 데 상당한 메모리 공간이 필요하다는 단점이 있다.

콘텐츠 제작 도구는 단순함과 표현력으로 인해 고차 표면을 사용하는 경향이 있다. 이러한 표면은 다이렉트X 11 하드웨어 파이프라인[7, 17]에서 직접 테셀레이션하고 래스터화할 수 있다. 오늘날의 최신 GPU는 비평면 프리미티브의 레이 트레이싱을 기본적으로 지원하지는 않는다.

세분화된 표면[3, 16], NURBS[1], 베지어 패치[2]와 같은 부드러운 모양의 풍부함과 삼각형의 단순함 사이의 균형을 찾고자 고차 프리미티브의 레이 트레이싱을 다시 검토한다.

보통 3(혹은 그 이상) 차수 표면은 연속적인 법선이 있는 부드러운 표면을 생성하는 데 사용된다. 피터[Peters][21]는 이차, 3차 패치로 공동 모델링된 매끄러운 표면을 제안했다. 높이 필드의 경우 임의의 삼각형 메시의 C^1 이차 보간은 각각의 삼각형을 24개의 삼각형[28]으로 세분화해서 얻을 수 있다. 추가 제어점은 주어진 버텍스 위치와 미분을 보간하는 데 필요하다. 이차 혹은 부분 선형 패치로만 구성된 표면의 경우 부드러움의 모양은 그림 8-1에 나타난 것처럼 버텍스 법선을 보간해 퐁 셰이딩[Phong shading][22]을 통해 얻을 수 있다. 이런 모델의 경우 다음 절에서 제안하고자 하는 교차는 OptiX 시스템[20]의 최적화된 광선/삼각형 교차보다 약 7% 빠르다(실제 측정 시간).

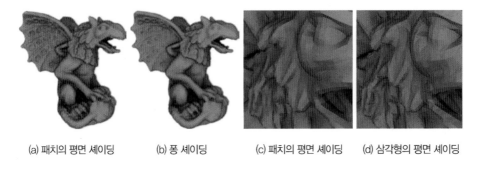

(a) 패치의 평면 셰이딩   (b) 퐁 셰이딩   (c) 패치의 평면 셰이딩   (d) 삼각형의 평면 셰이딩

▲ **그림 8-1.** 가고일 모델에서 플랫과 퐁 셰이딩[9]. 모델은 21,418개의 패치를 가지며 그중 33개는 완전히 평면이다.

블라코스[Vlachos] 등[26]은 큐빅 베지어 패치를 생성하고자 세 버텍스와 세 법선만을 사용하는 곡선 점 법선[PN, Point-Normal] 삼각형을 도입했다. 이러한 표면에서 셰이딩 법선은 부드러운 조명을 모델링하고자 이차로 보간된다. 로컬 보간은 PN 삼각형을 G^1 연속 표면으로 변환하는 데 사용된다.

부베커[Boubekeur]와 알렉사[Alexa][6]는 순수한 로컬 표면을 사용한다는 같은 목표에 동기를 부여받았고 퐁 테셀레이션이라는 메서드를 제안했다. 그들 논문의 기본 아이디어는 작은 면이 있는 표면의 출현을 피하기에 충분하도록 지오메트리를 팽창시키는 것이다.

이 모든 기법은 파라메트릭 도메인에서 샘플링을 사용하는 래스터화에 적합하다. 레이 트레이싱이 선택의 방법이라면 이러한 표면과 광선의 교차는 일반적으로 반복을 통해 수행되는 비선형 방정식을 풀 필요가 있다.

삼각형은 세 개의 버텍스로 정의한다. 아마도 4개의 주어진 점 Q_{ij}를 보간하고 단일 단계 광선 교차를 허용하는 가장 단순한 곡선 패치는 다음 수식을 사용한 이중선형 패치다.

$$Q(u, v) = (1 - u)(1 - v)Q_{00} + (1 - u)vQ_{01} + u(1 - v)Q_{10} + uvQ_{11} \quad (1)$$

이러한 이변량의 표면은 $\{u, v\} = \{i, j\}$에 대해 네 개의 버텍스 Q_{ij}를 통과한다. 이는 그림 8-4와 8-5의 파란색과 빨간색 선으로 보이는 선 $u = const$와 $v = const$로 형성된 이중 규칙 표면이다. 네 모서리 모두가 한 평면에 있을 때 단일 교차점은 사변형을 두 삼각형으로 분할해 찾을 수 있다. 더 효율적인 알고리즘은 라게^{Lagae}와 두트레^{Dutré}[15]가 제안했다.

비평면의 경우 원점 O와 단위 방향 $\hat{d}$로 정의된 광선 $R(t) = o + t\hat{d}$와의 두 교차점이 있을 수 있다. 이러한 패치의 레이 트레이싱에서 최신 성과는 대수적으로 3개의 이차 방정식 $R(t) \equiv Q(u, v)$의 시스템을 푼 람세이^{Ramsey} 등[24]에 의해 나왔다.

반복적인 방법에서는 반복 횟수를 늘려 에러를 줄일 수 있다. 직접적인 방법에는 이러한 안전성이 없으며, 이차 방정식조차도 무한한 오류를 유발할 수 있다. 역설적이게도 특히 멀리서 볼 때 평평한 패치의 경우 심각한 오류가 발생할 가능성이 증가한다. 이런 이유 때문에 람세이 등은 이중 정밀도를 사용했다. 그들의 구현을 단일 정밀도로 변환해 이러한 관찰을 확인했으며, 그림 8-2에서 볼 수 있는 것처럼 일부 보기 방향에서 심각한 에러가 발생하는 것을 확인했다.

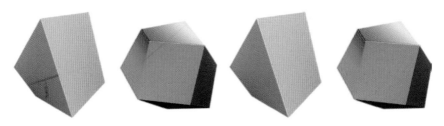

▲ **그림 8-2.** 왼쪽 이미지 두 개는 람세이의 방법으로 렌더링된 곡선 사변형 면을 가진 큐브와 마름모꼴의 12면체(단일 정밀도)다. 오른쪽 이미지 두 개는 교차점을 놓치지 않아 더욱 강력한 교차다.

광선/삼각형 교차를 찾는 것은 기본적인 기하학적 구조(광선/면 교차, 선 간의 거리, 삼각형 영역, 사변체 체적 등)를 고려하는 것으로 쉽게 할 수 있는 좀 더 단순한 문제다[14]. 표면의 규칙 속성(식 1)을 사용해서 광선/패치 교차에 이러한 아이디어를 활용한다. 한라한Hanrahan[11]은 비슷한 방법론을 제안했지만 오직 평면인 경우에만 구현됐다.

8.1.1 성능 측정

쉽게 설명하고자 우리의 기술을 GARPGeometric Approach to Ray/bilinear Patch intersectrion(광선/이중선형 패치 교차에 대한 기하학적 접근법의 줄임말)라고 부르겠다. 이는 람세이 등 [24]의 단일 정밀도 성능을 실제 구동 시간으로 2배 정도 향상시킨다. 레이 트레이싱 속도는 가속 구조 탐색과 셰이딩에 실질적으로 영향을 받기 때문에 실제 GARP 성능은 그보다 높다.

이 문제를 더 잘 이해하고자 단일 패치 모델을 생성하고 여러 교차를 수행해 성능에서의 탐색과 셰이딩 효과를 무효화했다. 이러한 실험은 GARP 교차 자체만으로 람세이 단일 정밀도 교차보다 6.5배 빠르다는 것을 보여준다.

사실 GARP는 렌더링 중에 두 삼각형으로 근사되는 각 사변형의 교차보다 빠르다 (결과적으로 약간 다른 이미지가 된다). 또한 전처리 과정 중에 사변형을 삼각형으로 분할하고 BVH 빌더에게 제출할 때의 성능을 측정했다. 흥미롭게도 이러한 접근 방식은 GARP나 런타임 삼각형 근사보다 느리다. 왈터Walter 등[27]의 정신에 입각해 기하학의 사변형 표현(완전히 테셀레이션된 것과 비교해)이 효율적인 응집 클러스터링으로 작용한다고 추측한다.

파라메트릭 표면 표현의 한 가지 장점은 이 표면이 2차원 파라메트릭 공간 {u, v} ∈ [0, 1] × [0, 1]을 3차원 형상으로의 궤적을 통해 정의된다는 점이다. 래스터화를 사용하는 애플리케이션은 2차원 파라메트릭 도메인에서 직접 샘플링할 수 있다. 레이 트레이싱 메서드에서 교차가 발견되면 유효한 교차만을 유지하고자 발견된 u와 v가 [0, 1] 간격 내에 있음을 확인할 수 있다.

암시적 표면 $f(x, y, z) = 0$이 렌더링 프리미티브로 사용된 경우 복합적인 표면을 형성하고자 각기 다른 패치를 다듬고 한데 연결해야 한다. 가장자리가 선 성분인 이중선형 패치의 경우 이러한 트림은 다소 직관적이다. 이는 이중 선형 패치를 이차 암시적 표현으로 변환하는 방식을 제안한 스톨^{Stoll} 등[25]이 채택한 접근법이다. 직접 GARP와 비교해보지는 않았지만 스톨이 제안한 접근법은 발견된 교차점을 사면체 $\{Q_{00}, Q_{01}, Q_{10}, Q_{11}\}$의 앞을 향한 삼각형으로 잘라내야 한다. GARP 성능은 단지 두 개의 광선/삼각형 교차 테스트를 사용하는 것보다 빠르다. 이를 이중선형 패치(규칙 표면인)의 특정 특성을 고려해 달성했다. 반면에 암시적 이차는 본질적으로 더 일반적이며 실린더와 구체를 포함한다.

8.1.2 메시 사각화

우리의 표현과 다소 빗나가긴 하지만 중요한 질문은 삼각형 메시를 사변형 표현으로 변환하는 방법이다. 다음과 같은 세 가지 방법을 테스트했다.

1. 블렌더 렌더링 패키지[4]

2. 제이콥^{Jacob} 등[12]의 인스턴트 필드 정렬 메시 방법

3. 팡^{Fang} 등[9]이 제안한 모스-파라미터화 하이브리드화 시스템을 통한 사각화

마지막 시스템만이 완전한 사각화된 메시를 만든다. 삼각형/사변형 혼합을 다루는 전략에는 두 가지가 있다. 각 삼각형을 퇴행성 사변형으로 취급하거나 삼각형에 진실한$^{bona\ fide}$ 광선/삼각형 교차를 사용한다. 약간 더 빠르기 때문에 이전 방법을 선택했다(이 방법은 추가 분기를 피한다). 식 (1)에서 $Q_{11} = Q_{10}$으로 설정하면 패치 파라미터 $\{u, v\}$를 $\{(1 - u)(1 - v), u, (1 - u)v\}$로 사용하는 삼각형 $\{Q_{00}, Q_{10}, Q_{01}\}$에서 무게 중심 좌표를 표현할 수 있다. 대안으로 보간 공식(식 1)을 직접 사용할 수 있다.

그림 8-3은 OptiX[20]에서 레이 트레이싱된 스탠포드 버니 모델의 다른 버전을 보여준다. 1000 × 1000 픽셀의 화면 해상도에서 각 픽셀에 하나의 기본 광선을 캐스팅하고 각 충돌 지점에 대해 9개의 앰비언트 오클루전 광선을 사용했다. 일반적인

레이 트레이싱 워크로드에서 1차 및 이차 광선의 분포를 에뮬레이트하도록 설계됐다. 성능은 초당 처리되는 광선의 총 개수를 계산하고 전체 성능에 주광선 미스가 끼치는 영향을 완화해 측정한다. 앰비언트 오클루전의 거리를 ∞로 설정하고 논문의 모든 모델에 대해 '임의 충돌'에서 이러한 광선이 끝나게 했다.

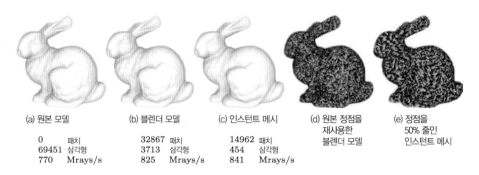

(a) 원본 모델	(b) 블렌더 모델	(c) 인스턴트 메시	(d) 원본 정점을 재사용한 블렌더 모델	(e) 정점을 50% 줄인 인스턴트 메시
0 패치	32867 패치	14962 패치		
69451 삼각형	3713 삼각형	454 삼각형		
770 Mrays/s	825 Mrays/s	841 Mrays/s		

▲ **그림 8-3.** 앰비언트 오클루전을 사용해 타이탄 XP에서 레이 트레이싱된 스탠포드 버니의 다른 버전들

블렌더는 원래 모델의 버텍스를 재사용하는 반면 인스턴트 메시 시스템은 위치 최적화를 시도하고 새로운 버텍스 수에 대한 대략적인 목표 값을 지정할 수 있게 했다. 그림 8-3(d)와 8-3(e)는 결과 메시를 보여준다. 퐁 세이딩은 그림 8-3(a)와 8-3(c)에 표시된 모델에서 사용된다.

비교를 위해 람세이 등[24]에 의한 인터섹터의 단일 정밀도 버전은 그림 8-3(b)의 모델에서 초당 409 Mrays를 달성하고, 그림 8-3(c)의 모델에서 초당 406 Mrays/s를 달성한다. 코드의 이중 정밀도 버전에서 성능은 각각 196, 198 Mrays/s로 떨어진다.

사용된 사변형화 시스템 모두 다 비평면 프리미티브를 렌더링한다는 것을 알지 못한다. 따라서 결과 메시의 평탄한 수준은 품질 메트릭(출력 사변형의 1% 정도가 완전히 평평함)으로 시스템에서 사용된다. 이를 현재 사변형 메시 획득 과정의 한계로 간주하면서 반대로 미래에 이중선형으로 보간된 패치의 비평면 성격을 활용할 기회로 간주한다.

8.2 GARP 세부 사항

광선/패치 교차는 t(광선을 따르는 교차점에 대한)와 패치의 점 $\{u, v\}$로 정의된다. 표면 법선이 u와 v 값을 사용해 계산되기 때문에 t만 아는 것은 충분하지 않다. 결국 세 파라미터 모두 필요하지만 우선 단순한 기하학적 고려 사항을 사용해 u의 값을 찾는 것부터 시작한다(즉, 대수 방정식을 완전하게 풀려고 하지 않는다).

이중선형 패치의 가장자리(식 1)는 직선이다. 처음엔 반대편 가장자리의 두 점 $P_a(u) = (1 - u)Q_{00} + uQ_{10}$과 $P_b(u) = (1 - u)Q_{01} + uQ_{11}$을 정의했다. 그런 다음 이 점을 사용해 그림 8-4와 같이 P_a와 P_b를 지나는 파라메트릭 패밀리 선을 고려한다. 임의의 $u \in [0, 1]$에 대해 선분$(P_a(u), P_b(u))$은 패치에 속한다.

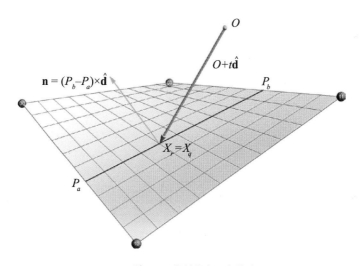

▲ **그림 8-4.** 광선/패치 교차 찾기

첫 번째 단계: 우선 광선과 선$(P_a(u), P_b(u))$ 사이의 부호 있는 거리를 계산하기 위한 방정식을 유도하고 0으로 설정한다. 이 거리는 $\mathbf{n} = (P_b - P_a) \times \hat{\mathbf{d}}$에서 $(P_a - O) \cdot \mathbf{n}/\|\mathbf{n}\|$이다. 분자만이 필요하며 0으로 설정하면 u에 대한 이차 방정식이 주어진다.

분자는 스칼라 삼중 곱 $(P_a - O) \cdot (P_b - P_a) \times \hat{\mathbf{d}}$며 세 가지 주어진 벡터로 정의한 평행육면체의 (부호 있는) 볼륨을 가진다. 이는 u의 이차 다항식이다. 간단한 단순화 후에 이것의 계수는 8.4절의 14-17줄에서 계산하는 a, b, c 표현으로 축소된다. 미리 계산될 수 있는 $q_n = (Q_{10} - Q_{00}) \times (Q_{01} - Q_{11})$에 대한 표현을 분리했다. 이 벡터의 길이가 0이라면 사변형은 (평면) 사다리꼴로 축소된다. 이 경우 u^2에 대한 계수 c는 0이며 단 하나의 답만이 있다. 코드(8.4절의 23줄)에서 명시적인 분기를 사용해 이 경우를 처리한다.

사다리꼴이 아닌 일반적인 평면 사변형의 경우 벡터 q_n은 사변형의 면과 직각을 이룬다. 명시적으로 계산하고 그 값을 사용하는 것은 대부분의 모델 패치가 거의 평평하기 때문에 계산의 정확성에 도움이 된다. 평면 패치의 경우에도 방정식 $a + bu + cu^2 = 0$은 두 가지 답을 가진다는 것을 이해하는 것이 중요하다. 이러한 상황 중 하나가 그림 8-5의 왼쪽에 나와 있다. 두 루트는 [0, 1] 간격 내에 있으며 답 중 하나를 거부하고자 v를 계산해야 한다. 이 그림은 자가 교차 패치를 보여준다. 겹치지 않는 평면 사변형의 경우 $v \in [0, 1]$인 [0, 1] 간격에는 오직 하나의 루트 u만 존재할 수 있다. 그럼에도 코드 불일치가 불필요하게 증가하기 때문에 프로그램에서 이 로직을 명시적으로 표현할 이유는 없다.

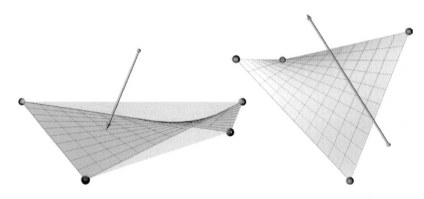

▲ **그림 8-5.** 왼쪽: 광선은 {u, v} = {0.3, 0.5} 및 {0.74, 2.66}의 평면 패치와 교차한다.
오른쪽: 패치가 있는 (확장된) 이중선형 표면과 광선 간의 교차가 없다.

이차 방정식을 푸는 고전적인 수식 $(-b \pm \sqrt{b2 - 4ac})/2c$를 사용하는 것은 위험하다. 계수 b의 부호에 따라 루트 중 하나는 두 (상대적으로) 큰 숫자의 차이를 계산해야 한다. 이런 이유 때문에 안정적인 루트를 우선 계산한[23] 다음 비에타Vieta의 공식 $u_1 u_2 = a/c$를 사용해 두 번째 루트를 찾는다(코드는 26번 줄에서 시작한다).

두 번째 단계: 다음으로 [0, 1] 구간 내에 있는 각 루트 u에 대한 v와 t를 찾아야 한다. 가장 간단한 접근법은 $P_a + v(P_b - P_a) = O + t\hat{d}$에서 (3개 중에서) 두 개의 방정식을 선택하는 것이다. 그러나 이는 $P_a(u)$와 $P_b(u)$의 좌표가 정확히 계산되지 않고 가장 좋은 두 방정식을 고르는 것이 명백하지 않으므로 수치적인 오류가 잠재적으로 발생한다.

여러 가지 접근 방법을 테스트했다. 역설적으로 가장 좋은 방법은 $O + t\hat{d}$와 $P_a + v(P_b - P_a)$ 선이 교차한다는 사실을 무시하는 것이다. 대신 두 줄 사이의 간격을 최소화하는 (0과 매우 가까운) v와 t의 값을 찾는다. 그림 8-4에서 볼 수 있듯이 두 선에 직교하는 벡터 $\mathbf{n} = (P_b - P_a) \times \hat{d}$를 계산하면 된다. 해당 코드는 84절의 31줄부터 43줄까지며 일부 벡터 대수 최적화를 활용한다.

일반적으로 광선은 면과 교차한다. (면과 광선이 평행이 아니라면) 그림 8-5의 오른쪽에 보이는 것처럼 비평면 이중선형 표면에서는 사실이 아니다. 이 때문에 부정 결정 값에 대한 교차 테스트는 중단한다.

모든 것을 한데 정리하면 간단하고 명확한 코드가 된다. 패치를 $O = 0$ 및 $\hat{d} = \{0, 0, 1\}$인 광선 중심 좌표계로 우선 변환해 좀 더 단순화시킬 수 있다. 이러한 분기 없는 변형은 더프^{Duff} 등[8]이 최근 제안했다. 그러나 주요 GARP 구현이 이미 높은 수준으로 최적화했기 때문에 이러한 접근 방식이 단지 약간 빠르다는 것을 발견했다.

8.3 결과 논의

교차점은 발견한 파라미터 t, u, v를 사용해 $X_r = R(t)$ 혹은 $X_q = Q(u, v)$를 통해 계산할 수 있다. 두 점 간의 거리 $\|X_r - X_q\|$는 계산 오류에 대한 실제 추정치를 제공한다 (이상적인 경우 이 두 점은 일치한다). 무차원적인 양을 얻으려면 패치의 둘레로 나누면 된다. 그림 8-6은 파란색(오류 없음)에서 갈색(오류 $\geq 10^{-5}$)까지 선형으로 보간된 일부 모델의 오류를 보여준다. 2단계 GARP 프로세스는 각 단계에서 발생 가능한 오류를 동적으로 줄인다. 우선 u에 대한 최고의 추정치를 찾고 발견한 u를 사용해 전체 오류를 좀 더 최소화하도록 노린다.

▲ **그림 8-6.** 팡 등[9]의 컬렉션에서 모델의 색이 입혀진 오류들. 파란색(오류 = 0)을 갈색(오류 $\geq 10^{-5}$)으로 선형 보간한다.

메시 사각화는 어느 정도는 자신의 품질을 향상시킨다. 이러한 프로세스 중에 버텍스는 더 정렬되고 더 나은 레이 트레이싱 가속 구조를 허용한다. 원래 모델의 복잡성에 따라 레이 트레이싱 성능이 크게 향상되는 동안 모든 모델 기능이 여전히 보전되는 이상적인 버텍스 축소 비율이 존재한다. 이는 그림 8-7에서 8-9까지에서 보여준다. 오른쪽에는 원래 삼각형 메시(OptiX 인터섹터로 렌더링된)와 세 개의 단순화된 패치 메시, 각 후속 모델에 대해 총 버텍스 수를 50% 가량 줄인 것을 보여준다.

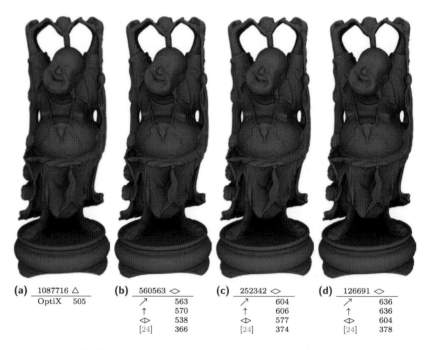

(a)	1087716 △	**(b)**	560563 ◇	**(c)**	252342 ◇	**(d)**	126691 ◇
	OptiX 505		↗ 563		↗ 604		↗ 636
			↑ 570		↑ 606		↑ 636
			◇ 538		◇ 577		◇ 604
			[24] 366		[24] 374		[24] 378

▲ **그림 8-7.** OptiX 광선/삼각형 인터섹터로 렌더링된 행복한 부처의 원본 버전(7a)과 세 가지 사각화 모델 (7b-7d).

성능 데이터(타이탄 XP에서 Mrays/s)는 다음 인터섹터에 대해 제공된다.

↗   월드 좌표의 GARP

↑   광선 중심 좌표의 GARP

◁▷   각 사변형을 두 개의 삼각형과 람세이 등의 인터섹터로 취급함[24]

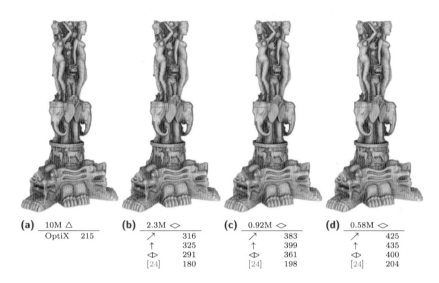

(a)	10M △	(b)	2.3M ◇	(c)	0.92M ◇	(d)	0.58M ◇
	OptiX 215	↗	316	↗	383	↗	425
		↑	325	↑	399	↑	435
		◁▷	291	◁▷	361	◁▷	400
		[24]	180	[24]	198	[24]	204

▲ 그림 8-8. 스탠포드 태국 동상

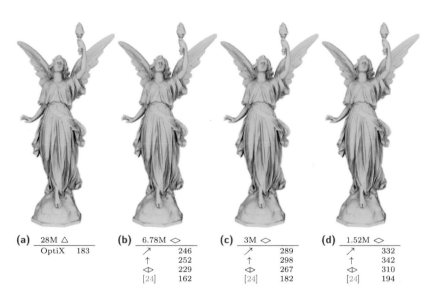

(a)	28M △	(b)	6.78M ◇	(c)	3M ◇	(d)	1.52M ◇
	OptiX 183	↗	246	↗	289	↗	332
		↑	252	↑	298	↑	342
		◁▷	229	◁▷	267	◁▷	310
		[24]	162	[24]	182	[24]	194

▲ 그림 8-9. 스탠포드 루시 모델

사변형을 위해 제이콥 등[12]이 알려준 인스턴트 필드 정렬 메시 시스템을 사용했다. 그러나 언제나 순수한 사변형 메시를 생성하지는 않는다. 실험에서 대략 1%에서 5%의 삼각형이 출력에 남아 있었다. 이러한 삼각형을 퇴행성 사각형(즉 세 번째 버텍스를 단순히 복제해)으로 취급했다. 곡선 형태인 스탠포드 3D 스캐닝 저장소 모델의 경우 생성된 패치의 약 1%가 완전히 평평하다.

그림 8-7부터 8-9의 각 모델에 대해 GARP 알고리즘, 광선 중심 좌표계의 GARP, 각 사변형이 두 삼각형으로 취급되는 버전, 람세이 등[24]의 레퍼런스 인터섹터에 대한 성능을 보고한다. 성능은 픽셀당 하나의 주요 광선과 각 충돌에 대한 3 × 3 앰비언트 오클루전 광선을 포함해 총 광선 캐스트 개수를 계산해 측정한다. 단일 정밀도 람세이 코드와 관련해 GARP 실제 성능 향상은 모델 복잡도와 반비례한다. 복잡한 모델의 경우 좀 더 많은 순회 단계가 필요하기 때문이다.

이 방법이 하드웨어 광선/삼각형 인터섹터[19]의 속도와 경쟁할 수는 없지만 GARP는 향후의 하드웨어 개발 가능성을 보여준다. 우리는 특정 문제에 도움이 될 수 있는 비평면 프리미티브에 대한 빠른 알고리즘을 제시했다. 이러한 가능한 미래 연구의 방향은 높이 필드, 세분화 표면[3], 충돌 감지[10], 변위 매핑[16], 기타 효과를 포함한다. 또한 GARP의 이점을 누릴 수 있는 여러 CPU 기반 레이 트레이싱 시스템이 있지만 아직 그러한 시스템에 알고리즘을 구현하지는 못했다.

8.4 코드

```
1  RT_PROGRAM void intersectPatch(int prim_idx) {
2      // OptiX에서 광선은 rtDeclareVariable(Ray, ray, rtCurrentRay)
3      // 패치 데이터는 optix::rtBuffer
4      const PatchData& patch = patchdata[prim_idx];
5      const float3* q = patch.coefficients();
6      // 4 가장자리 + "normal" qn
7      float3 q00 = q[0], q10 = q[1], q11 = q[2], q01 = q[3];
8      float3 e10 = q10 - q00;   // q01 ----------- q11
9      float3 e11 = q11 - q10;   // |               |
```

```
10    float3 e00 = q01 - q00;     // | e00        e11 |  미리 계산한다.
11    float3 qn = q[4];           // |      e10       |  q n = cross(q10-q00,
12    q00 -= ray.origin;          // q00 ---------- q10            q01-q11)
13    q10 -= ray.origin;
14    float a = dot(cross(q00, ray.direction), e00);   // 방정식은 다음과 같다.
15    float c = dot(qn, ray.direction);                // a + b u + c u^2
16    float b = dot(cross(q10, ray.direction), e11);   // 우선 a+b+c를 계산한 다음
17    b -= a + c;                                      // b를 계산한다.
18    float det = b*b - 4*a*c;
19    if (det < 0) return;   // 그림 5의 오른쪽 부분을 참고하자.
20    det = sqrt(det);            // CUDA_NVRTC_OPTIONS에서 -use_fast_math를 사용한다.
21    float u1, u2;               // 루트 2개(u 파라미터)
22    float t = ray.tmax, u, v;                // 가장 작은 t > 0에 대한 해결책이 필요함
23    if (c == 0) {                            // c == 0이면 사다리꼴이며
24        u1 = -a/b; u2 = -1;                  // 하나의 루트밖에 없다.
25    } else {                                 // (스탠포드 모델에서 c != 0)
26        u1 = (-b - copysignf(det, b))/2;     // 수치적으로 "안정된" 루트
27        u2 = a/u1;                           // u1*u2를 위한 비에트의 공식
28        u1 /= c;
29    }
30    if (0 <= u1 && u1 <= 1) {                // 패치 안인가?
31        float3 pa = lerp(q00, q10, u1);      // 가장자리 e10를 가리킴(그림 4)
32        float3 pb = lerp(e00, e11, u1);      // 이것은 실제로 pb - pa
33        float3 n = cross(ray.direction, pb);
34        det = dot(n, n);
35        n = cross(n, pa);
36        float t1 = dot(n, pb);
37        float v1 = dot(n, ray.direction);    // t1 < t인지 확인할 필요 없음
38        if (t1 > 0 && 0 <= v1 && v1 <= det) {  // t1 > ray.tmax이면
39            t = t1/det; u = u1; v = v1/det;  // rtPotentialIntersection에서
40        }                                    // 거부될 것이다.
41    }
42    if (0 <= u2 && u2 <= 1) {                // 이것은 약간 다르다.
43        float3 pa = lerp(q00, q10, u2);      // u1이 좋을 수도 있기 때문에
44        float3 pb = lerp(e00, e11, u2);      // 그리고 0 < t2 < t1이 필요하다.
45        float3 n = cross(ray.direction, pb);
46        det = dot(n, n);
47        n = cross(n, pa);
48        float t2 = dot(n, pb)/det;
```

```
49        float v2 = dot(n, ray.direction);
50        if (0 <= v2 && v2 <= det && t > t2 && t2 > 0) {
51            t = t2; u = u2; v = v2/det;
52        }
53    }
54    if (rtPotentialIntersection(t)) {
55        // 교차 구조 irec를 채운다.
56        // 가장 가까운 충돌에 대한 법선은 셰이더에서 정규화된다.
57        float3 du = lerp(e10, q11 - q01, v);
58        float3 dv = lerp(e00, e11, u);
59        irec.geometric_normal = cross(du, dv);
60        #if defined(SHADING_NORMALS)
61        const float3* vn = patch.vertex_normals;
62        irec.shading_normal = lerp(lerp(vn[0],vn[1],u),
63                                   lerp(vn[3],vn[2],u),v);
64        #else
65        irec.shading_normal = irec.geometric_normal;
66        #endif
67        irec.texcoord = make_float3(u, v, 0);
68        irec.id = prim_idx;
69        rtReportIntersection(0u);
70    }
71 }
```

감사의 말

메시 사변형을 위해 블렌더 렌더링 패키지[4]와 인스턴트 필드 정렬 메시 시스템[12]을 사용했다. 스탠포드 3D 스캐닝 저장소 모델과 팡[9] 등이 제공한 모델을 사용해 연구할 수 있다는 것에 깊은 감사를 드린다. 이 시스템과 모델은 크리에이티브 커먼즈 저작자 표시 라이선스하에서 사용된다.

익명의 의견과 편집자의 값진 의견과 도움이 되는 제안에 감사한다.

참고 문헌

[1]   Abert, O., Geimer, M., and Muller, S. Direct and Fast Ray Tracing of NURBS Surfaces. In IEEE Symposium on Interactive Ray Tracing (2006), 161–168.

[2]   Benthin, C., Wald, I., and Slusallek, P. Techniques for Interactive Ray Tracing of Bézier Surfaces. Journal of Graphics Tools 11, 2 (2006), 1–16.

[3]   Benthin, C., Woop, S., Nießner, M., Selgrad, K., and Wald, I. Efficient Ray Tracing of Subdivision Surfaces Using Tessellation Caching. In Proceedings of High-Performance Graphics (2015), pp. 5–12.

[4]   Blender Online Community. Blender – a 3D Modelling and Rendering Package. Blender Foundation, Blender Institute, Amsterdam, 2018.

[5]   Blinn, J. Jim Blinn's Corner: A Trip Down the Graphics Pipeline. Morgan Kaufmann Publishers Inc., 1996.

[6]   Boubekeur, T., and Alexa, M. Phong Tessellation. ACM Transactions on Graphics 27, 5 (2008), 141:1–141:5.

[7]   Brainerd, W., Foley, T., Kraemer, M., Moreton, H., and Nießner, M. Efficient GPU Rendering of Subdivision Surfaces Using Adaptive Quadtrees. ACM Transactions on Graphics 35, 4 (2016), 113:1–113:12.

[8]   Duff, T., Burgess, J., Christensen, P., Hery, C., Kensler, A., Liani, M., and Villemin, R. Building an Orthonormal Basis, Revisited. Journal of Computer Graphics Techniques 6, 1 (March 2017), 1–8.

[9]   Fang, X., Bao, H., Tong, y., Desbrun, M., and Huang, J. Quadrangulation Through MorseParameterization Hybridization. ACM Transactions on Graphics 37, 4 (2018), 92:1–92:15.

[10]   Fournier, A., and Buchanan, J. Chebyshev Polynomials for Boxing and Intersections of Parametric Curves and Surfaces. Computer Graphics Forum 13, 3 (1994), 127–142.

[11]   Hanrahan, P. Ray–Triangle and Ray–Quadrilateral Intersections in Homogeneous Coordinates, http://graphics.stanford.edu/courses/cs348b-04/rayhomo.pdf, 1989.

[12]   Jakob, W., Tarini, M., Panozzo, D., and Sorkine-Hornung, O. Instant Field-Aligned Meshes. ACM Transactions on Graphics 34, 6 (Nov. 2015), 189:1–189:15.

[13]   Kajiya, J. T. Ray Tracing Parametric Patches. Computer Graphics (SIGGRAPH) 16, 3 (July 1982), 245–254.

[14] Kensler, A., and Shirley, P. Optimizing Ray-Triangle Intersection via Automated Search. IEEE Symposium on Interactive Ray Tracing (2006), 33–38.

[15] Lagae, A., and Dutré, P. An Efficient Ray-Quadrilateral Intersection Test. Journal of Graphics Tools 10, 4 (2005), 23–32.

[16] Lier, A., Martinek, M., Stamminger, M., and Selgrad, K. A High-Resolution Compression Scheme for Ray Tracing Subdivision Surfaces with Displacement. Proceedings of the ACM on Computer Graphics and Interactive Techniques 1, 2 (2018), 33:1–33:17.

[17] Loop, C., Schaefer, S., Ni, T., and Castaño, I. Approximating Subdivision Surfaces with Gregory Patches for Hardware Tessellation. ACM Transactions on Graphics 28, 5 (2009), 151:1–151:9.

[18] Mao, Z., Ma, L., and Zhao, M. G1 Continuity Triangular Patches Interpolation Based on PN Triangles. In International Conference on Computational Science (2005), pp. 846–849.

[19] NVIDIA. NVIDIA RTX™ platform, https://developer.nvidia.com/rtx, 2018.

[20] Parker, S. G., Bigler, J., Dietrich, A., Friedrich, H., Hoberock, J., Luebke, D., McAllister, D., McGuire, M., Morley, K., Robison, A., and Stich, M. OptiX: A General Purpose Ray Tracing Engine. ACM Transactions on Graphics 29, 4 (2010), 66:1–66:13.

[21] Peters, J. Smooth Free-Form Surfaces over Irregular Meshes Generalizing Quadratic Splines. In International Symposium on Free-form Curves and Free-form Surfaces (1993), pp. 347–361.

[22] Phong, B. T. Illumination for Computer-Generated Images. PhD thesis, The University of Utah, 1973.

[23] Press, W. H., Teukolsky, S. A., Vetterling, W. T., and Flannery, B. P. Numerical Recipes 3rd Edition: The Art of Scientific Computing, 3 ed. Cambridge University Press, 2007.

[24] Ramsey, S. D., Potter, K., and Hansen, C. D. Ray Bilinear Patch Intersections. Journal of Graphics, GPU, & Game Tools 9, 3 (2004), 41–47.

[25] Stoll, C., Gumhold, S., and Seidel, H.-P. Incremental Raycasting of Piecewise Quadratic Surfaces on the GPU. In IEEE Symposium on Interactive Ray Tracing

(2006), pp. 141-150.

[26] Vlachos, A., Peters, J., Boyd, C., and Mitchell, J. L. Curved PN Triangles. In Symposium on Interactive 3D Graphics (2001), pp. 159-166.

[27] Walter, B., Bala, K., Kulkarni, M. N., and Pingali, K. Fast Agglomerative Clustering for Rendering. IEEE Symposium on Interactive Ray Tracing (2008), 81-86.

[28] Wong, S., and Cendes, Z. C1 Quadratic Interpolation over Arbitrary Point Sets. IEEE Computer Graphics and Applications 7, 11 (1987), 8-16.

9장

DXR에서의 다중 충돌 레이 트레이싱

서비스 엔지니어링의 크리스티앙 그리블(Christiaan Gribble)

개요

다중 충돌 광선 순회는 하나 이상, 교차점을 기준으로 모든 광선과 교차한 프리미티브를 찾는 광선 통과 알고리즘의 한 종류다. 다중 충돌 순회는 전통적인 첫 번째 충돌 광선 순회를 일반화하고 컴퓨터 그래픽과 물리 기반 시뮬레이션에서 유용하다. 마이크로소프트 다이렉트X 레이 트레이싱을 사용해 여러 가지 가능한 다중 충돌 구현을 제공하고 예제 GPU 레이 트레이서에서 이러한 구현의 성능을 탐색한다.

9.1 소개

레이 캐스팅은 50년 전 현장에 소개된 이래로 컴퓨터 그래픽에서 가시성 문제를 풀고자 사용됐다. 첫 번째 충돌 순회는 그림 9-1의 왼쪽과 같이 광선과 교차하는 가장 가까운 프리미티브의 정보를 반환한다. 재귀적으로 적용될 때 첫 번째 충돌 순회는 반사, 굴절, 다른 형태의 간접 조명과 같은 시각적 효과를 통합하는 데 사용할 수도 있다. 결과적으로 대부분의 레이 트레이싱 API는 첫 번째 충돌 성능을 위해 많이 최적화된다.

▲ **그림 9-1.** 광선 순회의 세 가지 카테고리. 첫 번째 충돌 순회와 임의 충돌 순회는 가시성(왼쪽)과 앰비언트 오클루전(중앙) 같은 효과를 위해 컴퓨터 그래픽 애플리케이션에서 잘 알려져 있고 자주 사용되는 광선 순회 알고리즘이다. 교차점으로 정렬된 N개의 가장 가까운 프리미티브($N \geq 1$인 경우)를 반환하는 광선 순회의 세 번째 주요 카테고리인 다중 충돌 광선 순회를 살펴볼 것이다. 다중 충돌 광선 순회는 광학 투명성(오른쪽)을 비롯한 여러 컴퓨터 그래픽과 물리 기반 시뮬레이션 애플리케이션에서 유용하다.

광선 순회의 두 번째 클래스인 임의 충돌 순회는 컴퓨터 그래픽에서의 애플리케이션을 찾는다. 임의 충돌 순회를 통해 교차 쿼리는 가장 가까운 프리미티브를 반환하도록 제한되지 않고 단순히 광선이 지정된 간격 내에서 어떤 프리미티브와 교차하는지를 나타낸다. 임의 충돌 순회는 그림 9-1의 중간에 보이는 것처럼 셰도우와 앰비언트 오클루전 같은 효과에 특히 유용하다.

순회의 세 번째 클래스인 다중 충돌 광선 순회에서 교차 쿼리는 광선과 교차하는 N개의 가장 가까운 프리미티브에 관련된 정보를 반환한다. 다중 충돌 순회는 이들 극단적인 값 사이의 임의의 N 값을 수용하면서 모든 교차한 프리미티브($N = \infty$)에 관련된 정보를 쿼리하는 방식으로 첫 번째 충돌 순회($N = 1$인)와 전체 충돌 순회 둘 다를 일반화한다.

다중 충돌 순회는 예를 들어 투명한 오브젝트를 빠르고 정확하게 렌더링하는 등의 여러 컴퓨터 그래픽 애플리케이션에서 유용하다. 래스터 기반 해결법은 GPU에 비싼 프래그먼트 정렬을 부과하고 동일 평면 오브젝트를 올바르게 렌더링하고자 확장해야 한다.[1] 반면에 다중 충돌 순회는 오버랩된 동일 평면 오브젝트를 올바르게 다루는 동안 고품질 투명 렌더링을 구현하는 직접적인 수단을 제공한다.

중요하게도 다중 충돌 순회는 그림 9-1의 오른쪽에 보이는 것처럼 다양한 물리 기반 시뮬레이션 혹은 비광학 렌더링이라고 불리는 곳에서 사용할 수 있다. 방탄, 라디오 주파수 전파, 열방사 전송과 같은 영역에서 관련 현상은 비어 램버트 법칙

---

1. 투명 렌더링과 물리 기반 시뮬레이션 양쪽에서 동일 평면의 오브젝트 문제는 그리블 등[5]이 좀 더 잘 논의했다. 관심 있는 독자는 추가적인 세부 사항을 위해 문헌을 참고하자.

Beer-Lambert Law과 비슷한 방정식으로 제어되므로 단순히 교차점뿐만 아니라 광선/프리미티브 간격이 필요하다. 이러한 시뮬레이션은 모든 오브젝트가 참여 미디어처럼 행동하는 씬 렌더링과 유사하다.

올바른 다중 충돌 광선 순회 알고리즘은 현대 애플리케이션에 필수적이지만 불충분한 조건이다. 성능 역시 많은 경우에 상호작용성과 충실도 모두에 중요하다. 최신 레이 트레이싱 엔진은 깨끗하고 잘 설계된 API 뒤에 복잡하고 고도로 최적화된 레이 트레이싱 커널을 숨겨 성능 문제를 해결한다. 이런 엔진은 광선 쿼리를 가속하려고 사용자가 엔진에 제공한 애플리케이션 특성을 기반으로 수많은 바운딩 볼륨 계층BVH, Bounding Volume Hierarchy 변형을 사용한다. 이 엔진은 광학 및 비광학 영역의 애플리케이션에서 사용하고자 빠른 첫 번째 충돌 및 임의 충돌 광선 순회를 제공하지만 일반적으로 기본 작업으로 다중 충돌 광선 순회를 제공하지는 않는다.

다중 충돌 광선 순회의 초기 연구[5]는 구조체의 잎 노드가 겹치지 않는 공간 분할을 기반으로 하는 가속 구조를 가정한다. 이러한 구조를 사용하면 순차적 순회는 간단하다. 따라서 순차적 충돌 지점의 생성 역시 간단하다. 정렬은 전체가 아닌 잎 노드 안에서만 필요하다. 그러나 BVH와 같은 오브젝트 파티셔닝을 기반으로 하는 구조에서 순차적 순회는 그렇게 쉽게 달성할 수 없다. 순회 우선 큐(순회 스택이 아닌)를 기반으로 한 구현이 BVH[7]의 앞에서 뒤로의front-to-back 순회를 가능하게 하는 반면에 가장 공개적으로 이용 가능하고 널리 사용되는 제품 레이 트레이싱 API는 정렬된 BVH 순회 변형을 제공하지 않는다.

그러나 마이크로소프트 다이렉트X 레이 트레이싱DXR을 포함한 이 API는 사용자 레벨 코드로 전체적으로 다중 충돌 레이 트레이싱의 구현을 가능하게 하는 기능을 제공하므로 기존의 (크게 최적화된) BVH 생성과 순회 루틴을 활용한다. 9장의 나머지 부분에서는 DXR을 사용해 가능한 다중 충돌 구현을 몇 가지 제공하고 예제 GPU 레이 트레이싱 애플리케이션에서 그 성능을 살펴볼 것이다. 이 애플리케이션의 소스와 바이너리 배포판은 사용 가능하며[4], 독자가 이 DXR 다중 충돌 구현을 탐색, 수정, 향상할 수 있다.

9.2 구현

9.1절에서 언급하고 암스터즈^{Amstutz} 등[1]이 자세하게 논의한 정렬되지 않은 BVH 순회 변형을 통한 다중 충돌 레이 트레이싱의 문제는 겹쳐지는 노드에 의해 더해진다. 정확성은 잠재적으로 느린 나이브한 다중 충돌 순회[5] 혹은 BVH 구성이나 순회 루틴의 수정을 필요로 한다. 이는 생산 환경에서 잠재적으로 중요한 개발과 유지 보수 부담을 부과할 뿐만 아니라 구현 중립적인 레이 트레이싱 API에서는 불가능하기도 하다.

이런 문제를 해결하고자 나이브한 다중 충돌 순회와 노드 컬링 다중 충돌 BVH 순회[3] 2가지의 다중 충돌 순회 알고리즘 각각에 대한 DXR 구현을 제공한다. 각 알고리즘의 첫 번째 구현은 각 광선을 따라 다중 충돌 교차 쿼리를 충족하고자 DXR 임의 충돌 셰이더를 활용한다. DXR 임의 충돌 셰이더는 다른 교차와 관련된 광선의 위치와 관련 없이 광선이 현재 광선 간격 $[t_{min}, t_{max}]$ 내의 지오메트리 인스턴스와 교차할 때마다 실행된다. 이 셰이더는 광선을 따라 교차점에 대해 정의된 실행 순서를 따르지 않는다. 임의 충돌 셰이더가 잠재적인 교차를 허용하면 충돌 거리는 광선 간격의 새로운 최댓값 t_{max}가 된다.

각 알고리즘의 두 번째 구현은 하단 레벨 가속 구조에서 지오메트리를 위해 대체 표현을 제공하는 DXR 교차 셰이더를 사용해 다중 충돌 쿼리를 충족한다. 이 경우 절차 프리미티브는 축 정렬 바운딩 박스로 정의되며 사용자 정의 교차 셰이더는 광선이 이 박스와 교차할 때 프리미티브 교차를 평가한다. 교차 셰이더는 현재 충돌 거리를 포함해 후속 셰이더로 전달되는 교차를 설명하는 속성을 정의한다. 일반적으로 DXR 교차 셰이더는 내장 광선/삼각형 교차 루틴보다 덜 효율적이지만 유연성은 훨씬 뛰어나다. 이 셰이더를 사용해 DXR 임의 충돌 셰이더 구현의 대안으로 삼각형 프리미티브에 대한 나이브한 광선 순회와 노드 컬링 다중 충돌 광선 순회를 구현한다.

이러한 구현에서 각 셰이더는 다중 충돌 결과를 저장하기 위한 버퍼를 가진다. 광선당 충돌 횟수를 위한 2차원(너비 × 높이) 버퍼와 충돌 기록을 위한 3차원(너비 × 높이 × (N_{query} + 1)) 버퍼, 충돌 지점 교차 거리(t 값), 디퓨즈 표면 색상, 단순 표면 셰이딩 작업을 지원하기 위한 값 $N_g \cdot V$를 포함하는 각각의 버퍼가 있다. 임의 충돌 셰이더 구현은 현재 히트 수를 추적하고자 사용자 정의 광선 페이로드 구조를 사용하고 여러 번의 임의 충돌 셰이더 호출을 허용하지 않으려면 D3D12_RAYTRACING_ GEOMETRY_FLAG_NO_DUPLICATE_ANYHIT_INVOCATION 지오메트리 플래그를 설정해야 한다. 해당 광선 생성 셰이더는 모든 광선/프리미티브 교차를 불투명으로 취급하고자 RAY_FLAG_FORCE_NON_OPAQUE 광선 플래그를 설정한다. 반면에 교차 셰이더 구현은 내장된 삼각형 프리미티브를 사용할 때 DXR이 일반적으로 관리하는 삼각형 버텍스, 면 머티리얼 데이터, 속성을 저장하는 버퍼가 필요하다.

모든 셰이더는 셰이더 측 버퍼 관리, 시각화용 색상 매핑 등의 유틸리티 함수에 의존한다. 마찬가지로 각 셰이더는 예제 애플리케이션에서 지원하는 시각화 모드에 영향을 주는 N_{query}, 배경 색상, 다양한 색상 매핑 파라미터 등의 최종 렌더링 결과를 제어하는 값을 가정한다. 렌더링된 결과를 저장하는 2차원 출력 버퍼 같은 다른 DXR 셰이더 상태와 파라미터는 궁극적으로 애플리케이션의 기본 실시간 렌더링 프레임워크인 Falcor가 관리한다. 명확성과 표현의 초점을 위해 이러한 요소는 다음의 구현 하이라이트에서 생략했다.

예제 레이 트레이싱 애플리케이션은 크리스 와이먼의 dxrTutors.Code 프로젝트[8]를 활용한다. 이 프로젝트는 DXR 상태 관리를 위해 Falcor를 기반으로 한다. dxrTutors.Code 프로젝트는 매우 추상적인 CPU 측 C++ DXR API를 제공한다. 이 API는 프로그래머가 DXR 애플리케이션을 빠르게 실행하고 쉬운 실험이 가능하게 디자인됐다. 소스에서 다중 충돌 레이 트레이싱 애플리케이션을 빌드하려면 이러한 종속성이 필요하지만, 다중 충돌 DXR 셰이더 자체는 간단한 방식으로 비슷한 DXR 추상화를 제공하는 다른 프레임워크에 적용할 수 있다. 이 절의 나머지 부분에서 이러한 구현을 강조한 후 9.3절에서 결과 성능을 살펴볼 것이다.

9.2.1 나이브한 다중 충돌 순회

임의의 다중 충돌 순회 구현은 $[1, \infty)$에서 N_{query}의 값에 대해 $N \leq N_{query}$에 가장 근

접한 광선/프리미티브 교차에 관한 정보를 광선 순서로 반환한다. 나이브한 다중 충돌 광선 순회 같은 쿼리를 만족시키는 첫 번째 접근법은 단순히 광선을 따라 모든 유효한 교차점을 수집하고 그중 최대 N_{query}를 사용자에게 반환하는 것이다. 이 알고리즘의 DXR 임의 충돌 셰이더 구현은 다음 코드 리스트에 나와 있다.

```
1  [shader ("anyhit")]
2  void mhAnyHitNaive(inout mhRayPayload rayPayload,
3                     BuiltinIntersectionAttribs attribs)
4  {
5      // 후보 교차를 처리한다.
6      int2 pixelIdx   = DispatchRaysIndex();
7      uint2 pixelDims = DispatchRaysDimensions();
8      uint hitStride  = pixelDims.x*pixelDims.y;
9      float tval      = RayTCurrent();
10
11     // 후보 교차를 저장할 인덱스를 찾는다.
12     uint hi = getHitBufferIndex(min(rayPayload.nhits, gNquery),
13                             pixelIdx, pixelDims);
14     uint lo = hi - hitStride;
15     while (hi > 0 && tval < gHitT[lo])
16     {
17         // 데이터를 오른쪽으로 옮긴다 ...
18         gHitT       [hi] = gHitT       [lo];
19         gHitDiffuse [hi] = gHitDiffuse [lo];
20         gHitNdotV   [hi] = gHitNdotV   [lo];
21
22         //... 그리고 다음 위치를 시도한다.
23         hi -= hitStride;
24         lo -= hitStride;
25     }
26
27     // 현재 충돌 지점에서 디퓨즈 색상과 페이스 법선을 얻는다.
28     uint primIdx    = PrimitiveIndex();
29     float4 diffuse  = getDiffuseSurfaceColor(primIdx);
30     float3 Ng       = getGeometricFaceNormal(primIdx);
31
32     // 충돌 데이터를 저장한다. 가령 hitPos == Nquery의 위치처럼
33     // N <= Nquery인 가장 가까운 교차의 인덱스를 초과할 수 있다.
```

```
34      gHitT      [hi] = tval;
35      gHitDiffuse [hi] = diffuse;
36      gHitNdotV   [hi] =
37            abs(dot(normalize(Ng), normalize(WorldRayDirection())));
38
39      ++rayPayload.nhits;
40
41      // 교차를 거부하고
42      // 들어오는 광선 간격으로 탐색을 계속한다.
43      IgnoreHit();
44  }
```

각 후보 교차점에 대해 셰이더는 해당하는 데이터를 저장할 인덱스를 결정하고 그 데이터를 실제로 저장하며 지금까지 수집한 교차점의 개수를 업데이트한다. 여기서 교차 데이터는 광선당 정확히 $N_{query} + 1$ 항목이 있는 버퍼로 수집된다. 이 방법은 삽입 정렬 루프 다음에 항상 (잠재적으로 무시된다고 해도) 교차 데이터를 작성할 수 있게 한다. 조건부 분기는 필요하지 않다. 마지막으로 들어오는 광선 간격 $[t_{min}, t_{max}]$를 계속 순회하고자 DXR **IgnoreHit** 내장 함수를 호출해 후보 교차를 거부한다.

다음 리스트에 강조한 교차 셰이더 구현은 비슷하게 동작한다. 실제로 프리미티브(이 경우에는 삼각형)를 교차한 후에 셰이더는 다시 해당하는 데이터를 저장할 인덱스를 다시 결정하고 그 데이터를 실제로 저장한 다음 지금까지 수집한 교차점 수를 업데이트한다. 여기서 **intersectTriangle**은 유효한 광선/삼각형 교차를 나타내고자 지금까지의 충돌 횟수를 반환한다. 혹은 광선이 삼각형을 놓친 경우 0을 반환한다.

```
1  [shader("intersection")]
2  void mhIntersectNaive()
3  {
4      HitAttribs hitAttrib;
5      uint nhits = intersectTriangle(PrimitiveIndex(), hitAttrib);
6      if (nhits > 0)
```

```
 7    {
 8        // 후보 교차를 처리한다.
 9        uint2 pixelIdx  = DispatchRaysIndex();
10        uint2 pixelDims = DispatchRaysDimensions();
11        uint hitStride  = pixelDims.x*pixelDims.y;
12        float tval      = hitAttrib.tval;
13
14        // 후보 교차를 저장할 인덱스를 찾는다.
15        uint hi = getHitBufferIndex(min(nhits, gNquery),
16                                    pixelIdx, pixelDims);
17        // 생략: 이전 리스트의 13-35줄과 동일하다.
18
19        uint hcIdx = getHitBufferIndex(0, pixelIdx, pixelDims);
20        ++gHitCount[hcIdx];
21    }
22 }
```

광선/삼각형 교차를 계산할 필요를 제외하고 임의 충돌 셰이더와 교차 셰이더 구현 간의 중요한 차이가 있다. 예를 들어 DXR 교차 셰이더 내에서는 광선당 페이로드에 접근할 수 없으므로 대신 전역 2차원 충돌 카운터 버퍼인 **gHitCount**에서 해당 항목을 조작해야 한다. 또한 다중 충돌 교차 셰이더는 DXR **ReportHit** 내장 함수에 대한 호출을 생략한다. 이 생략은 모든 후보 교차를 효과적으로 거부하고 필요에 따라 수신 광선 간격 [$t_{\min}$, $t_{\max}$]로 순회를 계속한다.

나이브한 다중 충돌 순회는 간단하고 효과적이다. 구현 제한이 거의 없으며 사용자가 원하는 대로 많은 교차를 처리할 수 있다. 그러나 이 알고리즘은 잠재적으로 느리다. 이는 광선이 모든 교차점을 찾고자 (심지어 저장하지 않아도) 전체 BVH 구조를 가로지르고 이들 중 가장 가까운 $N \le N_{\text{query}}$가 사용자에게 반환되는지 확인하기 때문에 전체 충돌 순회 방식을 효과적으로 구현한다.

9.2.2 노드 컬링 다중 충돌 BVH 순회

노드 컬링 다중 충돌 BVH 순회는 첫 번째 충돌 BVH 순회에 대한 최적화를 다중 충돌 콘텍스트에 적용한다. 특히 첫 번째 충돌 BVH 순회 변형은 일반적으로 지금까지 발견된 가장 가까운 유효한 교차까지의 거리 t_{max}를 기반으로 노드를 컬링하는 현재 광선 간격 $[t_{min}, t_{max}]$를 고려한다. 광선 순회 중에 $t_{enter} > t_{max}$의 노드에 진입하면 노드를 건너뛴다. 노드 순회는 이미 식별한 광선 원점보다 가까운 유효한 교차점을 생성할 수 없기 때문이다.

노드 컬링 다중 충돌 BVH 순회 알고리즘은 지금까지 수집한 $N \geq N_{query}$ 사이의 가장 먼 유효한 교차를 넘어선 거리의 광선을 따라 마주치는 노드를 컬링하는 것으로 이 최적화를 통합한다. 이 방식으로 유효한 교차를 생성할 수 없는 서브트리 혹은 광선/프리미티브 교차 테스트는 건너뛰기에 적합하면 건너뛴다.

노드 컬링 DXR 임의 충돌 셰이더 구현은 다음의 리스트에 강조돼 있다. 해당하는 나이브한 다중 충돌 구현은 셰이더가 유효한 교차를 처리하는 방식에서만 이 구현과 다르다. 전자의 경우 교차는 항상 수신 광선 간격 $[t_{min}, t_{max}]$를 변경하지 않은 채로 유지하며 궁극적으로 전체 BVH를 순회하고자 언제나 거부된다. 그러나 후자의 경우는 적절한 조건이 충족된 후, 즉 $N \geq N_{query}$ 교차가 수집된 후에만 노드 컬링을 유도한다.

```
1  [shader("anyhit")]
2  void mhAnyHitNodeC(inout mhRayPayload rayPayload,
3                      BuiltinIntersectionAttribs attribs)
4  {
5      // 후보 교차를 처리한다.
6      // 생략: 첫 번째 리스트의 5-37줄과 동일히디.
7
8      // 후보 교차점을 마지막 유효한 충돌 위치 외의 인덱스에 저장한다면
9      // 교차를 거절한다.
10     uint hitPos = hi / hitStride;
11     if (hitPos != gNquery - 1)
12         IgnoreHit();
13
14     // 그렇지 않으면 RayTCurrent()를 (암시적으로) 반환하고
15     // 새로운 광선 간격 종점으로 허용해 노드 컬링을 유도한다.
16  }
```

또한 DXR 임의 충돌 셰이더 구현은 광선 간격 업데이트에 대한 추가적인 제한을 부과한다. 임의 충돌 셰이더를 통해 DXR **RayTCurrent** 내장 함수에서 반환한 것 외의 다른 교차 거리를 사용하는 것을 허용하지 않는다. 결과적으로 셰이더의 암시적인 반환과 허용 동작은 후보 교차점이 지금까지 수집된 교차점 중 마지막으로 유효한 교차점인 경우에만 유효하다(예, 인덱스 **gNquery-1**에 기록할 때). 유효한 충돌 컬렉션 내의 항목을 포함해 다른 모든 항목에 대한 쓰기는 **IgnoreHit** 내장 함수를 호출해야만 한다. 이 DXR 부과 제약 조건은 적어도 다른 레이 트레이싱 API에서 노드 컬링 다중 충돌 순회 구현과 대조를 이룬다(그리블 등[6]이 제공한 구현을 예로 보자). 그리고 부실한 t_{max} 값의 결과로 노드를 컬링하는 기회를 잃는다는 것을 나타낸다.

그러나 다음 목록에서 보이는 노드 컬링 DXR 교차 셰이더 구현은 기회를 도려내는 잠재적인 손실에 빠지지 않는다. 이 구현에서는 교차 셰이더가 보고한 교차 거리를 제어하므로 지금까지 수집된 $N \geq N_{query}$ 중에서 마지막으로 유효한 충돌의 값을 반환할 수 있다. 실제 교차점이 N_{query}와 가장 가까운 충돌 내에 있을 때마다 이 값으로 DXR **ReportHid** 내장 함수를 호출해 간단하게 수행한다.

```
1  [shader("intersection")]
2  void mhIntersectNodeC()
3  {
4      HitAttribs hitAttrib;
5      uint nhits = intersectTriangle(PrimitiveIndex(), hitAttrib);
6      if (nhits > 0)
7      {
8          // 후보 교차점을 처리한다.
9          // 생략: 두 번째 리스트의 9-20줄에 해당한다.
10
11         // 유효한 충돌 거리 [0, Nquery-1] 내에서 새로운 충돌 데이터를 작성한 경우
12         // 광선 간격 종점을 gHitT[lastIdx]으로 잠재적으로 업데이트하자.
13         uint hitPos = hi / hitStride;
14         if (hitPos < gNquery)
15         {
16             uint lastIdx =
17                     getHitBufferIndex(gNquery - 1, pixelIdx, pixelDims);
```

```
18          ReportHit(gHitT[lastIdx], 0, hitAttrib);
19       }
20    }
21 }
```

노드 컬링 다중 충돌 BVH 순회는 정렬되지 않은 BVH 순회임에도 불구하고 조기 종료 기회를 활용한다. 조기 종료는 첫 번째 충돌 BVH 순회의 핵심 기능이자 공간 분할을 기반으로 하는 가속 구조에서의 버퍼링된 다중 충돌 순회의 핵심 기능이므로 사용자가 전체보다 적은 충돌을 요청할 때 노드 컬링 변형으로 향상된 다중 충돌 성능을 기대한다.

9.3 결과

9.2절은 DXR의 다중 충돌 레이 트레이싱의 몇 가지 구현 대안을 제시한다. 여기서는 예제 GPU 레이 트레이싱 애플리케이션의 성능을 살펴본다. 이 애플리케이션의 소스와 바이너리 배포판은 사용 가능하며, 독자가 이 다중 충돌 구현을 둘러보거나 수정 혹은 향상시킬 수 있다.

9.3.1 성능 측정

그림 9-2에 묘사된 관점에서 렌더링된 다양한 지오메트리과 복잡한 심도의 8개 씬을 사용해 DXR 다중 충돌 레이 트레이싱 구현의 성능을 보고한다. 각 테스트에서 핀홀 카메라의 가시성 광선과 픽셀당 하나의 샘플을 사용하는 1280 x 960 픽셀 해상도의 500 벤치마크 프레임이 이어지는 일련의 50개의 워밍업 프레임을 렌더링했다. 보고된 결과는 500 벤치마크 프레임의 평균이다. 측정은 하나의 엔비디아 지포스 RTX 2080 Ti GPU(드라이버 버전 416.81)가 장착된 윈도우 10 RS4 데스크톱 PC에서 수행된다. 애플리케이션은 마이크로소프트 비주얼 스튜디오 2017 버전 15.8.9로 컴파일하고 윈도우 10 SDK 10.0.16299.0과 다이렉트X 레이 트레이싱 바이너리 릴리스 V1.3으로 링크했다.

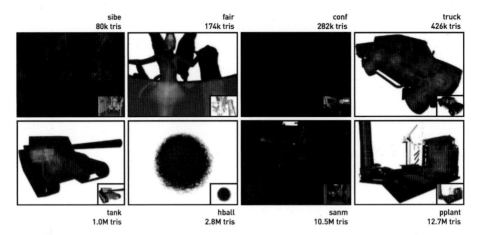

▲ **그림 9-2.** 성능 평가에 사용되는 씬. DXR에서의 다중 충돌 구현의 성능을 평가하고자 사용되는 8개의 다양한 지오메트리와 깊이 복잡도를 지닌 씬. 첫 번째 충돌 가시성 표면은 많은 씬에서 중요한 내부적인 복잡성을 숨기므로 다중 충돌 순회 성능 테스트에 특히 유용하다.

9.3.1절의 나머지 부분에서 참조하는 그림에서 특정 순회 구현 변형을 나타내고 자 다음과 같은 약어를 사용한다.

- fhit: 표준 첫 번째 충돌 광선 순회의 간단한 구현

- ahit-n: 나이브한 다중 충돌 광선 순회의 임의 충돌 셰이더 구현

- ahit-c: 노드 컬링 다중 충돌 광선 순회의 임의 충돌 셰이더 구현

- isec-n: 나이브한 다중 충돌 광선 순회의 교차 셰이더 구현

- isec-c: 노드 컬링 다중 충돌 광선 순회의 교차 셰이더 구현

결과를 해석할 때 이 정의를 참고하자.

9.3.1.1 첫 번째 교차 찾기

우선 다중 충돌 광선 순회를 우선 충돌 순회로 전문화할 때의 성능을 측정한다. 그림 9-3은 표준적인 첫 번째 충돌 순회를 사용해 가장 가까운 교차를 찾는 경우와 다중 충돌 순회를 사용해 가장 가까운 교차를 찾는 경우를 100만 단위의 초당 충돌 (Mhps)로 성능 비교를 했다. 이 경우에는 노드 컬링의 이점이 분명하다. 임의 충돌

세이더 노드 컬링 다중 충돌 BVH 순회의 성능은 표준 첫 번째 충돌 순회의 성능에 근접했다(평균 94% 이내). 그러나 테스트 씬에서 첫 번째 충돌 순회에 비해 교차 세이더 노드 컬링 변종은 전반적으로 (평균 4배 이상의) 최악의 성능을 나타내며 나이브한 다중 충돌 순회 변종의 성능은 (평균적으로) 2배에서 4배까지 나빴다.

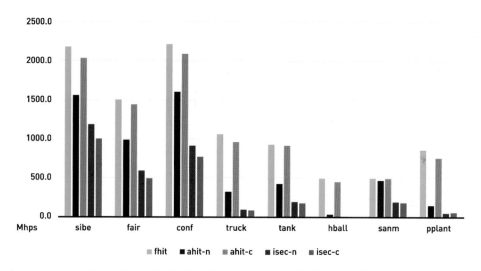

▲ **그림 9-3.** 첫 번째 교차점을 찾기 위한 일반적인 첫 번째 충돌과 다중 충돌 변형의 성능 그래프는 $N_{query} = 1$일 때 표준 첫 번째 충돌 순회와 다중 충돌 구현 사이에서 초당 수백만의 충돌(Mhps) 성능을 비교한다.

9.3.1.2 모든 충돌 찾기

다음으로 다중 충돌 광선 순회를 전체 충돌 순회($N_{query} = \infty$)로 전문화할 때의 성능을 측정한다. 그림 9-4는 광선을 따라 모든 충돌 지점을 수집하고자 각각의 다중 충돌 변형을 사용할 때의 Mhps 단위로 성능을 비교한다. 각각의 셰이더 구현에 걸친 나이브한 방식과 노드 컬링 변형은 비슷하게 수행되며, 차이점은 일반적으로 시험 중에 예상되는 가변성 내에 있다.

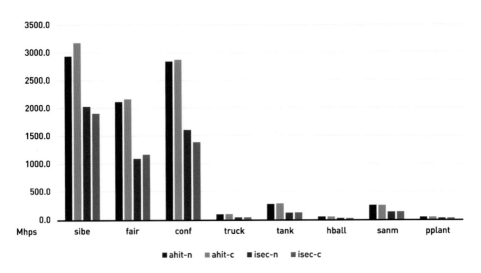

▲ **그림 9-4.** 모든 교차를 찾는 다중 충돌 변형의 성능. 그래프는 $N_{query} = \infty$일 때 나이브한 변형과 노드 컬링 변형 사이의 성능을 Mhps 단위로 비교한다.

9.3.1.3 일부 교차 찾기

마지막으로 극단적인 $N_{query} = 1$과 $N_{query} = \infty$을 제외하고 각 씬에서 하나의 광선이 마주치는 최대 교차 수의 10%, 30%, 70%를 포함하는 그리블[3]이 고려한 Nquery의 값을 사용하는 다중 충돌 성능을 측정한다. 일부 교차점 찾기의 경우에는 다중 탐색 순회가 첫 번째 충돌이나 전체 충돌 알고리즘으로 특화될 수 없다는 점을 고려하면 가장 흥미로울 것이다. 간결함을 위해 트럭 씬에 대한 결과만 설명한다. 그러나 이 결과에서 나타나는 일반적인 추세는 다른 씬에서 얻을 수 있는 결과에서도 볼 수 있다.

그림 9-5는 $N_{query} \to \infty$와 같은 트럭 씬의 성능을 보여준다. 일반적으로 말해 노드 컬링의 영향은 다른 다중 충돌 구현에 비해 좀 덜 명백하다. 예를 들어 그리블[3]과 그리블 등[6]이 보고한 결과를 보자. 임의 충돌 셰이더 구현을 사용하면 노드 컬링이 성능에 미치는 긍정적 효과는 나이브한 다중 충돌과 비교할 때 $N_{query} = 1$인 경우 2배 이상 감소하고 $N_{query} = \infty$일 때 효과적으로 0이 된다. 그럼에도 임의 충돌 셰이더 노드 컬링 구현은 전반적으로 가장 뛰어나며 해당하는 나이브한 구현보다 훨씬 더 나은(혹은 적어도 더 나빠지는 않은) 경우가 많았다. 대조적으로 교차 셰이더

구현은 N_{query}의 모든 값에서 유사하게 수행되며 두 변형 모두 임의 충돌 변형에 비해 전반적으로 훨씬 나쁜 성능을 보인다.

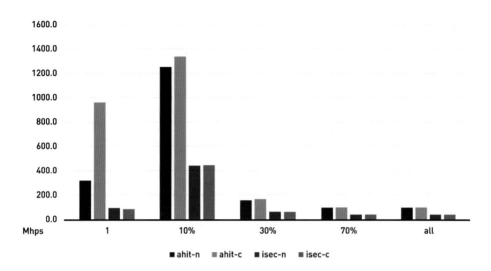

▲ **그림 9-5.** 트럭 씬에서의 다중 충돌 성능. 그래프는 N_{query}의 다양한 값에 대해 다중 충돌 구현 중 Mhps 단위로 다중 충돌 성능을 비교한다.

9.3.2 논의

이전 결과를 좀 더 잘 이해하고자 그림 9-6에서는 각각의 다중 충돌 변형에서 처리한 후보 교차의 총 개수를 보고한다. 나이브한 다중 충돌 구현은 예상한 대로 N_{query}에 관계없이 같은 수의 후보 교차를 처리하는 것을 볼 수 있다. 마찬가지로 노드 컬링은 사실 적어도 N_{query}가 30% 미만일 때 처리한 후보 교차의 총 개수를 줄이는 것을 볼 수 있다. 그러나 이 시점 이후에 두 노드 컬링 구현 모두 나이브한 다중 충돌 구현과 동일한 개수의 후보 교차를 처리한다. 이 30% 임곗값을 초과하면 노드 컬링은 테스트 플랫폼에서 씬에 대해 나이브한 다중 충돌 순회보다 특별한 이점을 제공하지 못한다.

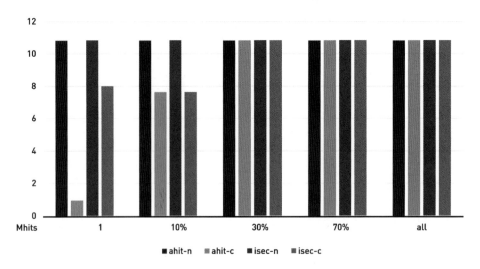

▲ **그림 9-6.** 트럭 씬에서 처리한 후보 교차의 개수. 그래프는 각 다중 충돌 구현에 의해 처리된 후보 교차의 개수를 (백만 단위로) 비교한다.

또한 그림 9-6의 데이터는 임의 충돌 셰이더 변형(9.2절에서 다룬) 내의 일부 노드를 컬링하는 기회를 잃어버린 것이 실제로는 전반적인 순회 행동에 영향을 주지 않았다는 것을 나타낸다. 사실 세 가지 실험 모두에서 성능을 관찰할 때 임의 충돌 셰이더 노드 컬링 구현이 여기에서 고려된 N_{query}의 모든 값에 대해 교차 셰이더 구현보다 (평균적으로) 2배 이상 뛰어나다는 것을 알 수 있다.

사용자 정의 지오메트리를 위해 DXR의 메커니즘을 사용하는 광선/삼각형 교차를 구현할 때(혹은 내장된) 발생하는 비효율성이 노드 컬링 다중 충돌 변형 간의 성능에서 큰 차이를 보일 수도 있지만 그림 9-7의 시각화는 일부 추가적인 통찰력을 제공한다. 맨 위의 행은 $N_{query} = 9$ 혹은 하나의 광선의 최대 충돌 횟수의 10%에 대한 각각의 다중 충돌 변형으로 처리된 후보 교차의 수를 나타내며, 하단 행은 각 구현이 호출한 내부 업데이트 작업의 횟수를 나타낸다. 예상한 대로 나이브한 다중 충돌 구현은 두 값이 동일하다. 동일한 후보 교차점의 총 수를 처리하고 간격 업데이트를 전혀 하지 않는다. 비슷하게 노드 컬링 변형은 처리된 후보 교차의 수를 줄이고 DXR 교차 셰이더 구현은 임의 충돌 셰이더 변형보다 적게 처리한다(7.6M 대 8.5M). 그러나 이 구현은 임의 충돌 셰이더 구현보다 훨씬 더 많은 간격 업데이트를 유발한다(1.7M 대 437k). 이 업데이트 작업만이 두 구현 간의 사용자 레벨 실행 경로 차이의 주요 원인이다. DXR에서 교차 셰이더 구현에서 좀 더 자주 컬링할 기회는 실제로 컬링 자체가 저장하는 것보다 많은 작업을 부과하고, 여기서 관찰된 전반적인 성능 차이에 기여할 가능성이 크다.

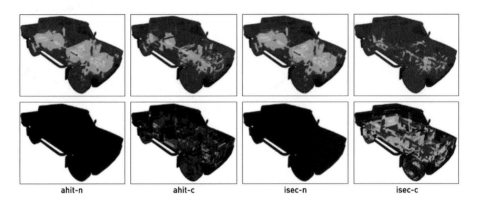

| ahit-n | ahit-c | isec-n | isec-c |

▲ **그림 9-7.** 효율성 시각화. 무지개 색상 스케일을 사용하는 히트맵 시각화는 N_{query} = 9(상단 행)에 나이브한 다중 충돌 순회를 사용하는 것과 비교해 노드 컬링을 사용할 때 광선당 해야만 하는 작업이 훨씬 적어진다는 것을 나타낸다. 그러나 노드 컬링 변형을 비교할 때 현저하게 많은 광선 간격 업데이트(하단 행)로 인해 교차 셰이더에서의 좀 더 적은 순회 단계와 광선/프리미티브 교차 테스트로 인한 잠재적인 절감이 사라진다. 이 경우 비용은 절감액을 넘어선다.

9.4 결론

마이크로소프트 다이렉트X 레이 트레이싱을 사용한 다중 충돌 레이 트레이싱의 여러 가지 가능한 구현을 제시하고 예제 GPU 레이 트레이싱 애플리케이션에서 각각의 성능을 살펴봤다. 결과는 여기서 살펴본 구현 중 DXR 임의 충돌 셰이더를 사용하는 노드 컬링 다중 충돌 광선 순회가 테스트 플랫폼의 씬에서 가장 잘 수행된 것을 보여줬다. 이 대안은 구현하기가 상대적으로 간단하며 나이브한 다중 충돌 순회 구현보다 단지 몇 줄의 코드만이 더 필요하다. 동시에 임의 충돌 셰이더 노드 컬링 변형은 내장된 광선/삼각형 교차 작업의 구현을 달리 필요로 하지 않으므로 다른 대안과 비교해 생산 환경에서 개발과 유지 보수의 부담을 줄여준다. 그럼에도 예제 GPU 레이 트레이싱 애플리케이션[4]의 네 가지 모든 DXR 다중 충돌 변형의 소스와 바이너리 배포판을 사용할 수 있게 했으며, 독자가 DXR에서 다중 충돌 레이 트레이싱을 더 자세히 둘러볼 수 있게 했다.

참고 문헌

[1] Amstutz, J., Gribble, C., Günther, J., and Wald, I. An Evaluation of Multi-Hit Ray Traversal in a BVH Using Existing First-Hit/Any-Hit Kernels. Journal of Computer Graphics Techniques 4, 4 (2015), 72–90.

[2] Benty, N., yao, K.-H., Foley, T., Kaplanyan, A. S., Lavelle, C., Wyman, C., and Vijay, A. The Falcor Rendering Framework. https://github.com/NVIDIAGameWorks/Falcor, July 2017.

[3] Gribble, C. Node Culling Multi-Hit BVH Traversal. In Eurographics Symposium on Rendering (June 2016), pp. 22–24.

[4] Gribble, C. DXR Multi-Hit Ray Tracing, October 2018. http://www.rtvtk.org/~cgribble/research/DXR-MultiHitRayTracing. Last accessed October 15, 2018.

[5] Gribble, C., Naveros, A., and Kerzner, E. Multi-Hit Ray Traversal. Journal of Computer Graphics Techniques 3, 1 (2014), 1–17.

[6] Gribble, C., Wald, I., and Amstutz, J. Implementing Node Culling Multi-Hit BVH Traversal in Embree. Journal of Computer Graphics Techniques 5, 4 (2016), 1–7.

[7] Wald, I., Amstutz, J., and Benthin, C. Robust Iterative Find-Next Ray Traversal. In Eurographics Symposium on Parallel Graphics and Visualization (2018), pp. 25–32.

[8] Wyman, C. A Gentle Introduction to DirectX Raytracing, August 2018. Original code linked from http://cwyman.org/code/dxrTutors/dxr_tutors.md.html; newer code available via https://github.com/NVIDIAGameWorks/GettingStartedWithRTXRayTracing. Last accessed November 12, 2018.

10장

높은 스케일 효율성을 지닌 단순한 로드밸런스 체계

엔비디아의 디이트거 반 안트웨펜(Dietger van Antwerpen), 다니엘 세이버트(Daniel Seibert), 알렉산더 켈러(Alexander Keller)

개요

10장은 여러 프로세싱 유닛에 걸쳐 픽셀 값을 계산하는 작업을 분산하는 데 사용할 수 있는 이미지 분할 체계를 설명한다. 결과 워크로드 분배 체계는 구현하기 쉬우면서 효과적이다.

10.1 소개

여러 프로세싱 유닛에 하나의 이미지 프레임 렌더링을 분산시키려는 경우의 중요한 질문은 프로세싱 유닛에 픽셀을 할당하는 방법이다. 10장에서 프로세싱 유닛이나 프로세서의 추상 개념을 사용할 것이다. 예를 들어 프로세서는 GPU, CPU 코어 혹은 네트워크로 연결된 기기의 클러스터에 있는 호스트가 될 수 있다. 다양한 타입의 여러 프로세서가 일반적으로 렌더링 시스템이나 클러스터의 일부 형태로 결합된다.

10장은 씬에서 머티리얼을 지닌 빛의 상호작용을 시뮬레이션하는 경로 추적 렌더러에서 일반적으로 발견되는 워크로드에 의해 동기 부여된다. 빛은 종종 빛 전송 경로가 완료되기 전에 여러 번 반사되고 굴절된다. 반사 횟수와 각 머티리얼의 평가 비용은 씬의 여러 영역에서 극적으로 다룬다.

예를 들어 무한한 환경의 돔에 있는 자동차를 생각해보자. 모든 지오메트리를 놓치고 즉시 환경과 충돌하는 광선은 매우 저렴하게 계산할 수 있다. 대조적으로 자동차의 헤드라이트와 충돌하는 광선은 좀 더 높은 레이 트레이싱 비용을 초래할 것이며 헤드라이트의 방출기에 도달하거나 환경을 나가기 전에 헤드라이트의 반사경 주위로 반사될 것이다. 따라서 헤드라이트를 덮는 픽셀은 환경만을 표시하는 픽셀보다 계산 비용이 더 들 수 있다. 결정적으로 이 비용은 선험적^{priori}으로 알려지지 않았으므로 최적의 작업 분포를 계산할 때 고려할 수 없다.

10.2 요구 사항

효과적인 로드밸런싱 체계는 많은 프로세서에서 우수한 스케일링을 제공한다. 계산과 통신 오버헤드가 적으므로 작은 숫자의 프로세서에서 속도가 떨어지지 않아야 한다. 단순성을 위해 워크로드의 고정된 서브세트를 각 프로세서에 할당하는 것이 종종 바람직하다. 서브세트의 크기는 성능 측정을 기반으로 시간이 지남에 따라 조정될 수도 있지만 이 재조정은 일반적으로 프레임 사이에 발생한다. 이렇게 하면 매 프레임 정적인 스키마를 생성하므로 로드밸런서와 프로세서 간의 통신량을 줄이는 것이 훨씬 쉬워진다. 정적 체계를 통해 효율적인 스케일링을 달성하기 위해 작업의 적절한 배포가 중요하다. 각 프로세서는 프로세서의 상대적 성능에 비례해 작업의 일부분을 할당해야 한다. 이는 레이 트레이싱을 사용하는 이미지를 생성할 때, 특히 물리 기반 경로 탐색과 비슷한 기술에서 중요한 작업이다. 이러한 상황은 다양한 프로세서의 처리 능력이 크게 달라지는 이종의 컴퓨팅 설정에서 더욱 복잡해진다. 이는 다른 세대의 GPU와 CPU 혹은 네트워크 클러스터에서 결합하는 소비자 기기에서 흔히 발생한다.

10.3 로드밸런싱

이제는 일련의 분할 작업을 검토하고 설명한 문맥에서 효율적인 작업량 분배의 적합성을 조사할 것이다. 예를 들어 하나의 머신에 4개의 GPU 같은 4개의 프로세서로 작업을 배포할 것이다. 그러나 아래에 설명된 방법은 다른 프로세서 타입의 조합을 포함해 어떤 숫자와 타입의 프로세서에든 적용된다.

10.3.1 나이브한 타일링

그림 10-1처럼 각 프로세서에 하나의 타일을 할당해 큰 타일로 이미지를 단순히 나누는 다중 CPU 래스터화 접근법은 드물지 않다. 이 나이브한 접근법은 픽셀 비용이 일반적으로 이미지 전체에 균일하게 분포돼 있지 않다는 심각한 단점이 있다. 그림 10-1의 왼쪽에서 하단 왼쪽의 타일 계산 비용은 헤드라이트의 비싼 시뮬레이션으로 인해 프레임의 전체 렌더링 시간을 지배하게 된다. 파란 타일을 담당하는 프로세서가 작업을 끝낼 때까지 다른 모든 프로세서는 프레임 시간의 상당량을 유휴 상태로 보낸다.

▲ **그림 10-1.** 왼쪽: 4개의 프로세서를 통한 일정한 타일링. 오른쪽: 스캔라인 기반 작업 배포의 세부 정보

또한 모든 타일이 같은 크기이므로 이종 설정에서 이 접근 방식은 훨씬 덜 효율적이게 된다.

10.3.2 작업 크기

나이브한 타일링과 관련된 두 가지 문제는 이미지를 더 작은 영역으로 분할하고 여러 영역을 각각의 프로세서에 분산시켜 개선할 수 있다는 점이다. 극단적인 경우 영역의 크기는 단일 픽셀이 된다. 일반적인 접근 방식은 스캔라인이나 작은 타일을 사용하는 경향이 있다. 영역 크기의 선택은 일반적으로 미세한 분배 세분화와 좀 더 나은 캐시 효율성 간의 트레이드오프 결과다.

그림 10-1의 오른쪽에 표시된 것처럼 연속 블록이 아닌 라운드 로빈 방식으로 프로세서에 영역이 할당되면 작업 로드밸런싱이 훨씬 향상된다.

10.3.3 작업 배포

작업 분배 시에 개별 픽셀의 비용을 알 수 없으므로 모든 픽셀이 동일한 비용을 부담한다고 가정해야 한다. 이는 앞에서 설명한 것처럼 일반적으로 사실은 아니지만 프로세서에 할당된 픽셀 집합이 이미지 전체에 잘 분산돼 있다면 가정은 합리적이다[2].

이 분포를 달성하고자 n 픽셀의 이미지가 m 영역으로 분할되며, 여기서 m은 사용할 수 있는 프로세서의 개수 p보다 상당히 크다. 영역은 이미지가 $m = 2^b$ 영역으로 분할되도록 s 픽셀의 인접한 스트립으로 선택된다. 정수 b는 영역당 픽셀의 개수를 특정한 낮은 한도(예, 128픽셀) 이상으로 유지하면서 m을 최대화하도록 선택된다. 전체 이미지를 다루려면 적어도 $s = \lceil n/m \rceil$의 영역 크기가 필요하다. m 추가 픽셀까지 이미지 크기를 약간 늘릴 필요가 있을 수도 있다.

영역 인덱스 집합 {0, …, m − 1}은 각 프로세서의 상대적인 렌더링 성능에 비례하는 p개의 연속된 범위로 분할된다. 이미지 전체에 걸쳐 영역의 균일한 분포를 보장하고자 영역 인덱스는 특정한 결정적 방식으로 치환된다. 각 인덱스 i는 i의 최하위 b 비트를 반전시켜 j를 산출함으로써 이미지 영역 j에 매핑한다. 예를 들어 인덱스 $i = 39 = 00100111_2$는 $b = 8$에 대해 $j = 11100100_2 = 228$로 매핑된다. 이는 효과적으로 베이스 2의 역수를 지수에 적용한다. 선택한 순열은 (의사)랜덤 순열보다 이미지 전체에 더 균일하게 범위 영역을 분배한다. 이에 대한 예가 그림 10-2 와 리스트 10-1의 의사 코드에 나와 있으며, $\lfloor x \rceil$는 가장 가까운 정수로 반올림하는 것을 의미한다.

▲ **그림 10-2.** 상대 중량이 10%(빨강), 15%(노랑), 25%(파랑), 50%(녹색)인 4개의 프로세싱 단위에 대한 적응형 타일링. 헤드라이트 픽셀이 프로세스 유닛에 어떻게 분배되는지 주목하자.

리스트 10-1. 분포 방식을 요약한 의사 코드

```
1   const unsigned n = image.width() * image.height();
2   const unsigned m = 1u << b;
3   const unsigned s = (n + m - 1) / m;
4   const unsigned bits = (sizeof(unsigned) * CHAR_BIT) - b;
5
6   // wk의 상대적인 속도를 가정하면 프로세서 k는
7   // 인덱스 베이스 ∑_{l=0}^{k-1} ⌊s_l m⌉에서 시작하는 ⌊wkm⌉ 영역을 처리한다.
8
9   // 프로세서 k에서 s⌊wkm⌉ 픽셀의
10  // 연속 블록의 각 픽셀 인덱스 i는
11  // 이 순열에 의해 이미지에 걸쳐 분포된다.
12  const unsigned f = i / s;
13  const unsigned p = i % s;
14  const unsigned j = (reverse (f) >> bits) + p;
15
16  // 픽셀 패딩은 무시된다.
17  if (j < n)
18      image[j] = render(j);
```

순열에서 사용되는 비트 반전 함수는 계산이 저렴하고 프로세서에 모든 순열표를 전달할 필요가 없다. 리스트 10-2에서 볼 수 있듯이 비트 반전은 직접적인 방식 외에도 마스크를 사용해 구현할 수 있다. 또한 CUDA는 이 기능을 _brev 내장 함수의 형태로 제공한다.

리스트 10-2. 마스크를 사용한 비트 반전 구현

```
1  unsigned reverse(unsigned x) // 32비트 정수로 가정
2  {
3      x = ((x & 0xaaaaaaaa) >> 1) | ((x & 0x55555555) << 1);
4      x = ((x & 0xcccccccc) >> 2) | ((x & 0x33333333) << 2);
5      x = ((x & 0xf0f0f0f0) >> 4) | ((x & 0x0f0f0f0f) << 4);
6      x = ((x & 0xff00ff00) >> 8) | ((x & 0x00ff00ff) << 8);
7      return (x >> 16) | (x << 16);
8  }
```

프로덕션 씬의 경우 영역은 다른 모양 때문에 이미지 기능과 강력하게 관련되지 않을 수 있다. 결과적으로 각 프로세서에 할당된 픽셀은 이미지의 대표 부분을 차지할 것으로 예상된다. 이는 작업 비용이 작업의 픽셀 수에 대략적으로 비례하게 되므로 균등한 로드밸런싱을 달성할 수 있다.

10.3.4 이미지 어셈블리

네트워크 렌더링 같은 일부 특수한 상황에서는 각 호스트의 전체 프레임 버퍼를 마스터 호스트에 할당하고 전송하는 것은 바람직하지 않다. 10.3.3절에서 설명한 방법은 각 호스트에서 필요한 픽셀 개수(예, $\lfloor w_k m \rfloor$)만 할당해 쉽게 해결할 수 있다. 리스트 10-1의 18번째 줄은 image[j] 대신 image[i-base]를 쓰려고 간단히 변경된다.

출력 이미지는 이런 치환된 로컬 프레임 버퍼에서 구성된다. 첫째로 모든 프로세서의 인접한 픽셀 범위가 마스터 프로세서의 단일 마스터 프레임 버퍼로 연결된다. 그런 다음 순열이 반전돼 최종 이미지가 나온다. 비트 반전 함수는 반올림, 즉 자기의 역이다. 이 속성은 리스트 10-3에서 보이는 것처럼 치환된 프레임 버퍼에

198

서 프레임 버퍼의 효율적인 재구성을 가능하게 한다.[1]

리스트 10-3. 이미지 어셈블리

```
1   // 픽셀 인덱스 i를 치환된 픽셀 인덱스 j에 매핑한다.
2   const unsigned f = i / s;
3   const unsigned p = i % s;
4   const unsigned j = (reverse(f) >> bits) + p;
5
6   // 순열은 반올림이다.
7   // 픽셀 j는 픽셀 i로 되돌아가 순열한다.
8   // 올바른 역순열은 순열 쌍을 교환한다.
9   if (j > i)
10      swap(image[i], image[j]);
```

10.4 결과

그림 10-3은 그림 10-1에서 보여준 씬의 픽셀당 렌더링 비용의 차이를 보여준다. 그림 10-4의 그래프는 동일한 씬에 대한 연속 타일, 스캔라인, 두 종류의 스트립 분포의 스케일링 효율을 비교한다. 두 스트립 분포는 동일한 영역 크기를 사용하며 프로세서에 할당될 때에만 다르다. 균일하게 섞인 스트립은 10.3.3절에서 설명한 배포 방식을 사용한다.

---

1. 배포본(리스트 10-1)과 이미지의 재구성(리스트 10-3) 양쪽에서 같은 reverse 함수를 사용한다.

▲ **그림 10-3.** 그림 10-1에 표시된 씬의 대략적인 픽셀당 비용의 히트맵. 히트맵 팔레트는 (낮은 가격부터 높은 가격까지) 청록색, 녹색, 노란색, 주황색, 빨간색, 흰색이다.

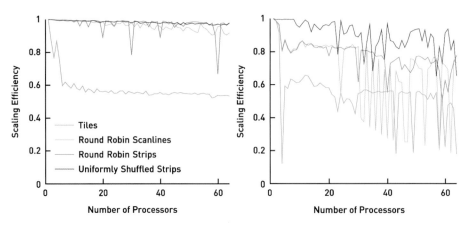

▲ **그림 10-4.** 그림 10-1에 표시된 씬에 대한 다양한 워크로드 배포 체계의 효율성 조정.
왼쪽: 프로세서가 동일하다. 오른쪽: 프로세서의 속도가 다르다.

그림 10-4의 왼쪽에 보이는 효율의 주된 증가, 특히 더 많은 프로세서 개수에서의 증가는 좀 더 세밀한 스케줄링 세분화 때문이다. 이는 작업 부족으로 인한 프로세서 유휴 상태를 줄인다. 균일하게 섞인 스트립의 뛰어난 로드밸런싱은 그림 10-4의 오른쪽에 설명된 것처럼 이종 컴퓨터 환경의 일반적인 경우에서 더욱 분명해진다.

참고 문헌

[1] Dietz, H. G. The Aggregate Magic Algorithms. Tech. rep., University of Kentucky, 2018.

[2] Keller, A., Wächter, C., Raab, M., Seibert, D., van Antwerpen, D., Korndörfer, J., and Kettner, L. The Iray Light Transport Simulation and Rendering System. arXiv, https://arxiv.org/ abs/1705.01263, 2017.

PART 3

반사, 굴절, 셰도우

3부

반사, 굴절, 셰도우

레이 트레이스된 렌더링은 어떤 효과가 지원되고 어떻게 지원되는지 몇 가지 디자인 결정을 이끌어낸다. 레이 트레이싱의 주요 매력은 셰도우, 반사, 굴절을 잘 처리한다는 것이다. 그러나 실제로 이러한 효과를 지원하는 시스템을 구현할 때 몇 가지 확실하지 않은 디자인 결정을 내린다. 3부에서는 그중 일부에 대한 몇 가지 구체적인 접근법을 설명한다.

투명한 유리 공에서의 레이 트레이싱은 간단하지만 좀 더 복잡한 모델은 작업이 수월하지만은 않다. 예를 들어 단순한 물이 든 유리는 물/공기, 유리/공기, 유리/물이라는 세 가지 뚜렷한 재료 인터페이스 동작이 필요하다. 올바르게 굴절시키려면 광선/표면 상호작용은 어떤 인터페이스와 부딪혔는지에 대한 것뿐만이 아니라 광선의 어느 면에 어떤 재료가 있는지를 알아야 한다. 이러한 인터페이스에서 아티스트가 모델을 만드는 것을 기대하는 것은 문제다. 유리컵에 물을 채우는 것을 상상해보자. 이 문제를 다루는 영리하고 검증된 접근 방식은 11장에서 설명한다. 거의 모든 레이 트레이싱 프로그램을 괴롭혔던 문제는 범프 맵이 물리적으로 불가능한 표면 법선 벡터를 생성할 때 해야 하는 것이다. 이러한 것을 무시하기 위한 '무시무시한'코드 솔루션은 자연스럽지 않은 색상 불연속성을 발생시킬 수 있다.

이를 해결하고자 모든 레이 트레이서는 자체적으로 해킹스런 방식을 취한다. 12장에서는 깨끗하게 구현을 하는 간단한 통계적 접근 방식을 제공한다.

레이 트레이싱의 화면 공간 접근법은 셰도우 맵과 관련된 모든 앨리어싱의 문제 없이 화면에 정확한 셰도우를 생성하는 데 특히 강력하다. 그러나 레이 트레이싱을 상호작용하기에 충분히 빠르게 만들 수 있을까? 13장에서 이를 만드는 방법을 자세히 설명한다.

대부분의 간단한 레이 트레이서는 눈에서 광선을 보낸다. 일반적으로 이러한 프로그램은 액체 유리잔, 수영장, 호수와 관련된 집중된 빛 패턴인 코스틱^{caustic}을 실제로 생성할 수 없다. '실제로'인 이유는 결과에 노이즈가 많기 때문이다. 그러나 빛에서 광선을 환경으로 보내는 것은 코스틱을 생성하는 데 실행 가능한 접근법이다. 사실 14장에서 설명하는 것처럼 실시간으로 할 수도 있다. 요약하자면 기본 레이 트레이서는 매우 간단하다. 프로덕션 레이 트레이서의 배포는 기본 효과를 신중하게 처리해야 하며, 3부에서는 이를 위한 몇 가지 유용한 방법을 제공한다.

피터 셜리^{Peter Shirley}

11장

중첩된 볼륨의 머티리얼 자동 처리

엔비디아의 카스텐 워커(Carsten Wächter)와 마티아스 라브(Matthias Raab)

개요

푸시 버튼 렌더링 기능을 가능하게 해서 중첩된 볼륨과 볼륨 간의 전환을 자동으로 처리하는 새롭고 간단한 알고리즘을 제시한다. 유일한 요구 사항은 밀폐된 빈틈없는 볼륨(빈틈없는 순회와 교차를 보장하는 엔비디아 RTX와 같은 레이 트레이싱 구현과 함께)의 사용이며, 볼륨 간의 경계를 모델링하는 작은 겹침을 제외한다면 인접한 볼륨은 서로 교차하지 않는다.

11.1 모델링 볼륨

무차별 대입 경로 추적은 빛 전송을 시뮬레이션하는 핵심 기술이 됐으며 많은 제품 렌더링 시스템에서 사실적인 이미지를 렌더링하는 데 사용된다. 레이 트레이싱을 기반으로 하는 렌더러의 경우 씬의 머티리얼과 지오메트릭 오브젝트 간의 관계를 다뤄야 한다.

- 반사와 굴절을 올바르게 시뮬레이션하려면 표면의 앞면과 뒷면의 굴절률을 알아야 한다. 이는 굴절을 특징으로 하는 머티리얼만이 아니라 프레넬 방정식으로 반사의 강도를 유도하는 경우에도 필요하다.

- 볼륨 계수(산란과 흡수)는 광선이 흡수 볼륨을 떠날 때 볼륨 감쇄를 적용하고자 결정돼야 할 수도 있다.

따라서 중첩된 미디어를 포함해 볼루메트릭 데이터를 처리하는 것은 제작하는 씬을 렌더링하는 데 필수적인 요구 사항이며 렌더링 코어에 긴밀하게 통합돼야 한다. 레이 트레이싱, 즉 그 기본이 되는 계층 순회와 지오메트리 교차는 항상 부동소수점 정밀도 구현의 한계에 영향을 받는다. 기하학적 데이터 표면(예, 부동소수점 변환을 사용하는 메시의 인스턴싱)조차도 정밀도 문제를 더 발생시킨다. 따라서 볼륨 전환을 효과적으로 처리하려면 최소한 볼륨의 모델링과 주변 헐^{Hull} 지오메트리를 신중하게 모델링해야 한다. 다음은 인접한 볼륨을 모델링하기 위한 세 가지 경우를 구분할 것이다(그림 11-1 참고).

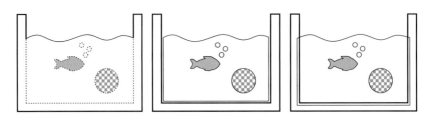

▲ 그림 11-1. 왼쪽: 점선으로 표시된 볼륨의 명시적인 경계 교차. 중앙: 수치적 문제를 피하기 위한 에어 갭. 오른쪽: 겹치는 볼륨

11.1.1 고유한 보더

겉보기에 간단해보이는 방식은 둘(혹은 그 이상의) 미디어 간의 인터페이스를 명확히 설명하고자 인접한 볼륨 간에 고유한 표면을 공유하는 것이다. 즉, 유리와 물 같은 투명한 두 물체가 만나는 곳이 어디든지 단일 표면 메시가 원래의 두 메시를 대체하고 특별한 타입이 부여된다. 아티스트는 일반적으로 이러한 방식으로 볼륨을 모델링할 수는 없다. 하나의 하위 영역이 어떤 인접한 볼륨에 닿는지에 따라 하나의 오브젝트를 많은 하위 영역으로 수동 분할해야 하기 때문이다. 내부에 있으며 경계와 접촉하는 가스 거품을 포함하는 탄산음료로 채워진 유리컵의 일반적인 예가 주어지면 수동으로 메시를 세분화할 수는 없다. 특히 씬이 움직이는 경우에 말이다. 이 방식의 또 다른 주요 복잡성은 명확하게 정의돼야 하는 각 면의 전면과 후면에 별도의 머티리얼을 제공해야 한다.

고유한 표면은 각 볼륨에 대한 별도의 닫힌 헐^{hull}을 제공하고자 복제할 수 있다. 결과적으로 모든 지루한 세부 작업을 피할 수 있다. 그러나 실제로는 표면을 정확히 일치시키는 것이 어렵다. 아티스트나 암시적으로 모델링/애니메이션/시뮬레이션 소프트웨어 자체는 서로 다른 세분화 레벨을 선택할 수도 있고, 인접한 헐을 위한 변환 인스턴싱이 부동소수점 정밀도 수학으로 인해 약간 다를 수 있다. 따라서 렌더링 코어와 함께 하는 레이 트레이싱 구현은 이러한 '일치하는' 표면을 처리할 수 있도록 신중하게 설계해야 한다. 가속 계층 빌더가 포함된 레이 트레이싱 코어는 항상 모든 '가장 가까운' 교차를 보고하도록 보장돼야 한다. 또한 렌더링 코어는 교차 목록을 올바른 순서로 정렬할 수 있어야 한다.

11.1.2 추가 에어 갭

두 번째 접근법은 언급된 모델링 이슈의 대부분을 완화하고자 인접한 볼륨 사이에서 약간의 에어 갭을 허용한다. 불행히도 이는 일반적인 레이 트레이싱 구현이 발생시키는 새로운 부동소수점 수학 문제로 이끈다. 자가 교차를 피하려면 경로의 새로운 세그먼트를 생성할 때 각 광선 원점에 대해서 오프셋이 필요하다. 따라서 인접한 볼륨 헐이 교차할 때 하나(혹은 그 이상의) 볼륨 전이를 완전히 건너뛸 수도 있으므로 에어 갭을 오프셋보다 크게 모델링하는 것이 중요하다. 작은 에어 갭을 삽입하는 또 다른 주요 단점은 훨씬 더 극적으로, 의도한 것보다 많은 볼륨 변환/굴절이 있기 때문에 에어 갭은 렌더링의 모양을 대폭 변화시키는 것이다. 그림 11-2를 참고하자.

▲ **그림 11-2.** 약간의 에어 갭이 있는 어항의 모델링

11.1.3 헐 오버래핑

앞에서 설명한 두 방식의 단점을 피하려면 인접 볼륨을 약간 겹치게 강제할 수 있다. 그림 11-3을 참고하자. 불행히도 이 세 번째 접근법은 새로운 문제를 발생시키는데, 경로/볼륨 교차의 순서와 수가 더 이상 올바르지 않을 것이다. 슈미트Schmidt 등[13]은 각 볼륨에 우선순위를 지정해 유효한 구성을 부과했다. 이를 위해서는 특히 애니메이션을 재생할 때처럼 복잡한 설정에 지루해질 수 있는 명시적인 아티스트 상호작용을 필요로 한다.

▲ 그림 11-3. 유리그릇에서 물의 양을 약간 넘치게 한다.

앞에서 언급한 세 가지 경우 외에도 또 다른 주목할 만한 특별한 경우가 있는데, 다른 볼륨 내에 완전히 포함된 완전 중첩된/닫힌 볼륨이다. 그림 11-1의 색상이 입혀진 물체를 보자. 이들은 일반적으로 주변의 볼륨을 줄일 것으로 기대된다. 몇몇 렌더링 구현은 겹치거나 중첩된 볼륨의 혼합을 허용할 수도 있다.

인접한 볼륨에 들어가거나 떠날 때 앞에서 언급한 이슈가 여전히 존재하기 때문에 구현의 복잡성을 줄이는 데는 도움이 되지 않는다. 경로가 '여러' 볼륨을 한 번에 통과하게 허용됐으므로 이러한 전환은 탐지하고 올바르게 다루기가 훨씬 까다로워졌다. 따라서 여기서 다루는 내용은 한 번에 하나의 볼륨만을 다루는 렌더러를 대상으로 한다.

다음 절에서는 수동 우선순위 지정 없이 중첩된 헐 접근법을 사용할 때 경로/볼륨 교차의 올바른 순서를 복원하는 새로운 알고리즘을 설명한다. 이는 Iray 렌더링 시스템의 일부로 10년 이상 성공적으로 사용됐다[1].

11.2 알고리즘

이 알고리즘은 현재 활성화된 (중첩된) 모든 머티리얼의 스택을 관리한다. 광선이 표면과 충돌할 때마다 표면의 머티리얼을 스택에 넣고 입사와 경계 뒷면의 재질을 결정한다. 기본 아이디어는 머티리얼이 홀수 번 스택에서 참조되면 볼륨에 입력되고, 짝수 번 참조되면 종료된다. 오버랩을 가정하므로 스택 처리는 경로를 따르는 두 면 중 하나가 실제로 볼륨 경계로 보고되게 해야 한다. 현재 머티리얼에 진입한 후 또 다른 머티리얼에 진입했는지 확인해서 두 번째 경계를 필터링하는 것으로 보고한다. 효율성을 위해 스택 요소당 두 플래그를 저장한다. 하나는 스택 요소가 참조된 머티리얼의 최상위 엔트리인지를 나타내는 것이고, 다른 하나는 홀수 혹은 짝수 참조인지를 확인하는 것이다. 셰이딩이 완료되고 경로가 계속되면 다음과 같은 세 경우를 구분해야 한다.

1. 반사를 위해 스택의 최상위 요소를 꺼내고 동일한 머티리얼의 마지막 이전 인스턴스의 최상위 플래그를 업데이트한다.

2. 새롭게 푸시된 머티리얼을 남기기로 결정한 투과(예, 굴절)의 경우 최상위 요소를 꺼내는 것뿐만이 아니라 머티리얼의 이전 참조를 제거해야 한다.

3. 동일한 머티리얼 경계(스킵 가능)와 새로운 머티리얼에 진입하기로 결정된 전송의 경우 스택을 변경하지 않는다.

여러 개의 광택 있는 반사 광선을 추적하는 것처럼 경로 궤도가 분할되는 경우에는 생성된 광선마다 개별 스택이 있어야 한다.

카메라 자체가 볼륨 내에 있는 경우 해당 볼륨의 중첩 상태를 반영하는 초기 스택을 작성해야 한다. 스택을 채우고자 씬의 바운딩 박스 외부에서 카메라 위치를 향해 재귀적으로 광선을 추적할 수 있다.

11.2.1 구현

다음은 볼륨 스택 알고리즘을 구현하는 코드 조각이다. 한 가지 중요한 세부 구현 사항은 스택이 절대 비어서는 안 되며 카메라가 볼륨에 포함된 경우 처음에 아티팩트 '진공' 머티리얼(홀수 및 최상위로 플래그된) 혹은 전처리 단계에서 복사된 초기 스택을 포함해야 한다는 점이다.

리스트 11-1에서 볼 수 있듯이 볼륨 스택의 데이터 구조는 스택 요소의 패리티와 최상위 속성을 저장하는 머티리얼 인덱스와 플래그를 가져야 한다. 또한 씬의 머티리얼에 접근할 수 있어야 하며 비교할 수 있다고 가정해야 한다. 구현에 따라 머티리얼 지표의 비교가 실제로 충분할 수도 있다.

리스트 11-1. 머티리얼 인덱스, 플래그, 씬 머티리얼

```
1  struct volume_stack_element
2  {
3      bool topmost : 1, odd_parity : 1;
4      int material_idx : 30;
5  };
6
7  scene_material *material;
```

광선이 물체의 표면에 닿았을 때 머티리얼 인덱스를 스택에 집어넣고 실제 사건과 나가는 머티리얼 인덱스를 결정한다. 인덱스가 동일한 경우 레이 트레이싱 코드는 경계를 건너뛰어야 한다. 변수 leaving_material은 머티리얼을 떠나는 경계를 교차하는 것을 나타내며, Pop()에서 평가돼야 할 필요가 있다. 리스트 11-2를 참고하자.

리스트 11-2. 푸시와 로드 작업

```
1  void Push_and_Load(
2          // 결과
3          int &incident_material_idx, int &outgoing_material_idx,
4          bool &leaving_material,
5          // 교차 지오메트리에 할당된 머티리얼
```

```
6          const int material_idx,
7          // 스택 상태
8          volume_stack_element stack[STACK_SIZE], int &stack_pos)
9   {
10      bool odd_parity = true;
11      int prev_same;
12      // 스택 아래로 이동해 새로운 머티리얼의 이전 인스턴스를 검색한다.
13      // (패리티를 확인하고 최상위 플래그를 해제하기 위해)
14      for (prev_same = stack_pos; prev_same >= 0; --prev_same)
15          if (material[material_idx] == material[prev_same]) {
16              // 참고: 반드시 이전에 최상단에 있어야 한다.
17              stack[prev_same].topmost = false;
18              odd_parity = !stack[prev_same].odd_parity;
19              break;
20          }
21
22      // 최상단의 이전 입력된 머티리얼을 찾는다.
23      // (홀수 번 발생, 최상단으로 표시되며 새로운 머티리얼이 아님)
24      int idx;
25      // idx는 카메라 볼륨 때문에 언제나 >= 0 이여야 한다.
26      for (idx = stack_pos; idx >= 0; --idx)
27          if ((material[stack[idx].material_idx] != material[material_idx])&&
28                  (stack[idx].odd_parity && stack[idx].topmost))
29              break;
30
31      // 이제 새로운 머티리얼 idx를 스택에 푸시한다.
32      // 너무 많은 중첩된 볼륨이 있다면 충돌하지 않는다.
33      if (stack_pos < STACK_SIZE - 1)
34          ++stack_pos;
35      stack[stack_pos].material_idx = material_idx;
36      stack[stack_pos].odd_parity = odd_parity;
37      stack[stack_pos].topmost = true;
38
39      if (odd_parity) { // 푸시한 머티리얼을 입력한다고 가정한다.
40          incident_material_idx = stack[idx].material_idx;
41          outgoing_material_idx = material_idx;
42      } else { // 푸시한 머티리얼에서 떠난다고 가정한다.
43          outgoing_material_idx = stack[idx].material_idx;
44          if (idx < prev_same)
```

```
45          // 아직 다른 머티리얼을 입력하지 않았으므로
46          // 오버랩을 떠나지 않는다.
47          incident_material_idx = material_idx;
48      else
49          // 오버랩을 떠나며
50          // 이 경계는 건너뛰어야 한다는 것을 나타낸다.
51          incident_material_idx = outgoing_material_idx;
52      }
53
54      leaving_material = !odd_parity;
55  }
```

렌더링 코드가 레이 트레이싱을 계속할 때 리스트 11-3에서 보이듯이 스택에서
머티리얼을 꺼내야 한다. 전송 이벤트의 경우 leave_material이 설정된 경우에만
호출되며, 이 경우 두 요소가 스택에서 삭제된다.

리스트 11-3. 팝 작업

```
1   void Pop(
2           // Push_and_Load()으로 결정한 "떠나는 머티리얼"
3           const bool leaving_material,
4           // 스택 상태
5           volume_stack_element stack[STACK_SIZE], int &stack_pos)
6   {
7       // 마지막 항목 팝
8       const scene_material &top = material[stack[stack_pos].material_idx];
9       --stack_pos;
10
11      // 스택에서 두 항목을 팝해야 하는가?
12      if (leaving_material) {
13          // 동일한 머티리얼이 있는 마지막 항목을 검색한다.
14          int idx;
15          for (idx = stack_pos; idx >= 0; --idx)
16              if (material[stack[idx].material_idx] == top)
17                  break;
18
19          // 깨진 스택에 대한 보호
20          // (Push_and_Load()의 스택 오버플로 처리에서)
```

```
21          if (idx >= 0)
22              // 갭을 채워 목록에서 항목을 삭제한다.
23              for (int i = idx+1; i <= stack_pos; ++i)
24                  stack[i-1] = stack[i];
25          --stack_pos;
26      }
27
28      // 이 머티리얼의 이전 인스턴스의 최상위 플래그를 업데이트한다.
29      for (int i = stack_pos; i >= 0; --i)
30          if (material[stack[i].material_idx] == top) {
31              // 참고: 이전에 최상위가 아니어야 한다.
32              stack[i].topmost = true;
33              break;
34          }
35  }
```

11.3 제한

이 알고리즘은 겹치는 두 번째 경계를 언제나 무시한다. 따라서 교차된 실제 지오메트리는 광선 궤적에 따라 달라지며 원점에 따라 달라진다. 특히 카메라에서 빛까지의 경로처럼 빛에서 카메라까지의 경로를 추적하는 것이 불가능하며, 양방향 경로 추적과 같은 양방향 빛 전송 알고리즘의 경우에 방식을 약간 불일치하게 만든다. 일반적으로 제거할 경계를 명시적으로 지정하지 않으면 겹쳐진 곳 중 '잘못된' 부분을 제거할 수도 있다. 예를 들어 그림 11-3에서 유리에 처음 들어가는 광선에 대해 물은 유리그릇에서 중첩되는 영역을 잘라낼 것이다. 오버랩의 의도한 대로 충분히 작다면 보이는 아티팩트의 발생은 문제가 되지 않는다. 그러나 그림 11-4와 11-5에 있는 부분적으로 잠긴 떠다니는 얼음 조각처럼 씬에서 큰 겹침을 표현하는 경우 결과 오류는 커질 수 있다(해당 씬에서 보이는 영향에 대해 논의할 수는 있겠지만). 따라서 의도된 교차 볼륨은 피해야 하지만 알고리즘을 깨뜨리지 않고 경로를 따르는 볼륨 상호작용의 정확성을 해치지는 않아야 한다.

▲ **그림 11-4.** 약간의 에어 갭을 가진 위스키 유리잔의 모델링

▲ **그림 11-5.** 위스키 볼륨을 유리잔과 약간 겹친다.

우선순위를 지정해 볼륨에 명시적인 순서를 지정[3]하면 푸시 버튼 렌더링 기능을 잃는 대신 이 모호성이 해결된다. 이 해결 방식은 기술적인 세부 사항을 알지 못한 채로 바로 사용 가능한 애셋, 빛 설정, 머티리얼의 라이브러리에 의존하는 많은 사용자에 대한 사용 편의성이 필수적이므로 한계를 지닌다.

경로별 스택의 관리는 상태 크기를 증가시키므로 높은 병렬 렌더링 시스템은 볼륨 스택 크기를 주의 깊게 제한해야 할 수도 있다. 제공된 구현이 오버플로를 잡는 동안 충돌을 피하는 것 이상의 무언가를 하지 않는다.

감사의 말

이 알고리즘의 초기 버전은 레온하르트 그랑슈즐로프^{Leonhard Grünschloß}와 협력해 고안됐다. 아쿠아리움 씬의 한 부분은 터보스퀴드^{Turbosquid}에서, 다른 부분은 오토데스크^{Autodesk}에서 제공했다.

참고 문헌

[1]   Keller, A., Wächter, C., Raab, M., Seibert, D., van Antwerpen, D., Korndörfer, J., and Kettner, L. The Iray Light Transport Simulation and Rendering System. arXiv, https://arxiv.org/abs/1705.01263, 2017.

[2]   Pharr, M. Special Issue On Production Rendering and Regular Papers. ACM Transactions on Graphics 37, 3 (2018).

[3]   Schmidt, C. M., and Budge, B. Simple Nested Dielectrics in Ray Traced Images. Journal of Graphics Tools 7, 2 (2002), 1-8.

[4]   Woo, A., Pearce, A., and Ouellette, M. It's Really Not a Rendering Bug, You See... IEEE Computer Graphics and Applications 16, 5 (Sept 1996), 21-25.

12장

범프 터미네이터 문제를 풀기 위한 미세면 기반 셰도잉 함수

소니 픽처스 이미지웍스의 알레한드로 콘티 에스테제즈(Alejandro Conty Estevez), 파스칼 르코크(Pascal Lecocq), 클리포드 스테인(Clifford Stein)

개요

여기서는 미세 지오메트리를 에뮬레이트하고자 강한 범프나 법선 맵이 사용됐을 때 급격한 셰도우 터미네이터 선을 숨기는 기법을 제공한다. 미세면^{microfacet} 셰도잉 함수를 기반으로 하는 접근법은 간단하고 저렴하다. 이 접근법은 세밀하고 비싼 높이 필드 셰도우를 렌더링하는 대신 법선이 거의 일반적인 랜덤 분포를 따른다는 가정하에 만들어진 통계 솔루션을 적용한다. 또한 분석적으로 정의되지 않은 GGX에 대한 유용한 근사 분산 측정도 제공한다.

12.1 서론

범프 매핑은 게임의 실시간 렌더링과 영화의 배치 렌더링에서 널리 사용된다. 범프 매핑은 표면에 고주파 디테일을 추가한다. 그렇지 않으면 실제 지오메트리 혹은 변위 매핑으로 렌더링하기 너무 비싸기 때문이다. 또한 표면에 추가된 마지막 미세한 세부 결함을 책임진다.

범프 매핑은 기본 지오메트리가 아니라 텍스처 맵이나 일부 절차 패턴에서 파생된 법선 방향의 섭동으로 작동한다. 그러나 다른 단축키와 마찬가지로 원하지 않는 아티팩트를 생성할 수 있다. 특히 그림 12-1에 표시된 잘 알려진 하드 터미네이터 같은 것을 생성할 수 있다. 이는 표면이 갑자기 입사 광선을 어둡게 할 때 변화하는 법선이 인터럽트되기 때문에 예상되는 부드러운 강도 감소로 인해 발생한다. 이것이 일어난 시간에 조도는 이미 0으로 떨어졌으므로 이런 문제는 법선에 교란이 없을 때 나타나지 않는다. 그러나 범프 매핑은 들어오는 빛 방향으로 법선을 기울여 빛의 영향을 너무 멀리 확장시키는 효과가 있어 조명 영역이 셰도우 터미네이터를 가로지르게 만든다.

▲ 그림 12-1. 강력한 범프 매핑과 천 모델의 비교. 미가공 결과(왼쪽)는 터미네이터에서 갑자기 빛이 떨어지는 것을 보여주지만 셰이딩 기술(오른쪽)은 좀 더 자연스럽고 시각적으로 만족스러운 부드러운 그라데이션으로 바꾼다.

미세면 이론에서 영감을 받은 셰도잉 함수를 적용해 이 문제를 풀 것이다. 범프 매핑은 대규모 정규 분포로 생각할 수 있으며 속성에 대한 가정을 하는 것으로 GCX 미세면 분포에서 널리 사용되는 것과 같은 셰도잉 구현을 사용할 수 있다. 이러한 가정이 많은 경우에 잘못됐더라도 셰도잉 용어는 범프 혹은 법선 맵이 랜덤 구조를 나타내지 않은 경우에도 여전히 실무에서 잘 쓰인다.

12.2 이전 작업

우리가 아는 한 터미네이터 문제에 대한 특별한 해결책은 발표되지 않았다. 이는 포인트 단위로 수평선 높이를 찾는 방식에 기반을 둔 범프 투 범프의 상세한 셰도우를 근접 계산하기 위한 맥스[Max][5]의 작업과 관련이 있다. 이 기법은 오노우에 [Onoue] 등[7]에 의해 곡면을 그리고자 확장됐다. 그러나 이러한 방법은 점 사이의 셰도우가 정확하기는 하지만 보조 테이블과 더 많은 조회가 필요하다. 상세한 셰도우가 아니며 터미네이터 라인하고만 관련 있는 터미네이터 라인에는 적합하지 않다.

그럼에도 터미네이터 문제는 거의 대부분 렌더링 엔진에서 문제가 되며, 제공되는 해결책은 흔히 범프의 높이를 조절하거나 변위를 피하는 것이다. 우리의 해결책은 빠르고 간단하며 추가적인 데이터나 사전 계산이 필요 없다.

한편 미세면 이론과 셰도잉 용어는 쿡[Cook]과 토렌스[Torrance][2]가 소개한 이후로 헤이츠[Heitz][4], 발터[Walter] 등[8]이 광범위하게 연구했다. 이 문서에서 설명하는 아티팩트에 대한 그럴듯한 해결책을 도출하고자 그들의 작업에서 영감을 얻었다.

12.3 방법

문제의 원인은 법선의 왜곡이 조명 고도의 자연적인 코사인 감소를 변경해 조명 영역이 셰도우 영역으로 너무 멀리 전진하게 만드는 것이다. 맵이 시뮬레이트하는 표면은 가상일뿐이므로 렌더러는 높이 필드 셰도잉을 인식하지 못하며, 따라서 그림 12-2처럼 빛이 갑자기 사라진다. 이런 결함은 예상되더라도 산만해지고 원치 않는 만화풍의 모습을 제공할 수 있다. 아티스트는 전환이 빛에서 셰도우로 부드럽게 되기를 기대한다.

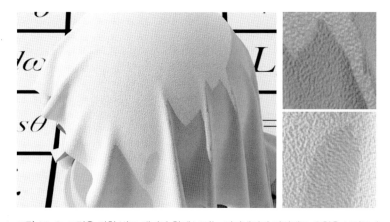

▲ **그림 12-2.** 그림은 강한 범프 매핑과 함께 보이는 터미네이터 아티팩트 유형을 보여준다.

그림 12-3에서는 존재하지 않는 표면을 시뮬레이션하는 범프된 법선이 밝은 영역을 터미네이터에 너무 가까이 가져오는 것을 보여주는데, 셰도잉 요소(그림에 표시됨)가 완전히 무시되기 때문에 발생한다. 미세면 이론에서 이 요소는 셰도잉/마스킹으로 불린다. 이는 BSDF의 상호성을 유지하고자 빛과 시야 방향 모두에서 계산되는 [0, 1] 간격 내의 값이다.

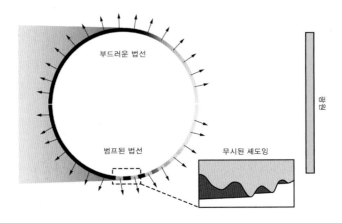

▲ **그림 12-3.** 구체의 상반 절반에서 실제 표면을 따르는 부드러운 법선은 터미네이터에서 아무 문제가 없었다. 하단 절반은 광원을 향해 법선을 기울일 수도 있는 왜곡을 유발해 빛이 완전히 차단된 곳과 너무 가까운 밝은 영역을 만든다. 이는 가상의 표면이 받는 것과 같은 셰도잉을 무시하는 데서 비롯된다.

또한 범프 매핑을 위해 스미스 셰도잉 접근법을 사용한다. 입사각에서 도착하는 산란되는 에너지의 크기를 낮춰 터미네이터는 우아하게 어둡게 하고 나머지 모양을 변경하지 않은 채로 밝은 영역과 어두운 영역을 혼합한다. 이를 유도하려면 임의의 범프나 노멀 맵에 대해 알려지지 않은 정규 분포를 알아야 하지만 이것이 랜덤이고 정규 분포됐다고 가정할 것이다. 이는 거의 사실이 아니지만 셰도잉 목적으로는 효과가 있음을 보여줄 것이다.

12.3.1 정규 분포

간단하고 효율적으로 구현하고자 GGX 배포판을 선택했다. 대부분의 분포와 마찬가지로 미세 경사면의 확산을 조절하는 하나의 거칠기 파라미터 α를 가진다. 미묘한 범프 효과는 낮은 조도 α와 높은 α에 대한 강한 범프에 해당할 것이다. 알려지지 않은 주요한 것은 이 α 파라미터를 찾는 방법이다.

여기서는 텍스쳐 맵에서 이 속성을 계산하는 것을 배제했다. 때때로 속성은 절차적이고 예측 불가능하다. 또한 사전 계산의 통과를 피하고 싶었다. 아이디어는 추가 정보 없이 라이팅 타임에 받은 범프된 법선에서 α를 추측하는 것이다. 즉 이 추측은 이웃 점에서의 정보 없이 지역적으로 계산된다.

범프된 법선 형태가 실제 표면 법선과 만나는 발산각의 탄젠트를 살펴본다. 그림 12-4에서 보듯이 합리적인 확률로 이 법선을 덮는 세도잉 항을 계산하고자 탄젠트를 정규 분포의 두 표준 편차와 동일시한다. 그런 다음 이를 GGX로 대체하고 잘 알려진 세도잉 용어를 적용할 수 있다.

$$G_1 = \frac{2}{1 + \sqrt{1 + \alpha^2 \tan^2 \theta_i}} \tag{1}$$

여기서 θ_i는 실제 표면 법선과 다가온 빛의 입사각이다.

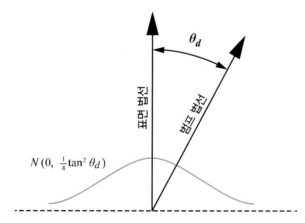

▲ **그림 12–4.** 범프된 법선 발산을 기반으로 두 표준 편차에서 극단적으로 위치하는 탄젠트가 있는 정규 분포를 상상한다. 이는 다른 범프된 법선의 94%를 실제 표면 방향에 가깝게 패치한다.

그러나 이는 분포 분산으로부터 GGX의 α를 계산하는 방법에 따른 문제를 야기한다. GGX는 평균과 분산이 정의되지 않은 Cauchy 분포를 기반으로 한다. 이는 콘티Conty 등[1]에 의해 수치적으로 발견됐으며, 대부분의 분포 질량을 보존하고자 긴

꼬리를 무시한다면 $\sigma^2 = 2\alpha^2$은 GGX 분산의 좋은 근삿값이다. 그림 12-5를 참고하자. 따라서 다음을 사용한다.

$$\alpha_{\text{ggx}} = \sqrt{\frac{\tan^2 \theta_{\text{d}}}{8}} \tag{2}$$

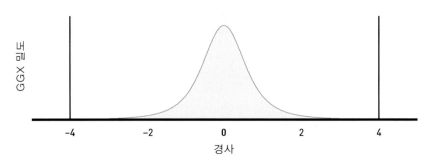

▲ **그림 12-5.** [-4α, 4α] 간격에서만 존재하고자 GGX 분포를 자른다면 질량의 94%를 보존하고 기울기 분산에 대한 수치적 결과는 $2\alpha^2$으로 일관되게 수렴한다. 이 통계적 측정이 분포의 시각적 영향을 잘 나타내는 것을 발견했으며, 그렇지 않으면 정의되지 않은 모멘텀을 가진다.

그러나 결과를 [0, 1]로 고정한다. 이 측정값은 GGX가 탄젠트 편차 α^2인 베크만 Beckmann보다 높은 거칠기임을 보여준다. 이로 인해 동등성은 대략 약 $\alpha_{\text{beck}} = \sqrt{2\alpha_{\text{ggx}}}$다.

광범위한 범프 정규 분포로 교란된 GGX 표면에 대한 포괄적인 시각적 연구를 실행해 GGX의 분산 근삿값을 검증했다. 밉맵 텍스처에서 범프 슬로프 분포의 첫 번째와 두 번째 순간을 인코딩하는 올라노Olano와 듀피Dupy 등[3, 6]의 필터링된 안티앨리어싱 법선 테크닉을 사용했다. 각 픽셀에 대해 해당 픽셀에 따라 선택되고 필터링된 밉맵 레벨을 가져오고 그에 따라 GGX 조도를 확장해 정규 분포의 분산을 추정한다. 이 GGX 분산 관계를 나이브한 베크만 분산 매핑과 높은 샘플링 속도로 비필터링된 범프 법선을 레이 트레이싱하는 참조와 비교했다. 그림 12-6에서 볼 수 있듯이 모든 시나리오에서 매핑은 범프 정규 분포에 의해 유도되고 인식된 GGX 조도의 더 나은 보존을 보여준다.

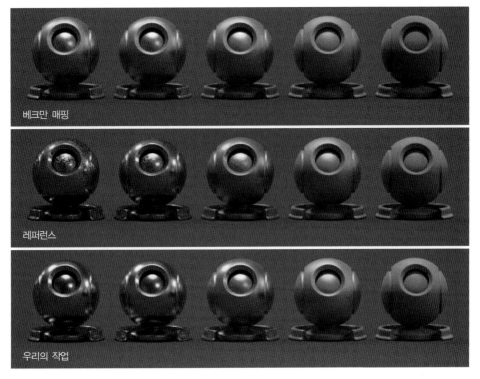

▲ **그림 12-6.** 일반적인 베크만 분산 매핑(상단), GGX 분산 근사법(하단)을 사용해 필터링된 안티앨리어싱 정규 분포에 따른 GGX 머티리얼의 거칠기 확장 및 필터링되지 않은 레퍼런스와의 비교(중단). 이 테스트 케이스에서 GGX 기본 표면 거칠기는 0.01(왼쪽)에서 0.8(오른쪽)까지 다양하며, 여기의 근삿값이 기본 정규 분포에 의해 유도된 전반적인 인지된 거칠기를 더 잘 보존한다는 것을 보여준다.

12.3.2 셰도잉 함수

일반적인 미세면 BSDF에서 셰도잉/마스킹은 상호성 유지를 위해 빛과 시야 방향 모두에 대해 계산된다. 이 구현에서는 가능한 원래의 모양을 유지하고자 빛의 방향으로만 범프 셰도잉을 적용하므로 이 속성을 약간 깨트릴 것이다. 셰도우 처리가 없는 미세면 BSDF와는 달리 범프 매핑은 입사 시야각에서 에너지 스파이크를 발생시키지 않으므로 그림 12-7에서 보듯이 식 (1)을 시야 방향에 적용하면 가장자리가 너무 어두워진다. 이 효과가 문제가 되는 경우 모든 비기본 광선에 대해 모든 상호 셰도잉/마스킹을 대신 사용할 수 있다. 그럼에도 경험해본 바로는 양방향 통합자를 포함해 어떤 이슈도 발견하지 못했다.

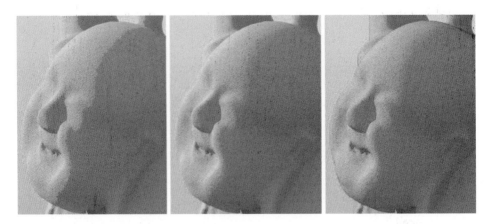

▲ **그림 12-7.** 왼쪽: 메시가 불규칙한 테셀레이션을 표시할 때 기본 삼각형을 표시하면서 아티팩트가 특히 눈에 띌 수 있다. 중앙: 셰이딩 함수를 적용해 터미네이터를 부드럽게 하고 아티팩트를 숨긴다.
오른쪽: 셰이딩을 반대로 하려고 하면 불필요하게 가장자리, 특히 머리의 상단 왼쪽 부분을 어둡게 한다. 프로덕션을 위해 중간에 비가역 버전을 선택했다.

입사각에 따라 입사광에 스칼라 곱을 적용했다. 셰이딩 모델이 다른 범프 법선을 가진 여러 BSDF를 포함한다면 각각 다른 스케일링을 얻을 것이며 별도로 계산돼야 한다. 리스트 12-1은 조정을 수행하는 데 필요한 모든 코드를 보여주며 이 방식의 단순함을 보여준다.

리스트 12-1. 이 두 함수는 터미네이터 수정을 구현하는 데 충분하다. 두 번째 것은 입사광이나 BSDF 평가용 곱셈기로 사용할 수 있다.

```
1    // 법선 발산에서 알파2 파라미터 반환
2    float bump_alpha2(float3 N, float3 Nbump)
3    {
4        float cos_d = min(fabsf(dot(N, Nbump)), 1.0f);
5        float tan2_d = (1 - cos_d * cos_d) / (cos_d * cos_d);
6        return clamp(0.125f * tan2_d, 0.0f, 1.0f);
7    }
8
9    // 세도잉 팩터
10   float bump_shadowing_function(float3 N, float3 Ld, float alpha2)
11   {
12       float cos_i = max(fabsf(dot(N, Ld)), 1e-6f);
13       float tan2_i = (1 - cos_i * cos_i) / (cos_i * cos_i);
14       return 2.0f / (1 + sqrtf(1 + alpha2 * tan2_i));
```

모든 셰이딩 포인트가 다른 α 값을 얻기 때문에 제안이 반직관적으로 보일 수도 있다. 즉, 표면 방향과 정렬된 범프 법선은 셰도잉을 거의 받지 않지만 발산한 법선은 중요한 셰도잉을 받게 된다는 것을 의미한다. 하지만 이런 내용을 알 수 있게 됐으므로 정확히 문제를 해결하는 데 필요한 바람직한 행동이다.

12.4 결과

이 방식은 외관의 나머지 부분에 거의 영향을 주지 않으면서 갑작스러운 터미네이터를 부드럽게 하도록 관리한다. 프로덕션 렌더러에 완벽하게 통합할 수 있는 몇 가지 기능을 강조하고자 한다.

- 범프가 없는 경우에도 외관은 동일하게 유지된다. 식 (2)에서 왜곡이 없는 경우 계산된 조도는 0이므로 셰도잉이 없다. 따라서 전체 함수를 우회할 수 있다.

- 미미한 범프는 낮게 추정된 α로 인해 감지할 수 없는 변화를 일으킨다. 이 경우에는 아티팩트가 발생하지 않으므로 수정하지 않아도 된다.

- 오직 입사광의 방향이 셰도잉 함수의 영향을 받는다. 미세면 모델에서 일반적인 것처럼 표면에 직접 맞닿는 각도의 입사광은 영향을 받지 않는다.

여기의 파생은 현실감과는 떨어진 정규 분포를 기반으로 하지만 그림 12-8에서 보여주는 것처럼 분포가 구조화된 패턴에 대한 그럴듯한 결과를 산출한다는 것을 보여준다. 왼쪽 열의 범프 진폭이 낮으면 셰도잉은 수정이 필요 없는 이미지만을 최소한으로 변경한다. 터미네이터가 더 두드러지면 우리의 기술은 좀 더 강력하게 동작하고 전환 영역을 부드럽게 한다. 이 방법은 특히 강한 범프에 유용하다.

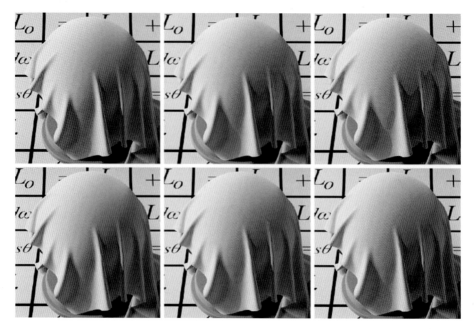

▲ **그림 12-8.** 왼쪽에서 오른쪽으로 범프 진폭이 증가하는 구조화된 패브릭 범프 패턴. 상단 줄은 보정되지 않은 범프 렌더링 결과를 보여주며 하단 줄은 부드러운 터미네이터를 가진 셰도우 버전을 보여준다.

감사의 말

이 작업은 크리스토퍼 쿨라^{Christopher Kulla}와 래리 그리츠^{Larry Gritz}가 참여한 소니 픽처스 이미지웍스의 아놀드 렌더러^{Arnold renderer}의 핵심 개발 중에 개발된 것이다.

참고 문헌

[1]   Conty Estevez, A., and Lecocq, P. Fast Product Importance Sampling of Environment Maps. In ACM SIGGRAPH 2018 Talks (2018), pp. 69:1–69:2.

[2]   Cook, R. L., and Torrance, K. E. A Reflectance Model for Computer Graphics. ACM Transactions on Graphics 1, 1 (Jan. 1982), 7–24.

[3]   Dupuy, J., Heitz, E., Iehl, J.-C., Pierre, P., Neyret, F., and Ostromoukhov, V. Linear Efficient Antialiased Displacement and Reflectance Mapping. ACM Transactions on Graphics 32, 6 (Sept. 2013), 211:1–211:11.

[4]   Heitz, E. Understanding the Masking–Shadowing Function in Microfacet–Based BRDFs. Journal of Computer Graphics Techniques 3, 2 (June 2014), 48–107.

[5]   Max, N. L. Horizon Mapping: Shadows for Bump–Mapped Surfaces. The Visual Computer 4, 2 (Mar 1988), 109–117.

[6]   Olano, M., and Baker, D. Lean Mapping. In Symposium on Interactive 3D Graphics and Games (2010), pp. 181–188.

[7]   Onoue, K., Max, N., and Nishita, T. Real–Time Rendering of Bumpmap Shadows Taking Account of Surface Curvature. In International Conference on Cyberworlds (Nov 2004), pp. 312–318.

[8]   Walter, B., Marschner, S. R., Li, H., and Torrance, K. E. Microfacet Models for Refraction Through Rough Surfaces. In Eurographics Symposium on Rendering (2007), pp. 195–206.

13장

레이 트레이싱된 셰도우: 실시간 프레임 비율 유지

프라하 체코 공과대학교의 야쿠브 복산스키(Jakub Boksansky)와 지리 비트너(Jiri Bittner), 빈 공과대학교의 마이클 위머(Michael Wimmer)

개요

효율적이고 정확한 셰도우 계산은 컴퓨터 그래픽에서 오랫동안 지속돼온 문제다. 실시간 애플리케이션에서 셰도우는 전통적으로 래스터화 기반 파이프라인을 사용해 계산했다. 최근의 그래픽 하드웨어가 발전함으로 인해 실시간 애플리케이션에서 레이 트레이싱을 사용하는 것이 이제는 가능해졌으며, 레이 트레이싱된 셰도우를 래스터화의 실용적인 대안으로 사용할 수 있다. 레이 트레이싱된 셰도우는 래스터화 셰도우에 내재된 많은 문제를 피할 수 있지만 고해상도 렌더링, 여러 빛 혹은 영역 조명을 가진 씬과 같이 필요한 광선의 수가 증가하는 경우 개별적으로 모든 셰도우 광선을 추적하는 것은 병목이 될 수 있다. 따라서 계산은 셰도우가 실제로 나타나는 영역, 특히 셰도우 경계에 초점을 맞춰야 한다.

여기서는 실시간 애플리케이션에서 레이 트레이싱된 셰도우를 위한 실용적인 방법을 제시한다. 이 방법은 기본 광선 가시성을 해결하기 위한 표준 래스터화와 광원의 가시성을 해결하기 위한 레이 트레이싱을 사용한다. 적응형 셰도우 필터링 방식과 혼합된 셰도우 광선의 적응형 샘플링 알고리즘을 제안한다. 이 두 테크닉은 픽셀당 제한된 숫자의 셰도우 광선을 갖는 고품질 셰도우를 계산할 수 있게 한다. 최근의 실시간 레이 트레이싱 API(다이렉트X 레이 트레이싱)을 사용해 이 방법을 평가하고 계단식 셰도우 맵을 사용해 셰도우 매핑과 결과를 비교한다.

13.1 소개

셰도우는 사실적인 장면 인식에 크게 기여한다. 셰도우의 중요성 때문에 과거에는 셰도우를 계산하고자 많은 많은 기술이 고안됐다. 오프라인 렌더링 애플리케이션은 셰도우 평가를 위해 레이 트레이싱을 사용하지만 실시간 애플리케이션은 일반적으로 셰도우 맵을 사용한다. 셰도우 매핑은 씬 기하학적인 측면에서 매우 유연하지만 다음과 같은 몇 가지 중요한 문제를 가진다.

- 충분하지 않은 셰도우 맵 해상도 혹은 영역의 잘못된 사용 때문에 지근거리는 셰도우로 보이는 원근 앨리어싱

- 자가 셰도잉 아티팩트(셰도우 아크네^{shadow acne})와 연결 해제된 셰도우(피터 패닝^{Peter Panning})

- 페눔브라(부드러운 셰도우) 부족

- 반투명 오클루더^{semitransparent occluders}의 지원 부족

이러한 문제를 해결하고자 많은 기술이 개발됐다[7, 6]. 일반적으로 좋은 결과를 얻으려면 여러 기술을 조합하고 씬 디자이너가 수동으로 미세 조정할 필요가 있었다. 이는 셰도우 매핑의 효율적인 구현을 복잡하게 만들며, 일반적으로 다양한 씬에서 다른 해결법이 필요하다.

레이 트레이싱[20]은 간단한 알고리즘으로 정확한 셰도우를 계산할 수 있으며 복잡한 빛(영역 빛, 반투명 오클루더)를 직관적이고 확장 가능한 방식으로 처리할 수 있는 유연한 렌더링 패러다임이다. 그러나 실시간 애플리케이션에 충분한 레이 트레이싱 성능을 얻는 것이 어려웠다. 이는 제한된 하드웨어 자원뿐만 아니라 공간적 데이터 구조의 빠른 구성과 유지 관리 같은 실시간 레이 트레이싱에 필요한 기본 알고리즘의 구현 복잡성으로 인한 것이다. 또한 실시간 애플리케이션에서 사용되는 인기 있는 그래픽 API에서는 명시적인 레이 트레이싱 지원이 없었다.

엔비디아 RTX와 다이렉트X 레이 트레이싱^{DXR, DirectX Raytracing}의 도입으로 이제는 다이렉트X와 불칸 API를 사용해 레이 트레이싱을 이용하는 것이 간단해졌다. 최근

의 엔비디아 튜링^{Turing} 그래픽 아키텍처는 레이 트레이싱을 크게 향상시키는 전용 RT 코어를 사용해 DXR에 대한 하드웨어를 지원한다. 이러한 새로운 기능은 기본 광선 가시성을 해결하고자 래스터화를 사용하고 셰도우, 반사, 기타 조명 효과를 계산하고자 레이 트레이싱을 사용하는 새로운 하이브리드 렌더링 방식과 잘 결합한다.

그러나 새로운 강력한 하드웨어 지원이 있더라도 레이 트레이싱을 사용하는 고품질 셰도우를 렌더링할 때 자원을 현명하게 사용해야 한다. 나이브한 알고리즘은 너무 많은 광선을 여러 광원과 영역 광원에서 샘플 셰도우로 간단하게 캐스팅해 낮은 프레임 속도를 유도할 수 있다. 그림 13-1을 참고하자.

▲ **그림 13-1.** 왼쪽: 프레임당 3.6ms로 실행하는 픽셀당 4샘플을 지닌 나이브한 레이 트레이싱된 셰도우를 사용해 렌더링된 부드러운 셰도우. 중앙: 프레임당 2.7ms로 실행하는 픽셀당 0에서 5 샘플을 지닌 적응형 방법을 사용해 렌더링된 부드러운 셰도우. 오른쪽: 프레임당 200ms로 실행하는 픽셀당 256 샘플을 사용하는 나이브한 레이 트레이싱된 셰도우. 시간 측정은 지포스 RTX 2080 Ti GPU를 사용했다. 상단: 가시성 버퍼. 하단: 최종 이미지

13장에서는 하이브리드 렌더링 패러다임을 따르는 방법을 소개한다. 이 방법은 광원 가시성의 시공간적 분석을 기반으로 한 적응형 셰도우 샘플링과 적응형 셰도우 필터링을 사용해 레이 트레이싱된 셰도우의 평가를 최적화한다. Falcor 프레임워크를 사용해 이 방식을 평가하고 캐스케이드 셰도우 맵과 나이브한 레이 트레이싱된 셰도우와 비교한다.

13.2 관련 작업

셰도우는 초기부터 컴퓨터 그래픽 연구의 초점이었다. 이는 상호 가시성을 결정하고자 각 충돌 지점에서 각 광원으로 셰도우 광선이 캐스팅되는 위티드 스타일의 레이 트레이싱[20]의 기본 요소다. 소프트 셰도우는 분산된 레이 트레이싱[4]을 통해 소개됐다. 여기서 셰도우 상태는 영역 광원으로 캐스팅된 여러 셰도우 광선의 평균으로 계산된다. 이 원칙은 여전히 오늘날의 많은 소프트 셰도우 알고리즘의 기초다.

인터랙티브 셰도우는 셰도우 매핑[21]과 셰도우 볼륨[5] 알고리즘을 통해 가능하게됐다. 단순성과 속도 때문에 대부분의 인터랙티브 애플리케이션은 이산적인 특성으로 인한 여러 단점과 아티팩트에도 불구하고 지금은 셰도우 매핑을 사용한다. 소프트 셰도우의 일부 알고리즘은 가장 현저하게 소프트 셰도우[9]에 근접한셰도우 매핑을 기반으로 한다. 그러나 원래의 알고리즘(포괄적인 개요는 에이즈먼 Eisemann 등[6, 7]의 책과 코스를 참고하자)에 대한 많은 접근과 개선에도 불구하고 견고하고 빠른 소프트 셰도우는 여전히 파악하기 어려운 목표다.

인터랙티브 레이 트레이싱[18]의 발전으로 영감을 얻은 연구원은 최근 하드 및 소프트 셰도우를 위한 레이 트레이싱의 사용을 연구했다. 그러나 주요 아이디어는전체 레이 트레이싱 패스를 수행하는 대신 주요 광선에 대해 래스터화를 사용하고 셰도우 광선[1, 19]에 대해서만 레이 트레이싱을 사용해 하이브리드 렌더링 파이프라인으로 이어가는 것이다. 이를 소프트 셰도우로 만들고자 업계는 다양한 방식으로 시간적 누적을 실험 중이다[2].

엔비디아 Turing 아키텍처는 마침내 완전히 하드웨어를 가속하는 레이 트레이싱을 소비자 시장에 도입했으며, 래스터화 파이프라인과의 쉬운 통합은 다이렉트 X[DXR]와 불칸 API에 존재한다. 여전히 여러 광원에 대한 소프트 셰도우는 도전을제기하며 지능적인 적응형 샘플링과 일시적 재투영 접근을 필요로 한다. 이 장에서는 이런 내용을 설명한다.

또한 실시간 레이 트레이싱의 출현은 재투영을 통해 렌더링될 수 없는 픽셀을 레이 트레이싱하는 적응형 시간 안티앨리어싱 같은 다른 하이브리드 렌더링 기술의 문을 열었다. 시간적 일관성은 이전의 소프트 셰도우를 위해 특별히 사용됐지만 여기서는 필요한 샘플 수를 추정하기 위한 새로운 변화 측정에 기반을 둔 좀 더 단순한 시간적 일관성 기법을 소개한다.

13.3 레이 트레이싱된 셰도우

셰도우는 씬 오브젝트가 다른 씬 오브젝트에 비춰지는 빛을 차단할 때 나타난다. 셰도우는 직접 혹은 간접 조명으로 인해 나타날 수 있다. 주요 광원의 가시성이 차단되면 직접 조명 셰도우가 발생하고, 씬 표면에서 빛의 강한 반사나 굴절이 차단되면 간접 조명 셰도우가 발생한다. 13장에서는 직접 조명의 경우에 초점을 맞춘다. 간접 조명은 경로 추적이나 많은 라이트 방식 같은 일부 표준 전역 조명 테크닉을 사용해 독립적으로 평가할 수 있다.

방향 ω_o로 점 P에서 나가는 복사 휘도 $L(p, \omega_0)$는 다음의 렌더링 방정식으로 정의한다.

$$L(P, \omega_0) = L_e(\omega_0) + \int_\Omega f(P, \omega_i, \omega_0) L_i(P, \omega_i)(\omega_i \cdot \hat{\mathbf{n}}_p) d\omega_i \qquad (1)$$

여기서 $L_e(\omega_0)$은 자가 발광 복사량이며 $f(P, \omega_i, \omega_0)$는 BRDF, $L_i(P, \omega_i)$는 ω_i 방향에서 오는 복사량이고 $\hat{\mathbf{n}}p$는 점 P에서 정규화된 표면 법선이다.

점광원 세트를 이용한 직접 조명의 경우 L의 직접 조명 컴포넌트는 개별 광원에서의 기여의 합으로 나타낼 수 있다.

$$L_d(P, \omega_0) = \sum_l f(P, \omega_l, \omega_0) L_l(P_l, \omega_l) v(P, P_l) \frac{\omega_l \cdot \hat{\mathbf{n}}_p}{\|P - P_l\|^2} \qquad (2)$$

여기서 P_l은 빛 l의 위치, 빛의 방향은 $\omega_l = (P_l - P)/\|P_l - P\|$며, $L_l(P_l, \omega_l)$는 ω_l 방향의 광원 l에서 발생한 복사량이고 $v(P, P_l)$은 가시성 항인데, P에서 점 P_l이 보이는 경우 1이고 그렇지 않으면 0이다.

$v(p, p_l)$의 평가는 P에서 P_l을 향해 광선을 발사하고 해당하는 선 성분이 폐색됐는 지 확인하는 것으로 쉽게 수행할 수 있다. 셰이딩된 점이나 광원에서 지오메트리 의 자가 교차를 포함하지 않도록 선 성분의 끝점 근처에서는 주의해야 한다. 이는 일반적으로 작은 ε 임곗값으로 유효한 교차점에 대한 파라메트릭 범위를 줄이는 것으로 해결한다.

영역 광원 a에 의한 L_d는 다음과 같이 주어진다.

$$L_d(P, \omega_0) = \int_{(X \in A)} f(P, \omega_X, \omega_0) L_a(P_l, \omega_X) v(P, X) \frac{(\omega_x \cdot \hat{\mathbf{n}}_p)(-\omega_x \cdot \hat{\mathbf{n}}_x)}{\|P - X\|^2} \, dA \qquad (3)$$

여기서 A는 빛 a의 표면이고 $\hat{\mathbf{n}}_X$는 점 X의 광원 표면의 법선이며 $\omega_X = (X - P)/\|X - P\|$는 광원의 점 X를 따르는 점 P에서의 방향이고 $L_a(X, \omega_X)$는 ω_X 방향으로 점 X 에서 방출되는 복사량이다. $v(P, X)$는 가시성 항인데 P에서 점 X가 보이면 1이고 그렇지 않으면 0이다.

이 적분은 일반적으로 광원에 잘 분산된 샘플 S를 사용하는 몬테카를로 적분에 의 해 평가된다.

$$L_d(P, \omega_0) \approx X \in S \frac{1}{|S|} \sum_{X \in S} f(P, \omega_X, \omega_0) L_a(X, \omega_X) v(P, X) \frac{(\omega_x \cdot \hat{\mathbf{n}}_p)(-\omega_x \cdot \hat{\mathbf{n}}_x)}{\|P - X\|^2} \qquad (4)$$

여기서 $|S|$는 빛 샘플의 개수다. 여기서의 작업에서 셰이딩과 가시성 항을 분리하 고, 셰이딩의 경우 광원 중심 C를 사용해 영역 광원을 근사화한다.

$$L_d(P, \omega_0) \approx f(P, \omega_C, \omega_0) L_a(C, \omega_C) \frac{(\omega_C \cdot \hat{\mathbf{n}}_p)(-\omega_C \cdot \hat{\mathbf{n}}_C)}{\|P - C\|^2} \frac{1}{|S|} \sum_{(X \in S)} v(P, X) \qquad (5)$$

이 식은 주어진 프레임 내의 각 빛에 대한 가시성 테스트 결과를 누적하고 각 빛의 전용 가시성 버퍼에 저장하게 한다. 가시성 버퍼는 각 픽셀에 대한 가시성 항이 들어 있는 화면 크기의 텍스처다. 헤이츠[Heitz] 등[11]은 최근에 넓은 영역을 지닌 광 원 혹은 더 복잡한 BRDF에 사용할 수 있는 좀 더 정교한 셰이딩 및 가시성 분리 방법을 제안했다. 가시성의 분리는 가시성 계산을 셰이딩에서 분리하며 가시성의 시간적 일관성을 분석하고 사용할 수 있게 한다. 점광원과 영역 광원에 대한 가시성 평가의 예가 그림 13-2에 나와 있다. 결과 셰도우 간의 차이는 그림 13-3에 나와 있다.

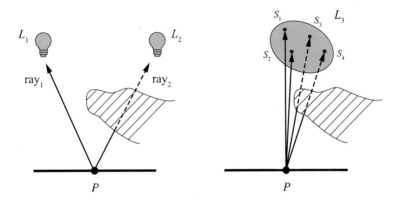

▲ **그림 13-2.** 왼쪽: 점광원의 경우 셰이딩된 점 P에서 각 광원으로 하나의 셰도우 광선이 캐스팅된다. 광원 L_2 방향의 광선은 오클루더에 의해 차단돼 $v(P, L_2) = 0$이 된다. L_1 쪽의 광선은 막히지 않았으므로 $v(P, L_1) = 1$이다. 오른쪽: 디스크 광원의 가시성을 여러 셰도우 광선을 사용하는 샘플링으로 평가한다.

▲ **그림 13-3.** 레이 트레이싱으로 계산한 하드 셰도우(왼쪽)와 소프트 셰도우(오른쪽)의 예. 가시성 버퍼와 셰이딩된 이미지 모두를 보여준다.

13.4 적응 샘플링

레이 트레이싱을 사용하는 셰도우 계산의 나이브한 구현은 그림 13-1에서와 같이 원하는 셰도우 품질을 얻고자 많은 숫자의 광선을 필요로 한다. 특히 큰 영역 빛의 경우엔 더 많이 필요하다. 이는 조명의 수 또는 크기가 증가할 때 성능을 크게 저하시킨다. 이미지의 페눔브라 영역에서만 많은 숫자의 광선이 필요하므로 해당 방법을 기반으로 이 영역을 식별한 다음 효과적으로 샘플링하고자 더 많은 광선을 사용한다. 완전히 밝혀진 영역과 완전히 차단된 영역은 가끔씩 샘플링되며, 절약된 계산 자원은 반사와 같은 다른 레이 트레이싱 작업에 사용할 수 있다.

13.4.1 시간 재투영

픽셀당 사용되는 샘플 수를 효과적으로 늘리고자 시간 경과에 따라 보이는 씬 표면의 가시성 값을 누적할 수 있는 시간 재투영temporal reprojection을 사용한다. 시간 재투영은 최근의 많은 실시간 렌더링 방법[15]에서 표준 도구가 되고 있으며 많은 경우에 이미 애플리케이션 래스터화 파이프라인 내에 구현됐다. 누적 값은 두 가지 목적으로 사용한다. 첫째는 필요한 샘플 수를 유도하기 위한 가시성 변화 계산에, 둘째는 샘플링된 가시성을 필터링하기 위한 커널 크기를 유도하기 위해서다.

이전 프레임의 가시성 계산 결과를 4개의 프레임을 포함하는 캐시에 저장한다. 동적 씬의 정확한 결과를 보장하고자 카메라 이동을 다루는 역재투영[15]을 사용한다. 새 프레임의 평가를 시작할 때 캐시에 저장된 3개의 이전 프레임을 현재 프레임으로 역재투영한다. 따라서 현재 프레임에 해당하는 이미지로 정렬된 4개의 결과 프레임으로부터의 값을 지닌 4개의 튜플tuple을 언제나 갖게 된다.

프레임 t의 클립 영역에서 점 P_t가 주어지면 재투영은 프레임 $t-1$의 대응하는 클립 영역 좌표 $\overline{P}_{t-1}$을 다음과 같이 찾는다.

$$\overline{P}_{t-1} = \mathbf{C}_{t-1}\mathbf{V}_{t-1}\mathbf{V}_t^{-1}\mathbf{C}_t^{-1}P_t \tag{6}$$

여기서 C_t와 C_{t-1}은 카메라 투영 행렬이고 V_t와 V_t-1은 카메라 보기 행렬이다. 재투영 후에 깊이 불연속성을 확인하고 유효하지 않은 통신(대부분 디스오클루전)을 버린다. 깊이 불연속성은 상대적 깊이 차이 조건을 사용해 감지한다. 즉, 다음 조건이 충족되면 점이 성공적으로 재투영된다.

$$\left| 1 - \frac{\overline{P_{t-1}^z}}{\overline{P_{t-1}^z}} \right| < \varepsilon, \quad \varepsilon = c_1 + c_2 |\hat{n}_z| \tag{7}$$

여기서 ε은 적응 깊이 유사 임곗값, $\hat{n}_z$는 해당 픽셀의 뷰 공간 법선의 z 좌표, c_1과 c_2는 선형 보간의 사용자 지정 상수(여기서는 $c_1 = 0.003$, $c_2 = 0.017$로 사용한다)다. 적응 깊이 유사 임곗값 ε은 경사진 표면에서 유효한 샘플의 깊이 차이를 허용한다.

성공적으로 재투영된 점에 대해서는 이미지 공간 좌표를 0에서 1까지의 범위로 저장한다. 재투영이 실패한 경우 후속 계산에 대한 재투영 실패를 나타내는 음수 값을 저장한다. 모든 이전 프레임은 이전 재투영 단계 동안 이미 정렬됐으므로 깊이 값 P_{t-1}^z을 저장하기 위한 하나의 캐시 엔트리만으로 충분하다.

13.4.2 페눔브라 영역 식별

셰이딩된 점과 광원의 주어진 조합에 필요한 샘플(광선) 개수는 일반적으로 빛 크기, 셰이딩된 점까지의 빛의 거리, 폐쇄된 지오메트리의 복잡성에 따라 달라진다. 이 복잡성은 분석하기 어려우므로 시간 가시성 변화 측정 $\Delta v(x)$를 사용하는 방식을 기반으로 한다.

$$\Delta v_t(x) = \max(v_{t-1}(x) \dots v_{t-4}(x)) - \min(v_{t-1}(x) \dots v_{t-4}(x)) \tag{8}$$

여기서 $v_{t-1}(x) \dots v_{t-4}(x)$는 4개의 이전 프레임의 픽셀 x에 대한 캐싱된 가시성 값이다. 이러한 가시성 값은 빛당 단일 4 컴포넌트 텍스처에 캐시된다.

설명한 측정은 가시성 함수의 극한 값에 매우 민감한 범위 변동 측정에 해당한다. 따라서 페눔브라 영역을 분산과 같은 부드러운 변화 측정보다 검출하기 쉽다.

이 변형은 완전히 밝혀지거나 완전히 폐색된 영역에서는 0이며 페눔브라 영역에서는 일반적으로 0보다 크다. 여기서의 샘플 세트는 변형 계산에 4개의 프레임을 사용한다는 사실을 기반으로 생성되므로 4 프레임 이후에만 반복된다. 13.5.1절을 참고하자.

결과를 좀 더 일시적으로 안정화하려면 변형 측정에 공간 필터를 적용한 후 시간 필터를 적용한다. 공간 필터는 다음과 같이 표현된다.

$$\widetilde{\Delta v_t} = M_{5\times5}(\Delta v_t)^* T_{13\times13} \tag{9}$$

여기서 $M_{5\times5}$는 5×5 이웃을 사용하는 비선형 최대 필터며 13×13 이웃이 있는 로우 패스 텐트 필터 $T_{13\times13}$을 갖는 회선이 뒤따른다. 최대 필터는 단일 픽셀에서 높은 변동이 감지되면 주변 픽셀에서 사용되는 높은 숫자의 샘플을 야기하게 한다. 이는 일시적이지만 동적인 씬이 방법을 좀 더 안정적으로 만들며 페눔브라가 근처 픽셀에서 완전히 빠져 있는 경우에 중요하다. 텐트 필터는 깜빡거림을 피하고자 변동 값의 급격한 변화를 방지한다. 두 필터는 분리 가능하므로 계산을 줄이고자 두 패스로 실행한다.

마지막으로 공간적으로 필터링된 변이 측정 $\widetilde{\Delta v_t}$를 4개의 이전 프레임으로부터 시간적으로 필터링된 값 Δv_t와 결합한다. 시간 필터링의 경우 간단한 상자 필터를 사용하고 공간 필터링 전에 캐시된 미가공 Δv_t 값을 의도적으로 사용한다.

$$\overline{\Delta v_t} = \frac{1}{2}\left(\widetilde{\Delta v_t} + \frac{1}{4}(\Delta v_{t-1} + \Delta v_{t-2} + \Delta v_{t-3} + \Delta v_{t-4}) \right) \tag{10}$$

이러한 필터 조합은 테스트에서 효율적이라는 것을 입증했다. 큰 영역(최대 및 텐트 필터 사용)에 대한 변형을 전파할 수 있었기 때문이다. 동시에 공간적으로 필터링된 변형과 시간적으로 필터링된 변형 값을 이전 프레임에서 결합하는 것으로 큰 변화가 있는 작은 영역을 놓치지 않는다.

13.4.3 샘플 개수 계산

주어진 점에서 사용되는 샘플 개수의 결정은 이전 프레임에서 사용된 샘플 개수와 현재 필터링된 변형 $\overline{\Delta v_t}$를 기반으로 한다. 해당 픽셀에서 샘플링 밀도를 늘릴지 줄일지 결정하고자 변형 측정에 대한 임곗값 δ를 사용한다. 특히 각 픽셀에 대한 샘플 수 $s(x)$를 유지하고 주어진 프레임의 $s(x)$를 업데이트할 때 다음 알고리즘을 사용한다.

1. $\overline{\Delta v_t}(x) > \delta$이고 $s_{t-1}(x) < s_{max}$인 경우 샘플 수를 1만큼 증가시킨다. $s_t(x) = s_{t-1}(x) + 1$

2. $\Delta v_t(x) < \delta$이고 샘플의 개수가 이전 4 프레임에서 안정적이었다면 샘플의 수를 줄인다. $s_t(x) = s_{t-1}(x) - 1$

빛 s_{max}당 최대 샘플 개수는 프레임당 각 빛에 대한 제한된 광선 예산을 보장한다 (여기서 표준 설정에는 $s_{max} = 5$를, 고품질 설정에서는 $s_{max} = 8$을 사용한다). **2**단계에서 사용된 4개의 이전 프레임에서 안전성 제약은 알고리즘에 히스테리시스^{hysteresis}를 유도하고 샘플의 수와 변형 사이의 피드백 루프에 의해 발생하는 샘플 수의 진동을 방지하는 것을 목표로 한다. 설명된 기법은 충분한 시간적 안정성을 갖고 작동하며 $\overline{\Delta v_t}(x)$에서 $s(x)$를 직접 계산하는 것보다 나은 결과를 제공한다.

역재투영이 실패한 픽셀의 경우 s_{max} 샘플을 사용하고 모든 캐싱된 가시성 값을 현재 결과로 바꾼다. 카메라 자세가 크게 변하는 때처럼 화면의 모든 픽셀에서 역재투영이 실패한 때에는 각 픽셀에서 사용하는 높은 샘플 수 때문에 갑작스럽게 성능이 저하된다. 성능 저하를 막으려면 CPU에서 카메라 자세의 큰 변화를 감지할 수 있으며 여러 후속 프레임에 대한 최대 샘플 숫자(s_{max})를 줄일 수 있다. 이는 일시적으로 노이즈가 더 심한 결과를 가져오지만 일반적으로 좀 더 방해가 되는 프레임 속도 끊김을 방지한다.

13.4.4 샘플링 마스크

알고리즘이 샘플 개수를 0으로 계산하는 픽셀은 시공간의 변화가 없는 영역을 나타낸다. 이는 대부분 이미지의 완전히 밝혀진 경우와 완전한 음영진 영역의 경우다. 이러한 픽셀의 경우 가시성 계산을 완전히 건너뛰고 이전 프레임의 값을 사용할 수도 있다. 그러나 빛이 빠르게 이동하거나 카메라가 느리게 확대될 때(두 경우 재투영은 성공하지만 가시성이 변할 수 있음) 이러한 영역에서 시간이 지남에 따라 오류가 누적되도록 이끌 수 있다. 따라서 픽셀의 1/4 이상을 정기적으로 샘플링하는 마스크를 사용한다. 픽셀 각각에 광선을 쏘는 것과 비슷한 성능을 나타내는(워프 의존성 때문일 수 있음) 인접한 근처 4개 중 하나의 픽셀에 하나의 광선을 쏘는 성능 테스트로 화면에서 개별 픽셀 블록의 샘플링을 시행한다. 따라서 $n_b \times n_b$ 픽셀의 블록 샘플링을 화면에 적용한다($n_b = 8$에서 최고의 성능 증가를 얻었다).

모든 픽셀이 4 프레임에서 적어도 한 번 샘플링되게 할 때 샘플링을 현재 프레임에서 적용해야 하는지를 확인하는 매트릭스를 사용한다. 블록의 위치에 해당하는 화면에서 반복되는 크기 4 × 4의 마스크에서 엔트리를 찾는다. 엔트리가 현재 프레임의 시퀀스 숫자와 4의 모듈러 값과 동일하면 샘플 카운트가 0인 블록의 모든 픽셀은 빛당 픽셀당 하나의 셰도우 광선으로 샘플링된다. 마스크는 주변 블록의 각 쿼드에서 하나의 블록만이 평가되게 설정된다. 또한 모든 픽셀은 새 셰도우가 감지되도록 4개의 연속적인 프레임에서 한 번 평가될 것이다. 이는 그림 13-4에 나와 있다. 적응 샘플링을 사용한 샘플 분포의 예는 그림 13-5에 나와 있다.

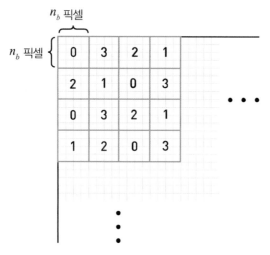

▲ **그림 13-4.** 샘플링 마스크 매트릭스의 예. 4개의 연속적인 프레임의 각 시퀀스에서 낮은 가시성 변화를 지닌 픽셀에도 셰도우 광선이 적용된다.

▲ **그림 13-5.** 왼쪽: 0이 아닌 샘플 수를 지닌 픽셀을 보여주는 이미지. 페눔브라 지역의 샘플링과 샘플링 매트릭스에 의해 시행되는 패턴에 유의하자. 중간: 가시성 버퍼. 오른쪽: 최종 이미지

13.4.5 가시성 값 계산

알고리즘의 마지막 단계로 (가시성 변화 측정과는 대조적으로) 가시성 값 자체에 두 가지 필터링 기술을 사용한다. 하나는 이전 프레임의 결과를 사용하는 시간 필터링이고 다른 하나는 가시성 값에 대한 로우 패스 필터를 적용하고 남은 노이즈를 제거하는 공간 필터링이다.

스키드^{Schied} 등[16]의 시공간 분산 필터링^{SVGF}과 AI 기반의 노이즈 제거기 같은 전역 조명에 대한 최근의 노이즈 제거 방법은 픽셀당 하나의 샘플만큼 작은 확률적으로 샘플링된 이미지의 시퀀스로부터 노이즈가 없는 결과를 생성할 수 있다. 이 방법은 특히 노이즈 없는 알베도와 법선 버퍼의 정보를 사용하는 곳에서 노이즈 제거 후 (특히 질감 있는 머티리얼에서) 가장자리의 선명도를 유지하는 데 주의를 기울인다. 특히 셰도우 계산에 맞게 조정된 좀 더 단순한 해결책을 사용하며 셰도우 광선에 대한 적응형 샘플링 전략과 잘 결합된다.

13.4.5.1 시간 필터링

가시성 값의 시간적 축적을 적용하고자 캐시된 재투영 가시성 값에 시간적 박스 필터링을 효과적으로 적용해 평균 가시성 값을 계산한다.

$$\tilde{v}_t = \frac{1}{4}(v_t + v_{t-1} + v_{t-2} + v_{t-3})$$ (11)

시간 박스 필터를 사용하면 마지막 4 프레임에 걸쳐 인터리브되도록 샘플 세트가 생성되므로 최상의 시각적 결과를 얻을 수 있다. 이 접근 방법은 빛의 움직임을 명시적으로 설명하지 않는다는 점에 유의하자. 이 결과는 인터랙티브 프레임 속도(> 30FPS) 및 이전 4 프레임만 캐시할 때 이 단순화로 인해서 생성된 아티팩트가 아주 미미하다는 것을 나타낸다.

13.4.5.2 공간 필터링

공간 필터는 시간 필터링 단계에서 이미 처리된 가시성 버퍼에서 작동한다. 가시성을 필터링하고자 변수화된 가우시안 커널을 사용하는 전통적인 교차 양자 필터를 사용한다. 필터 커널의 크기는 1×1과 9×9 픽셀 사이에서 선택되며 변화 측정치 $\widetilde{\Delta v_t}$에 의해 주어진다. 주어진 영역에서의 변화가 많을수록 더 강한 노이즈 제거가 발생한다. 필터 크기는 $\widetilde{\Delta v_t}$에 따라 선형적으로 조절되지만 최대 커널 크기는 미리 정의된 η(여기서는 $\eta = 0.4$로 사용했다)에 따라 결정된다. 한 커널 크기에서 다른 크기로 전환할 때의 팝핑을 방지하고자 각 크기에 대해 미리 계산된 가우시안 커널을 저장하고 가장 가까운 두 커널 사이에서 해당 항목을 선형적으로 보간한다. 이는 필요한 경우 하드 에지를 보존하고자 가장 작은 커널 크기로 블렌딩할 때 특히 중요하다.

기하학적 불연속에서 셰도우가 새는 것을 방지하고자 깊이와 법선 정보를 사용한다. 이는 필터를 분리할 수 없게 만들지만 그림 13-6에서 보이듯이 합리적으로 좋은 결과를 얻은 것처럼 필터를 적용한다. 식 (7)을 만족하지 않는 깊이의 샘플은 고려하지 않는다. 또한 해당하는 법선이 법선 유사성 테스트를 만족하지 않는 모든 샘플을 버린다.

$$\hat{n}_p \cdot \hat{n}_q > \zeta$$ (12)

여기서 $\hat{\mathbf{n}}_p$는 픽셀 p의 법선이고 $\hat{\mathbf{n}}_q$는 p의 이웃으로부터의 픽셀 q의 법선이며 ζ은 법선 유사성 임곗값이다($\zeta = 0.9$를 사용했다).

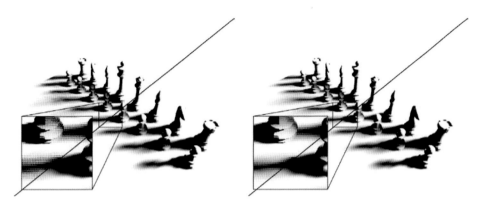

▲ **그림 13-6.** 원본 가시성 값과 필터링된 결과 간의 차이. 왼쪽: 픽셀당 8 샘플로 나이브한 셰도우-광선 테스트를 사용했다(프레임당 4.25ms). 오른쪽: 픽셀당 1 ~ 8개 샘플과 샘플링 마스크를 사용하는 방식(프레임당 2.94ms)

시간 필터링 단계는 4개의 빛에 대해 필터링된 가시성 버퍼를 하나의 4 컴포넌트 텍스처로 패킹한다. 그런 다음 각 공간 필터링 패스는 동시에 두 개의 텍스처에서 작동해 한 번에 8개의 가시성 버퍼에서 효과적으로 노이즈를 제거한다.

13.5 구현

여기서는 알고리즘의 구현에 관한 세부 사항을 설명한다.

13.5.1 샘플 세트 생성

적용형 샘플링 방식은 4개의 프레임에 인터리브된 샘플을 사용한다고 가정한다. 이 방법은 각 픽셀에 다른 샘플 수를 사용하므로 구현에서 사용된 각 크기(1 ~ 8)에 대해 최적화된 샘플 세트를 생성한다. 구현에서는 $s_{max} = 5$인 표준 품질 설정과 $s_{max} = 8$인 고품질 설정 두 가지 품질 설정을 사용했다.

4 프레임에 걸쳐 샘플을 인터리브하는 것을 목표로 하고 가장 작은 유효 공간 필터

크기가 3 × 3(공간 필터링의 경우)인 것을 고려하면 여기서의 세트는 s_{max} × 4 × 3 × 3 샘플을 포함한다. 이는 36개의 싱글 픽셀에서 픽셀당 1개의 샘플, 72개에서 픽셀당 2개의 샘플, 최대 288개에서 픽셀당 8개의 샘플로 효과적으로 사용되는 샘플 수가 나온다.

각 4개의 연속적인 프레임에서 이 샘플의 1/4로 구성된 상이한 서브세트가 사용된다. 또한 각 픽셀에서 이 하위 집합의 9번째 다른 부분을 사용한다. 사용할 9번째 선택 항목은 화면에서 반복되는 3 × 3 픽셀 블록 내의 픽셀 위치로 제공된다.

연속 프레임에 사용된 4개의 서브세트와 다른 픽셀에 사용된 9개의 서브세트에 대해 전체 샘플의 불일치를 줄이고자 포아송 분포 생성기의 직접 출력을 최적화한다. 이 절차는 시간 및 공간 필터링에서의 샘플 사용을 고려해 샘플 세트를 최적화하고 시각적 아티팩트를 줄인다. 그림 13-7에 예제 샘플 세트가 나와 있다.

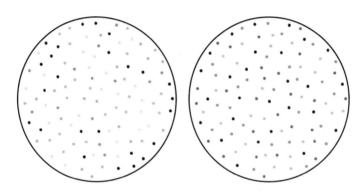

▲ **그림 13-7.** 왼쪽: 화면의 위치로 채색된 샘플(비슷한 색상은 가까이 있는 픽셀 단위로 평가된다). 오른쪽: 프레임 숫자로 채색된 샘플(같은 색상의 샘플은 같은 프레임에서 사용될 것이다). 샘플은 시공간 영역에서 잘 분산돼 있다. 그림은 픽셀당 3개의 샘플에 대한 샘플 세트를 보여준다.

13.5.2 거리 기반 빛 컬링

셰도우 광선을 캐스팅하기 전에도 성능 향상을 위해 멀리 있는 저조도 광선을 컬링^{culling}할 수 있다. 이를 위해 각 빛의 범위를 계산하는데, 감쇠 함수로 인해 빛의 강도를 무시할 수 있는 거리다. 가시성 평가 전에 빛의 거리를 범위와 비교하고 단순히 기여하지 않는 빛에 대해 0을 저장한다. 통상적인 감쇠 함수(제곱한 거리의 역수)는 결코 0에 도달하지 않으므로 특정 임곗값 아래에서 선형 드롭 오프를 구현하는 것으로 이 함수가 0에 도달하도록 수정하는 것이 실용적이다. 이렇게 하면 빛 범위가 줄어들어 컬링 후에 빛이 더 잘 퍼지기 시작할 때 팝핑을 방지하면서 더욱 효율적인 컬링을 할 수 있다.

13.5.3 전체 샘플 개수 제한

적응형 알고리즘은 더 많은 샘플을 페넘브라에 넣기 때문에 페넘브라가 화면의 많은 부분을 차지할 때 상당한 성능 저하가 발생할 수 있다. 동적 장면의 경우 이는 프레임 속도의 불안정하게 높은 편차로 출력될 수 있다.

전체 이미지에 대한 변동 측정 $\overline{\Delta v}$의 합 계산을 기반으로 샘플 수를 전체적으로 제한하는 방법을 제공한다(밉맵과 함께 계층적 축소를 사용해 합계를 계산한다). 합계가 특정 수준 이상으로 높아지면 각 픽셀에서 사용할 수 있는 샘플의 수를 점차적으로 제한한다. 이 임계와 픽셀당 하나의 샘플을 사용해야 하는 값은 원하는 성능 대 시각적 품질 비율로 미세 조정해야 한다. 이렇게 하면 시각적 품질이 일시적으로 저하되지만 긴 셰도우 계산으로 인한 깜빡임보다는 나을 수 있다.

13.5.4 정방향 렌더링 파이프라인 통합

정방향 렌더링 파이프라인 내에서의 알고리즘을 구현했다. 지연 렌더링과 비교할 때 이 파이프라인은 좀 더 단순한 투명 처리, 좀 더 복잡한 머티리얼의 지원, 하드웨어 안티앨리어싱^MSAA, 좀 더 낮은 메모리 요구 사항과 같은 이점을 제공한다.

이 구현은 하라다^Harada 등[10]이 소개한 Forward+ 파이프라인을 기반으로 한다. 이 파이 프라인은 깊이 프리패스를 사용하고 오버드로우와 많은 빛으로 문제를 해결하기 위한 라이트 컬링 단계를 추가한다. DXR을 사용하면 레이 트레이싱을 기존 렌더러에 쉽게 통합할 수 있으며 상당한 투자가 머티리얼, 특수 효과 등으로부터 만들어지므로 셰도우와 같은 레이 트레이싱 기능을 추가할 때 보존된다.

이 방법의 개요가 그림 13-8에 나와 있다. 먼저 색상 버퍼가 첨부되지 않은 채 깊이 버퍼를 채우고자 깊이 프리패스를 수행한다. 깊이 프리패스 후에는 나중의 노이즈 제거 중에 사용될 카메라 움직임과 법선 버퍼를 기반으로 하는 모션 벡터를 생성한다. 법선 버퍼는 깊이 값에서 생성된다. 셰도잉이 아닌 노이즈 제거에 사용되므로 이 근삿값은 납득할 만하게 작동한다.

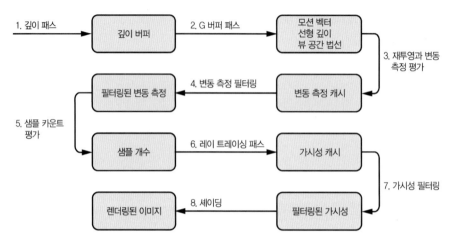

▲ **그림 13-8.** 레이 트레이싱 셰도우 알고리즘의 개요

이 방법에서 사용된 버퍼의 레이아웃은 그림 13-9에 나와 있다. 가시성 캐시, 분산 측정, 샘플 개수는 각 빛에 대해 마지막 4 프레임에 걸쳐 캐싱된다. 필터링된 가시성 버퍼와 필터링된 분산 측정 버퍼는 각 빛의 마지막 프레임에서만 저장된다. 샘플 개수와 분산 측정은 같은 버퍼에 저장된다.

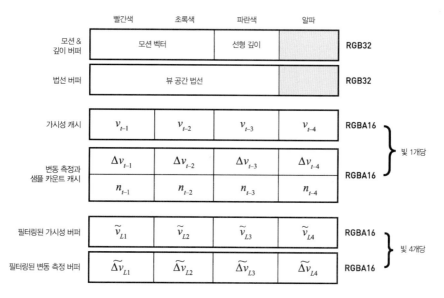

	빨간색	초록색	파란색	알파	
모션 & 깊이 버퍼	모션 벡터		선형 깊이		RGB32
법선 버퍼	뷰 공간 법선				RGB32
가시성 캐시	v_{t-1}	v_{t-2}	v_{t-3}	v_{t-4}	RGBA16
변동 측정과 샘플 카운트 캐시	Δv_{t-1}	Δv_{t-2}	Δv_{t-3}	Δv_{t-4}	RGBA16
	n_{t-1}	n_{t-2}	n_{t-3}	n_{t-4}	
필터링된 가시성 버퍼	$\tilde{v}_{L1}$	$\tilde{v}_{L2}$	$\tilde{v}_{L3}$	$\tilde{v}_{L4}$	RGBA16
필터링된 변동 측정 버퍼	$\widetilde{\Delta v}_{L1}$	$\widetilde{\Delta v}_{L2}$	$\widetilde{\Delta v}_{L3}$	$\widetilde{\Delta v}_{L4}$	RGBA16

빛 1개당

빛 4개당

▲ **그림 13-9.** 알고리즘에서 사용되는 버퍼 레이아웃

그런 다음 레이 트레이싱을 사용해 모든 빛에 대한 가시성 버퍼를 생성한다. 역투영을 사용하는 보이는 픽셀의 월드 공간 위치를 재구성하고자 깊이 버퍼 값을 사용한다. 월드 공간 픽셀 위치는(사용할 수 있는 경우) G 버퍼에서 직접 읽을 수 있으며 좀 더 높은 정밀함을 위해 주광선을 캐스팅해 평가할 수도 있다. 이 위치에서 적응형 샘플링 알고리즘을 사용해 가시성을 평가하고자 광원을 따르는 셰도우 광선을 쏜다. 결과는 노이즈가 제거되고 최종 라이팅 단계로 전달되는 가시성 버퍼에 저장된다. 셰도우 계산에 사용된 변동 측정, 샘플 수, 필터링 커널 크기의 시각화는 단일 프레임의 경우를 그림 13-10에 표시했다.

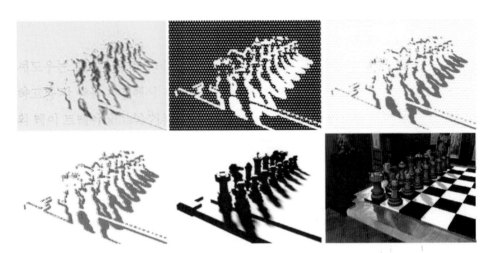

▲ **그림 13-10.** 왼쪽 상단: 필터링된 변화 측정 $\widetilde{\Delta v}_i$. 중앙 상단: 검정으로 보이는 0으로 평가된 샘플 개수를 가진 영역 오른쪽. 상단: 노란색에서 핑크색 스펙트럼으로 매핑된 샘플 카운트. 왼쪽 하단: 다른 색으로 매핑된 공간 필터링 커널 크기 레벨. 중앙 하단 필터링된 가시성 버퍼. 오른쪽 하단: 최종 결과

빛 스테이지는 모든 씬 라이트가 평가되는 동안 단일 래스터화 패스를 사용한다. 루프의 모든 씬 라이트에 의한 래스터화된 점이 점등되고 결과가 누적된다. 각 빛의 가시성 버퍼는 셰이딩 전에 쿼리되고 보이는 빛에서만 처리된다. 이는 성능을 향상시키기 위한 암시적인 빛 컬링을 제공한다.

13.6 결과

하드 및 소프트 셰도우 양쪽을 구현하는 방법을 평가하고 이를 참조 셰도우 매핑 구현과 비교했다. 움직이는 카메라로 20초 애니메이션 시퀀스의 테스트 씬 세 가지를 사용했다. 술집과 리조트 씬은 비슷한 지오메트리 복잡성을 갖지만 술집 씬은 좀 더 큰 영역 빛이 포함된다. 아침 식사 씬은 상당히 큰 삼각형 개수를 가진다. 술집과 아침 식사 씬은 인테리어를 나타내므로 포인트 라이트를 사용하고 외부 리조트 씬은 디렉셔널 라이트를 사용한다. 소프트 셰도우 계산을 위해 이 빛은 디스크 라이트로 처리됐다. CSM(계단식 셰도우 맵)과 EVSM(지수 분산 셰도우 맵) 필터링을 사용하는 Falcor 프레임워크의 셰도우 매핑 구현을 사용했다. 2048 × 2048 크기의 셰도우 맵을 사용하는 가장 큰 레벨에서 디렉셔널 라이트에는 4개의 CSM 캐스케이드를 사용했고 포인트 라이트에는 하나의 캐스케이드를 사용했다. 모든 테스트의 화면 해상도는 1920 × 1080이다.

여기서는 셰도우 매핑(SM 하드)을 사용해 계산된 하드 섀도우, 여기의 방법(RT 하드)을 사용해 계산된 하드 셰도우, s_{max} = 5(RT 소프트 SQ)의 레이 트레이싱을 사용해 계산된 부드러운 셰도우, s_{max} = 8(RT 소프트 HQ)의 레이 트레이싱을 사용해 계산된 소프트 셰도우의 4가지 셰도우 계산 방법을 평가했다. 측정값은 표 13-1에 요약됐다.

▼ 표 13-1. 측정된 결과의 개요. 이 표는 1개 및 4개 광원을 사용할 때 테스트된 방법에 대한 셰도우 계산 GPU 시간(ms 단위)을 보여준다. 측정은 지포스 RTX 2080 Ti GPU에서 수행했다.

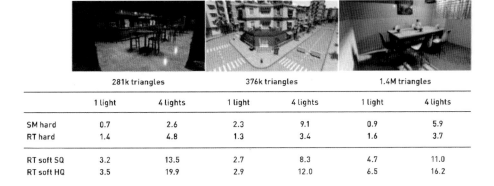

| | Pub | | Resort | | Breakfast | |
| | 281k triangles | | 376k triangles | | 1.4M triangles | |
	1 light	4 lights	1 light	4 lights	1 light	4 lights
SM hard	0.7	2.6	2.3	9.1	0.9	5.9
RT hard	1.4	4.8	1.3	3.4	1.6	3.7
RT soft SQ	3.2	13.5	2.7	8.3	4.7	11.0
RT soft HQ	3.5	19.9	2.9	12.0	6.5	16.2

13.6.1 셰도우 매핑과의 비교

표 13-1의 측정 결과는 4개의 라이트가 있는 아침 식사와 리조트 씬의 경우 레이 트레이싱된 하드 셰도우(RT 하드)가 셰도우 매핑(SM 하드)보다 약 40%와 60% 나은 모습을 보였다. 아침 식사 씬에서는 이를 많은 삼각형의 수로 보고 있다. 삼각형 개수의 증가는 셰도우 매핑에 사용되는 래스터화 파이프라인이 RT 코어보다 더 빠르게 느려지는 것으로 보인다. 외부 리조트 씬은 4개의 모든 CSM 캐스케이드가 생성되고 필터링돼야 하며, 이는 셰도우 매핑의 실행 시간을 현저히 길게 한다.

하나의 빛이 있는 술집 씬(그림 13-11)과 아침 식사 씬(그림 13-12)의 경우 셰도우 매핑은 하드 레이 트레이싱된 셰도우보다 2배 정도 빠르다. 이것은 하나의 CSM

캐스케이드만이 포인트 라이트에 사용되기 때문이다. 그러나 시각적 아티팩트의 비용이 든다. 술집 씬의 경우 원근 앨리어싱은 (화면 경계선의) 카메라 근처와 뒤의 벽에서 발생한다. 또한 의자로 인해 생긴 셰도우는 지면과 분리됐다. 이러한 아티팩트를 교정하려고 하면 이미지의 다른 부분에 셰도우 아크네^{shadow acne}가 발생한다. 그러나 레이 트레이싱된 셰도우는 이런 것을 겪지 않는다.

▲ **그림 13-11.** 하드 셰도우 비교. 4개의 빛을 가진 술집 씬의 가시성 버퍼(왼쪽)와 렌더링된 이미지(오른쪽), 여기의 방식(상단)과 셰도우 매핑(하단)을 사용해 렌더링된 하드 셰도우를 보여준다.

▲ **그림 13-12.** 소프트 셰도우 비교. 4개의 빛을 가진 아침 식사 씬의 가시성 버퍼(왼쪽)와 렌더링된 이미지(오른쪽), 여기의 방식(상단)과 셰도우 매핑(하단)을 사용해 렌더링된 소프트 셰도우를 보여준다.

아침 식사 씬에서 EVSM 필터링은 테이블 아래에 매우 부드럽고 초점이 맞춰지지 않은 셰도우를 생성한다. 이 영역에서의 셰도우 맵 해상도가 충분하지 않아서일 수 있으며, 이 해상도는 더 강력한 필터링을 통해 보상된다. 덜 공격적인 필터링의 사용은 더 많은 혼란을 초래하는 앨리어싱 아티팩트를 발생시켰다. 리조트 씬의 경우 레이 트레이싱과 셰도우 매핑의 시각적 결과는 매우 유사하다. 그러나 레이 트레이싱된 셰도우는 대부분의 테스트에서 셰도우 매핑을 능가한다.

13.6.2 소프트 셰도우와 하드 셰도우

이 테스트에서 레이 트레이싱된 소프트 셰도우와 하드 셰도우를 비교하는 것은 소프트 셰도우를 계산하는 것보다 2~3배 더 많이 걸린다. 그러나 이는 빛의 크기에 크게 좌우된다. 더 큰 페눔브라를 생성하고자 빛을 설정한 술집 씬의 경우 비슷하게 복잡한 리조트 씬과 비교해 4개의 조명에 대해 최대 40% 더 느리게 계산한다. 이는 더 큰 영역에서 높은 숫자의 샘플을 사용해야 하기 때문이다. RT 소프트 SQ와 RT 소프트 HQ 방법의 시각적 비교는 그림 13-13에 나와 있다. 큰 아침 식사 씬의 경우 실행 시간이 RT 하드 방식의 빛 수에 따라 선형적으로 증가하지 않았다. 이는 하나의 빛의 경우 RT 코어가 완전히 채워지지 않음을 나타낸다.

▲ **그림 13-13.** 표준 및 고품질 적응형 샘플링 간의 차이. 왼쪽: 일반 품질(픽셀당 최대 5개의 샘플), 중앙: 고품질(픽셀당 최대 8개의 샘플), 오른쪽: 고품질 설정을 사용한 최종 렌더링

픽셀당 8 샘플을 사용하는 최적화되지 않은 계산과 비교했을 때 적응형 샘플링 방식은 테스트된 씬의 경우 약 40 ~ 50%의 결합된 속도 향상을 제공한다. 그러나 여기의 방법은 시간적 축적 덕분에 좀 더 좋은 시각적 품질을 달성한다.

13.6.3 제한

제안된 방법의 구현에는 현재 완전히 동적인 씬에서 아티팩트로 나타날 수도 있는 몇 가지 제한 사항이 있다. 현재 구현에서는 움직이는 물체의 모션 벡터를 고려하지 않으므로 이동하는 셰도우 수신기에 대한 재투영의 성공을 감소시키며 동시에 카메라와 셰도우 수신기 움직임의 특정 조합에 대해 잘못된 긍정적 재투영 성공을 유도할 수 있다(이 경우는 매우 드물긴 하다).

더 중요한 것은 움직이는 셰도우 캐스터가 이 방식으로 처리되지 않으므로 일시적인 셰도우 아티팩트가 나타날 수 있다. 긍정적인 측면에서 여기의 방식은 제한된 크기의 시간 버퍼(마지막 4 프레임만 고려한다)를 사용하고 공격적인 가변성 측정과 함께 다이내믹 페눔브라의 고밀도 샘플링을 일반적으로 강요할 것이다. 또다른 문제는 현재 명시적으로 다루지 않은 광원의 이동이다. 상황은 움직이는 셰도우 캐스터와 비슷하다. 빠르게 움직이는 광원은 셰도우를 심하게 변경해 적응형 샘플링의 잠재력을 감소시키고 고스팅 아티팩트를 유발할 수 있다.

프레임당 광선 수를 유지하기 위한 현재의 알고리즘은 비교적 간단하며, 감지된 에러(셰이딩 포함)를 최소화하는 것을 목표로 변화된 측정을 샘플 수와 직접 관련시키는 기술을 사용하는 것이 바람직할 것이다. 이 경우 최고 품질의 셰도우를 얻는 동안 프레임 속도를 보장하는 것이 더 쉬울 것이다.

13.7 결론과 향후 연구

13장에서는 래스터화 포워드 렌더링 내의 최신 DXR API를 사용하는 레이 트레이싱된 셰도우를 계산하는 방법을 제시했다. 여기서는 카메라가 본 표면에 대한 가시성 함수의 변화를 추정하는 것을 기반으로 하는 적응형 셰도우 샘플링 방식을 제안했다. 이 방식은 다양한 크기의 빛을 사용해 하드 셰도우와 소프트 셰도우를 생성한다. 빛 샘플링과 셰도우 필터링 기술의 다양한 구성을 평가하고 최고의 결과를 위한 권장 사항을 제시했다.

이 방식을 시각적 품질과 성능 측면에서 최첨단 셰도우 매핑 구현과 비교했다. 일반적으로 레이 트레이싱된 셰도우의 시각적 품질, 간단한 구현, 높은 성능이 DXR 가능 하드웨어의 셰도우 매핑보다 우수한 것으로 결론지었다. 또한 이는 레이 트레이싱 하드웨어 단위로 래스터화에서 셰도우를 계산하는 부담을 줄이므로 래스터화 작업에 더 많은 성능을 사용할 수 있게 한다. 전용 GPU 코어에서 실행되는 AI 기반 노이즈 제거기를 사용하면 이런 측면에서 더욱 도움이 된다.

셰도우 매핑을 통해 씬 디자이너는 근거리/원거리 평면 셰도우 맵 해상도, 물리적 조명과 관련이 없는 바이어스bias 및 페눔브라 크기와 같은 기술적 파라미터를 설정해 기술의 아티팩트를 최소화하는 데 어려움을 종종 겪는다. 레이 트레이싱된 셰도우를 사용해도 합리적인 빛 크기, 범위, 배치를 사용해 셰도우 계산을 효율적으로 하면서도 노이즈가 없게 만드는 데 여전히 부담이 있다. 그러나 이런 파라미터가 좀 더 직관적이며 물리 기반 빛에 더 가까울 것이다.

13.7.1 향후 연구

여기의 방식은 빛의 움직임을 명시적으로 처리하지 못하며, 이로 인해 신속한 빛의 움직임에서 고스팅 아티팩트가 생길 수 있다. 올바른 접근 방식은 프레임간의 빛 이동 후에 가시성이 더 이상 유효하지 않을 때 이전 프레임의 캐싱된 가시성을 버리는 것이다.

셰도우 매핑은 뷰 종속적이지 않으며 일반적인 최적화는 빛이나 씬이 변경된 때에만 셰도우 맵을 계산하는 것이다. 이 최적화는 레이 트레이싱에는 적용할 수 없다. 레이 트레이싱 가시성 버퍼는 모든 카메라 이동 후에 재계산돼야 하기 때문이다. 이 때문에 셰도우 맵이 거의 업데이트되지 않는 시나리오에서는 셰도우 매핑이 여전히 바람직하다. 따라서 중요한 광원에 대한 고품질 레이 트레이싱된 셰도우와 씬에서 거의 정적인 부분 혹은 덜 기여하는 빛에 대한 셰도우 매핑의 조합이 바람직할 수 있다.

13.3절에서 언급했듯이 우리의 방법을 사용해 평가된 셰도우와 헤이츠 등[1]이 소개한 것 같은 분석적 직접 조명과의 결합을 위한 개선된 접근법은 렌더링된 이미지의 정확성을 높이는 데 사용할 수 있다.

감사의 말

피드백과 성능 측정에 도움을 준 토마스 아케나인 몰러[Tomas Akenine-Möller]에게 감사드린다. Falcor 프레임워크에 도움을 준 니어 벤티[Nir Benty]와 환경 맵을 제공한 데이비드 세들레스크[David Sedlacek]에게도 감사한다. 이 연구는 프로젝트 번호 gA18-20374S에 따라 체코 과학 재단이 지원했으며, 액티비티 모빌리티(MSMT539/2017-1) 내 식별 코드 7AMB17AT021에 따라 MŠMT에서 지원했다.

참고 문헌

[1]   Anagnostou, K. Hybrid Ray Traced Shadows and Reflections. Interplay of Light Blog, https://interplayoflight.wordpress.com/2018/07/04/hybrid-raytraced-s-hadows-a ndreflections/, July 2018.

[2]   Barré-Brisebois, Colin. Halén, H. PICA PICA & NVIDIA Turing. Real-Time Ray Tracing Sponsored Session, SIggRAPH, 2018.

[3]   Benty, N., yao, K.-H., Foley, T., Kaplanyan, A. S., Lavelle, C., Wyman, C., and Vijay, A. The Falcor Rendering Framework. https://github.com/NVIDIAGameWorks/Falcor, July 2017.

[4]   Cook, R. L., Porter, T., and Carpenter, L. Distributed Ray Tracing. Computer Graphics (SIGGRAPH) 18, 3 (July 1984), 137-145.

[5]   Crow, F. C. Shadow Algorithms for Computer graphics. Computer Graphics (SIGGRAPH) 11, 2 (August 1977), 242-248.

[6]   Eisemann, E., Assarsson, U., Schwarz, M., Valient, M., and Wimmer, M. Efficient Real-Time Shadows. In ACM SIGGRAPH Courses (2013), pp. 18:1-18:54.

[7]   Eisemann, E., Schwarz, M., Assarsson, U., and Wimmer, M. Real-Time Shadows, first ed. A K Peters Ltd., 2011.

[8]   Engel, W. Cascaded Shadow Maps. In ShaderX5: Advanced Rendering Techniques, W. Engel, Ed. Charles River Media, 2006, pp. 197-206.

[9]   Fernando, R. Percentage-Closer Soft Shadows. In ACM SIGGRAPH Sketches and Applications (July 2005), p. 35.

[10]   Harada, T., McKec, J., and yang, J. C. Forward+: Bringing Deferred Lighting to the Next Level. In Eurographics Short Papers (2012), pp. 5-8.

[11]   Heitz, E., Hill, S., and Mcguire, M. Combining Analytic Direct Illumination and Stochastic Shadows. In Symposium on Interactive 3D Graphics and Games (2018), pp. 2:1-2:11.

[12]   Kajiya, J. T. The Rendering Equation. Computer Graphics (SIGGRAPH) 20, 4 (August 1986), 143-150.

[13]   Lauritzen, A. T. Rendering Antialiased Shadows using Warped Variance Shadow Maps. Master's thesis, University of Waterloo, 2008.

[14]   Marrs, A., Spjut, J., gruen, H., Sathe, R., and Mcguire, M. Adaptive Temporal

Antialiasing. In Proceedings of High-Performance Graphics (2018), pp. 1:1–1:4.

[15] Scherzer, D., yang, L., Mattausch, O., Nehab, D., Sander, P. V., Wimmer, M., and Eisemann, E. A Survey on Temporal Coherence Methods in Real-Time Rendering. In Eurographics State of the Art Reports (2011), pp. 101–126.

[16] Schied, C., Kaplanyan, A., Wyman, C., Patney, A., Chaitanya, C. R. A., Burgess, J., Liu, S., Dachsbacher, C., Lefohn, A., and Salvi, M. Spatiotemporal Variance- guided Filtering: Real-Time Reconstruction for Path-Traced global Illumination. In Proceedings of High-Performance Graphics (2017), pp. 2:1–2:12.

[17] Schwärzler, M., Luksch, C., Scherzer, D., and Wimmer, M. Fast Percentage Closer Soft Shadows Using Temporal Coherence. In Symposium on Interactive 3D Graphics and Games (March 2013), pp. 79–86.

[18] Shirley, P., and Slusallek, P. State of the Art in Interactive Ray Tracing. ACM SIggRAPH Courses, 2006.

[19] Story, J. Hybrid Ray Traced Shadows, https://developer.nvidia.com/content/hybridray-traced-shadows. NVIDIA gameworks Blog, June 2015.

[20] Whitted, T. An Improved Illumination Model for Shaded Display. Communications of the ACM 23, 6 (June 1980), 343–349.

[21] Williams, L. Casting Curved Shadows on Curved Surfaces. Computer Graphics SIGGRAPH() 12, 3 (August 1978), 270–274.

14장

DXR을 통한 단일 산란 매체의 광선 유도된 볼루메트릭 물 코스틱

엔비디아의 홀거 그루인(Holger Gruen)

개요

14장에서는 단일 산란 참여 매체에서 표면과 볼루메트릭 코스틱volumetric caustics을 렌더링하고자 레이 트레이싱과 래스터화를 사용하는 하이브리드 알고리즘을 제시한다. 이 알고리즘은 볼루메트릭 코스틱을 슬라이스하도록 렌더링된 삼각형 빔 볼륨을 적응적으로 개선하고자 하드웨어 테셀레이션을 드라이브하는 데이터를 생성하기 위한 다이렉트X 레이 트레이싱DXR을 기반으로 하는 레이 트레이싱을 사용한다. 또한 렌더링 파이프라인에서 레이 트레이싱은 수면에 반사되거나 굴절되는 광선에 대한 광선/씬 교차 위치를 저장하는 보조 산란을 생성하는 데 사용된다.

14.1 소개

14장에서는 단일 산란 매체에서 실시간 체적 물 산란을 렌더링하는 현재 방식을 단순화하고자 다이렉트12 실시간 레이 트레이싱 API, DXR의 사용 방법을 소개한다. 볼루메트릭 코스틱은 과거에 광범위하게 연구됐다[2, 5, 6, 10]. 여기서 설명하는 알고리즘은 문헌에서 논의된 아이디어를 사용하며 DXR 레이 트레이싱과 적응형 하드웨어 테셀레이션의 사용과 결합한다.

특히 볼루메트릭 코스틱을 렌더링할 경우 렌더링 파이프라인에서 레이 트레이싱이 두 번 사용된다. 초기 단계에서 레이 트레이싱은 볼루메트릭 코스틱을 적응적으로 슬라이스하는 데 사용되는 삼각형 빔 볼륨의 하드웨어 테셀레이션 레벨을 가이드하는 정보를 계산하는 데 사용된다. 눈 쪽으로 흩어진 체적 빛을 축적하는 렌더링 파이프라인은 버텍스 셰이더, 헐 셰이더, 도메인 셰이더, 지오메트리 셰이더, 픽셀 셰이더 등과 같은 모든 GPU 셰이더 단계를 사용한다.

주요 산란 맵[7]에는 빛의 뷰 지점에서 렌더링된 수면의 위치와 표면 법선이 포함된다. 굴절되고 반사된 빛 방향을 따라 물의 이 위치에서 광선이 발사되고 씬과 교차한다. 이 교차점의 위치는 이 장에서 설명한 굴절 산란 맵과 반사 산란 맵 같은 보조 산란 맵에 저장된다. (주요) 산란 맵의 위치와 굴절 산란 맵은 체적 분할 중에 사용되는 삼각형 체적 빔을 정의하는 데 사용된다.

이 장은 굴절된 빛 광선의 수중 산란에 초점을 둔다. 여기서 설명하는 알고리즘은 수면에서 반사되고 수평선 위의 지오메트리와 부딪히는 빛으로부터의 산란을 렌더링하는 데 사용할 수도 있다. 또한 수면을 다른 투명한 인터페이스로 대체할 수도 있다.

수중 게임 씬에서 볼루메트릭 라이팅은 종종 셰도우 맵에 인코딩된 가시성 정보에서 생성된다[4]. 이 셰도우 맵은 빛 위치에서 렌더링된 수중 지오메트리를 포함한다. 따라서 래스터화를 통한 수중 씬과 원래의 빛 광선의 교차를 전달한다. 그림 14-1을 참고하자.

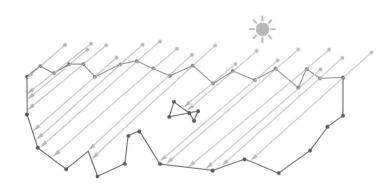

▲ **그림 14-1.** 수중 씬과 충돌하는 방해받지 않는 빛 광선

수면에 빛의 광선이 부딪힐 때 수면에 의해 굴절되므로 일부 에너지는 방향이 변경된다. 따라서 굴절된 빛 광선과 씬의 교차점을 찾아야 한다. 그림 14-2를 참고하자.

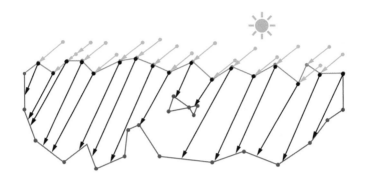

▲ **그림 14-2.** 수중 씬과 충돌하는 굴절된 광선(보라색)

그림 14-1과 14-2를 비교하면 결과 교차점이 매우 다름을 보여준다. 이 차이는 빛 광선이 얕은 각도에서 수면과 충돌하는 경우 더 두드러진다. 굴절은 빛 광선이 수중 지오메트리에서 표면 산란의 전형적인 패턴을 생성하게 한다. 유사한 방식으로 볼루메트릭 라이팅은 굴절된 빛의 영향을 받는다. 일부 출판물[5, 6, 8, 9, 10]은 산란 렌더링의 맥락에서 셰도우 맵(그림 14-1에서 보여준)만을 사용하는 한계를 뛰어넘는 방법을 설명한다.

일반적으로 다음의 두 알고리즘 클래스 중 하나가 사용된다.

1. 2차원 이미지 공간 광선 마칭

(a) 교차를 찾기 위한 픽셀 셰이더의 주요 깊이 버퍼나 셰도우 맵 깊이 버퍼를 마칭한다. 이 접근법의 문제점은 그림 14-3에서 볼 수 있듯이 굴절된 빛 광선이 기본 보기와 빛에서의 보기 모두에서 차단된 것처럼 보일 수 있다는 점이다.

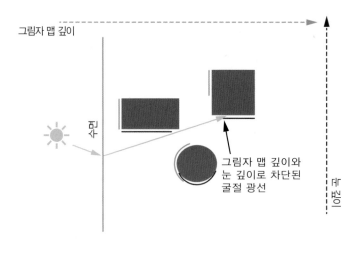

▲ **그림 14-3.** 굴절된 빛 광선의 교차점은 빛과 눈 깊이 맵을 마칭하는 데 차단되는 것처럼 보인다.

(b) 다음을 사용해 이미지 세트를 렌더링하고 마칭한다.

i. 기본 깊이 버퍼와 셰도우 맵의 다중 깊이 레이어

ii. 주요 깊이 버퍼와 셰도우 맵의 다중 뷰 포인트

iii. 거리 임포스터

그러나 이러한 방식은 런타임 비용과 메모리 소비를 증가시킨다. 구현 복잡성은 나중에 설명할 DXR 기반 접근 방식보다 상당히 높을 수 있다.

2. **3차원 복셀 그리드 마칭:** 이 알고리즘 클래스는 수중 씬을 복셀화하고 결과 그리드를 마칭한다. 그리드 해상도에 따라 놀라운 결과를 얻을 수 있다. 복셀화는 값싼 작업이 아니며 바운딩 볼륨 계층을 최신으로 유지하는 것과 동일한 래스터화 측면으로 해석할 수 있다. 높은 그리드 해상도가 필요한 경우 메모리 요구 사항이 신속하게 제한된다. 충분히 상세한 3D 그리드에서의 광선 마칭은 빠르지 않으며 엄청나게 느려질 수 있다. 전반적으로 복셀화의 구현 복잡성은 DXR 기반 접근법보다 높다.

이 장에서 설명하는 기술은 굴절된 빛 광선의 교차를 계산하고자 방금 설명한 근 사치 방식을 사용하지 않는다. 대신 굴절된 빛 광선이 동적 수중 씬과 충돌하는 곳을 정확하게 계산하고자 DXR을 사용한다.

14.2 볼루메트릭 라이팅과 굴절 라이트

참여 매체의 볼루메트릭 라이팅 계산에 대한 일반적인 소개는 후블러[Hoobler][4]의 작 업을 참고하자. 여기서는 단순히 수중 씬의 점 S에서 많은 양의 빛 L이 눈 E로 흩어 지는 양을 나타내는 이중 적분을 제시한다.

$$L = \int_S^E \int_\Omega e^{-\tau(l(\omega)+|P-E|)} \sigma_s(P) p(E-P,\omega) L_{in}(P,\omega) v(P,\omega) d\omega dP \quad (1)$$

그림 14-4를 참고하자. 씬의 점에서 눈까지 이르는 반광선의 모든 점 P와 들어오 는 굴절된 빛 Ω의 모든 방향에 대해 다음 항이 계산된다.

1. 빛이 P에 도달하기 전까지 움직인 길이에 P에서 눈 E까지 경로의 길이를 더한 길이 $l(\omega)$를 따르는 소멸. 여기서 τ는 물 체적의 소멸 계수로 14장의 나머지 부분에서 일정하다고 가정한다.

2. 점 P에서의 산란 계수 $\sigma_s(P)$

3. P에서 눈 방향으로 흩어지는 굴절된 빛의 방향에서 오는 빛의 양을 결정하 는 위상 함수 $p(E-P, \omega)$

4. 굴절된 빛 방향을 따라 점 P에서 들어오는 광도 L_{in}

5. 굴절된 빛 방향에 따른 가시성 v. 예를 들면 점 P에 굴절된 빛 광선이 도달 할까?

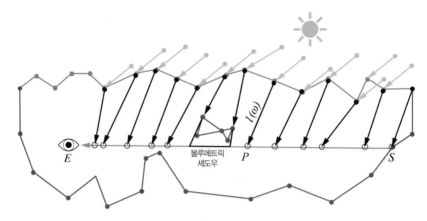

▲ **그림 14-4.** 왼쪽의 눈 *E*는 물을 통해 오른쪽으로 보인다. 위에서의 빛은 물의 표면에 따라 이 광선을 통해 다양한 장소에 도달하며 눈 쪽으로 빛을 산란한다.

모든 내부 산란 이벤트에 대해 적분을 계산하기 위한 다음과 같은 두 가지 가능한 근사 답이 있다.

1. 각 그리드 셀의 중앙에 이산화된 내부 산란 이벤트를 누적하고자 3D 그리드를 사용한다.

    얇은 씬 기능을 통해 체적 빛의 누출을 방지하고자 충분히 높은 해상도를 지닌 그리드를 사용해야만 한다.

    (a) 수면의 원점에서 수중 씬의 교차점까지 굴절된 광선을 추적한다.

    i. 굴절된 광선이 들어오는 각 그리드 셀에서 그리드 셀의 중앙과 가장 가까운 광선의 점 *P*를 계산한다.

    ii. 점 *P*에서 눈에 도달하는 위상 함수와 전송된 빛을 계산한다.

    iii. 그리드 셀에서 전송된 복사량을 누적한다.

    (b) 화면의 각 픽셀에 대해 픽셀에서 눈으로 광선을 추적한다. 이 광선에 있는 그리드를 가로지르고 눈에 도달한 빛을 모은다.

2. 그래픽 파이프라인과 부가 블렌딩을 사용해 내부 산란 적분을 근사화하는 삼각 빔 볼륨의 충분히 밀집된 세트를 만든다.

그림 14-5와 같이 굴절된 빛의 방향은 볼록하지 않은 볼륨을 형성하기 위한 삼각 빔을 만들 수 있다. 14.3절에서 제안하는 알고리즘은 굴절된 광선의 방향이 빠르게 바뀌는 영역에서 높은 테셀레이션 레벨을 사용해 이러한 경우를 막고 볼록하지 않은 볼륨을 만들 수 있게 하는 것이다.

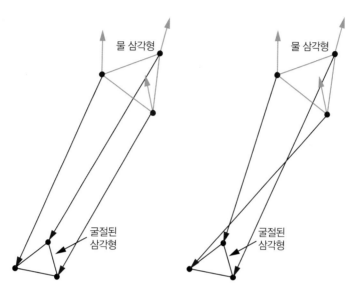

▲ 그림 14-5. 왼쪽: 굴절된 삼각형이 물 삼각형과 함께 볼록한 볼륨을 형성한다. 오른쪽: 형성된 볼륨이 뒤틀리고 더 이상 볼록하지 않다.

각 삼각형 빔에 대해 그래픽 파이프라인은 빔의 볼록한 경계 볼륨을 정확히 형성하는 8개의 삼각형을 렌더링하는 데 사용된다. 이 삼각형은 표면 법선이 언제나 볼륨을 가리키게 생성된다.

눈의 광선을 따라 굴절된 빛의 방향은 광선이 지점의 뒤쪽 삼각형과 충돌하는 곳부터 볼륨의 앞쪽 삼각형과 충돌하는 곳까지 바뀐다. 결과적으로 골리아스Golias와 젠센Jensen[3]이 제안한 가산 혼합additive blending, 뒷면 삼각형에서의 양의 내부 산란 항, 앞면 삼각형에서의 음의 내부 산란 항을 사용할 수 없다.

그러나 충분히 작은 볼륨을 사용해 각 볼륨의 삼각형 앞면에서 내부 산란 항을 축적하려고 내부 산란 적분을 근사화하는 것은 가능하다.

14장과 함께 제공되는 데모에서는 두 번째 접근 방식에서 영감을 얻은 볼륨 분할 방법을 구현하고자 부가 블렌딩, 테셀레이션, 지오메트리 셰이더를 사용한다. 이는 다음 알고리즘 개요에 반영된다.

14.3 알고리즘

다음의 7단계는 체적 물 산란을 렌더링하고자 데모에서 사용된다. 그림 14-6은 이러한 단계의 개요를 보여준다.

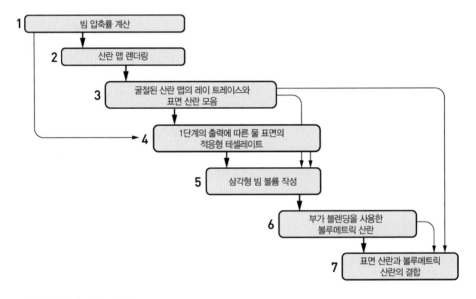

▲ **그림 14-6.** 알고리즘 개요.

굴절된 빛 광선의 방향을 따라 광선을 추적하는 대신 수면에 반사되는 빛 광선의 방향을 따라 광선을 추적해 반사된 볼루메트릭과 표면 산란을 렌더링할 수도 있다. 이 장에서 제공되는 데모는 굴절된 볼루메트릭 및 표면 산란과 함께 반사된 표면 산란도 구현한다.

14.3.1 빔 압축 비율 계산

시뮬레이션된 수면의 지오메트리를 나타내는 물 메시의 각 버텍스에 대해 굴절된 광선 R이 구성된다. 이 광선은 물 버텍스의 현재 위치에서 시작해 입사광의 굴절 방향을 가리킨다.

굴절된 물 메시는 수면과 동일한 버텍스 수와 삼각형 수를 가진다. 버텍스의 위치는 각 광선 R을 수중 지오메트리와 교차해 계산한다. 그림 14-7은 이 과정을 보여준다. 모든 파란 수면 삼각형은 굴절된 물 메시의 보라색 점선 삼각형을 생성한다.

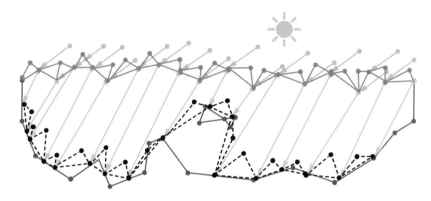

▲ **그림 14-7.** 굴절된 물 메시의 계산.

굴절된 물 메시는 수중 지오메트리의 모든 세부 사항을 따를 필요는 없다. 단지 아래에 설명한 것처럼 충분히 높은 압축률의 계산이 가능할 정도로 상세해야 한다. 이 단계는 수면이 충분히 자세하기 않을 때 오류를 발생시길 수 있다. 따라서 오류가 감지되면 수면을 개선해야 한다.

그림 14-8에서 보이듯이 빛 광선의 굴절은 삼각형 빔 내의 빛에 초점을 맞추거나 그 반대를 수행할 수 있다. 결과적으로 굴절된 물 메시의 삼각형은 각각의 물 삼각형보다 더 크거나 작은 영역을 가질 수 있다.

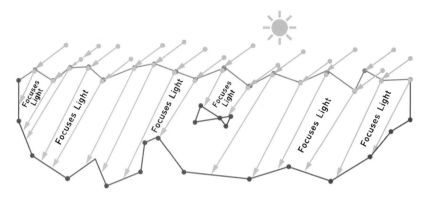

▲ 그림 14-8. 굴절된 물 메시에 빛이 집중되는 방식

각 삼각형에 대해 빔 압축률 r은 다음과 같이 계산되고 버퍼에 저장된다.

$$r = \frac{a(T_w)}{a(T_r)} \qquad (2)$$

여기서 $a()$는 삼각형의 면적을 계산하고 T_w는 수면 삼각형, T_r은 굴절된 삼각형이다.

원래의 물 삼각형과 굴절된 물 삼각형은 그림 14-5와 같이 거친 삼각형 빔을 형성한다. 또한 압축률은 볼록하지 않은 볼륨을 형성하는 삼각형 빔의 가능성을 설명하는 값으로 생각할 수 있다. 결과적으로 압축률은 각각의 거친 삼각형 빔을 더작은 빔으로 세분화하기 위한 테셀레이션 밀도를 구동하는 데 사용할 수 있다. 식(2)에서 압축률을 사용하는 아이디어는 새로운 것이 아니며 과거에 이미 알려졌다[3].

14.3.2 산란 맵 렌더링

이 단계에서는 두 개의 렌더 타깃이 유효하지 않은 표면 위치와 표면 법선을 가리키도록 초기에는 지워져 있다.

다음으로 모든 물 삼각형은 픽셀 셰이더로 렌더링돼 두 렌더 타깃을 다음의 값에쓴다.

1. 수면의 3D 위치

2. 수면의 이 지점에서 표면 법선

이는 그림 14-9에 나와 있다.

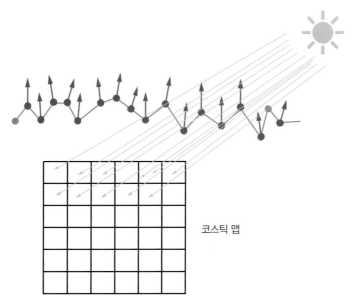

▲ **그림 14-9.** 물 메시는 빛의 관점에서 볼 때 산란 맵으로 렌더링됐다. 결과 표면의 픽셀은 이 픽셀에서 수면의 위치와 법선을 나타낸다.

14.3.3 레이 트레이스 굴절 산란 맵과 표면 산란 모으기

이 단계에서는 2단계에서 렌더링한 산란 맵의 유효한 픽셀에 대한 광선을 추적할 때 DXR을 사용한다. 씬과의 교차점은 굴절 산란 맵에 저장됐다. 또한 교차 위치는 화면 공간으로 전환되고 산란된 표면 산란의 축적에 사용된다.

1. 수면의 유효한 점을 나타내는 코스틱 맵의 각 픽셀 (x, y)에 대한 광선을 추적한다.

2. 수중 씬 지오메트리와 광선의 교차를 계산한다. 예를 들어 셰도우 맵 테스트가 수면 위의 점이 수평선 위의 지오메트리로 셰도잉된 것이 밝혀지면

이 광선을 컬링하는 것이 가능하다.

3. 교차 위치를 굴절된 코스틱 맵의 픽셀 (x, y)에 작성한다. 그림 14-10을 참고하자.

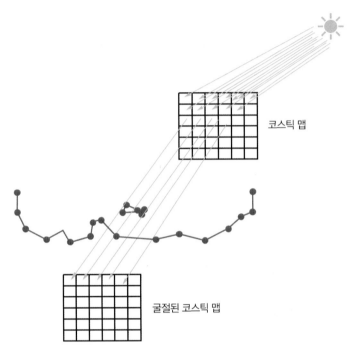

▲ **그림 14-10.** 굴절된 코스틱 맵을 추적하는 광선: 굴절된 빛 방향을 따라 코스틱 맵에 저장된 수면 위치에서 광선을 보내고 굴절 코스틱 맵에 결과 광선/씬 교차를 저장한다.

4. 선택적으로 굴절 코스틱 광선의 (씬 법선을 따라) 반사된 방향을 따라 이차 광선을 추적하고 단일 바운스 코스틱 맵의 픽셀 (x, y)에 결과 교차를 작성한다. 그림 14-11을 참고하자.

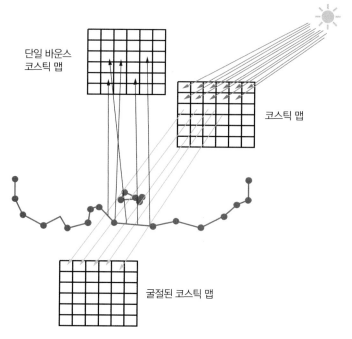

단일 바운스
코스틱 맵

코스틱 맵

굴절된 코스틱 맵

▲ **그림 14-11.** 또 다른 빛의 반사에 대한 코스틱 광선의 반사된 방향을 따라 광선을 추적해 단일 바운스 코스틱 맵을 생성한다.

5. 오프스크린 버퍼에 표면 코스틱을 누적한다.

(a) 교차점(선택적 4단계의 점 포함)을 화면 공간에 투영한다. 위치가 화면에 있는 경우 `InterlockedAdd()`를 사용해 버퍼에 해당 화면 위치의 빛을 축적한다.

교차점이 화면의 가장 앞쪽 픽셀에 해당하는지 발견하기 위한 가장 간단한 해결책은 특정 허용 오차로 깊이 테스트를 수행하는 것이다. 다른 가능성은 온스크린 픽셀의 G 버퍼를 고려하면서 깊이 차이의 함수로 밝기 값을 조정하는 것이다. 고유한 삼각형 ID를 G 버퍼에 렌더링하고 이 ID를 DXR 히트 셰이더에서 사용할 수 있는 프리미티브인 인스턴스 ID와 비교하는 것도 가능하다.

(b) 누적되는 복사량 값은 2단계의 압축률과 광선이 물을 통과하는 거리에 의해 흡수된 빛의 양을 포함한 몇 가지 요소에 의해 조정될 수 있다[1].

14.3.4 수면의 삼각형을 적응형으로 테셀레이트하기

삼각형 빔 볼륨의 적응형 테셀레이션에 대한 묘사는 그림 14-12를 참고하자.

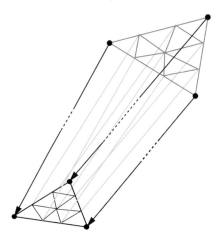

▲ **그림 14-12.** 적응형으로 테셀레이션된 물 삼각형은 테셀레이션된 삼각형 빔을 생성한다. 5단계를 참고하자.

빔 압축률(식 2 참고)은 삼각형 빔의 상단에 있는 물 삼각형의 테셀레이션 계수를 계산하는 데 사용한다. 이 테셀레이션 계수는 다음을 통해 조정한다.

1. 내부 산란 적분을 충분히 근사하도록 충분한 조각을 제공한다.

2. 삼각형 빔이 볼록하지 않게 되는 것을 방지한다. 그림 14-5를 참조하자.

3. 작은 씬 기능을 통해 볼루메트릭 빛이 새지 않게 한다.

14.3.5 삼각형 빔 볼륨 빌드

테셀레이션된 물 삼각형을 선택하고 해당하는 삼각형 빔의 삼각형화된 헐hull을 빌드하려면 지오메트리 셰이더를 실행한다.

1. 들어오는 삼각형의 3D 버텍스를 (굴절된) 코스틱 맵 공간에 투영한다.

2. 코스틱 맵의 볼륨에서 상단 캡을 형성하는 삼각형의 3D 위치를 읽는다.

3. 굴절 코스틱 맵에서 볼륨의 하단 캡을 형성하는 삼각형의 3D 위치를 읽는다.

4. 바운딩 볼륨을 형성하는 8개의 삼각형을 만든다. 그림 14-13을 참고하자. 선택적으로 굴절 코스틱 맵과 단일 바운스 코스틱 맵에 의해 생성된 볼륨에도 동일하게 수행한다.

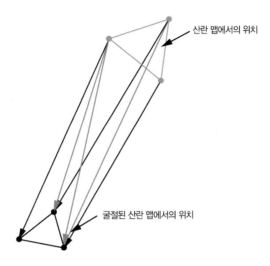

산란 맵에서의 위치

굴절된 산란 맵에서의 위치

▲ **그림 14-13.** 삼각형 빔을 형성하는 삼각형.

5. 각 출력 버텍스에서 삼각형 빔의 예상 두께를 계산한다. 이렇게 하면 보간된 두께는 버텍스 셰이더로 전달된다.

6. 모든 출력 버텍스에서 광선 방향을 계산한다. 이렇게 하면 보간된 방향은 픽셀 셰이더로 전달된다.

14.3.6 부가 블렌딩을 사용하는 볼루메트릭 코스틱 렌더링

각 볼륨의 전면에 있는 픽셀의 내부 산란 빛을 픽셀 셰이더의 렌더링 타깃에 추가로 혼합한다.

1. 보간된 광선 방향을 고려해 현재 3D 위치에서 위상 함수를 계산한다.

2. 결과 내부 산란 항에 보간된 두께를 곱한다.

3. 결과를 출력한다.

14.3.7 표면 코스틱과 볼루메트릭 코스틱의 결합

이 단계는 표면 코스틱에 의해 밝혀진 씬의 이미지와 부가 블렌딩을 사용해 렌더링된 볼루메트릭 코스틱의 흐릿한 버전을 결합한다.

1. 3단계의 표면 코스틱을 흐릿하게 한다. 노이즈를 제거한다.

2. 씬에 빛을 발하기 위해 노이즈가 제거된 표면 코스틱 버퍼를 사용한다. 가령 G 버퍼 픽셀의 알베도 텍스처를 곱한 다음 조명 없는 결과에 더해 조명 G 버퍼를 생성한다.

3. 6단계의 결과를 약간 흐리게 하고 조명 G 버퍼에 더한다.

14.4 구현 세부 사항

14.1절에서 설명한 것처럼 다이렉트X 12 DXR API는 모든 레이 트레이싱 작업을 구현하는 데 사용한다. 1단계에서 DispatchRays()가 호출돼 각 스레드가 하나의 굴절된 광선을 씬으로 추적한다. 결과 굴절 물 메시는 이후 단계에서 읽으며 원래의 물 메시와 같은 인덱스 버퍼를 사용하는 버퍼에 기록된다.

2단계는 일반 래스터화 패스로 구현된다. 3단계에서 DispatchRays()는 2단계 코스틱 맵의 모든 유효한 픽셀에서 광선을 캐스팅하고자 호출된다.

선택적으로 셰이더는 수면이나 단일 바운스 코스틱 맵이 반사하는 광선에 의해 생성되는 표면 코스틱에 대해 반사 방향을 따라 추가 광선을 캐스트한다. 굴절/반사된 빛의 축적은 빠른 노이즈 제거를 위해 반해상도 버퍼에서 수행한다.

추가 코스틱 바운스가 선택되면 씬에 의한 코스틱 광선의 반사를 시뮬레이트하고자 또 다른 광선이 2단계에서 캐스팅된다. 반사 광선의 결과 교차점은 표면 코스틱을 통한 간접 라이팅을 시뮬레이트하는 데 사용되며, 또 다른 코스틱 맵, 반사 코스틱 맵에 기록된다. 버퍼는 이 추가 바운스를 위해 볼루메트릭 빔을 쉽게 그리도록 크기가 조절된다.

볼루메트릭 코스틱은 삼각형 빔의 그리기 속도를 높이고자 6단계의 반해상도 버퍼에 축적된다. 5단계의 지오메트리 셰이더는 1차 굴절 코스틱과 단일 바운스 코스틱 맵에 기록된 선택적 추가 바운스에 대한 삼각형 빔을 생성한다.

7단계에서 표면 코스틱 버퍼의 노이즈 제거는 시야 공간 깊이, 법선, 위치의 차이를 설명하는 일련의 반복된 교차 양방향 블러링cross-bilateral blurring 단계를 통해 수행된다. 마지막으로 표면 코스틱과 볼루메트릭 코스틱은 양방향으로 업샘플링되고 렌더링된 씬과 결합한다.

14.5 결과

표 14-1은 다이렉트X 12의 일부인 공식 DXR API를 사용해 1920 × 1080 해상도에서 코스틱 워크로드를 실행하는 엔비디아 RTX 2080 Ti 보드의 네 가지 다른 카메라 위치와 빛 설정에 대한 코스틱 워크로드를 보여준다.

이 4개 씬의 스크린샷이 그림 14-14에 나와 있다. 2048 × 2048 코스틱 맵의 픽셀에서 광선을 캐스팅하는 동안 모든 씬은 60FPS를 초과하는 인터랙티브 프레임 비율로 실행된다. 표 14-1의 타이밍은 대부분의 경우 최신 컴퓨터 게임에 통합할 수 있는 시간 범위 내에서 볼루메트릭 코스틱이 작동함을 나타낸다. 이에 비해 릭터Liktor와 닥스바커Dachsbacher의 연구[6]는 게임에 통합할 수 있는 성능 수준에 도달하지 못했다.

- 그림 14-14의 왼쪽 상단 스크린샷은 물 선 위에서 본 모습이다. 이 스크린샷에서 물 선 위로 보이는 굴절 볼루메트릭 수중 코스틱과 반사된 코스틱은 14장에서 설명한 알고리즘으로 생성됐다. 이 이미지의 코스틱 워크로드는 총 2.9ms다.

- 그림 14-14의 오른쪽 상단 스크린샷은 물 선 아래에서 본 모습이다. 이 씬의 경우 굴절 볼루메트릭 수중 코스틱과 이차 볼루메트릭 빛 반사가 렌더링된다. 이 시나리오에서 볼루메트릭 바운스와 높은 최대 테셀레이션 계수 프

리셋은 코스틱 렌더링의 볼루메트릭 부분에 대한 타이밍을 4.6ms까지 상승하게 한다. 이 설정은 현재 게임 내에서 사용하기에는 너무 비싸다.

- 그림 14-14의 왼쪽 아래 스크린샷은 물 선 아래의 모습을 다시 보여준다. 이 장면에서는 다시 굴절된 볼루메트릭 수중 코스틱과 이차 볼루메트릭 빛 반사가 렌더링된다. 이 시나리오의 경우 두 번째 볼루메트릭 바운스와 적당히 높은 최대 테셀레이션 계수 프리셋은 코스틱 렌더링의 볼루메트릭 부분에 대한 타이밍을 더 적당한 2.1ms로 상승시킨다. 이 설정은 고품질 볼루메트릭 코스틱에 초점을 맞춘 게임 내에서 허용될 수 있다.

- 그림 14-14의 오른쪽 하단 스크린샷은 물 선 아래의 또 다른 모습을 보여준다. 이 시나리오에서는 두 번째 볼루메트릭 바운스와 적당히 높은 최대 테셀레이션 계수 프리셋은 코스틱 렌더링의 볼루메트릭 부분에 대한 타이밍을 오직 1.4ms밖에 들지 않게 한다. 두 번째 빛의 반사가 캐릭터의 아래쪽을 향해 빛을 캐스팅하는 방식에 유의하자.

▼ **표 14-1.** 타이밍. 모든 DispatchRays()는 누적 분산을 포함한다.

타이밍		
스크린샷	작업량	시간(ms)
상단 왼쪽	굴절 + 반사성 산란	
	DispatchRays()	0.9
	표면 산란 노이즈 제거	0.8
	볼루메트릭 슬라이싱과 업스케일링	1.2
상단 오른쪽	굴절 + 반사성 산란 + 1회 튕김	
	DispatchRays()	3.0
	표면 산란 노이즈 제거	0.8
	볼루메트릭 슬라이싱과 업스케일링	4.6
하단 왼쪽	굴절 + 반사성 산란 + 1회 튕김	
	DispatchRays()	0.9
	표면 산란 노이즈 제거	0.8
	볼루메트릭 슬라이싱과 업스케일링	2.1
하단 오른쪽	굴절 + 반사성 산란 + 1회 튕김	
	DispatchRays()	2.1
	표면 산란 노이즈 제거	0.8
	볼루메트릭 슬라이싱과 업스케일링	1.4

▲ 그림 14-14. 스크린샷

14.6 향후 작업

현재 데모 구현에서 산란 맵과 굴절 산란 맵은 충분한 디테일로 수중 지오메트리를 캡처하기 충분한 높은 해상도를 가져야만 한다. 와이먼Wyman과 니콜스Nichols[10] 혹은 릭터liktor와 닥스바커Dachsbacher[6]의 아이디어가 어떻게 광선을 적응적으로 캐스팅하는 데 사용되는지를 연구하는 것은 흥미로울 것이다.

또한 빛을 집중시키는 물 볼륨의 일부를 자르려고 래스터화 파이프라인을 사용하는 대신 볼루메트릭 텍스처로 내부 산란 빛을 축적하는 것이 더 빠를 수 있다. 눈으로 향하는 광선의 위치에 대해 산란 맵과 굴절 산란 맵에 저장된 정보는 씬의 얇은 기능을 통해 누설되는 볼루메트릭 빛을 방지하는 데 사용될 수 있다.

14.7 데모

제공된 기술을 보여주는 엔비디아NVIDIA GPU에서 실행할 수 있는 데모를 코드 저장소에서 제공한다.

참고 문헌

[1] Baboud, l., and Décoret, X. Realistic Water Volumes in Real-Time. In Eurographics Conference on Natural Phenomena (2006), pp. 25-32.

[2] Ernst, M., Akenine-Möller, T., and Jensen, H. W. Interactive Rendering of Caustics Using Interpolated Warped Volumes. In Graphics Interface (2005), pp. 87-96.

[3] Golias, R., and Jensen, l. S. Deep Water Animation and Rendering. https://www.gamasutra.com/view/feature/131445/deep_water_animation_and_re ndering.php, 2001.

[4] Hoobler, N. Fast, Flexible, Physically-Based Volumetric light Scattering. https://developer.nvidia.com/sites/default/files/akamai/gameworks/downloads/pa pers/NVVL/Fast_Flexible_Physically-Based_Volumetric_Light_Scattering.pdf, 2016.

[5] Hu, W., Dong, Z., Ihrke, I., Grosch, T., yuan, G., and Seidel, H.-P. Interactive Volume Caustics in Single-Scattering Media. In Symposium on Interactive 3D Graphics and Games (2010), pp. 109-117.

[6] liktor, G., and Dachsbacher, C. Real-Time Volume Caustics with Adaptive Beam Tracing. In Symposium on Interactive 3D Graphics and Games (2011), pp. 47-54.

[7] Shah, M. A., Konttinen, J., and Pattanaik, S. Caustics Mapping: An Image-Space Technique for Real-Time Caustics. IEEE Transactions on Visualization and Computer Graphics 13, 2 (March 2007), 272-280.

[8] Szirmay-Kalos, l., Aszódi, B., lazányi, I., and Premecz, M. Approximate Ray-Tracing on the GPU with Distance Impostors. Computer Graphics Forum 24, 3 (2005), 695-704.

[9] Wang, R., Wang, R., Zhou, K., Pan, M., and Bao, H. An Efficient GPU-based Approach for Interactive Global Illumination. ACM Transactions on Graphics 28, 3 (July 2009), 91:1-91:8.

[10] Wyman, C., and Nichols, G. Adaptive Caustic Maps Using Deferred Shading. Computer Graphics Forum 28, 2 (Apr. 2009), 309-318.

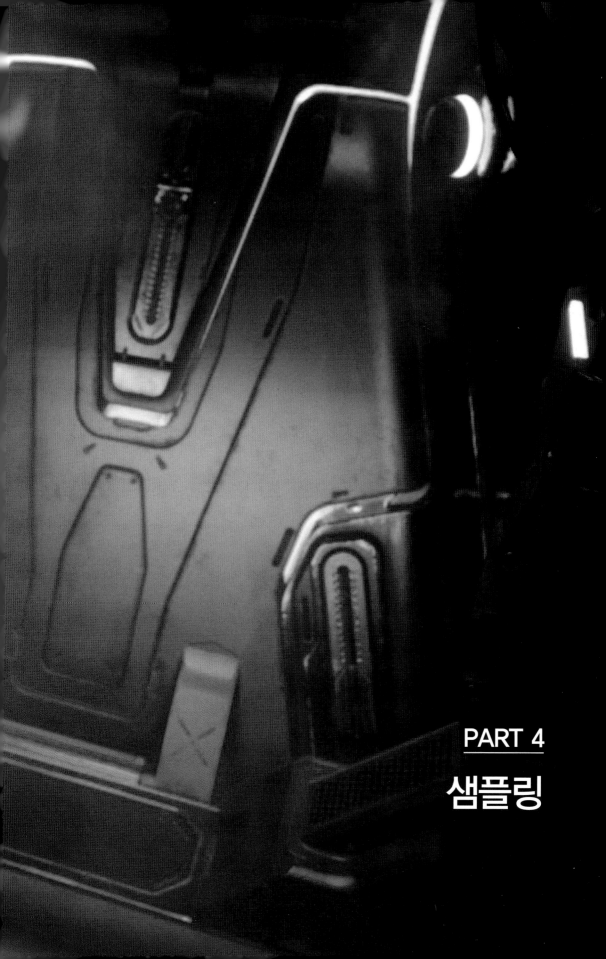

PART 4

샘플링

4부

샘플링

레이 트레이싱은 모두 샘플링에 관한 것이며, 샘플링은 평균을 계산하는 기본 작업이다. 설문 조사를 실시하는 것과 마찬가지로 누구에게 물어보는지가 중요하다. 이는 통계를 얼마나 신뢰할 수 있는지 결정하기 때문이다.

15장, 샘플링의 중요성에서는 평균화해 계산된 그래픽의 유용한 통합을 살펴본다. 샘플링이 중요한 이유, 분산이 감소하는 방식과 줄어들 수도 있는지, 왜 디노이저 denoiser가 피할 수 없는 것인지를 알아본다.

16장, 샘플링 변환 동물원에서는 원하는 밀도나 지오메트리의 조각에 따라 균일하게 분포된 샘플을 변형시킬 수 있는 유용한 코드 조각 모음을 살펴볼 것이다. 레이 트레이싱을 기반으로 하는 자신만의 렌더링 알고리즘을 만들 때 완료해야 하는 모든 샘플링 작업을 완벽하게 보완한다.

17장, 레이 트레이싱 시의 불편함 무시에서는 샘플링이 잘못될 수 있는 것이 무엇인지를 이해하는 데 도움이 되는 시항을 살펴본다. 뭔가를 고치는 간단한 방법이 있으며, 적어도 모든 렌더링 수학을 파괴하지 않는 두 번째 대안이 있다. 전반적으로 17장은 결정적이고 실무에서 입증된 통찰력을 제공한다.

18장, GPU에서의 많은 빛 샘플링의 중요성에서는 한데 모아놓은 방법의 예제로 많은 빛을 사용해 조명을 다루는 최신 알고리즘의 신속한 구현을 제공한다. 이는 실시간 이미지 합성의 영역에 들어가는 영화를 렌더링하는 데 고전적인 도전이다. 18장은 자신만의 개발을 위한 훌륭한 출발점이다.

샘플링에 대해 배울 것이 더 많다. 샘플링 관련 장에서 몬테카를로와 콰시 몬테카를로 통합의 참조를 확인하는 것을 잊지 말자.

알렉산더 켈러 Alexander Keller

15장

샘플링의 중요성

엔비디아의 매트 파르(Matt Pharr)

개요

최근 레이 트레이싱이 실시간 그래픽 파이프라인에 도달함에 따라 개발자는 새로운 도전에 직면했다. 대부분의 광선을 추적 가능하게 만드는 방법을 찾는 것이다. 결정해야 하는 중요한 질문 중 하나는 광선을 추적할 라이팅 효과를 선택하는 것이다. 선택에는 셰도우, 반사, 앰비언트 오클루전, 전체 전역 조명이 포함된다.

또 다른 중요한 질문은 주어진 효과를 추적할 광선을 고르는 방법이다. 이 질문의 소개가 15장의 주제다. 다음으로는 렌더링에서 대부분의 빛 계산이 적분 값을 추정하는 식으로 해석되는 방법과 레이 트레이싱이 효과적인 수치 적분 기법인 몬테카를로에 자연스럽게 어울리는 방법을 알아본다. 몬테카를로 통합에 대한 배경 지식을 바탕으로 잘 선택된 광선이 수렴 속도를 얼마나 크게 향상시킬 수 있는지, 결과적으로 적은 광선에 대해 동일한 품질의 결과를 얻어 전체 시스템 성능을 향상시키거나 같은 수의 광선으로 인한 오류를 줄여 이미지 품질을 향상시킬 수 있는지 볼 것이다.

15.1 소개

2018년 게임 개발 콘퍼런스에서 다이렉트X 레이 트레이싱^{DXR}을 소개한 후 2018년 여름 엔비디아 RTX GPU를 출시하면서 레이 트레이싱은 실시간 렌더링을 위해 분명하게 도착했다. 이는 실시간 그래픽 파이프라인이 보여준 가장 큰 변화 중 하나다. 래스터화만을 가시성 알고리즘으로 제공한 후 이제 두 번째 가시성 알고리즘인 레이 트레이싱이 추가됐다.

레이 트레이싱과 래스터화는 서로를 보완한다. 래스터화는 일관된 가시성 계산을 수행하는 고성능 방법으로 남아 있다. 단일 뷰 포인트(직교 뷰의 경우 단일 동종 뷰 포인트)를 가정하고 정기적으로 픽셀 그리드를 통해 가시성을 샘플링한다. 이런 속성을 함께 사용하면 여러 픽셀에 걸친 삼각형당 작업을 상각하고 픽셀에서 픽셀까지의 깊이와 적용 범위를 점진적으로 계산하는 고성능 하드웨어 구현이 가능하다.

대조적으로 레이 트레이싱은 완전히 비일관적인 가시성 계산을 허용한다. 각각의 추적된 광선은 임의의 원점과 방향을 가질 수 있다. 하드웨어는 아무런 제약을 두지 않는다.

레이 트레이싱을 통해 개발자는 가장 잘 사용하는 방법을 파악해야 한다. GPU 레이 트레이싱 하드웨어는 몇 가지 가시성 프리미티브를 제공한다. "이 방향의 이점에서 가장 먼저 보이는 것은 무엇인가?", "이 두 점 사이의 직선 세그먼트를 막고 있는 것이 있는가?" 그러나 이미지 합성에 어떻게 사용돼야 하는지를 지시하지는 않는다. 결정은 개발자에게 달려 있다. 어떤 의미에서 상황은 GPU의 프로그래밍 가능한 셰이더와 유사하다. 하드웨어는 기본적인 계산 기능을 제공하고 애플리케이션에서 사용하는 가장 좋은 방법을 정하는 것은 개발자에게 달려 있다.

추적할 광선을 선택하는 것과 관련된 일부 거래에 동기를 부여하고자 몬테카를로 적분의 렌즈를 통해 기본 앰비언트 오클루전 계산을 살펴본다. 영역 광원에서 직접 조명을 하기 위한 아이디어 일부를 적용하는 것을 보기 전에 다른 샘플링 기법(따라서 다른 추적된 광선)이 다른 양의 오차로 이어지는 방식을 볼 것이다.

렌더링을 위해 제대로 샘플링하는 것은 복잡한 주제다. 이 주제에 대한 책이 쓰여졌으며 활발한 연구 분야로 남아 있다. 따라서 15장은 주제의 겉만 긁을 수 있다. 그러나 그 과정에서 더 많은 정보를 제공하는 리소스에 대한 포인터를 제공한다.

15.2 예제: 앰비언트 오클루전

빛과 반사 및 그래픽과 관련된 대부분의 계산은 적분 문제로 이해할 수 있다. 예를 들어 표면에서 반사된 빛을 계산하기 위해 점에서의 반사를 설명하는 양방향 산란 분포 함수BSDF, Bidirectional Scattering Distribution Function를 사용해 한 지점에서 반구에 모든 방향으로 도달하는 입사광의 산물을 적분한다.

몬테카를로 적분은 렌더링에서 이러한 통합 작업을 위한 효율적인 방식으로 알려졌다. 이는 피적분 함수에서 랜덤 샘플의 가중 평균을 취한 것을 기반으로 하는 통계 기법이다. 몬테카를로는 고차원 적분(전역 조명과 마주치게 될 것이다)과 잘 작동하고 적용 가능한 함수에 대한 제한이 거의 없으며 점별 평가만 요구하므로 렌더링에 적합하다. 주제에 대한 접근 가능한 소개는 소볼Sobol의 책[5]을 참고하자.

샘플링은 레이 트레이싱에 완벽하게 적합하다. 이는 "광원이 이 방향에서 볼 수 있는가?" 혹은 "이 방향에서 첫 번째로 볼 수 있는 표면은 무엇인가?" 같은 쿼리에 해당한다.

다음은 k 샘플을 가진 기본 몬테카를로 추정자의 정의며 어떤 함수 f의 n차원 적분의 근삿값을 계산하는 방법이다.

$$E\left[\frac{1}{k}\sum_{i=1}^{k}f(X_i)\right] = \int_{[0,1]^n} f(x)dx \tag{1}$$

등식의 왼쪽에 기댓값을 나타내는 E가 있다. 통계적으로 대괄호 안의 수량은 오른쪽의 표현식 값을 취할 것으로 예상된다. 때때로 더 클 수도 있고 더 작을 수도 있지만 더 많은 값의 한계에서 평균이 수렴할 것으로 예상할 수 있다.

대괄호 안의 표면은 $[0, 1]^n$의 모든 값을 균일한 확률로 취하는 독립적인 랜덤 변수 X_i의 세트를 사용하는 f 값의 평균이다. 구현에서 각 X_i는 단지 n차원 랜덤 숫자일 수 있지만 여기서 랜덤 변수의 항으로 몬테카를로 추정자를 작성하는 것은 기댓값의 엄격한 논의를 가능하게 하는 것이다.

이제 적분의 값을 추정하는 쉬운 구현 방식을 가졌다. 이것을 일부 글로벌 라이팅 효과에 합리적인 근사치를 제공하는 유용한 셰이딩 테크닉인 앰비언트 오클루전에 적용하자. 점 P에서 앰비언트 오클루전 함수 a를 다음과 같이 정의한다.

$$a(P) = \frac{1}{\pi} \int_{\Omega} V_d(\omega) \cos \theta \, dw \tag{2}$$

여기서 V_d는 방향 ω에서 P의 광선이 d보다 적은 거리에서 가려지면 0, 그 이외는 1이다. Ω는 P에서의 표면 법선 주위 방향의 반구를 나타내며 각도 θ는 표면 법선에 대해 측정된다. $1/\pi$ 항은 $a(P)$의 값이 0과 1 사이임을 보장한다.

이제 기본 몬테카를로 추정자를 앰비언트 오클루전에 적용하는 것을 고려하자. 여기서는 $[0, 1)^n$ 도메인이 아닌 반구를 통해 적분하지만 추정치가 다른 적분 도메인에도 적용됨을 보여주고자 변수를 약간 변경하는 것은 그리 어렵지 않다. 추정자는 다음과 같다.

$$a(P) = E\left[\frac{1}{k} \sum_{i=1}^{k} \frac{1}{\pi} V_d(\omega_i) \cos \theta_i \right] \tag{3}$$

여기서 ω_i는 반구의 임의의 방향이며 각각은 균일한 확률로 선택된다.

반구에 분포된 방향을 선택하는 간단한 방법이 있다. $[0, 1)$에 난수 ξ_1과 ξ_2가 주어지면 다음은 방향 $(0, 0, 1)$을 중심으로 반구에 방향을 제공한다(따라서 방향은 표면 법선과 정렬된 z축을 지닌 좌표 프레임으로 변환돼야 한다).

$$(x, y, z) = \left(\sqrt{1 - \xi_1^2} \cos(2\pi\xi_2), \sqrt{(1 - \xi_1^2)} \sin(2\pi\xi_2), \xi_1 \right) \tag{4}$$

그림 15-1은 추정자를 위해 4개의 샘플을 사용해 앰비언트 오클루전을 사용해 셰이딩된 왕관 모델을 보여준다. 단지 4개의 샘플과 노이즈 제거가 없는 결과는 자연스럽게 노이즈가 발생한다. 그러나 그것이 옳은 방향으로 향하는 것처럼 보일 수 있다.

▲ 그림 15-1. 앰비언트 오클루전으로 렌더링된 왕관 모델. 왼쪽: 픽셀당 네 개의 무작위 광선을 추적해 보이는 지점의 반구에 균일하게 분포했다. 오른쪽: 수렴 솔루션의 참조 이미지가 픽셀당 2048개의 광선으로 렌더링됐다.

또 다른 몬테카를로 추정기는 불균일한 확률 분포로부터 무작위 샘플을 취할 수 있게 한다. 다음은 정의다.

$$E\left[\frac{1}{k}\sum_{i=1}^{k}\frac{f(X_i)}{p(X_i)}\right] = \int_{[0,1]^n} f(x)dx \tag{5}$$

아이디어는 독립적인 랜덤 함수 X_i가 어떤 불균일 분포 $p(x)$에 따라 분포된다는 것이다. $p(X_i)$로 나누기 때문에 모든 것이 잘 작동한다. 도메인의 일부에서 샘플을 얻을 가능성이 높을 때 $p(X_i)$는 상대적으로 크며 이 샘플의 기여도가 줄어든다. 반대로 낮은 확률을 가진 샘플의 선택은 균일한 샘플로 할 때보다 덜 발생하지만 $p(X_i)$ 값이 상대적으로 적기 때문에 샘플이 더 많이 기여한다. 이 예제에서 샘플은 $p(X_i) = 0$을 갖지 않는다.

왜 이런 식으로 비균일하게 샘플링하는 것일까? 앰비언트 오클루전을 다시 고려하는 것으로 이유를 알 수 있다. 반구에 코사인 분포 샘플을 취하는 샘플링 예제가 있다(다시 말하지만 (0, 0, 1)을 중심으로 한다).

$$(x,y,z) = \left(\sqrt{\xi_1} \cos(2\pi\xi_2), \sqrt{\xi_1} \sin(2\pi\xi_2), \sqrt{1-\xi_1} \right) \tag{6}$$

다시 이것은 [0, 1)에 있는 두개의 독립적인 균일 랜덤 샘플 ξ_1과 ξ_2를 취해 변환한다. $p(\omega) = \cos\theta/\pi$며 π는 정규화에 필요하다.

이를 종합하면 코사인 분포 샘플 ω_i를 사용하는 경우 앰비언트 오클루전 적분에 대한 다음의 추정자를 가진다.

$$a(P) = E\left[\frac{1}{k} \sum_{i=1}^{k} \frac{1}{\pi} \frac{v(\omega_i)\cos\theta_i}{\cos\theta_i/\pi} \right] = E\left[\frac{1}{k} \sum_{i=1}^{k} v(\omega_i) \right] \tag{7}$$

$\cos\theta$에 정확히 비례하는 확률로 광선을 생성할 수 있기 때문에 코사인 항은 소거된다. 결과적으로 샘플링하는 모든 광선은 추정에 0이나 1이라는 동일한 기여를한다.[1] 구현은 간단하다.

```
1  float ao(float3 p, float3 n, int nSamples) {
2      float a = 0;
3      for (int i = 0; i < nSamples; ++i) {
4          float xi[2] = { rng(), rng() };
5          float3 dir(sqrt(xi[0]) * cos(2 * Pi * xi[1]),
6                     sqrt(xi[0]) * sin(2 * Pi * xi[1]),
7                     sqrt(1 - xi[0]));
8          dir = transformToFrame(n, dir);
9          if (visible(p, dir)) a += 1;
10     }
11     return a / nSamples;
12 }
```

그림 15-2는 왕관 모델을 다시 보여주며, 균일 샘플링과 코사인 분산 샘플링을 비교한다. 코사인 분포 샘플링은 눈에 띄게 오류가 적다. 이것이 가능한 이유가 뭘까?

---

1. 화면 공간 앰비언트 오클루전을 구현한 경우 이 접근 방식을 이미 사용하고 있을 가능성이 있지만, 이렇게 할 만한 가치가 있는지 이해하는 것이 더 쉬울 것이다.

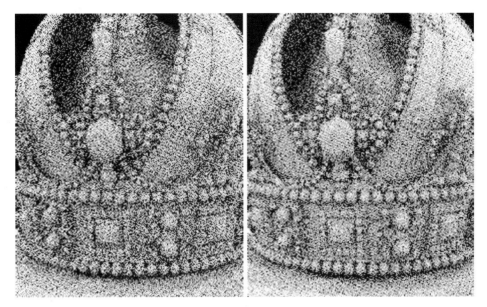

▲ **그림 15-2.** 앰비언트 오클루전으로 렌더링된 왕관 모델. 균일 샘플링(왼쪽)과 코사인 가중치 샘플링(오른쪽). 둘 다 픽셀당 4개의 광선을 사용했다. 코사인 기준 균일 샘플링보다 거의 30% 적은 평균 픽셀 에러를 가지며, 이는 노이즈가 현저하게 적은 이미지로 반영된다.

균일하게 분포된 샘플링에서 일부 광선은 중요하지 않은 기여를 한다. 수평선에 가까운 광선을 생각해보자. $\cos\theta$의 값은 0에 가까울 것이고 광선을 추적해 효과적으로 거의 학습하지 못한다. 평가자의 합계에 대한 기여는 0이나 최소일 것이다. 달리 말하면 다른 모든 광선과 마찬가지로 광선을 추적하고자 많은 노력을 기울이지만 많은 것을 얻지는 못한다. 두 기술 사이에서 광선을 샘플링하는 데 필요한 계산량의 차이는 무시할 수 있으므로 좀 더 효율적인 샘플링 기술을 사용하지 않을 이유가 없다.

정수와 유사한 분포에서 샘플링하는 이 일반적인 기법을 중요도 샘플링이라고 하며, 렌더링에서 효율적인 몬테카를로 적분을 위한 중요한 기술이다. $f(x)$와 매치되는 $p(x)$가 가까울수록 결과가 더 좋아진다. 그러나 $p(x)$가 $f(x)$와 잘 매치되지 않으면 발생하는 비율 $f(x)/p(x)$는 아주 작은 값과 매우 큰 값 사이에서 진동하므로 에러가 증가할 것이다. $f(x) \neq 0$일 때마다 $p(x) > 0$인 한, 오류가 위로가 되기에는 충분히 높을 수 있지만 결과는 여전히 한계에서 정확할 것이다.

15.3 분산 이해

분산이라는 개념은 몬테카를로 통합에서 예상되는 오류를 특성화하는 데 유용하다. 임의의 변수 X의 분산은 다른 기대의 용어로 정의된다.

$$V[X] = E\big[(X - E[X])^2\big] = E[X^2] - E[X]^2 \tag{8}$$

따라서 분산은 임의의 변수와 변수의 기대되는 값(즉 평균) 차이의 제곱 값 측정이다. 다시 말하면 임의의 변수가 낮은 분산을 가졌다면 대부분의 경우 그 값은 평균에 가깝다(분산이 높다면 그 반대다).

랜덤 변수의 기대치를 정확하게 계산할 수 있다면(가령 많은 수의 샘플과 몬테카를로 적분을 사용해) 식 (8)을 사용해 직접 분산의 추정치를 계산할 수 있다.

또한 분산을 추정할 수도 있다. 랜덤 변수의 여러 독립적인 값이 주어지면 작은 조정으로 식 (8)을 사용해 샘플 분산을 계산할 수 있다. 다음 코드는 계산 방식을 보여준다.

```
1  float estimate_sample_variance(float samples[], int n) {
2      float sum = 0, sum_sq = 0;
3      for (int i = 0; i < n; ++i) {
4          sum += samples[i];
5          sum_sq += samples[i] * samples[i];
6      }
7      return sum_sq / (n * (n - 1))) -
8             sum * sum / ((n - 1) * n * n);
9  }
```

모든 샘플을 저장할 필요는 없다. 샘플 분산은 임의의 변수 값의 합계와 제곱한 합계, 샘플의 전체 개수를 계속 추적해 점진적으로 계산할 수 있다.

샘플 분산의 한 가지 문제는 분산 자체를 가진다는 것이다. 기본 추정자가 높은 분산을 갖더라도 여러 비슷한 샘플 값을 갖는 일이 발생하면 샘플 분산의 아주 많이 낮은 추정치를 계산하게 될 것이다.

분산과 수집한 샘플 개수 간의 근본적인 관계가 있기 때문에 분산은 특히 몬테카를로 적분에서 유용한 개념이다. 임의의 샘플의 경우 분산은 수집하는 샘플의 개수에 따라 선형으로 감소한다.[2]

따라서 분산을 반으로 줄이려면 2배 많은 샘플을 얻으면 된다고 기대할 수 있다(가령 두 배 많은 광선을 추적한다든지). 불행하게도 분산은 제곱한 오차이므로 오차를 절반으로 줄이는 데는 4배 많은 샘플이 필요하다.

분산과 수집한 샘플 개수 간의 이런 관계는 인터랙티브 레이 트레이싱에 대한 몇 가지를 설명하는 데 도움이 된다. 한편으로는 이미지가 픽셀당 하나의 샘플에서 2개, 그다음엔 3개 이상으로 크게 향상하는지를 이해하는 데 도움이 된다. 오직 하나만 취할 때 샘플의 개수를 2배로 하는 것은 쉬우며, 이러면 분산이 반으로 줄어든다.

반면 이 속성은 더 많은 광선이 언제나 답은 아니라는 것도 설명한다. 픽셀당 128개의 광선을 추적하지만 원하는 것보다 2배 이상 더 많은 분산을 갖는 경우 이것을 처리하려면 128개 이상이 필요하다. 픽셀당 수천 개의 샘플을 지닌 이미지가 여전히 노이즈를 가진다면 더 안 좋아질 것이다. 이런 관점에서 노이즈 제거 알고리즘의 가치를 쉽게 알 수 있다. 합리적인 수의 광선이 추적되면 더 많은 광선보다 오래 지속되는 노이즈를 처리하는 좀 더 효율적인 방법이 있다.

왕관 렌더링에서 모든 픽셀의 평균 샘플 분산을 계산했다. 균일하게 샘플링된 방향을 지닌 앰비언트 오클루전 이미지(그림 15-2, 위쪽)는 평균 분산을 0.0972만큼 갖고, 코사인 가중 방향의 이미지(그림 15-2, 오른쪽)는 0.0508을 가진다. 두 분산의 비율은 대략 1.91이다. 따라서 코사인 가중 샘플링보다 1.91배 더 많은 광선을 균일 샘플링으로 추적하면 거의 동일한 품질의 결과를 얻을 것이다.

이전에 교차당 4개의 광선을 추적했다. 그림 15-3은 각 교차점에 $1.91 \times 4 \times 8$의 균일하게 분포된 방향이 있으면 4개의 코사인 가중 방향을 사용하는 것과 비슷한

---

2. 일부 신중하게 구성된 샘플링 패턴에서 특히 피적분이 부드러운 경우 분산은 훨씬 빠르게 감소할 수 있다. 그러나 여기서의 논의를 위해 무시하겠다.

결과가 나온다는 것을 보여준다. 이미지는 비슷한 품질을 가진 것으로 보이며 픽셀당 8개의 균일 샘플링 방향을 지닌 이미지는 0.0484의 평균 픽셀 분산을 갖는데, 이는 4개의 코사인 가중 광선보다 약간 더 좋다.

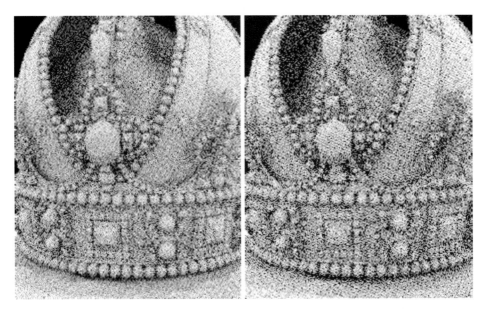

▲ 그림 15-3. 분산은 샘플 수에 따라 선형적으로 감소하므로 특정 양의 측정 분산을 줄이기 위해 필요한 샘플의 수를 정확하게 추정할 수 있다. 8개의 균일 분포 샘플 왕관(왼쪽)과 4개의 코사인 분산 샘플 왕관(오른쪽)을 비교한다. 오른쪽의 이미지가 절반의 광선을 추적해야 한다고 해도 양쪽 이미지의 분산은 거의 동일하다.

분산 추정은 노이즈를 제거할 때 필터 커널 너비를 조정하는 데 사용할 수도 있다. 분산이 낮은 곳에서는 필터링이 많이 필요하지 않지만 분산이 높은 곳에서는 넓은 필터는 좋은 생각이다. 샘플 분산 추정치의 분산에 대한 초기 경고는 다음과 같다. 실제로 분산 추정치의 오차를 줄이기 위해 주변 픽셀 그룹에 걸치거나 일시적으로 다중 프레임에 걸쳐 분산 추정치를 필터링하는 것이 일반적으로 좋다.

또한 분산 추정은 더 많은 광선을 추적해야 하는 위치를 결정하려는 적응형 샘플링 알고리즘의 좋은 가이드가 될 수 있다. 실제로 이미 수집된 샘플 수에 대해 분산 비율이 가장 높은 픽셀을 선택할 수 있다면 추가 광선을 최대한 활용하고 있음을 알고 있다. 광선이 많을수록 분산이 선형적으로 감소함을 고려할 때 이러한 광선

은 전체 이미지에서 분산 감소에 가장 큰 영향을 미친다.[3]

15.4 직접 조명

렌더링에서 또 다른 중요한 적분은 표면 산란 방정식에서 비롯된다. 이는 입사광 함수 $L_i(P, \omega)$와 BSDF $f(\omega \rightarrow \omega_0)$로 인해 점 P에서 ω_0 방향으로 산란된 광선을 제공한다.

$$L_0(P, \omega_0) = \int_\Omega L_i(P, \omega) f(\omega \rightarrow \omega_0) \cos\theta \, d\omega \tag{9}$$

15.4절에서는 이 적분의 값을 추정할 때 몇 가지 다른 샘플링 선택의 효과를 고려하고 분산에 미치는 영향을 측정한다.

이상적으로는 방향 ω를 $L_i, f, \cos\theta$ 곱의 값에 비례해 샘플링할 수 있기를 원한다. 일반적으로 이것은 입사광 함수가 일반적으로 닫힌 형태로 제공되지 않기 때문에 수행하기 어렵다. 이를 평가하려면 광선을 추적해야 한다.

여기서는 몇 가지 단순화를 수행한다. 먼저 씬의 방출기에서 입사광만 고려하고 간접 조명은 무시한다. 둘째로 L_i에 비례하는 샘플링에서 다양한 선택의 효과만 살펴본다. 두 번째 단순화는 절대 사용해서는 안 된다. BSDF에서 샘플링하고 샘플에 가중치를 부여할 때 다중 중요도 샘플링^{multiple importance sampling}이라고 하는 강력한 분산 감소 기술을 사용해야 한다[6].

이러한 단순화를 통해 다음 몬테카를로 추정자의 값을 계산해야 한다.

$$L_0(P, \omega_0) = E\left[\frac{1}{k} \sum_{i=1}^{k} \frac{L_i(P, \omega_i) f(\omega_{i \rightarrow \omega_0}) \cos\theta_i}{P(\omega_i)} \right] \tag{10}$$

---

3. 이와 같이 샘플링된 값을 기반으로 적응형 샘플링을 구동하면 몬테카를로 추정자가 바이어스[3]된다. 이는 지금까지 설명한 방식으로 수렴되지 않는 것을 의미한다. 근본적인 문제는 본질적으로 추정한 표본 분산의 오류가 실제 오류가 아니라는 것이다.

여기서 ω_i는 일부 분포 $p(\omega)$에서 샘플링됐다. 직접 조명만을 고려한다면 광원을 확실하게 가로지르지 않는 방향을 샘플링할 이유가 없다. 따라서 합리적인 전략은 빛의 표면에 대한 분포에 따라 샘플링하고 광원상의 한 점을 선택한 다음 방향 ω_i를 P에서 샘플링한 점까지의 방향으로 설정하는 것이다.

구형 방출기의 경우 간단한 접근 방식은 구의 전체 표면에 걸쳐 점을 샘플링하는 것이다. 다음 예제는 한 쌍의 균일한 샘플 ξ_1과 ξ_2를 가져와 원점에서 단위 구의 점을 균일하게 샘플링한다.

$$
\begin{aligned}
z &= 1 - 2\xi_1, \\
x &= \sqrt{1 - z^2}\cos(2\pi\xi_2), \\
y &= \sqrt{1 - z^2}\sin(2\pi\xi_2)
\end{aligned}
\tag{11}
$$

그림 15-4는 이 접근 방식이 2차원 설정에서 어떻게 작동하는지 보여준다. 문제는 분명하다. 원의 절반 이상이 바깥의 점에서 보이지 않으므로 점과 관련해 원의 뒷면에서 가져온 모든 샘플은 낭비되는 광선을 초래한다. 원의 다른 부분이 점 P에서 샘플링된 점을 가리기 때문이다. 비슷한 경우는 3차원에서 마찬가지다.

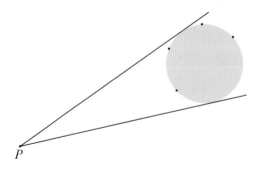

▲ 그림 15-4. 구형 광원(노란색 원)의 점을 샘플링할 때 구 외부의 점 P에서는 구의 최소 절반이 가려진다. 여기에 나온 대로 구 표면의 균일한 샘플링 지점은 구의 뒷면에 있는 모든 샘플이 구의 다른 부분에 의해 가려져 유용하지 않기 때문에 비효율적이다.

더 나은 샘플링 전략은 구를 점 P의 원뿔로 묶고 원뿔 내에서 균일하게 샘플링해 구의 점을 선택하는 것이다. 이렇게 하면 모든 샘플을 해당 지점에 표시할 수 있다 (여전히 씬의 다른 오브젝트에 의해 가려질 수 있다). 각도가 θ인 원뿔에서 균일하게 샘플링하기 위한 예제는 16장에 나와 있지만 여기에서 반복한다.

$$\cos\theta' = (1 - \xi_1) + \xi_1\cos\theta,$$

$$\phi = 2\pi\xi_2 \tag{12}$$

여기서 θ'는 $[0, \theta)$ 범위의 원뿔 축에 대해 측정된 각도이고 ϕ는 원뿔 축 주위의 회전을 정의하는 0에서 2π 사이의 각도다. 그림 15-5는 이 기술을 보여준다.

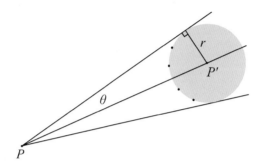

▲ 그림 15-5. 점 P에서 볼 때 구형 방출기를 묶는 원뿔의 각도 θ를 계산하고 원뿔 내에서 균일한 확률로 방향을 샘플링하면 P와 관련해 방출기의 뒷면에 없는 점(검은 점)을 샘플링할 수 있다. 개선한 샘플링 전략은 큰 차이를 만든다.

이미지는 그림 15-6에 표시했다. 픽셀당 4개의 광선을 사용하면 구형 방출기를 균일하게 샘플링할 때의 평균 픽셀 분산은 0.0787이다. 원뿔을 샘플링할 때 분산은 0.0248이나 3.1배 낮게 된다. 앰비언트 오클루전에서 봤듯이 원뿔 내에서 샘플링하는 대신 균일한 샘플링을 사용하는 경우 동일한 품질로 결과를 생성하려면 3.1배 더 많은 광선을 추적해야 한다고 말할 수 있다.

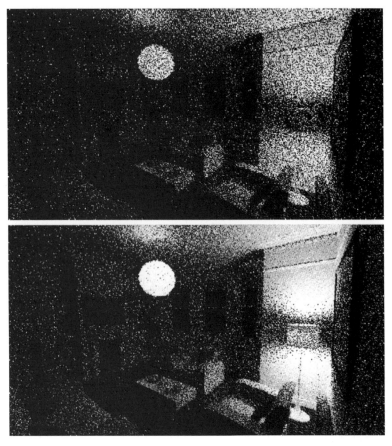

▲ **그림 15-6.** 야간에 두 개의 구형 광원이 있으며 픽셀당 4개의 샘플로 렌더링된 하얀 방의 씬. 상단: 구형 광원의 균일한 샘플링. 하단: 조명되는 각 지점에서 분리된 원뿔 내의 샘플링. 더 나은 샘플링 방법을 사용하기 때문에 동일한 수의 광선을 추적할 때 하단 이미지에서 분산이 3.1배 더 낮다(CC-BY 라이선스 하에서 제이 하디(Jay Hardy)가 제공한 장면).

마지막 예처럼 샘플링할 라이트를 선택하는 것이 분산에 큰 차이를 만든다는 것을 알 수 있다.

하얀 방과 같이 두 개의 광원이 있는 씬에서 광선의 절반을 한 빛으로, 다른 절반을 다른 빛으로 추적하는 것이 자연스럽다. 그러나 두 광원 중 하나에 가까운 지점을 고려하자(예, 오른쪽 플로어 램프 위의 벽). 천장의 광원이 바로 옆의 광원만큼 벽에 많은 빛을 제공하지 않는 것이 시각적으로 분명하다. 즉, 천장 조명으로 추적된 광선이 더 가까운 빛으로 추적된 광선보다 훨씬 낮은 기여도를 갖게 된다. 앰비언트 오클루전과 수평선에 가까운 광선과 정확히 같은 상황이다.

수신 지점까지의 거리와 방출되는 출력에 대한 확률에 따라 샘플링할 빛을 대신 선택하면 분산이 더 줄어든다.[4] 그림 15-7은 결과를 보여준다. 추정된 기여도에 조명을 샘플링할 확률을 조정하면 또 다른 중요한 개선이 이뤄진다. 평균 픽셀 분산은 0.00921이며, 이는 균일한 확률인 샘플링 조명(이것의 평균 픽셀 분산은 0.0248)에서 2.7배 감소한 것이다. 이 두 가지 샘플링 개선 사항으로 인해 전체 요소가 8.5배로 분산이 감소했다.

▲ **그림 15-7.** 조명을 위해 샘플링할 빛을 선택하는 다양한 접근 방식을 비교하는 야간의 하얀 방 씬. 상단: 빛이 균일한 확률로 샘플링된다. 하단: 조명은 반사가 계산되는 지점에서 투사되는 조명의 추정치에 비례해 확률로 샘플링된다. 후자의 기술에 의해 분산이 2.7배 감소했다(CC-BY 라이선스에 따라 제이 하디가 제공한 씬).

---

4. 콘티 에스테베즈(Conty Estevez)와 쿨라(Kulla)의 논문을 참고하자. 해당 논문에서 우리가 구현한 알고리즘과 18장을 설명한다.

15.5 결론

15장에서 샘플링의 세부 사항을 기본적으로 이해하고 제대로 샘플링하는 것이 무슨 가치를 지니는지 이해했기를 기대한다. 비효율적으로 샘플링하기는 쉽지만 제대로 샘플링하는 것이 그렇게 어렵지는 않다. 더 신중하게 샘플링하고 더 유용한 광선을 추적함으로써 인자에 따라 거의 2배에서 8.5배까지의 분산 감소 사례를 보여줬다.

분산과 샘플 수 사이의 연결을 고려할 때 이러한 결과를 보는 또 다른 방법은 샘플을 제대로 샘플링하지 않으면 GPU가 제공하는 실제 성능의 1/2에서 1/8만큼만을 가진 것과 거의 동일하다.

15장에서는 레이 트레이싱에서 샘플을 제대로 샘플링하는 방법의 겉만 살펴봤다. 예를 들어 BSDF로 정의한 분포에 따라 샘플링하는 방법이나 중요한 분산 감소 기술인 다중 중요도 샘플링을 적용하는 방법은 다루지 않았다. 이러한 주제에 대한 더 자세한 정보는 16장, 18장, 28장을 참고하자. 또한 좀 더 균일하게 분포된 샘플을 사용해 얻을 수 있는 실질적인 오류 감소도 다루지 않았다. 그러한 접근법 중 하나에 대한 자세한 내용은 켈러Keller의 설문 조사[2]를 참고하자. 이 모든 주제에 대한 또 다른 유용한 자료는 『물리 기반 렌더링Physical Based Rendering 3/e』[4](에이콘, 2019)이 있다.

참고 문헌

[1]   Conty Estevez, A., and Kulla, C. Importance Sampling of Many Lights with Adaptive Tree Splitting. Proceedings of the ACM on Computer Graphics and Interactive Techniques 1, 2 (2018), 25:1–25:17.

[2]   Keller, A. Quasi-Monte Carlo Image Synthesis in a Nutshell. In Monte Carlo and Quasi-Monte Carlo Methods 2012. Springer, 2013, pp. 213–249.

[3]   Kirk, D., and Arvo, J. Unbiased Sampling Techniques for Image Synthesis. Computer Graphics (SIGGRAPH) 25, 4 (1991), 153–156.

[4]   Pharr, M., Jakob, W., and Humphreys, G. Physically Based Rendering: From Theory to Implementation, third ed. Morgan Kaufmann, 2016.

[5]   Sobol, I. M. A Primer for the Monte Carlo Method. CRC Press, 1994.

[6]   Veach, E., and Guibas, L. J. Optimally Combining Sampling Techniques for Monte Carlo Rendering. In Proceedings of SIGGRAPH (1995), pp. 419–428.

16장

샘플링 변환 동물원

엔비디아의 피터 셜리(Peter Shirley), 사물리 레이네(Samuli Laine), 데이비드 하트(David Hart), 매트 파르(Matt Pharr), 페트릭 클라버그(Petrik Clarberg), 에릭 헤인스(Eric Haines), 마티아스 라브(Matthias Raab), 데이비드 클라인(David Cline)

  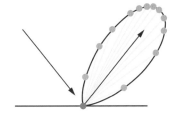

개요

이 책에서는 특정 도메인에서 원하는 확률 밀도 함수에 따라 분포된 표본을 생성하기 위한 몇 가지 수식과 방법을 제시한다. 런타임와 전처리 양쪽에서 샘플링은 현재 렌더링의 기본 작업이다. 많은 레이 트레이싱 알고리즘이 본질적으로 샘플링을 기반으로 하기 때문에 샘플링은 표준 API에서 레이 트레이싱의 도입으로 점점 더 널리 보급되고 있다. 16장에서는 유용한 트릭과 방법의 간략한 목록을 제공한다.

16.1 샘플링의 메커니즘

레이 트레이싱 프로그램의 일반적인 작업은 기반이 되는 확률 밀도 함수[PDF, Probability Density Function]가 있는 도메인에서 샘플 집합을 선택하는 것이다. 예를 들어 확률 밀도가 편각의 코사인에 비례하는 반구상의 점집합이다. 이는 종종 단위 하이퍼 큐브에서 균일한 샘플 세트를 취해 원하는 도메인으로 변환함으로써 수행된다. 이 일반적인 샘플 생성 파이프라인에 익숙하지 않은 독자는 파르[Pharr] 등[8]의 13장을 참고하자.

이 장에서는 필자가 레이 트레이싱 프로그램에서 유용하다고 발견한 특정 분포를 생성하는 다양한 방법을 보여준다. 이들은 모두 이전에 출판됐거나 '전통적인 지혜'의 일부다.

16.2 배포 소개

1차원에서 원하는 PDF p로 샘플을 생성하는 변환을 만드는 표준적인 방법이 있다. 이 방법 이면의 핵심 관찰은 대개 대문자 $P(x)$로 표시되는 누적 분포 함수[CDF, Cumulative Distribution Function]라고 불리는 구조를 사용하는 것이다.

$$P(x) = \text{균일하게 분포된 샘플 확률 } u < x = \int_{-\infty}^{x} p(y)dy \qquad (1)$$

이 함수가 유용하게 되는 방법을 보고자 원하는 와핑 함수 $g : x = g(0.5)$를 통과할 때 특정 균일 분포 값 $u = 0.5$가 어디로 갈 것인지를 결정하고 싶다고 가정해보자. g가 비감소인 것으로 가정하면 (그것의 미분이 절대 음수가 아니므로) 점의 절반은 $g(0.5)$보다 작은 x 값에 매핑되고 나머지 절반은 $g(0.5)$보다 큰 x 값에 매핑된다. CDF의 본질적인 속성 때문에 $P(x) = 0.5$일 때 PDF 아래 절반의 영역이 x의 왼쪽에 있다는 것을 알기 때문에 다음을 추론할 수 있다.

$$P(g(0.5))=0.5 \qquad (2)$$

이 기본 관찰은 실제로 $x = 0.5$인 모든 x에 대해 작동한다. 따라서 다음을 가진다.

$$g(x) = P^{-1}(x) \tag{3}$$

여기서 P^{-1}은 P의 역함수다. 역함수의 표기는 혼란스러울 수 있다. 실제로 대수적으로 의미하는 것은 PDF p가 주어졌을 때 식 (1)의 적분을 사용해 통합한 후 결과 방정식에서 x를 풀어내는 것(P를 반전하는 것)이다.

$$u = P(x)$$

균일하게 분포된 샘플의 시퀀스 u가 주어지면 샘플의 p 분산 시퀀스 x를 찾고자 p의 역수를 계산한다.

2차원 도메인의 경우 두개의 균일하게 분산된 샘플 $u[0]$와 $u[1]$이 필요하다. 이들은 함께 2차원 단위 사각형에 점 $(u[0], u[1]) \in [0, 1)^2$을 제공한다. 또한 원하는 도메인으로 변형할 수 있다.

예를 들어 단위 디스크에서 균일하게 분포된 샘플을 선택하고자 측정값 $dA = r\,dr\,d\varphi$를 사용해 극좌표에 적분을 기록한다. 여기서 r은 양의 x축에서 각도 φ를 따르는 원점으로부터의 거리(반경)를 나타낸다. 2D 도메인에서 가능한 경우 두 차원은 두 개의 독립적인 1D PDF로 분리되며 측정에서 r은 신중하게 처리해야 한다. 단위 디스크상의 균일한 밀도에 대해 균일한 $P(r, \varphi) = 1/\pi$지만 2개의 1D 독립적 밀도로 분리될 때 r은 반경의 밀도에 부착된다. 결과인 두 1D PDF는 다음과 같다.

$$p_1(\varphi) = \frac{1}{2\pi}, \quad p_2(r) = 2r \tag{4}$$

상수 항 $1/2\pi$과 2는 각각의 PDF가 1에 통합되게 한다. (이전에 언급한 PDF에 필요한 속성) 두 PDF에 대한 CDF를 찾으면 다음을 얻는다.

$$p_1(\varphi) = \frac{\varphi}{2\pi}, \quad p_2(r) = r^2 \tag{5}$$

이 CDF를 존중해 균일한 샘플 $u[0]$와 $u[1]$을 변환하려면 각 1D CDF에 식 (2)를 적용할 수 있다.

$$(u[0], u[1]) = \left(\frac{\varphi}{2\pi}, r^2 \right) \tag{6}$$

그리고 그다음에 φ와 r 각각에 대해 푼다.

$$(\varphi, r) = \left(2\pi u[0], \sqrt{u[1]} \right) \tag{7}$$

이 기본 '플레이북'은 문헌에서 발견된 대부분의 변형에 사용된다.

우리의 처리는 $(u[0], u[1])$이 단위 제곱에서 균일하다고 가정하지만 더 높은 차원에서 점들은 단위 하이퍼큐브 $[0, 1)^d$에서 균일하게 분포된다는 점이 중요하다. 이러한 샘플은 (의사) 랜덤 또는 준랜덤 방법으로 생성할 수 있다[6].

15장의 나머지 부분에서는 일반적으로 파생이 없고 대부분 2차원에 있으며 레이트레이싱 프로그램에서 유용한 것으로 나타난 몇 가지 변형을 제공한다.

16.3 1차원 배포

16.3.1 선형

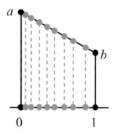

$f(0) = a$ 및 $f(1) = b$인 $[0, 1]$에 대한 선형 함수가 주어지고 균일하게 분포된 표본 u가 주어지면 다음은 f에 따라 분포된 값 $x \in [0, 1]$을 생성한다.

```
1  float SampleLinear( float a, float b ) {
2      if (a == b) return u;
3      return clamp((a - sqrt(lerp(u, a * a, b * b))) / (a - b), 0, 1);
4  }
```

샘플 x의 PDF 값은 다음과 같이 찾을 수 있다.

```
1  if (x < 0 || x > 1) return 0;
2  return lerp(x, a, b) / ((a + b) / 2);
```

16.3.2 텐트

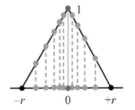

정규화되지 않은 텐트 함수는 너비 r로 지정되고 한 쌍의 선형 함수로 정의된다. $-r$에서 0, 원점에서 1의 값으로 선형으로 이동한 다음 r에서 0으로 다시 내려간다. 다음 코드의 SampleLinear() 함수는 16.3.1절에서 설명한 기술을 구현한다.

```
1  if (u < 0.5) {
2      u /= 0.5;
3      return -r * SampleLinear(u, 1, 0);
4  } else {
5      u = (u - .5) / .5;
6      return r * SampleLinear(u, 1, 0);
7  }
```

균일하게 분포된 샘플 u를 사용해 텐트 함수의 절반을 선택한 다음 샘플을 [0, 1]로 다시 매핑해 적절한 선형 함수를 샘플링한다.

x에서 샘플링된 값에 대한 PDF는 다음과 같이 계산할 수 있다.

```
1  if (abs(x) >= r) return 0;
2  return 1 / r - abs(x) / (r * r);
```

16.3.3 정규 분포

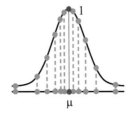

정규 분포는 다음과 같이 정의된다.

$$f(x) = \exp\left(-\frac{(x-\mu)^2}{2\sigma^2}\right)$$

(8)

무한한 지원을 하지만 a의 몇 배인 $\|x - \mu\|$가 되면 즉시 떨어진다. 이 분포에서 단일 샘플을 분석적으로 생성하는 것은 불가능하다. 다음의 오류 함수를 반전시켜야 하기 때문이다.

$$erf(x) = \frac{2}{\sqrt{\pi}} \int_{0}^{x} e^{-x^2} dx$$

(9)

이 수식은 닫힌 형태에서는 반전시킬 수 없다. 한 가지 옵션은 역의 다항식 근삿값을 사용하는 것인데, 여기서는 ErfInv()로 구현했다. 이 경우 샘플은 다음과 같이 생성할 수 있다.

```
1  return mu + sqrt(2) * sigma * ErfInv(2 * u - 1);
```

샘플 x에 대한 PDF는 다음과 같이 주어진다.

```
1  return 1 / sqrt(2 * M_PI * sigma * sigma) *
2           exp(-(x - mu) * (x - mu) / (2 * sigma * sigma));
```

하나 이상의 샘플이 필요한 경우 박스-뮐러^{Box-Müller} 변환은 두 개의 균일하게 분포된 샘플이 주어지면 정규 분포에서 두 개의 표본을 생성한다.

```
1  return { mu + sigma * sqrt(-2 * log(1-u[0])) * cos(2*M_PI*u[1]),
2           mu + sigma * sqrt(-2 * log(1-u[0])) * sin(2*M_PI*u[1])) };
```

16.3.4 1차원 개별 분포에서 샘플링

부동소수점 값의 배열이 주어지면 상대적인 크기에 비례하는 확률로 그중 하나를 선택하는 몇 가지 방법이 있다. 여기서는 두 가지 방법을 소개한다. 하나는 오직 하나의 샘플만 필요할 때 더 좋고, 다른 하나는 여러 샘플이 필요할 때 더 좋다.

16.3.4.1 오직 한 번

오직 하나의 샘플만이 필요하다면 다음 코드의 함수를 사용할 수 있다. 이것은 값의 합계를 계산하고(모두 음수가 아니라고 기대한다) 제공된 균일하게 분포된 샘플 u를 스케일링하고 $[0, 1)$ 도메인에서 $[0; \text{sum})$으로 다시 매핑한다. 그런 다음 배열을 살펴보면서 다시 매핑된 샘플에서 각 배열 값을 뺀다. 다음 값을 빼는 것이 음수 값을 만든 지점에 도달했다면 멈추기 적절한 위치를 찾은 것이다.

이 함수는 또한 원래 샘플 값을 기준으로 $[0, 1)$의 다시 매핑된 샘플 값뿐만이 아니라 요소를 선택하기 위한 PDF를 반환한다. 직관적으로 불연속 샘플링 결정을 하기 위해 이것을 사용했으므로 샘플에 균일한 분포가 여전히 남아 있다. 그러나 특히 선택된 이벤트가 작은 확률을 갖는 경우 균일하게 분포된 비트의 수가 재사용하기 위한 샘플에 비해 너무 작을 수도 있다.

```
1   int SampleDiscrete(std::vector<float> weights, float u,
2               float *pdf, float *uRemapped) {
3       float sum = std::accumulate(weights.begin(), weights.end(), 0.f);
4       float uScaled = u * sum;
5       int offset = 0;
6       while (uScaled > weights[offset] && offset < weights.size()) {
7           uScaled -= weights[offset];
8           ++offset;
9       }
10      if (offset == weights.size()) offset = weights.size() - 1;
11
12      *pdf = weights[offset] / sum;
13      *uRemapped = uScaled / weights[offset];
14      return offset;
15  }
```

16.3.4.2 여러 번

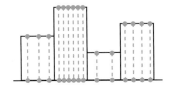

배열을 한 번 이상 샘플링해야 하는 경우 배열의 CDF를 사전 계산하고 각 샘플에
대해 이진 검색을 수행하는 것이 훨씬 효율적이다. CDF 계산과 샘플링은 각각 다
르기 때문에 구간적 상수와 구간적 선형 데이터를 구분할 때는 주의를 기울여야
한다. 예를 들어 구간적 상수 분포에서 샘플링하려면 다음을 사용한다.

```
1   vector<float> makePiecewiseConstantCDF(vector<float> pdf) {
2       float total = 0.0;
3       // CDF는 PDF보다 크다.
4       vector<float> cdf { 0.0 };
5       // 누적 합계를 계산한다.
6       for (auto value : pdf) cdf.push_back(total += value);
```

```
 7     // 정규화
 8     for (auto& value : cdf) value /= total;
 9     return cdf;
10 }
11
12 int samplePiecewiseConstantArray(float u, vector<float> cdf,
13             float *uRemapped)
14 {
15     // 샘플 u의 왼쪽의 데이터 포인트를 찾기 위해
16     // (정렬된) CDF를 사용한다.
17     int offset = upper_bound(cdf.begin(), cdf.end(), u) -
18     cdf.begin() - 1;
19     *uRemapped = (u - cdf[offset]) / (cdf[offset+1] - cdf[offset]);
20     return offset;
21 }
```

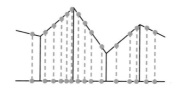

구간적 선형 분포를 샘플링하고자 각 샘플 쌍 사이의 사다리꼴 영역을 계산하는 것으로 CDF를 구성할 수 있다. 분포를 샘플링하려면 이진 검색 후에 16.3.1절의 SampleLinear() 함수를 사용해 선형 세그먼트에서 샘플링한다. C++를 사용하는 경우 표준 템플릿 라이브러리의 랜덤 모듈은 C++ 11에서 piecewise_constant_distribution와 piecewise_linear_distribution을 도입했다.

16.4 2차원 분포

16.4.1 이중선형

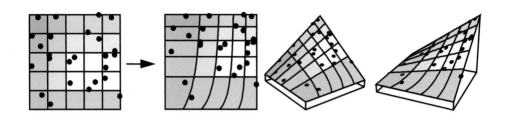

이중선형 보간 함수에서 샘플링하는 것이 유용할 수 있다. 다음과 같이 $[0, 1]^2$에 대한 함수를 정의하는 네 가지 값 $v[4]$를 갖는 것으로 정의한다.

$$f(x, y) = ((1-x)(1-y))v[0] + x(1-y)v[1] + (1-x)yv[2] + xyv[3] \qquad (10)$$

그런 다음 균일하게 분포된 두 샘플 $u[0]$와 $u[1]$에서 첫 번째 차원을 먼저 샘플링하고 두 번째를 샘플링하는 것으로 분포 $f(x, y)$로부터 샘플을 가질 수 있다. 여기서는 16.3.1절에서 정의한 1차원 선형 샘플링 함수 SampleLinear()를 사용한다.

```
1  // 우선 v 차원을 샘플링한다.
2  // u = 0와 u = 1에서 가장자리에 있는
3  // 두 선의 평균인 선의 끝점을 계산한다.
4  float v0 = v[0] + v[1], v1 = v[2] + v[3];
5  // 이 선을 따라 샘플링한다.
6  p[1] = SampleLinear(u[1], v0, v1);
7  // 이제 샘플링된 v 위치에 있는
8  // 두 선의 끝점에서 u 방향으로 샘플링한다.
9  p[0] = SampleLinear(u[0],
10                      lerp(p[1], v[0], v[2]),
11                      lerp(p[1], v[1], v[3]));
12 return p;
```

샘플링된 값 p의 PDF는 다음과 같다.

```
1  return (4 / (v[0] + v[1] + v[2] + v[3])) * Bilerp(p, v);
```

16.4.2 2차원 텍스처로 제공되는 배포

16.4.2.1 거부 샘플링

텍셀의 밝기에 비례하는 확률로 텍스처에서 텍셀을 선택하려면 텍셀이 균일하게 선택되고 텍셀의 밝기가 다른 균일하게 분포된 값보다 큰 경우에만 샘플이 허용되는 거부 샘플링^{rejection sampling}을 사용하는 한 가지 간단한 방법이 있다.

```
1  do {
2      X = u();
3      Y = u();
4  } while (u() > brightness(texture(X,Y)));  // 밝기는 [0, 1]이다.
```

텍스처를 샘플링해 제거되는 효율은 텍스처의 평균 밝기에 비례하므로 성능이 문제가 되는 경우 희소(대부분 어두운) 텍스처에는 이 방식을 사용하지 말자.

16.4.2.2 다중 차원 변환 방법

2차원으로 텍스처를 샘플링하고자 수평과 수직의 두 분포에서 샘플링하는 것으로 16.3.4.2절(1차원 배열에서 샘플링)을 구축할 수 있다.

- 각 픽셀 행마다 하나씩 CDF 테이블(누적 분포)을 만들고 정규화한다.

- 마지막 열(각 행의 밝기 합계)에 대한 CDF를 작성하고 정규화한다.

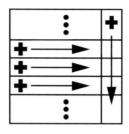

- 텍스처 분포에서 샘플링하려면 균일한 2차원 샘플 ($u[0]$, $u[1]$)을 사용한다. CDF행을 이진 검색할 때 $u[1]$을 사용하자. 이것은 사용할 행을 결정한다. 이제 $u[0]$을 사용해 행을 이진 검색해 샘플의 열을 찾는다. 결과 좌표(열, 행)는 텍스처에 따라 분산된다.

이 반전 방법의 단점은 샘플 포인트(예, 블루 노이즈 또는 낮은 불일치 점)의 계층화 속성을 잘 보존하지 못한다는 것이다. 이것이 문제라면 다음에 설명하는 것처럼 2차원으로 계층적 샘플링하는 것이 좋다.

16.4.2.3 계층 변환

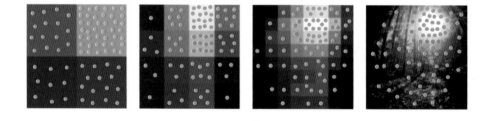

계층적 와핑^{Hierarchical warping}은 이전 절에서 설명한 역변환 샘플링의 단점을 개선하는 방법이다. 즉, 행과 열 기반 역변환 매핑으로 인해 샘플이 클러스터될 수 있다. 계층적 와핑은 연속성과 층화 문제를 완전히 해결하지는 못하며, 텍스처를 샘플링하는 동안, 특히 블루 노이즈 또는 낮은 불일치 시퀀스와 같은 서로 관련된 샘플을 사용할 때 공간적 일관성을 유지하는 실용적인 방법이다. 계층적 와핑의 적용

예에는 복잡한 광원에 대한 중요도 샘플링 방법이 포함된다[3, 7].

원칙은 조건부 확률 트리를 작성하는 것이다. 각 노드에서 노드 자식의 상대적인 중요성을 저장한다. 루트에서 시작해 각 노드에서 균일하게 분포된 샘플을 기반으로 선택할 하위 노드를 확률적으로 결정해 샘플링을 수행한다. 각 레벨에서 새로운 균일한 샘플을 그리는 대신 알고리즘은 균일한 샘플이 각 단계에서 재매핑될 때 더 효율적이고 더 나은 분포를 생성한다. 클라버그^{Clarberg} 등[2]의 기사에서 생성된 샘플링 확률에 대한 그림을 보자.

이 방법은 이산 분포를 2차원으로 샘플링하는 것으로 제한받지 않는다. 예를 들어 트리는 도메인에 따라 이진트리, 쿼드트리, 옥트리일 수 있다. 다음 의사 코드는 이진트리의 방식을 보여준다.

```
1  node = root;
2  while (!node.isLeaf) {
3      if (u < node.probLeft) {
4          u /= node.probLeft;
5          node = node.left;
6      } else {
7          u /= (1.0 - node.probLeft);
8          node = node.right;
9      }
10 // Ok. 올바른 확률로 잎을 발견했다.
```

2차원 텍스처의 경우 직접 텍스처의 밉맵 계층 구조를 기반으로 샘플링할 수 있으므로 구현이 특히 간단해진다. 2 × 2 텍셀 밉맵에서 시작해 조건부 확률은 텍셀 값을 기준으로 먼저 수평으로, 그런 다음 수직으로 계산된다. 최고의 최종 분포는 2차원적으로 균일하게 분포된 샘플로 달성된다.

```
1  int2 SampleMipMap(Texture& T, float u[2], float *pdf)
2  {
3      // 크기가 2x2 ... NxN인 밉맵을 반복한다.
4      // load(x,y,mip)는 텍셀을 로드한다(mip 0은 2의 최대 제곱이다).
5      int x = 0, y = 0;
```

```
 6    for (int mip = T.maxMip()-1; mip >= 0; --mip) {
 7        x <<= 1; y <<= 1;
 8        float left = T.load(x, y, mip) + T.load(x, y+1, mip);
 9        float right = T.load(x+1, y, mip) + T.load(x+1, y+1, mip);
10        float probLeft = left / (left + right);
11        if (u[0] < probLeft) {
12            u[0] /= probLeft;
13            float probLower = T.load(x, y, mip) / left;
14            if (u[1] < probLower) {
15                u[1] /= probLower;
16            }
17            else {
18                y++;
19                u[1] = (u[1] - probLower) / (1.0f - probLower);
20            }
21        }
22        else {
23            x++;
24            u[0] = (u[0] - probLeft) / (1.0f - probLeft);
25            float probLower = T.load(x, y, mip) / right;
26            if (u[1] < probLower) {
27                u[1] /= probLower;
28            }
29            else {
30                y++;
31                u[1] = (u[1] - probLower) / (1.0f - probLower);
32            }
33        }
34    }
35    // 정규화된 값에 비례하는 확률로
36    // 텍셀 (x, y)를 찾았다.
37    // PDF를 계산하고 좌표를 반환한다.
38    *pdf = T.load(x, y, 0) / T.load(0, 0, T.maxMip());
39    return int2(x, y);
40 }
```

경로를 따라 하나 이상의 균일하게 분포된 샘플을 다시 매핑하는 이러한 모든 방법에 대해 일부 수치 정밀도가 손실될 수 있다. 입력값은 일반적으로 32비트 부동소수점 형식으로 돼 있다. 즉, 샘플에 잎을 가져오면 몇 비트의 정밀도만 남을 수 있다. 실제로 일반적인 텍스처 크기에서는 문제가 되지 않지만 알아둬야 한다. 정밀도를 높이고자 각 단계에서 새로운 균일하게 분포된 샘플을 그릴 수 있는 옵션이 항상 있지만 계층화 속성이 손실될 수 있다.

또 다른 유용한 팁은 트리의 각 수준에서 확률이 기본 노드의 합일 필요는 없다는 것이다. 그렇지 않은 경우 각 단계에서 선택 확률을 곱하는 것으로 누적해 샘플링 확률 밀도 함수를 간단히 계산할 수 있다. 이는 전체 확률 밀도 함수가 미리 알려지지 않았지만 즉시 생성되는 함수의 샘플링을 허용하는 알고리즘으로 이어진다.

16.5 균일하게 표면 샘플링

2차원 표면을 균일하게 샘플링할 때, 즉 표면의 모든 지점이 동일하게 샘플링될 가능성이 높으면 모든 지점의 PDF가 표면의 영역에 대해 1이 된다. 예를 들어 단위 구 $p = 1/4\pi$이다.

16.5.1 디스크

디스크는 원점 $(x, y) = (0, 0)$을 중심으로 하고 반경은 r이다.

16.5.1.1 폴라 매핑

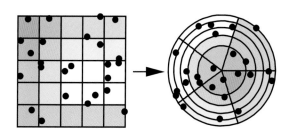

폴라 매핑은 더 큰 반지름을 제공해 샘플의 균일한 분포를 보장하고자 균일한 *u*[0]을 변환한다. 반경이 증가함에 따라 디스크의 면적이 증가하며 전체의 4분의 1만이 절반의 반경 내에 있다.

```
1  r = R * sqrt(u[0]);
2  phi = 2*M_PI*u[1];
3  x = r*cos(phi);
4  y = r*sin(phi);
```

이 폴라 매핑은 일반적으로 'seam'(역변환의 불연속성) 때문에 사용되지 않으며 분기를 피하지 않는 한 다음에 다루는 동심 매핑이 선호된다.

16.5.1.2 동심 매핑

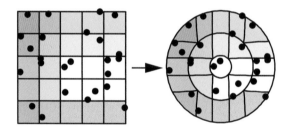

동심concentric 매핑은 $[0, 1)^2$의 동심원을 동심원에 매핑해 이음새가 없고 인접성이 유지된다.

```
1  a = 2*u[0] - 1;
2  b = 2*u[1] - 1;
3  if (a*a > b*b) {
4      r = R*a;
5      phi = (M_PI/4)*(b/a);
6  } else {
7      r = R*b;
8      phi = (M_PI/2) - (M_PI/4)*(a/b);
9  }
```

```
10  X = r*cos(phi);
11  Y = r*sin(phi);
```

16.5.2 삼각형

버텍스가 P_0, P_1, P_2인 삼각형을 균일하게 샘플링하고자 좌표 중심이 범위 내에 있게 변환하거나 시드 포인트가 사각형의 아래쪽 절반에 있지 않은 경우 무게 중심 좌표를 사용한다.

16.5.2.1 와핑

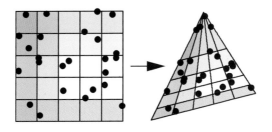

유효한 무게 중심 범위에서 직접 샘플링해 사변형을 삼각형으로 변형시킬 수 있다.

```
1  beta = 1-sqrt(u[0]);
2  gamma = (1-beta)*u[1];
3  alpha = 1-beta-gamma;
4  P = alpha*P0 + beta*P1 + gamma*P2;
```

16.5.2.2 플리핑

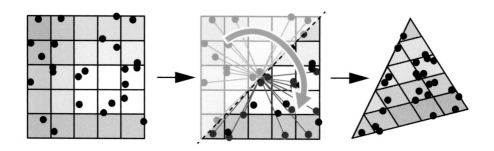

제곱근을 피하고자 사변형에서 표본을 추출하고 대각선의 반대쪽에 있는 경우 표본을 뒤집을 수 있다. 그러나 대각선을 뒤집으면 삼각형 내에서 블루 노이즈 또는 낮은 불일치 샘플링의 효율성이 떨어질 수 있으며, 일반적으로 2차원에서 잘 분포된 점이 접힐 때 잘 분포된 상태로 유지된다는 보장은 없다.

```
1  alpha = u[0];
2  beta = u[1];
3  if (alpha + beta > 1) {
4      alpha = 1-alpha;
5      beta = 1-beta;
6  }
7  gamma = 1-beta-alpha;
8  P = alpha*P0 + beta*P1 + gamma*P2;
```

16.5.3 삼각형 메시

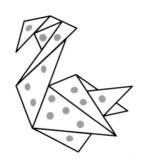

삼각형 메시에서 점을 샘플링하고자 터크[Turk][13]는 삼각형 영역의 1차원 이산 분포에 대한 이진 검색 사용을 제안했다.

16.4.2.2절의 텍스처 샘플링, 16.5.2절의 삼각형 샘플링, 16.3.4.2절의 배열 샘플링 기능에서 재매핑된 균일하게 분포된 샘플을 결합해 메시 샘플링을 개선하고 단위 사각형의 샘플에서 메시의 점으로 매핑을 만들 수 있다. 단계는 다음과 같다.

- 각 삼각형의 면적을 정사각형 2차원 테이블에 저장한다. 순서는 중요하지 않다. 삼각형과 관련 없는 셀의 영역에는 0을 사용하자.

- 테이블의 각 행에 대한 영역의 CDF를 작성하고 정규화한다.

- 마지막 열(각 행 영역의 합계)에 대한 CDF를 작성하고 정규화한다.

메시를 샘플링하려면 다음 단계를 수행한다.

- 균일하게 분포된 2차원 샘플 $(u[0], u[1])$을 얻는다.

- $u[1]$을 사용해 CDF 열을 이진 검색한다. 이것은 사용할 행 r을 결정한다.

- $u[0]$을 사용해 행을 이진 검색해 샘플의 열 c를 찾는다.

- $(u[0], u[1])$에서 재매핑된 샘플을 $(v[0], v[1])$로 저장한다.

- 재매핑된 2차원 변수 $(v[0], v[1])$을 사용해 16.5.2절의 삼각형 샘플링 방법으로 행 r과 열 c에 해당하는 삼각형을 샘플링한다.

- 결과 3차원 좌표가 삼각형 메시에 균일하게 분포된다.

이 방법은 불연속적이므로 변환 후 샘플의 품질에 영향을 줄 수 있다.

16.5.4 구체

구는 원점을 중심으로 하고 반지름 r을 갖는다.

16.5.4.1 위도-경도 매핑

다음 코드는 균일한 위도-경도 매핑을 사용해 점을 생성하는 방법을 보여준다. z 값은 (-1, 1]에 균일하게 분포돼 있다.

```
1  a = 1 - 2*u[0];
2  b = sqrt(1 - a*a);
3  phi = 2*M_PI*u[1];
4  x = R*b*cos(phi);
5  y = R*b*sin(phi);
6  z = R*a;
```

16.5.4.2 8면 동심(균일) 맵

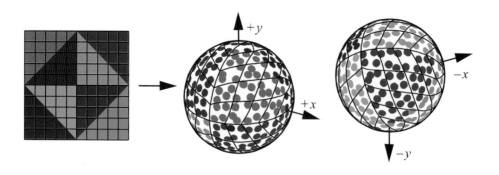

이전 방법(위도-경도 맵)은 직관적이지만 단점은 상단과 하단에서 샘플링 도메인을 상당히 '확장'한다는 것이다. 16.5.1.2절의 동심 맵을 기반으로 8면 맵(참고: 프라운Praun과 호프Hoppe[9]의 그림 2)과 결합하면 좋은 특성을 가진 구의 8면 동심 매핑을 정의할 수 있다. 범위는 최악의 경우 2:1이다. 균일한 2차원 점을 입력으로 사용하면 단위 구에 최적화된 변환은 다음과 같다.

```
1   // 반경 r 계산(분기 없음)
2   u = 2*u - 1;
3   d = 1 - (abs(u[0]) + abs(u[1]));
4   r = 1 - abs(d);
5
6   // 부호 (u)를 사용해 결과를 아래의 올바른 사분면에 매핑하는
7   // 첫 번째 사분면(0으로 나누기 테스트를 제외하고 분기 없는)에서
8   // phi를 계산
9   phi = (r == 0) ? 0 : (M_PI/4) * ((abs(u[1]) - abs(u[0])) / r + 1);
10  f = r * sqrt(2 - r*r);
11  x = f * sign(u[0]) * cos(phi);
12  y = f * sign(u[1]) * sin(phi);
13  z = sign(d) * (1 - r*r);
14  pdf = 1 / (4*M_PI);
```

많은 애플리케이션에서는 이러한 단위 사각형에서 단위 구로의 변환은 샘플 생성뿐만 아니라 편리한 사각형 2차원 도메인에서 구형 함수를 나타내는 데 유용하다. 단위 구의 점(예, 광선 방향)을 2차원으로 다시 매핑하는 역연산도 마찬가지로 유용하다.

16.6 샘플링 방향

구체 또는 반구의 방향에 대해 정의된 샘플링 PDF는 많은 레이 트레이서의 중심적인 부분이다. 종종 이 샘플링은 한 지점에서 나가는 강도를 계산하고자 들어오는 빛을 통합하기 위한 것이다. 이 PDF는 일반적으로 극좌표 각도(천정각이라고도 함)가 일반적으로 θ로 표시되고 방위각이 φ로 표시되는 구형 좌표로 정의된다. 불

행히도 이 필드를 사용하는지 또는 반대 표기법을 사용하는지에 따라 필드가 달라진다. 따라서 이 표기법은 배경에 따라 독자가 사용하던 것과 반대일 수 있지만 컴퓨터 그래픽에서는 비교적 표준이다.

방향을 선택할 때 공통된 규칙은 단위 구(또는 반구)에서 점을 선택하고 구 중심에서 해당 점까지의 단위 벡터로 방향을 정의하는 것이다.

16.6.1 Z축 방향을 향한 코사인 가중 반구

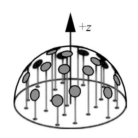

무광택 표면에 대한 렌더링 방법에서 디퓨즈 광선을 생성하는 일반적인 방법은 (16.5.1절에서와 같이) 디스크에서 균일하게 샘플링한 다음 샘플 포인트를 반구까지 투영하는 것이다. 그렇게 하면 코사인 가중 분포를 갖는 샘플이 생성되는데, 여기서 밀도는 반구의 버텍스에서 높고 베이스 쪽으로 갈수록 떨어진다. 생성된 샘플은 렌더링되는 표면의 로컬 탄젠트 공간으로 변환돼야 한다.

```
1  x = sqrt(u[0])*cos(2*M_PI*u[1]);
2  y = sqrt(u[0])*sin(2*M_PI*u[1]);
3  z = sqrt(1-u[0]);
4  pdf = z / M_PI;
```

16.6.2 벡터를 향한 코사인 가중 반구

z축을 n(예, 접선 공간의 법선)으로 변환하는 대신 탄젠트 구에 균일하게 분포된 샘플을 사용할 수 있다. 이 방법은 탄젠트 벡터의 구성을 피하지만, 스쳐가는 사례의

수치 정밀도를 희생시킨다. 구체 표면에 균일하게 분포된 두 개의 샘플을 연결해서 구체를 통해 균일하게 분포된 방향을 선택할 수 있다. 그렇게 하면 두 번째 점으로 향하는 방향이 첫 번째 점과 관련된 코사인 밀도를 갖는다. 벡터 n = (n_x, n_y, n_z)가 단위 길이 벡터인 경우 이것은 다음을 의미한다.

```
1  a = 1 - 2*u[0];
2  b = sqrt(1 - a*a); 3 phi = 2*M_PI*u[1];
4  x = n_x + b*cos(phi);
5  y = n_y + b*sin(phi);
6  z = n_z + a;
7  pdf = a / M_PI;
```

(x, y, z)는 단위 벡터가 아니다. 탄젠트 구의 균일하게 분포된 샘플이 n과 거의 반대일 때 정밀도 문제가 발생해 출력 벡터가 0에 가까워진다. 이러한 점은 방목 광선$^{grazing\ rays}$에 해당한다. (법선과 수직) 이러한 경우를 피하고자 a와 b에 1보다 약간 작은 수를 곱해 탄젠트 구를 약간 축소할 수 있다.

16.6.3 원뿔에서의 방향

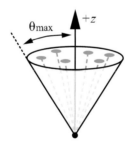

+z축과 확산각 θ_{max}를 따르는 축을 지닌 원뿔이 주어지면 원뿔의 균일한 방향은 다음과 같이 샘플링된다.

```
1  float cosTheta = (1 - u[0]) + u[0] * cosThetaMax;
2  float sinTheta = sqrt(1 - cosTheta * cosTheta);
```

```
3   float phi = u[1] * 2 * M_PI;
4   x = cos(phi) * sinTheta
5   y = sin(phi) * sinTheta
6   z = cosTheta
```

모든 샘플의 PDF는 $1/(2\pi(1 - \cos\theta_{max}))$다.

16.6.4 퐁 분포

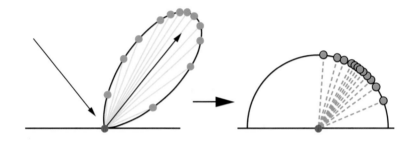

지수 s가 있는 퐁Phong과 같은 PDF가 주어지면

$$p(0,\varphi) = \frac{s+1}{2\pi}\cos^s\theta \tag{11}$$

다음과 같이 z축을 기준으로 방향을 샘플링할 수 있다.

```
1   cosTheta = pow(1-u[0],1/(1+s));
2   sinTheta = sqrt(1-cosTheta*cosTheta);
3   phi = 2*M_PI*u[1];
4   x = cos(phi)*sinTheta;
5   y = sin(phi)*sinTheta;
6   z = cosTheta;
```

생성된 방향은 다이어그램에 표시된 표면 아래에 있을 수 있다. 대부분의 프로그램은 테스트를 사용해 이러한 방향의 기여도를 0으로 설정한다.

16.6.5 GGX 분포

다음은 트로우브릿지-레이츠$^{\text{Trowbridge-Reitz}}$ GGX 정규 분포 함수다[12, 15].

$$D(\theta_h) = \frac{\alpha^2}{\pi(1 + (\alpha^{2-1})\cos^2\theta_h)^2} \tag{12}$$

이 함수는 미세면 반사 모델의 스페큘러 로브$^{\text{specular lobe}}$에서 일반적으로 사용된다. 너비 또는 거칠기 파라미터 α는 표면의 모양을 정의하며 값이 작을수록 표면이 밝아진다.

GGX 분포는 2차원으로 균일하게 분포된 샘플을 다음과 같이 반벡터$^{\text{half-vector}}$에 대한 구형 좌표로 변환해 샘플링할 수 있다.

$$\theta_h = \arctan\left(\frac{\alpha\sqrt{u[0]}}{\sqrt{1 - u[0]}}\right) \tag{13}$$

$$\varphi_h = 2\pi u[1] \tag{14}$$

여기서 α는 GGX 거칠기 파라미터다. 삼각 함수를 사용해 수식을 다시 작성해 $\cos\theta_h$를 다음과 같이 직접 계산하는 것이 편리하다.

$$\cos\theta_h = \sqrt{\frac{1 - u[0]}{(\alpha^2 - 1)u[0] + 1}} \tag{15}$$

그리고 이전과 같이 피타고라스 항을 사용해 $\sin\theta_h = \sqrt{1 - \cos^2\theta_h}$를 계산한다. 샘플링된 반벡터의 PDF는 $p(\theta_h, \varphi_h) = D(\theta_h)\cos\theta_h$다.

렌더링의 경우 주어진 나가는 방향과 로컬 탄젠트 프레임을 기반으로 입사 방향을 샘플링하는 데 일반적으로 관심이 있다. 이를 수행하기 위해 나가는 방향 $\hat{\mathbf{v}}$는 샘플링된 반벡터 $\hat{\mathbf{h}}$ 주위에 반사돼 $\hat{\mathbf{l}} = 2(\hat{\mathbf{v}}\cdot\hat{\mathbf{h}})\hat{\mathbf{h}} - \hat{\mathbf{v}}$와 같이 입사 방향을 찾는다. 이 작업은 위의 PDF를 변경하며, 이 경우 $1/(4(\hat{\mathbf{v}}\cdot\hat{\mathbf{h}}))$인 변환의 자코비안^{Jacobian}을 곱해야 한다.

16.6.4절의 퐁 샘플링과 마찬가지로 생성된 방향은 표면 아래에 있을 수 있다. 일반적으로 정수가 0인 영역이지만 프로그래머는 이러한 경우를 주의해서 처리해야 한다.

16.7 볼륨 산란

참여 미디어[participating media]라고도 불리는 볼륨의 경우 광선이 확률적으로 볼륨과 '충돌'한다. 일부 프로그램은 증분 광선 통합으로 이 작업을 수행하지만 별개의 충돌을 계산하는 대안이 있다. 그래픽 볼륨에 대한 더 자세한 정보는 파르[Pharr] 등[8]의 11장을 참고하자.

또한 이 주제에 대한 더 많은 정보를 28장에서 참고하자.

16.7.1 볼륨에서의 거리

산란 및 흡수 매체를 통한 광자 추적은 부피 흡광 계수 $\kappa(t)$를 위해 볼륨 투과율에 비례한 거리의 중요 샘플링이 필요하다.

$$T(s) = \exp\left(-\int_0^s \kappa(t)dt\right) \tag{16}$$

이 분포의 PDF는 다음과 같다.

$$p(s) = k(s)\exp\left(-\int_0^s \kappa(t)dt\right) \tag{17}$$

16.7.1.1 균질 미디어

κ가 상수인 경우 $p(s) = \kappa \exp(-s\kappa)$를 가지며 다음을 얻고자 반전 방법이 사용될 수 있다.

```
1 s = -log(1 - u) / kappa;
```

$1-u$가 중요하다는 점에 유의하자. 여기서는 $u \in [0, 1)$을 가정하므로 $1-u \in (0, 1]$
이며 로그를 0으로 호출하지 않아도 된다.

16.7.1.2 비균질 미디어

공간적으로 변하는 $\kappa(t)$의 경우 종종 우드콕 추적$^{Woodcock\ Tracking}$이라고 하는 절차가
원하는 분포[16]를 제공한다. 광선을 따라 최대 소멸 계수 κ_{max}와 $[0, 1)$에서 균일한
샘플에 대한 생성기 u가 주어지면 절차는 다음과 같다.

```
1  s = 0;
2  do {
3      s -= log(1 - u()) / kappa_max;
4  } while (kappa(s) < u() * kappa_max);
```

16.7.2 헤니 그렌스테인 페이즈 함수

헤니 그렌스테인$^{Henyey\text{-}Greenstein}$ 페이즈 함수는 볼륨 내에서 방향성 산란 특성을 모델
링하는 데 유용한 도구다. 이는 들어오는 방향과 나가는 방향 사이의 각도 θ에만
의존하고 단일 파라미터 g(평균 코사인)로 제어되는 모든 방향의 구에 대한 PDF다.

$$p(\theta) = \frac{1 - g^2}{4\pi(1 + g^2 - 2g\cos\theta)^{3/2}} \tag{18}$$

$g = 0$인 경우 산란은 등방성이고 g가 -1에 접근하면 산란은 매우 집중된 전방 산란
이 되며 g가 1에 접근하면 산란은 고도로 집중된 후방 산란이 된다.

```
1  phi = 2.0 * M_PI * u[0];
2  if (g != 0) {
3      tmp = (1 - g * g) / (1 + g * (1 - 2 * u[1]));
```

```
4        cos_theta = (1 + g * g - tmp * tmp) / (2 * g);
5    } else {
6        cos_theta = 1 - 2 * u[1];
7    }
```

16.8 동물원 컬렉션에 추가

우리는 레이 트레이싱 프로그램에 유용한 다양한 변형을 제시했다. 이 컬렉션에 추가하는 데 필요한 이론을 깊이 파고들지 않았다. 자신의 '동물'을 추가할 수 있도록 이론에 대해 더 배우고자 하는 독자는 파르[Pharr][8], 글래스너[Glassner][5], 듀트레[Dutré] 등[4]의 책에서 방법을 찾을 수 있다.

참고 문헌

[1]   Clarberg, P. Fast Equal-Area Mapping of the (Hemi)Sphere Using SIMD. Journal of Graphics Tools 13, 3 (2008), 53–68.

[2]   Clarberg, P., Jarosz, W., Akenine-Möller, T., and Jensen, H. W. Wavelet Importance Sampling: Efficiently Evaluating Products of Complex Functions. ACM Transactions on Graphics 24, 3 (2005), 1166–1175.

[3]   Conty Estévez, A., and Kulla, C. Importance Sampling of Many Lights with Adaptive Tree Splitting. Proceedings of the ACM on Computer Graphics and Interactive Techniques 1, 2 (2018), 25:1–25:17.

[4]   Dutré P., Bekaert, P., and Bala, K. Advanced Global Illumination. A K Peters, 2006.

[5]   Glassner, A. S. Principles of Digital Image Synthesis. Elsevier, 1995.

[6]   Keller, A. Quasi-Monte Carlo Image Synthesis in a Nutshell. In Monte Carlo and Quasi-Monte Carlo Methods 2012. Springer, 2013, pp. 213–249.

[7]   Keller, A., Wächter, C., Raab, M., Seibert, D., van Antwerpen, D., Korndörfer, J., and Kettner, L. The Iray Light Transport Simulation and Rendering System. arXiv, http://arxiv.org/ abs/1705.01263, 2017.

[8] Pharr, M., Jakob, W., and Humphreys, G. Physically Based Rendering: From Theory to Implementation, third ed. Morgan Kaufmann, 2016.

[9] Praun, E., and Hoppe, H. Spherical Parametrization and Remeshing. ACM Transactions on Graphics 22, 3 (2003), 340–349.

[10] Sbert, M. An Integral Geometry Based Method for Fast Form-Factor Computation. Computer Graphics Forum 12, 3 (1993), 409–420.

[11] Shirley, P., and Chiu, K. A Low Distortion Map Between Disk and Square. Journal of Graphics Tools 2, 3 (1997), 45–52.

[12] Trowbridge, T. S., and Reitz, K. P. Average Irregularity Representation of a Rough Surface for Ray Reflection. Journal of the Optical Society of America 65, 5 (1975), 531–536.

[13] Turk, G. Generating Textures on Arbitrary Surfaces Using Reaction-Diffusion. Computer Graphics (SIGGRAPH) 25, 4 (July 1991), 289–298.

[14] Walter, B. Notes on the Ward BRDF. Tech. Rep. PCG-05-06, Cornell Program of Computer Graphics, April 2005.

[15] Walter, B., Marschner, S. R., Li, H., and Torrance, K. E. Microfacet Models for Refraction Through Rough Surfaces. In Proceedings of the 18th Eurographics Conference on Rendering Techniques (2007), pp. 195–206.

[16] Woodcock, E. R., Murphy, T., Hemmings, P. J., and Longworth, T. C. Techniques Used in the GEM Code for Monte Carlo Neutronics Calculations in Reactors and Other Systems of Complex Geometry. In Applications of Computing Methods to Reactor Problems (1965), p. 557.

17장

레이 트레이싱 시의 불편함 무시

엔비디아의 매트 파르(Matt Pharr)

개요

레이 트레이싱의 가장 큰 장점(모든 종류의 빛 전송을 시뮬레이션할 수 있다)은 가장 큰 약점이 될 수도 있다. 다른 곳보다 더 많은 빛을 예상치 못하게 전달하는 일부 경로가 있을 때 생성된 이미지는 밝은 뾰족한 노이즈를 가진 픽셀을 많이 가진다. 이러한 뾰족함을 평균화하려면 추가적인 광선이 엄청나게 많이 필요할 수 있으며, 또한 이 픽셀은 노이즈 제거 알고리즘과 관련돼 문제를 제공한다. 17장에서는 이 문제를 해결하는 두 가지 방법을 제시해 처음부터 이런 문제가 발생하지 않게 한다.

17.1 소개

레이 트레이싱은 놀라운 알고리즘으로 이미지 합성을 위한 정확한 빛 전송 시뮬레이션에서 최고의 충실도를 제공한다. 고품질 이미지를 생성하는 데 더 이상 래스터화 해킹이 필요하지 않다. 실시간 그래픽 프로그래머는 이제 행복하게 새로운 세상으로 나아갈 수 있으며 아름다운 이미지를 만들고자 광선을 추적할 수 있고 역사의 수갑에서 자유로워질 수 있다.

이제 새로운 해킹으로 넘어가보자.

17.2 동기

그림 17-1은 상자에 있는 한 쌍의 구체 이미지 두 장을 보여준다. 양쪽 다 경로 추적으로 렌더링됐으며 고품질 레퍼런스 이미지를 계산하고자 픽셀당 수천 개의 경로를 사용했다. 씬은 영역 광원으로 밝혀진다(직접 볼 수 없음). 두 이미지 간의 유일한 차이점은 오른쪽 구의 재질이다. 왼쪽은 확산되고 오른쪽은 완전히 반사되는 거울이다.

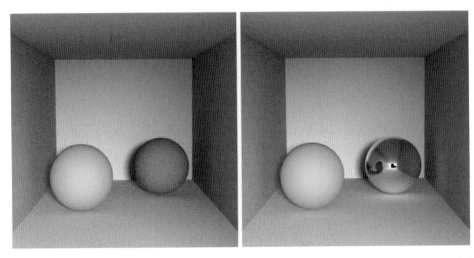

▲ **그림 17-1.** 단일 영역 광원으로 조명하고 경로 추적과 고품질 레퍼런스 이미지를 제공하기에 충분한 경로로 렌더링된 단순한 씬. 두 렌더링의 유일한 차이점은 디퓨즈 구체의 하나가 오른쪽에서 거울로 변경됐다는 것이다.

픽셀당 샘플의 수를 좀 더 현실적인 수를 사용해 두 씬을 렌더링하는 경우 흥미로운 일이 발생한다. 여기서는 16^1을 사용했다. 그림 17-2는 그 결과를 보여준다. 디퓨즈 구체가 있는 씬만이 좋아 보인다. 그러나 거울 구체가 있는 씬은 씬 전체에 흩어져 있는 '반딧불'이라 불리는 밝고 뾰족한 노이즈가 있다.

---

1. 오늘날 픽셀당 16개의 샘플이 고해상도의 복잡한 씬에 대한 인터랙티브 그래픽에서는 비실용적일 수 있지만 샘플의 시간적 누적과 노이즈 제거 알고리즘이 실제로 사용된다고 가정한다. 이 장에서는 이미지 아티팩트를 쉽게 이해하고자 사용하지 않을 것이다.

▲ **그림 17-2.** 픽셀당 16개의 샘플로 렌더링된 씬의 예. 왼쪽: 디퓨즈 구가 있는 씬은 올바르게 작동하며 고품질 이미지(혹은 지루한 장면)로 쉽게 노이즈를 제거할 수 있다. 오른쪽: 수많은 뾰족한 노이즈 픽셀을 갖고 있으며 멋진 이미지를 얻기 전에 갈 길이 있다.

머티리얼의 무해한 변화라고 생각했을 때 이미지 품질의 큰 저하를 볼 수 있다. 무슨 일이 벌어진 걸까?

무슨 일이 일어났는지 이해하려면 무작위로 선택한 소수의 픽셀에서 픽셀 값의 평균을 계산해 이미지의 평균 픽셀 값을 계산하려 한다고 잠시 동안 상상해보자. 그림 17-1에서 두개의 수렴된 이미지로 해당 작업을 수행하는 것을 고려하자. 두 개의 디퓨즈 구가 있는 씬에서 대부분의 픽셀 값은 대략 같은 크기다. 따라서 어떤 픽셀을 선택하든 계산한 평균값은 정확한 값과 가까울 것이다.

스페쿨러 구체가 있는 씬에서 거울 구체에 있는 광원의 작은 반사를 볼 수 있다. 계산을 위해 광원이 보이는 픽셀 중 하나를 선택하는 드문 경우에 그 빛의 방출량을 더할 것이다. 그러나 대부분의 경우에는 완전히 놓칠 것이다.

작은 크기의 빛과 씬에서의 거리를 고려할 때 광원은 씬에 비추기에 충분한 빛을 제공하고자 상당히 많은 양의 방출을 필요로 한다. 여기서 대략 [0, 1] 범위의 최종 셰이딩된 픽셀 값을 가지려면 빛의 방출은 RGB에서 (500, 500, 500)이어야 한다. 따라서 빛의 반사가 보이는 픽셀을 포함하지만 적은 수의 픽셀만을 샘플링하면 실제 평균을 크게 과대평가하게 된다. 대부분의 경우 해당 픽셀 중 하나를 포함하지 않으면 값이 높은 픽셀이 포함되지 않으므로 평균을 과소평가하게 된다.

이제 그림 17-2의 렌더링된 이미지로 돌아가자. 새로운 광선을 추적하는 표면의 각 지점에서 경로를 추적할 때 이미지 평균화 연습에서 겪은 것과 거의 같은 문제에 직면하게 된다. 단지 몇 개의 광선을 사용해 해당 지점에 도달하는 빛의 코사인과 BSDF 가중 평균을 추정하려고 한다. 월드가 모든 방향에서 거의 비슷할 때 한 방향만을 선택하는 것은 효과가 있다. 작은 방향 세트가 상당히 다를 때 무작위로 픽셀의 작은 부분에 대한 평균의 너무 높은 추정치를 얻게 돼 어려움을 겪게 된다. 그 결과 그림 17-2의 오른쪽에서 볼 수 있는 일종의 뾰족한 노이즈가 나타난다.

뾰족한 노이즈의 원인을 이해하면 반점의 분포에서 흥미로운 것을 볼 수 있다. 광원까지 돌아가는 예기치 않은 경로를 찾고자 경로가 거울 영역과 부딪혀야 하기 때문에 거울 영역을 '볼' 수 있는 표면에서 훨씬 더 일반적이다. 이미지의 왼쪽 아래에는 반점이 없는 일종의 셰도우가 있다. 녹색 구체는 그 지점에서 거울 구체를 직접 보는 것을 막는다.

이런 종류의 노이즈에 대한 도전은 더 많은 샘플을 가질수록 얼마나 노이즈가 느려지느냐 하는 것이다. 평균 이미지 색상을 다시 계산하는 경우를 고려하자. 일단 (500, 500, 500) 색상 중 하나를 합계에 포함하면 [0, 1] 범위의 일부 추가 샘플이 실제 평균으로 돌아간다. 결과적으로 샘플이 많을수록 (평균적으로) 나아지더라도 이미지는 더 나빠 보일 수 있다. 더 많은 광선이 추적될수록 점점 더 많은 픽셀이 무작위로 빛과 부딪히는 경로를 가질 것이다.

17.3 클램핑

이 문제에 대한 가장 간단한 해결책은 클램핑^{clamping}이다. 특히 사용자가 제공한 임 곗값 t보다 높은 샘플 값 c를 클램핑한다. 전체 알고리즘은 다음과 같다.

$$c' = \min(c, t) \tag{1}$$

그림 17-3은 경로 기여도가 3으로 고정돼 렌더링되고 미러링된 구체 씬을 보여준다. 말할 것도 없이 노이즈가 훨씬 적다. 왼쪽의 이미지는 픽셀당 16개의 샘플(그림 17-2의 이미지와 같이)로 렌더링됐고, 오른쪽의 이미지는 수렴으로 렌더링됐다.

▲ **그림 17-3.** 픽셀당 16(왼쪽) 및 1024(오른쪽) 샘플을 사용해 클램핑으로 렌더링된 스페큘러 구체 씬. 그림 17-2의 뾰족한 노이즈는 사라졌지만 구체가 바닥과 벽에 반사하는 빛을 잃어버렸다(그림 17-1에서 볼 수 있음).

16개의 샘플을 사용하면 뾰족한 노이즈 픽셀이 사라지고 잘 보이는 이미지에 훨씬 더 가까워졌다. 그러나 여기의 1024 샘플 이미지와 그림 17-1의 최종 이미지 사이 차이점에 유의하자. 바닥의 거울 구 아래에 있는 광원과 벽의 오른쪽(소위 코스틱이라고 불림)에서 빛의 초점을 잃었다. 적은 수의 높은 기여 경로에서 조명이 나오기 때문에 클램핑은 최종 이미지에 조명이 많은 기여를 하는 것을 방지한다.

17.4 경로 정규화

경로 정규화는 클램핑보다 덜 무딘 망치를 제공한다. 구현하는 데 약간의 작업이 더 필요하지만 클램핑에서 본 에너지 손실로 고통 받지 않는다.

일부 픽셀에서 이미지의 평균값을 계산하는 사고 연습을 다시 생각해보자. 미러 구에 광원이 반사된 것과 같이 매우 밝은 픽셀이 있는 이미지가 있는 경우 픽셀을 평균으로 선택하기 전에 이미지에 넓은 흐림 효과를 적용할 수 있다면 더 나은 결과를 얻을 수 있다고 생각할 수 있다. 이런 식으로 밝은 픽셀이 퍼지고 희미해지므로 흐린 이미지는 좀 더 적은 변화를 가지며 어떤 픽셀을 선택하는지는 덜 중요하다.

경로 정규화는 이 아이디어를 기반으로 한다. 개념은 간단하다. 간접 광선과 마주칠 때 씬의 BSDF를 흐리게 한다. 이러한 지점에서 정규화를 수행할 때 구체는 완벽한 반사 대신 광택 있는 반사가 된다.

그림 17-4의 왼쪽 이미지는 픽셀당 16개 샘플에서 이 장면이 어떻게 작동하는지 보여주고 오른쪽 이미지는 약 128개 샘플에서 수렴할 때의 모습을 보여준다. 정규화는 광원의 코스틱 반사를 그대로 유지하면서 뾰족한 노이즈를 제거했다.

▲ **그림 17-4.** 왼쪽: 씬은 픽셀당 16개 샘플에서 경로 정규화로 렌더링된다. 광원의 코스틱은 여전히 존재하지만 랜덤한 뾰족한 노이즈는 사라졌다. 오른쪽: 픽셀당 128개의 샘플을 축적하면 여전히 코스틱이 포함된 상당히 깨끗한 이미지를 얻을 수 있다.

17.5 결론

레이 트레이싱에서 때때로 지역화된 밝은 오브젝트나 사용되는 샘플링 기술로는 잘 샘플링되지 않은 반사로 인해 이미지에 뾰족한 노이즈가 발생한다. 이 경우 샘플링 기술을 발전시키는 것이 이상적이지만 항상 가능한 것은 아니며 언제나 올바른 지점에 도달하지는 않는다.

이 경우 클램핑과 경로 규칙화는 좋은 이미지를 만드는 효과적인 기술이 될 수 있다. 둘 다 구현하기 쉽고 잘 작동한다. 클램핑은 렌더러에 한 줄을 추가한 것이며 경로 규칙화는 광선 경로에서 비반사 표면과 마주쳤는지를 단순히 기록하고 만난 경우 후속 BSDF를 덜 반사적으로 만든다.

경로 정규화 접근은 여기에서 설명할 때보다 훨씬 더 이론적인 근거가 될 수 있다. 자세한 내용은 카플라난^{Kaplanyan}과 닥스바허^{Dachsbacher}의 논문[1]을 참고하자.

클램핑에 대한 좀 더 원칙적인 접근은 이상치 제거^{outlier rejection}인데, 여기서 다른 샘플에 비해 비정상적으로 밝은 샘플은 폐기된다. 이상치 제거는 고정 클램핑 임곗값보다 훨씬 강력하며 에너지를 덜 잃는다. GPU 구현에 적합한 최근의 이상치 제거 기술은 지르^{Zirr} 등[2]의 논문을 참고하자.

참고 문헌

[1] Kaplanyan, A. S., and Dachsbacher, C. Path Space Regularization for Holistic and Robust Light Transport. Computer Graphics Forum 32, 2 (2013), 63-72.

[2] Zirr, T., Hanika, J., and Dachsbacher, C. Reweighting Firefly Samples for Improved Finite-Sample Monte Carlo Estimates. Computer Graphics Forum 37, 6 (2018), 410-421.

18장

GPU에서의 많은 빛 샘플링의 중요성

엔비디아와 룬드대학교의 피에르 모로(Pierre Moreau),
엔비디아의 페트릭 클라베르그(Petrik Clarberg)

개요

하드웨어 가속과 함께 레이 트레이싱용 표준화된 API를 도입하면 실시간 렌더링에서 물리 기반 라이팅의 가능성이 열린다. 빛 중요도 샘플링은 직접 및 간접 조명에 모두 적용할 수 있는 빛 전송 시뮬레이션의 기본 작업 중 하나다. 18장에서는 로컬 광원의 중요도 샘플링을 가속화하기 위한 경계 볼륨 계층 데이터 구조와 관련 샘플링 방법을 설명한다. 이 작업은 제품 렌더링에서 최근에 게시된 빛 샘플링 방법을 기반으로 하지만, 마이크로소프트 다이렉트X 레이 트레이싱을 사용해 실시간 구현으로 평가된다.

18.1 서론

현실적인 씬에는 수십만 개의 광원이 포함될 수 있다. 빛과 셰도우가 드리워지는 정확한 시뮬레이션은 컴퓨터 그래픽에서 리얼리즘의 가장 중요한 요소 중 하나다. 래스터화된 셰도우 맵이 있는 기존의 실시간 애플리케이션은 실제로 엄선된 소수의 동적 조명만을 사용하도록 제한했다. 레이 트레이싱은 각 픽셀에서 다른 샘플링된 빛으로 셰도우 광선을 추적할 수 있게 하므로 유연성이 향상된다.

수학적으로 말하면 샘플을 선택하는 가장 좋은 방법은 각 조명의 기여도에 비례한 확률로 조명을 선택하는 것이다. 그러나 기여는 공간적으로 다양하며 로컬 표면 특성과 가시성에 따라 다르다. 따라서 모든 곳에서 잘 작동하는 단일 글로벌 확률 밀도 함수PDF를 찾는 것은 어렵다.

18장에서 살펴볼 해결책은 광원 위에 구축된 계층적 가속 구조를 사용해 샘플링을 안내하는 것이다. 데이터 구조의 각 노드는 조명 클러스터를 나타낸다. 아이디어는 각 클러스터가 기여하는 정도를 추정하는 각 레벨에서 트리를 위에서 아래로 이동하고 각 레벨에서 임의의 결정에 따라 트리를 통과하는 경로를 선택하는 것이다. 그림 18-1은 이러한 개념을 보여준다. 즉, 광원은 기여도에 비례해 선택되지만 각 음영 지점에서 PDF를 명시적으로 계산하고 저장할 필요가 없다. 이 기법의 성능은 궁극적으로 기여도를 추정하고자 얼마나 정확하게 관리하느냐에 달려 있다. 실제로 조명이나 조명 클러스터의 관련성은 다음에 따라 다르다.

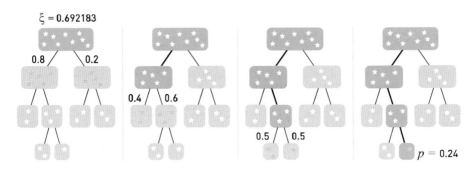

▲ **그림 18-1.** 씬의 모든 광원은 계층 구조로 구성된다. 음영 지점 X가 주어지면 루트에서 시작해 계층 구조를 진행한다. 각 레벨에서 각각의 X에 대한 직계 자손의 중요성은 확률로 추정된다. 그런 다음 균일한 난수 ξ가 트리를 통과하는 경로를 결정하고 잎에서 샘플링할 빛을 찾는다. 결국 더 중요한 조명은 샘플링될 확률이 높다.

- **플럭스:** 빛이 강할수록 더 많이 기여한다.

- **셰이딩 포인트까지의 거리:** 빛이 멀어질수록 입체각이 작아져 셰이딩 포인트에 도달하는 에너지가 줄어든다.

- **방향:** 광원은 모든 방향에서 방출되지 않거나 균일하게 방출되지 않을 수 있다.

- **가시성:** 완전히 차단된 광원은 기여하지 않는다.

- **셰이딩 지점의 BRDF:** BRDF의 주요 피크 방향에 있는 조명은 반사되는 에너지의 큰 부분을 갖는다.

빛 중요도 샘플링의 주요 장점은 조명의 수와 종류에 독립적이므로 씬은 세도우 광선을 추적할 수 있는 것보다 더 많은 조명을 가질 수 있고 큰 텍스처 영역 조명을 완벽하게 지원할 수 있다는 것이다. 확률 분포는 런타임에 계산되므로 씬은 완전히 역동적이고 복잡한 조명 설정을 가질 수 있다. 최근 노이즈 제거 기술이 발전함에 따라 렌더링 시간을 단축하면서 좀 더 예술적인 자유와 사실적인 결과를 얻을 수 있다.

다음에서는 빛 중요도 샘플링을 자세히 설명하고 빛을 통해 BVH^{Bounding Volume Hierarchy, 바운딩 볼륨 계층}를 사용하는 실시간 구현을 제시한다. 이 방법은 마이크로소프트 다이렉트X 레이 트레이싱^{DXR} API를 사용해 구현됐으며 소스코드를 사용할 수 있다.

18.2 이전 알고리즘의 리뷰

제품 렌더링에서 경로 추적으로 전환하면 광원의 샘플링된 지점을 향해 세도우 광선을 추적하는 것으로 가시성 샘플링이 해결된다. 세도우 광선이 셰이딩 점에서 빛까지 닿지 않으면 점이 켜진 것으로 간주한다. 빛 주변의 많은 샘플에 대해 평균을 내는 것으로 빛의 괜찮은 근사치를 달성한다. 좀 더 많은 샘플이 취해질수록 근사치는 사실에 수렴한다. 그러나 소수의 광원이 많기 때문에 철저한 샘플링은 생산 렌더링에서조차 가능한 전략이 아니다.

많은 빛을 지닌 동적 빛의 복잡성을 처리하고자 대부분의 기술은 일반적으로 빛 위에 어떤 형태의 공간 가속 구조를 만드는 데 의존하며, 그다음에는 조명을 컬링, 근사화, 중요도 샘플링해 렌더링을 가속화하는 데 사용된다.

18.2.1 실시간 빛 컬링

게임 엔진은 물리적 단위로 지정된 대부분의 물리 기반 머티리얼과 광원을 사용하도록 전환됐다[19, 23]. 그러나 성능상의 이유와 래스터화 파이프라인의 제한으로 인해 세도우 맵을 사용하면 실시간으로 몇 가지 점과 같은 광원을 렌더링할 수 있다. 조명당 비용은 높고 성능은 조명 수에 따라 선형으로 증가한다. 영역 조명의 경우 음영이 없는 기여는 선형 변환 코사인[17]을 사용해 계산할 수 있지만 가시성을 평가하는 문제는 여전히 남아 있다.

고려해야 할 조명의 수를 줄이고자 개별 조명이 영향을 주는 영역을 인위적으로 제한하는 것이 일반적이다. 예를 들어 어떤 거리에서 0으로 가는 대략적인 이차 감소를 사용하는 것이다. 조명 파라미터를 신중하게 배치하고 조정하면 특정 지점에 영향을 주는 조명의 수를 제한할 수 있다.

타일 셰이딩^{Tiled shading}[2, 28]은 이러한 빛을 화면 공간 타일에 비닝^{binning}해 작동한다. 여기서 타일의 깊이 경계는 각 타일을 셰이딩할 때 처리해야 하는 빛의 숫자를 효과적으로 줄인다. 현대식 변형은 절두체를 깊이로 분할하거나(2.5D 컬링)[15] 셰이딩 점 또는 빛[29, 30]을 클러스터링하거나 타일별 빛 트리[27]를 사용해 컬링 속도를 향상시킨다.

이러한 컬링 방법의 단점은 가속 구조가 화면 공간에 있다는 것이다. 또 다른 단점은 필요한 클램프된 빛의 범위가 눈에 띄게 어두워질 수 있다는 것이다. 이는 크리스마스트리 조명이나 실내 사무실 조명과 같이 여러 희미한 조명이 크게 기여하는 경우에 특히 두드러진다. 이를 해결하고자 토쿠요시^{Tokuyoshi}와 하라다^{Harada}[40]는 확률적 범위를 사용해 고정된 범위를 지정하는 대신 중요하지 않은 광원을 무작위로 배제할 것을 제안했다. 또한 광원의 경계 구체 계층을 사용해 경로 추적에 적용된 기술의 개념 증명을 보여준다.

18.2.2 많은 조명 알고리즘

가상 점 조명^{VPLs, Virtual Point Lights}[20]은 오랫동안 전역 조명을 근사화하는 데 사용돼 왔다. 아이디어는 광원에서 광자를 추적하고 경로 버텍스에 VPL을 둔 다음 간접 조명을 근사화하는 데 사용된다. VPL 방법은 개념적으로 많은 조명에 대한 중요도 샘플링 방법과 유사하다. 조명은 트리에서 노드로 클러스터되며 순회 중에 예상되는 기여도를 계산한다. 주요 차이점은 중요도 샘플링의 경우 추정치가 조명을 직접 근사화하지 않고 조명 선택 확률을 계산하는 데 사용된다는 것이다.

예를 들어 라이트컷[44, 45]은 셰이딩 포인트마다 트리를 통과하고 추정된 기여에 대한 오류 범위를 계산해 수백만 VPL로 렌더링 속도를 높인다. 이 알고리즘은 오류가 충분히 작을 때 미세한 클러스터나 개별 VPL로의 세분화를 피하면서 VPL 클러스터를 광원으로 직접 사용하도록 선택한다. 이것과 다른 많은 라이트 기술에 대한 좋은 개요를 위해 닥스바허Dachsbacher 등[12]의 설문 조사를 참고했다. 크리스텐슨Christensen과 자로즈Jarosz[8]의 전역 조명 알고리즘 개요도 참고하자.

18.2.3 빛 중요도 샘플링

많은 조명을 지닌 레이 트레이싱을 가속화하는 초기 작업에서 빛은 기여도에 따라 분류되며 임곗값을 초과하는 것만이 셰도우 테스트[46]됐다. 나머지 빛의 기여도는 가시성의 통계적 추정치에 따라 추가된다.

셜리Shirley 등[37]은 다양한 종류의 광원에 대해 중요도 샘플링을 설명한다. 추정된 기여를 사용자 정의 임곗값과 비교해 빛을 밝거나 희미한 것으로 분류한다. 여러 빛에서 샘플링하고자 밝은 조명의 수가 충분히 작아질 때까지 계층적으로 세분화하는 옥트리를 사용한다. 옥트리 셀의 기여는 셀 경계의 많은 지점에서 기여를 평가해 추정한다. 지머맨Zimmerman과 셜리Shirley[47]는 대신 균일한 공간 분할을 사용하고 셀에 있는 추정된 가시성을 포함한다.

많은 빛에서의 실시간 레이 트레이싱을 위해 슈미틀러Schmittler 등[36]은 조명의 영향 범위를 세한하고 k-d 트리를 사용해 각 지점에 영향을 주는 빛을 신속하게 찾는다. 비커Bikker는 아라우나 레이 트레이서Arauna ray tracer[5, 6]에서도 비슷한 접근 방식을 취하지만 구형 노드가 있는 BVH를 사용해 광량을 좀 더 밀접하게 바인딩한다. 셰이딩은 기여하는 모든 조명을 평가해 위티드 스타일로 된다. 이러한 방법들은 빛의 기여가 차단될 때 편향이 발생하지만, 앞에서 언급한 바와 같이 확률적 빛 범위를 통해 잠재적으로 완화될 수 있다[40].

브리게이드Brigade 실시간 경로 추적 프로그램에서 비커Bikker[6]는 리샘플링된 중요도 샘플링[39]을 사용한다. 위치 불변 확률 밀도 함수에 기초해 첫 번째 빛 세트가 선택되고, 이 세트는 하나의 중요한 조명을 선택하고자 BRDF와 거리를 사용해 기여도를 좀 더 정확하게 추정함으로써 리샘플링된다. 이 접근 방법에서는 계층적 데이터 구조가 없다.

Iray 렌더링 시스템[22]은 계층적 조명 중요도 샘플링 방식을 사용한다. Iray는 삼각형에만 적용되며 삼각형당 하나의 플럭스(파워) 값을 할당한다. BVH는 삼각 조명 위에 구축되고 각 노드에서 각 서브트리의 추정 기여도를 계산해 확률적으로 순회한다. 이 시스템은 단위 구를 적은 수의 영역으로 나누고 영역당 하나의 대표 플럭스 값을 저장해 각 노드에서 방향 정보를 인코딩한다. BVH 노드에서 추정된 플럭스는 노드 중심까지의 거리를 기준으로 계산된다.

콘티 에스테베즈^{Conty Estevez}와 쿨라^{Kulla}[11]는 시네마틱 렌더링에 대해 비슷한 접근 방식을 취한다. 그것은 분석적인 조명 형태를 포함하는 4 와이드 BVH를 사용하며 조명은 경계 원뿔을 사용해 방향을 포함한 월드 공간에 모여 있다. 순회에서는 단일 균일 랜덤 숫자를 기준으로 순회할 분기를 확률적으로 선택한다. 숫자는 각 단계에서 단위 범위로 재조정되며 계층화 속성을 유지한다(같은 기술이 계층적 샘플 와핑에서 사용된다). 대형 노드에 대한 잘못된 추정 문제를 줄이고자 순회 중에 이러한 노드를 적응적으로 분할하기 위한 메트릭을 사용한다. 여기서의 실시간 구현은 그들의 기술을 기반으로 하되 약간의 단순화를 거친다.

18.3 기초

이 절에서는 실시간 구현의 기술적인 세부 사항으로 들어가기 전에 먼저 물리 기반 라이팅과 중요도 샘플링의 기초를 살펴본다.

18.3.1 조명 적분

시야 방향 $\mathbf{v}$에서 표면상의 점 X를 남기는 복사량 L_0은 [18]에 의해 기술된 기하학적 광학 근사에서 방출된 복사량 L_e와 반사된 복사량 L_r의 합계다.

$$L_0(X, \mathbf{v}) = L_e(X, \mathbf{v}) + L_r(X, \mathbf{v}) \tag{1}$$

$$\text{여기에서} \quad Lr(X,\mathbf{v}) = \int_{\Omega} f(X,\mathbf{v},l) L_i(X,l)(n.l)d\omega \qquad (2)$$

여기서 f는 BRDF이고 L_i는 방향 l에서 도달하는 입사광이다. 다음에서는 특정 지점에 대해 말할 때 표기에서 X를 삭제할 것이다. 또한 표기 $L(X \leftarrow Y)$는 점 Y에서 점 X를 향하는 방향으로 방출되는 복사량을 나타낸다. 18장에서는 주로 씬 내에 배치된 잠재적으로 큰 지역 광원의 세트에서 L_i가 나오는 경우에 관심이 있다. 그러나 이 알고리즘은 태양과 하늘같은 원거리 광원을 다루기 위한 다른 샘플링 전략과 결합할 수 있다.

반구의 적분은 광원의 모든 표면에 대한 적분으로 다시 쓰일 수 있다. 입체각과 표면적의 관계는 그림 18-2에 설명돼 있다. 실제로 광원의 Y 지점에 있는 작은 패치 dA는 입체각을 커버한다.

$$d\omega = \frac{|\mathbf{n}_y \cdot -\mathbf{l}|}{\|X-Y\|^2} dA \qquad (3)$$

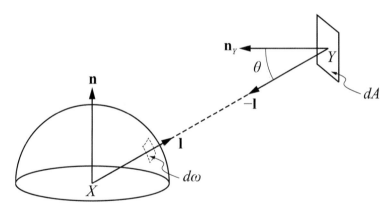

▲ **그림 18-2.** 광원의 점 Y의 표면 패치 dA의 차등 입체각 $d\omega$는 그것이 보이는 거리 $\|X - Y\|$와 각도 $\cos \theta = |\mathbf{n}_y \cdot -\mathbf{l}|$의 함수다.

즉, 빛의 법선 $\mathbf{n}_y$와 방출된 빛 방향 $-\mathbf{l}$ 사이의 거리와 내적에 의한 역제곱 감소가 있다. 여기서의 구현에서 광원은 단면이나 양면 이미터일 수 있음을 주의하자. 단면 조명에서 $(\mathbf{n}_y \cdot -\mathbf{l}) \leq 0$일 경우 방출 광도 $L(X \leftarrow Y) = 0$으로 설정한다.

또한 셰이딩 점 X와 광원의 점 Y 사이의 가시성을 알아야 한다. 보통 다음과 같이 표현한다.

$$v(X \leftrightarrow Y) = \begin{cases} 1 & X와\,Y가\,서로\,보일\,때 \\ 0 & 그\,외의\,경우 \end{cases} \qquad (4)$$

실제로 광선의 최대 거리 $t_{\max} = \|X - Y\|$를 사용해 X에서 l 방향으로 셰도우 광선을 추적해 v를 평가한다. 수치적인 문제로 인한 자가 교차를 피하려면 광선 원점을 오프셋해야 하고 엡실론을 사용해 광선을 약간 줄여야 한다. 자세한 내용은 6장을 참고하자.

이제 씬에 m개의 광원이 있다고 가정하면 식 (2)의 반사된 광도는 다음과 같이 쓸 수 있다.

$$L_r(X, \mathbf{v}) = \sum_{i=1}^{m} L_{r,i}(X, \mathbf{v}) \qquad (5)$$

$$L_{r,i}(X, \mathbf{v}) = \int_{\Omega} f(X, \mathbf{v}, l) L_i(X \leftarrow Y) v(X \leftrightarrow Y) \max(\mathbf{n} \cdot \mathbf{l}, 0) \frac{|\mathbf{n}_y \cdot -\mathbf{l}|}{\|X - Y\|^2} dA_i \quad (6)$$

즉, L_r은 각각의 빛 $i = \{1, \ldots, m\}$의 반사된 빛의 합이다. 셰이딩 점으로 백페이싱 backfacing하는 지점의 빛은 기여할 수 없으므로 $\mathbf{n} \cdot \mathbf{l}$을 클램핑한다. 복잡도는 빛의 개수 m에서 선형적이며 m이 클 때 비쌀 수 있다. 이는 다음 주제로 안내한다.

18.3.2 중요도 샘플링

18.2절에서 다룬 것처럼 식 (5)의 비용을 줄이기 위한 근본적으로 다른 두 가지 방법이 있다. 한 가지 방법은 빛의 영향 영역을 제한해 m을 줄이는 것이다. 다른 방법은 작은 빛의 서브세트 $n \ll m$을 샘플링하는 것이다. 이는 결과가 일관된 방식으로 수행될 수 있다. 즉, n이 커짐에 따라 진실에 수렴한다.

18.3.2.1 몬테카를로 방법

Z를 $z \in \{1, \dots, m\}$ 값을 가진 이산 랜덤 변수로 둔다. Z가 일부 값 z와 같을 확률은 이산 PDF $p(z) = P(Z = z)$로 설명되며 여기서 $\sum p(z) = 1$이다. 예를 들어 모든 값이 동일하게 가능하다면 $p(z) = 1/m$이다. 랜덤 변수의 함수 $g(Z)$가 있는 경우 예상되는 값은 다음과 같다.

$$\mathbb{E}[g(Z)] = \sum_{z \in Z} g(z)p(z) \tag{7}$$

즉, 가능한 결과에 따라 가능한 각 결과에 가중치가 적용된다. 이제 Z에서 n개의 랜덤 샘플 $\{z_1, \dots, z_n\}$을 얻으면 다음과 같이 n 샘플 몬테카를로 추정치 $\mathbb{E}[g(Z)]$의 $\widetilde{g}_n(z)$을 얻는다.

$$\widetilde{g}_n(z) = \frac{1}{n} \sum_{j=1}^{n} g(z_j) \tag{8}$$

다시 말해 함수에서 랜덤 샘플의 평균을 취함으로써 기대치를 추정할 수 있다. 또한 대응하는 몬테카를로 추정자 $g_n(Z)$에 대해 말할 수 있는데, 이는 n개의 독립적이고 동일하게 분포된 랜덤 변수 $\{Z_1, \dots, Z_n\}$의 함수 평균이다. $\mathbb{E}[\widetilde{g}_n(Z)] = \mathbb{E}[g(Z)]$, 즉 추정자가 올바른 값을 준 것을 볼 수 있다.

랜덤한 샘플을 취하기 때문에 추정자 $\widetilde{g}_n(Z)$는 약간의 차이를 가질 것이다. 15장에서 다뤘듯이 분산은 n에 따라 선형적으로 감소한다.

$$\mathrm{Var}\left[\widetilde{g}_n(Z)\right] = \frac{1}{n} Var[g(Z)] \tag{9}$$

이 속성은 몬테카를로 추정자가 일관됐다는 것을 보여준다. 극한에서 무한히 많은 샘플을 가질 때 분산은 0이고 정확히 기대한 값으로 수렴한다.

이를 유용하게 하고자 거의 모든 문제를 예상대로 다시 캐스팅할 수 있다는 점을 명심하자. 따라서 함수의 랜덤 샘플을 기반으로 해결책을 추정하는 일관된 방법을 가진다.

18.3.2.2 빛 선택 중요도 샘플링

우리의 경우 모든 광원에서 반사된 빛의 합을 평가하는 데 관심이 있다(식 5). 이 합은 다음과 같이 기대로 표현할 수 있다(식 7 참조).

$$L_r(X, \mathbf{v}) = \sum_{i=1}^{m} L_{r,i}(X, \mathbf{v}) = \sum_{i=1}^{m} \frac{L_{r,i}(X, \mathbf{v})}{P(Z=i)} P(Z=i) = \mathbb{E}\left[\frac{L_{r,z}(X, \mathbf{v})}{p(Z)}\right] \tag{10}$$

식 (8)에 따라 모든 광원에서 반사된 빛의 몬테카를로 추정 L_r은 다음과 같다.

$$\widetilde{L_r}(X, \mathbf{v}) = \frac{1}{n} \sum_{j=1}^{n} \frac{L_{r,z_j}(X, \mathbf{v})}{p(z_j)} \tag{11}$$

즉, 무작위로 선택된 빛의 세트 $\{z_1, \ldots, z_n\}$의 기여도 합을 각 빛의 선택될 확률로 나눈 것이다. 이 추정자는 취한 샘플의 수 n에 관계없이 항상 일정하다. 그러나 더 많은 샘플을 취할수록 추정자의 분산은 더 작아진다.

지금까지 다룬 것은 랜덤 변수 Z의 분포에 대한 가정을 하지 않았다. 유일한 요구 사항은 $L_{rz} > 0$인 모든 빛에 대해 $p(z) > 0$이어야 한다는 점이며, 그렇지 않으면 일부 빛의 기여를 무시할 위험을 가진다. 이것은 $p(z) \propto L_{r,z}(X, \mathbf{v})$일 때 분산이 최소화됨을 보여준다. 여기서 자세히 설명하지는 않지만 확률 밀도 함수가 샘플링하는 함수에 정확히 비례하면 몬테카를로 추정자의 합계는 일정한 항의 합계로 줄어든다. 이 경우 추정자는 분산으로 0을 가진다.

실제로는 주어진 셰이딩 점에 대해 L_{rz}를 알 수 없으므로 달성할 수 없지만, 셰이딩 점에 대한 상대적인 기여도를 가능한 한 가까운 확률로 빛을 선택하는 것을 목표로 해야 한다. 18.4절에서 $p(z)$ 계산 방법을 살펴본다.

18.3.2.3 광원 샘플링

식 (11)을 사용해 반사광을 추정하려면 무작위로 선택된 빛 세트에 대해 적분 $L_{r,z_j}(X, \mathbf{v})$를 평가해야 한다. 식 (6)의 표면은 BRDF와 가시성 항을 모두 포함하는 빛의 표면에 대한 적분이다. 그래픽에서 분석적으로 평가하는 것은 실용적이지 않다. 따라서 다시 몬테카를로 통합에 의지한다.

광원의 표면은 s 샘플 $\{Y_1, \ldots, Y_s\}$로 균일하게 샘플링된다. 삼각형 메시 빛의 경우 각 빛은 삼각형이므로 표준 기술을 사용해 삼각형에서 균일하게 점을 선택해야 한다는 것을 뜻한다(16장 참고). 삼각형 샘플의 확률 밀도 함수 i는 $p(Y) = 1/A_i$이며 여기서 A_i는 삼각형의 면적이다. 그런 다음 몬테카를로 추정인 다음 수식을 사용해 빛에 대한 적분을 평가한다.

$$\widetilde{L}_{r,i}(X, \mathbf{v}) = \frac{A_i}{s} \sum_{k=1}^{s} f(X, \mathbf{v}, l_k) L_i(X \leftarrow Y_k) v(X \leftrightarrow Y_k) \max(\mathbf{n} \cdot \mathbf{l}_k, 0) \frac{|\mathbf{n}_{Y_k} \cdot -\mathbf{l}_k|}{\|X - Y_k\|^2} \tag{12}$$

현재 구현에서는 n개의 샘플링된 광원 각각에 대해 단일 셰도우 광선을 추적할 때 $s = 1$이고, 방출된 광도를 평가할 때 광원의 기하학적 법선을 사용하기 때문에 $\mathbf{n}_{Y_k}$ = $\mathbf{n}_i$다. 부드러운 법선과 법선 매핑은 성능상의 이유로 인해 기본적으로 사용하지 않게 돼 있다. 빛 분포에 거의 영향을 미치지 않기 때문이다.

18.3.3 빛의 레이 트레이싱

실시간 애플리케이션에서 일반적인 렌더링 최적화는 기하학적 표면을 실제 빛 방출 형태와 분리하는 것이다. 예를 들어 전구는 점 조명이나 작은 분석적인 구 조명으로 표현할 수 있으며, 보이는 전구는 좀 더 복잡한 삼각형 메시로 그려진다.

이 경우에는 빛 지오메트리의 방사 득성이 실세 이미터의 강도와 일치하는 것이 중요하다. 그렇지 않으면 직시direct view에서 빛이 얼마나 밝게 나타나는지와 씬에 얼마나 많은 양의 빛이 비추는지에 따라 지각적인 차이가 있다. 광원은 광속(루멘)과 관련해 광도 단위로 지정되는 경우가 많으며, 영역 빛의 방출 강도는 휘도(cd/m²)로 표시된다. 따라서 플럭스에서 휘도luminance로의 정확한 변환은 빛의 기하학적 표면적을 고려해야 한다. 렌더링하기 전에 이 광도 단위는 최종적으로 사용하는 방사량(플럭스flux와 라디언스radiance)으로 변환된다.

또 다른 고려 사항은 셰도우 광선을 이미터 쪽으로 추적할 때 광원을 나타내는 메시와 실수로 부딪히고 이미터를 폐색된 것으로 계산하고 싶지 않다는 것이다. 따라서 기하학적 표현은 셰도우 광선에는 보이지 않지만 다른 광선에서는 볼 수 있어야 한다. 마이크로소프트 다이렉트X 레이 트레이싱 API는 가속 구조의 InstanceMask 속성과 TraceRay로의 InstanceInclusionMask 파라미터를 통해 이 동작의 제어를 허용한다.

중요한 분산 감소 기법인 다중 중요도 샘플링[MIS, Multiple Importance Sampling][41]의 경우 다른 샘플링 전략에 의해 생성된 샘플이 제공하는 빛 샘플링 확률을 평가할 수 있어야 한다. 예를 들어 순회 후에 광원과 부딪히는 BRDF 중요도 샘플링을 사용해 반구에 샘플을 그리는 경우 샘플이 빛 중요도 샘플링으로 생성됐을 확률을 계산한다. BRDF 샘플링 확률과 함께 이 확률을 기반으로 해서 전체 분산을 감소하고자 파워 휴리스틱[41] 같은 것을 사용해 샘플에 대한 새로운 가중치를 계산할 수 있다.

MIS의 실제 고려 사항은 이미터가 분석적 모양으로 표현되는 경우 주어진 방향의 광원을 검색하고자 하드웨어 가속 삼각형 테스트를 사용할 수 없다는 것이다. 대안은 사용자 정의 교차 셰이더를 사용해 광선과 이미터 모양 사이의 교차를 계산하는 것이다. 이는 샘플 코드에서 구현되지 않았다. 대신 메시 자체를 빛 이미터로 사용한다. 즉, 각각의 방사형 삼각형이 광원으로 취급된다.

18.4 알고리즘

다음에서 빛 중요도 샘플링 구현의 주요 단계를 설명한다. 설명은 작업 발생 빈도에 따라 구성된다. 프레임당 한 번 실행되는 빛 데이터 구조의 생성과 업데이트 뒤에 오는 애셋 생성 시간에 발생 가능한 전처리 단계에서부터 시작한다. 그런 다음 라이트 샘플당 한 번씩 실행되는 샘플링을 설명한다.

18.4.1 빛 전처리

메시 라이트의 경우 Iray와 유사하게 전처리로 삼각형 i당 단일 플럭스[flux] 값 Φ_i를 사전 계산한다. 플럭스는 삼각형이 방출하는 총 방사속[radiant power]이다. 디퓨즈 이미터의 경우 플럭스는 다음과 같다.

$$\Phi_i = \int \int_{\Omega} L_i(X)(\mathbf{n}_i \cdot \omega)d\omega dA_i \tag{13}$$

여기서 $L_i(X)$는 빛 표면의 위치 X에서 방출된 복사량이다. 텍스처링되지 않은 이미터의 경우 플럭스는 단순히 $\Phi_i = \pi A_i L_i$이며 여기서 L_i는 머티리얼의 일정한 복사량이고 A_i는 삼각형의 영역이다. 계수 π는 반구에서 코사인 항의 적분에서 온다. 경험적으로 텍스처화되지 않은 것보다 훨씬 일반적인 텍스처화된 이미터를 처리하고자 식 (13)을 로드 타임 때 전처리로 평가한다.

복사량을 적분하고자 텍스처 공간의 모든 방사 삼각형을 래스터화한다. 삼각형은 각 픽셀이 가장 큰 밉 레벨에서 정확히 하나의 텍셀을 나타내도록 크기가 조정되고 회전된다. 그런 다음 픽셀 셰이더의 해당하는 텍셀을 위한 복사량을 로드하고 그 값을 원자적으로 누적하는 것으로 적분을 계산한다. 또한 텍셀 개수를 세고 마지막에 그 숫자로 나눈다.

픽셀 셰이더의 유일한 부작용은 삼각형당 값의 버퍼에 원자를 추가하는 것이다. 다이렉트X 12에는 현재 부동소수점 원자가 없기 때문에 NVAPI[26]를 통한 엔비디아 확장을 사용해 부동소수집 원자를 추가한다.

픽셀 셰이더는 렌더 타깃 바운드가 없으므로(즉, 빈 픽셀 셰이더이므로) 메모리 소모에 대한 걱정 없이 API 제한 내에서 뷰포트를 임의로 크게 만들 수 있다. 버텍스 셰이더는 메모리에서 UV 텍스처 좌표를 로드하고 삼각형을 뷰포트 안에 언제나 있도록 텍스처의 적절한 좌표에 배치한다. 예를 들어 텍스처 래핑이 활성화된 경우 삼각형은 다음의 픽셀 좌표에서 래스터화된다.

$$\tag{14}$$

여기서 w, h는 방사 텍스처의 가장 큰 밉 레벨의 치수다. 이 변환을 사용하면 삼각형은 (미리 래핑된) UV 좌표의 크기와는 상관없이 항상 보인다.

현재 픽셀당 하나의 샘플을 사용해 삼각형으로 래스터화하므로 중심이 덮인 텍셀만이 누적된다. 텍셀을 덮지 않는 작은 삼각형은 수렴을 보장하고자 0이 아닌 플럭스 값이 기본으로 할당된다. 멀티샘플링이나 픽셀 셰이더에서 분석 커버리지를 계산하는 전통적인 래스터화는 계산된 플럭스 값의 정확도를 향상하는 데 사용할 수 있다.

$\Phi_i = 0$인 모든 삼각형은 추가 처리에서 제외된다. 플럭스가 0인 삼각형의 컬링은 실제로 중요한 최적화다. 일부 예제 씬에서 대부분의 방사 삼각형은 방사 텍스처의 흑색 영역에 놓인다. 메시를 별도의 머티리얼을 사용해 방사와 반방사로 분할하는 대신 종종 방사율이 더 큰 텍스처로 그려지는 것은 놀랍지 않다.

18.4.2 가속 구조

우리는 콘티 에스테베즈$^{Conty Estevez}$ 및 쿨라^{Kulla}[11]와 유사한 가속 구조, 즉 비닝을 사용해 완전히 구성된 경계 볼륨 계층 구조[10, 33]를 사용하고 있다. 여기서의 구현은 바이너리 BVH를 사용하는데, 이는 각 노드에 두 개의 자식이 있음을 의미한다. 경우에 따라서는 좀 더 넓은 분기 계수가 유리할 수 있다.

빌드 과정에서 사용한 기존의 다른 휴리스틱과 그 변형을 제시하기 전에 비닝 작동 방식을 간략하게 소개한다.

18.4.2.1 BVH 빌드

이진 BVH를 완전히 빌드할 때 트리가 작성되는 품질과 속도는 각 노드에서 왼쪽 및 오른쪽 자식 사이에서 삼각형이 어떻게 분할되는지에 따라 달라진다. 모든 잠재적인 분할 위치의 분석은 최상의 결과를 얻을 수 있지만 속도가 느리며 실시간 애플리케이션에는 적합하지 않다.

발드^{Wald}[43]가 취한 접근법은 각 노드의 공간을 빈^{bins}으로 균일하게 분할한 다음 해당 빈에서만 분할 분석을 실행하는 것으로 구성된다. 이는 빈이 많을수록 생성된 트리의 품질은 높아지지만 트리를 만드는 데 더 많은 비용이 든다는 것을 의미한다.

18.4.2.2 빛 방향 원뿔

다른 광원의 방향을 고려할 수 있게 콘티 에스테베즈^{Conty Estevez}와 쿨라^{Kulla}[11]는 각 노드에 빛 방향 원뿔을 저장한다. 이 원뿔은 축과 θ_o 및 θ_e의 두 가지 각도로 구성된다. 전자는 노드 내에서 발견한 모든 이미터의 법선을 제한하고 후자는 빛이 방출되는 방향 세트(각 법선 주위)를 제한한다.

예를 들어 단면 방사 삼각형은 θ_o = 0(단 하나의 법선만 있음) 및 θ_e = π/2(반구 전체에서 빛을 방출함)를 갖는다. 대안적으로 방출 구는 θ_o = π(모든 방향을 향하는 법선을 가짐) 및 θ_e = π/2를 가지며, 각각의 법선 주위에서 빛은 여전히 전체 반구에 대해서만 방출된다. 방향성 방출 프로파일을 가진 조명이나 스포트라이트의 원뿔 각도와 같은 스포트라이트를 제외하고 θ_e는 종종 p다.

부모 노드의 원뿔을 계산할 때 원뿔의 θ_o는 자식에서 발견한 모든 법선을 포함하게 계산하며 θ_e는 각 자식 θ_e의 최댓값으로 간단히 계산된다.

18.4.2.3 분할 평면 정의

앞에서 언급했듯이 축 정렬 분할 평면은 빛 세트를 각 자식마다 하나씩, 두 서브세트로 분할하고자 계산해야 한다. 이는 일반적으로 가능한 각 분할에 대한 비용 메트릭을 계산하고 가장 저렴한 비용을 선택하는 것으로 달성한다. 비닝^{binned}된 BVH와 관련해 우리는 SAH^{Surface Area Heuristic}(골드스미스^{Goldsmith}와 살몬^{Salmon}[14]이 소개하고 맥도날드^{MacDonald}와 부스^{Booth}에 의해 공식화됨)과 SAOH^{Surface Area Orientation Heuristic,} ^{표면 영역 오리엔테이션 휴리스틱}[11]뿐만 아니라 이 두 가지 방법의 다른 변형을 테스트했다.

아래 제시된 모든 변형에 대해 BVH를 빌드하는 동안 수행된 비닝은 (노드의 AABB^{Axis-Aligned Bounding Box, 축 정렬 바운딩 박스}) 가장 큰 축에서만, 혹은 세 축 모두에서 수행될 수 있으며 가장 저렴한 비용을 지닌 분할이 선택된다. 가장 큰 축만 고려하는 것은 특히 빛 방향을 고려한 변형의 경우 빌드 시간을 줄이지만 트리 품질 역시 줄인다. 이 절충안에 대한 자세한 내용은 18.5절에서 찾을 수 있다.

SAH SAH는 결과 자식의 AABB의 표면적과 포함하는 조명 수에 중점을 둔다. k는 빈의 수이고 $i \in [0, k-1]$이라고 할 때 왼쪽 자식을 $L = \bigcup_{j=0}^{i} \text{bin}_j$로 정의하고 오른쪽 자식을 $R = \bigcup_{j=i+1}^{k} \text{bin}_j$로 정의하면 자식으로 L과 R의 생성을 분할하는 비용은 다음과 같다.

$$cost(L, R) = \frac{n(L)a(L) + n(R)a(R)}{n(L \cup R)a(L \cup R)} \tag{15}$$

여기서 $n(C)$와 $a(C)$는 각각 잠재적 자식 노드 C의 조명 수와 표면적을 반환한다.

SAOH SAOH는 SAH를 기반으로 추가적인 두 가지 가중치를 포함한다. 하나는 빛을 방출하는 빛 방향 주변의 경계 원뿔을 기반으로 하고, 다른 하나는 결과 클러스터에서 방출되는 플럭스를 기반으로 한다. 비용 측정법은 다음과 같다.

$$cost(L, R, s) = k_r(s) \frac{\Phi(L)a(L)M_\Omega + \Phi(R)a(R)M_\Omega(R)}{a(L \cup R)M_\Omega(L \cup R)} \tag{16}$$

여기서 s는 스플릿이 발생하는 축이며 $k_r(s) = \text{length}_{max}/\text{length}_s$는 얇은 상자를 방지하는 데 사용되며 M_Ω는 방향 측정이다[11].

VH 볼륨 휴리스틱VH, Volume Heuristic은 SAH를 기반으로 하며, 식 (15)의 표면적 측정 값 $a(C)$를 노드 C의 AABB의 볼륨 $v(C)$로 대체한다.

VOH 볼륨 오리엔테이션 휴리스틱VOH, Volume Orientation Heuristic은 SAOH(식 16)의 표면적 측정을 볼륨 측정으로 대체한다.

18.4.3 빛 중요도 샘플링

이전에 설명한 가속 구조를 기반으로 실제로 빛이 샘플링되는 방법을 살펴보자. 우선 단일 광원을 선택하고자 빛 BVH를 확률적으로 순회한 다음, 빛 샘플이 그 빛에서 생성된다(영역 빛일 경우). 그림 18-1을 참고하자.

18.4.3.1 확률적 BVH 순회

가속 데이터 구조를 순회할 때 기여도에 비례하는 각 빛의 확률을 갖고 현재 셰이딩 지점에 가장 많이 기여하는 빛으로 이끄는 노드를 선택하려고 한다. 18.4.2절에서 언급한 것처럼 기여는 많은 파라미터에 의존한다. 각 파라미터에 대해 근삿값이나 정확한 값을 사용하고 품질 대 성능을 최적화하기 위한 다양한 조합을 시도할 것이다.

Distance   이 파라미터는 셰이딩 지점과 고려 중인 노드에서 AABB 중심과의 거리로 계산된다. 노드가 작은 AABB를 가진 경우 이것은 셰이딩 지점(및 가까운 확장빛)과 가까운 노드를 선호한다. 그러나 BVH의 첫 번째 레벨에서 노드는 대부분의 씬을 포함하는 큰 AABB를 가지므로 셰이딩 지점과 해당 노드에 포함된 일부 빛 사이의 실제 거리를 대략적으로 근사한다.

Light Flux   노드의 플럭스는 해당 노드에 포함된 모든 광원에서 방출하는 플럭스의 합계로 계산된다. 이는 성능상의 이유로 BVH를 빌드할 때 실제로 사전 계산된다. 일부 광원이 플럭스 값을 시간이 지남에 따라 변경하는 경우 플럭스는 빌드 단계를 안내하는 데에도 사용되므로 BVH가 리빌드돼야 하기 때문에 사전 계산은 문제가 되지 않는다.

Light Orientation   지금까지의 선택은 광원의 방향을 고려하지 않았으며, 이는 백페이싱되는 다른 광원에 비해 차광점에 직접 비추는 광원에 많은 무게를 줄 수 있다. 이를 위해 콘티 에스테베즈[Conty Estevez]와 쿨라[Kulla][11]는 노드의 중요도 함수에 빛의 법선과 노드의 AABB 중심부터 셰이딩 점까지 거리 간의 각도를 보수적으로 추정하는 추가적인 용어를 도입했다.

Light Visibility   셰이딩 점의 수평선 아래에 있는 빛을 고려하지 않고자 각 노드의 중요도 함수에서 클램프된 n·l 항을 사용한다. 콘티 에스테베즈와 쿨라[11]는 셰이딩 점의 수평선 아래에 있는 빛을 버리는 것과 동일한 효과를 얻는 표면의 알베도에 곱한 이 고정된 항을 디퓨즈 BRDF에 대한 근사로 사용한다.

Node Importance 방금 정의한 다른 파라미터를 사용해 셰이딩 점 X와 하위 노드 C가 지정된 중요도 함수는 다음과 같이 정의된다.

$$\text{importance}\,(X, C) = \frac{\Phi\,(C)|\cos\theta'_i|}{\|X-C\|^2} \times \begin{cases} \cos\theta' & \theta' < \theta_e\text{인 경우} \\ 0 & \text{이외의 경우} \end{cases} \qquad (17)$$

여기서 $\|X - C\|$는 셰이딩 점 X와 C의 AABB 중심 사이 거리며, $\theta'_i = \max(0, \theta_i - \theta_u)$ 및 $\theta = \max(0, \theta - \theta_o - \theta_u)$다. 각도 θ_e 및 θ_o는 노드 C의 빛 방향 원뿔에서 비롯된다. 각도 θ는 빛 방향 원뿔의 축과 C 중심에서 X까지의 벡터 사이에서 측정된다. 마지막으로 θ_i는 입사각이고 θ_u는 불확실성 각도다. 모두 그림 18-3에서 찾을 수 있다.

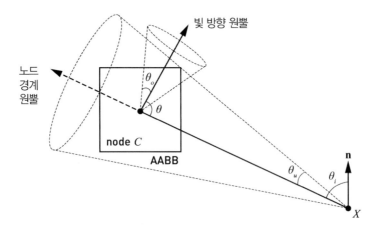

▲ **그림 18-3.** 셰이딩 점 X에서 볼 때 자식 노드 C의 중요성을 계산하는 데 사용되는 지오메트리에 대한 설명. 그림 18-1에서 중요도는 순회의 각 단계에서 각 자식마다 한 번씩 두 번 계산된다. 각도 θ_u 및 X에서 AABB 중심까지의 축은 전체 노드를 포함하는 가장 작은 경계 원뿔을 나타내며 θ_i 및 θ에서 보수적인 하한을 계산하는 데 사용된다.

18.4.3.2 랜덤 숫자 사용

단일 균일 랜덤 숫자는 왼쪽 또는 오른쪽 분기를 수행할지의 여부를 결정하는 데 사용한다. 그런 다음 숫자를 재조정하고 다음 레벨에 사용한다. 이 기법은 계층화를 유지하면서 (계층적 샘플 와핑 참고) 계층의 모든 레벨에서 새로운 난수를 생성하는 비용은 피한다. 새로운 난수 ξ'를 찾기 위해 난수 ξ를 재조정하는 방법은 다음과 같다.

$$\xi' = \begin{cases} \dfrac{\xi}{p(L)} & \xi < p(L)\text{인 경우} \\[3mm] \dfrac{\xi - p(L)}{p(R)} & \text{이외의 경우} \end{cases} \tag{18}$$

여기서 $p(C)$는 노드 C를 선택할 확률이며 해당 노드의 중요도를 총 중요도로 나눈 값으로 계산된다.

$$p(L) = \frac{\text{importance}(L)}{\text{importance}(L) + \text{importance}(R)} \tag{19}$$

부동소수점 정밀도의 한계로 인해 충분한 임의의 비트를 사용할 수 있도록 주의해야 한다. 빛의 수가 많은 경우 둘 이상의 난수가 번갈아 사용되거나 더 높은 정밀도가 사용될 수 있다.

18.4.3.3 잎 노드 샘플링

순회의 끝에서 특정 개수의 광원을 포함한 잎 노드가 선택된다. 샘플링할 삼각형을 결정하고자 잎 노드에 저장된 삼각형 중 하나를 균일하게 선택하거나 순회 중 노드의 중요도를 계산하는 데 사용한 것과 유사한 중요도 방법을 사용할 수 있다. 중요도 샘플링의 경우 삼각형과 가장 가까운 거리와 삼각형의 가장 큰 $n \cdot l$ 경계를 고려한다. 삼각형의 플럭스와 셰이딩 점으로의 방향을 포함하면 결과가 더욱 향상될 수 있다. 현재는 잎 노드당 최대 10개의 삼각형이 저장된다.

18.4.3.4 광원 샘플링

트리 순회를 통해 광원을 선택한 후에는 해당 광원에서 빛 샘플을 생성해야 한다. 다양한 유형의 빛 표면에 균일하게 빛 샘플을 생성하고자 셜리[Shirley] 등[37]이 제공한 샘플링 기술을 사용한다.

18.5 결과

다양한 수의 조명으로 오류가 감소하는 비율과 BVH를 만드는 데 걸린 시간 및 렌더링 시간을 측정하는 여러 장면에 대한 알고리즘을 보여준다.

렌더링은 먼저 다이렉트X 12를 사용해 G 버퍼에서 장면을 래스터화한 다음 픽셀당 단일 셰도우 광선을 사용해 전체 화면 레이 트레이싱 패스에서 빛을 샘플링한후 움직임이 발생하지 않으면 프레임을 일시적으로 누적해 완료된다. 모든 숫자는 엔비디아 지포스 RTX 2080 Ti 및 인텔 제온 E5-1650에서 3.60GHz로 측정되며 씬은 1920 × 1080 픽셀의 해상도로 렌더링된다. 18장에 나오는 모든 결과에 대해 간접 조명은 평가되지 않으며 대신 직접 조명의 계산을 개선하고자 알고리즘을 사용한다.

테스트에서는 그림 18-4에 표시된 대로 다음 씬을 사용한다.

- **태양 신전:** 씬에는 606,376개의 삼각형이 있으며 그중 67,374개는 텍스처된 방사다. 그러나 18.4.1절에 설명된 텍스처 사전 통합 후에는 오직 1,095 방사 삼각형만 남는다. 전체 씬은 텍스처된 화로에 의해 밝혀진다. 그림 18-4에서 보이는 씬의 일부는 오른쪽 멀리 위치한 두 화로뿐만이 아니라 카메라 뒤에 위치한 두 개의 작은 화로에 의해 켜진다. 씬은 완전한 디퓨즈다.

- **비스트로:** 비스트로 씬은 다양한 광원의 메시를 실제로 방출하도록 수정됐다. 총 2,829,226개의 삼각형 중 20,638개의 텍스처 방출 삼각형이 있다. 전반적으로 광원은 주로 수십 개의 작은 스포트라이트와 가게 간판에 있는 몇 개의 작은 방사 전구로 구성된다. 비스트로의 창문과 베스파를 제외하고 씬은 대부분 디퓨즈다.

<table>
<tr><td>태양 사원</td><td>비스트로(뷰 1)</td></tr>
<tr><td>비스트로(뷰 2)</td><td>비스트로(뷰 3)</td></tr>
<tr><td>파라곤 전장: 새벽(PRG-D)</td><td>파라곤 전장: 폐허(PRG-R)</td></tr>
</table>

▲ **그림 18-4.** 테스트에 사용된 모든 다른 씬의 장면

- **파라곤 전장:** 이 씬은 세 부분으로 구성돼 있으며 새벽(PBG-D)과 폐허 (PBG-R)의 두 가지만 사용한다. 둘 다 지상에 위치한 대형 방사 영역 조명 과 포탑의 바위 또는 작은 조명에 세겨진 룬과 같은 작은 조명으로 구성된 다. 나무를 제외한 대부분의 재질은 스페큘러다. PBG-D는 90,535개의 텍 스처 방사 삼각형을 특징으로 하며 그중 53,210개는 텍스처 통합 후에 남 는다. 전체 씬은 2,467,759개의 삼각형으로 이뤄져 있다(방사 포함). 이에 비해 PBG-R은 389,708개의 텍스처 방사 삼각형을 특징으로 하며, 그중 199,830은 텍스처 통합 후에 남는다. 전체 씬은 5,672,788개의 삼각형으로 이뤄져 있다.

이 모든 씬은 현재 정적이지만 프레임당 빛 가속 구조를 재구성하는 것으로 여기의 방법에서 동적 씬이 지원된다. DXR이 토폴로지를 변경하지 않고 가속 구조를 다시 피팅하는 방법과 유사하게 프레임 간에 빛이 크게 이동하지 않은 경우 사전 빌드된 트리의 노드만 업데이트하도록 선택할 수 있다.

이 절에서 사용한 일부 방법에 다른 약어를 사용한다. 'BVH_'로 시작하는 메서드는 삼각형을 선택하고자 BVH 계층을 순회한다. 'BVH_' 다음의 접미사는 순회 중에 사용되는 정보를 나타낸다. 관측점과 노드 중심 사이의 거리에 대해서는 'D', 노드에 포함된 플럭스에 대해서는 'F', $n \cdot l$ 경계에 대해서는 'B', 마지막으로 노드 방향 원뿔에 대해서는 'O'를 사용한다. 균일한 방법은 씬에 존재하는 모든 방사 삼각형 중에서 균일한 확률로 랜덤하게 선택한 샘플을 지닌 BRDF를 샘플링해 얻은 샘플을 결합하고자 MIS[41]를 사용한다.

MIS[41]를 사용할 때는 지수가 2인 지수 추론을 사용한다. 샘플 예산은 BRDF 샘플링과 광원의 샘플링 간에 동일하게 공유된다.

18.5.1 성능

18.5.1.1 가속 구조 구성

가장 큰 축에만 16개 빈^{bins}이 있는 SAH를 사용해 BVH를 구축하는 것은 태양 신전에서 대략 2.3ms가 걸리고, 비스트로에서는 26ms, 파라곤 전장에서는 280ms가 걸린다. BVH 빌더의 현재 구성은 CPU 기반이며 단일 스레드고 벡터 조작을 사용하지 않는다.

각 단계에서 세 축을 따라 비닝하는 것은 3배 더 많은 분할 후보가 있기 때문에 약 2배 정도 느리지만 결과 트리는 런타임에 더 잘 수행되지 않을 수 있다. 여기서 제시된 타이밍은 축당 기본 16개 빈 설정을 사용한다. 이 수를 줄이면 빌드가 더 빨라진다. 예를 들의 4개 빈은 대략 2배 빨라지지만 품질이 다시 저하된다. 나머지 측정의 경우에는 최고 품질 설정을 사용했다. 코드가 GPU로 이식되고 수만 개의 빛이 있는 게임 같은 씬에 사용되면 트리 빌드는 문제가 되지 않을 것으로 예상했기 때문이다.

SAOH를 사용한 빌드 시간은 SAH보다 약 3배 더 길다. 차이점은 주로 추가 조명 원뿔 계산으로 인한 것이다. 원뿔 방향을 계산하고 두 번째로 각도 경계를 계산하고자 모든 빛을 한 번 반복한다. 근사 방식이나 상향식 계산법을 사용하면 속도를 늘릴 수 있다.

표면 영역 대신 볼륨의 사용은 빌드에서 어떤 성능의 기회를 얻지 못한다.

18.5.1.2 프레임당 렌더링 시간

다른 휴리스틱을 사용해 구축한 트리와 모든 샘플링 옵션이 설정된 렌더링 시간을 측정했다. 표 18-1을 참고하자. 빌드 성능과 마찬가지로 표면 영역 대신 볼륨 기반 메트릭을 사용하면 렌더링 시간에 큰 영향을 미치지 않는다(일반적으로 표면 영역 기반 메트릭의 0.2ms 이내). 세 축 모두를 따라 비닝하거나 가장 큰 축만 비닝하는 것도 렌더링 시간에 큰 영향을 주지 않는다(각각 0.5ms 이내).

▼ 표 18-1. 픽셀당 4개의 셰도우 광선을 지닌 프레임당 ms 단위의 렌더링 시간으로 1,000개가 넘는 프레임을 측정하고 다양한 빌드 파라미터를 지닌 SAH와 SAOH 휴리스틱을 사용한다. BVH_DFBO 방식은 MIS와 함께 사용됐으며, 16개 빈이 비닝에 사용됐고 잎 노드당 최대 하나의 삼각형이 저장됐다.

	SAH		SAOH	
	가장 큰 축	모든 축	가장 큰 축	모든 축
태양 신전	16.9 ± 0.27	17.5 ± 0.10	17.3 ± 0.47	16.2 ± 0.30
비스트로(뷰 1)	30.3 ± 0.18	30.3 ± 0.61	31.8 ± 0.26	30.4 ± 0.20
비스트로(뷰 2)	38.8 ± 0.43	36.9 ± 0.30	39.6 ± 0.31	38.3 ± 1.12
비스트로(뷰 3)	31.2 ± 0.60	32.3 ± 0.19	33.0 ± 0.17	32.7 ± 0.20
PBG-D	23.6 ± 0.22	23.6 ± 0.19	23.7 ± 0.59	23.3 ± 0.20
PBG-R	40.5 ± 0.14	39.8 ± 0.15	41.9 ± 0.57	41.0 ± 0.16

잎 노드당 서로 다른 최대 양(1, 2, 4, 8, 10)의 삼각형을 테스트할 때 렌더링 시간은 서로 5% 이내인 것으로 나타났으며 1과 10이 가장 빠르다. 두 씬에 대한 결과는 그림 18-5에서 찾을 수 있고 다른 씬에서도 비슷한 동작이 관찰된다. 각각의 삼각형의 중요도를 계산하는 것은 눈에 띄는 오버헤드를 추가한다. 반대로 잎당 더 많은 삼각형을 저장하면 트리가 얕아져 순회가 더 빨라진다. 잎 노드의 물리적 크기

는 변경하지 않았으며(즉, 항상 10개의 삼각형 ID를 허용하게 설정됨) BVH 빌더가 잎 노드에 넣을 수 있는 양만 넣었다. 또한 이런 테스트를 위해 잎 노드 생성 비용에 의존하지 않고 가능한 한 빨리 잎 노드를 생성했다.

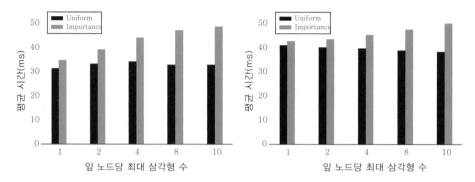

▲ **그림 18-5.** 잎 내의 삼각형 선택에 대한 중요도 샘플링 유무에 관계없이 비스트로(뷰1)(왼쪽)와 PBG-R(오른쪽)의 잎 노드당 다양한 최대 삼각형 수에 대한 프레임당 밀리초 단위의 렌더링 시간이다. 모든 경우에 BVH는 SAOH를 사용해 3개의 축을 따라 16개의 빈으로 빌드됐으며 BVH_DFBO는 순회에 사용됐다.

SAH에 SAOH를 사용하면 전체적으로 렌더링 시간이 비슷해지지만 빛에 BVH를 사용하는 것과 각 노드의 중요도를 고려되는 항은 중요한 영향을 미치며 BVH_DFBO는 균일한 방법에 비해 2배에서 3배만큼 느리다. 이는 그림 18-6에 나와 있고 BVH에서 노드를 가져오는 데 필요한 추가 대역폭과 오리엔테이션 원뿔을 기반으로 한 $n \cdot l$ 바운드 및 무게 계산을 위한 추가 명령어로 요약된다. BVH 노드를 압축하면 추가 비용을 줄일 수 있다(예, 32비트 부동소수점 대신 16비트 부동소수점 사용). 현재 노드는 내부 노드의 경우 64바이트고 외부 노드의 경우 96바이트다.

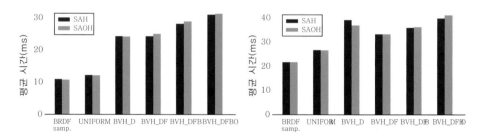

▲ **그림 18-6.** 빛 샘플 방향을 얻고자 BRDF를 샘플링하는 것과 비교해 다른 순회 방법을 사용해 프레임당 밀리초 단위로 렌더링 시간을 비스트로(뷰 1)(왼쪽)와 PBG-R(오른쪽)에서 비교한다. 모든 방법은 픽셀당 4개의 샘플을 사용하며 BVH 기반 방법은 세 축 모두에서 16개의 빈을 사용한다.

18.5.2 이미지 품질

18.5.2.1 빌드 옵션

전반적으로 볼륨 변형은 표면적 등가보다 성능이 좋지 않으며 16개의 빈을 사용하는 방법은 4개의 빈을 사용하는 방법보다 성능이 우수하다. 최고의 분할을 정의하는 데 고려해야 하는 축의 개수는 대부분의 경우 오직 하나의 가장 큰 축만을 사용하는 것과 비교할 때 세 개의 축을 모두 고려하는 것이 평균 제곱 오차가 낮아지는 결과로 이끌지만 언제나 그런 것은 아니다. 마지막으로 SAOH 변형은 일반적으로 SAH 동일체보다 우수하거나 적어도 동등하다. 이 변형은 BVH 상단에 노드를 형성한 방법에 크게 의존할 수 있다. 이 노드는 씬의 대부분 빛을 포함하므로 포함된 방출 표면의 공간 및 방향 근사치가 낮다.

그림 18-7의 약국 표지판(빨간색 화살표가 가리키는) 주변 영역, 가령 A 지점(흰색 화살표가 가리키는)에서 볼 수 있다. SAH를 사용할 때 A 지점은 마젠타 노드보다 녹색 노드에 더 가까우므로 녹색 노드를 선택할 가능성이 높아지며, 따라서 그림 18-4의 비스트로(뷰 3)에서 볼 수 있는 것처럼 녹색 빛이 중요하더라도 십자 표시에서 방출되는 녹색 빛이 누락된다. 반대로 SAOH를 사용하면 점 A는 녹색광을 포함하는 노드를 선택할 확률이 높아 해당 지역의 수렴을 향상시킨다. 그러나 비슷한 이유로 SAH가 SAOH보다 더 나은 결과를 제공하는 영역을 찾을 수도 있다.

▲ **그림 18-7.** SAH(왼쪽)와 SAOH(오른쪽)를 사용해 빌드할 때 BVH의 두 번째 레벨 시각화다. 왼쪽 자식의 AABB는 녹색으로 표시되고 오른쪽 자식은 마젠타 색으로 표시된다. 두 경우 모두 16개의 빈이 사용됐고 3개의 축이 모두 고려됐다.

18.5.2.2 잎 노드당 삼각형의 양

잎 노드에 더 많은 삼각형이 저장됨에 따라 삼각형의 균일한 선택을 사용할 때 품질이 떨어진다. 이는 트리 순회보다 훨씬 열악한 작업을 수행하기 때문이다. 중요도 선택의 사용은 균일 선택에 비해 품질 하락을 저하시키지만 트리만 사용하는 것보다 성능이 저하된다. 비스트로(뷰 3)의 결과는 그림 18-8의 오른쪽에서 볼 수 있다.

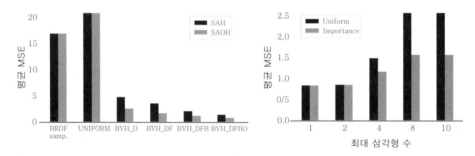

▲ **그림 18-8.** 빛 샘플 방향을 얻기 위한 BRDF 샘플링(왼쪽)과 BVH_DFBO를 위한 다양한 최대 양의 삼각형(오른쪽)과 비교해 다양한 순회 방법에 대한 비스트로(뷰3)의 평균 제곱 오차(MSE)의 비교다. 모든 방법은 픽셀당 4개의 샘플을 사용하며 BVH 기반 메서드는 세 개의 모든 축에서 16개의 빈을 사용한다.

18.5.2.3 샘플링 방법

그림 18-9에서 비스트로(뷰 2) 씬에 대해 다른 샘플링 전략을 사용하고 결합할 때의 결과 이미지를 볼 수 있다.

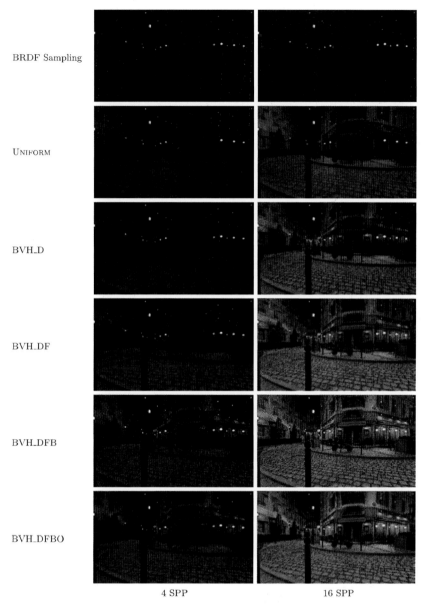

BRDF Sampling		
UNIFORM		
BVH_D		
BVH_DF		
BVH_DFB		
BVH_DFBO		
	4 SPP	16 SPP

▲ **그림 18-9.** 18.4.3절에 정의된 다양한 샘플링 전략을 사용해 픽셀당 4개의 샘플(SPP)(왼쪽)과 16 SPP(오른쪽)의 시각적 결과다. 모든 BVH 기반 방법은 모든 축을 따라 16개 빈에 따라 SAOH로 평가한 BVH를 사용한다. BVH 기술은 MIS를 사용한다. 샘플의 절반은 BRDF를 샘플링하고 절반은 광 가속 구조를 순회한다.

예상대로 광 샘플링의 사용은 각 픽셀에서 유효한 빛 경로를 찾을 수 있으므로 BRDF 샘플링 방식보다 성능이 훨씬 뛰어나다. 비스트로 문의 양쪽에 달린 두 하얀 광원,

외관이나 창문에 높인 다른 빛에서 볼 수 있듯이 거리를 중요도 값으로 BVH를 사용하는 것은 근처 광원에서 기여를 얻게 한다.

순회 중 광원의 플럭스를 고려할 때 다른 거리 빛이 대부분 푸른 빛(땅에 가까운 작은 파란 광원으로부터)에서 좀 더 노란 톤으로 가는 것을 볼 수 있다. 이는 더 먼 곳에 위치할 수 있지만 더 강력하다.

$n \cdot l$ 경계를 사용하면 베스파에서의 반사(대부분 16 SPP 이미지에서 볼 수 있음)를 제외하고는 이 씬에서 큰 차이가 없지만 다른 씬에서는 효과가 더 두드러질 수 있다. 그림 18-10은 태양 신전의 예제를 보여준다. $n \cdot l$의 경계를 사용하는 것은 오른쪽 기둥의 뒤가 더 많은 빛을 받게 되고, 보이는 동상이 위치한 영토 천장의 건축 세부 사항뿐만이 아니라 근처 벽에 비춰지는 셰도우와 구별된다.

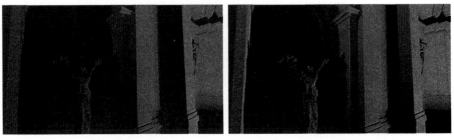

$n \cdot l$ 경계가 없는 경우 $n \cdot l$ 경계가 있는 경우

▲ **그림 18-10.** $n \cdot l$ 범위를 사용하지 않을 때(왼쪽)와 사용했을 때(오른쪽)의 시각적 결과다. 두 이미지 모두 8개의 SPP(4개의 BRDF 샘플과 4개의 빛 샘플)와 3개의 축을 따라 SAH를 사용해 16개의 빈으로 비닝된 BVH를 사용하며, 둘 다 빛의 거리와 플럭스를 고려한다.

SAOH가 없더라도 오리엔테이션 원뿔은 여전히 최종 이미지에 약간의 영향을 미친다. 예를 들어 그림 18-9의 이미지(거리 끝과 이미지의 오른쪽 모서리)는 오리엔테이션 원뿔을 사용하지 않을 때보다 노이즈가 적다.

가속 구조를 사용하면 렌더링 품질이 크게 향상된다. 그림 18-8에서 볼 수 있듯이 노드의 중요도 기능에 대해 노드까지의 거리만 고려할 때에도 균일한 방법에 비해 평균 MSE 점수가 4배에서 6배까지 향상됐다. 플럭스, $n \cdot l$ 경계와 방향 원뿔을 통합하면 2배 더 향상된다.

18.6 결론

실시간 레이 트레이싱에서 빛 중요도 샘플링을 가속화하기 위한 오프라인 렌더링에서 사용하는 것과 유사한 계층적 데이터 구조와 샘플링 방법을 제시했다[11, 22]. 하드웨어 가속 레이 트레이싱을 활용해 GPU에서의 샘플링 성능을 살펴봤다. 또한 다른 빌드 휴리스틱을 사용해 결과를 제시했다. 더 나은 샘플링 전략을 통합하고자 이 작업이 게임 엔진과 연구 분야에서 향후 작업에 영감을 주기 바란다.

18장은 샘플링 문제에 초점을 뒀지만 모든 샘플 기반 방법은 일반적으로 잔류 노이즈 제거를 위해 노이즈 제거 필터와 쌍을 이뤄야 하며, 독자에게 고급 양방향 커널[25, 34, 35]을 기반으로 한 최근의 실시간 방법이 시작하기에 적합한 장소라고 말하겠다. 딥러닝 기반 방법[3, 7, 42] 역시 큰 가능성을 보여준다. 전통적인 방법에 대한 개요는 츠위커[Zwicker] 등[48]의 조사를 참고하자.

샘플링의 경우 개선할 가치가 있는 방법이 많다. 현재 구현에서는 수평선 아래의 빛을 컬링하고자 $n \cdot l$을 바인드했다. 트리 탐색 동안 샘플링 확률을 세분화하고자 BRDF와 가시성 정보를 통합하는 것도 도움이 된다. 실제로는 성능성의 이유로 BVH 빌드 코드를 GPU로 옮기려고 한다. 또한 이는 동적 혹은 스킨된 지오메트리에서 빛을 지원하는 데 중요할 것이다.

감사의 말

테스트 씬을 만들어준 니콜라스 헐[Nicholas Hull]과 케이트 앤더슨[Kate Anderson]에게 감사한다. 태양 신전[13]과 파라곤 전장 씬은 에픽 게임즈가 기부한 애셋을 기반으로 한다. 비스트로 씬은 아마존 럼버야드[Amazon Lumberyard][1]가 기부한 애셋을 기반으로 한다. Falcor 렌더링 연구 프레임워크를 만든 벤티[Benty] 등[4]에게 감사하며 Falcor가 사용하는 Slang 셰이더 컴파일러를 만든 히[He] 등[16]과 조나단 스몰[Jonathan Small]에게 감사한다. 룬드 대학교의 피에르 모로[Pierre Moreau]의 고문 마이클 도겟트[Michael Doggett]에게도 감사의 말을 전한다. 마지막으로 이 작업을 지원해준 아론 레폰[Aaron Lefohn]과 엔비디아 리서치에 감사한다.

참고 문헌

[1]   Amazon Lumberyard. Amazon Lumberyard Bistro, Open Research Content Archive (ORCA). http://developer.nvidia.com/orca/amazon-lumberyard-bistro, July 2017.

[2]   Andersson, J. Parallel Graphics in Frostbite – Current & Future. Beyond Programmable Shading, SIGGRAPH Courses, 2009.

[3]   Bako, S., Vogels, T., McWilliams, B., Meyer, M., Novák, J., Harvill, A., Sen, P., DeRose, T., and Rousselle, F. Kernel-Predicting Convolutional Networks for Denoising Monte Carlo Renderings. ACM Transactions on Graphics 36, 4 (2017), 97:1-97:14.

[4]   Benty, N., yao, K.-H., Foley, T., Kaplanyan, A. S., Lavelle, C., Wyman, C., and Vijay, A. The Falcor Rendering Framework. https://github.com/NVIDIAGameWorks/Falcor, July 2017.

[5]   Bikker, J. Real-Time Ray Tracing Through the Eyes of a Game Developer. In IEEE Symposium on Interactive Ray Tracing (2007), pp. 1-10.

[6]   Bikker, J. Ray Tracing in Real-Time Games. PhD thesis, Delft University, 2012.

[7]   Chaitanya, C. R. A., Kaplanyan, A. S., Schied, C., Salvi, M., Lefohn, A., Nowrouzezahrai, D., and Aila, T. Interactive Reconstruction of Monte Carlo Image Sequences Using a Recurrent Denoising Autoencoder. ACM Transactions on Graphics 36, 4 (2017), 98:1-98:12.

[8]   Christensen, P. H., and Jarosz, W. The Path to Path-Traced Movies. Foundations and Trends in Computer Graphics and Vision 10, 2 (2016), 103-175.

[9]   Clarberg, P., Jarosz, W., Akenine-Möller, T., and Jensen, H. W. Wavelet Importance Sampling: Efficiently Evaluating Products of Complex Functions. ACM Transactions on Graphics 24, 3 (2005), 1166-1175.

[10]   Clark, J. H. Hierarchical Geometric Models for Visibility Surface Algorithms. Communications of the ACM 19, 10 (1976), 547-554.

[11]   Conty Estevez, A., and Kulla, C. Importance Sampling of Many Lights with Adaptive Tree Splitting. Proceedings of the ACM on Computer Graphics and Interactive Techniques 1, 2 (2018), 25:1-25:17.

[12]   Dachsbacher, C., Křivánek, J., Hašan, M., Arbree, A., Walter, B., and Novák, J. Scalable Realistic Rendering with Many-Light Methods. Computer Graphics Forum

33, 1 (2014), 88–104.

[13]   Epic Games. Unreal Engine Sun Temple, Open Research Content Archive (ORCA). http:// developer.nvidia.com/orca/epic-games-sun-temple, October 2017.

[14]   Goldsmith, J., and Salmon, J. Automatic Creation of Object Hierarchies for Ray Tracing. IEEE Computer Graphics and Applications 7, 5 (1987), 14–20.

[15]   Harada, T. A 2.5D Culling for Forward+. In SIGGRAPH Asia 2012 Technical Briefs (2012), pp. 18:1–18:4.

[16]   He, y., Fatahalian, K., and Foley, T. Slang: Language Mechanisms for Extensible Real-Time Shading Systems. ACM Transactions on Graphics 37, 4 (2018), 141:1–141:13.

[17]   Heitz, E., Dupuy, J., Hill, S., and Neubelt, D. Real-Time Polygonal-Light Shading with Linearly Transformed Cosines. ACM Transactions on Graphics 35, 4 (2016), 41:1–41:8.

[18]   Kajiya, J. T. The Rendering Equation. Computer Graphics (SIGGRAPH) (1986), 143–150.

[19]   Karis, B. Real Shading in Unreal Engine 4. Physically Based Shading in Theory and Practice, SIGGRAPH Courses, August 2013.

[20]   Keller, A. Instant Radiosity. In Proceedings of SIGGRAPH (1997), pp. 49–56.

[21]   Keller, A., Fascione, L., Fajardo, M., Georgiev, I., Christensen, P., Hanika, J., Eisenacher, C., and Nichols, G. The Path Tracing Revolution in the Movie Industry. In ACM SIGGRAPH Courses (2015), pp. 24:1–24:7.

[22]   Keller, A., Wächter, C., Raab, M., Seibert, D., van Antwerpen, D., Korndörfer, J., and Kettner, L. The Iray Light Transport Simulation and Rendering System. arXiv, https://arxiv.org/ abs/1705.01263, 2017.

[23]   Lagarde, S., and de Rousiers, C. Moving Frostbite to Physically Based Rendering 3.0. Physically Based Shading in Theory and Practice, SIGGRAPH Courses, 2014.

[24]   MacDonald, J. D., and Booth, K. S. Heuristics for Ray Tracing Using Space Subdivision. The Visual Computer 6, 3 (1990), 153–166.

[25]   Mara, M., McGuire, M., Bitterli, B., and Jarosz, W. An Efficient Denoising Algorithm for Global Illumination. In Proceedings of High-Performance Graphics (2017), pp. 3:1–3:7.

[26]   NVIDIA. NVAPI, 2018. https://developer.nvidia.com/nvapi.

[27]   O'Donnell, y., and Chajdas, M. G. Tiled Light Trees. In Symposium on Interactive 3D Graphics and Games (2017), pp. 1:1–1:7.

[28]   Olsson, O., and Assarsson, U. Tiled Shading. Journal of Graphics, GPU, and Game Tools 15, 4 (2011), 235–251.

[29]   Olsson, O., Billeter, M., and Assarsson, U. Clustered Deferred and Forward Shading. In Proceedings of High-Performance Graphics (2012), pp. 87–96.

[30]   Persson, E., and Olsson, O. Practical Clustered Deferred and Forward Shading. Advances in Real-Time Rendering in Games, SIGGRAPH Courses, 2013.

[31]   Pharr, M. Guest Editor's Introduction: Special Issue on Production Rendering. ACM Transactions on Graphics 37, 3 (2018), 28:1–28:4.

[32]   Pharr, M., Jakob, W., and Humphreys, G. Physically Based Rendering: From Theory to Implementation, third ed. Morgan Kaufmann, 2016.

[33]   Rubin, S. M., and Whitted, T. A 3-Dimensional Representation for Fast Rendering of Complex Scenes. Computer Graphics (SIGGRAPH) 14, 3 (1980), 110–116.

[34]   Schied, C., Kaplanyan, A., Wyman, C., Patney, A., Chaitanya, C. R. A., Burgess, J., Liu, S., Dachsbacher, C., Lefohn, A., and Salvi, M. Spatiotemporal Variance- Guided Filtering: Real-Time Reconstruction for Path-Traced Global Illumination. In Proceedings of High-Performance Graphics (2017), pp. 2:1–2:12.

[35]   Schied, C., Peters, C., and Dachsbacher, C. Gradient Estimation for Real-Time Adaptive Temporal Filtering. Proceedings of the ACM on Computer Graphics and Interactive Techniques 1, 2 (2018), 24:1–24:16.

[36]   Schmittler, J., Pohl, D., Dahmen, T., Vogelgesang, C., and Slusallek, P. Realtime Ray Tracing for Current and Future Games. In ACM SIGGRAPH Courses (2005), pp. 23:1–23:5.

[37]   Shirley, P., Wang, C., and Zimmerman, K. Monte Carlo Techniques for Direct Lighting Calculations. ACM Transactions on Graphics 15, 1 (1996), 1–36.

[38]   Sobol, I. M. A Primer for the Monte Carlo Method. CRC Press, 1994.

[39]   Talbot, J. F., Cline, D., and Egbert, P. Importance Resampling for Global Illumination. In Rendering Techniques (2005), pp. 139–146.

[40]   Tokuyoshi, y., and Harada, T. Stochastic Light Culling. Journal of Computer Graphics Techniques 5, 1 (2016), 35–60.

[41]   Veach, E., and Guibas, L. J. Optimally Combining Sampling Techniques for Monte

Carlo Rendering. In Proceedings of SIGGRAPH (1995), pp. 419-428.

[42]   Vogels, T., Rousselle, F., McWilliams, B., Röthlin, G., Harvill, A., Adler, D., Meyer, M., and Novák, J. Denoising with Kernel Prediction and Asymmetric Loss Functions. ACM Transactions on Graphics 37, 4 (2018), 124:1-124:15.

[43]   Wald, I. On Fast Construction of SAH-Based Bounding Volume Hierarchies. In IEEE Symposium on Interactive Ray Tracing (2007), pp. 33-40.

[44]   Walter, B., Arbree, A., Bala, K., and Greenberg, D. P. Multidimensional Lightcuts. ACM Transactions on Graphics 25, 3 (2006), 1081-1088.

[45]   Walter, B., Fernandez, S., Arbree, A., Bala, K., Donikian, M., and Greenberg, D. P. Lightcuts: A Scalable Approach to Illumination. ACM Transactions on Graphics 24, 3 (2005), 1098-1107.

[46]   Ward, G. J. Adaptive Shadow Testing for Ray Tracing. In Eurographics Workshop on Rendering (1991), pp. 11-20.

[47]   Zimmerman, K., and Shirley, P. A Two-Pass Solution to the Rendering Equation with a Source Visibility Preprocess. In Rendering Techniques (1995), pp. 284-295.

[48]   Zwicker, M., Jarosz, W., Lehtinen, J., Moon, B., Ramamoorthi, R., Rousselle, F., Sen, P., Soler, C., and yoon, S.-E. Recent Advances in Adaptive Sampling and Reconstruction for Monte Carlo Rendering. Computer Graphics Forum 34, 2 (2015), 667-681.

PART 5

노이즈 제거와
필터링

5부

노이즈 제거와 필터링

노이즈 제거와 필터링은 레이 트레이싱 파이프라인의 필수 요소다. 실시간 설정에서 종종 무작위로 분포되는 소수의 픽셀당 광선만을 제공할 수 있다. 따라서 결과는 본질적으로 노이즈가 존재한다. 이러한 희소(그러나 정확한) 픽셀별 평가를 시공간 필터와 결합하는 것으로 바이어스를 늘리는 대신 변화는 크게 줄어들며, 실시간 렌더링에서 종종 적절한 절충안이 된다. 또한 각 광선은 앨리어싱을 도입할 수 있는 포인트 샘플이다. 가능한 경우 텍스처 조회 같이 항을 사전 필터링하는 것으로 앨리어싱을 줄일 수 있다. 5부에서는 실시간 레이 트레이싱을 위한 노이즈 제거와 필터링의 몇 가지 실용적인 예를 소개한다.

19장, 실시간 레이 트레이싱과 노이즈 제거를 지닌 UE4에서의 시네마틱 렌더링에서는 최신 게임 엔진에서 레이 트레이싱 통합의 자세한 개요를 제공한다. GPU 가속 다이렉트X 레이 트레이싱을 지닌 래스터화와 커스텀 노이즈 제거 필터를 결합하는 것으로 필자는 이전에 볼 수 없었던 이미지 충실도를 인터랙티브한 비율로 달성한다. 두 가지 포괄적인 데모에서 소프트 셰도우, 광택 반사, 간접 조명 확산을 보여준다.

래스터화 기반 렌더링에서 앨리어싱을 줄이고자 화면 공간 좌표와 관련해 미분을 기반으로 하는 텍스처 필터링을 일반적으로 적용한다. 이는 주요 가시성을 필요로 하며 셰이딩은 픽셀의 쿼드 이상으로 계산된다. 레이 트레이싱에서 명시적 광선 미분이 일반적으로 사용된다.

20장, 실시간 레이 트레이싱용 텍스처 레벨의 세부 전략에서는 레이 트레이싱 설정에서 텍스처 필터링을 위한 기술을 평가하고 성능 대 품질 특성이 다른 여러 실용적인 알고리즘을 제시한다.

21장, 광선 원뿔과 광선 미분을 사용한 간단한 환경 맵 필터링에서는 환경 맵을 위한 비싸지 않은 텍스처 필터링 기술을 제시한다.

TAA^{Temporal Anti Aliasing}은 모션 벡터를 사용해 오래된 샘플을 재투영하고 샘플을 시간이 지남에 따라 통합해 앨리어싱을 줄인다. 그러나 이러한 기술은 해부 영역 같은 곳에서 때때로 실패한다.

22장, 적응형 레이 트레이싱으로 시간적 안티앨리어싱 개선에서는 앨리어싱 아티팩트를 줄이고자 주요 가시성의 적응형 레이 트레이싱을 이용한다. 높은 앨리어싱이 있는 영역과 TAA가 실패할 수도 있는 영역에서 추가적인 주요 광선은 추적된다. 접근 방식은 최신 게임 엔진에서 다이렉트X 레이 트레이싱으로 구현되며 16x 슈퍼샘플링에 가까운 품질 수준에 접근한다.

노이즈 제거와 필터링은 고충실도 실시간 렌더링을 위한 중요한 구성 요소며 많은 실용적인 통찰력과 쉽게 적용할 수 있는 소스코드가 포함돼 있다. 요약하자면 5부에서는 GPU 가속 레이 트레이싱과 영리한 노이즈 제거 기술의 조합이 인터랙티브한 비율로 설득력 있는 이미지를 생성할 수 있음을 보여준다.

제이콥 먼크버그^{Jacob Munkberg}

실시간 레이 트레이싱과 노이즈 제거를 지닌 UE4에서의 시네마틱 렌더링

엔비디아의 에드워드 리우(Edward Liu), 이그나시오 라마(Ignacio Llamas)
에픽 게임즈의 후안 캐나다(Juan Cañada), 패트릭 켈리(Patrick Kelly)

개요

레이 트레이싱을 언리얼 엔진 4에 통합해 영화 품질의 실시간 렌더링을 제공한다. 엔지니어링 작업, 새로운 레이 트레이싱 하드웨어, 하이브리드 렌더링 기술, 새로운 노이즈 제거 알고리즘의 조합을 통해 GPU 레이 트레이싱의 최첨단 성능을 향상시킨다.

19.1 소개

레이 트레이싱으로 이미지를 생성하는 것은 래스터화보다 높은 품질의 이미지를 생성할 수 있다. 최근 몇 년 동안 한 가지 징후는 영화에서 가장 특수한 효과가 경로 탐색으로 이뤄진다는 것이다. 그러나 게임과 같은 실시간 애플리케이션에서 레이 트레이싱을 사용하는 것은 어렵다. 바운딩 볼륨 계층[BVH] 구성, BVH 순회, 광선/프리미티브 교차 검사를 포함한 많은 레이 트레이싱 알고리즘 단계는 비용이 많이 든다. 또한 레이 트레이싱 기법에 일반적으로 적용되는 확률적 샘플링은 수렴된 이미지를 생성하고자 픽셀당 수백에서 수천 개의 샘플이 필요하다. 이는 현대 실시간 렌더링 기술의 컴퓨팅 예산보다 자리수가 약간 차이가 날 정도다. 또한 최근까지 실시간 그래픽 API는 레이 트레이싱을 지원하지 않았기 때문에 현재 게임에서 레이 트레이싱을 통합하는 것을 어렵게 만들었다. 이는 2018년 다이렉트X 12와 불칸에서 레이 트레이싱 지원이 발표되면서 바뀌었다.

19장에서는 이러한 많은 문제를 해결하고 최신 게임 엔진인 언리얼 엔진 4^{UE4}에 통합된 레이 트레이싱을 보여준다. 구체적인 내용은 다음과 같다.

- 다이렉트X 레이 트레이싱^{DXR}을 채택하고 UE4에 통합해 기존의 머티리얼 셰이더 코드를 대부분 재사용할 수 있게 했다.

- 하드웨어 가속 BVH 순회와 광선/삼각형 교차 테스트를 위해 엔비디아 튜링 아키텍처에서 RT 코어를 활용했다.

- 픽셀당 하나의 입력 샘플로 부드러운 셰도우, 광택 반사, 전역 조명 디퓨즈, 앰비언트 오클루전, 반투명을 포함한 고품질 확률 렌더링 효과를 위한 새로운 재구성 필터를 발명했다.

하드웨어 가속과 소프트웨어 혁신의 조합은 두 가지 실시간 영화 품질의 레이 트레이싱 기반 데모인 '반사'(루카스필름)와 '빛의 속도'(포르셰)를 만들 수 있게 했다.

19.2 언리얼 엔진 4의 레이 트레이싱 통합

언리얼 엔진과 같은 대형 애플리케이션에 레이 트레이싱 프레임워크를 통합하는 것은 어려운 과제며 사실상 UE4가 출시된 이후로 가장 큰 아키텍처 변경 중 하나다. 레이 트레이싱을 UE4에 통합하는 동안의 목표는 다음과 같다.

- **성능**: UE4의 핵심 요소이므로 레이 트레이싱 기능은 사용자 기대와 일치해야 한다. 성능에 도움이 된 결정 중 하나는 기존 래스터화 기반 기술을 사용해 G 버퍼를 계산하는 것이다. 또한 광선은 반사나 영역 조명 셰도우 같은 특정 패스를 계산하고자 추적된다.

- **호환성:** 레이 트레이싱된 패스의 출력은 기존 UE4의 셰이딩 및 포스트 프로세싱 파이프라인과 호환돼야 한다.

- **셰이딩 일관성:** UE4의 기존 셰이딩과 일관된 셰이딩 결과를 생성하고자 UE4가 사용하는 셰이딩 모델은 레이 트레이싱으로 정확하게 구현돼야 한다. 특히 UE4가 제공하는 다양한 셰이딩 모델에 대해 BRDF 평가, 중요도 샘플링, BRDF 확률 분포 함수 평가를 수행하고자 기존 셰이더 코드에서 동일한 수학을 엄격하게 따른다.

- **중단 최소화:** 기존 UE4 사용자는 통합을 이해하고 확장하기가 쉬워야 한다. 따라서 UE 설계 패러다임을 따라야 한다.

- **멀티플랫폼 지원:** UE4의 초기 실시간 레이 트레이싱은 전적으로 DXR을 기반으로 하지만 UE4의 멀티플랫폼 특성은 주요 리팩토링없이 새로운 시스템을 미래의 다른 솔루션으로 이식할 수 있는 방식으로 설계해야 했다.

통합은 두 단계로 분리됐다. 첫 번째는 미래에 올바르게 확장할 수 있는 방식으로 UE 내에 레이 트레이싱 기술을 통합하는 이상적인 방법을 배우는 것을 목표로 하는 프로토타입 단계며 '반사'(ILMxLabs와 공동으로 제작한 루카스필름 「스타워크」 단편 영화)와 '빛의 속도'(포르세) 데모를 만든 곳이다. 이는 통합에서 가장 까다로운 면에 대한 결론을 내는 데 도움이 됐다. 성능, API, 지연된 셰이딩 파이프라인에서의 통합, 렌더 하드웨어 인터페이스^{RHI, Render Hardware Interface}에서의 필요한 변화, 각 하드웨어 플랫폼의 세부 사항에서 사용자를 추상화하는 씬 레이어, 셰이더 API의 변경, 확장성 등이 해당한다.

1단계에서 발생한 대부분의 답을 찾은 후에 2단계로 이동했다. 이는 UE4 하이레벨 렌더링 시스템의 주요 재작성으로 구성됐다. 실시간 레이 트레이싱의 더 나은 통합을 제공할 뿐만 아니라 전반적인 성능 향상을 비롯해 다른 이점도 가져왔다.

19.2.1 1단계: 실험적 통합

하이레벨에서 래스터화 기반 실시간 렌더링 엔진에 레이 트레이싱을 통합하는 것은 몇 단계로 구성한다.

- 변경될 때 빌드되거나 업데이트될 수 있는 가속 구조 같은 레이 트레이싱되는 지오메트리를 등록한다.

- 래스터화 기반 렌더링에서 했던 것처럼 광선이 지오메트리와 충돌할 때마다 머티리얼 파라미터를 계산할 수 있는 충돌 셰이더를 생성한다.

- 셰도우나 반사 같은 다양한 사용 사례에서 광선을 추적하는 광선 생성 셰이더를 만든다.

19.2.1.1 가속 구조에서의 다이렉트X 레이 트레이싱 백그라운드

첫 번째 단계를 이해하려면 다이렉트X 레이 트레이싱 API가 노출한 2단계 가속 구조AS, Acceleration Structure를 이해하는 것이 유용하다. DXR에는 두 가지 종류의 가속 구조가 있으며 2레벨 계층 구조를 형성한다. 최상위 가속 구조TLAS와 최하위 가속 구조BLAS가 그것이다. 이는 그림 19-1에 나와 있다. TLAS는 각각의 고유한 변환 매트릭스와 BLAS에 대한 포인트가 있는 일련의 인스턴스 위에 구축된다. 각 BLAS는 삼각형이나 AABB 중 하나의 기하학적 기본 요소 위에 구축되며 AABB는 광선을 따라 AABB가 발견될 때 가속 구조 통과 중에 실행되는 커스텀 교차 셰이더를 사용해 교차되는 커스텀 지오메트리를 둘러싸는 데 사용된다. TLAS는 일반적으로 동적 씬을 위해 각 프레임을 재구성한다. 각 BLAS는 각각의 고유한 지오메트리 조각에 대해 최소 한 번 빌드된다. 지오메트리가 정적인 경우 초기 빌드 이후 추가적인 BLAS 빌드 조작이 필요하지 않다. 동적 지오메트리의 경우 BLAS는 업데이트 혹은 완전히 재구성해야 한다. 입력 프리미티브의 수가 변경될 때(즉, 동적 테셀레이션이나 입자 시스템과 같은 다른 절차적 지오메트리 생성 방법으로 인해 삼각형이나 AABB를 추가하거나 제거해야 하는 경우) 완전한 BLAS 재구성이 필요하다. BVH(NVIDIA RTX 구현에서 사용하는)의 경우 BLAS 업데이트에는 트리의 모든 AABB가 잎에서 루트로 업데이트되지만 트리 구조는 변경되지 않은 상태로 수정 작업이 필요하다.

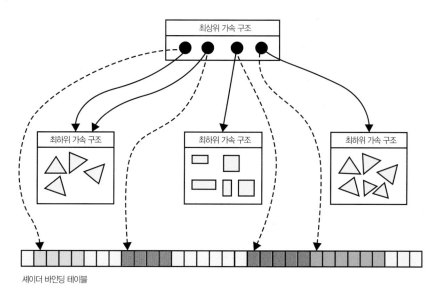

▲ **그림 19-1.** 가속 구조의 2단계 계층 구조

19.2.1.2 UE4 RHI의 실험적 확장

실험적 UE4 구현에서는 엔비디아 OptiX API에서 영감을 받은 추상화로 렌더링 하드웨어 인터페이스RHI를 확장했지만 약간 단순화했다. 이 추상화는 rtScene, rtObject, rtGeometry의 세 가지 오브젝트 타입으로 구성됐다. rtScene은 각각 rtGeometry를 가리키는 사실상 인스턴스인 rtObject로 구성된다. rtScene은 TLAS를 캡슐화하고 rtGeometry는 BLAS를 캡슐화한다. rtGeometry 및 지정된 rtGeometry를 가리키는 rtObject는 여러 섹션으로 구성될 수 있으며, 모두 동일한 UE4 프리미티브 오브젝트(정적 메시 또는 스켈레탈 메시)에 속하므로 동일한 인덱스와 버텍스 버퍼를 공유하지만 다른(머티리얼) 충돌 셰이더를 사용할 수도 있다. rtGeometry 자체에는 이와 관련된 충돌 셰이더가 없다. rtObject 섹션에서 충돌 셰이더와 해당 파라미터를 설정했다.

엔진 머티리얼 셰이더 시스템과 RHI도 DXR의 새로운 레이 트레이싱 셰이더 타입인 광선 생성, 가장 가까운 충돌, 임의 충돌, 교차, 실수를 지원하고자 확장됐다.

이러한 셰이더 단계가 있는 레이 트레이싱 파이프라인은 그림 19-2에 나와 있다. 가장 가까운 충돌과 임의 충돌 셰이더 외에도 기존 버텍스 셰이더^{VS}와 픽셀 셰이더 ^{PS}의 사용을 지원하도록 엔진을 확장했다. 오픈소스 마이크로소프트 다이렉트X 컴파일러를 확장하는 유틸리티를 활용해 VS와 PS의 사전 컴파일된 DXIL 표현에서 가장 가까운 충돌과 임의 충돌 셰이더를 생성하는 메커니즘을 제공했다. 이 유틸리티는 VS 코드, 입력 어셈블리 단계의 입력 레이아웃(버텍스, 인덱스 버퍼 형식, 스트라이드^{strides} 포함)과 PS 코드를 입력으로 사용한다. 이 입력이 주어지면 (삼각형의 각 세 버텍스에 대해) 인덱스 버퍼 페치^{fetch}, 버텍스 속성 페치, 형식 변환, VS 평가를 수행하는 최적화된 코드를 생성할 수 있으며, 그런 다음 충돌 시 무게 중심 좌표를 사용해 VS 출력의 보간을 하며 결과는 PS의 입력으로 주어진다. 이 유틸리티는 알파 테스트를 수행하고자 최소 임의 충돌 셰이더를 생성할 수도 있다. 이를 통해 엔진의 렌더링 코드에서 G 버퍼를 래스터화하는 데 사용하는 것처럼 버텍스와 픽셀 셰이더를 계속 사용해 셰이더 파라미터를 평소처럼 설정하게 한다.

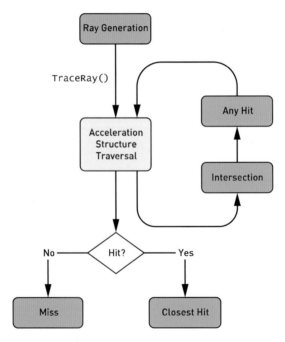

▲ 그림 19-2. 레이 트레이싱 파이프라인

이 실험적인 RHI 추상화에 따른 구현에는 레이 트레이싱 셰이더 컴파일(GPU 특정 표현으로)과 셰이더 빌딩 테이블 관리라는 두 가지 추가적인 책임이 따른다. 이 둘은 지오메트리의 각 조각에 사용해야 하는 셰이더 코드와 셰이더 파라미터를 가리킨다.

효율적인 레이 트레이싱 셰이더 컴파일 RTX와 다이렉트X 레이 트레이싱의 도입 전에 그래픽 API(래스터화와 계산을 위한)의 기존 파이프라인 추상화에는 입력 셰이더를 위해 컴파일된 기계 특화 코드를 캡슐화하는 소위 파이프라인 상태 오브젝트^{PSO}를 만드는 데 오직 적은 수의 셰이더(1에서 5)만을 제공하면 됐다. 그래픽 API를 사용하면 필요한 경우 각기 다른 머티리얼이나 렌더링 패스마다 많은 파이프라인 상태 객체를 병렬로 만들 수 있다. 그러나 레이 트레이싱 파이프라인은 이를 중대한 방식으로 변경한다. 레이 트레이싱 파이프라인 상태 오브젝트^{RTPSO}는 주어진 씬에서 실행해야 하는 모든 셰이더를 사용해 생성해야 한다. 예를 들어 광선이 어떤 오브젝트에 부딪히면 시스템은 물체에 관계없이 관련된 셰이더 코드를 실행할 수 있다. 오늘날 게임의 복잡한 콘텐츠에서 이는 수천 개의 셰이더를 쉽게 의미할 수 있다. 하나의 RTPSO를 위해 수천 개의 레이 트레이싱 셰이더를 기계 코드로 컴파일하는 것은 순차 실행일 경우 굉장히 시간을 많이 소모할 수 있다. 다행히도 다이렉트X 레이 트레이싱과 다른 모든 RTX가 지원하는 엔비디아 레이 트레이싱 API는 여러 레이 트레이싱 셰이더를 기계 코드로 병렬 컴파일하는 기능을 제공한다. 이 병렬 컴파일은 CPU의 여러 코어를 활용할 수 있다. 실험적 UE4 구현에서는 개별 작업을 단순히 스케줄링해 이 기능을 사용했다. 가가의 작업은 단일 레이 트레이싱 셰이더 혹은 충돌 그룹을 DXR이 컬렉션이라고 부르는 것으로 컴파일했다. 모든 프레임에서 다른 셰이더 컴파일 작업이 이미 실행되고 있지 않은 경우 새로운 셰이더가 필요하지만 사용할 수 없는지 확인했다. 이러한 셰이더가 발견되면 새로운 일괄적인 셰이더 컴파일 작업을 시작했고, 모든 프레임마다 이전 셰이더 컴파일 작업이 완료됐는지 확인했다. 그렇다면 새 RTPSO를 만들어 이전 RTPSO를 대체한다. 언제든지 단일 RTPSO가 프레임의 모든 `DispatchRays()` 호출에 사용된다. 새로운 RTPSO로 대체된 기존 RTPSO는 더 이상 현재 실행 중인 프레임에서 사용하지 않을 때 지연된 삭제가 예정돼 있다. 현재 RTPSO에서 아직 사용 가능하지 않은 필요한 셰이더를 위한 오브젝트는 TLAS를 빌드할 때 제거(스킵)됐다.

셰이더 바인딩 테이블 이 테이블은 여러 레코드로 구성된 메모리 버퍼로 각각은 불투명 셰이더 식별자와 (그래픽 파이프라인 그리기 혹은 파이프라인 디스패치 계산에서) 다이렉트X 12가 루트 테이블이라고 부르는 것과 동일한 일부 셰이더 파라미터를 포함한다. 이 첫 번째 실험적인 구현은 프레임마다 씬의 모든 오브젝트에 대해 셰이더 파라미터를 업데이트하고자 설계됐으므로 셰이더 바인딩 테이블 관리는 간단하며 명령 버퍼와 유사하다. 셰이더 바인딩 테이블은 씬의 오브젝트 수에 따라 크기가 결정된 N 버퍼 선형 메모리 버퍼로 할당됐다. 모든 프레임에서는 GPU에서 볼 수 있는 CPU 쓰기 가능 버퍼(업로드 힙에서)에서 전체 셰이더 바인딩 테이블을 처음부터 작성하기 시작했다. 그런 다음 이 버퍼에서 GPU 로컬 쌍에 GPU 복사본을 큐에 추가했다. 펜스 기반 동기화는 N 프레임 전에 사용된 셰이더 바인딩 테이블의 CPU 혹은 GPU 사본을 덮어쓰는 것을 방지하는 데 사용했다.

19.2.1.3 다양한 엔진 프리미티브를 위한 지오메트리 등록

가속 구조 구성을 위한 지오메트리 등록을 위해 UE4의 다양한 프리미티브가 RHI 레벨의 rtGeometry와 rtObject를 갖게 했다. 일반적으로 rtGeometry와 rtObjects를 생성해야 하는 올바른 범위를 식별해야 한다. 대부분 프리미티브의 경우 버텍스 및 인덱스 버퍼 지오메트리와 동일한 범위에서 rtGeometry를 만들 수 있다. 정적 삼각형 메시에서는 수행하기 간단하지만 다른 프리미티브에서는 더 복잡할 수 있다. 예를 들어 입자 시스템, 랜드스케이프(지형) 프리미티브, 스켈레탈 메시(즉 모프 타깃이나 천 시뮬레이션을 잠재적으로 사용하는 스킨된 지오메트리)에는 특별한 처리가 필요하다. UE4에서는 래스터화 패스, 가속 구조 업데이트, 충돌 셰이더에 대한 입력으로 사용할 수 있는 임시 GPU 버퍼로 모든 프레임에서 스키닝^{skinning}을 수행하는 셰이더 기반 시스템을 계산하는 기존 GPUSkinCache를 활용했다. 또한 각 스켈레탈 메시 인스턴스에는 별도의 BLAS가 필요하다. 그러므로 이 경우 각 스켈레탈 메시의 인스턴스에는 rtGeometry가 필요하며 정적 메시의 경우와 같이 인스턴스화나 공유가 불가능하다.

또한 캐스케이드 입자 시스템과 랜드스케이프(지형) 시스템 같은 다른 종류의 동적 지오메트리에 대한 지원을 실험했다. 입자 시스템은 각 입자가 정적 메시의 **rtGeometry**로 인스턴스된 포인팅이 되는 입자 메시 혹은 스프라이트나 리본 같은 절차적으로 생성된 삼각형 지오메트리를 사용할 수 있다. 시간제한으로 인해 이 실험적 지원은 CPU 시뮬레이션 입자 시스템으로 제한됐다. 랜드스케이프 시스템의 경우 지형 패치, 폴리지foliage, 나뭇잎 지오메트리, 스플라인 메시(B 스플라인 곡선을 따라 삼각형 메시를 보간해 생성된 메시)에 대한 실험적인 지원이 있었다. 그중 일부는 버텍스 지오메트리를 생성하는 기존 CPU 코드에 의존했다.

19.2.1.4 씬에서 레이 트레이싱 표시 업데이트

프레임마다 UE4 렌더러는 G 버퍼 래스터화, 직접 조명 적용, 포스트 프로세싱 같은 다중 패스를 수행하는 자신의 렌더 루프 바디를 실행한다. 레이 트레이싱 목적으로 사용되는 씬의 표현을 업데이트하고자 셰이더 바인딩 테이블, 관련 메모리 버퍼와 자원 설명자, 가속 구조로 구성된 가장 낮은 레벨에서 이 루프를 수정했다.

높은 수준의 렌더러 관점에서 첫 번째 단계는 씬의 모든 오브젝트에 대한 셰이더 파라미터를 최신으로 유지하는 것이다. 이를 위해 지연된 셰이더 렌더러에서 G 버퍼를 래스터화하는 데 일반적으로 사용되는 기존 베이스 패스 렌더링 로직을 활용했다. 주요 차이점은 레이 트레이싱의 경우 오클루전 컬링 결과를 기반으로 카메라 절두체 내부와 잠재적으로 보이는 씬의 모든 오브젝트에 대해 이 루프를 수행해야 한다는 것이다. 두 번째 차이점은 지연된 셰이딩 G 버퍼 렌더링에서 VS와 PS를 사용하는 대신 첫 번째 구현은 반사에 대한 셰이딩이 충돌할 때 자연스럽게 보이는 것처럼 정방향 셰이딩 렌더러에서 VS와 PS를 사용했다. 세 번째 차이점은 실제로는 일부 경우 약간 다른 셰이더를 사용해 여러 광선 타입에 대한 셰이더 파라미터를 업데이트해야 한다는 점이다.

19.2.1.5 모든 오브젝트 반복

대형 씬에서 모든 오브젝트에 대한 셰이더 파라미터를 업데이트하는 데 상당한 CPU 시간이 소요될 수 있다. 이를 잠재적인 문제로 인식하고 피하고자 전통적으로 유지 모드 렌더링이라고 불리는 것을 목표로 삼아야 한다고 결론지었다. 모든 프레임에서 같은 오브젝트를 하나씩 그리고자 CPU가 동일한 명령을 여러 개 수행하는 즉시 모드 렌더링과는 달리 유지 모드 렌더링은 씬에 지속적으로 나타나는 마지막 프레임 이후에 변경된 내용만 프레임마다 업데이트하면 된다. 유지 모드 렌더링은 래스터화와 달리 레이 트레이싱에서는 전체 씬에 대한 전역 정보가 필요하기 때문에 레이 트레이싱에 더 적합하다. 이런 이유로 유지 모드 렌더링은 엔비디아 RTX(OptiX, 다이렉트X 레이 트레이싱, 불칸 레이 트레이싱)가 지원하는 모든 GPU 레이 트레이싱 API에 의해 활성화된다. 그러나 오늘날 대부분의 실시간 렌더링 엔진은 OpenGL 이후로 지난 20년간 사용된 래스터화 API의 한계를 중심으로 설계됐다. 따라서 렌더러는 프레임마다 모든 셰이더 파라미터의 설정과 드로잉 코드를 재실행하도록 작성돼, 카메라에서 보이는 것을 렌더링하는 데 필요한 오브젝트가 적을 때 이상적이다. 이와 같은 접근 방식은 실시간 레이 트레이싱을 시연하는 데 사용된 작은 씬에서도 잘 작동하지만 거대한 세계로 확장할 수 없다는 것을 우리는 잘 안다. 이러한 이유로 UE4 렌더링 팀은 좀 더 효율적인 유지 모드 렌더링 접근 방식을 목표로 고수준 렌더러를 개선하기 위한 프로젝트를 시작했다.

19.2.1.6 레이 트레이싱된 렌더링을 위한 셰이더 커스터마이징

레이 트레이싱과 래스터화 렌더링 간의 두 번째 차이점은 레이 트레이싱 목적으로 약간 커스터마이징된 VS와 PS 코드에서 충돌 셰이더를 빌드해야 한다는 점이다. 초기 접근 방식은 화면 공간 버퍼와 연결된 정보에 의존하는 로직을 건너뛴다는 것을 제외하면 UE4의 정방향 셰이딩에 사용한 코드를 기반으로 했다(사이드 노트: 이는 화면 공간 버퍼에 접근하는 노드를 사용하는 머티리얼이 레이 트레이싱에서 예상대로 작동하지 않음을 암시했다. 래스터화와 레이 트레이싱을 결합할 때 이런 머티리얼은 피해야 한다). 초기 구현에는 UE4의 정방향 렌더링 셰이더를 기반으로 한 충돌 셰이더를 사용했지만 시간이 지남에 따라 셰이더 코드를 지연 셰이딩에서 렌더링되는 G 버퍼를 위해 사용되는 셰이더와 더 가깝게 보이는 충돌 셰이더처럼 리팩토링했다. 이 새로운 모드에서는 충돌 셰이더 대신 광선 생성 셰이더에서 모든 동적 조명이 수행된다. 이는 충돌 셰이더의 크기와 복잡성을 줄이고 충돌 셰이더에서 호출하는 TraceRay()의 중첩된 호출을 피하며 몇 천 개의 머티리얼 픽셀 셰이더의 리빌드를 기다릴 필요 없이 훨씬 줄어든 반복 시간으로 레이 트레이스된 셰이딩을 위한 라이팅 코드를 수정할 수 있도록 했다. 이 변경 외에도 충돌 시 광선 정보에서 계산된 위치(원점 + t * 방향)를 보장해 VS의 위치와 관련된 메모리 로드와 계산을 피하는 것으로 VS 코드를 최적화했다. 또한 가능한 곳에서는 변환된 법선과 탄젠트를 계산할 때와 같은 VS의 계산을 PS로 옮겼다. 이는 전반적으로 VS 코드를 주로 데이터 가져오기 및 형식 변환으로 줄였다.

19.2.1.7 다중 광선 타입의 셰이더 파라미터 배치 커밋

세 번째 차이점인 다중 광선 타입에 대한 파라미터 업데이트는 광선 타입 중 하나가 완전히 별도의 VS와 PS의 세트를 필요로 한다면 경우에 따라 씬의 모든 오브젝트를 여러 번 반복해야 한다는 것을 뜻한다. 그러나 경우에 따라 추가 광선 타입의 오버헤드를 크게 줄일 수 있었다. 예를 들면 호환 셰이더 파라미터를 갖는 충돌 셰이더를 사용할 수 있을 때 RHI 추상화가 여러 광선 타입에 대한 셰이더 파라미터를 동시에 커밋할 수 있게 해서 가장 일반적인 두 광선 타입인 머티리얼 평가와 임의 충돌 셰도우의 업데이트를 처리할 수 있었다. 이 요구 사항은 VS와 PS 쌍을 충돌 셰이더로 변환하는 다이렉트X 컴파일러 유틸리티가 보장한다. VS와 PS 파라미터 레이아웃이 가장 가까운 충돌 셰이더와 임의 충돌 셰이더 양쪽에 대해 동일하다는 것을 보장하기 때문이다(둘 다 동일한 VS와 PS 쌍에서 생성됐기 때문에). 이 것과 임의 충돌 셰도우 광선 타입이 단순히 같은 임의 충돌 셰이더를 가장 가까운 충돌 셰이더와 결합된 머티리얼 평가 광선 타입으로 사용된다는 사실을 고려할 때 두 광선 타입에 대해 동일한 셰이더 바인딩 테이블 레코드 데이터를 사용하지만 셰이더 식별자로 다른 것을 사용하는 것은 쉽다.

19.2.1.8 인스턴스 변환 업데이트

셰이더 바인딩 테이블 레코드를 채우는 과정에서 관련 rtObject에 오프셋을 기록하는 작업도 처리했다. 이 정보는 실행할 충돌 셰이더와 파라미터를 결정하고자 DXR 구현에서 사용되므로 TLAS 빌드 작업에 제공돼야 한다. 모든 셰이더 파라미터를 업데이트하는 것 외에도 모든 rtObject와 관련된 인스턴스 변환 및 플래그를 업데이트해야 한다. 이는 셰이더 파라미터를 업데이트하기 전 별도의 루프에서 수행된다. 인스턴스 레벨 플래그는 무엇보다도 마스킹과 후면 컬링 로직 제어를 허용한다. 마스킹 비트는 UE4에서 라이팅 채널 지원을 구현하는 데 사용된다. 아티스트는 이 채널을 통해 특정 조명 세트가 특정 오브젝트 세트와만 상호작용하도록 제한할 수 있다. 후면 컬링 비트는 래스터화와 레이 트레이싱 결과가 시각적으로 일치하는지 확인하는 데 사용된다(컬링은 래스터화와 마찬가지로 레이 트레이싱의 성능 최적화는 아닐 수 있다).

19.2.1.9 가속 구조 빌드

모든 레이 트레이싱 셰이더 파라미터 및 rtObject 변환과 컬링 및 마스킹 비트를 업데이트한 후에는 충돌 셰이더를 포함하는 셰이더 바인딩 테이블이 준비되고 모든 rtObject는 해당 셰이더 바인딩 테이블 레코드를 알게 된다. 이 시점에서 TLAS의 리빌드뿐만이 아니라 모든 로우레벨 가속 구조의 빌드나 업데이트를 예약하는 다음 단계로 넘어간다. 실험적 구현에서 이 단계는 가속 구조와 관련된 메모리의 지연된 할당 역시 처리한다. 이 단계에서의 한 가지 중요한 최적화는 BLAS 업데이트 후에 필요한 모든 리소스 전환 배리어가 각각의 BLAS 업데이트 직후에 실행하는 대신 TLAS 빌드 직후에 실행하도록 지연하는 것이다. 각각의 전환 배리어는 GPU의 동기화 단계이므로 지연이 중요하다. 커맨드 버퍼에서 전환을 단일 지점으로 통합하면 CPU를 자주 유휴 상태로 만드는 중복 동기화를 방지한다. 트랜지션을 통합해 모든 BLAS 업데이트 후에 동기화를 한 번 수행하고 잠재적으로 많은 작은 삼각형 메시에서는 GPU에서 실행되는 동안 오버랩하고자 다중 BLAS 업데이트를 허용한다.

19.2.1.10 미스 셰이더

미스 셰이더의 사용은 제한된다. RHI 레벨에서 미스 셰이더를 노출했지만 RHI의
엔진 측에서는 이를 사용하지 않았으며, 광선이 아무것도 치지 않았다는[not hit] 것을
나타내고자 페이로드의 HitT 값을 단순히 특정 부정 값으로 초기화하는 식으로
(광선 타입당 하나의) 동일한 기본 미스 셰이더 세트를 사전 초기화하는 RHI 구현에
의존했다.

19.2.2 2단계

2개의 고급 레이 트레이싱 데모의 생성으로 경험을 축적한 후에 모든 UE4 사용자
의 요구에 맞게 확장할 수 있는 코드로 전환할 수 있는 큰 리팩토링 작업을 수행했
다. 2단계의 궁극적 목표 중 하나는 UE4 렌더링 시스템을 즉시 모드에서 유지 모
드로 옮기는 것이다. 주어진 프레임에서 변경된 오브젝트만 효과적으로 업데이
트하므로 효율성이 높아졌다. 래스터화 파이프라인의 제한으로 인해 UE4는 초기
에 즉시 모드 스타일로 작성됐다. 그러나 이는 대부분의 경우 작은 부분만 변경됐
더라도 프레임마다 모든 오브젝트를 언제나 업데이트하므로 큰 씬을 레이 트레이
싱하는 데는 심각한 제한이 있다. 따라서 유지 모드 스타일로 전환하는 것이 2단
계의 주요 성과 중 하나였다.

향후 모든 플랫폼에서 레이 트레이싱을 통합할 수 있게 만드는 것이 궁극적인 목
표며, 각 기능을 지원하는 데 필요한 것과 좀 더 진보한 하드웨어가 준비됐을 때
기능을 희생하지 않고 어떤 특정 기기의 한계에 직면하는 방법을 이해하고자 요
구 사항을 여러 계층으로 나눴다.

19.2.2.1 1계층

1계층은 기본 레이 트레이싱 기능을 통합하는 데 필요한 가장 낮은 레벨의 기능을
설명하며 라데온 레이나 메탈 퍼포먼스 셰이더와 같은 기존 레이 트레이싱 API와
유사하다. 입력은 광선 정보(원점, 방향)가 포함된 버퍼고 셰이더 출력은 교차 결과

가 포함된 버퍼다. 여기에는 내장된 TraceRay 내장 함수도 없고 1계층에서 사용할 수 있는 충돌 셰이더도 없다. 1계층은 불투명 세도우나 앰비언트 오클루전과 같은 간단한 레이 트레이싱 효과를 구현하는 데는 적합하지만, 이를 넘어서는 것은 어려우며, 코드에서는 제한 사항이 도입되고 좋은 실행 효율성을 달성하기 어렵게 하는 복잡한 변경이 필요하다.

19.2.2.2 2계층

2계층은 광선 생성 셰이더를 지원한다. 이는 모든 추적 호출 직후 사용 출력을 사용할 수 있는 TraceRay 내장 함수를 호출할 수 있다. 이 레벨의 기능은 RTPSO 및 셰이더 바인딩 테이블을 사용해 추상화된 동적 셰이더 디스패치도 지원한다. 2계층은 재귀적 레이 트레이싱을 지원하지 않으므로 충돌 셰이더에서 새로운 광선을 생성할 수는 없다. 1단계에서 실제로 큰 제한은 아니라는 것을 발견했으며, 충돌 셰이더의 크기와 복잡성을 줄이는 긍정적인 부수 효과를 가진다.

2계층은 UE4에서 레이 트레이싱 통합에 정의된 대부분의 목표를 구현하는 것이 가능하다. 따라서 UE4 레이 트레이싱 파이프라인의 설계는 2계층의 기능을 가정해 수행됐다.

19.2.2.3 3계층

3계층은 DXR 사양을 밀접하게 따른다. 이는 모든 2계층 기능과 사전 정의된 최대 깊이로의 재귀 호출을 지원한다. 또한 광선 생선 셰이더 이외의 다른 셰이더 타입의 레이 트레이싱뿐만이 아니라 커스텀 가능한 가속 구조 순회와 같은 고급 기능도 지원한다. 3계층은 현재까지 가장 강력한 기능 세트며 오프라인 렌더링에서 광자 매핑과 조도 캐싱 같은 고급 레이 트레이싱 기능의 통합을 모듈 방식으로 가능하게 한다. UE4의 레이 트레이싱 통합은 하드웨어가 지원할 때 3계층의 기능을 사용하도록 설계됐다.

19.3 실시간 레이 트레이싱과 노이즈 제거

UE4의 레이 트레이싱 통합에서 얻은 교훈 이외에도 최초의 실험적 단계는 실시간 레이 트레이싱의 가능성을 탐색하는 데 필수적이었다. 거울 반사와 하드 셰도우부터 시작해 광택 반사 근사를 위한 노이즈 제거 추가와 제한된 광선 예산에서의 영역 조명 셰도우 추가를 했으며, 그런 다음 앰비언트 오클루전, 디퓨즈 전역 조명, 반투명도를 추가했다.

래스터화 기반 렌더러(오프라인과 실시간 모두)는 종종 렌더링 방정식을 여러 개의 빛 경로 세그먼트로 분할하고 각각의 세그먼트를 개별적으로 처리했다. 예를 들어 별도의 패스는 화면 공간 반사를 위해 다른 패스는 직접 조명을 위해 수행된다. 이는 레이 트레이싱 렌더러, 특히 오프라인 경로 탐색기에서는 일반적으로 사용되지 않으며 수십, 수백, 수천 개의 빛 경로를 누적해 렌더링한다.

일부 레이 트레이싱 렌더러는 가상 포인트 라이트(인스턴트 라디오시티), 경로 공간 필터링, 수많은 노이즈 제거 알고리즘 같은 수렴이나 상호작용을 개선하는 기술을 사용한다. 몬테카를로 렌더링용 최근 노이즈 제거 기술에 대한 개요는 츠위커^{Zwicker} 등[14]의 우수한 최신 보고서를 참고하기 바란다.

지머^{Zimmer} 등[13]은 전체 광선 트리를 별도의 버퍼로 나누고 최종 프레임을 합성하기 전에 노이즈 제거 필터를 각 버퍼에 적용했다. 이 시나리오에서는 유사한 접근 방식을 따르며, 렌더링 방정식을 풀려고 할 때 나타나는 빛 경로를 분할한다. 셰도우, 반사, 디퓨즈 광선 같은 다양한 광선 타입의 결과에 대해 커스텀 필터를 적용한다. 각 효과에 대해 픽셀당 적은 수의 광선을 사용하고 불충분한 샘플 개수를 보충하고자 적극적으로 노이즈를 제거했다. 노이즈 제거 품질을 개선하고자 (빛의 크기나 광택 있는 BRDF 로브 모양 같은) 로컬 속성을 활용했고 오프라인 렌더러가 생성한 이미지에 접근하는 이미지를 생성하고자 결과를 결합했다. 이 기술은 분할된 빛 경로 필터링^{Partitioned Light Path Filtering}이라고 부른다.

19.3.1 레이 트레이싱된 셰도우

셰도우 맵에 비해 레이 트레이싱된 셰도우의 한 가지 중요한 이점은 레이 트레이싱이 넓은 영역의 광원에 대해서도 물리적으로 정확한 페눔브라를 쉽게 시뮬레이트할 수 있어 렌더링된 이미지의 사실감을 향상시킨다. 큰 페눔브라를 가진 고품질 소프트 셰도우를 만드는 것이 목표 중의 하나다.

'반사'(루카스필름) 데모에서 영역 조명과 소프트 셰도우는 가장 중요한 시각적 구성 요소의 일부다. 한 가지 예는 그림 19-3에서 볼 수 있다.

(a) 레이 트레이스된 셰도우   (b) 셰도우 맵

▲ **그림 19-3.** (a) 레이 트레이싱된 소프트 셰도우가 있는 '반사'(루카스필름) 데모의 원래 렌더링. 두 스톰트루퍼의 헬멧 아래에 있는 소프트 셰도우를 주목하자. (b) 소프트 셰도우가 없으면 빛은 영역 조명의 충실도를 잃고 이미지의 포토리얼리즘이 덜해진다.

포르셰 911 스피드스터 차 위에 거대한 영역 조명으로 인해 생긴 셰도우가 있는 '빛의 속도'(포르셰) 데모에서 비슷한 효과를 볼 수 있다. 대형 디퓨즈 라이트는 자동차 전시회에 일반적으로 사용되며 대형 페눔브라가 있는 디퓨즈 같아 보이는 셰도우를 생성한다. 큰 영역 광원에서의 정확한 셰도우 페눔브라는 셰도우 맵 같은 전통적인 래스터화 기반 테크닉으로 인해 어려움을 겪고 있다. 그림 19-4에서 보이는 것처럼 레이 트레이싱을 사용하면 이 페눔브라를 정확하게 시뮬레이트할 수 있다.

(a) 레이 트레이스된 셰도우   (b) 셰도우 맵

▲ **그림 19-4.** (a) 셰도우 노이즈 제거기로 재구성된 픽셀당 하나의 샘플을 사용하는 조명당 페눔브라를 지닌 레이 트레이싱된 영역 조명 셰도우, (b) 셰도우 매핑으로 렌더링된 셰도우

19.3.1.1 빛 평가

데모에서 영역 조명에 대한 빛 평가는 가시성 포함 없이 빛 항을 분산 없이 추정하는 선형 변환 코사인^{LTC, Linearly Transformed Cosine} 접근법을 사용해 계산된다. 영역 조명의 셰도우를 렌더링하고자 결과에 고급 이미지 재구성 알고리즘을 적용하기 전에 레이 트레이싱을 사용해 가시성 항의 노이즈 있는 추정을 수집했다. 마지막으로 조명 결과 위에 노이즈 제거된 가시성 항을 합성한다.

수학적으로 렌더링 방정식의 다음 분할 합 근사법으로 작성될 수 있다.

$$L(\omega_0) = \int_{S^2} L_d(\omega_i)\, V(\omega_i) f(\omega_0,\omega_i) |\cos\theta_i|$$

$$\approx \int_{S^2} V(\omega_i) d\omega_i \int_{S^2} L_d(\omega_i) f(\omega_0,\omega_i) |\cos\theta_i| d\omega_i \tag{1}$$

여기서 $L(\omega_o)$는 표면을 ω_o 방향으로 떠나는 광도다. $V(\omega_i)$는 방향 ω_i에서의 이진 가시성 항이다. 표면 특성 f는 BRDF(양방향 반사율 분포 함수)다. $Li(\omega_i)$는 방향 ω_i를 따르는 입사광이다. 표면 법선과 입사광 방향 사이의 각도는 이 각도로 인한 기하학적 감소를 계산하는 $|\cos\theta_i|$를 가진 θ_i다. 디퓨즈 표면의 경우 이 근삿값은 무시할만한 편차가 있으며 일반적으로 셰도우 매핑 기술에 사용된다. 광택 있는 표면에 오클루전이 있는 영역 조명 셰도우의 경우 좀 더 정확한 결과를 얻고자 헤이츠^{Heitz} 등[3]의 비율 추정기를 사용할 수 있다. 대조적으로 '빛의 속도'(포르셰) 데모에

서 오클루전 정보를 지닌 스페큘러 영역 조명 셰이딩을 조정하고자 레이 트레이싱된 반사에 더해 노이즈 제거를 직접 사용한다. 더 자세한 정보는 19.3.2.3절을 참고하자.

19.3.1.2 셰도우 노이즈 제거

큰 페눔브라를 지닌 고품질 레이 트레이싱된 영역 조명의 셰도우를 얻으려면 일반적으로 눈에 띄는 노이즈 없이 추정치를 얻기 위해 픽셀당 수백 개의 가시성 샘플이 필요하다. 필요한 광선 수는 광원의 크기와 씬에서의 오클루더 위치와 크기에 따라 다르다.

실시간 렌더링의 경우 훨씬 더 적은 광선 예산이 있으며 수백 개의 광선은 성능 예산을 벗어난다. '반사'(루카스필름)와 '빛의 속도'(포르셰) 데모에서는 광원당 픽셀당 하나의 샘플만을 사용했다. 이 샘플 수로 인해 상당한 양의 노이즈가 결과에 포함됐다. 진실에 가까운 노이즈 없는 이미지를 재구성하고자 고급 노이즈 제거 필터를 적용했다.

페눔브라가 있는 영역 조명 셰도우에 대한 전용 노이즈 제거 알고리즘을 설계했다. 셰도우 노이즈 제거기는 공간적이거나 시간적인 구성 요소 둘 다 가진다. 공간적인 구성 요소는 소프트 셰도우에 대한 축 정렬 필터링 및 얀[Yan] 등[12]의 전단된 필터 같은 지역 오클루전의 주파수 분석을 기반으로 한 효율적인 필터의 최근 연구에서 영감을 얻었다. 노이즈 제거기는 크기, 모양, 방향, 셰도우 광선의 충돌 거리와 같은 리시버에서 떨어진 정도 같은 광원에 대한 정보를 알고 있다. 노이즈 제거기는 이 정보를 사용해 각 픽셀에 대한 최적의 공간 필터 풋프린트를 유도한다. 풋프린트는 픽셀당 다양한 방향으로 이방성이다. 그림 19-5는 이방성 공간 커널의 대략적인 시각화를 보여준다. 커널 모양은 페눔브라의 방향을 따라 늘어나므로 노이즈 제거 후에 고품질 이미지가 생성된다. 노이즈 제거기의 시간적 구성 요소는 픽셀당 유효 샘플 개수를 약 8~16으로 증가시킨다. 시간적 필터가 활성화된 경우 경고는 약간의 시간적 지연이지만, 지연을 줄이고자 샐비[Salvi][10]가 제안한 시간 클램핑을 수행한다.

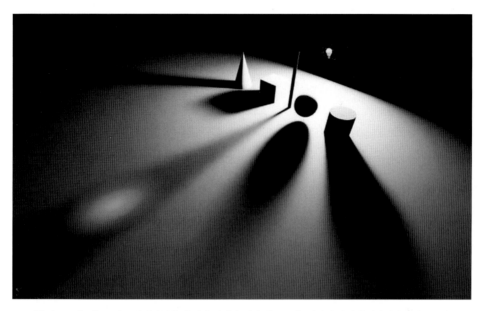

▲ **그림 19-5.** 셰도우 노이즈 제거에 사용된 필터 커널의 시각화(초록색). 이것이 어떻게 이방성이고 어떻게 각 페넘 브라의 방향으로 늘어나는지 주목하자(리우(LIU)[7]로부터).

노이즈 제거기는 광원당 정보를 사용한다는 것을 감안할 때 각 광원에 의해 발생한 셰도우를 개별적으로 노이즈 제거해야 한다. 노이즈 제거 비용은 씬의 광원 수와 관련해 선형적이다. 그러나 노이즈 제거 결과의 품질은 여러 조명에 공통 필터를 사용하려는 경우의 품질보다 높았으며, 따라서 이러한 데모에서는 조명당 필터를 선택했다.

그림 19-6의 입력 이미지는 자동차 상단의 거대한 직사각형 모양의 광원으로 인한 부드러운 조명을 시뮬레이트하고자 픽셀당 하나의 셰도우 광선으로 렌더링된다. 이러한 샘플링 속도에서 결과 이미지는 굉장히 노이즈가 심하다. 공간 노이즈 제거기는 대부분의 노이즈를 제거하지만 일부 아티팩트가 남아 있다. 시간적이거나 공간적인 노이즈 제거기 구성 요소를 결합하면 결과는 픽셀당 2,048개의 광선으로 렌더링된 실제 이미지와 비슷하다.

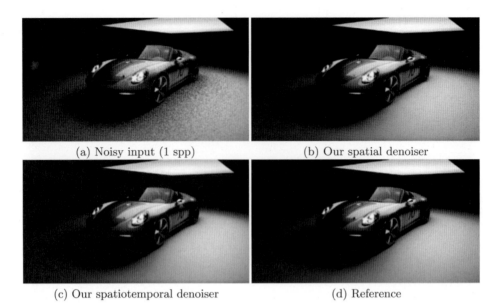

(a) Noisy input (1 spp) (b) Our spatial denoiser

(c) Our spatiotemporal denoiser (d) Reference

▲ **그림 19-6.** (a) 노이즈 제거기는 픽셀당 하나의 셰도우 광선으로 렌더링된 노이즈 제거기에서 작동한다. (b) 노이즈 제거기의 공간적 컴포넌트만 사용하면 일부 저주파 아티팩트가 남는다. (c) 시공간 노이즈 제거기는 결과를 더욱 향상시키며, (d)는 사실과 거의 일치한다.

적당한 크기를 가진 광원의 경우 공간 노이즈 제거기는 고품질 결과를 생성한다. '반사'(루카스필름) 데모에서 공간 노이즈 제거만으로도 아티스트를 행복하게 하는 셰도우 품질 결과를 얻을 수 있었다. '빛의 속도'(포르셰) 데모에 사용된 거대한 광원 타입의 경우 순수하게 공간적으로만 노이즈 제거된 결과는 품질 기준을 충족하지 못했다. 따라서 '빛의 속도'(포르셰) 데모를 위해 노이즈 제거기에 시간적인 구성 요소를 사용했는데, 이는 약간의 시간적 지연을 통해 재구성 품질을 향상시켰다.

19.3.2 레이 트레이싱된 반사

실제 반사는 레이 트레이싱 기반 렌더링의 또 다른 주요 기능이다. 화면 공간 반사 SSR, Screen-Space Reflections와 같은 현재의 래스터화 기반 기술은 종종 오프스크린 콘텐츠의 아티팩트로 인해 어려움을 겪고 있다. 사전 통합된 광 프로브[5]와 같은 다른 기술은 동적 씬에 잘 맞지 않으며 표면 법선 방향을 따르는 제거와 강화 같은 광택 반사에 존재하는 모든 기능을 정확하게 시뮬레이트할 수 없다. 또한 레이 트레이싱은 임의의 모양의 표면에서 다중 바운스 반사를 처리하는 가장 효율적인 방법이다.

그림 19-7은 '반사'(루카스필름) 데모에서 레이 트레이싱된 반사로 생성할 수 있는 효과의 종류를 보여준다. 파스마의 갑옷 부분 사이에서 다중 바운스 상호 반사에 주목하자.

▲ **그림 19-7.** 레이 트레이싱으로 렌더링된 파스마의 반사. 갑옷 사이의 정확한 상호 반사와 노이즈 제거기로 재구성된 약간의 광택 있는 반사를 주목하자.

19.3.2.1 단순화된 반사 셰이딩

오프스크린 콘텐츠의 경우에도 임의의 표면에서 동적 반사를 지원하기에는 레이 트레이싱이 훨씬 쉽지만, 반사 바운스의 충돌 지점에서의 셰이딩 및 조명을 계산하는 것이 비싸다. 반사 충돌 지점에서의 머티리얼 평가 비용을 줄이고자 레이 트레이싱된 반사 셰이딩에 아티스트가 단순화한 머티리얼을 사용하는 옵션을 제공한다. 이 머티리얼 단순화는 반사된 물체가 볼록 반사기에서 최소화되는 경우가 많고 머티리얼에서 미세한 세부 사항을 제거하는 것이 시각적으로 눈에 띄지는 않지만 성능에 유리하기 때문에 최종 인식 품질에 거의 영향을 미치지 않는다. 그림 19-8은 다중 텍스처 맵의 풍부한 미세 세부 사항을 지닌 일반 복합 재료를 기본 보기(왼쪽)와 반사 충돌 셰이딩(오른쪽)에 사용된 단순화된 버전과 비교한다.

▲ **그림 19-8.** 왼쪽: 완전한 미세 세부 사항이 있는 원본 파스마 머티리얼. 오른쪽: 반사 광선 충돌 지점 셰이딩에 사용된 단순화된 머티리얼

19.3.2.2 광택 반사를 위한 노이즈 제거

레이 트레이싱으로 완벽하게 부드러운 반사를 얻는 것은 좋지만, 실제 세계에서는 대부분의 반사 표면이 거울 같지는 않다. 일반적으로 표면에 걸쳐 다양한 정도의 거칠기와 울퉁불퉁함을 가진다. 레이 트레이싱을 사용하면 거칠기와 들어오는 복사량에 따라 일반적으로 머티리얼의 로컬 BRDF를 수백에서 수천 개의 샘플로 확률적으로 샘플링한다. 이렇게 하는 것은 실시간 렌더링에서는 비실용적이다.

반사된 광선 생성을 유도하고자 적응형 다중 바운스 메커니즘을 구현했다. 반사 바운스 광선의 방출은 충돌 표면의 거칠기로 제어되므로 더 높은 거칠기로 지오메트리에 충돌하는 광선은 빨리 죽는다. 두 개의 반사 바운스에 대해 평균적으로 각 픽셀에 두 반사 광선만을 사용했으므로 각각의 보이는 셰이딩 점마다 하나의 BRDF 샘플만을 가진다. 결과는 노이즈를 많이 가졌으며, 진짜와 가까운 광택 반사를 재구성하고자 정교한 노이즈 제거 필터를 다시 적용했다.

반사되고 들어오는 복사량 항에서만 작동하는 노이즈 제거 알고리즘을 설계했다. 광택 반사는 셰이딩 지점 주변의 반구에 걸쳐 들어오는 복사량 L과 BRDF f의 곱의 적분이다. 곱의 적분을 두 적분의 근사 곱으로 분리했다.

$$L(\omega_0) = \int_{S^2} L(\omega_i) f(\omega_0, \omega_i) |\cos\theta_i| d\omega_i \approx \int_{S^2} L(\omega_i) d\omega_i \int_{S^2} f(\omega_0, \omega_i) |\cos\theta_i| d\omega_i \qquad (2)$$

이는 노이즈 제거 작업을 단순화한다. 오직 들어오는 빛 항 $\int L(\omega_i) d\omega_i$에만 노이즈 제거를 적용했다. BRDF 적분은 분리한 다음 사전 적분할 수 있다. 이는 사전 적분된 라이트 프로브에 대한 일반적인 근사치다. 또한 스페큘러 알베도도 BRDF에 포함돼 있으므로 빛 항만 필터링해 텍스처 디테일이 과도하게 흐려지는 것을 걱정할 필요가 없다.

필터 스택에는 시간적이거나 공간적인 구성 요소가 모두 있다. 공간적인 부분을 위해 로컬 셰이딩 지점에서 BRDF 분포를 존중하는 화면 공간에서의 이방성 모양의 커널을 도출한다. 커널은 충돌 거리, 표면 거칠기, 법선을 기반으로 BRDF 로브를 화면 공간으로 다시 투영해 추정한다. 결과 커널은 다양한 커널 크기와 픽셀당 방향을 가진다. 이는 그림 19-9에 나와 있다.

▲ **그림 19-9.** BRDF 기반 반사 필터 커널의 시각화(리우(Liu)[7]로부터)

그림 19-10, 19-11, 19-12에 표시된 것처럼 BRDF 기반 필터 커널의 또 다른 주목할 만한 특성은 거울 같은 표면에서 필터링해 적당히 거친 광택 표면을 생성할 수 있다는 점이다. 필터는 1 spp 입력에서 확실한 결과를 생성하며 16384 spp로 렌더링된 진짜와 거의 정확하게 일치한다. 예제는 그림 19-11과 19-12를 참고하자.

▲ **그림 19-10.** 반사 공간 필터의 입력. 이 경우는 완벽한 거울 반사 이미지다.

▲ **그림 19-11.** 반사 공간 필터의 출력은 그림 19-10의 거울 반사 이미지에 적용돼 GGX 0.15의 제곱 거칠기를 시뮬레이팅한다. 이는 접촉 경화 및 법선 방향을 따르는 연장과 같은 광택 반사의 모든 예상되는 기능을 생성한다.

▲ **그림 19-12.** 픽셀당 수천 개의 광선을 지닌 바이어스되지 않은 확률적 BRDF 샘플링으로 렌더링된 0.15의 GGX 제곱 거칠기

이 공간 필터는 적당한 거칠기(약 0.25 미만의 GGX 제곱 거칠기)로 광택 있는 표면을 충실하게 재구성할 수 있다. 더 높은 거칠기 값을 위해서는 스태호이악^{Stachowiak} 등[11] 과 같은 바이어스된 확률적 BRDF 샘플링을 적용하고 더 나은 노이즈 제거 품질을 달성하고자 시간적인 구성 요소와 공간적인 구성 요소를 결합한다.

반사된 표면에서의 시간적인 재투영은 반사된 물체에 대한 모션 벡터가 필요하며 얻기 어려울 수 있다. 이전에 스태호이악 등[11]은 평면 반사기 내부의 반사된 물체에 대한 카메라 움직임으로 인한 모션 벡터를 재구성하고자 반사된 가상 깊이를 사용했다. 그러나 곡면 반사기에는 이 방법이 효과적이지 않다. 32장에서 히르보넨^{Hirvonen} 등은 각각의 로컬 픽셀 이웃을 얇은 렌즈로 모델링한 다음 반사된 물체의 모션 벡터를 도출하기 위한 얇은 렌즈 방정식을 사용하는 새로운 접근법을 소개했다. 이는 곡면 반사기에 잘 작동하며 시간 필터에서 모션 벡터를 계산하고자 이 접근법을 사용한다.

19.3.2.3 레이 트레이싱된 반사를 통한 스페큘러 셰이딩

선형 변환 코사인^{LTC, Linearly Transformed Cosines}[2]은 오클루전을 처리하지 않는다는 규제와 함께 임의의 거칠기를 통해 분석적으로 현실적인 영역 빛 셰이딩을 생성하는 기술이다. 리플렉션 솔루션은 픽셀당 하나의 샘플로 그럴듯한 광택 반사를 생성하므로 광원 소스의 머티리얼 셰이딩의 스페큘러 컴포넌트를 직접 평가하고자 사용할 수 있다. 오클루전 정보를 포함한 스페큘러 셰이딩을 재구성하고자 LTC를 사용하는 대신 영역 광원을 방사 오브젝트로 단순히 취급하고 반사 충돌 지점에서 셰이딩한 다음 노이즈 제거 필터를 적용한다. 그림 19-13은 두 가지 접근법의 비교를 보여준다.

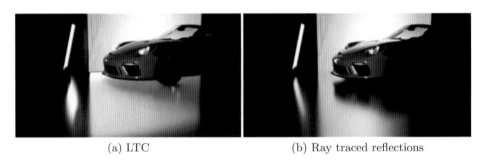

(a) LTC (b) Ray traced reflections

▲ **그림 19-13.** 씬에서 바닥은 GGX 제곱 거칠기가 0.17인 순수한 반사 표면이다. (a) 두 영역 조명에서의 빛은 LTC로 계산된다. LTC는 정확한 하이라이트를 생성하는 반면 하이라이트의 폐색된 일부가 돼야 하는 자동차 반사가 누락돼 자동차가 땅에 있지 않은 느낌을 준다. (b) 레이 트레이싱된 반사에서 레이 트레이싱이 자동차의 올바른 오클루전을 처리하는 동시에 두 영역 조명에서 그럴듯한 광택 하이라이트를 생성하는 방법에 주목하자.

19.3.3 레이 트레이싱된 디퓨즈 전역 조명

'반사'(루카스필름)와 '빛의 속도'(포르셰)에서 포토 리얼리즘을 추구하면서 렌더링된 이미지의 사실성을 높이고자 간접 조명을 계산하려고 레이 트레이싱을 사용한다. 두 데모에 사용한 기술은 약간 다르다. '반사'(루카스필름)의 경우 동적 캐릭터의 간접 조명을 계산하고자 사전 계산된 볼루메트릭 라이트 맵에서 조도 정보를 가져오는 레이 트레이싱을 사용했다. '빛의 속도'(포르셰) 데모의 경우 G 버퍼에서 두 간접 디퓨즈 광선의 반사로 경로 탐색을 직접 수행하는 무차별 대입^{brute force} 방식을 사용했다. 수렴을 가속화하고자 다음과 같은 이벤트 측정을 사용했다.

19.3.3.1 앰비언트 오클루전

앰비언트 오클루전은 물리적 영감을 받고 아티스트가 제어할 수 있는 전역 조명의 근사치를 제공한다. 오클루전에서 조명을 분리하면 물리적 정확성을 떨어뜨리지만 측정할 수 있는 효율성을 제공한다. 앰비언트 오클루전을 적용하는 기술은 수십 년 동안 영화에서 사용된 동일하고 잘 문서화된 알고리즘을 간단하게 적용하는 것이다. 코사인 반구형 분포에서 후보 점의 셰이딩 법선을 중심으로 여러 광선을 발사한다. 결과적으로 조명 기여도를 전체적으로 감쇠시키는 화면 공간 오클루전 마스크를 생성한다.

언리얼 엔진은 SSAO(화면 공간 앰비언트 오클루전)를 지원하지만 데모에서는 사용하지 않았다. SSAO는 눈에 띄는 단점이 있다. 시야 절두체에 대한 의존성은 경계에서 비네팅을 유발하고 주로 시야 방향과 평행한 얇은 오클루더를 정확하게 포착하지 못한다. 또한 뷰 절두체 외부의 오클루더는 SSAO의 측정에 기여하지 않는다. 데모와 같은 시네마틱의 경우 아티스트는 일반적으로 이러한 시나리오를 더 넓은 광선 거리에서의 효과를 완전히 혹은 어느 정도 약화시키는 경우를 피한다. 그러나 DXR의 경우 뷰 절두체와 독립적인 방향성 오클루전을 캡처할 수 있다.

19.3.3.2 라이트 맵에서의 간접 디퓨즈

'반사'(루카스필름)의 경우 효과적인 색상 번짐을 제공할 수 있는 앰비언트 오클루전 기술이 필요했다. 앰비언트 오클루전의 효율성을 높이 평가했지만 전체적으로 어둡게 하는 효과는 아티스트에게 바람직하지 않다. 참조 비교로 간접 디퓨즈 패스를 구현했다. 기존의 앰비언트 오클루전과 비슷한 방식으로 이 알고리즘을 위해 후보 G 버퍼 샘플에서 광선의 코사인 반구 분포를 캐스트한다. 가시광선이 이미터에 닿으면 적중률을 기록하는 대신 BRDF 가중 결과를 기록했다. 예상한 바와 같이 의미 있는 결과에 필요한 광선의 수는 다루기 어려웠지만 좀 더 근접한 방법의 기준을 제공한다.

무차별 대입 평가에 의존하는 대신 대략적인 간접 기여를 제공하고자 언리얼 엔진의 라이트 매핑 솔루션을 사용했다. 특히 앰비언트 오클루전 광선에 대한 방출로 볼루메트릭 라이트 맵에서 평가를 대체하는 것이 합리적인 간접 결과를 제공한다는 것을 발견했다. 또한 결과 조도 패스가 기존 앰비언트 오클루전 알고리즘의 가중치 가시성 패스보다 노이즈 제거하기가 훨씬 쉽다는 것을 발견했다. 비교 이미지는 그림 19.14에 나와 있다.

▲ **그림 19–14.** 글로벌 라이팅 기술의 비교. 상단: 화면 공간 앰비언트 오클루전. 중단: 라이트 맵에서의 간접 디퓨즈. 하단: 단일 바운스 경로 추적 참조

19.3.3.3 실시간 전역 조명

간접 디퓨즈 라이팅을 렌더링하고자 사전 계산된 라이트 맵을 사용하는 것 외에도 전역 조명을 더욱 향상시키는 경로 추적 솔루션을 개발했다. 노이즈 제거에 관한 19.3.3.4절에 설명된 재구성 필터를 적용하기 전에 이전보다 훨씬 정확한 색상 번짐을 제공하는 단일 바운스 간접 확산 조명을 렌더링하고자 다음 이벤트 추정과 함께 경로 추적을 사용했다.

19.3.3.4 앰비언트 오클루전과 디퓨즈 전역 조명을 위한 노이즈 제거

두 데모 모두 메타^{Mehta} 등[9]의 디퓨즈 간접 라이팅을 위한 축 정렬 필터를 기반으로 한 비슷한 노이즈 제거기를 사용했다. '빛의 속도'(포르셰) 데모의 경우 노이즈 제거가 훨씬 어려웠다. 지금까지는 어떤 사전 계산 없이 무차별 대입 경로 추적을 사용했으므로 원하는 품질을 달성하고자 메타 등을 기반으로 한 공간적 필터와 시간적 필터를 결합했다. '반사'(루카스필름) 데모의 경우 근처의 라이트 맵 텍셀에서 가져왔기 때문에 충분히 좋은 품질을 제공하는 공간 필터를 결합한 시간 안티앨리어싱을 사용했다.

텍스처 디테일, 셰도우, 스페큘러 하이라이트가 과도하게 흐려지는 것을 방지하고자 조명의 간접 디퓨즈 컴포넌트에만 노이즈 제거기를 적용한다. 다른 것은 다른 전용 노이즈 제거기에서 별도로 필터링되기 때문이다. 공간 필터는 메타 등이 제안한 것처럼 충돌 거리에서 파생된 풋프린트를 가진 월드 공간 공간적 커널을 적용한다. 충돌 거리로 필터 크기를 조정하는 것은 간접 조명에서 디테일이 흐려지는 것을 피하고 간접 셰도우 같은 기능을 더 날카롭게 유지한다. 또한 시간 필터와 결합했을 때 픽셀이 누적된 재투영된 샘플의 수를 기반으로 공간적 커널 풋프린트를 줄인다. 좀 더 시간적으로 누적된 샘플이 있는 픽셀의 경우 좀 더 작은 공간적 필터 풋프린트를 적용해 결과를 사실과 가깝게 만든다.

그림 19-15는 광선 충돌 거리와 시간적 샘플 수를 기반으로 필터 반경을 조정하는 것과 상수 반경을 사용해 필터링하는 것의 비교 샷을 보여준다. 분명히 적응된 필터 풋프린트를 사용하는 것이 접촉 영역에서 훨씬 나은 디테일을 제공한다.

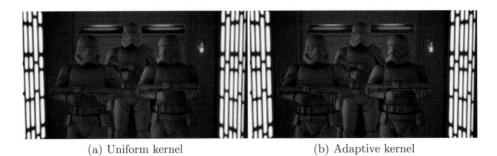

(a) Uniform kernel   (b) Adaptive kernel

▲ 그림 19-15. 균일한 월드 공간 반경(a)과 적응형 커널(b)로 필터링된 간접 라이팅. 적응형 커널 크기는 평균 광선 충돌 거리와 누적된 시간적 샘플 수를 기반으로 한다.

같은 아이디어는 레이 트레이싱된 앰비언트 오클루전 노이즈 제거에도 도움이 된다. 그림 19-16에서 상수 월드 공간 반경을 지닌 노이즈 제거돼 레이 트레이싱된 앰비언트 오클루전(a)과 충돌 거리 및 시간적 샘플 개수로 유도된 적응형 커널 반경을 사용하는 노이즈 제거된 앰비언트 오클루전(b)을 비교한다.

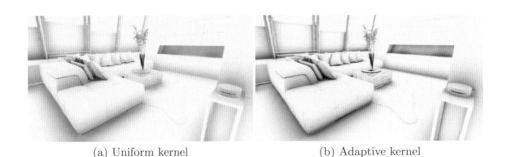

(a) Uniform kernel   (b) Adaptive kernel

▲ 그림 19-16. 균일한 월드 공간 반경(a)과 적응형 커널(b)로 필터링된 앰비언트 오클루전. 적응형 커널 크기는 평균 광선 충돌 거리와 누적된 시간적 샘플 수를 기반으로 한다.

이는 적응형 필터의 사용은 노이즈 제거된 앰비언트 오클루전에서 좀 더 잘 보존된 접촉 세부 사항으로 이끈다는 것을 다시 명확하게 보여준다.

19.3.4 레이 트레이싱된 반투명

'빛의 속도'(포르셰) 데모는 몇 가지 새로운 과제를 제시했다. 팀에게 가장 명백한 초기 과제는 유리 렌더링이었다. 실시간 반투명을 렌더링하기 위한 전통적인 방법은 지연 렌더링 알고리즘과 충돌한다. 종종 개발자는 반투명 지오메트리를 별도의 전달 패스로 렌더링하고 결과를 메인 지연 렌더링에 합성해야 한다. 지연 렌더링에 적용할 수 있는 기술은 반투명 지오메트리에 종종 적합하지 않아 반투명과 불투명 지오메트리의 통합을 어렵게 하는 비호환성을 만든다.

다행히 레이 트레이싱은 반투명을 나타내는 자연스러운 프레임워크를 제공한다. 레이 트레이싱을 사용하면 반투명 지오메트리를 지오메트리 제출과 통합하는 방식으로 지연 렌더링과 쉽게 결합할 수 있다. 이는 임의의 반투명 깊이 복잡성과 굴절 및 흡수를 정확하게 모델링하기 위한 기능을 제공한다.

19.3.4.1 광선 생성

언리얼 엔진에서 레이 트레이싱된 반투명 구현은 레이 트레이싱된 반사에서 사용되는 것과 유사한 별도의 레이 트레이싱 패스를 사용한다. 실제로 대부분의 셰이더 코드는 두 패스 간에 공유된다. 그러나 둘의 작동 방식에는 약간의 미묘한 차이가 있다. 첫 번째는 광선의 처리량이 0에 가까워지면 씬에서의 불필요한 통과를 방지하고자 빠른 광선 종료를 사용하는 것이다. 즉, 더 멀리 통과한다면 기여는 무시할 수 있다. 또 다른 차이점은 반투명 광선은 최대 광선 길이로 추적되고 해당 픽셀에 저장된 이미 최대로 셰이딩된 불투명한 지오메트리와 충돌하는 것을 방지한다는 점이다. 그러나 굴절이 수행되면 반투명 충돌은 임의의 방향으로 새 광선을 생성하는 결과를 낳을 수 있으며 새로운 광선이나 자손이 셰이딩돼야 하는 불투명 지오메트리와 충돌할 수도 있다. 이런 불투명 충돌에 대한 라이팅을 수행하기 전에 불투명 충돌 지점을 화면 버퍼에 재투영하고 유효한 데이터가 재투영 단계 후에 발견되면 대신 사용한다. 이 간단한 트릭은 모든 레이 트레이싱된 라이팅을 수행하고 G 버퍼의 불투명 지오메트리의 노이즈를 제거할 때 달성되는 더 높은 시각적 품질을 활용할 수 있게 한다. 이런 경우에 잘못된 들어오는 방향에서 계산되는 스페큘러 라이팅 때문에 결과가 부정확할 수 있다고 해도 일부 제한된 양의 굴절에서 작동할 수 있다.

반사 패스와의 또 다른 주요 차이점은 반투명 광선이 후속 인터페이스와의 충돌 이후 반사 광선을 재귀적으로 생성하기 위한 기능이다. HLSL은 언어적으로 재귀에 대한 지원이 없기 때문에 HLSL을 사용해 구현하는 것은 간단하지 않았다. 재귀는 충돌 셰이더에서 광선을 추적하는 기능을 뜻하는 것이 아니라 간단한 HLSL 함수에서 자신을 호출하는 기능이다. 이는 단순히 HLSL에서 허용되지는 않지만 이 경우처럼 위티드 스타일의 레이 트레이싱 알고리즘을 구현할 때 바람직하다. HLSL의 이러한 한계를 해결하고자 동일한 이름을 가진 두 함수로 같은 코드를 인스턴스화했다. 관련된 함수 코드를 별도의 파일로 효과적으로 이동하고 이 파일을 두 번 포함했으며 함수 이름을 설정하는 전처리 매크로로 매번 둘러싸 다른 이름을 가진 같은 함수 코드의 두 다른 인스턴스화가 됐다. 그런 다음 두 함수 인스턴스 중 하나가 다른 것을 부르게 해서 하드 코딩한 수준으로 효과적으로 재귀를 수행할 수 있었다. 결과 구현은 선택적인 굴절과 함께 반투명 경로를 허용한다. 경로를 따르는 각각의 충돌은 셰도우 광선 외에 반사 광선을 '재귀적으로' 추적할 수 있다. 이 경로를 따라 반투명 표면에서 추적된 반사는 선택된 횟수만큼 바운스될 수 있다. 그러나 이러한 바운스에서 반투명 표면과 충돌하면 추적돼야 하는 추가적인 재귀 반사 광선을 허용할 수 없었다.

두꺼운 유리를 모델링하고 기판에 근접하게 비어-램버트 법칙에 따른 균일 볼루메트릭 흡수가 투명도 패스에 추가됐다. 균일하게 바운드된 볼륨을 올바르게 모델링하고자 추가적인 제약이 지오메트리에 배치됐다. 교차, 다양체 지오메트리의 문제를 극복하고자 앞면과 뒷면 다각형 양쪽에 대해 명시적으로 추적하도록 광선 순회가 수정됐다. 개선된 시각적 리얼리즘은 '빛의 속도'(포르셰) 데모에서는 약간의 추가 비용 정도로만 간주됐으며 최종 버전에는 포함되지 않았다.

19.4 결론

최근 레이 트레이싱 가속용 전용 하드웨어의 도입과 그래픽 API에 레이 트레이싱 지원을 추가하는 것은 래스터화와 레이 트레이싱을 결합한 새로운 방식의 하이브리드 렌더링 실험과 혁신을 이끌었다. 상용 게임 엔진인 언리얼 엔진 4에서 레이 트레이싱 통합의 엔지니어링 실습을 살펴봤다. 광택 반사, 소프트 셰도우, 앰비언트 오클루전, 디퓨즈 간접 조명 같은 확률적 효과를 픽셀당 하나의 경로로 렌더링하는 혁신적인 재구성 필터를 발명해 이러한 비싼 효과가 실시간에서 좀 더 실용적이게 만들었다. 두 영화 품질의 데모를 만들고자 성공적으로 하이브리드 렌더링을 사용했다.

감사의 말

역사적으로 에픽 게임즈는 엔비디아 및 ILMxLAB과 공동으로 2018년 3월 게임 개발자 콘퍼런스에서 에픽의 '언리얼의 상태' 오프닝 세션 동안 언리얼 엔진의 실시간 레이 트레이싱을 최초로 공개적으로 시연했다. 이 데모는 언리얼 엔진 4로 만들어진 깨어난 포스와 라스트 제다이의 스타워즈 캐릭터를 보여줬다. 원래는 마이크로소프트 다이렉트X 레이 트레이싱 API를 통해 Volta GPU용 엔비디아의 RTX 기술에서 실행됐다.

모헨 레오[Mohen Leo](ILMxLAB)는 에픽 게임즈의 마르커스 와스머와 제롬 플래테아눅스에게 합류해 데모에서 사용된 기술을 개발하고 발표했다. ILMxLAB은 CARNE y ARENA, 「스타워즈: 제국의 비밀」, 그리고 곧 나올 「불멸의 베이더: 스타워즈 VR 시리즈」에서 가장 잘 알려진 루카스필름의 몰입형 엔터테이먼트 부분이다. 길라우메 아바디, 프랑수아 앙투안, 루이 바부일, 알렉산더 보고마코프, 롭 브레도우, 우리엘 도욘, 막심 아이젠슈타인, 유다 그레이엄, 에반 하트, 존 하셀그렌, 마티아스 홀랜더, 존 잭, 매튜 존슨, 브라이언 카리스, 킴 리브레리, 시몬 롬바르도, 아담 마르스, 카빈 모란, 제이콥 뭉크버그, 유리 오도넬, 민 오, 자코포 판탈레오니, 아르네 스코버, 존 스토리, 피터 스마나세니, 민지에 우, 크리스 와이먼, 마이클 장 등의 많은 사람이 UE4의 레이 트레이싱 콘텐츠와 구현에 관해 작업하거나 조언을 해줬다.

스타워즈 이미지는 루카스필름에서 제공한 것이다.

참고 문헌

[1]   Binder, N., Fricke, S., and Keller, A. Fast Path Space Filtering by Jittered Spatial
       Hashing. In ACM SIGGRAPH Talks (2018), pp. 71:1–71:2.

[2]   Eric Heitz, Jonathan Dupuy, S. H., and Neubelt, D. Real-Time Polygonal-Light
       Shading with Linearly Transformed Cosines. ACM Transactions on Graphics 35, 4
       (2017), 41:1–41:8.

[3]   Heitz, E., Hill, S., and McGuire, M. Combining Analytic Direct Illumination and
       Stochastic Shadows. In Symposium on Interactive 3D Graphics and Games (2018),
       pp. 2:1–2:11.

[4]   Kajiya, J. T. The Rendering Equation. Computer Graphics (SIGGRAPH) (1986),
       143–150.

[5]   Karis, B. Real Shading in Unreal Engine 4. Physically Based Shading in Theory and
       Practice, SIGGRAPH Courses, August 2013.

[6]   Keller, A. Instant Radiosity. In Proceedings of SIGGRAPH (1997), pp. 49–56.

[7]   Liu, E. Low Sample Count Ray Tracing with NVIDIA's Ray Tracing Denoisers. Real-
       Time Ray Tracing, SIGGRAPH Courses, August 2018.

[8]   Mehta, S., Wang, B., and Ramamoorthi, R. Axis-Aligned Filtering for Interactive
       Sampled Soft Shadows. ACM Transactions on Graphics 31, 6 (Nov 2012),
       163:1–163:10.

[9]   Mehta, S. U., Wang, B., Ramamoorthi, R., and Durand, F. Axis-aligned Filtering for
       Interactive Physically-based Diffuse Indirect Lighting. ACM Transactions on
       Graphics 32, 4 (July 2013), 96:1–96:12.

[10]   Salvi, M. An Excursion in Temporal Supersampling. From the Lab Bench: Real-Time
       Rendering Advances from NVIDIA Research, Game Developers Conference, 2016.

[11]   Stachowiak, T. Stochastic Screen Space Reflections. Advances in Real-Time
       Rendering, SIGGRAPH Courses, 2018.

[12]   Yan, L.-Q., Mehta, S. U., Ramamoorthi, R., and Durand, F. Fast 4D Sheared Filtering
       for Interactive Rendering of Distribution Effects. ACM Transactions on Graphics 35,
       1 (2015), 7:1–7:13.

[13]   Zimmer, H., Rousselle, F., Jakob, W., Wang, O., Adler, D., Jarosz, W., Sorkine-
       Hornung, O., and Sorkine-Hornung, A. Path-Space Motion Estimation and

Decomposition for Robust Animation Filtering. Computer Graphics Forum 34, 4 (2015), 131-142.

[14] Zwicker, M., Jarosz, W., Lehtinen, J., Moon, B., Ramamoorthi, R., Rousselle, F., Sen, P., Soler, C., and Yoon, S.-E. Recent Advances in Adaptive Sampling and Reconstruction for Monte Carlo Rendering. Computer Graphics Forum (Proceedings of Eurographics - State of the Art Reports) 34, 2 (May 2015), 667681.

20장

실시간 레이 트레이싱용 텍스처 레벨의 세부 전략

엔비디아의 토마스 아케나인 몰러(Tomas Akenine-Möller), 짐 닐슨(Jim Nilsson), 매그너스 안데슨(Magnus Andersson), 로버트 토쓰(Robert Toth), 테로 카라스(Tero Karras), 시드/일렉트로닉 아츠(SEED/Electronic Arts)의 콜린 바레-브루즈보이스(Colin Barré-Brisebois)

개요

픽셀 쿼드 부분 미분에 의존할 수 있는 래스터화와는 달리 레이 트레이싱 중에 필터링된 텍스처를 위해서는 다른 방법을 취해야 한다. 레이 트레이싱용 텍스처의 디테일 레벨을 계산하는 두 가지 방법을 설명한다. 첫 번째는 고품질 결과를 제공하는 일반적인 방법인 광선 미분을 사용하는 것이다. 그러나 계산과 광선 저장 면에서 다소 비싸다. 두 번째 방법은 광선 원뿔 추적을 기반으로 하며 단일 삼중선형 조회, 작은 양의 광선 저장, 광선 미분보다 적은 계산을 사용한다. 다이렉트X 레이 트레이싱^{DXR} 내에서 광선 미분을 구현하는 방법과 이를 1차 가시성을 위해 G 버퍼 패스와 결합하는 방법을 설명하고, 무게 중심 미분을 계산하는 새로운 방법을 제시한다. 또한 광선 원뿔에 대해 이전에 출판되지 않은 세부 사항을 제공하고 기본 방법으로 고려하는 이중 선형 필터링된 밉 레벨 0과의 철저한 비교를 제공한다.

20.1 소개

밉매핑은 텍스처 앨리어싱을 피하는 표준 방법이며 모든 GPU는 래스터화를 위해 이 기술을 지원한다. 예를 들어 OpenGL은 디테일 레벨^{LOD} 파라미터 λ를 다음과 같이 지정한다.

$$\lambda(x, y) = \log_2 \lceil p(x, y) \rceil \qquad (1)$$

여기서 (x, y)는 픽셀 좌표며 함수 ρ는 다음과 같이 계산할 수 있다.

$$p(x, y) = \max\left\{ \sqrt{\left(\frac{\partial s}{\partial x}\right)^2 + \left(\frac{\partial t}{\partial x}\right)^2}, \sqrt{\left(\frac{\partial s}{\partial y}\right)^2 + \left(\frac{\partial t}{\partial y}\right)^2} \right\} \qquad (2)$$

2차원 텍스처 룩업에서 (s, t)는 텍셀 좌표, 즉 텍스처 해상도를 곱한 텍스처 좌표 ($\in [0, 1]^2$)다. 그림 20-1을 참고하자. 이 함수는 화면 공간 픽셀이 약 1개의 텍셀에 매핑되게 하는 밉맵 계층을 샘플링하게 한다. 일반적으로 GPU 하드웨어는 항상 2×2 픽셀 쿼드에 대해, 그리고 픽셀당 차이를 이용해 픽셀 셰이더를 평가해 차이를 계산한다. 그러나 식 (2)는 풋프린트 주변의 최소 박스를 계산하지 않으므로 단일 삼중선형 조회에는 보수적이지 않다. 이러한 보수적인 박스의 최대 변은 $\rho(x, y) = \max(|\partial s/\partial x| + |\partial s/\partial y|, |\partial t/\partial x| + |\partial t/\partial y|)$로 계산할 수 있다. OpenGL는 식 (2)보다 더 보수적인 추정치를 사용할 수 있지만, 접근 방식이나 구현에 대해서는 알 수 없다. 결과적으로 GPU 텍스처링을 통해 대부분의 방법이 오버블러와 앨리어싱을 모두 생성할 수 있음을 쉽게 알 수 있다.

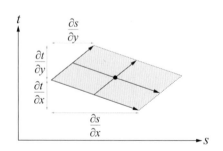

▲ **그림 20-1.** 텍스처 공간에서 평행사변형으로 근사한 픽셀의 풋프린트. 이 표기법은 식 (2)에서 사용된다.

레이 트레이싱의 경우 텍스처 LOD를 계산하는 방법이 필요하며 재귀 광선 경로의 처리도 할 수 있어야 한다. 픽셀 쿼드는 일반적으로 레이 트레이싱에 사용할 수 없기 때문에 (눈 광선 제외) 다른 접근법이 필요하다. 20장에서는 실시간 레이 트레이싱을 위한 두 가지 텍스처링 방법을 설명한다. 첫 번째로 광선 미분[9]은 스페큘러 반사와 굴절에도 텍스처 풋프린트를 정확하게 계산할 수 있는 표현식을 도출하고자 연쇄 법칙을 사용한다. 광선 미분은 계산 비용이 많이 들고 상당한 양의 광선당 데이터를 사용하지만 고품질 텍스처 필터링을 제공한다. 두 번째는 광선 원뿔로 불리며 덜 비싸고 거리와 표면 상호작용에 따라 광선 풋프린트가 늘어나거나 줄어드는 것을 표현하고자 원뿔을 사용한다. DXR에서 이 두 가지 방법의 구현을 설명한다. 레이 트레이싱 엔진에서 환경 맵 조회를 필터링하는 방법의 정보는 21장을 참고하자.

20.2 배경

필터링된 텍스처 매핑의 경우 가속을 위해 밉맵이라고 불리는 계층적 이미지 피라미드를 사용하는 것이 일반적이다[17]. 각 픽셀 풋프린트는 텍스처 공간에 매핑되고 λ 값이 계산된다. 이 λ는 현재 프래그먼트의 텍스처 좌표와 함께 밉맵에서 8개의 샘플을 수집하고 삼중선형으로 필터링하는 데 사용된다. 헥버트[Heckbert][7, 8]는 다양한 텍스처 필터링 기술을 조사했고 맥코맥[McCormack] 등[10]은 이전 방법의 조사와 함께 이방성 샘플링 방법을 제시했다. 그리네[Greene]와 헥버트[6]는 타원 가중 평균[EWA, Elliptical Weighted Average] 필터를 제시했으며 종종 최고 품질과 합리적인 성능을 가진 방법으로 간주했다. EWA는 텍스처 공간에서 타원형 풋프린트를 계산하고 가우시안 가중치가 있는 여러 조회를 사용해 밉맵을 샘플링한다. EWA는 래스터화와 레이 트레이싱 모두에 사용할 수 있다.

에윈스[Ewins] 등[5]은 텍스처 LOD에 대한 다양한 근사치를 제시했으며, 독자에게 시행한 현재 방법에 대한 설문조사를 참조했다. 예를 들어 전체 삼각형에 대해 단일 LOD를 사용해 천연의 근사치를 설명한다. 이는 다음과 같이 계산한다.

$$\Delta = \log_2\left(\sqrt{\frac{t_a}{p_a}}\right) = 0.5 \log_2\left(\frac{t_a}{p_a}\right) \tag{3}$$

여기서 변수 t_a와 p_a는 각각 텍셀 공간 영역의 두 배와 화면 공간에서의 삼각형 영역의 두 배다. 이는 다음과 같이 계산한다.

$$t_a = wh|(t_{1x} - t_{0x})(t_{2y} - t_{0y}) - (t_{2x} - t_{0x})(t_{1y} - t_{0y})|,$$

$$p_a = (p_{1x} - p_{0x})(p_{2y} - p_{0y}) - (p_{2x} - p_{0x})(p_{1y} - p_{0y})| \tag{4}$$

여기서 $w \times h$는 텍스처 해상도고 $T_i = (t_{ix}, t_{iy})$는 각 버텍스에 대한 2차원 텍스처며 $P_i = (p_{ix}, p_{iy})$, $i \in \{0, 1, 2\}$는 화면 공간 삼각형 버텍스다. 삼각형 영역의 두 배는 월드 공간에서 다음과 같이 계산할 수도 있다.

$$p_a = \|(P_1 - P_0) \times (P_2 - P_0)\| \tag{5}$$

여기서 P_i는 현재 월드 공간에 있다. 식 (3)은 삼각형이 $z = 1$ 평면에 있는 경우 픽셀과 텍셀 간에 일대일 매핑을 지원하기 때문에 광선 원뿔 필터링을 위한 솔루션의 일부로 이 설정을 이용한다. 이 경우 Δ은 삼각형의 기본 텍스처 디테일 수준으로 간주될 수 있다.

이게히[Igehy][9]는 레이 트레이싱을 위해 텍스처를 필터링하는 첫 번째 방법을 제시했다. 그는 광선 미분을 사용하고 씬을 통해 이것을 추적하고 반사와 굴절을 모델링하고자 체인 규칙을 적용했다. 계산된 LOD는 일반 밉매핑이나 이방성 샘플링된 밉매핑과 함께 작동한다. 레이 트레이싱을 위한 또 다른 텍스처링 방법은 원뿔을 사용하는 것을 기반으로 한다[1]. 최근 크리스텐센[Christensen] 등[3]은 영화 렌더링에서 텍스처를 필터링하고자 20.3.4절에서 제시하는 것과 유사한 광선 원뿔을 사용한다고 밝혔다.

20.3 디테일 알고리즘의 텍스처 레벨

이번 절에서는 실시간 레이 트레이싱을 위해 고려하는 텍스처 LOD 알고리즘을 설명한다. 품질을 크게 향상시키는 첫 번째 충돌에서의 구부러진 정도를 처리하도록 광선 원뿔 방법(20.3.4절)을 향상시킨다. 또한 성능 향상을 위해 G 버퍼와 함께 사용하는 광선 미분을 확장한다. 또한 무게 중심 미분을 계산하는 새로운 방법을 제시한다.

20.3.1 이중 선형 필터링을 통한 밉 레벨 0

텍스처에 접근하는 한 가지 쉬운 방법은 밉 레벨 0을 샘플링하는 것이다. 이는 픽셀당 많은 광선을 사용하는 훌륭한 이미지를 생성하지만 반복된 밉 레벨 0 액세스는 종종 텍스처 캐싱을 저하시키기 때문에 성능이 저하될 수 있다. 픽셀당 몇 개의 광선만을 사용해 추적할 때 품질은 낮아지며, 특히 축소가 발생한다. 이중 선형 필터링을 활성화하면 약간의 개선이 이뤄진다. 그러나 후처리로 유능한 노이즈 제거기를 통하면 노이즈 제거된 결과가 흐려지므로 이중 선형 필터링으로 충분할 수 있다.

20.3.2 광선 미분

광선은 다음과 같이 표현된다(2장 참고).

$$R(t) = O + t\hat{\mathbf{d}} \tag{6}$$

O는 광선 원점이고 $\hat{\mathbf{d}}$는 정규화된 광선 방향, 즉 $\hat{\mathbf{d}} = \mathbf{d}/\|\mathbf{d}\|$이다. 대응되는 광선 미분은 4개의 벡터로 구성된다.

$$\left\{ \frac{\partial O}{\partial x}, \frac{\partial O}{\partial y}, \frac{\partial \hat{\mathbf{d}}}{\partial x}, \frac{\partial \hat{\mathbf{d}}}{\partial y} \right\} \tag{7}$$

여기서 (x, y)는 인접한 픽셀 사이에서 1 단위의 화면 좌표다. 핵심 아이디어는 씬에서 바운스할 때 각 경로를 따라 광선 미분을 추적하는 것이다. 광선이 통과하는 매체에 상관없이 경로를 따르는 모든 상호작용은 차별화되고 들어오는 광선 미분에 적용되며, 나가는 광선 미분을 발생시킨다. 텍스처로 인덱싱할 때 현재 광선 미분은 텍스처 풋프린트를 결정한다. 광선 미분 문서[9] 대부분의 방정식을 제시한 대로 사용할 수 있지만 눈 광선 방향을 위한 차이는 수정해야 한다. 또한 미분 무게 중심 좌표 계산을 최적화한다.

20.3.2.1 눈 광선 설정

$w \times h$ 화면 해상도의 좌표 (x, y)에서 픽셀을 위한 정규화되지 않은 눈 광선 방향 $\mathbf{d}$는 일반적으로 DXR에서 다음 수식으로 생성한다.

$$\mathbf{p} = \left(\frac{x+0.5}{w}, \frac{y+0.5}{h} \right), \mathbf{c} = (2p_x - 1, 2p_y - 1) \text{와}$$

$$\mathbf{d}(x, y) = c_x \mathbf{r} + c_y \mathbf{u} + \mathbf{v} = \left(\frac{2x+1}{w} - 1 \right) \mathbf{r} + \left(\frac{2y+1}{h} - 1 \right) \mathbf{u} + \mathbf{v} \tag{8}$$

혹은 이 설정을 약간 수정해 생성한다. 여기에서 $p \in [0, 1]^2$이며 각 픽셀의 중심에 도달하고자 0.5 값이 추가된다. 즉, 다이렉트X 및 OpenGL에서와 동일하므로 $c \in [-1, 1]$이다. 오른쪽 손, 직교 정규 카메라 기준은 {r', u', v'}이며 r'은 오른쪽 벡터, u'은 위쪽 벡터, v'는 카메라 위치를 나타내는 뷰 벡터다. 식 (8)에서 {r, u, v}를 사용하고, 이는 카메라 기준의 스케일링된 버전이다. 즉, 다음과 같다.

$$\{\mathbf{r}, \mathbf{u}, \mathbf{v}\} = \{af\mathbf{r}', -f\mathbf{u}', -\mathbf{v}'\} \tag{9}$$

여기서 a는 종횡비고 $f = \tan(\omega/2)$이며 ω는 수직 시야다.

눈 광선의 경우 이게히[gehy][9]는 방향에 대한 광선 미분을 다음과 같이 계산한다.

$$\frac{\partial \mathbf{d}}{\partial x} = \frac{(\mathbf{d} \cdot \mathbf{d})\mathbf{r} - (\mathbf{d} \cdot \mathbf{r})\mathbf{d}}{(\mathbf{d} \cdot \mathbf{d})^{\frac{3}{2}}} \text{와} \quad \frac{\partial \mathbf{d}}{\partial y} = \frac{(\mathbf{d} \cdot \mathbf{d})\mathbf{u} - (\mathbf{d} \cdot \mathbf{u})\mathbf{d}}{(\mathbf{d} \cdot \mathbf{d})^{\frac{3}{2}}} \tag{10}$$

여기서 $\bar{r}$은 한 픽셀에서 다른 픽셀까지의 오른쪽 벡터고 $\bar{u}$는 위쪽 벡터다. 우리의 경우는 다음과 같다.

$$\bar{\mathbf{r}} = \mathbf{d}(x+1, y) - \mathbf{d}(x, y) = \frac{2af}{w}\mathbf{r}' \quad \text{와} \quad \bar{\mathbf{u}} = \mathbf{d}(x, y+1) - \mathbf{d}(x, y) = -\frac{2f}{h}\mathbf{u}' \qquad (11)$$

식 (8)을 사용해 파생된다. 이것이 눈 광선에 대한 광선 미분을 설정하는 데 필요한 모든 것이다.

20.3.2.2 최적화된 차이 무게 중심 좌표 계산

삼각형의 임의의 지점은 무게 중심 좌표 (u, v)를 $P_0 + ue_1 + ve_2$를 사용해 표현할 수 있다. 여기서 $\mathbf{e}_1 = P_1 - P_0$이고 $\mathbf{e}_2 = P_2 - P_0$이다. 교차점을 찾으면 $\partial u/\partial x$, $\partial u/\partial y$, $\partial v/\partial x$, $\partial v/\partial y$와 같은 미분을 계산해야 한다. 이제 P를 공간의 임의의 점으로 하고 $\mathbf{g}$를 삼각형 평면과 평행하지 않은 투영 벡터로 하자. 점 $P = (p_x, p_y, p_z)$는 삼각형 평면의 점인 다음의 수식으로 설명할 수 있다.

$$P = \underbrace{P_0 + ue_1 + ve_2}_{\text{삼각형 평면의 점}} + s\mathbf{g} \qquad (12)$$

여기서 $\mathbf{s}$는 투사 거리로, 그림 20-2에 설명돼 있다.

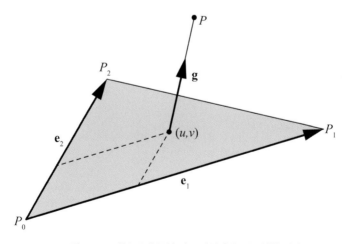

▲ 그림 20-2. 미분 무게 중심 좌표 계산의 유도를 위한 설정

이 설정은 일부 광선/삼각형 교차 테스트에 사용된 설정과 유사하며 선형 방정식 시스템으로 표현할 수 있으므로 크래머 공식을 사용해서 풀 수 있다. 결과는 다음과 같다.

$$u = \frac{1}{k}(\mathbf{e}_2 \times \mathbf{g}) \cdot (P - P_0) = \frac{1}{k}((\mathbf{e}_2 \times \mathbf{g}) \cdot P - (\mathbf{e}_2 \times \mathbf{g}) \cdot P_0),$$
$$v = \frac{1}{k}(\mathbf{g} \times \mathbf{e}_1) \cdot (P - P_0) = \frac{1}{k}((\mathbf{g} \times \mathbf{e}_1) \cdot P - (\mathbf{g} \times \mathbf{e}_1) \cdot P_0) \tag{13}$$

여기서 $k = (\mathbf{e}_1 \times \mathbf{e}_2) \cdot \mathbf{g}$다. 이 표현에서 다음 식을 볼 수 있다.

$$\frac{\partial u}{\partial P} = \frac{1}{k}(\mathbf{e}_2 \times \mathbf{g}) \text{와} \quad \frac{\partial v}{\partial P} = \frac{1}{k}(\mathbf{g} \times \mathbf{e}_1) \tag{14}$$

이 표현식은 추후 파생에서 유용할 것이다. 다음으로 교차점이 $P = O + t\mathbf{d}$로 계산된다고 가정하면(광선 방향 벡터 $\mathbf{d}$는 정규화할 필요가 없다는 점에 주의) $\partial P/\partial x$를 다음과 같이 표현할 수 있다는 뜻이다.

$$\frac{\partial P}{\partial x} = \frac{\partial (O + t\mathbf{d})}{\partial x} = \frac{\partial O}{\partial x} + t\frac{\partial \mathbf{d}}{\partial x} + \frac{\partial t}{\partial x}\mathbf{d} = \mathbf{q} + \frac{\partial t}{\partial x}\mathbf{d} \tag{15}$$

여기서 $\mathbf{q} = \partial O/\partial x + t(\partial \mathbf{d}/\partial x)$다. $\partial P/\partial y$도 마찬가지다. 여기서 $\mathbf{r} = \partial O/\partial y + t(\partial \mathbf{d}/\partial y)$를 대신 사용한다. 연쇄 법칙으로 식 (14)와 (15)의 결과를 함께 사용해 다음을 얻는다.

$$\frac{\partial u}{\partial x} = \frac{\partial u}{\partial p_x}\frac{\partial p_x}{\partial x} + \frac{\partial u}{\partial p_y}\frac{\partial p_y}{\partial x} + \frac{\partial u}{\partial p_z}\frac{\partial p_z}{\partial x} = \underbrace{\frac{\partial u}{\partial P} \cdot \frac{\partial P}{\partial x}}_{\text{내적}} = \frac{1}{k}(\mathbf{e}_2 \times \mathbf{g}) \cdot \left(\mathbf{q} + \frac{\partial t}{\partial x}\mathbf{d}\right) \tag{16}$$

다음으로 $\mathbf{g} = \mathbf{d}$를 선택하고 이전 표현식을 다음과 같이 단순화한다.

$$\frac{\partial u}{\partial x} = \frac{1}{k}(\mathbf{e}_2 \times \mathbf{d}) \cdot \left(\mathbf{q} + \frac{\partial t}{\partial x}\mathbf{d}\right) = \frac{1}{k}(\mathbf{e}_2 \times \mathbf{d}) \cdot \mathbf{q} \tag{17}$$

$(\mathbf{e}_2 \times \mathbf{d}) \cdot \mathbf{d} = 0$이기 때문이다. 이제 찾은 표현식을 다음과 같이 요약할 수 있다 .

$$\frac{\partial u}{\partial x} = \frac{1}{k} \mathbf{c}_u \cdot \mathbf{q} \text{와} \quad \frac{\partial u}{\partial y} = \frac{1}{k} \mathbf{c}_u \cdot \mathbf{r}$$

$$\frac{\partial v}{\partial x} = \frac{1}{k} \mathbf{c}_v \cdot \mathbf{q} \text{와} \quad \frac{\partial v}{\partial y} = \frac{1}{k} \mathbf{c}_v \cdot \mathbf{r} \tag{18}$$

이 식을 허용하는 범위는 다음과 같다.

$$\mathbf{c}_u = \mathbf{e}_2 \times \mathbf{d}, \ \mathbf{c}_v = \mathbf{d} \times \mathbf{e}_1, \ \mathbf{q} = \frac{\partial O}{\partial x} + t\frac{\partial \mathbf{d}}{\partial x}, \ \mathbf{r} = \frac{\partial O}{\partial y} + t\frac{\partial \mathbf{d}}{\partial y},$$

$$k = (\mathbf{e}_1 \times \mathbf{e}_2) \cdot \mathbf{d} \tag{19}$$

$\mathbf{q}$와 $\mathbf{r}$은 식 (7)의 광선 미분 표현과 함께 교차점까지의 거리인 t를 사용해 평가한다. 또한 $w = 1 - u - v$이므로 다음을 가진다.

$$\frac{\partial w}{\partial x} = -\frac{\partial u}{\partial x} - \frac{\partial v}{\partial x} \tag{20}$$

$\partial w / \partial y$ 역시 비슷하다.

(u, v)의 미분이 계산되면 대응하는 텍스처 공간 미분을 계산하는 데 사용할 수 있으며, 수식 (2)에서 다음과 같이 사용할 수 있다.

$$\frac{\partial s}{\partial x} = w\left(\frac{\partial u}{\partial x} g_{1x} + \frac{\partial v}{\partial x} g_{2x}\right), \ \frac{\partial t}{\partial x} = h\left(\frac{\partial u}{\partial x} g_{1y} + \frac{\partial v}{\partial x} g_{2y}\right),$$

$$\frac{\partial s}{\partial y} = w\left(\frac{\partial u}{\partial y} g_{1x} + \frac{\partial v}{\partial y} g_{2x}\right), \ \frac{\partial t}{\partial y} = h\left(\frac{\partial u}{\partial y} g_{1y} + \frac{\partial v}{\partial y} g_{2y}\right) \tag{21}$$

여기서 $w \times h$는 텍스처 해상도며 $g_1 = (g_{1x}, g_{1y}) = T_1 - T_0$과 $g_2 = (g_{2x}, g_{2y}) = T_2 - T_0$는 인접한 버텍스 간의 텍스처 좌표 차다. 유사하게 후속 반사/굴절 광선의 원점 O'에 대한 차분은 다음과 같이 계산할 수 있다.

$$\frac{\partial O'}{\partial (x,y)} = \frac{\partial u}{\partial (x,y)} \mathbf{e}_1 + \frac{\partial v}{\partial (x,y)} \mathbf{e}_2 \tag{22}$$

이게히[gehy]의 연구[9]에 따른 전통적인 구현과 비교했을 때 이 방법이 약간 더 나은 성능을 보였다.

20.3.3 G 버퍼를 사용한 광선 미분

실시간 레이 트레이싱에서 래스터화를 사용해 눈 광선을 G 버퍼로 렌더링하는 것은 드문 일이 아니다. 광선 미분과 G 버퍼를 결합할 때 눈 광선에 대한 광선 미분은 평소와 같이 생성될 수 있지만, 첫 번째 충돌에서의 상호작용은 G 버퍼의 내용을 사용해야 한다. 원래의 지오메트리는 그때 사용 불가능하기 때문이다. 여기에서는 G 버퍼를 사용해 카메라에서 첫 번째 충돌 지점(혹은 대신에 월드 공간 위치)까지의 거리 t와 법선 $\hat{\mathbf{n}}$으로 생성했다고 가정한다. G 버퍼의 위치에서 첫 번째 반사 광선을 쏠 때 광선 미분이 설정되는 방법을 설명한다.

이 방법의 아이디어는 단순히 현재 픽셀의 오른쪽과 위쪽의 G 버퍼에 접근해 이 값에서 광선 미분을 만드는 것이다. 현재 픽셀 (x, y)와 이웃 픽셀 $(x+1, y)$, $(x, y+1)$에 대한 법선과 거리 t는 G 버퍼에서 읽는다. 현재 픽셀은 $\hat{\mathbf{n}}_{(0:0)}$, 오른쪽 픽셀은 $\hat{\mathbf{n}}_{(+1:0)}$, 위쪽 픽셀은 $\hat{\mathbf{n}}_{(0:+1)}$로 표기하고 다른 변수도 비슷하게 표기하겠다. 이러한 이웃에 대한 눈 광선 방향 $\hat{\mathbf{e}}$는 다음에 계산한다. 이 시점에서는 첫 번째 충돌에서 광선 원점의 광선 미분을 다음과 같이 계산할 수 있다.

$$\frac{\partial O}{\partial x} = t_{+1:0}\hat{\mathbf{e}}_{+1:0} - t_{0:0}\hat{\mathbf{e}}_{0:0} \tag{23}$$

$\partial O/\partial y$와 유사하다. 광선 미분 방향은 다음과 같이 계산할 수 있다.

$$\frac{\partial \hat{\mathbf{d}}}{\partial x} = \mathbf{r}(\hat{\mathbf{e}}_{+1:0}, \hat{\mathbf{n}}_{+1:0}) - \mathbf{r}(\hat{\mathbf{e}}_{0:0}, \hat{\mathbf{n}}_{0:0}) \tag{24}$$

여기서 $\mathbf{r}$은 셰이더 함수 reflect()다. 비슷한 계산을 $\partial \hat{\mathbf{d}}/\partial y$에서 한다. 이제 모든 광선 미분의 컴포넌트인 $\{\partial O/\partial x, \partial O/\partial y, \partial \hat{\mathbf{d}}/\partial x, \partial \hat{\mathbf{d}}/\partial y\}$를 얻었으며, 이는 광선 미분을 가진 레이 트레이싱이 첫 번째 충돌에서 시작될 수 있음을 의미한다.

앞의 방법은 빠르지만 때때로 오른쪽 및 위쪽의 픽셀과 비교할 때 다른 표면에 부딪히곤 한다. 간단한 개선 방법은 $|t_{+1:0} - t_{0:0}| > \varepsilon$인지 검사하는 것이다. 여기서 ε은 작은 숫자며 작다면 $-1:0$에서 G 버퍼에 대신 접근하고 t에서 가장 작은 차이를 지닌 것을 사용한다. y 방향에도 동일한 접근법을 사용한다. 이 방법은 약간 느리지만 깊이 불연속에 따라 실질적으로 더 나은 결과를 제공한다.

20.3.4 광선 원뿔

텍스처의 디테일 레벨을 계산하는 한 가지 방법은 원뿔 추적을 기반으로 한다. 이는 텍스처 LOD에만 방식을 사용하고 이전 작업에는 없었던 구현 방법의 세부 사항을 도출한다는 점을 제외한다면 아마나티데스[1]가 제안한 방법과 매우 유사하다. 핵심 아이디어는 그림 20-3에 설명돼 있다. 텍스처 LOD λ가 픽셀에 대해 계산되면 GPU의 텍스처 샘플링은 삼중선형 밉매핑[17]을 수행하고자 사용된다.

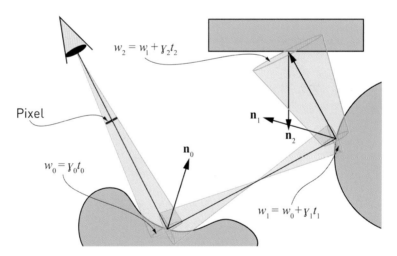

▲ **그림 20-3.** 픽셀을 통해 원뿔이 생성되는 방법과 씬을 통해 전송돼 커지고 작아지는 방식의 설명이다. 사각형이 텍스처링되고 다른 오브젝트가 완벽하게 반사된다고 가정하면 원뿔의 너비와 법선을 사용해 사각형의 충돌 지점에서 텍스처 조회를 수행하고 텍스처 반사가 가장 왼쪽 오브젝트에서 일어날 것이다. 원뿔 너비 w_i의 계산은 문서에 설명돼 있다.

여기서는 광선 원뿔을 사용하는 레이 트레이싱용 텍스처 LOD의 근사치를 도출한다. 원뿔을 사용해 화면 공간 밉매핑의 근사치를 도출한 다음 반사를 통해 재귀 레이 트레이싱을 처리하도록 확장한다. 이상적으로는 모든 종류의 표면 상호작용을 처리하고 싶지만 그림 20-4에 표시된 사례에 집중할 것이다. 예를 들어 쌍곡 포물면에 존재하는 안장점$^{saddle\ points}$은 제외된다.

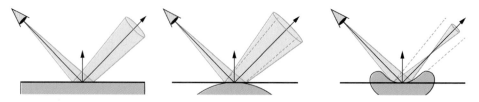

▲ **그림 20-4.** 평면(왼쪽), 볼록(중간), 오목(오른쪽) 표면에 반사되는 원뿔 모양. 볼록한 표면은 원뿔의 각도를 증가시키는 반면 오목한 표면은 원뿔이 0이 돼 다시 자라기 시작할 때까지 감소시킨다.

20.3.4.1 화면 공간

픽셀을 통한 원뿔의 기하학적 설정은 그림 20-5에 나와 있다. 확산 각도라고도 부르는 픽셀의 풋프린트 각도는 α라고 하며, d_0은 카메라에서부터 충돌 지점까지의 벡터, n_0는 충돌 지점의 법선이다. 이 원뿔은 픽셀을 통해 추적되며 원뿔 파라미터는 중앙 광선이 충돌하는 각 표면에서 업데이트된다.

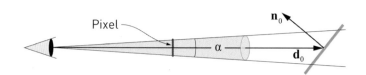

▲ **그림 20-5.** 픽셀을 통한 원뿔의 기하학적 설정.

풋프린트 너비는 거리에 따라 커진다. 첫 번째 충돌 지점에서 원뿔 너비는 $w_0 = 2\|d_0\|\tan(\alpha/2) \approx \alpha\|d_0\|$이며 인덱스 0은 첫 번째 충돌을 나타내는 데 사용된다. 이 인덱스는 다음 절에서 광범위하게 사용된다. 이 식에서 작은 각도 근사, 즉 $\tan \alpha \approx \alpha$를 사용했다. 충돌 지점에서 평면에 투영된 풋프린트는 $[-d_0, n_0]$으로 표시된 $-d_0$과 n_0 사이의 각도로 인해 크기가 변경된다. 직관적으로 각도가 클수록 더 많은

광선을 삼각형 표면에서 '볼' 수 있으며 LOD가 증가해야 한다. 즉, 밉맵 피라미드에서 텍셀 접근이 높아져야 한다. 이러한 요소들이 함께 형성하는 추정 투영된 풋프린트는 다음과 같다.

$$\alpha \|\mathbf{d}_0\| \frac{1}{|\hat{\mathbf{n}}_0 \cdot \hat{\mathbf{d}}_0|} \tag{25}$$

여기서 $|\hat{\mathbf{n}}_0 \cdot \hat{\mathbf{d}}_0|$은 투영된 영역의 제곱근을 모델링한다. 절댓값은 앞면과 뒷면의 삼각형을 같은 방식으로 처리한다. $[-\mathbf{d}_0, \mathbf{n}_0] = 0$인 경우 거리 의존만 있고 $[-\mathbf{d}_0, \mathbf{n}_0]$이 커짐에 따라 $[-\mathbf{d}_0, \mathbf{n}_0] \rightarrow \pi/2$일 때 투영된 풋프린트는 무한대로 점점 커진다.

식 (25)의 값이 두 배/반이 되면 밉맵 피라미드에서 한 단계 위/아래로 접근해야 한다. 따라서 이 항에서는 $\log_2$를 사용한다. 따라서 첫 번째 충돌에 대한 텍스처 LOD에 대한 휴리스틱, 즉 GPU가 만드는 화면 공간 밉매핑이 일으키는 것과 유사한 것은 다음과 같다.

$$\lambda = \Delta_0 + \log_2 \left(\frac{\alpha \|\mathbf{d}_0\|}{w_0} \frac{1}{|\hat{\mathbf{n}}_0 \cdot \hat{\mathbf{d}}_0|} \right) \tag{26}$$

여기서 Δ_0은 수식 (3)과 (5), 즉 월드 공간 버텍스를 사용해 묘사된다. Δ_0은 픽셀을 통해 본 삼각형의 기본 텍스처 LOD다. 즉, 이 지점에서 반사가 없는 것이다. 삼각형이 $z = 1$에 있을 때 합리적인 기준 LOD를 제공하려면 이 항이 추가돼야 한다. 이 항은 삼각형 버텍스와 텍스처 좌표의 변화를 고려한다. 예를 들어 삼각형이 두 배 커지면 기본 LOD는 1 줄어든다. 식 (26)의 다른 요소는 거리나 입사각이 증가하는 경우 밉맵 피라미드에서 LOD를 위로 올리는 것이다.

20.3.4.2 반사

다음 단계는 반사도 처리하고자 20.3.4.1절의 방법을 일반화하는 것이다. 파생에 사용하는 설정은 그림 20-6에 표시돼 있으며, 반사된 충돌 지점에서 풋프린트의 너비 w_1을 계산하려고 한다. 각도 β는 표면 충돌 지점의 곡률 측정(자세한 것은 20.3.4.4절에 설명됨)이며 다른 표면 상호작용으로 인해 확산 각도가 늘어나거나 줄어드는 정도에 영향을 미친다. 그림 20-4를 참고하자. 우선 다음을 주목하자.

$$\tan\left(\frac{\alpha}{2}+\frac{\beta}{2}\right)=\frac{\frac{w_0}{2}}{t'} \Leftrightarrow t' = \frac{w_0}{2\tan\left(\frac{\alpha}{2}+\frac{\beta}{2}\right)} \tag{27}$$

$$\tan\left(\frac{\alpha}{2}+\frac{\beta}{2}\right)=\frac{\frac{w_1}{2}}{} \Leftrightarrow w_1 = 2(t'+t_1)\tan\left(\frac{\alpha}{2}+\frac{\beta}{2}\right) \tag{28}$$

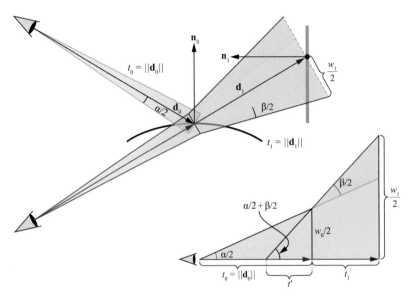

▲ 그림 20-6. 상단 왼쪽: 반사에 대한 텍스처 LOD의 계산을 위한 기하학적 설정. 카메라는 초록 및 파란 광선이 동일선상에 있게 만드는 첫 번째 충돌 면에서 반사됐다. 반사된 충돌 지점은 녹색 선의 검은색 원이다. 하단 오른쪽: 녹색과 파란색 광선을 따라 과장된 모습. 풋프린트 너비 w_1을 계산하려고 한다. 표면 확산 각도 β는 표면의 곡률로 인해 원뿔 풋프린트가 어떻게 증가/감소하는지를 모델링한다. 이 경우는 볼록하므로 풋프린트가 커진다($\beta > 0$).

다음으로 식 (27)을 t'에 사용하고 식 (28)에 대입한 뒤에 다음 식에 도달한다.

$$w_1 = 2\left(\frac{w_0}{2\tan\left(\frac{\alpha}{2}+\frac{\beta}{2}\right)}+t_1\right)\tan\left(\frac{\alpha}{2}+\frac{\beta}{2}\right)$$

$$= w_0 + 2t_1 \tan\left(\frac{\alpha}{2} + \frac{\beta}{2}\right) \approx w_0 + (\alpha + \beta)t_1 \qquad (29)$$

마지막 단계에서 작은 각도 근사 $\tan\alpha \approx \alpha$를 사용했다. 직관적으로 $w_0 \approx \alpha\|d_0\|$은 눈에서 첫 번째 충돌까지의 거리에 따라 픽셀의 크기 α배만큼 커지게 하고 두 번째 항은 첫 번째에서 두 번째 충돌까지의 거리 t_1과 각도 $\alpha + \beta$에 따라 달라지는 첫 번째 충돌에서 두 번째 충돌까지의 성장을 모델링하기 때문에 이 표현은 말이 된다.

20.3.4.3 픽셀 확산 각도

여기서는 픽셀의 확산 각도 α, 즉 주요 광선에 대한 확산 각도를 계산하기 위한 간단한 방법을 제시한다. 카메라에서 픽셀까지의 각도는 화면마다 다르지만 모든 픽셀의 근삿값으로 단일 값을 사용하기로 결정했다. 즉, 빠른 계산을 위해 약간의 정확도를 희생했다. 이 각도 α는 다음과 같이 계산한다.

$$\alpha = \arctan\left(\frac{2\tan\left(\dfrac{\psi}{2}\right)}{H}\right) \qquad (30)$$

여기서 ψ는 수직 시야며 H는 픽셀의 이미지 높이다. α는 중심 픽셀로의 각도다.

픽셀 확산 각도를 계산하는 좀 더 정확한 방법이 있지만 이 방법은 좋은 결과를 생성하며 주변에서의 불일치를 보이지 않기 때문에 위의 방법을 사용한다. 예를 들어 가상 현실과 같은 극단적인 상황에서 더 복잡한 접근법을 사용하고 싶거나 눈 추적[12]을 가진 포비티드^{foveated} 렌더러의 경우 주위에 좀 더 큰 α를 사용하고자 할 수 있다.

20.3.4.4 반사를 위한 표면 확산 각도

그림 20-4는 평면 볼록, 오목에서 다른 유형의 지오메트리에서의 반사 상호작용을 나타낸다. 또한 그림 20-6은 평면 반사의 경우 0, 볼록 반사의 경우 0 초과, 오목 반사의 경우 0 미만이 되는 표면 확산 각도 β를 보여준다. 직관적으로 β는 충돌 지

점에서 곡률에 의해 유발된 여분의 확산을 모델링한다. 일반적으로 충돌 지점에서의 두 주요 곡률이나 평균 곡률 법선 반경이 이 확산을 모델링하기에 훨씬 낫다. 대신 곡률을 나타내고자 단일 숫자 β만을 사용하는 더 단순하고 빠른 방법을 선택했다.

주요 가시성이 래스터화되면 표면 확산 각도를 계산하고자 G 버퍼가 사용될 수 있다. 작동하는 다른 방법이 있을 수 있지만 이것이 여기서 취하는 접근법이다. 프래그먼트의 법선 $\mathbf{n}$과 위치 P는 모두 월드 공간에 저장되며 미분을 얻고자 (HLSL 문법에서) ddx와 ddy를 사용한다. x에서 P의 미분은 $\partial P/\partial X$로 표시된다.

그림 20-7의 왼쪽 부분은 β의 첫 번째 계산에 포함된 지오메트리를 보여준다. 그림에서 다음을 볼 수 있다.

$$\phi = 2\arctan\left(\frac{1}{2}\left\|\frac{\partial \mathbf{n}}{\partial x} + \frac{\partial \mathbf{n}}{\partial y}\right\|\right) \approx \left\|\frac{\partial \mathbf{n}}{\partial x} + \frac{\partial \mathbf{n}}{\partial y}\right\| \tag{31}$$

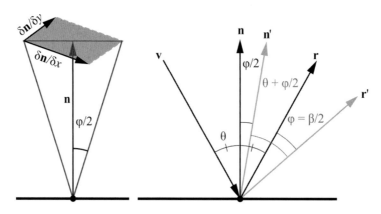

▲ 그림 20-7. 왼쪽: ϕ 계산과 관련된 지오메트리. 오른쪽: $\mathbf{r}$을 만드는 법선 $\mathbf{n}$ 주변에 반사된 뷰 법선 $\mathbf{v}$. $\mathbf{n}$이 $\phi/2$만큼 $\mathbf{n'}$에 섭동되면 다른 반사 벡터 $\mathbf{r'}$을 얻는다. $[-\mathbf{v}, \mathbf{n'}] = \theta + \phi/2$이므로 $[\mathbf{r'}, \mathbf{n'}] = \theta + \phi/2$을 가진다. 각도 $[\mathbf{r}, \mathbf{r'}] = \phi$를 의미한다. 즉 $[\mathbf{n}, \mathbf{n'}] = \phi/2$보다 2배 크다.

이 경우 $\phi/2$인 법선의 각도 변화는 반사 벡터의 변화를 초래하는데, 두 배만큼 크다. 이에 대해서는 그림 20-7의 오른쪽에 나와 있다. 이것은 $\beta = 2\phi$임을 의미한다. 또한 추가적인 사용자 상수 k_1, β에 대한 k_2와 부호 인자 s(모두 아래에서 설명한다)를 추가했으며, 기본값 $k_1 = 1$, $k_2 = 0$일 때 결과는 $\beta = 2k_1 s\phi + k_2$다. 요약하자면 다음과 같다.

$$\beta = 2k_1s\phi + k_2 \approx 2k_1s\sqrt{\frac{\partial \mathbf{n}}{\partial x} \cdot \frac{\partial \mathbf{n}}{\partial x} + \frac{\partial \mathbf{n}}{\partial y} \cdot \frac{\partial \mathbf{n}}{\partial y}} + k_2 \tag{32}$$

양수 β는 볼록한 표면을 나타내고 음수 값은 오목한 표면 영역을 나타낸다. ϕ는 언제나 양수라는 것을 명심하자. 따라서 표면의 종류에 따라 s 인자는 β의 부호를 전환할 수 있다. s는 다음과 같이 계산한다.

$$s = \text{sign}\left(\frac{\partial P}{\partial x} \cdot \frac{\partial \mathbf{n}}{\partial x} + \frac{\partial P}{\partial y} \cdot \frac{\partial \mathbf{n}}{\partial y}\right) \tag{33}$$

인수가 0보다 크면 부호가 1을, 그렇지 않으면 −1을 반환한다. 이 계산의 근거는 로컬 지오메트리가 볼록한 경우(양수 내적) $\partial P/\partial x$와 $\partial \mathbf{n}/\partial x$는 거의 같은 방향을 가지며(y의 경우도 비슷함), 오목한 경우(음수 내적) 대략 반대 방향이라는 점이다. 쌍곡선 포물면과 같은 일부 표면은 표면의 모든 지점에서 오목하고 볼록하다. 이 경우 $s = 1$만 사용하는 것이 더 낫다는 것을 발견했다. 광택 있는 외관이 필요한 경우 k_1과 k_2의 값을 늘릴 수 있다. 평면 표면의 경우 ϕ는 0이 되므로 k_1은 아무런 영향을 끼치지 못한다. 대신 k_2 항이 사용될 수 있다.

20.3.4.5 일반화

0에서 시작해 광선 경로를 따라 열거된 충돌 지점을 표시하겠다. 즉, 첫 번째 충돌은 0, 두 번째는 1로 열거하겠다. i번째 충돌 지점에 대한 텍스처 LOD의 항은 다음의 식으로 합쳐진다.

$$\lambda_i = \Delta_i + \log_2\left(|w_i| \cdot \left|\frac{1}{\hat{\mathbf{n}}_i \cdot \hat{\mathbf{d}}_i}\right|\right) = \underbrace{\Delta_i}_{\text{식 (3)}} + \underbrace{\log_2 |w_i|}_{\text{거리}} - \underbrace{\log_2 |\hat{\mathbf{n}}_i \cdot \hat{\mathbf{d}}_i|}_{\text{법선}} \tag{34}$$

그리고 이 식은 거리와 법선 의존성을 가진 식 (26)과 유사하다. 변수에 대해서는 그림 20-6을 참조하고 n_i는 i번째 충돌 지점에서 표면의 법선이며 d_i는 이전 충돌 지점에서 i번째 충돌 지점으로의 벡터다. 기본 삼각형 LOD, Δ_i는 이제 사용돼야 하는 i번째 충돌 지점에서 삼각형의 기본 LOD를 나타내도록 아래 첨자 i를 가진다. 이전과 유사하게 $\hat{\mathbf{d}}_i$는 $\mathbf{d}_i$의 정규화된 방향을 뜻한다. 식 (34)에 두 개의 절댓값 함수를 추가했다는 것을 참고하자. 예를 들어 거리 항의 절댓값은 오목한 표면 점에 대해 β가 음수가 될 수 있기 때문이다(그림 20-4의 오른쪽 참고). 법선 항의 절댓값은 뒷면 삼각형을 일관된 방식으로 처리하기 위한 것이다.

$w_0 = \alpha t_0 = \gamma_0 t_0$이며 $w_1 = \alpha t_0 + (\alpha + \beta_0)t_1 = w_0 + \gamma_1 t_1$이다. 여기서 $\gamma_0 = \alpha$와 $\gamma_1 = \alpha + \beta_0$를 도입했으며, β_0은 첫 번째 충돌 지점에서의 표면 확산 각도다. 따라서 식 (34)는 재귀를 처리하는 데 20.6절의 의사코드로 설명하며, 일반적으로 다음과 같다.

$$w_i = w_{i-1} + \gamma_i t_i \tag{35}$$

여기서 $\gamma_i = \gamma_{i-1} + \beta_{i-1}$로, 그림 20-3에 설명돼 있다.

20.4 구현

다이렉트X 12와 DXR을 사용해 Falcor 위에 광선 원뿔과 광선 미분 기법을 구현했다. 광선 원뿔의 텍스처 조회를 위해 식 (34)와 (35)에 따라 λ_i를 계산해 텍스처의 `SampleLevel()` 함수에 공급한다.

래스터화는 모든 광선이 단일 원점을 공유하는 주요 가시성을 렌더링하고자 고도로 최적화돼 있으므로 항상 20.3.3절의 광선 원뿔과 광선 미분법에 G 버퍼를 사용한다. G 버퍼가 사용되면 레이 트레이싱은 G 버퍼가 설명하는 첫 번째 충돌에서 시작한다. 결과적으로 텍스처링은 첫 번째 충돌에 GPU의 텍스처링 단위를 사용해 수행되므로 20장의 방법을 사용하면 λ는 그 후에만 계산된다. 광선 원뿔의 경우 β_i는 래스터화와 G 버퍼 미분을 통해서만 계산되며, 이는 첫 번째 충돌 지점에서만 곡률 추정치 β_0이 있음을 의미한다. 현재 구현에서는 $i > 0$일 때 $\beta_i = 0$을 사용한다. 즉, 첫 번째 충돌 지점을 넘어 모든 상호작용이 평면인 것처럼 가정한다는 뜻이다. 이는 정확하지는 않지만 합리적인 결과를 제공하며 첫 번째 충돌이 가장 중요하다. 그러나 재귀 텍스처 반사가 명확할 때 이 근사치는 그림 20-8에 표시된 것처럼 오류를 생성할 수 있다.

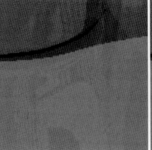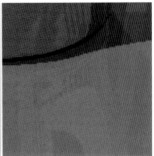

Ray Cones   Ray Differentials

▲ **그림 20-8.** 테이블 상단에 반사된 꽃병 바닥을 확대하면 광선 원뿔 방법이 재귀 반사 영역의 광선 미분을 바탕으로 하는 방법보다 약하다는 것을 알 수 있다. 광선 원뿔 이미지의 아래쪽 부분에서는 상당한 양의 앨리어싱이 있으며, 구현에서 첫 번째 충돌을 초과하는 모든 표면이 평면이라고 가정하기 때문에 발생한다.

다음으로 광선 원뿔 방법의 정확성을 알아본다. 각 광선과 함께 보내져야 하는 데이터는 w_i의 float 하나와 y_i의 float 하나다. G 버퍼의 β, w_i, y_i에 대한 **fp32**와 **fp16** 정밀도를 실험했으며 16비트 정밀도는 사용 사례에서 우수한 품질을 제공한다고 결론을 내렸다. 쌍곡선 포물선 씬에서는 차이를 시각적으로 찾을 수 없었으며 최대 오류는 5개의 픽셀 컴포넌트 차이(255개 중)다. 애플리케이션, 텍스처, 씬 지오메트리에 따라, 특히 G 버퍼 저장소와 광선 페이로드를 줄여야 할 때 **fp16**을 사용하는 것이 좋다. 비슷하게 β에 대해 작은 각도 근사 $(\tan(\alpha) \approx \alpha)$를 사용함으로써 나타나는 오차는 시각적 검사에서 아무것도 검출되지 않았다. 픽셀당 이미지 차이로 인해 최대 픽셀 컴포넌트 차이가 5개인 표면에 또 다른 오류 세트가 드문드문 퍼지는 것을 볼 수 있었다. 이것은 또 다른 절충안이다.

삼각형당 Δ(식 3)은 정적 모델에 대해 미리 계산되고 셰이더에서 접근하는 버퍼에 저장할 수 있다. 그러나 삼각형에 대한 가장 가까운 충돌이 찾아질 때마다 Δ를 재계산하는 것이 똑같이 빠름을 발견했다. 따라서 광선 원뿔 방식은 애니메이션 모델을 처리하며 삼각형당 여러 텍스처 좌표 레이어를 처리하는 데 주요 추가 비용이 들지 않는다. 이 벡터 간의 각도가 $\pi/2$ 라디안에 근접할 때 식 (34)의 $|\hat{n}_i \cdot \hat{d}_i|$는 +0.0에 근접할 것이다. 이는 문제가 되지는 않는다. 부동소수점 수학에 IEEE 표준 754를 사용하므로 $\log_2 (+0.0) = $ **-inf**가 있으므로 $\lambda = $ **inf**가 되기 때문이다. 삼중선형 조회가 밉맵 계층의 최상위 레벨에 접근하도록 강제하며, 각도가 $\pi/2$ 라디안일 때 예상된다.

여기서의 광선 미분 구현은 이게히[9]의 설명을 상당히 잘 따른다. 그러나 달리 언급하지 않는 한 식 (1)과 (2)의 λ 계산 및 20.3.2.1절과 20.3.2.2절의 방식을 사용한다. 광선 미분의 경우 각 광선은 12 float의 저장소를 필요로 하며, 이는 상당히 중요하다.

20.5 비교와 결과

여기서 사용하는 방법은 다음과 같다.

- **진실:** 진짜 렌더링(픽셀당 1,024 샘플로 레이 트레이싱)

- **Mip0:** 이중 선형으로 필터링된 밉 레벨 0

- **RayCones:** 광선 원뿔 방법(20.3.4절)

- **RayDiffs GB:** G 버퍼를 사용한 광선 미분(20.3.3절)

- **RayDiffs RT:** 레이 트레이싱을 통한 광선 미분의 구현

- **RayDiffs PBRT:** pbrt 렌더러에서의 광선 미분 구현

Mip0, RayCones, RayDiffs GB는 주요 가시성을 위해 언제나 G 버퍼를 사용하는 반면에 RayDiffs RT와 RayDiffs PBRT는 레이 트레이싱을 사용한다. 모든 성능 결과를 위해 NVIDIA RTX 2080 Ti(Turing)이 드라이버 416.16에서 사용됐다.

광선 미분의 구현이 올바른지 확인하고자 pbrt 렌더러의 구현과 비교했다. 필터링된 텍스처 조회의 결과 밉 레벨을 시각화하고자 그림 20-9에 표시된 특수화된 무지개 텍스처를 사용했다. 각 밉 레벨은 단일 색상으로 설정된다. 그림 20-10의 디퓨즈 방에서 반사 쌍곡 포물면을 렌더링했다. 이는 눈에서 보이는 것처럼 방이 밉 레벨만을 보여주고 쌍곡선 포물면은 반사의 밉 레벨을 보여주며, 그림 20-10의 캡처에서 다룬 몇 가지 결과를 나타낸다. 이 이미지에서 쌍곡선 포물면의 삼각형 구조를 볼 수 있다는 것이 주목할 만하다. 무게 중심 좌표의 차이가 공유된 삼각형 모서리에서 연속적이지 않기 때문이다. 유사한 구조를 보여주는 래스터화에서도

참이다. 결과적으로 불연속성은 재귀 반사에서 노이즈를 발생시키지만 비디오의 렌더링된 이미지에는 시각적으로 나타나지 않는다.

▲ **그림 20-9.** 무지개 텍스처의 밉 레벨 색상은 이 이미지에 따라 선택된다. 즉, 하단 밉 레벨(레벨 0)은 빨간색, 레벨 1은 노란색 같은 식이다. 밉 레벨 6 이상은 하얀색이다.

| RayCones | RayDiffs GB | RayDiffs RT | RayDiffs PBRT |

▲ **그림 20-10.** 밉맵 레벨의 시각화. 그림 20-9에 정의된 대로 빨간색은 레벨 0, 노란색은 레벨 1이다. RayCones와 RayDiffs GB는 눈 광선에 G 버퍼 패스를 사용하므로 바닥에서 합리적인 매치를 얻고자 pbrt에서 사용하는 것과 동일한 공식을 사용해 밉맵 레벨을 계산하기 위해 이 패스에서 생성된 텍스처 파생물을 사용했다. 쌍곡 포물선은 모든 점에서 오목하고 볼록하기 때문에 식 (32)에서 s = 1을 사용했다. '무지개' 색상 위에 오버레이된 셰이딩이 완벽하게 일치하지는 않지만 실제 색상에 초점이 맞춰져야 한다. 오른쪽의 세 이미지는 잘 일치하지만 RayCones는 약간 다르며, 특히 재귀 반사에서 다르다. 이 방법에 대한 첫 번째 바운스 후에 반사가 평면에서 될 거라고 가정하기 때문에 이 차이는 예상됐다.

일부 추가 결과는 그림 20-11에 나와 있다. 쌍곡선 포물면(상단)과 이중 선형 패치(하단)를 선택했다. 안장 표면이고 등방성 풋프린트만 처리하는 원뿔을 기반으로 하기 때문에 RayCones에서는 어렵기 때문이다. 실린더의 길이를 따라 곡률이 0이고 다른 방향처럼 원으로 구부러지기 때문에 RayCones가 다루기 어려워 세미실린더 역시 선택했다. 결과적으로 RayCones는 때때로 광선 미분에 비해 좀 더 많은 흐림 효과를 보여줬다. 또한 실제 이미지가 다른 방법보다 훨씬 선명하므로 필터링된 텍스처링을 개선해야 할 부분이 많다. 이러한 과도한 흐림의 결과는 PSNR[Peak Signal-to-Noise Ratio](최대 신호대 잡음비)과 SSIM[structrural similarity index](구조적 유사성 색인) 값이 모두 상대적으로 열악하다는 것이다. 쌍곡선 포물면, 즉 그림 20-11에서 최상단 행의 경우 실제에 대한 PSNR은 각각 Mip0, RayCones, RayDiffs RT의 경우 25.0, 26.7, 31.0dB다. Mip0에 대한 PSNR은 예상한 대로 낮지만 다른 방법에서도 수치는 낮다. 이는 실제에 비해 더 많은 흐림 효과를 생성하기 때문이다. 한편으로는 Mip0보다 앨리어스가 실질적으로 낮다. 해당하는 SSIM 숫자는 0.95, 0.95, 0.97이며, 비슷한 이야기를 전달한다.

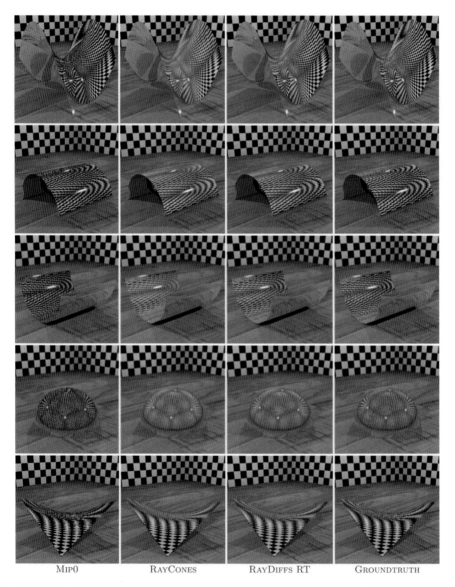

MIP0 · RAYCONES · RAYDIFFS RT · GROUNDTRUTH

▲ 그림 20-11. 서로 다른 기술을 사용해 다른 유형의 표면에 대한 텍스처된 반사의 비교. 실제 이미지는 픽셀당 1,024 샘플을 사용하고 모든 텍스처링에 대해 밉맵 레벨 0에 접근해 렌더링됐다. RayCones의 경우 식 (33)의 sign 함수를 사용했다.

스틸 이미지는 이미지의 과도한 흐림의 양을 상당히 잘 나타낼 수 있지만 포함된 앨리어싱의 양을 노출하는 스틸 이미지를 실제와 같이 나타내는 것은 실질적으로 어렵다. 결과적으로 대부분의 결과는 함께 제공되는 비디오(이 책의 웹 사이트에서 제공함)에 표시되며 다음 문단에서 이 비디오를 참조한다. 비디오의 특정 시간을 참조하고자 mm:ss를 사용한다. 여기서 mm은 분이고 ss는 초다.

비디오의 00:05와 00:15에서는 반사 오브젝트가 언제나 Mip0에 대해 밉 레벨 0을 사용하므로 예상한 것처럼 Mip0과 비교할 때 RayCones는 앨리어싱이 훨씬 적은 이미지를 생성한다. 어느 정도 거리에서는 RayCondes에 대해 약간의 시간적 앨리어싱이 있지만 GPU 래스터화조차도 밉매핑으로 앨리어스를 만든다. RayCones 와 Mip0의 비교는 00:25의 더 큰 씬에서 자르는 것으로 계속되며 방의 줄무늬 벽지는 Mip0에 대해 상당한 양의 앨리어싱을 생성하는 반면에 RayCones와 RayDiffs RT는 훨씬 낫다.

분홍색 방과 큰 인테리어 씬에서 각 방법의 성능을 측정했다. 모든 렌더링은 3,840 × 2,160 픽셀의 해상도로 수행된다. 워밍업 효과와 다른 변동성을 무시하고자 프레임 지속시간을 측정하지 않고 1,000 프레임의 카메라 경로를 통해 씬을 한 번 렌더링한 다음 측정하는 동안 같은 카메라 경로로 다시 씬을 렌더링했다. 각 씬에 대해 이 절차를 100회 반복하고 프레임 지속시간을 수집했다. Mip0의 경우 평균 프레임 시간은 분홍색 방이 3.4ms, 큰 인테리어는 13.4ms였다. 그림 20-12에서 Mip0, RayCones, RayDiffs GB, RayDiffs RT의 두 씬에서 평균 총 프레임 시간을 보여준다. 분홍색 방은 상당히 삭은 씬으로, 텍스처 세부 레벨의 복잡성 계산이 총 프레임 시간의 작은 부분으로 추가되는 반면에 좀 더 큰 씬인 큰 인테리어는 이 효과가 더욱 두드러진다. 그러나 두 씬 모두 트렌드는 꽤나 분명하다. RayCones와 비교했을 때 텍스처 디테일 레벨의 비용이 RayDiffs GB는 약 2배, RayDiffs RT는 약 3배를 추가한다.

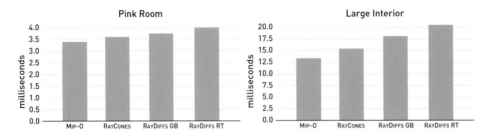

▲ **그림 20-12.** 텍스처 디테일 레벨 선택 방법에 따른 성능 영향: 분홍색 방(왼쪽)과 큰 인테리어(오른쪽)보다 작은 씬(분홍색 방)은 추가 필터링 비용에 덜 민감하고 좀 더 큰 씬(큰 인테리어)은 더 민감하다. 그러나 두 씬 모두 RayCones에 비해 RayDiffs GB의 성능 영향은 약 2배, RayDiffs RT는 약 3배가 된다.

20장의 목표는 다양한 방법을 구현 및 평가하고 일반적으로 성능에 도움을 주는 G 버퍼의 사용을 적용해 실시간 애플리케이션에 적합한 텍스처 필터링 방식을 선택하는 데 도움을 주는 것이다. 정교한 반사 필터가 결과를 흐리게 하고자 사용되거나 많은 프레임 혹은 샘플이 누적되는 경우 Mip0 방식을 사용하는 것을 추천한다. 속도가 빠르고 목적에 충분한 품질을 제공할 수 있기 때문이다.

잘 필터링된 반사가 필요하고 광선 저장소와 명령 수를 최소화해야 하는 경우 RayCones를 권장한다. 그러나 첫 번째 충돌 이후에 곡률이 고려되지 않으므로 깊은 반사에서 앨리어싱을 유발할 수도 있다. 이 경우 RayDiffs 방식 중 하나를 권장한다. 좀 더 큰 씬의 경우 파르[Pharr][13]가 지적한 것처럼 모든 종류의 텍스처 필터링은 더 나은 텍스처 캐시 적중률로 인해 성능에 도움이 될 것이다. 눈 광선에 레이트레이싱을 사용할 때 밉 레벨 0에 접근하는 대신 텍스처 필터링을 사용할 때 약간의 성능 향상을 보았다. 더 큰 씬을 위해 이를 실험하면 향후 작업을 위한 생산적인 길이 될 것이다.

20.6 코드

이번 절에서는 현재 RayCones 구현과 매우 유사한 의사 코드를 보여준다. 우선 두 가지 구조체가 필요하다.

```
1   struct RayCone
2   {
3       float width;            // 텍스트에서 $w_i$라고 불림
4       float spreadAngle;      // 텍스트에서 $\gamma_i$라고 불림
5   };
6
7   struct Ray
8   {
9       float3 origin;
10      float3 direction;
11  };
12
13  struct SurfaceHit
14  {
15      float3 position;
16      float3 normal;
17      float  surfaceSpreadAngle;   // 식 (32)에 따라 초기화
18      float  distance;             // 첫 번째 충돌과의 거리
19  };
```

다음 의사 코드에서는 레이 트레이싱을 위한 DXR 프로그램의 일반적인 흐름을 따른다. 광선 생성 프로그램과 가장 가까운 충돌 프로그램을 제시하지만 이 맥락에서 유용한 정보를 추가하지 않는 다른 프로그램은 생략한다. TraceRay 함수는 공간적 데이터 구조를 순회하고 가장 가까운 충돌을 찾는다. 의사 코드는 재귀 반사를 처리한다.

```
1   void rayGenerationShader(SurfaceHit gbuffer)
2   {
3       RayCone firstCone = computeRayConeFromGBuffer(gbuffer);
4       Ray viewRay = getViewRay(pixel);
5       Ray reflectedRay = computeReflectedRay(viewRay, gbuffer);
6       TraceRay(closestHitProgram, reflectedRay, firstCone);
7   }
8
9   RayCone propagate(RayCone cone, float surfaceSpreadAngle, float hitT)
10  {
```

```
11      RayCone newCone;
12      newCone.width = cone.spreadAngle * hitT + cone.width;
13      newCone.spreadAngle = cone.spreadAngle + surfaceSpreadAngle;
14      return newCone;
15   }
16
17   RayCone computeRayConeFromGBuffer(SurfaceHit gbuffer)
18   {
19      RayCone rc;
20      rc.width = 0;                // 광선 원뿔이 시작할 때 너비는 없다.
21      rc.spreadAngle = pixelSpreadAngle(pixel);    // 식 (30)
22      // gbuffer.surfaceSpreadAngle는 식 (32)가 생성한 값을 담는다.
23      return propagate(rc, gbuffer.surfaceSpreadAngle, gbuffer.distance);
24   }
25
26   void closestHitShader(Ray ray, SurfaceHit surf, RayCone cone)
27   {
28      // 원뿔을 두 번째 충돌로 전파한다.
29      cone = propagate(cone, 0, hitT);        // 곡률이 없으므로 0 사용
30      // 두 번째 충돌에서 측정한다.
31      float lambda = computeTextureLOD(ray, surf, cone);
32      float3 filteredColor = textureLookup(lambda);
33      // 여기서 셰이딩을 위해 filteredColor 사용
34      if (isReflective)
35      {
36          Ray reflectedRay = computeReflectedRay(ray, surf);
37          TraceRay(closestHitProgram, reflectedRay, cone);    // 재귀
38      }
39   }
40
41   float computeTextureLOD(Ray ray, SurfaceHit surf, RayCone cone)
42   {
43      // 식 (34)
44      float lambda = getTriangleLODConstant();
45      lambda += log2(abs(cone.width));
46      lambda += 0.5 * log2(texture.width * texture.height);
47      lambda -= log2(abs(dot(ray.direction, surf.normal)));
48      return lambda;
49   }
```

```
50
51  float getTriangleLODConstant()
52  {
53      float P_a = computeTriangleArea();              // 식 (5)
54      float T_a = computeTextureCoordsArea();         // 식 (4)
55      return 0.5 * log2(T_a/P_a);                     // 식 (3)
56  }
```

감사의 말

브레인스토밍에 도움과 코멘트를 준 제이콥 뭉크버그[Jacob Munkberg]와 존 하셀그렌[Jon Hasselgren]에게 감사를 전한다.

참고 문헌

[1]   Amanatides, J. Ray Tracing with Cones. Computer Graphics (SIGGRAPH) 18, 3
       (1984), 129-135.

[2]   Benty, N., Yao, K.-H., Foley, T., Kaplanyan, A. S., Lavelle, C., Wyman, C., and Vijay,
       A. The Falcor Rendering Framework.
       https://github.com/NVIDIAGameWorks/Falcor, July 2017.

[3]   Christensen, P., Fong, J., Shade, J., Wooten, W., Schubert, B., Kensler, A., Friedman,
       S., Kilpatrick, C., Ramshaw, C., Bannister, M., Rayner, B., Brouillat, J., and Liani, M.
       RenderMan: An Advanced Path-Tracing Architecture for Movie Rendering. ACM
       Transactions on Graphics 37, 3 (2018), 30:1-30:21.

[4]   do Carmo, M. P. Differential Geometry of Curves and Surfaces. Prentice Hall Inc.,
       1976.

[5]   Ewins, J. P., Waller, M. D., White, M., and Lister, P. F. MIP-Map Level Selection for
       Texture Mapping. IEEE Transactions on Visualization and Computer Graphics 4, 4
       (1998), 317-329.

[6]   Green, N., and Heckbert, P. S. Creating Raster Omnimax Images from Multiple

Perspective Views Using the Elliptical Weighted Average Filter. IEEE Computer Graphics and Applications 6, 6 (1986), 21–27.

[7]   Heckbert, P. S. Survey of Texture Mapping. IEEE Computer Graphics and Applications 6, 11 (1986), 56–67.

[8]   Heckbert, P. S. Fundamentals of Texture Mapping and Image Warping. Master's thesis, University of California, Berkeley, 1989.

[9]   Igehy, H. Tracing Ray Differentials. In Proceedings of SIGGRAPH (1999), pp. 179–186.

[10]   McCormack, J., Perry, R., Farkas, K. I., and Jouppi, N. P. Feline: Fast Elliptical Lines for Anisotropic Texture Mapping. In Proceedings of SIGGRAPH (1999), pp. 243–250.

[11]   Möller, T., and Trumbore, B. Fast, Minimum Storage Ray–Triangle Intersection. Journal of Graphics Tools 2, 1 (1997), 21–28.

[12]   Patney, A., Salvi, M., Kim, J., Kaplanyan, A., Wyman, C., Benty, N., Luebke, D., and Lefohn, A. Towards Foveated Rendering for Gaze–Tracked Virtual Reality. ACM Transactions on Graphics 35, 6 (2016), 179:1–179:12.

[13]   Pharr, M. Swallowing the Elephant (Part 5). Matt Pharr's blog, https://pharr.org/matt/blog/2018/07/16/moana–island–pbrt–5.html, July 16 2018.

[14]   Pharr, M., Jakob, W., and Humphreys, G. Physically Based Rendering: From Theory to Implementation, third ed. Morgan Kaufmann, 2016.

[15]   Segal, M., and Akeley, K. The OpenGL Graphics System: A Specification (Version 4.5). Khronos Group documentation, 2016.

[16]   Voorhies, D., and Foran, J. Reflection Vector Shading Hardware. In Proceedings of SIGGRAPH (1994), pp. 163–166.

[17]   Williams, L. Pyramidal Parametrics. Computer Graphics (SIGGRAPH) 17, 3 (1983), 1–11.

21장

광선 원뿔과 광선 미분을 사용한 간단한 환경 맵 필터링

엔비디아의 토마스 아케나인 몰러(Tomas Akenine–Möller), 짐 닐슨(Jim Nilsson)

개요

레이 트레이싱 엔진에서 광선 원뿔과 광선 미분을 사용해 환경 맵을 필터링하는 간단한 방법을 설명한다.

21.1 소개

환경 맵[EMs, Environment Maps]은 먼 거리의 씬을 시각적으로 표현하는 저렴한 방법으로 렌더링에서 일반적으로 사용된다. 또 다른 일반적인 사용법은 EM이 주변 환경에서 오는 조명을 나타내도록 해서 지오메트리 셰이딩[4]에 사용하는 것이다. 두 가지 일반적인 환경 매핑 레이아웃은 위도 경도 맵[2]과 큐브 맵[5]이다.

래스터화는 쿼드, 즉 한 번에 2 × 2 픽셀로 발생한다. 미분을 가로와 세로 픽셀 차이로 추정할 수 있다는 뜻이다. 이러한 미분은 밉매핑을 사용해 텍스처 조회를 수행하고자 디테일 레벨을 계산하는 데 사용할 수 있다. 그러나 레이 트레이싱에서는 쿼드 개념을 사용할 수 없다. 대신 텍스처 필터링이 광선 미분[6]이나 광선 원뿔[1, 3]을 사용해 일반적으로 처리된다. 이 두 방법은 20장에 나와 있다. 광선 미분의 경우 파르[Phass][7] 등은 EM에 대한 텍스처 공간의 광선 미분을 계산하고자 정방향 차이 근사법을 사용했다. 관련된 계산의 주요 부분은 3개의 벡터 정규화와 6개의 역삼각 함수 호출이다.

환경 맵은 무한정 멀리 떨어져 있다고 가정하기 때문에 래스터화를 사용한 환경 매핑은 반사 벡터, 즉 방향 구성 요소에만 의존하며 반사 벡터가 계산된 위치에는 의존하지 않는다. 광선 원뿔과 광선 미분의 경우 광선 표면의 위치 구성 요소도 있다. 그러나 래스터화와 비슷하게 그림 21-1에서 설명한 것처럼 이것을 사용할 필요는 없다. 이 장에서는 광선 원뿔과 광선 미분에 대한 EM 필터링을 계산하는 공식을 제공한다.

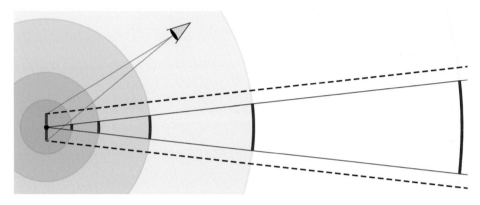

▲ **그림 21-1.** 광선 미분 혹은 광선 원뿔은 위치(빨강)와 방향 구성 요소(점선)로 구성된다. 평소와 같이 환경 맵은 무한정 멀리 떨어져 있는 것으로 가정하므로 원의 크기와 상관없이 방향성 구성 요소(검은 선)가 있는 하나의 점(검은 점)의 적용 범위는 동일하다. 그러나 점선의 경우 원의 반경이 커짐에 따라 원의 작은 일부가 덮인다. 무한대에서 이 부분은 보라색 영역과 동일하다. 결과적으로 광선 원뿔과 광선 미분에 대해서도 환경 맵에 접근할 때 방향성 구성 요소만을 사용할 수 있다.

21.2 광선 원뿔

여기서는 광선 원뿔이 환경 맵에서 밉 레벨 계층 구조에 접근하고자 사용하는 방법을 설명한다. 광선 원뿔은 너비 w와 확산 각도 y로 설명할 수 있다(20장 참고). 해상도가 $2h \times h$, 즉 너비의 두 배인 위도-경도 환경 맵의 디테일 레벨 λ은 다음과 같이 계산한다.

$$\lambda = \log_2\left(\frac{\gamma}{\pi / h}\right) \tag{1}$$

여기서 h는 텍스처의 높이며 분모는 π/h로 설정된다. 텍스처는 세로 방향으로 π 라디안을 덮기 때문에 맵에서 텍셀당 라디안 수와 거의 동일하다. $\log_2$ 함수는 이 것을 밉 계층 구조에 매핑하는 데 사용한다. 근거는 $\gamma = \pi/h$면 완벽하게 일치해 $\log2(1) = 0$, 즉 밉 레벨 0에 접근한다는 것이다. 예를 들어 γ가 π/h의 8배인 경우 $\log2(8) = 3$을 얻는다. 즉 밉 레벨 3에 접근한다.

각 면에 정사각형 면과 해상도 $h \times h$가 있는 큐브 맵의 경우 다음을 사용한다.

$$\lambda = \log_2\left(\frac{\gamma}{0.5\pi / h}\right) \tag{2}$$

각 면이 이제 0.5π 라디안을 포함한다는 점을 제외하면 위와 유사한 추론을 사용 한다.

21.3 광선 미분

광선 미분[6]은 다음과 같이 정의한다.

$$\left\{\frac{\partial O}{\partial x}, \frac{\partial O}{\partial y}, \frac{\partial \hat{\mathbf{d}}}{\partial x}, \frac{\partial \hat{\mathbf{d}}}{\partial y}\right\} \tag{3}$$

광선 $R(t) = O + t\hat{d}$에 대해서며 여기서 O는 광선 원점이고 $\hat{d}$는 정규화된 광선 방향 이다(2장 참고). 그림 21-2에 표시된 대로 광선 미분에 대해 확산 각도를 다음과 같 이 계산한다.

$$\gamma = 2\arctan\left(\frac{1}{2}\left\|\frac{\partial \hat{\mathbf{d}}}{\partial x} + \frac{\partial \hat{\mathbf{d}}}{\partial y}\right\|\right) \tag{4}$$

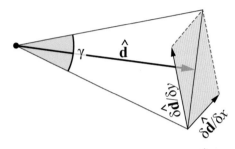

▲ **그림 21-2.** 광선 원점의 미분을 무시할 때 펼침 각 γ는 정규화된 광선 방향 $\hat{d}$와 그 미분을 사용해 계산할 수 있다.

그런 다음 광선 미분에 사용할 상세 레벨을 계산하고자 γ를 식 (1)과 (2)에서 사용할 수 있다.

이 간단한 방법은 이방성을 제공하지 않으며 매핑의 왜곡 가능성을 고려하지 않는다.

21.4 결과

텍스처 반사에 대한 작업의 결과 반사에서 텍스처를 필터링하는 데 익숙해졌다. 그러나 첫 번째 구현은 환경 맵을 처리하지 않았으므로 결과적으로 환경 맵의 반사는 테스트에서 항상 앨리어싱됐다. 20장에서는 한 가지 해결책을 소개한다. 결과는 그림 21-3에 나와 있다.

▲ **그림 21-3.** 다른 방법을 사용해 환경 맵(대부분 갈색 영역)에서 과장된 반사가 있는 꽃병. 근접 촬영은 위에서 아래로 밉 레벨 0, 광선 원뿔, 광선 미분의 사용을 보여준다. 후자의 두 이미지는 비슷한데, 환경 맵을 필터링하므로 비슷할 것으로 예상됐다. 애니메이션 중에 상단 오른쪽의 이미지에서 심각한 앨리어싱이 발생하는 반면에 나머지 둘은 시간적으로 안정적이다.

참고 문헌

[1] Amanatides, J. Ray Tracing with Cones. Computer Graphics (SIGGRAPH) 18, 3 (1984), 129-135.

[2] Blinn, J. F., and Newell, M. E. Texture and Reflection in Computer generated Images. Communications of the ACM 19, 10 (1976), 542-547.

[3] Christensen, P., Fong, J., Shade, J., Wooten, W., Schubert, B., Kensler, A., Friedman, S., Kilpatrick, C., Ramshaw, C., Bannister, M., Rayner, B., Brouillat, J., and Liani, M. RenderMan: An Advanced Path-Tracing Architecture for Movie Rendering. ACM Transactions on Graphics 37, 3 (2018), 30:1-30:21.

[4] Debevec, P. Rendering Synthetic Objects into Real Scenes: Bridging Traditional and ImageBased graphics with global Illumination and High Dynamic Range Photography. In Proceedings of SIGGRAPH (1998), pp. 189-198.

[5]   greene, N. Environment Mapping and Other Applications of World Projections. IEEE
        Computer Graphics and Applications 6, 11 (1986), 21–29.

[6]   Igehy, H. Tracing Ray Differentials. In Proceedings of SIGGRAPH (1999), pp.
        179–186.

[7]   Pharr, M., Jakob, W., and Humphreys, g. Physically Based Rendering: From Theory
        to Implementation, third ed. Morgan Kaufmann, 2016.

적응형 레이 트레이싱으로 시간적 안티앨리어싱 개선

엔비디아의 아담 마르스(Adam Marrs), 조세프 스프주트(Josef Spjut), 홀거 그루엔(Holger Gruen), 라울 사쎄(Rahul Sathe), 모르간 맥과이어(Morgan McGuire)

개요

22장에서는 적응형 레이 트레이싱으로 사용되는 시간적 안티앨리어싱 기술을 확장하는 실시간 슈퍼샘플링에 대한 실용적인 접근 방식을 설명한다. 이 알고리즘은 상용 게임 엔진의 제약 조건을 준수하고 표준 시간적 안티앨리어싱과 관련된 흐림과 고스트 현상을 제거하며, 대부분의 게임에 필요한 16ms 프레임 예산 내에서 지오메트리, 셰이딩, 머티리얼의 16배 슈퍼샘플링에 근접한 품질을 달성한다.

22.1 소개

주요 가시 표면의 앨리어싱은 컴퓨터 그래픽의 가장 근본적이고 어려운 한계 중하나다. 거의 모든 렌더링 방법은 픽셀 내의 지점에서 표면을 샘플링해 샘플링된 지점이 픽셀 전체를 대표하지 않는 경우, 즉 주요 표면이 언더샘플링된 때 오류를 생성한다. 이는 광선을 캐스팅해 점을 테스트하는지 또는 래스터화의 상각 광선 캐스팅을 사용해 점을 테스트하는지, 어떤 셰이딩 알고리즘이 사용되는지에 관계없이 사실이다. '포인트 기반' 렌더러[15]조차도 실제로 래스터화를 통해 화면의 점을 레이 트레이싱하거나 표시한다. 공간과 시간에서의 완벽한 빔 추적과 같은 분석 렌더러는 광선 (언더)샘플링 문제를 피할 수 있지만, 제한된 경우[1]에 대한 일부

분석 솔루션에도 불구하고 광선이나 래스터 교차의 점 샘플은 복잡한 지오메트리, 머티리얼, 셰이딩의 효율적인 렌더링을 위해 완전히 개발된 유일한 접근법이다.

언더샘플링으로 인한 앨리어싱은 들쭉날쭉한 가장자리, 공간적 노이즈, 깜빡임(시간적 노이즈)으로 나타난다. 공간(예, MLAA[morphological antialiasing][22], FXAA[fast approximate antialiasing][17])과 시간(예, SMAA[subpixel morphological antialiasing][12], TAA[temporal antialiasing][13, 27])에서 더 넓고 정교한 재구성 필터, 빠른 안티앨리어싱, 시간적, 공간적 안티앨리어싱을 통해 이러한 오류를 숨기려고 시도하면 임시 안티앨리어싱이 해당 아티팩트를 흐림(공간에서) 또는 고스트(시간 흐림)로 변환한다. 이미지에서 픽셀당 고정된 샘플 수에서 앨리어싱에 대한 유일한 해결책은 샘플 밀도를 높이고 샘플링되는 신호를 대역 제한하는 것이다. 밀도를 높이면 실시간으로 저렴하게 할 수 있지만 문제를 해결할 수는 없다. 슈퍼샘플링 안티앨리어싱[SSAA]은 샘플 수에 비례해 비용을 향상시키면서 제곱근만큼 품질을 향상시킨다. 커버리지 샘플링[CSAA], 표면 기반[SBAA][24]과 서브픽셀 재구성[SRAA][4]을 포함한 멀티샘플링[MSAA]은 비용을 낮추면서 품질도 낮추고자 다양한 비율로 지오메트리, 머티리얼, 셰이딩을 샘플링한다. 그리고 집계(디커플링된 커버리지[DCAA][25], 집합 G 버퍼[AGAA][7])는 비용을 훨씬 더 줄이지만 여전히 실제 비율로 품질을 제한한다. 씬을 대역 제한하고자 밉매핑과 그 변형[19]에 의한 머티리얼 사전 필터링, 지오메트리에 대한 디테일 수준과 셰이더 디테일 수준은 언더샘플링 아티팩트를 줄이지만 렌더링 시스템을 복잡하게 만들고 문제를 완전히 해결하지 못하게 하면서 과도한 흐림이나 팝핑(시간적 및 공간적 불연속)과 같은 다른 사소한 문제를 유발한다.

실시간 렌더링의 표준은 시간적 안티앨리어싱을 활용하는 데 중점을 두고 이러한 많은 전략을 동시에 사용하는 것이다. 많은 경우에 성공했음에도 불구하고 이러한 게임별 솔루션에는 상당한 엔지니어링 복잡성과 아티스트의 세심한 씬 조정이 필요하다[20, 21]. 이러한 모든 솔루션은 픽셀당 고정 샘플링 수에 의존하기 때문에 공격자는 무한한 에러를 생성하고자 샘플 간에 머티리얼, 지오메트릭, 셰이딩 기능을 언제나 배치할 수 있다. 좀 더 최근에 홀렌더[Holländer][10] 등은 거친 음영과 고해상도 지오메트리 패스에서 안티앨리어싱이 필요한 픽셀을 적극적으로 식별해 SSAA와 거의 동일한 결과를 얻었다. 불행하게도 이 래스터화 기반 접근 방식은 안티앨리어싱을 위해 소수의 픽셀만 식별하더라도 모든 지오메트리를 고해상도로 처리해야 한다. 셰이딩 샘플 수를 반으로 줄이더라도 프레임 시간의 감소는 10%로 제한된다. 따라서 실시간 렌더링을 위해 앨리어싱 문제를 해결해야 한다.

22장에서는 적응형 레이 트레이싱된 슈퍼샘플링으로 래스터화된 이미지의 시간적 안티앨리어싱을 확장해 앨리어싱 문제를 공격하는 새로운 실용적인 알고리즘인 적응형 시간적 안티앨리어싱ATAA을 설명한다. 오프라인 레이 트레이싱 렌더러는 앨리어싱(예, 위티드Whitted의 원본 논문[26])을 해결하고자 오랫동안 적응성이 높은 샘플 수를 사용했지만, 지금까지는 광선과 래스터 API와 아키텍처 간의 데이터 구조의 복제로 인해 하이브리드 광선과 래스터 알고리즘[2]이 실시간 렌더링에서 비실용적이었다. 최근 다이렉트X 레이 트레이싱 APIDXR와 엔비디아 RTX 플랫폼이 도입돼 전체 게임 엔진에서 GPU의 두 가지 렌더링 타입에 대해 데이터 구조와 셰이더 간의 완벽한 상호운용을 가능하게 했다. 결정적으로 RTX는 엔비디아NVIDIA Turing GPU 아키텍처에서 경계 볼륨 계층BVH 순회와 삼각형 교차 작업의 하드웨어 가속을 제공해 레이 트레이싱 성능을 크게 향상시킨다. 따라서 최신 시간적 안티앨리어싱 솔루션과 GPU 레이 트레이싱 생태계의 최근 진화로 폴린 하이브리드 렌더링 접근 방식을 효율적으로 결합하는 방법을 보여줘 적응형 샘플링의 상식을 바탕으로 구성한다. 그림 22-1에서 볼 수 있듯이 이 방법은 상용 게임 엔진의 제약 조건을 준수하고 표준 시간적 안티앨리어싱과 관련된 흐림과 고스팅 현상을 제거하며 최신 그래픽 하드웨어의 16ms 프레임 예산 안에서 지오메트리, 셰이딩, 머티리얼의 16x 슈퍼샘플링에 근접하는 이미지 품질을 달성한다. ATAA를 다이렉트X 레이 트레이싱 지원, 레이 트레이싱된 샘플의 적응적 분포 조정, 레이 워크로드 압축 최적화와 관련된 실험, 엔비디아 Turing GPU에서의 레이 트레이싱 성능 이해로 확장된 프로토타입 버전 언리얼 엔진 4UE4에 통합하는 실무 경험을 통해 세부 정보를 제공한다.

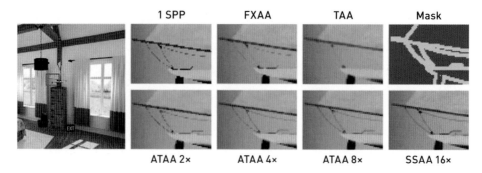

▲ **그림 22-1.** 엔비디아 지포스 2080 Ti에서 지연된 셰이딩, 레이 트레이싱된 셰도우, 적응형 시간적 안티앨리어싱 기술, 9.8ms로 모두 렌더링된 움직이는 카메라가 있는 언리얼 엔진 4의 현대식 집. 확대한 인레이는 1 SPP(픽셀당 샘플) 래스터화, FXAA, UE4의 스톡 TAA, 세그멘테이션 마스크의 시각화, ATAA 2x, 4x, 8x, SSAA 16x로 렌더링된 보트 로프 디테일을 비교한다.

22.2 이전 시간적 안티앨리어싱

시간적 안티앨리어싱[13, 27]은 처리할 수 있는 경우에 빠르고 매우 좋기 때문에 오늘날 게임의 사실상 표준이다. TAA는 각 프레임에서 이미지 평면에 서브픽셀 시프트를 적용하고 이전 프레임에 대해 기하급수적으로 가중된 이동 평균을 누적하며 각각의 프레임은 픽셀당 하나의 샘플로만 렌더링된다. 정적인 씬에서 TAA는 전체 화면 슈퍼샘플링의 품질에 접근한다. 동적인 씬의 경우 TAA는 래스터화에 의해 생성된 픽셀당 모션 벡터를 따라 텍스처 패치를 오프셋해 누적된 히스토리 버퍼에서 샘플을 재투영한다.

TAA은 여러 경우에 실패한다. 새로운 화면 영역이 오브젝트 모션에 의해 제거(공개)되면 히스토리 버퍼에 표시되지 않거나 모션 벡터에 의해 잘못 표시된다. 카메라 회전과 역변환 역시 화면 가장자리에 두꺼운 왜곡을 만든다. 와이어와 미세한 머티리얼 디테일 같은 서브픽셀 특징은 연속적인 오프셋 래스터 샘플 사이에서 미끄러질 수 있으며, 따라서 다음 프레임에서 모션 벡터로 표현할 수 없다. 투명한 표면은 불투명 오브젝트의 모션 벡터와 표시된 오브젝트의 전체 이동과 일치하지 않는 픽셀을 만든다. 마지막으로 셰도우와 반사는 TAA에 의해 셰이딩된 표면의 모션 벡터 방향으로 이동하지 않는다.

TAA가 실패할 때 고스팅(잘못된 값을 통합해 흐려짐)을 생성하거나 들쭉날쭉함 jaggies, 깜빡임, 노이즈 등으로 원래 앨리어싱을 드러낸다. 표준 TAA는 히스토리 샘플을 새로운 프레임에서 해당 픽셀의 로컬 이웃과 비교해 이러한 경우를 감지하려고 시도한다. TAA가 너무 다르게 나타난 경우 색상 공간에서 클립, 클램프, 보간을 하고자 다양한 휴리스틱을 사용한다. 살비Salvi[23]가 요약한 것처럼 이러한 휴리스틱에 대한 모범 사례는 자주 변경되며, 이전에는 범용 솔루션이 발견되지 않았다.

22.3 새로운 알고리즘

기존 엔진과 호환되고 TAA의 강점을 활용하면서도 실패를 명백하고 간단하게 처리할 수 있도록 적응형 시간적 안티앨리어싱을 설계했다. 핵심 아이디어는 대부분의 픽셀에서 TAA의 기본 사례를 실행한 다음 휴리스틱으로 실패를 방지하는 대신 TAA가 실패한 위치와 이유를 식별하는 보수적인 세그멘테이션 마스크를 출력하는 것이다. 그런 다음 실패한 픽셀에서 TAA의 복잡한 휴리스틱을 이미지 콘텐츠에 적합한 스파스sparse 레이 트레이싱과 같은 강력한 대안으로 대체한다. 그림 22-2는 언리얼 엔진 4 렌더링 파이프라인과 관련된 알고리즘을 보여준다. 다이어그램에서 사각형 아이콘은 데이터의 시각화(버퍼)를 나타내고 둥근 사각형은 작업(셰이더 패스)을 나타낸다. 모든 중간 버퍼가 표시되지는 않는다. 예를 들어 이전 프레임의 출력이 TAA로의 입력으로 피드백되는 경우 관련 핑퐁 버퍼는 표시하지 않는다. 새로운 스파스 레이 트레이싱 단계는 DXR 광선 생성 셰이더에서 실행되고 새로운 세그멘테이션 버퍼를 허용하며, 톤 매핑과 다른 화면 공간 포스트 프로세싱 전에 TAA의 고밀도 컬러 출력과 합성된 새로운 스파스 색상 버퍼를 출력한다.

TAA의 기본 사례는 대부분의 화면 픽셀에 허용되므로 레이 트레이싱 비용은 크게 상각되며 픽셀당 하나의 샘플보다 훨씬 적은 광선 예산이 필요하다. 예를 들어 픽셀당 0.5 광선 미만의 비용으로 총 이미지 해상도의 6%에 대해 8x 레이 트레이싱된 슈퍼샘플링을 적응적으로 사용할 수 있다. 그런 다음 이미지 품질은 모든 곳에서 최소 8x 슈퍼샘플링과 비슷하다. 그렇지 않다면 분할된 영역 사이의 경계는 사용된 다른 알고리즘으로 인해 최종 결과에서 깜빡일 것이다.

22.3.1 세그멘테이션 전략

모든 형태의 적응형 샘플링을 효율적으로 구현하는 핵심은 먼저 개선된 샘플링에서 가장 도움이 되는 이미지 영역을 식별하고(즉, 언더샘플링 감지) 해당 지역에서만 추가 샘플링을 수행하는 것이다. ATAA에서는 언더샘플링과 TAA 실패를 감지하는 화면 공간 세그멘테이션 마스크를 계산해 레이 트레이싱된 슈퍼샘플링의 적응성을 안내한다. 그림 22-2에서 '세그멘테이션'으로 표시된 버퍼는 현대식 집 씬에 대해 생성된 세그멘테이션 마스크를 시각화한 것이다. 그림 22-3은 마스크의 주석이 달린 더 큰 버전을 보여준다. 마스크 시각화는 안티앨리어싱 전략을 픽셀 색상에 매핑한다. 여기서 빨간 픽셀은 FXAA, 파란 픽셀은 TAA, 노란 픽셀은 레이 트레이싱된 슈퍼샘플링을 사용한다. 레이 트레이싱된 슈퍼샘플링을 위해 임의의 이미지를 이상적으로 분할하면서 성능과 이미지 품질의 균형을 맞추는 것은 어려운 문제다. 안티앨리어싱에 사용할 수 있는 광선의 비용/자원은 씬 내용, 시점, FOV, 픽셀당 조명과 시각적 효과, GPU 하드웨어, 대상 프레임 속도에 따라 달라질 수 있다. 결과적으로 하나의 '모두에게 맞는 한 가지 크기' 세그멘테이션 전략을 옹호하지 않고 여러 시나리오에서 최적의 기준 조합을 구현할 수 있도록 여러 가지 옵션을 분류하고 설명한다.

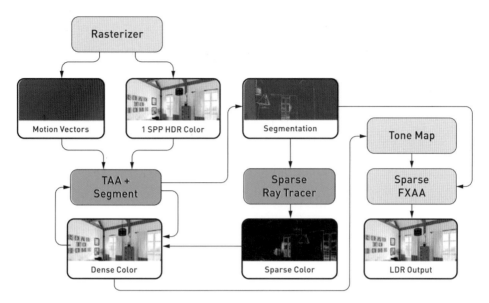

▲ **그림 22-2.** UE4 렌더링 파이프라인에 통합된 ATAA의 데이터 흐름. 회색 상자는 변경되지 않았거나 약간 수정된 작업을 나타낸다. 녹색 상자는 수정됐거나 새로운 작업을 나타낸다. 세그멘테이션과 스파스 색상 버퍼는 새로운 것이다.

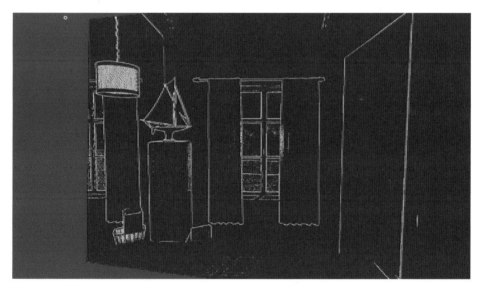

▲ 그림 22-3. ATAA 세그멘테이션 마스크의 주석이 달린 시각화. 파란 픽셀은 표준 TAA, 빨간 픽셀은 FXAA, 노란 픽셀은 레이 트레이싱된 슈퍼샘플링을 사용한다.

22.3.1.1 자동 세그멘테이션

래스터화한 후 화면 공간에서 사용할 수 있는 씬 데이터를 검사해 이미지를 효과적이고 효율적으로 분할할 수 있다. 아티스트나 개발자의 수동 개입 없이 알고리즘으로 세그멘테이션이 생성되므로 자동 세그멘테이션이라고 하겠다.

최신 렌더링 엔진은 픽셀 단위의 모션 벡터를 유지 관리하며 현재 픽셀이 이전에 뷰 외부(즉, 오프스크린)에 있었는지 혹은 다른 표면에 의해 가려졌는지의 여부를 확인하고자 세그멘테이션 중에 사용한다. 오프스크린 디스오클루전의 경우 안티앨리어싱에 사용할 시간적 래스터 데이터가 없다. 그림 22-3에 나와 있는 것처럼 FXAA(빨간색)로 이러한 영역을 처리한다. 비용이 저렴하고 기록 데이터가 필요하지 않으며 메모리 대역폭을 보존하고자 낮은 동적 범위 출력(즉, 톤 매핑 이후)에서 실행되기 때문이다. 오프스크린 디스오클루전 픽셀에서만 FXAA를 실행하는 것으로 전체 화면 애플리케이션에 비해 비용을 더욱 줄이며, 일반적으로 빠른 카메라 움직임에도 15% 미만으로 감소한다. 애니메이션된 오브젝트와 스킨 처리된 캐릭터에서 디스오클루전되는 경우 시간적 래스터 데이터는 존재하지만 셰이딩된 색상은 현재 보이는 표면을 나타내지 않는다. 그림 22-4에 표시된 것처럼 시간적 래스터 데이터를 무시하고 레이 트레이싱된 슈퍼샘플링(노란색)으로 해당 픽셀을 마킹하는 것으로 일반적인 TAA 고스팅 현상을 제거하고 TAA 클램핑으로 인한 앨리어싱을 피한다.

▲ **그림 22-4.** 런 애니메이션의 중간에 있는 스킨이 있는 캐릭터(왼쪽). 모션 벡터는 TAA가 실패하게 하는 디스오클루전을 결정하는 데 사용된다. 이러한 영역을 레이 트레이싱된 슈퍼샘플링으로 표시해 TAA 고스팅 아티팩트는 제거되고 디스오클루전은 안티앨리어싱된다(오른쪽).

모션 벡터의 검사 결과는 다른 모든 기준보다 우선하며, 어느 한 유형의 디스오클루전이 존재하는 경우 세그멘테이션 과정에서 빠른 종료를 트리거할 수도 있다. 이제 디스오클루전에서 TAA 실패가 처리됐으므로 세그멘테이션 프로세스는 언더샘플링 영역을 식별할 수 있다.

언더샘플링 아티팩트는 주로 기하학적 모서리와 고주파 머티리얼 내에서 발생한다. 일반적인 모서리 검출 알고리즘과 유사하게 3 × 3 픽셀 콘볼루션convolutions 세트를 수행해 표면 법선, 깊이, 메시 식별자, 휘도의 화면 공간 파생을 결정한다. 그림 22-5는 이러한 각 데이터 유형에 대한 세그멘테이션 결과를 시각화한다.

그림 22-5에는 표시되지 않았지만 시간과 공간의 휘도 변화를 결정하고자 TAA 히스토리 버퍼에서 재투영되는 픽셀 위치의 휘도를 현재 픽셀의 휘도와 비교한다. 여기서의 안티앨리어싱 방법은 레이 트레이싱을 통해 정확하게 새로운 샘플을 생성하므로 재투영이나 잠재적인 디스오클루전으로 인한 오류가 발생하지 않는다.

알다시피 각각의 화면 공간 데이터 유형만으로는 원하는 완벽한 세그멘테이션을 제공하지 않는다. 표면 법선 파생은 내부와 외부 오브젝트 가장자리를 효과적으로 식별하지만 유사한 법선과 언더샘플링된 머티리얼이 있는 레이어된 오브젝트는 놓친다. 깊이 파생물은 레이어된 오브젝트와 깊이 불연속성을 잘 감지하지만 깊이의 급격한 변화가 일반적인 경우(예, 벽과 같은 뷰의 가장자리 근처의 평면) 거짓된 긍정의 넓은 영역을 생성한다. 메시 식별자 파생물은 외부 오브젝트 가장자리를 탐지하는 데 탁월하지만 오브젝트 내부의 언더샘플링된 가장자리와 머티리얼은 놓친다. 마지막으로 휘도 파생물은 (공간과 시간에서) 언더샘플링된 머티리얼을 감지하지만 휘도 값이 유사한 가장자리는 놓친다. 결과적으로 이러한 파생물의 조합이 허용 가능한 세그멘테이션 결과에 도달하기 위해 사용돼야 한다.

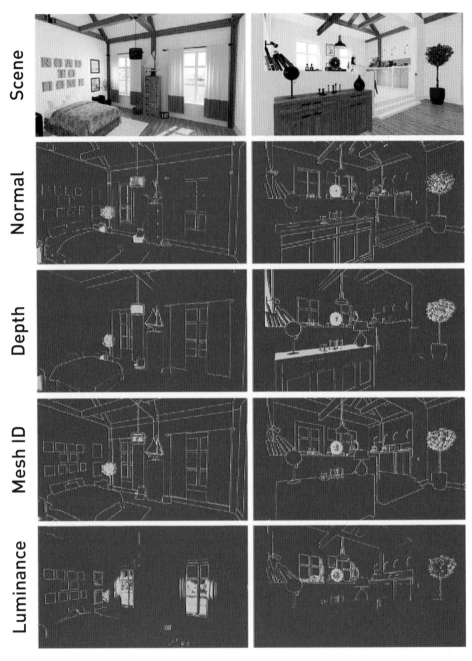

▲ **그림 22-5.** 현대식 집 씬의 두 시점에서 다양한 종류의 화면 공간 데이터를 위한 3 x 3 픽셀 콘볼루션의 세그멘테이션 결과. 위에서부터 최종 셰이딩된 씬, 표면 법선, 깊이, 메시 식별자, 휘도다.

22.3.1.2 UE4 자동 세그멘테이션 구현

UE4 구현에서 세그멘테이션 마스크는 기존의 전체 화면 TAA 포스트 프로세스 패스를 확장하는 것으로 생성된다. TAA 실패에 대한 모션 벡터를 검사한 후에 최종 세그멘테이션 결과에 도달하고자 메시 식별자, 깊이, 시간적 휘도의 가중치 조합을 사용한다. 마스크는 단일 32비트 메모리 리소스에 압축된 두 개의 반정밀도 부호 없는 정수 값으로 저장된다. 첫 번째 정수는 픽셀의 안티앨리어싱 방법(0 = FXAA, 1 = TAA, 2 = 레이 트레이싱)을 식별하고, 두 번째 정수는 이전 프레임에서 레이 트레이싱된 슈퍼샘플링을 픽셀이 수신했는지의 여부를 저장하는 세그멘테이션 히스토리 역할을 한다. TAA를 위해 매 프레임마다 서브픽셀 지터가 뷰에 적용되기 때문에 세그멘테이션 분류 히스토리는 세그멘테이션 마스크 결과를 시간적으로 안정화하는 데 중요하다. 픽셀이 레이 트레이싱된 슈퍼샘플링으로 표시돼 있으면 픽셀의 모션 벡터가 크게 변경될 경우 세그멘테이션 히스토리를 리셋할 때까지 다음 몇 프레임 동안 레이 트레이싱으로 분류될 것이다. 세그멘테이션 히스토리 저장에 대한 대안은 레이 트레이싱된 슈퍼샘플링 전에 세그멘테이션 마스크를 필터링하는 것이다.

22.3.1.3 수동 세그멘테이션

실시간으로 이미지를 렌더링하는 것은 프로젝트 전체의 아트, 콘텐츠, 성능 목표가 크게 변하기 때문에 특별한 도전이다. 결과적으로 자동 세그멘테이션 방식이 항상 모든 프로젝트의 성능 예산에 맞는 결과를 생성하지는 않을 수도 있다. 아티스트와 게임 개발자는 자신의 콘텐츠와 제약 조건을 가장 잘 알고 있다. 따라서 세그멘테이션에 대한 수동 접근 역시 유용할 수 있다. 예를 들어 아티스트와 개발자는 래스터화 중 세그멘테이션 마스크에 쓰고자 특정 유형의 메시, 오브젝트, 머티리얼에 태그를 지정할 수 있다. 실용적인 예로는 머리카락, 전화선, 로프, 펜스, 고주파 머티리얼, 일관된 원거리 지오메트리 등이 있다. 적응형 테셀레이션 전략과 유사하게 수동 세그멘테이션은 뷰포트, 머티리얼, 혹은 원하는 안티앨리어싱 유형(예, 내부 모서리, 외부 모서리, 머티리얼)까지의 거리를 기반으로 하는 레이 트레이싱된 슈퍼샘플링의 적응성을 안내하고자 지오메트리 메타데이터를 사용한다.

22.3.2 스파스 레이 트레이싱된 슈퍼샘플링

세그멘테이션 마스크가 준비되면 세그멘테이션 마스크의 해상도에서 디스패치되는 DXR 광선 생성 셰이더로 구현된 새로운 스파스 레이 트레이싱 패스에서 안티앨리어싱이 수행된다. 각 광선 생성 스레드는 마스크의 픽셀을 읽고 픽셀이 레이 트레이싱으로 표시돼 있는지 확인한다. 그리고 표시돼 있으면 광선을 8x, 4x, 2x MSAA n-룩스^{rooks} 서브픽셀 샘플링 패턴으로 캐스팅한다. 광선 충돌에서는 래스터 파이프라인과 동일한 HLSL 코드를 사용해 전체 UE4 노드 기반 머티리얼 그래프와 셰이딩 파이프라인을 실행한다. DXR 광선 생성과 충돌 셰이더에서는 전방 차분$^{forward-difference}$ 파생물이 사용 불가능하므로 텍스처의 최고 해상도를 강제하고자 무한으로 처리한다. 따라서 최고 품질을 위해 대부분의 필름 렌더러가 작동하는 방식인 머티리얼 앨리어싱을 처리하고자 슈퍼샘플링만 사용한다. 대안은 분석적으로 밉맵 레벨을 선택하거나 광선 미분[6, 11]을 이용하고자 거리와 방향을 사용하는 것이다. 그림 22-6은 여기서의 방법을 사용해 렌더링된 이미지의 단면을 보여주고 스파스 레이 트레이싱 단계의 결과(상단)와 최종 합성 ATAA 결과(하단)를 보여준다.

▲ 그림 22-6. 스파스 레이 트레이싱 단계(상단)와 최종 합성 ATAA 결과(하단)를 보여주는 여기서의 방법을 사용해 렌더링한 이미지의 단면

22.3.2.1 서브픽셀 샘플 배포와 재사용

앨리어싱용을 포함해 래스터 기반 샘플링은 그래픽 API에서 사용할 수 있는 패턴을 샘플링하고자 제한됐으며 하드웨어에서 효율적으로 구현된다. 래스터화 파이프라인에 완전히 프로그래밍 가능한 샘플 오프셋 기능을 추가할 수는 있지만 이런 기능은 오늘날에 쉽게 사용할 수 없다. 반면에 DXR과 다른 레이 트레이싱 API는 임의의 원점과 방향으로 광선을 캐스팅할 수 있도록 해주므로 샘플링때 좀 더 높은 유연성을 갖게 해준다. 예를 들어 모든 유용한 샘플이 픽셀의 오른쪽 절반에 존재한다면 오른쪽 절반을 조밀하게 샘플링하고 나머지 왼쪽 절반을 드문드문 샘플링하도록(혹은 전혀 하지 않게) 광선을 조절할 수 있다. 완전히 임의의 샘플 패턴이 가능하고 다양한 용도의 샘플 패턴이 특정 용도에 유용할 수 있지만 여기서는 좀 더 실용적인 접근법을 제안한다.

하이브리드 알고리즘에서 주변 픽셀과 샘플 분포의 패리티를 유지하려면 래스터라이저가 TAA에 사용하는 것과 동일한 지터링 샘플 패턴을 사용하는 것이 일반적인 선택이다. ATAA를 사용하면 각 시간 단계에서 일련의 샘플 위치에서 샘플을 생성할 수 있으므로 좀 더 높은 품질의 새로운 샘플이 생성되고 재투영된 히스토리 값에 대한 의존도가 줄어든다. 예를 들어 TAA가 8 프레임 지터링 샘플링 패턴을 갖고 8x 적응형 레이 트레이싱된 슈퍼샘플링을 수행하는 경우 모든 8개의 지터링 샘플 위치를 각 프레임에서 광선으로 평가할 수 있다. 레이 트레이싱된 슈퍼샘플링은 히스토리 값의 텍스처 필터링을 통합하기 전에 TAA가 수렴하는 것과 동일한 결과를 생성한다. 유사하게 4x 적응형 레이 드레이싱된 샘플 패턴은 단지 2 프레임에서 8x TAA 결과로 수렴한다.

레이 트레이싱과 래스터화 간의 일치하는 샘플 패턴이 처음에는 가장 좋은 방법인 것처럼 보이지만, 서로 다른 샘플 패턴은 8x 샘플링을 지닌 적응형 레이 트레이싱으로 4 프레임에 걸쳐 32x 품질로 수렴할 수 있게 할 수도 있다. 더 많은 샘플 패턴을 결정하는 데 영감을 주기 위해 프로덕션 렌더러[3, 5, 8, 9, 16]를 찾는다. 상관된 다중 지터링 샘플링은 오늘날 일반적으로 사용된다. 개선된 샘플 패턴은 더 높은 품질의 결과를 생성해야 하지만 화면 공간에서 TAA 결과 옆에 배치할 때 다른 샘플링 방식 간의 불연속이 눈에 띌 수 있으며 추가적인 평가가 필요할 수 있다.

22.4 초기 결과

ATAA의 유용성을 보여주고자 다이렉트X 레이 트레이싱 기능으로 확장된 언리얼 엔진 4의 프로토타입 브랜치에서 알고리즘을 구현했다. 윈도우 10 v1803(RS4), 마이크로소프트 DXR, 엔비디아 RTX, 엔비디아 416.25 드라이버, 지포스 RTX 2080, 2070 GPU를 사용해 결과를 수집했다.

22.4.1 이미지 품질

그림 22-1과 22-7은 그림 22-6에 전체적으로 표시된 얇은 로프 지오메트리가 특징인 씬의 까다로운 영역으로 확대한 현대식 집 씬의 비교를 보여준다. 그림 22-7에서 'No AA' 이미지는 픽셀당 단일 래스터 샘플에서 예상되는 기준선 앨리어싱을 보여준다. FXAA와 TAA 이미지는 UE4에서 사용할 수 있는 표준 구현을 나타낸다. SSAA 16x 이미지는 16x 슈퍼샘플링에서 발생한다. 사용된 ATAA 세그멘테이션 마스크와 픽셀당 2, 4, 8의 세 가지 ATAA 변형을 보여준다. 표준 TAA의 단점은 스틸 이미지에서 캡처하기 어렵다는 점이고 모든 TAA 이미지는 안정적으로 수렴된 프레임에서 나오므로 일반적인 TAA 모션 아티팩트는 보이지 않는다. 그림 22-8은 복잡한 가지를 가진 식물이 있는 까다로운 영역으로 확대한 같은 씬의 비교 출력을 보여준다. 두 결과 비교에서 ATAA의 세그멘테이션 단계는 거친 영역을 둘러싸고 있는 많은 영역을 식별하고 레이 트레이싱된 슈퍼샘플링을 사용해 고스팅, 블러링, 언더샘플링을 피하는 반면, 표준 TAA가 샘플 간의 서브픽셀 영역으로 떨어지는 얇은 지오메트리를 놓치거나 흐리게 만드는 방법이 어떤 것인지 주목한다.

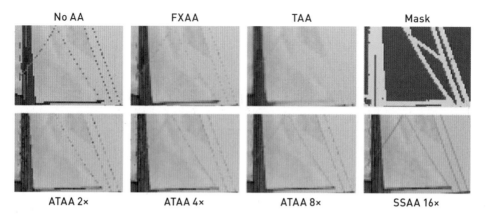

No AA · FXAA · TAA · Mask

ATAA 2× · ATAA 4× · ATAA 8× · SSAA 16×

▲ **그림 22-7.** 1 SPP 래스터화, FXAA, UE4의 스톡 TAA, 세그멘테이션 마스크의 시각화, ATAA 2x, 4x, 8x, SSAA 16x 기준으로 렌더링된 보트 로프 디테일과 비교해 얇은 로프 지오메트리를 특징으로 하는 까다로운 영역을 강조하는 현대식 집 씬의 확대된 이미지

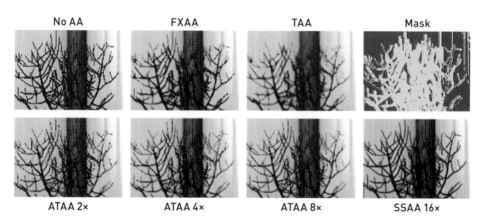

No AA · FXAA · TAA · Mask

ATAA 2× · ATAA 4× · ATAA 8× · SSAA 16×

▲ **그림 22-8.** 1 SPP 래스터화, FXAA, UE4의 스톡 TAA, 세그멘테이션 마스크의 시각화, ATAA 2x, 4x, 8x, SSAA 16x 기준으로 렌더링된 식물 디테일과 비교해 식물의 복잡한 디테일을 특징으로 하는 까다로운 영역을 강조하는 현대식 집 씬의 확대된 이미지

22.4.2 성능

표 22-1은 SSAA의 동등한 구성과 비교해 ATAA의 밀리세컨드(ms) 단위로 보고된 GPU 시간을 보여준다. ATAA는 이미지를 1,080p 해상도로 렌더링하며 안티앨리어싱을 위해 캐스팅되는 광선의 수는 세그멘테이션 마스크에 따라 프레임마다 다르다. 그림 22-6에 표시된 현대식 집 뷰는 성능 테스트에 사용되며 세그멘테이션

마스크는 레이 트레이싱된 슈퍼샘플링을 위해 103,838 픽셀을 식별한다. 이러한 픽셀은 전체 이미지 해상도의 5%에 불과하지만 실패하지 않은 TAA 결과(세그멘테이션 마스크의 파란 픽셀)와 결합해 ATAA는 훨씬 저렴한 비용으로 SSAA와 유사한 결과를 적응적으로 생성한다. ATAA에 의해 캐스팅된 주요 광선은 오클루전을 결정하고자 씬의 디렉셔널 라이트 소스(태양)에 섀도우 광선을 쏜다. 또한 FXAA 패스는 전체 프레임이 새로워졌을 때 0.75ms만큼 추가되지만 실제 마스크에서 FXAA에 대해 더 적은 픽셀이 식별되면 선형적으로 0ms까지 낮아진다. 일반적인 카메라 모션에서는 5% 미만의 픽셀이 FXAA에 선택된다.

▼ **표 22-1.** 지포스 RTX 2080과 2070 GPU의 여러 SSAA와 ATAA 구성에 대한 GPU 시간(ms) 비교. 레이 트레이싱된 슈퍼샘플링을 위해 ATAA는 1080p 해상도로 실행되며 103,838 픽셀을 선택한다. ATAA는 안티앨리어싱이 필요한 까다로운 영역에서 SSAA와 비슷한 결과를 생성하며 약 2~4배 더 빠르게 실행된다.

	GeForce RTX 2080				GeForce RTX 2070		
	SSAA	ATAA	Speedup		SSAA	ATAA	Speedup
2×	6.30	1.81	3.48×	2×	7.00	3.02	2.32×
4×	12.60	3.48	3.62×	4×	14.00	5.94	2.36×
8×	25.20	6.70	3.76×	8×	28.00	11.64	2.41×

현대식 집 씬에서 ATAA의 적응 특성은 비교적 최적화되지 않은 구현에서도 SSAA에 비해 2~4배까지 상당한 속도를 제공한다. 이러한 초기 결과는 레이 트레이싱용으로 설계되지 않은 UE4의 프로토타입 브랜치의 새로운 하드웨어, 새로운 드라이버, 실험적 DXR API에서 캡처된다. 결과적으로 ATAA 알고리즘 구현과 게임 엔진의 DXR 레이 트레이싱 기능 구현 모두의 성능을 최적화할 수 있는 상당한 기회가 여전히 남아있다.

ATAA의 이러한 알고리즘 최적화는 세그멘테이션 마스크와 정렬되는 화면 공간 버퍼 대신 레이 트레이싱된 슈퍼샘플링을 위한 식별된 픽셀의 위치를 포함하는 압축된 1차원 버퍼를 만드는 것이며, 압축된 버퍼의 요소에 대해 DXR 광선 생성 셰이더 스레드만 디스패치하는 것이다. 이 과정을 광선 워크로드 압축이라고 한다. 표 22-2는 압축 최적화가 있거나 없는 ATAA의 GPU 시간을 비교한다. 압축은 원래 ATAA 구현에 비해 13~29%의 성능 향상을 제공하며 동등한 SSAA 구성보다 약 2.5~5배 빠른 성능을 제공한다. 이는 흥미로운 발견이지만 세그멘테이션 마스크(및 결과 광선 워크로드)는 매 0 프레임마다 동적으로 변한다는 것을 염두에 두자. 따라서 압축이 언제나 유리한 것은 아니다. 프로젝트 전체에서 다양한 렌더링 워크로드를 실험하는 것이 최상의 성능을 달성할 수 있는 최적화 방법을 찾는 데 중요하다.

▼ **표 22-2.** 지포스 RTX 2080 및 2070(위)에서 ATAA와 광선 워크로드 압축 ATAA(ATAA-C)의 GPU 시간 비교. 압축은 현대식 집 워크로드의 성능을 13~29% 높이고 동등한 SSAA 구성(하단)보다 약 2.5~5배 빠르게 수행한다. 성능은 지오메트리와 머티리얼에 따라 다르므로 압축이 항상 성능을 향상시키는 것은 아니다.

GeForce RTX 2080			
	ATAA	ATAA-C	Speedup
2×	1.81	1.47	1.23×
4×	3.48	2.70	1.29×
8×	6.70	5.32	1.26×

GeForce RTX 2070			
	ATAA	ATAA-C	Speedup
2×	3.02	2.67	1.13×
4×	5.95	5.13	1.16×
8×	11.64	9.95	1.17×

	SSAA	ATAA-C	Speedup
2×	6.30	1.47	4.29×
4×	12.60	2.70	4.67×
8×	25.20	5.32	4.74×

	SSAA	ATAA-C	Speedup
2×	7.00	2.67	2.63×
4×	14.00	5.13	2.73×
8×	28.00	9.95	2.81×

22.5 제한 사항

여기서 제시한 ATAA는 하이브리드 광선 래스터 안티앨리어싱을 구현할 때 마주칠 수 있는 모든 문제를 포괄적으로 다루지는 않는다. 예를 들어 세그먼트화 마스크는 픽셀당 단일 시간적으로 지터링된 샘플을 가진 지오메트리를 발견하는 것으로 제한된다. 그 결과 서브픽셀 지오메트리가 누락될 수 있다. 이는 나타나는 지오메트리와 세그멘테이션 마스크에 나타나지 않는 지오메트리 간의 공간적 교대를 만들기 때문에 고품질 레이 트레이싱된 슈퍼샘플링과 완전히 누락된 지오메트리

간의 이동을 야기한다. 이런 문제를 해결하기 위한 렌더링 접근 방식은 거의 기본적인 샘플 속도를 증가하는 것을 포함하지만 적절하게 지오메트리를 수정하거나 지오메트리가 카메라에서 특정 거리 떨어져 있을 때 대체 LOD 표현을 생성해 아티스트가 이러한 문제를 완화할 수 있다. 또한 레이 트레이싱 전에 세그멘테이션 마스크를 필터링하면 좀 더 많은 광선을 추적하는 비용이 들긴 하지만 마스크의 시간적 안정성을 증가시킬 수 있다.

ATAA의 안티앨리어싱된 결과와 SSAA를 비교하면 약간의 차이가 있다. DXR의 머티리얼 평가가 텍스처 밉맵 레벨의 계산과 평가를 올바르게 하지 않기 때문이다. 기존 게임 엔진에서 레이 트레이싱된 샘플을 셰이딩할 때 텍스처 샘플링은 특히 까다롭다. 광선 미분을 계산하는 것이 가능하지만 기존 머티리얼 모델의 구현은 래스터 파이프라인에서 제공하는 전방 미분 파생물에 크게 좌우된다. 결과적으로 샘플링할 때 단일 광선 미분 세트는 텍스처 밉맵 레벨을 조정하는 데 사용할 수 없으므로 특히 광선 미분 계산에 비용이 많이 들게 한다. 여기의 구현에서 모든 광선 샘플은 가장 높은 주파수의 텍스처를 선택한다. 이런 제한으로 인해 많은 경우 텍스처 앨리어싱이 발생하지만 샘플 수가 많을수록 적절한 필터링된 결과를 재구성할 수 있다. 또한 TAA 히스토리와 새로운 래스터 샘플은 필터링된 텍스처 샘플링이 있다. 이는 텍스처 앨리어싱을 완화하고자 레이 트레이싱된 샘플과 혼합할 수 있다.

주요 가시성의 레이 트레이싱된 안티앨리어싱에 대한 또 다른 실질적인 어려움은 화면 공간 효과를 지원하는 것이다. 광선이 화면 공간에 드물게 분포되기 때문에 피사계 심도, 모션 블러, 렌즈 플레어와 같은 포스트 프로세스 효과가 근처 픽셀에 존재하는지에 대한 필요한 데이터가 보장되지 않는다. 간단한 솔루션은 지나가기 전에 안티앨리어싱 단계를 이동시켜 추가적인 안티앨리어싱에서의 이점을 받지 않는 효과를 희생하는 것이다. 장기적으로 광선 샘플의 예산이 증가함에 따라 래스터 기반 화면 공간 효과를 레이 트레이싱된 등가물로 이동시키는 것이 합리적일 수 있다.

22.6 실시간 레이 트레이싱된 안티앨리어싱의 미래

최근 레이 트레이싱용 전용 가속 기능이 있는 그래픽 프로세서의 등장은 최첨단 상태를 재점검하고 실시간 안티앨리어싱을 다시 만들 수 있는 기회를 제공한다. 22장은 ATAA[18]의 최초 출판 이후 구현 세부 사항을 제시하고 미래 빌드의 프로덕션 렌더러를 위한 토대가 될 수 있다. 제품 배포에서 가장 중요한 문제는 스파스 레이 트레이싱 패스의 런타임이 사용할 수 있는 프레임 시간 예산 내에 맞게 하는 것이다. 레이 트레이싱된 슈퍼샘플링을 위한 픽셀이 선택되면 성능을 조절하고자 목표 수에 도달한 후에 순식간에 광선을 떨어트리는 것과 앨리어싱이 덜 일반적이거나 지각적으로 덜 중요한 화면 공간 영역에서 광선의 우선순위를 낮추는 것, 세그멘테이션 마스크에 내장된 우선순위 메트릭을 기반으로 한 광선 개수를 선택하는 것을 포함해 추가적인 휴리스틱을 추구하는 것이 좋다. 픽셀당 광선 수를 조정하면 주어진 관심 영역에서 레이 트레이싱 성능을 향상시킬 수 있을 것으로 예상된다. 현재 GPU의 SIMD 아키텍처로 인해 이러한 조정은 워프 바운더리에서 최적으로 이뤄지므로 비슷한 샘플 개수를 필요로 하는 픽셀은 워크로드 압축 패스 중 완료될 수 있는 작업을 스폰할 때 함께 배치하는 것으로 이점을 얻을 수 있다.

22.7 결론

주요 표면 앨리어싱은 컴퓨터 그래픽의 초석이다. 가장 잘 알려진 오프라인 렌더링 솔루션은 적응형 슈퍼샘플링이다. 스파스 픽셀을 효율적으로 래스터화하는 방법이 없었기 때문에 복잡한 머티리얼과 씬의 맥락에서 래스터화 렌더러는 이전에는 비실용적이었다. 가장 효율적인 GPU 레이 트레이서조차도 중복된 셰이더와 씬 데이터가 필요했다. DXR은 래스터화와 레이 트레이싱의 결합으로 기술적인 문제를 해결하지만, 슈퍼샘플링으로 앨리어싱을 해결하고자 레이 트레이싱을 적용하는 것은 쉽지 않다. 오직 1 SPP 입력만으로 슈퍼샘플링할 픽셀을 파악하고 조절해야 하는 무언가에 대한 비용을 줄이는 것은 나이브한 레이 트레이싱만으로는 해결되지 않는다.

우리는 이 문제에 대한 실질적인 해결책을 보여줬다. 상용 게임 내에서 실행되고 1세대 실시간 레이 트레이싱 상용 하드웨어와 소프트웨어에서도 실시간으로 작동하고 전체 셰이더 파이프라인과 연결되는 아주 실용적인 해결책으로 말이다. 필름 렌더러가 먼저 픽셀당 많은 광선을 캐스팅해 적응적으로 슈퍼샘플링하고자 픽셀을 선택하는 경우 앨리어싱을 감지하기 위해 TAA의 히스토리 버퍼를 활용해 많은 프레임에 대한 비용을 상각한다. 디스오클루전으로 인한 앨리어싱의 크고 과도한 영역을 추가로 식별하고 연장 광선이 아닌 포스트 프로세스 FXAA를 사용한다. 이 하이브리드 전략은 가장 정교한 실시간 안티앨리어싱 전략의 장점을 활용하면서 많은 한계를 제거한다. 슈퍼샘플링된 결과를 TAA 버퍼에 다시 공급해 해당 픽셀이 후속 프레임에서 슈퍼샘플링을 실행하지 않도록 할 확률을 높여 비용을 더욱 절감할 수 있다.

참고 문헌

[1] Auzinger, T., Musialski, P., Preiner, R., and Wimmer, M. Non-Sampled Anti-Aliasing. In Vision, Modeling and Visualization (2013), pp. 169-176.

[2] Barringer, R., and Akenine-Möller, T. A4: Asynchronous Adaptive Anti-Aliasing Using Shared Memory. ACM Transactions on Graphics 32, 4 (July 2013), 100:1-100:10.

[3] Burley, B., Adler, D., Chiang, M. J.-y., Driskill, H., Habel, R., Kelly, P., Kutz, P., Li, y. K., and Teece, D. The Design and Evolution of Disneys Hyperion Renderer. ACM Transactions on Graphics 37, 3 (2018), 33:1-33:22.

[4] Chajdas, M. G., McGuire, M., and Luebke, D. Subpixel Reconstruction Antialiasing for Deferred Shading. In Symposium on Interactive 3D Graphics and Games (2011), pp. 15-22.

[5] Christensen, P., Fong, J., Shade, J., Wooten, W., Schubert, B., Kensler, A., Friedman, S., Kilpatrick, C., Ramshaw, C., Bannister, M., Rayner, B., Brouillat, J., and Liani, M. RenderMan: An Advanced Path-Tracing Architecture for Movie Rendering. ACM Transactions on Graphics 37, 3 (2018), 30:1-30:21.

[6] Christensen, P. H., Laur, D. M., Fong, J., Wooten, W. L., and Batali, D. Ray

Differentials and Multiresolution Geometry Caching for Distribution Ray Tracing in Complex Scenes. Computer Graphics Forum 22, 3 (2003), 543–552.

[7]   Crassin, C., McGuire, M., Fatahalian, K., and Lefohn, A. Aggregate G-Buffer Anti-A liasing. IEEE Transactions on Visualization and Computer Graphics 22, 10 (2016), 2215–2228.

[8]   Fascione, L., Hanika, J., Leone, M., Droske, M., Schwarzhaupt, J., Davidovic, T., Weidlich, A., and Meng, J. Manuka: A Batch-Shading Architecture for Spectral Path Tracing in Movie Production. ACM Transactions on Graphics 37, 3 (2018), 31:1–31:18.

[9]   Georgiev, I., Ize, T., Farnsworth, M., Montoya-Vozmediano, R., King, A., Lommel, B. V., Jimenez, A., Anson, O., Ogaki, S., Johnston, E., Herubel, A., Russell, D., Servant, F., and Fajardo, M. Arnold: A Brute-Force Production Path Tracer. ACM Transactions on Graphics 37, 3 (2018), 32:1–32:12.

[10] Holländer, M., Boubekeur, T., and Eisemann, E. Adaptive Supersampling for Deferred AntiAliasing. Journal of Computer Graphics Techniques 2, 1 (March 2013), 1–14.

[11] Igehy, H. Tracing Ray Differentials. In Proceedings of SIGGRAPH (1999), pp. 179–186.

[12] Jimenez, J., Echevarria, J. I., Sousa, T., and Gutierrez, D. SMAA: Enhanced Morphological Antialiasing. Computer Graphics Forum 31, 2 (2012), 355–364.

[13] Karis, B. High Quality Temporal Anti-Aliasing. Advances in Real-Time Rendering for Games, SIGGRAPH Courses, 2014.

[14] Kensler, A. Correlated Multi-Jittered Sampling. Pixar Technical Memo 13–01, 2013.

[15] Kobbelt, L., and Botsch, M. A Survey of Point-Based Techniques in Computer Graphics. Computers and Graphics 28, 6 (Dec. 2004), 801–814.

[16] Kulla, C., Conty, A., Stein, C., and Gritz, L. Sony Pictures Imageworks Arnold. ACM Transactions on Graphics 37, 3 (2018), 29:1–29:18.

[17] Lottes, T. FXAA. NVIDIA White Paper, 2009.

[18] Marrs, A., Spjut, J., Gruen, H., Sathe, R., and McGuire, M. Adaptive Temporal Antialiasing. In Proceedings of High-Performance Graphics (2018), pp. 1:1–1:4.

[19] Olano, M., and Baker, D. LEAN Mapping. In Symposium on Interactive 3D Graphics and Games (2010), pp. 181–188.

[20] Pedersen, L. J. F. Temporal Reprojection Anti-Aliasing in INSIDE. Game Developers Conference, 2016.

[21] Pettineo, M. Rendering the Alternate History of The Order: 1886. Advances in Real-Time Rendering in Games, SIGGRAPH Courses, 2015.

[22] Reshetov, A. Morphological Antialiasing. In Proceedings of High-Performance Graphics (2009), pp. 109–116.

[23] Salvi, M. Anti-Aliasing: Are We There yet? Open Problems in Real-Time Rendering, SIGGRAPH Courses, 2015.

[24] Salvi, M., and Vidimce, K. Surface Based Anti-Aliasing. In Symposium on Interactive 3D Graphics and Games (2012), pp. 159–164.

[25] Wang, y., Wyman, C., He, y., and Sen, P. Decoupled Coverage Anti-Aliasing. In Proceedings of High-Performance Graphics (2015), pp. 33–42.

[26] Whitted, T. An Improved Illumination Model for Shaded Display. Communications of the ACM 23, 6 (June 1980), 343–349.

[27] yang, L., Nehab, D., Sander, P. V., Sitthi-amorn, P., Lawrence, J., and Hoppe, H. Amortized Supersampling. ACM Transactions on Graphics 28, 5 (Dec. 2009), 135:1–135:12.

PART 6

하이브리드
접근법과 시스템

6부

하이브리드 접근법과 시스템

때때로 '젬^{gem}'은 단순히 좋은 알고리즘이나 구현 이상이다. 이는 시스템을 위한 디자인이다. 6부의 장은 GPU 레이 트레이싱과 래스터화를 함께 사용하는 하이브리드 렌더링용 다섯 가지 시스템을 제공한다. 그 시스템들은 모든 실시간 렌더링 프로그램을 위한 좋은 아이디어를 제공하고자 다양한 애플리케이션 목표와 척도를 다룬다.

23장, 프로스트바이트의 인터랙티브 라이트 맵과 조도 볼륨 프리뷰에서는 엔터테인먼트 제작 속도를 높이고자 레이 트레이싱을 사용하는 포괄적인 도구를 제공한다. 20년 동안 영화와 게임 아티스트의 라이팅 워크플로는 전역 조명을 '베이킹하는' 긴 과정으로 인해 자주 제한됐다. 23장에서 프로스트바이트 게임 엔진 팀은 전체 전역 조명의 빠른 미리보기를 위한 자신들의 하이브리드 렌더링 시스템을 자세히 설명한다.

24장, 광자 매핑을 통한 실시간 전역 조명에서는 방출기에서 나아간 빛을 추적하고 래스터화하거나 카메라에서 뒤로 레이 트레이싱된 표면에 적용하는 것으로 전역 조명을 시뮬레이션하기 위한 방법을 서술한다. 이 시스템은 스페큘러 반사가 일으킨 밝은 화면과 경로 추적이 수렴하기에는 느린 굴절 같은 경우를 다룰 수 있다. 더 중요한 것은 많은 픽셀에 걸쳐 빛의 경로를 캐싱하고 상환하는 안정적인 방법을 제공한다는 것이다.

25장, 실시간 레이 트레이싱용 하이브리드 렌더링에서는 일렉트로닉 아츠의 SEED 게임 개발자 연구 그룹에서 제작한 PICA PICA 데모에서 얻은 교훈과 세부 구현 정보를 제공한다. 이는 게임처럼 리소스가 제약된 상태에서의 전역 조명을 표현하기 위한 포괄적인 시스템이다. 25장은 레이 트레이싱 투명도, 앰비언트 오클루전, 주요 셰도우, 광택 반사, 디퓨즈 인터리플렉션에 대한 방법을 제공하고 래스터화와 함께 완전한 하이브리드 렌더링 시스템으로 합치는 방법을 설명한다.

26장, 지연된 하이브리드 경로 추적에서는 공격적인 새로운 공간적 데이터 구조 복사량 캐싱 테크닉을 사용한 경로 추적기를 제공한다. 이것은 저자들의 건축 시각화 애플리케이션에 적합한 수초의 사전 계산을 사용하는 정적 씬의 고품질 인터랙티브 비행flythrough 렌더링을 제공한다.

27장, 고충실도 공상과학 시각화용 인터랙티브 레이 트레이싱 기술에서는 공상과학 시각화에 적합한 여러 레이 트레이싱 기술을 설명한다. 고품질과 상호작용성의 결합은 컴퓨터 그래픽에 대한 전문 지식이 없어도 도메인 전문가에 대한 새로운 통찰력을 제공할 수 있다.

6부의 장들은 레이 트레이싱이 인터랙티브 렌더링과 베이킹 효과의 빠른 미리보기 양쪽 모두에 대해 강력한 도구가 된 방법을 보여준다. BVH 순회와 광선/삼각형 교차와 같은 작업의 속도와 사용 편의성 개선은 새로운 기회를 열어준다. 앞으로 수년간 하이브리드 방식에 대한 더 많은 연구와 개발이 기대된다.

모건 맥과이어Morgan McGuire

23장

프로스트바이트의 인터랙티브 라이트 맵과 조도 볼륨 프리뷰

일렉트로닉 아츠의 다스 애퍼(Diede Apers), 페터 에드블럼(Petter Edblom), 샤를 드 루시에(Charles de Rousiers), 세바스티엔 힐레어(Sébastien Hillaire)

개요

23장에서는 프로스트바이트 엔진에서 사용할 수 있는 실시간 전역 조명$^{GI, Global Illumination}$ 프리뷰 시스템을 설명한다. 여기서의 접근 방식은 다이렉트X 레이 트레이싱^{DXR} API를 사용해 제작된, GPU에서 실행되는 몬테카를로 경로 탐색을 기반으로 한다. 씬을 구성하는 요소에 따라 실시간으로 라이트 맵과 조도 볼륨을 업데이트하는 방법을 제시한다. 뷰 우선순위 지정과 조도 캐싱처럼 업데이트를 가속화하는 방법도 설명한다. 라이트 맵 노이즈 제거기는 항상 화면에 좋은 이미지를 표시하는 데 사용된다. 이 솔루션을 통해 아티스트는 이전의 CPU 기반 GI 솔버를 사용해 최종 결과를 몇 분에서 몇 시간 기다리는 대신 편집 결과를 화면에 구체화해 시각화할 수 있다. 실시간으로 화면에서 개선되는 GI 솔루션이 몇 초 후에 수렴되지 않는다고 해도 아티스트가 최종 모양에 대한 아이디어를 얻고 씬 품질을 평가하기에 충분하다. 더 빠르게 반복할 수 있게 하므로 좀 더 높은 품질의 씬 라이팅 설정을 달성할 수 있다.

23.1 소개

1996년 퀘이크 이후 게임에서 라이트 맵을 사용한 사전 계산 라이팅이 사용됐다. 거기에서 라이트 맵은 좀 더 높은 시각적 충실도[1, 8]를 달성하도록 발전했다. 그러나 오랜 베이킹baking 시간 때문에 프로덕션에서의 사용은 여전히 제한적이며, 아티스트에게 라이팅 워크플로가 비효율적이 되게 하고 엔지니어가 디버그하기 어렵게 한다. 목표는 프로스트바이트 에디터 내에서 디퓨즈 GI의 실시간 미리보기를 제공하는 것이다.

일렉트로닉 아츠는 '스타워크 배틀프론트 2'에서와 같은 정적 라이팅, '니드 포 스피드'에서와 같은 하루의 시간을 시뮬레이션하기 위한 동적 태양 빛, '배틀필드 시리즈'에서와 같은 동적 라이트에서 GI 솔루션의 동적 업데이트를 필요로 하는 파괴까지 넓은 범위의 조명 복잡성에 의존하는 다양한 종류의 게임을 제작한다. 23장에서는 정적 GI 사례, 즉 게임 플레이 중 GI 변경 없이 사용할 수 있는 프로스트바이트Frostbite의 자체 GI 솔버[9]에 대해 초점을 맞춘다. 그림 23-1을 참고하자. 베이킹 라이트 맵과 프로브에 의존하는 정적 GI는 언제나 좋은 가치가 있다. 고품질 GI 베이킹을 가능하게 하며 많은 처리 능력을 필요로 하지 않으면서도 화면에 충실한 비주얼을 보여준다. 반대로 애니메이션된 라이트 등의 동적 GI는 광범위한 오프라인 데이터 베이킹이 필요하고, 대략적인 근사치가 있으며 런타임 비용이 많이 든다.

▲ **그림 23-1.** GI 프리뷰 시스템을 사용해 프로스트바이트가 렌더링한 다양한 환경의 세 가지 최종 장면. 왼쪽: 곡창(에버모션 제공). 중앙: 공상과학 테스트 씬(프로스트바이트 제공, © 2018 일렉트로닉 아츠 Inc.). 오른쪽: 식물 대 좀비 가든 워페어 2의 젠 피크 레벨(팝캡 게임즈 제공, © 2018 일렉트로닉 아츠 Inc.)

라이트 맵 생성은 각 텍셀을 개별적으로 평가[3, 9]할 수 있는 편리한 병렬 문제다. 이는 경로 추적을 사용해 달성할 수 있으며 몬테카를로 통합[5]을 사용해 통합될 수 있다. 여기서 각 경로 기여도는 독립적으로 평가될 수 있다. DXR[11]과 불칸 레이 트레이싱[15]에 최근 추가된 실시간 레이 트레이싱은 광선/삼각형 교차, 표면 평가, 재귀 추적, 셰이딩 같은 모든 필요한 계산을 다루기 위한 GPU의 대규모 병렬 아키텍처를 활용하고자 편리하게 만든다. 프로스트바이츠 GI 솔버는 DXR API를 기반으로 한다.

23장에서는 실시간 GI 미리보기[3]를 달성하고자 구축된 프로스트바이트 경로 탐색 솔루션을 설명한다. 23.2절은 라이트 맵과 조도 볼륨을 생성하는 데 사용하는 경로 추적 솔루션의 세부 사항을 제공한다. 23.3절은 GI 프리뷰 비용을 줄이는 데 사용하는 가속 기술, 예를 들어 뷰/텍셀 우선순위를 사용하거나 직접 조도 캐싱 같은 것을 제시한다. 23.4절은 라이트, 머티리얼, 메시 등의 씬 입력과 아티스트의 상호작용을 기반으로 GI 데이터가 생성되고 무효화되는 시기를 설명한다. 마지막으로 23.5절은 정확도에 미치는 영향을 설명하고 다른 가속 구성 요소의 성능을 제시한다.

23.2 GI 솔버 파이프라인

여기서는 라이트 맵과 조도 볼륨 미리보기용 GI 솔버를 설명한다. 23.2.1절은 GI 솔버의 입력(씬 지오메트리, 머티리얼, 라이트)과 출력(라이트 맵 데이터), GPU에 저장되는 방식을 설명한다. 그런 다음 23.2.2절에서는 파이프라인의 모든 부분에 대한 개요를 제공한다. 마지막으로 23.2.3절에서는 조명 계산이 처리되는 방식을 설명한다.

23.2.1 입력과 출력

23.2.1.1 입력

- **지오메트리:** 씬 지오메트리는 삼각형 메시로 표시된다. 라이트 맵 텍스처에 매핑하고자 각 메시에는 고유한 UV 파라미터화가 부착된다. 이 메시는 그림 23-2와 같이 게임 내 메시와 비교해 일반적으로 단순화된 프록시 메시라고 하는 지오메트리다. 프록시 메시를 사용하면 메모리 풋프린트 제

약으로 인한 일반적인 상황인 거친 라이트 맵 해상도로 자가 교차 문제를
완화할 수 있다. UV 파라미터화는 일부 독점 알고리즘을 통해 자동으로 혹
은 아티스트가 수동으로 할 수 있다. 두 경우 모두 파라미터화는 텍셀 신축
과 텍셀 교차 지오메트리를 완화하려고 하며, 이는 빛샘을 유발할 수 있다.
비매니폴드^{non-manifold} 메시는 여러 차트로 나뉘며 런타임 시 라이트 맵이 이
중 선형으로 샘플링될 때 차트에서 빛이 새는 것을 피하고자 채워진다. 메
시의 여러 인스턴스는 동일한 UV 파라미터화를 공유하지만 라이트 맵 텍스
처의 다른 영역을 커버한다. 인스턴스 크기를 조절할 경우 기본적으로 자신
의 라이트 맵 적용이 증가할 것이다. 이렇게 하면 씬에서 텍셀 크기를 비교
적 일정하게 유지하는 데 도움이 된다. 선택적으로 아티스트는 라이트 맵
공간을 정략하고자 인스턴스당 이런 스케일링을 비활성화할 수 있다.

▲ **그림 23-2.** 스타워크 배틀프론트 2의 씬에 적용된 라이트 맵. 왼쪽: GI가 추적되는 프록시 메시에 적용된 라이트
맵, 오른쪽: 프록시 UV 좌표를 투영하고 법선 매핑을 사용해 최종 게임 내의 메시에 적용한 라이트 맵(다이스 제공,
© 2018 일렉트로닉 아츠 Inc.)

- **머티리얼:** 씬 지오메트리 인스턴스 각각은 디퓨즈 알베도, 방사 컬러, 후면
  동작 같은 특정 머티리얼 속성을 가진다. 알베도는 올바른 상호 반사를 시
  뮬레이션하는 데 사용하는 반면에 후면 동작은 삼각형의 뒷면과 교차할 때
  광선이 취해야 할 행동을 결정하는 데 사용한다. 여기서는 디퓨즈 상호 반
  사에만 관심이 있기 때문에 램버트[10]와 같은 단순한 디퓨즈 머티리얼의
  사용만으로 충분하다. 금속 머티리얼이 있는 표면은 유전체 머티리얼로
  덮인 것처럼 처리된다. 이 경우 알베도는 반사율과 거칠기[7]를 기반으로
  추정할 수 있다. 결과적으로 GI 솔버에 의해 코스틱이 생성되지 않는다.

- **광원:** 씬에는 지역 점 조명, 영역 조명, 디렉셔널 라이트, 스카이 돔[7] 같은 다양한 종류의 광원이 포함될 수 있다. 각각의 빛은 구워진 것과 런타임 버전 간의 일관된 동작을 위해 실시간 카운터파트로 작동해야 한다. 스카이 돔은 저해상도 큐브 맵에 저장된다.

- **조도 볼륨:** 라이트 맵 외에도 GI 솔버는 동적 오브젝트의 조명을 사전 시각화할 수 있다. 이는 레벨에 배치된 조도 볼륨에 의해 켜진다. 그림 23-3(a)를 참고하자. 각각의 조도는 구형 고조파 계수의 3차원 그리드를 저장한다.

 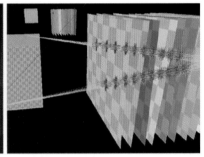

(a) Irradiance volume visualization.　　(b) Ray intersection visualization.

▲ **그림 23-3.** 에디터 내에서 시각화 디버그. (a) 미래풍의 복도 씬에 배치된 조도 볼륨. 이 조도 볼륨은 동적 오브젝트를 라이팅하는 데 사용된다. (b) 셰도우 광선의 시각화 및 투명 프리미티브와의 교차점. 노란 선은 셰도우 광선을 나타내고 빨간색 십자가는 투과율을 설명하기 위한 임의 충돌 셰이더 호출을 나타낸다.

입력 지오메트리는 각 라이트 맵 텍셀의 샘플 위치를 생성하고자 사전 처리된다. 이 월드 공간 위치는 전체 씬의 기하학적 표면에 걸쳐 생성된다. 각각은 경로 추적 시 경로의 첫 번째 버텍스로 사용된다. 라이트 맵에서 각 텍셀의 경계 내에 점을 생성해 유효한 샘플 위치를 생성한다. 그런 다음 이 점은 래핑되지 않은 지오메트리와의 교차에 대해 테스트되고 그림 23-4에 표시된 대로 교차된 프리미티브에 해당하는 인스턴스 변환을 사용해 월드 공간으로 변환된다. 교차점이 없는 점은 버려지고 경로 추적 커널에서 나중에 사용할 수 있도록 GPU에 모든 유효한 샘플 위치가 업로드된다. 알고리즘은 탐욕스러운 방식으로 진행되며, 텍셀에서 8개의 유효한 샘플 위치가 발견될 때까지 샘플을 생성한다. UV 공간은 불일치가 낮은 핼톤 시퀀스를 사용해 샘플링되며 이 샘플의 열거는 전체 도메인을 포함한다. 유효한 샘플 위치를 생성하는 점(예, 점 사이에 있는 작은 삼각형)을 시퀀스가 포함하지 않는 경우 삼각형을 픽셀의 경계로 잘라 샘플을 생성하고 새로운 유효한 샘플 위치를 생성하고자 그 중심을 사용한다. 또한 이 알고리즘을 사용하면 UV 공간의 한 지점이 여러 샘플 위치를 생성하게 하는 것도 가능하다. 이는 라이트 매핑된 지오메트리가 UV 공간에서 겹칠 때 발생할 수 있으므로 바람직하지 않다. 알고리즘은 복원력이 뛰어나며 이를 허용한다.

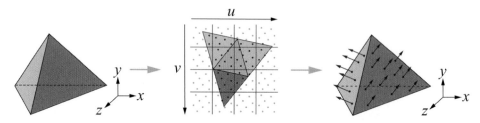

▲ **그림 23-4.** 왼쪽: 3차원 공간에서의 지오메트리. 중간: UV 공간에서 언래핑된 동일한 지오메트리. 전체 텍셀을 포괄하는 낮은 불일치 샘플 세트를 사용해 UV 공간에서 샘플 위치가 생성된다. 오른쪽: 지오메트리와 교차하는 유효한 샘플만이 유지된다.

씬의 지오메트리는 2 레벨 바운딩 볼륨 계층[BVH](DXR의 가속 구조)에 저장된다. 최하위 레벨은 각 고유 메시에 대한 BVH가 포함된다. 최상위 레벨에는 모든 인스턴스가 있으며, 각 인스턴스에는 고유한 공간 변환이 있고 최하위 레벨 BVH 노드를 참조한다. 이 구조는 단일 레벨 BVH보다 순회하는 동안 덜 효율적이지만 레벨 편집 중에 자주 작동하는 씬 업데이트를 단순화한다. 예를 들어 메시의 이동은 하단 레벨에 저장된 전체 삼각형 수프[soup]를 변환하는 대신 상단 레벨 인스턴스 변환 매트릭스만 업데이트하면 된다.

23.2.1.2 출력

GI 솔버는 여러 출력을 생성하며 라이트 맵이나 조도 볼륨으로 구성된다. 라이트 맵 데이터의 경우 인스턴스는 하나 또는 여러 개의 라이트 맵 아틀라스로 패킹되며, 이는 즉석으로 조잡하게 패킹된다.[1]

---

1. 다른 인스턴스의 차트를 아틀라스할 때 월드 공간에 인접하지 않은 텍셀 간의 보간을 피하고자 차트 사이에 일부 패딩이 추가된다.

- **조도**[Irradiance]: GI 솔버의 주요 출력으로, 라이트 맵이나 조도 볼륨에 대한 방향성 조도[2]를 설명한다. 일반적으로 런타임 지오메트리는 베이킹에 사용되는 지오메트리보다 미세하며 종종 베이킹 시간에 고려되지 않는 법선 매핑 같은 자세한 법선을 포함한다. 그림 23-2를 참고하자. 런타임에 방향성 조사를 통해 자세한 법선에 대한 실제 입사 조도를 계산할 수 있다. 평균값, 주요 방향, 구형 고조파[9]와 같은 여러 표현이 지원된다.

- **하늘 가시성:** 주어진 라이트 맵 텍셀이나 조도 볼륨 포인트[7]에서 보이는 하늘의 일부를 설명한다. 이 값은 리플렉션 블렌딩이나 머티리얼 효과와 같은 다양한 목적으로 런타임에 사용된다.

- **앰비언트 오클루전:** 주어진 라이트 맵 텍셀이나 조도 볼륨 포인트[7]에 대한 주변 오클루전을 설명한다. 리플렉션 오클루전을 위해 런타임 때 사용된다.

23.2.2 GI 솔버 파이프라인 개요

제안된 파이프라인은 최종 출력을 가능한 한 빨리 미리 보기하는 것을 목표로 한다. 완전히 수렴된 출력의 계산은 프로덕션 크기 수준에서 몇 초 혹은 몇 분이 걸릴 수 있으므로 제안된 파이프라인은 그림 23-5에서 볼 수 있듯이 출력을 반복적으로 세분화한다. 각 반복에서 다음 작업이 수행된다.

- **씬 업데이트:** 마지막 반복 이후의 모든 씬 수정이 적용된다(예, 메시 이동 혹은 조명 색상 변경). 이 입력은 변환돼 GPU에 업로드된다. 23.4절을 참고하자.

- **캐시 업데이트:** 무효화되거나 불완전한 경우 입사 직접 조사를 추정하고자 추가적인 광선을 추적해 조사 캐시를 세분화한다. 이 캐시는 추적 단계를 가속화하는 데 사용된다. 23.3.3절을 참고하자.

- **텍셀 스케줄:** 카메라의 뷰 절두체[frustum]를 기반으로 가장 관련 있는 볼 수 있는 라이트 맵 텍셀과 볼 수 있는 조도 볼륨을 추적 단계에 따라 식별하고

---

2. 방향성 조도는 다양한 방향에 대해 조도를 평가할 수 있는 방식으로 입사 조명을 저장한다.

스케줄한다. 23.3.1절을 참고하자.

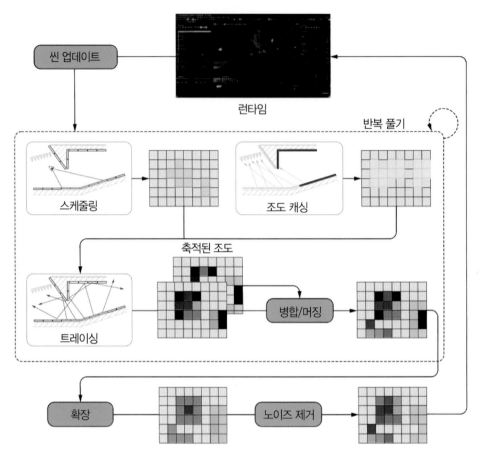

▲ **그림 23-5.** GI 솔버 파이프라인의 개요. 라이트 맵과 조도 볼륨은 반복적으로 업데이트된다. 카메라 뷰 포인트는 추적 단계에 스케줄링돼야 하는 텍셀의 우선순위를 지정하는 데 사용한다. 조도 캐시를 사용해 추적 단계는 GI 데이터를 세분화한다. 추적된 결과는 포스트 프로세스(확장과 노이즈 제거) 전에 이전 프레임의 결과와 병합되고 런타임에 다시 전송된다.

- **텍셀 추적:** 각각의 스케줄된 텍셀과 조도 점은 일련의 경로를 추적해 구체화된다. 이 경로는 들어오는 조도, 하늘 가시성, 앰비언트 오클루전을 계산할 수 있게 한다. 23.2.3절을 참고하자.

- **텍셀 병합:** 새로 계산된 조도 샘플이 지속적인 출력 리소스에 축적된다. 23.2.6절을 참고하자.

484

- **출력의 포스트 프로세스:** 확장과 노이즈 제거 포스트 프로세스 패스는 출력에 적용돼 사용자에게 수렴된 출력의 노이즈 없는 추정치를 제공한다. 23.2.8절을 참고하자.

23.2.3 조명 통합과 경로 구성

각 텍셀에 도달하는 조도 E를 계산하려면 투영된 솔리드 각도 $\omega^\perp$에 의해 가중된 상반구 Ω에 복사량 L을 통합해야 한다.

$$E = \int_{\Omega_p} L d\omega^\perp \tag{1}$$

들어오는 복사량 L을 계산하려면 들어오는 복사량 L_i를 기반으로 나가는 복사량 L을 계산하고 표면 재료 특성과 상호작용하는 빛 전송 방정식을 풀어야 한다. 이 경우 디퓨즈 상호 반사에만 관심이 있다. 알베도 ρ와 이미션 L_e를 갖는 디퓨즈 머티리얼의 경우 방정식은 다음과 같다.

$$L(\omega) = L_e + \frac{\rho}{\pi} \int_{\Omega} L_i(\omega) d\omega^\perp \tag{2}$$

높은 치수 때문에 식 (1)은 풀기 어려울 수 있다. 몬테카를로 같은 확률적 방법에 의존하는 것은 몇 가지 이유로 인해 적합하다. 첫째, 결과는 편견이 없으므로 충분한 샘플을 통해 올바른 값 $\mathbb{E}(E)$로 수렴한다. 둘째, 최종 결과는 반복적인 방식으로 계산할 수 있고, 이는 아티스트에게 점진적인 개선을 표시하기 위한 필요성에 완벽하게 적합하다. 마지막으로 주어진 라이트 맵 텍셀의 세분화는 독립적이므로 병렬로 실행할 수 있다. 식 (1)을 몬테카를로 평가로 풀면 다음과 같다.

$$\mathbb{E}(E) \approx \frac{1}{n} \sum_{\zeta=0}^{n} \frac{L_\zeta}{p_{L_\zeta}} \tag{3}$$

간단히 말하면 확률 분포 함수[PDF] pL에 의해 가중치가 부여된 이 적분에서 n개의 랜덤 평가 L_ζ의 평균을 내면 올바른 결과로 수렴된다. 이는 매우 편리한 특성이다.

식 (1)을 평가하는 간단한 방법은 대상 텍셀을 광원에 연결하는 버텍스로 구성된 경로를 만드는 것이다. 각 버텍스는 기하학적 표면에 있으며 재질 특성(예, 알베도)이 경로의 처리량을 줄인다. 이 처리량은 운반하는 빛의 양을 결정한다. 리스트 23-1의 커널 코드에서 설명한 것처럼 텍셀에서 광원까지 반복적으로 이러한 경로를 구성한다.

리스트 23-1. 간단한 빛 통합을 설명하는 커널 코드

```
 1  Ray r = initRay(texelOrigin, randomDirection);
 2
 3  float3 outRadiance = 0;
 4  float3 pathThroughput = 1;
 5  while (pathVertexCount++ < maxDepth) {
 6      PrimaryRayData rayData;
 7      TraceRay(r, rayData);
 8
 9      if (!rayData.hasHitAnything) {
10          outRadiance += pathThroughput * getSkyDome(r.Direction);
11          break;
12      }
13
14      outRadiance += pathThroughput * rayData.emissive;
15
16      r.Origin = r.Origin + r.Direction * rayData.hitT;
17      r.Direction = sampleHemisphere(rayData.Normal);
18      pathThroughput *= rayData.albedo * dot(r.Direction,rayData.Normal);
19  }
20
21  return outRadiance;
```

리스트 23-1의 알고리즘은 각 텍셀에 대한 조도를 통합하는 방법을 간략하게 설명한다. 이 간단한 솔루션은 다소 느리고 확장성이 떨어진다. 성능을 향상시키는데 사용할 수 있는 몇 가지 전통적인 기술은 다음과 같은 것들이 있다.

- **중요도 샘플링:** 입사 방향이 좀 더 수직인 방향[10]에 비해 기여도가 덜하기 때문에 균일한 분포 대신 투영된 입체각에 따라 상반구를 중요도 샘플링

하는 것이 좀 더 효율적이다.

- **난수를 사용한 경로 구성**: 각 경로의 초기 두 버텍스는 추정된 조도의 편차를 줄이고자 신중하게 만들어진다. 첫째, 텍셀 서브샘플을 메시에 매핑하는 공간 샘플 위치는 23.2.1절에서 설명한 것처럼 낮은 불일치 핼톤 시퀀스를 사용해 미리 생성된다. 이는 전체 도메인이 균일하게 샘플링되게 한다. 둘째로 방향성 샘플 역시 낮은 불일치 핼톤 시퀀스^{Halton sequence}를 사용해 샘플링한다. 그러나 인접한 공간 샘플에서 방향성 샘플 간의 상관되는 문제를 피하고자 랜덤 지터가 방향 오프셋을 위해 추가된다. 이 구조는 공간과 각도의 완전한 4차원 영역을 보장한다. 두 개의 독립적인 2차원 시퀀스가 아닌 실제 4차원 시퀀스를 사용하면 이 공간을 좀 더 효율적으로 샘플링할 수 있지만 단순성을 위해 첫 번째 구현에서는 생략됐다. 후속 경로 버텍스는 방향성 샘플을 구성하고자 균일한 임의의 값을 사용해 작성했다. 샘플 위치는 광선 교차로 결정된다.

- **다음 이벤트 추정**: 광원에 도달할 때까지 경로를 만드는 것은 비효율적이다. 빛의 수(혹은 크기)가 줄어듦에 따라 광원에 도달할 가능성이 줄어든다. 한계에서 씬에 로컬 포인트 라이트만 있을 때 임의의 방향으로 샘플링할 수는 없다. 이 문제를 해결하는 한 가지 간단한 접근법은 경로의 각 버텍스를 광원에 명시적으로 연결하고 그 기여도를 평가하는 것이다. 이는 다음 이벤트 추정으로 알려져 있다. 이를 통해 기존 서브패스를 사용하는 여러 경로를 인위적으로 빌드한다. 단순하지만 효율적인 이 체계는 수렴을 크게 향상시킨다. 이중 기여를 피하고자 광원은 일반 씬 지오메트리와 동일한 구조의 일부가 아니다.

위의 모든 기술은 리스트 23-2의 단순화된 커널 코드에 요약돼 있다.

리스트 23-2. 빛 통합을 설명하는 커널 코드

```
1  Ray r = initRay(texelOrigin, randomDirection);
2
3  float3 outRadiance = 0;
```

```
 4  float3 pathThroughput = 1;
 5  while (pathVertexCount++ < maxDepth) {
 6      PrimaryRayData rayData;
 7      TraceRay(r, rayData);
 8
 9      if (!rayData.hasHitAnything) {
10          outRadiance += pathThroughput * getSkyDome(r.Direction);
11          break;
12      }
13
14      float3 Pos = r.Origin + r.Direction * rayData.hitT;
15      float3 L = sampleLocalLighting(Pos, rayData.Normal);
16
17      pathThroughput *= rayData.albedo;
18      outRadiance += pathThroughput * (L + rayData.emissive);
19
20      r.Origin = Pos;
21      r.Direction = sampleCosineHemisphere(rayData.Normal);
22  }
23
24  return outRadiance;
```

23.2.4 광원

씬에는 점과 영역 광원 세트가 포함될 수 있다. 경로가 구성되면 주변 로컬 라이트, 디렉셔널 라이트(예, 태양), 스카이 돔은 경로의 각 버텍스에서 평가된다(다음 이벤트 추정).

- **로컬 포인트 라이트**: 조도 평가는 사소하다. 강도는 셰이딩 포인트까지의 거리와 각도 감소를 기반으로 계산된다. 포인트 라이트는 제곱 거리에 반비례해 감소하지만 아티스트는 라이트 바운딩 볼륨을 조정해 영향을 줄일 수 있다. 빛이 셰이딩된 표면에 가까워질수록 수신된 강도가 증가하며 무한대에 접근할 수도 있다. 이 문제를 피하고자 최소 거리를 사용한다. 셰이딩 지점과 빛 간의 최소 거리를 1cm로 설정한다.

- **영역 조명:** 조도 평가는 각 조명에 대해 보이는 표면을 통합함을 의미한다. 이를 위해 샘플은 광원의 보이는 부분에 생성되고 현재 경로 버텍스와 연결된다. 영역 광원의 샘플링은 조도 기여뿐만 아니라 소프트 셰도우를 만드는 가시성도 해결하고자 많은 샘플이 필요할 수 있다. 경로 구성을 상각하고자 각 영역 광원에 대해 다수의 샘플이 종속된 입체각에 비례해 캐스트된다. 기여도에 대한 좋은 평가를 하고자 이 샘플은 통합 도메인에서 계층화된다. 그림 23-6을 참고하자. 입체각을 기반으로 한 샘플의 개수는 미리 알려져 있기 때문에 광원의 샘플 위치는 불일치가 적은 해머슬리 시퀀스^{Hammersley sequence}로 생성된다. 이 시퀀스는 공간 상관을 피하고자 각 경로의 버텍스에서 임의로 오프셋되며 셰도우 복제를 일으킬 수 있다.

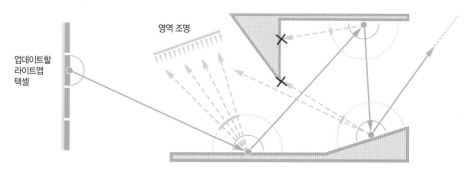

▲ **그림 23-6.** 텍셀의 조도 평가. 이를 위해 경로는 녹색으로 구성된다. 이 경로의 각 버텍스에서 다이렉트 라이팅은 영역 라이팅을 향한 광선을 캐스팅해 평가된다(일명 다음 이벤트 추정). 각 라이트의 샘플 수는 추가 입체각에 비례한다. 지오메트리가 교차하지 않으면 스카이 돔 방사가 평가된다.

- **디렉셔널 라이트:** 각 버텍스에서 조도가 샘플링된다. 런타임에 디렉셔널 라이트가 작은 디스크 영역 라이트로 평가받는다고 하더라도 거친 라이트 맵 해상도는 작은 디스크 평가를 불필요하게 만든다.

- **스카이 돔:** 생성된 방향이 지오메트리와 충돌하지 않을 때 조도가 샘플링된다. 효율적인 평가를 위해 경로의 각 버텍스에서 하늘 조명에 대한 중요도 샘플을 할 수 있다. 예를 들어 앨리어스 방식을 사용해서 말이다.

23.2.5 특수 머티리얼

일반적인 디퓨즈 알베도 외에도 머티리얼은 빛을 방출하거나 빛을 통과시킬 수 있다.

- **방사 표면:** 이것을 지닌 지오메트리 인스턴스는 빛을 방출해 일반적인 지오메트리를 잠재적인 광원으로 만들 수 있다. 경로 구성 중 각 버텍스에서 표면 방출이 평가된다. 이 방법은 평균적으로 정확한 결과를 생성하지만 많은 샘플이 필요하다. 특히 작은 방사 표면의 경우엔 더 많이 필요로 한다. 이 문제를 해결하고자 빛 가속 구조에 방사 삼각형이 추가될 수 있다. 23.3.2절을 참고하자. 이 방사 표면은 일반적인 직접 조명 평가의 일부가 된다.

- **반투명도:** 인스턴스 머티리얼 속성은 뒷면 행동을 지정해 반투명 표면을 설정할 수 있다. 이러한 표면의 경우 그림 23-7에 표시된 것처럼 지오메트리의 다른 면에서 빛이 확산적으로 전송된다. 전송된 빛의 양은 표면 알베도와 반투명 계수에 의해 정해진다. 이 양을 기반으로 경로가 표면에 닿을 때 경로를 전송하거나 반영해야 하는지를 확률적으로 선택한다. 직접 빛 평가는 선택한 측에서 수행한다. 이 과정으로 인해 직접 빛 평가 중 빛과 경로의 버텍스 사이에 반투명 표면이 있으면 빛이 전달되지 않는다. 이 경로의 버텍스는 반투명 표면과 연결하도록 확장할 수 있을 때에만 셰이딩 처리된다.

▲ **그림 23-7.** 머티리얼이 반투명한 평면을 포함하는 씬. 왼쪽: 반투명이 비활성화된다. 표면을 통해 빛이 확산되지 않는다. 오른쪽: 반투명도가 활성화돼 씬으로 빛을 확산시킬 수 있다. 이 경우 투과된 빛은 붉은 색조를 띤다.

- **투명도:** 다음 이벤트 추정(23.2.3절 참고) 동안 광선은 광원을 향해 추적한다. 투명 머티리얼을 지닌 지오메트리와의 교차는 가시성을 약화시킨다. DXR을 사용하면 이 효과는 모든 임의 충돌 셰이더에서의 투과율을 가시성과 곱해 실제화한다. 투명 머티리얼을 지니지 않은 지오메트리는 D3D12_RAYTRACING_GEOMETRY_FLAG_OPAQUE로 플래그를 설정할 수 있다. 광선이 이런 종류의 지오메트리와 만날 때 종료된다. 투명 머티리얼을 지니지 않은 지오메트리의 경우 이중 기여를 피하려면 반드시 D3D12_RAYTRACING_GEOMETRY_FLAG_NO_DUPLICATE_ANYHIT_INVOCATION을 사용해야 한다. 그림 23-3(b)는 이러한 모든 임의 충돌 셰이더가 투명한 지오메트리에 의해서만 트리거되는 방식을 보여준다.

23.2.6 텍셀 스케줄링

이 절에서는 그림 23-5에 설명한 대로 파이프라인의 첫 번째와 세 번째 부분을 자세하게 설명한다. 텍셀은 추적되기 전에 별도의 패스로 예약된다. 이 스케줄링 패스는 특정 텍셀이 처리돼야 하는지를 결정하고자 여러 휴리스틱을 실행한다. 이러한 휴리스틱의 예는 뷰 우선순위(23.3.1절 참고)와 수렴 컬링(리스트 23-4 참고)이다. 수렴 컬링은 텍셀의 수렴을 분석하고 이미 충분히 수렴된 텍셀의 스케줄링을 피한다. 텍셀이 스케줄링되도록 결정되면 표면의 샘플을 선택하고 버퍼에 더한다.

모든 샘플 위치가 해당 버퍼에 추가되면 파이프라인의 두 번째 부분에서 사용된다. 각 샘플 위치는 성능 예산 시스템(23.2.7절 참고)에 따라 여러 번 평가될 수 있다. 그림 23-8은 디스패치 전략을 보여준다. 사용할 수 있는 하드웨어 리소스를 완전히 포화시키기에 충분한 수의 스레드를 확보하고자 각 샘플 위치를 여러 번 스케줄링한다(n_s = 샘플 숫자). 이 기여는 각 텍셀에 속하는 버킷으로 구성된 하나의 큰 버퍼에 저장된다(n_t = 텍셀의 개수). 또한 커널에는 내부 루프가 있어 각각의 디스패치된 스레드에서 여러 기본 광선을 추적할 수 있게 한다(n_i = 반복 횟수). 총 샘플 개수는 $n_t \times n_s \times n_i$다. n_t의 값은 뷰 우선순위의 결과에 따라 달라지며 현재는 화면 공간의 16 픽셀당 1 샘플에 의해 제한된다. n_s와 n_i는 리스트 23-3의 sampleRatio에 의해 조정된다.

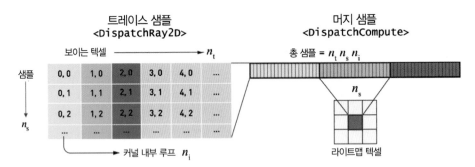

▲ **그림 23-8.** 왼쪽: 추적 커널에 대한 디스패치 전략. 오른쪽: 하나의 큰 버퍼에 저장된 샘플이 하나의 라이트 맵 텍셀에 누적되고 병합된다.

셰이더 계산에서 여러 샘플을 하나의 텍셀로 병합한다. 뷰 우선순위는 각각의 보이는 텍셀이 오직 한 번만 스케줄링되게 하므로 같은 텍셀이 여러 번 스케줄링되는 것을 걱정할 필요는 없다. 마지막으로 출력은 이전 프레임의 출력과 결합된다.

23.2.7 성능 예산

경로 추적 성능은 예측할 수 없으며 프레임 속도를 저하시킬 수 있다. 아티스트에게 원활한 워크플로를 제공하고자 GPU에서 경로 추적에 소모하는 시간을 추적하는 성능 예산 시스템을 구현했다. 목표 프레임 예산을 기준으로 ms 단위로 시스템은 성능 예산에 맞춰 추적되는 샘플의 개수를 적응적으로 조정할 것이다. 리스트 23-3을 참고하자.

리스트 23-3. 성능 예산 시스템에서 사용되는 샘플 비율을 계산하기 위한 호스트 코드

```
1  const float tracingBudgetInMs = 16.0f;
2  const float dampingFactor = 0.9f;                  // 90% (임시)
3  const float stableArea = tracingBudgetInMs*0.15f;  // 예산의 15%
4
5  float sampleRatio = getLastFrameRatio();
6  float timeSpentTracing = getGPUTracingTime();
```

```
 7  float boostFactor =
 8          clamp(0.25f, 1.0f, tracingBudgetInMs / timeSpentTracing);
 9
10  if (abs(timeSpentTracing - tracingBudgetInMs) > stableArea)
11      if (traceTime > tracingBudgetInMs)
12          sampleRatio *= dampingFactor * boostFactor;
13      else
14          sampleRatio /= dampingFactor;
15
16  sampleRatio = clamp(0.001f, 1.0f, sampleRatio);
```

23.2.8 포스트 프로세스

GI 솔버의 출력은 점진적으로 빌드된다. 따라서 몇 초가 지나기 전에 최종 결과가
완료되지 않을 수 있다. 그러나 아티스트에게 즉각적인 제어 기능을 제공하려면
가능한 한 빨리 제공되는 출력은 최종 버전과 유사하게 돼야 한다. 다음과 같은
세 가지 종류의 이슈를 해결해야 한다.

- **검은 텍셀:** 이러한 텍셀은 아직 조도 샘플을 받지 못했거나 그림 23-9에 표
  시된 것처럼 샘플이 유효하지 못한 것으로 표시된 뒷면 표면과 부딪혔을
  때 발생한다. 두 경우를 완화하고자 사용자에게 제공되는 데이터에는 확
  장 필터가 적용된다. 그러나 최종 출력을 변경하지 않으려고 점진적으로
  작성된 버전에는 적용되지 않는다. 이 확장 필터는 런타임에 모든 텍셀이
  이중 선형 조회에 유효하게 한다. 부분적으로 커버된 텍셀, 즉 조명을 받지
  못한 특정 위치의 샘플은 아무런 확장도 필요하지 않다. 최종 조도 값은 오
  직 유효한 샘플 위치의 평균으로만 계산되기 때문이다. 이렇게 하면 지오
  메트리 접합에서 어두워지는 효과를 피할 수 있다.

▲ **그림 23-9.** 라이트 매핑된 코넬 박스에 적용된 확장 필터. 왼쪽: 지오메트리로 덮인 텍셀은 유효하지 않은 것으로 플래그된 내부 지오메트리와 닿는 경로로 인해 유효하지 않은 조도를 가진다. 중간: 유효하지 않은 텍셀을 제거하고자 확장 필터가 적용된다. 오른쪽: 오브젝트 중 하나의 유효한 텍셀(녹색)과 유효하지 않은 텍셀(빨강)을 보여주는 씬의 평면도

- **노이즈를 가진 텍셀:** 확률론적 방식으로 값을 통합할 때 언더샘플링의 표현이다. 노이즈 양은 시간이 지남에 따라 줄어든다. 추가 샘플을 사용하면 예상되는 평균으로 평균값이 수렴하기 때문이다. 사용자에게 의미 있는 값을 제공하고자 수렴된 평균값을 추정하는 데 노이즈 제거 알고리즘을 사용한다. 그림 23-10을 참고하자. 이를 위해 분산 유도 필터를 사용한다. 주요 아이디어는 텍셀의 분산을 추적하고 이 정보를 사용해 이웃 필터링의 강도를 조정하는 것이다. 이 필터는 라이트 맵 공간에 적용되며 인스턴스의 차트 ID를 사용해 가장자리 정지edge-stopping 함수처럼 작동한다. 이렇게 하면 월드 공간에서 인접하지 않은 지오메트리를 필터링하지 않아도 된다. 그림 23-11을 참고하자. 이 계층 필터는 여러 패스에서 거리가 증가함에 따라 주변 텍셀에서 드물게 보이도록 한다. 이는 여러 주파수의 노이즈가 존재하더라도 평균값을 추출할 수 있게 한다. 이 필터는 라이트 맵 공간에서 실행되므로 씬에서 비교적 일관된 텍셀 밀도를 갖는 것이 바람직하며, 텍셀 밀도가 증가하면 더 많은 필터링 패스가 필요하다. 분산이 줄어들면 휘도 필터와 샘플 간의 간격이 줄어들어 실제 평균값으로 매끄럽게 수렴할 것이다.

▲ **그림 23-10.** 왼쪽: 병합과 확장 작업 후의 시각화된 라이트 맵 데이터. 오른쪽: 노이즈 제거 단계 후에 시각화된 라이트 맵 데이터. 두 그림에서 노이즈 감소를 강조하고자 이중 선형 필터링이 비활성화된다.

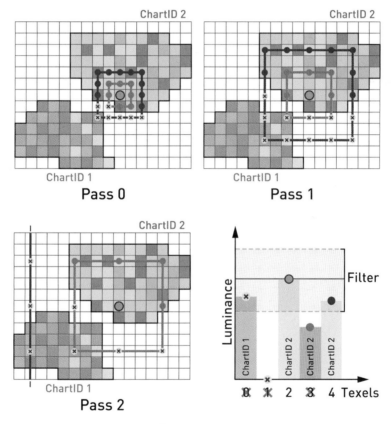

▲ **그림 23-11.** 라이트 맵 공간에서 작동하는 Á-Trous(즉, 구멍이 있는) 노이즈 제거기의 세 패스. 각 패스에서 5 x 5 커널이 평가된다(초록, 밝은 파랑, 파란색 밴드). 여러 주파수에 걸쳐 노이즈를 필터링하고자 수집된 샘플은 더 멀리 퍼진다. 휘도 값과 차트 ID는 지오메트리 전체에서 과도한 번짐과 빛샘을 피하고자 가장자리 중지 함수로 사용된다. 오른쪽 하단의 텍셀 히스토그램에서 텍셀 2(초록 점)는 현재 필터링되고 있다. 다른 텍셀이 텍셀 2와는 다른 차트 ID를 갖거나 유효한 광도 범위를 벗어났기 때문에 텍셀 4(파란 점)만 필터링된 값에 기여한다.

각 텍셀의 평균의 분산은 웰포드[Welford]의 온라인 분산 알고리즘[19]을 사용해 계산된다. 분산은 각 반복마다 업데이트되지는 않고 텍셀당 특정 샘플 버킷을 추적한 후에 업데이트된다. 이 버킷의 크기는 몬테카를로 통합의 이차 수렴으로 인해 각 업데이트마다 증가한다. 버킷 크기는 초기에 12 샘플로 설정됐으며 매번 성공적인 반복마다 두 배로 늘어난다. 이 분산 정보를 사용해 표준 오차[20]는 평균이 특정 신뢰 구간에 도달했을 때를 나타낸다. 여기서는 텍셀이 완전히 수렴된 것으로 간주되는 95% 신뢰 구간을 사용한다. 예제 코드는 리스트 23-4를 참고하자.

- **차트 이음새:** 이음새[Seams]는 라이트 맵 차트 간에서 발생할 수 있다. 월드 공간에 인접하지만 라이트 맵 공간에서는 먼 두 텍셀에서 빛이 다를 수 있기 때문이다. 라이트 맵의 알려진 문제다. 현재 GPU GI 솔버 도구는 이 문제를 아직 해결하지 않는다. 대신 기존 CPU 기반 스티처[stitcher][4]에 의존한다.

리스트 23-4. 분산 추적을 설명하는 커널 코드

```
1  float quantile = 1.959964f; // 95% 신뢰 구간
2  float stdError = sqrt(float(varianceOfMean / sampleCount));
3  bool hasConverged =
4        (stdError * quantile) <= (convergenceErrorThres * mean);
```

23.3 가속 기법

GI 솔버는 각 정제 단계의 비용을 줄이고자 몇 가지 가속 기법에 의존한다. 이 기법을 사용할 때의 목표는 최소한의 근사치를 가진 최종 GI 솔루션을 더 빠르게 수렴하는 동시에 사용자에게 화면에 일관된 결과를 제공하는 것이다(23.5.2절 참고).

23.3.1 뷰 우선순위

한 시점에서만 씬을 관찰할 때에는 라이트 맵의 모든 텍셀을 렌더링할 필요가 없다. 뷰에서 직접적인 텍셀의 우선순위를 지정해 아티스트에게 가장 중요한 수렴

속도를 높일 수 있다. 이를 뷰 우선순위라고 하며 23.2.6절에 설명한 대로 텍셀 스케줄링 패스 중에 평가된다.

각 텍셀을 뷰에서 최소 한 번 스케줄링하고자 그림 23-19에 설명한 대로 여러 프레임에 대한 가시성을 계산한다. 각 프레임마다 다음 의사 코드에 설명한 대로 카메라에서 씬으로 n_v 광선을 추적한다. 여러 가시성 쿼리가 동일한 텍셀을 스케줄링할 때 이 텍셀을 병합하는 데 주의를 기울여야 한다. 각 프레임마다 텍셀이 오직 한 번만 스케줄링되도록 원자 연산을 사용한다.

```
Search for visible texel from camera:
Stratify near plane
for each stratum do
    Generate random point in stratum
    Construct ray through point on near plane
    if Intersect light-mapped geometry then
        Load geometry attributes
        Interpolate light map UV coordinates using barycentrics
        Determine texel index from UV coordinates
        Schedule visible texel
```

조명 통합 중에 각 텍셀의 분산이 추적되므로(23.2.8절 참고) 이 정보는 수렴되지 않은 텍셀, 즉 특정 임곗값보다 높은 분산을 가진 텍셀만 스케줄링하는 데 사용된다.

23.3.2 빛 가속 구조

레벨은 많은 수의 빛을 포함할 수 있다. 다음 이벤트 추정을 위해 각각의 빛을 향해 섀도우 광선을 캐스팅하는 것은 비용이 높다(23.2.3절 참고). 이는 각 경로의 각 버텍스에 대해 수행해야 한다. 이 문제를 해결하고자 가속 구조는 주어진 월드 공간에만 위치하고 잠재적으로 상호작용하는 빛만을 평가하는 데 사용한다.

가속 구조는 공간 해시 함수[16]다. 월드 공간은 크기가 S_{3D}인 축 정렬 바운딩 볼륨의 무한 균일 그리드로 분할된다. 각각의 상자는 항목 수 n_e의 1차원 해시 함수의 단일 항목에 매핑된다. 레벨이 로드되면 모든 빛을 고려해 테이블이 한 번 빌드되고 GPU 메모리에 업로드된다. 각 바운딩 볼륨의 해시 항목은 인덱스 목록이 있다. 모든 조명은 각 항목과 한 번씩 교차한다. 다행히 각 볼륨은 모든 빛을 포함하지는 않는다. 이는 성능을 위해 프로스트바이트의 빛이 강도에 따라 공간에 묶여 있다는 사실 덕분에 가능하다[7].

크기 S_{3D}의 바운딩 볼륨은 일정한 계수로 나눈 라이트에서 바운딩 볼륨의 평균 크기를 기반으로 계산한다. 이 상수는 기본으로 8이며 셀의 크기를 줄이는 데 사용할 수 있다. 해시 함수는 524,287 같은 큰 소수로 설정돼 n_e로 생성된다. 해시 충돌의 경우 월드에서 멀리 떨어져 있는 여러 볼륨이 테이블의 단일 항목을 매핑할 수 있다. 이 경우 거짓-긍정 빛을 만들 수 있다. 그러나 지금까지 문제로 관찰되지 않았다. 이 광가속 구조를 사용한 결과는 그림 23-12에서 볼 수 있다. 이 주제에 대한 자세한 내용은 원본 문서[16]를 참고하자.

▲ **그림 23-12.** 텍셀당 로컬 라이트 쿼리 수: 파란색은 없음, 주황색은 가장 밀도가 높음. 왼쪽: 복도의 많은 로컬 라이트. 오른쪽: 실외 환경에서 약간의 해시 충돌을 지닌 로컬 라이트의 스파스 분포

23.3.3 조도 캐싱

23.2절은 경로 추적이 라이트 맵과 조도를 저장하는 볼륨[9]을 추정하는 방법을 보여준다. 추적된 각 경로의 버텍스에 대해 주변 로컬 광원이 샘플링돼 직접 조명을 추정한다. 이러한 각 이벤트에 대해 광선은 각 빛의 가시성을 평가하고자 추적된다. 그러나 씬은 많은 빛을 가질 수 있으며 경로의 각 버텍스마다 실행되는 이 과정은 비싸다. 또한 경로는 독립적으로 만들어지므로 경로가 빠르게 분기할 가능성이 높다. 불일치하는 공간적 구조 쿼리와 광선으로 인해 높은 레이턴시를 가진 분산된 메모리 접근이 발생해 분기는 결과적으로 프로세스의 전체 비용을 더 증가

시킬 수 있다. 이 단계를 가속하고자 조도 캐싱을 사용한다.

23.3.3.1 직접 조도 캐시 라이트 맵

조도 캐싱의 기본 개념은 표면 패치에 들어오는 빛(조도)을 쿼리가 빠른 구조체에 저장하는 것이다. 조사 캐싱에 대한 전체 설명은 크리바넥^{Křivánek} 등[6]에서 가능하다. 프로스트바이트의 GI 솔버는 씬의 GI 라이트 맵 파라미터화와 일대일 매핑에 따라 라이트 맵 공간에 직접 조도를 저장한다. 그림 23-13을 참고하자. 캐시는 로컬 빛, 태양, 스카이 돔 같은 각 종류의 광원에 대해 빌드한다. 하늘만 변경됐을 때 로컬 라이트 캐시를 리빌드하지 않으므로 이 분리는 중요하다(23.4.2절 참고). 일단 계산되면 이러한 직접 조도 캐시 텍스처는 명시적으로 빛을 샘플링하는 대신 직접 조도를 누적하고자 경로의 각 버텍스에서 가져올 수 있다(23.2.3절 참고).

▲ **그림 23-13.** 로컬 라이트, 직접 조명, 스카이 돔에 의해 밝혀지는 곡창 씬의 조도 캐시의 시각화. 상단 왼쪽: 라이트 맵에 저장된 간접 조명. 상단 오른쪽: 디렉셔널 라이트 조도 캐시. 하단 왼쪽: 로컬 라이트 조도 캐시. 하단 오른쪽: 조도 캐시가 계산되는 위치를 보여주는 빨간 점

그림 23-14에 나와 있듯이 이전에 많은 광선(그림 23-6)을 사용해 얻은 빛의 직접 조도 평가는 이제 하드웨어 가속 이중 선형 필터링을 활용하는 몇 가지 간단한 텍

스처 패치로 대체됐다. 따라서 경로의 각 버텍스와 상호작용하는 많은 빛을 향한 일관성 없는 추적보다 성능에 끼치는 영향이 적다. 이 캐시 텍스처는 정확도를 올리고자 해상도를 쉽게 늘릴 수 있다. 그렇지 않으면 큰 텍셀은 복잡한 오클루전에서 좀 더 미세한 디테일을 놓치게 되며 최종 GI는 흐릿하게 보일 것이다. 해상도를 높이는 것은 캐시를 샘플링할 때 사용되는 텍스처 이중 선형 필터링에서 라이트맵 흐림을 줄이는 방법이기도 하다.

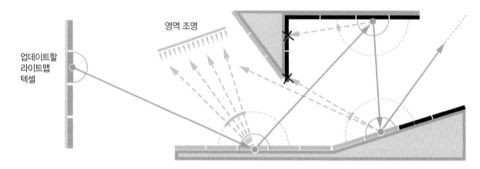

▲ **그림 23-14.** 다음 이벤트 추정에 경로 추적을 사용할 때 직접 조도를 누적하려면 가시성 테스트 광선(노란 점선)이 경로의 각 버텍스(초록 점)에 대해 각각의 광원을 향해 캐스팅돼야 한다. 직접 조도 캐싱을 사용할 때 각 버텍스에 대한 단일 텍스처 패치는 씬의 모든 빛에 대한 직접 조도 결과를 제공할 수 있다. 캐싱은 각 광원을 향한 모든 추적된 노란 광선을 삭제하므로 경로 추적 커널을 가속화한다. 직접 조도 캐시 텍셀은 표면에서 작은 직사각형으로 표시된다(조도 E 〉 0이면 노란색, E = 0이면 검정색).

직접 조도 캐시의 사용은 성능을 크게 향상시키며 23.5.1절에 나와 있다. 타이밍은 표 23-3에 나와 있다. 씬, 라이트 설정, 뷰 포인트에 따라 그림 23-17에 표시된 것처럼 수렴이 크게 향상됐다.

23.3.3.2 캐시 업데이트 과정

에디터에서 씬을 열 때 모든 캐시는 무효화된다. 태양이 수정되면 직접 태양광 조도 캐시만이 무효화되며 스카이 돔과 로컬 라이트 캐시에도 비슷한 제약이 있다. 캐시가 무효화되면 업데이트 과정이 시작된다. 로컬 라이트 캐시를 예로 들자면 다음 과정이 각 업데이트 라운드마다 수행된다.

    1. 라이트 맵 캐시의 각 텍셀에 대해 샘플의 개수 n_{ic}가 선택된다.

2. 각 샘플에 모든 광원을 향한 레이 트레이싱을 사용해 직접 조도가 평가된다.

3. 영역 조명의 경우 조명 표면에서 균일한 샘플이 선택된다. 샘플의 수는 각 영역 조명에 따라 입체각의 함수[10]로 조정된다. 클수록 복잡한 가시성을 적절히 해결하고자 더 많은 샘플을 얻는다.

4. 샘플은 직접 조도 라이트 맵에 누적된다.

태양과 스카이 돔 라이트에도 같은 과정이 적용된다. 둘 다 태양의 디스크와 스카이 돔 반구에 샘플을 분배해 균일하게 샘플링된다. 각 소스에 대해 취해질 샘플의 개수가 알려져 있으므로 낮은 불일치$^{low-discrepancy}$ 해머슬리^{Hammersley} 샘플링이 사용된다. 태양의 경우 날카로운 셰도우를 가정하면 n_{ic}^{sun} = 8개의 총 샘플만이 사용된다. 로컬 조명의 경우 최대 n_{ic}^{L} = 128개의 샘플이 사용된다. 영역 조명 조도와 소프트 셰도우를 통합하려면 더 많은 샘플이 필요하다. 스카이 돔의 경우 n_{ic}^{sky} = 128개의 샘플이 취해진다. 물리 기반 하늘 시뮬레이션은 고주파 변동이 발생할 수 있으며, 특히 태양이 수평선[2]에 있을 때 더 발생하기 쉬우므로 높은 개수가 필요하다. 이 단계에서는 반투명 표면을 무시한다(23.2절 참고). 이러한 상호작용이 발생하려면 경로가 표면을 통과해야 하기 때문이다. 그러나 직접 조도 캐시는 막히지 않은, 즉 직접적으로 보이는 조도에 대한 기여만을 저장한다. 각 업데이트 라운드는 캐시당 n_{ic} = 8 샘플을 사용하므로 각 조도 캐시 업데이트는 각각 태양, 로컬 조명, 스카이 돔 캐시에 대해 1, 16, 16회 반복 후에 수행된 것으로 간주한다. 이 값은 사용자가 자신의 선호도에 따라 작업 중인 게임에 따라 조정할 수 있는 설정이다. 예를 들어 일부 게임이나 레벨은 로컬 조명 대신 태양과 스카이 돔 라이팅에 주로 의존할 수 있으므로 더 많은 샘플을 태양과 스카이 샘플링에 할당해야 한다.

23.3.3.3 차후 개선

간접 조도 캐시 직접 조명 캐싱 외에도 경로 샘플링을 단축하는 데 누적된 간접 조도를 사용할 수 있다. 23.2.8절에서 설명한 대로 각 텍셀 수렴이 추적된다. 텍셀이 완전히 수렴되면 그 값을 사건 간접 조명의 추정치로 사용할 수 있다. 이렇게 하면 경로가 거기서 끝날 수 있고 계산량이 줄어든다.

방출 표면 오늘날 방출 표면은 직접 조도 캐시에서 고려되지 않는다. 23.2.4절에서 이런 표면이 삼각형 영역 조명으로 변환될 수 있다고 언급했다. 이러한 영역 조명은 방출 표면 전용의 직접 조도 캐시 라이트 맵을 채우고자 샘플링할 수 있다. 이 캐시는 메시가 이동하거나 방출 표면 복사량에 영향을 주는 머티리얼 속성이 아티스트에 의해 수정된 경우에만 업데이트된다.

23.4 라이브 업데이트

23.4.1 프로덕션에서 조명 아티스트 작업 과정

프로스트바이트 기반 게임 팀은 조명을 디자인하고 씬의 분위기를 설정하는 전담 아티스트가 있다. 조명 아티스트가 작업을 수행하는 데 사용하는 몇 가지 편집 작업이 있다. 가장 일반적인 것은 광원 배치, 조정, 물체 이동, 머티리얼 변경이다. 다른 작업에는 개별 물체에 대한 라이트 맵 해상도 수정과 라이트 맵이나 조도 볼륨에 의해 밝혀지는 물체 전환이 포함된다. 이 두 작업은 주로 특정 라이트 맵 예산에 맞게 메모리 사용량을 조정하는 것을 목표로 한다.

23.1절에 명시한 것처럼 오프라인 프로스트바이트 GI 솔버는 CPU 기반 레이 트레이싱을 사용한다. 과거에는 전역 조명과 관련해 게임 에디터에서 수행한 작업에 대한 피드백을 받는 데 CPU 기반 솔버를 사용할 때 몇 분에서 몇 시간이 걸렸다. GPU 기반 레이 트레이싱으로 전환하면 이 과정의 시간 범위가 몇 초에서 몇 분이 된다. 이 상황에서는 아무것도 없는 씬에서 적절한 전역 조명으로 씬을 찍을 때 원시 성능이 중요하다. 사용된 일반적인 가속 기법은 23.3절에서 설명했다. 다음 절에서는 아티스트가 씬에 행한 특정한 수정을 처리할 때 가능한 최적화에 중점을 둔다.

23.4.2 씬 조작과 데이터 무효화

씬의 경우 라이트 맵, 조도 볼륨, 조도 캐시는 GI 미리 보기를 반복할 때마다 업데이트되는 상태로 간주된다. 라이트, 메시, 머티리얼이 업데이트될 때 현재 GI 상태는 유효하지 않게 된다. 그러나 아티스트에게 오해의 소지가 있는 결과를 제공하지 않은 것이 중요하다. 간단한 해결책은 모든 상태를 지우고 조명 솔루션 통합을 재시작하는 것이다. 동시에 사용자 경험은 조명 솔루션을 다시 시작하는 동안 불필요한 계산을 유발하는 과도한 무효화를 수행하지 않으므로 노이즈가 있는 비주얼을 얻게 된다. 목표는 여전히 유효한 결과를 제공하면서 가능한 한 가장 작은 데이터 세트를 무효화하는 것이다.

표 23-1은 입력이 업데이트된 후에 재설정된 상태를 나타낸다. 메시 라이트 맵의 해상도를 조정할 때를 제외하고는 모든 경우 라이트 맵(혹은 조도 볼륨)이 무효화됐음을 나타낸다. GI 미리 보기 도중 각 메시는 전용 라이트 맵 텍스처를 가지므로 무효화 없이 해상도 조정이 가능하다. 씬을 렌더링할 때 모든 텍스처를 샘플링하고자 바인드리스^{bindless} 기술과 함께 메시당 인스턴스 텍스처를 사용한다. 머티리얼 변경은 간접 조명에도 영향을 미치지만 적어도 여기에서는 표면 머티리얼의 영향을 받기 전에 직접 조명만 포함하기 때문에 조도 캐시는 여전히 유효하다. 또한 관련된 광원 종류가 수정될 때에만 조도 캐시가 무효화돼야 한다는 것을 알 수 있다.

▼ 표 23-1. 입력이 변경될 때(왼쪽 열) GI 상태를 재설정해야 할 수도 있다(상단 행). 상태는 십자로 표시돼 있다.

		Irradiance Cache		
Invalidates:	Light Map	Sky	Sun	Light
Mesh	×	×	×	×
Sky	×	×		
Sun	×		×	
Light	×			×
Material	×			
Resolution		×	×	×

실제 병목현상은 메시에서 발생한다. 메시가 추가, 업데이트, 변환, 제거될 때마다

라이트 맵과 조도 캐시는 모두 재설정돼야 한다. 한 메시의 이동만으로 전체 씬에서 라이트 맵을 무효화하는 것은 낭비다. 향후 작업의 목표는 상대적 거리와 조명 강도에 따라 선택적으로 메시 라이트 맵을 무효화하는 가능성을 실험하는 것이다. 또한 샘플 수를 0으로 설정하면 고려된 메시 주변 영역 내의 텍셀만이 무효화될 수 있다. 이 경우 오해를 불러일으키거나 화면에 잘못된 정보를 출력하지 않고 조명 아티스트의 작업 흐름을 개선하기에 충분할 것이다.

23.5 성능과 하드웨어

23.5.1 방식

최근 레이 트레이싱 관련 작업에서 사용되는 성능 지표는 초당 기가 광선이나 초당 간단한 프레임과 같은 기술 지향적인 것이다. 이 프로젝트에서는 조명 아티스트의 경험에 중점을 뒀으므로 성능 평가를 위한 여기의 방법이 이를 반영한다. 성능은 재생 빈도와 수렴 속도, 즉 사용자에게 얼마나 자주 그리고 어떤 품질의 조명 조건이 제공되는지에 따라 아티스트에게 나타난다.

GI 솔버의 프로그레시브 출력의 품질은 지각적인 이미지 차이 측정을 사용해 평가되며 시간이 지남에 따라 오류가 추적된다. L1 메트릭은 간단했고 사용 사례[13]에 충분했다. L1 메트릭은 GI 솔버의 결과, 즉 라이트 맵이나 조도 볼륨에 적용된다. 보이는 결과에 영향을 미치는 뷰의 텍셀만이 계산의 일부다. 텍셀은 모든 업데이트 반복의 최소 1% 이상으로 스케줄링된 경우 중요한 것으로 간주한다. 독립 변수의 수를 제한하고자 테스트에서 새로 고침 빈도는 33 밀리초로 고정됐다.

지각적인 이미지 차이를 계산하려면 사실을 나타내는 이미지가 필요하다. 이것은 최적화나 단순화가 없고 시간제한을 사용하지 않으며 GI 솔버 파이프라인의 기본 버전을 사용해 계산된다. 수렴은 지속적으로 계산된다. 각 텍셀이 특정 수렴 임곗값에 도달하면(자세한 내용은 23.2절 참고) 결과 라이트 맵과 조도 볼륨은 참조로 저장된다.

이를 GI 솔버에 추가해 특정 가속 기술을 평가할 수 있다. 테스트는 시뮬레이트하려는 사용자 작업에 따라 상태를 무효화하면서 시작한다. 23.4절에서 설명한 것처럼 프로세스가 계속되면 각 반복 후에 결과가 참조와 비교되며 메트릭이 적용된다.

메트릭은 실제 사실과의 오차나 차이를 초래한다. 오차는 기록되고 시간이 지남에 따라 어떻게 변하는지 그래프로 나타내며 가속 기술을 포함하지 않은 GI 솔버와 비교된다.

23.5.2 결과

각각 하나의 뷰 포인트를 지닌 두 개의 다른 씬은 성능 측정에 사용된다. 이는 조명 아티스트의 일반적인 사용 사례를 나타낸다. 첫 번째는 로컬 조명으로 주로 밝혀지는 실내 씬이고(밤의 곡창) 두 번째는 제품 게임의 대규모 야외 씬이다(식물 vs. 좀비 가든 워페어 2의 젠 피크 레벨). 각 씬에서 뷰의 복잡성을 이해하고자 그림 23-15에 시각적으로 표시되고 표 23-2에 통계가 표시된다. 표에 나와 있는 것과는 별도로 관련된 차이는 겹치는 로컬 조명의 양이다. 젠 피크에는 전체 씬에 조명이 분포돼 있고 밤의 곡창은 동일한 영역에 영향을 주는 10개 이상의 조명 클러스터가 있다. 후자는 표 23-3의 조도 캐시에 소비된 시간으로 나타난 바와 같이 빛 평가 비용을 높게 한다.

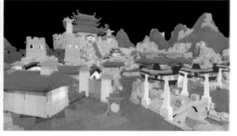

(a) Granary by Night (rendered).　　　　**(b)** "Zen Peak" (light maps).

▲ **그림 23-15.** 선택된 시점에서의 테스트 씬. (a) 밤의 곡창(에버모션 제공). (b) 식물 vs. 좀비 가든 워페어 2의 레벨인 젠 피크(팝캡 게임즈 제공. © 2018 일렉트로닉 아츠 Inc.)

▼ **표 23–2.** 테스트 씬 복잡성. 로컬 포인트 라이트에는 포인트, 스폿, 프러스텀 라이트가 포함된다.

Scene	Light Map texels		Mesh Triangles	Lights	
	Scene	View		Point	Area
Granary by Night	510k	25k	278k	89	18
Zen Peak	600k	25k	950k	297	0

▼ **표 23–3.** 각 반복에 소모된 평균 시간. 23.3.3.2절에서 설명한 것처럼 캐시가 수렴되면, 즉 모든 필요한 샘플이 해결된 후 조도 캐시 비용은 완전히 사라질 것이다.

	Granary by Night	Zen Peak
Irradiance Cache Building		
View Prioritization	0.2 ms	0.2 ms
Irradiance Cache	25.7 ms	3.4 ms
Trace	5.0 ms	27.3 ms
Denoise	0.7 ms	0.7 ms
Irradiance Cache Converged		
View Prioritization	0.2 ms	0.2 ms
Trace	32.7 ms	32.6 ms
Denoise	0.7 ms	0.7 ms

그림 16-18의 모든 그래프는 시간에 따른 정규화된 오류를 로그 y축 스케일과 함께 보여준다. 실외 씬은 빠르게 수렴되므로 같은 축에서 다른 간격이 필요하다.

직관적으로 씬에서 보이는 텍셀의 우선순위를 정하는 것은 실질적인 가속 기술이다. 표 23-2에서 볼 수 있듯이 다른 테스트 씬은 비슷한 수의 텍셀을 갖고 있다. 잠재적 속도 상승은 뷰에서 텍셀의 프렉션^{fraction}에 비례해야 한다. 뷰 우선순위 (23.3.1절 참고)를 사용한 결과는 그림 23-16에 나와 있다. 이는 전체 재설정을 기반으로 하며, 뷰 우선순위를 활성화하거나 활성화하지 않은 채인 GI 솔버에 대해 오류가 표시된다. 이 그래프에서 볼 수 있듯이 첫 번째 테스트 씬은 예상되는 상당한 속도 향상을 보여주지만 두 번째 테스트는 라이트 맵의 모든 텍셀이 똑같이 중요한 우리의 측정 방법을 사용한다. 뷰 우선순위 알고리즘은 해당 뷰에서 픽셀보다 작은 텍셀에 부딪히지 않으므로 개선된 수렴 속도가 기대한 것보다 낮다.

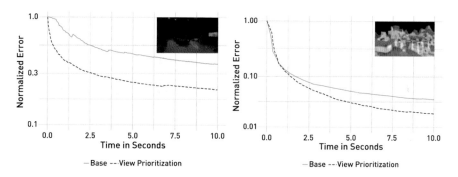

▲ **그림 23–16.** 밤의 곡창(왼쪽)과 젠 피크(오른쪽) 두 씬에서 뷰 우선순위를 사용해 성능 향상을 보여주는 수렴 플롯. 이 플롯은 참조 라이트 맵과 비교한 오류(L1)를 보여준다. 뷰 우선순위(점선 곡선)는 한 번에 모든 라이트 맵 텍셀을 스케줄링하는 것(빨간 곡선)에 비해, 특히 처음 몇 초간 빠른 수렴을 허용한다.

조도 캐시는 23장에서 설명한 두 번째 주요 가속 기술이다. 처음에는 캐시를 직접 사용하지 않는 데이터로 채우고자 컴퓨팅 성능을 사용한다. 경로 순회 도중 광선에 닿는 것뿐만 아니라 씬의 모든 텍셀에 대한 작업을 수행한다. 이는 초기 수렴에 영향을 주지만 그림 23-17의 첫 번째 테스트 케이스에서 볼 수 있듯이 몇 초 후에 조도 캐시가 GI 솔버의 기본 버전을 능가한다. 조도 캐시도 두 번째 테스트에서 빠르게 수렴되지만 약 4.5%의 오류 바이어스가 발생한다. 이 오류는 조명에 미세한 디테일 혹은 고주파가 많은 영역의 해상도 부족으로 인해 발생한다. 직접 조도 캐싱과 관련된 문제는 23.3.3절을 참고하자. 조도 캐시는 채워진 후 오랫동안 유용하며 특정 사용자 작업 후에만 재설정돼야 한다. 23.4절을 참고하자.

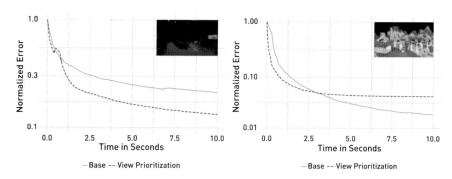

▲ **그림 23–17.** 밤의 곡창(왼쪽)과 젠 피크(오른쪽)의 두 씬에서 조도 캐시를 사용해 성능 향상을 보여주는 수렴 플롯. 이 플롯은 참조 라이트 맵과 비교한 상대적인 오차(L1)를 보여준다. 조도 캐시(점선 곡선)를 사용하면 모든 경로의 버텍스(빨간 곡선)에서 다음 이벤트 추정에 비해 더 빠른 수렴이 이뤄진다. 이 차이는 특히 로컬 조명이 많이 포함된 곡창 씬에서 볼 수 있으므로 가시성을 추정하고자 추가적인 오클루전 광선이 필요하다.

노이즈 제거는 사용자에게 좀 더 즐거워 보이는 결과를 만드는 데 주로 사용된다. 그림 23-18의 성능 테스트에서는 수렴 속도도 향상됐음을 보여준다. 노이즈 제거는 전체 수렴에 기여하지 않으므로 이는 중요하다. 대신 일시적으로 사용자가 보는 것에만 영향을 준다. 그림 23-19는 설명된 모든 기술의 영향을 시각적으로 요약했다.

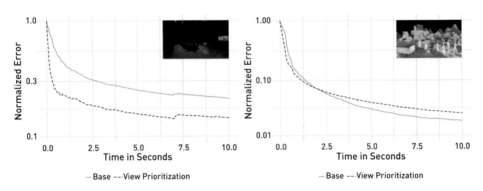

▲ **그림 23-18.** 밤의 곡창(왼쪽)과 젠 피크(오른쪽)의 두 씬에서 라이트 맵 출력의 노이즈를 제거해 얻은 수렴 이득(converge gain)을 보여주는 플롯. 이 플롯은 참조 라이트 맵과 비교한 상대적인 오차(L1)를 보여준다. 이 노이즈 제거 단계는 대부분의 고주파와 중주파 노이즈를 제거하고 수렴된 출력과 유사한 결과를 신속하게 제공한다.

23.5.3 하드웨어 설정

단일 GPU가 가능할 때 프로스트바이트 에디터와 GI 솔버는 같은 GPU에서 동시에 스케줄링된다. 이 경우 운영체제는 작업 부하를 균등하게 스케줄링하려고 한다. 그러나 기본적으로 이 설정은 균일한 프레임 속도를 목표로 균등하게 작업을 나누는 방법이 없으므로 원활한 경험을 제공하지 못한다. 대규모 레이 트레이싱 작업이 실행되고 프로스트바이트 에디터는 상당히 느리게 진행되거나 레이 트레이싱 작업이 좀 덜 스케줄링되는 대신 수렴 시간은 더 길어지고 업데이트 빈도가 줄어든다. GI 경로 솔버와 프로스트바이트가 같은 GPU 자원을 두고 경쟁하는 것을 피하고자 듀얼 GPU 설정을 권장한다.

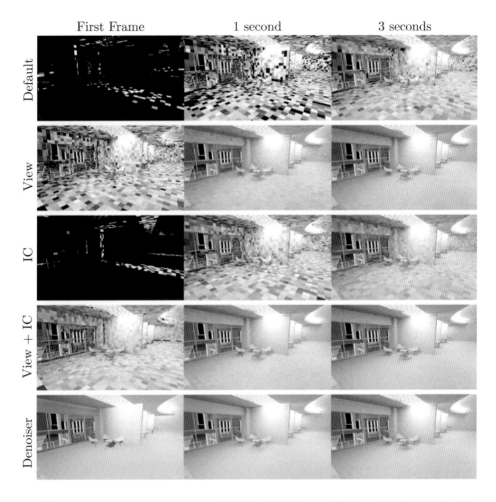

▲ **그림 23-19.** 다른 가속 기술 사이 수렴 속도의 시각적 비교. 첫째 행: 모든 텍셀이 균등하게 예약되며 다음 이벤트 추정은 모든 경로의 모든 버텍스에서 수행된다. 둘째 행: 뷰 우선순위는 보이는 텍셀만 스케줄링하는 데 사용된다. 셋째 행: 조도 캐시((IC)가 다음 이벤트 추정을 피하는 데 사용된다. 넷째 행: 뷰 우선순위와 조도 캐싱이 조합. 다섯째 행: 뷰 우선순위, 조도 캐싱, 노이즈 제거의 조합

그림 23-20에서 볼 수 있듯이 두 개의 GPU가 사용될 때 첫 번째는 에디터와 게임을 렌더링하는 데 사용하면서 두 번째는 GI 솔버가 레이 트레이싱을 처리하게 할수 있다. 업데이트 주기가 완료되면 라이트 맵과 라이트 프로브 볼륨은 시각화를 위해 에디터 뷰를 실행하는 GPU로 복사된다. 이를 위해 다이렉트X 12 다중 어댑터 모드가 사용되며 각 GPU는 명시적이고 독립적으로 제어된다. 프로스트바이트 에디터는 최소한 다이렉트X 11 호환 GPU가 필요한 반면에 경로 추적 작업을

돌리고자 가장 성능이 뛰어난 GPU가 선택된다.

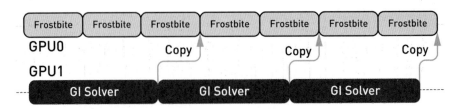

▲ **그림 23-20.** GI 솔버가 옆 GPU에서 비동기적으로 실행되는 동안 게임을 렌더링하는 프로스트바이트 에디터. 두 프로세스가 각각 GPU의 모든 기능을 활용하는 것으로 끊김 없는 경험을 가능하게 한다.

향후에는 GI 솔버를 확장해 $n+1$ GPU를 처리하고, n은 경로 추적을 수행하며 하나는 아티스트에서 게임 에디터를 제공하게 할 수 있을 것이다. 현재 듀얼 GPU 접근 방식은 이미 아티스트에게 적합하며 현재 생산 중인 프로스트바이트 게임에 매끄럽고 끊김 없는 경험을 제공한다.

23.6 결론

23장에서는 프로스트바이트에서 실행하는 일렉트로닉 아츠 타이틀이 진행되는 제품에 사용되는 실시간 전역 조명 미리 보기 시스템을 설명했다. 이는 조명 아티스트가 최종 결과를 얻기 위해 몇 분에서 몇 시간을 기다릴 필요 없이 레벨을 편집하는 동안 최종 전역 조명의 베이킹 과정에 의해 생성될 것을 미리 보기할 수 있게 하는 시스템이다. 이는 예술가들이 예술과 창작 과정 같은 중요한 것에 집중할 수 있게 하면서 예술가의 효율을 높일 것이다. 결과적으로 각 씬을 반복하고 연마하는 데 많은 시간을 할애해 더 높은 품질의 콘텐츠를 생성할 가능성이 높아지게 된다.

동적 라이트 맵 텍셀 스케줄링과 조도 캐싱 같은 가속 기술을 적절히 사용하면 품질에 미치는 영향을 최소화하면서 더 높은 수렴률에 도달할 수 있다. 가령 라이트 맵 평가가 재시작될 때 적은 수의 샘플로도 결과가 눈에 만족스럽게 되도록 라이트 맵 노이즈 제거 기술이 사용된다.

앞으로는 긴 경로를 위한 경로 안내 및 양방향 경로 추적[17]과 같은 좀 더 고급스러운 캐싱 표현을 조사할 수 있을 것이다. 원활한 사용자 경험을 위해 잠금 없는 비동기 GI 업데이트를 허용하는 듀얼 GPU 로컬 머신 설정이 권장된다. 또한 전역 조명 미리 보기와 고품질 베이킹을 일렉트로닉 아츠 스튜디오의 모두에게 서비스로 제공하는 DXR 지원 GPU 농장이 전 세계에 설치될 수도 있다.

참고 문헌

[1] Hao, C., and Xinguo, L. Lighting and Material of Halo 3. Game Developers Conference, 2008.

[2] Hillaire, S. Physically Based Sky, Atmosphere and Cloud Rendering in Frostbite. Physically Based Shading in Theory and Practice, SIGGRAPH Courses, 2016.

[3] Hillaire, S., de Rousiers, C., and Apers, D. Real-Time Raytracing for Interactive Global Illumination Workflows in Frostbite. Game Developers Conference, 2018.

[4] Iwanicki, M. Lighting Technology of 'The Last of Us'. In ACM SIGGRAPH Talks (2013), p. 20:1.

[5] Kajiya, J. T. The Rendering Equation. Computer Graphics (SIGGRAPH) (1986), 143-150.

[6] Křivánek, J., Gautron, P., Ward, G., Jensen, H. W., Christensen, P. H., and Tabellion, E. Practical Global Illumination with Irradiance Caching. In ACM SIGGRAPH Courses (2007), p. 1:7.

[7] Lagarde, S., and de Rousiers, C. Moving Frostbite to Physically Based Rendering. Advanced Real- Time Rendering in 3D Graphics and Games, SIGGRAPH Courses, 2014.

[8] Mitchell, J., McTaggart, G., and Green, C. Shading in Valves Source Engine. Advanced Real-Time Rendering in 3D Graphics and Games, SIGGRAPH Courses, 2006.

[9] O'Donnell, Y. Precomputed Global Illumination in Frostbite. Game Developers Conference, 2018.

[10] Pharr, M., Jakob, W., and Humphreys, G. Physically Based Rendering: From Theory

to Implementation, third ed. Morgan Kaufmann, 2016.

[11] Sandy, M., Andersson, J., and Barré–Brisebois, C. DirectX: Evolving Microsoft's Graphics Platform. Game Developers Conference, 2018.

[12] Schied, C., Kaplanyan, A., Wyman, C., Patney, A., Chaitanya, C. R. A., Burgess, J., Liu, S., Dachsbacher, C., Lefohn, A., and Salvi, M. Spatiotemporal Variance– Guided Filtering: Real–Time Reconstruction for Path–Traced Global Illumination. In Proceedings of High–Performance Graphics (2017), pp. 1–12.

[13] Sinha, P., and Russell, R. A Perceptually Based Comparison of Image Similarity Metrics. Perception 40, 11 (January 2011), 1269–1281.

[14] Sjöholm, J. Explicit Multi–GPU with DirectX 12–Control, Freedom, New Possibilities. https://developer.nvidia.com/explicit-multi-gpu-programming-directx-12, February 2017.

[15] Subtil, N. Introduction to Real–Time Ray Tracing with Vulkan. NVIDIA Developer Blog, https:// devblogs.nvidia.com/vulkan-raytracing/, Oct. 2018.

[16] Teschner, M., Heidelberger, B., Müller, M., Pomeranets, D., and Markus, G. Optimized Spatial Hashing for Collision Detection of Deformable Objects. In Proceedings of Vision, Modeling, Visualization Conference (2003), pp. 47–54.

[17] Vorba, J., Karlik, O., Šik, M., Ritschel, T., and Křivánek, J. On–line Learning of Parametric Mixture Models for Light Transport Simulation. ACM Transactions on Graphics 33, 4 (July 2014), 1–11.

[18] Walker, A.J. New Fast Method for Generating Discrete Random Numbers with Arbitrary Frequency Distributions. Electronics Letters 10, 8 (February 1974), 127–128.

[19] Wikipedia. Online Variance Calculation Algorithm (Knuth/Welford). Accessed 2018–12–10.

[20] Wikipedia. Standard Error. Accessed 2018–12–10.

24장

광자 매핑을 통한 실시간 전역 조명

UL 벤치마크의 니클라스 스몰(Niklas Smal), 막심 아이젠슈타인(Maksim Aizenshtein)

개요

전역 조명이라고도 하는 간접 조명은 사실적인 이미지에 중요한 영향을 미친다. 정적인 씬에서 잘 동작하는 사전 계산을 기반으로 하는 효과적인 전역 조명 기술이 여럿 있지만, 동적 라이팅과 동적 지오메트리를 지닌 씬을 위한 전역 조명을 포함시키는 것은 여전히 어려운 문제다. 24장에서는 동적 라이팅과 완전 동적인 지오메트리를 지닌 씬에서 사전 계산된 데이터 없이 간접광의 여러 바운스를 평가하는 광자 매핑을 기반으로 하는 실시간 전역 조명 알고리즘을 설명한다. 실시간 프레임 예산 한도 내에서 동적 고품질 조명을 달성하는 데 필요한 전처리와 후처리 단계를 모두 설명한다.

24.1 소개

실시간 그래픽으로 가능한 작업 범위가 그래픽 하드웨어의 고급 기능으로 인해 성장함에 따라 씬은 점점 더 복잡해지고 동적이게 됐다. 그러나 대부분의 현재 실시간 전역 조명 알고리즘(예, 라이트 맵과 라이트 프로브)은 이동하는 빛과 지오메트리에서는 잘 작동하지 않는다. 이런 경우에는 사전 계산된 데이터에 의존하기 때문이다.

24장에서는 간접 조명을 나타내는 데이터 구조를 만들고자 씬에서 빛을 운반하는 광자의 경로를 먼저 추적하고 그 구조를 사용해 셰이딩되는 지점에서 간접 조명을 추정해 조명을 근사화하는 몬테카를로 방법인 광자 매핑의 구현에 기반을 둔 접근법을 설명한다. 그림 24-1을 참고하자. 광자 매핑은 사전 계산된 전역 조명과 호환되고 현재 정적 기술과 유사한 품질의 결과를 제공하며, 품질과 계산 시간을 쉽게 교환할 수 있으며 아티스트 작업이 크게 필요하지 않다는 점을 포함한 여러 유용한 속성을 가진다. 여기서 포톤 매핑의 구현은 다이렉트X 레이 트레이싱^{DXR}을 기반으로 하며, 동적 씬을 통해 고품질 전역 조명을 제공한다. 이 접근 방식의 전체 구조는 그림 24-2에 나와 있다.

▲ **그림 24-1.** 여기서의 시스템을 사용한 최종 결과

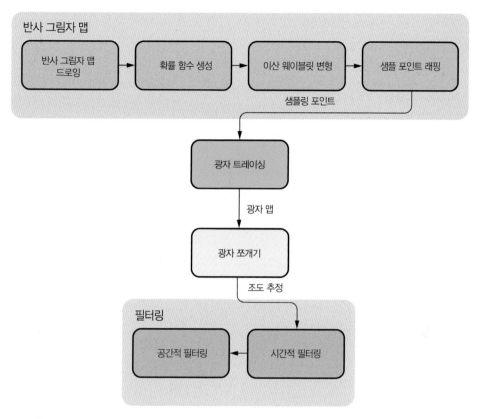

▲ **그림 24-2.** 패스 레벨에서의 알고리즘 구조. 조명을 떠나는 첫 번째 광자 세트는 래스터화를 사용해 다뤄지며 반사 셰도우 맵을 생성한다. 이 맵의 점은 각각의 광자가 가진 힘에 따라 샘플링된 다음 후속 광자 바운스를 위해 레이 트레이싱이 사용된다. 최종 이미지에 간접 조명을 추가하고자 추가 블렌딩을 사용해 프레임 버퍼에 광자 기여도를 표시한다. 마지막으로 이미지 품질 증가를 위해 시간적 및 공간적 필터링을 적용한다.

GPU에서 실시간 렌더링에 광자 매핑을 적용하려면 여러 가지 문제를 해결해야 한다. 그중 하나는 씬에서 셰이딩된 지점의 주변 광자를 찾는 방법이다. 광자가 이러한 위치에 간접 조명을 제공할 수 있게 하기 위해서다. 각 광자 기여도의 범위에 따라 이미지로 래스터화되는 스플래팅을 기반으로 한 접근 방식이 잘 작동하고 구현하기 쉽다는 것을 발견했다.

또 다른 과제는 전통적인 광자 매핑 알고리즘이 실시간 렌더링의 계산 제약 내에서 원하는 조명 품질을 이룰 수 없을 수도 있다는 점이다. 따라서 빛에서의 첫 번째 광선 반사의 추적을 피하고 이 단계를 래스터화로 대체하는 것을 피하고자 반사 셰도우 맵^{RSM, Reflective Shadow Maps}[2]을 사용해 광자의 생성을 최적화했다. 그런 다음에 후속 광자 경로를 생성하고자 기여도가 더 높은 위치를 더 자주 선택하도록 RSM에 중요도 샘플링을 적용할 수 있다.

마지막으로 실시간 렌더링에 몬테카를로 기술을 적용할 때 언제나 그렇듯이 낮은 샘플 수로 인한 이미지 아티팩트를 없애기 위한 효과적인 필터링은 중요하다. 노이즈를 줄이고자 지수 이동 평균과 함께 시간적 누적을 사용하고 가장자리 인식 edge-aware 공간적 필터를 적용한다.

24.2 광자 추적

표면에서 반사된 광자의 경로를 따라가려면 일반적인 레이 트레이싱이 필요하지만, 하나의 점광원을 떠나는 모든 광자는 공통된 원점을 갖는다는 사실을 이용할 수도 있다. 여기의 구현에서 각 광자 경로의 첫 번째 세그먼트는 래스터화를 통해 처리된다. 각각의 이미터에 대해 반사 셰도우 맵[2, 3]을 생성한다. 이는 빛에서 보이는 것처럼 균일한 가시 표면 샘플의 G 버퍼이며 각 픽셀은 이벤트 조명도 저장한다. 이런 기본 접근 방식은 거의 10년 전에 맥과이어^{McGuire}와 뤼케^{Luebke}[10]가 처음으로 도입했지만 훨씬 낮은 성능으로 CPU에서 광선을 추적해 CPU와 GPU 간에 상당히 많은 데이터를 전송해야 했다. 다행스럽게도 DXR에서는 이런 전송이 더 이상 필요하지 않다.

래스터화로 초기 교차점을 찾은 후에는 표면에서 BRDF의 샘플링과 광선의 추적으로 광자 경로를 이어간다. 24.3절에서 설명하듯이 조명을 재구성하는 데 사용하고자 광자는 모든 후속 교차점에 저장된다.

24.2.1 RSM 기반 첫 번째 바운스

우선 모든 광원에서 방출할 총 광자 개수를 선택한 다음 각 조명의 강도에 비례해 조명에 할당한다. 따라서 모든 광자는 초기에 거의 동일한 힘을 가진다. RSM에는 광자의 초기 바운스를 위한 광선을 생성하는 데 필요한 모든 표면 특성이 포함돼야 한다.

기존의 셰도우 맵을 생성한 후에 실행되는 별도의 패스로 RSM 생성이 구현되도록 선택한다. 이렇게 하면 런타임 중에 RSM을 할당하지 않고 RSM 맵의 해상도를 셰도우 맵과 독립적으로 만들고 크기를 일정하게 유지할 수 있다. 최적화의 일환으로 깊이 컬링에 일반 셰도우 맵을 사용할 수 있다. 일치하는 해상도가 없다면 일부 픽셀에 잘못된 결과를 제공하지만 테스트에서 눈에 띄는 아티팩트를 발견하지는 못했다.

RSM이 생성된 후 방향성 폴오프falloff와 표면 알베도 같은 아티스트가 제어하는 파라미터를 포함해 각 RSM 픽셀이 우선 광자가 지닌 방출된 힘의 프로덕트 광도에 기반을 둔 가중치가 주어지는 첫 번째 바운스를 위한 샘플링 시작점을 위한 중요도 맵을 생성한다. 이 가중치는 표면을 떠나는 광자가 운반하는 힘의 양과 직접적으로 관련 있다.

이 중요도 맵은 정규화되지 않았으므로 대부분의 샘플링 기술에 필요하다. 맵을 정규화하고 샘플링 분포를 생성하는 대신 클라베르그Clarberg 등[1]이 소개한 웨이블릿 중요도 샘플링을 기반으로 하는 계층적 샘플링 알고리즘을 대신 적용할 것이다.

웨이블릿 중요도 샘플링은 2단계 알고리즘이다. 첫째로 이산 하르Haar 웨이블릿 변환을 확률 맵에 적용해 이미지의 피라미드 표현을 효과적으로 생성한다. 둘째로 낮은 불일치 시퀀스에서 각 샘플 위치에 대한 신호를 재구성하고 웨이블릿 변환에서 각 반복의 스케일링 계수를 기반으로 샘플링 위치를 와핑한다. 이 와핑warping 구성은 그림 24-3에 설명돼 있다. 이에 대한 자세한 내용은 16장을 참고하자.

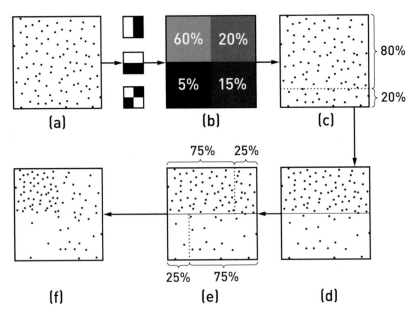

▲ **그림 24-3.** 웨이블릿 변환을 반복해 샘플링 위치 세트를 와핑한다. (a) 초기 샘플링 위치는, (b) 활성화된 쿼드의 스케일링 계수를 사용해, (c-d) 우선 수평으로 왜곡한 다음, (e-f) 수직으로 왜곡한다(클라베르그(Clarberg) 등의 그림[1]).

웨이블릿 변환은 전체 이미지 피라미드에 걸쳐 각 단계에서 절반의 해상도로 적용돼 2 × 2 해상도로 끝나야 한다. 이러한 작은 크기에 대해 개별적인 셰이더 패스 계산을 시작하는 것은 비효율적이므로 표준 축소 구현과 비슷하게 메모리를 사용하는 최종 레벨에 대한 별도의 셰이더 패스 계산을 구현한다.

중요도 샘플링은 불일치가 적은 샘플을 관련된 확률을 통해 RSM의 샘플 위치로 변환한다. 차례대로 중요도 샘플링을 사용해 나가는 광선의 방향을 찾는다. 샘플링된 광선은 표 24-1에 제시된 형식을 사용해 표시한다. 각 샘플은 다른 샘플과 독립적이므로 출력 버퍼의 위치를 할당하기 위한 원자 카운터를 제외하면 샘플 포인트 간의 동기화는 필요 없다. 그러나 이 단계에서는 나중에 광자 추적에서 샘플 버퍼 위치를 사용하는 대신 샘플 인덱스를 사용하는 난수 생성기를 위한 시드를 만들어야 한다. 이렇게 해야 프레임 간에 광자 경로가 결정론적으로 유지된다.

속성	포맷
Position	float3
Direction	3 × float16
Power	uint – 공유 지수 패킹
Seed	uint
Padding	uint

광자가 추적되는 RSM의 픽셀을 선택하기 위한 중요도 샘플링을 사용해 광자가 더 많은 출력을 운반하는 픽셀을 더 자주 선택할 수 있다. 이는 차례대로 광자 출력의 변화를 줄인다. RSM의 또 다른 장점은 RSM 지점에서 여러 광자 경로를 쉽게 추적할 수 있게 만들어 각각에 대한 다른 경로를 선택한다는 것이다. 그렇게 하면 원하는 광자 개수가 RSM의 해상도에 비해 높아질 때 유용하다.

24.2.2 광자 경로 따라가기

샘플링된 RSM 점에서 시작한 다음 각각의 후속 광자/표면 교차점에서 표면의 BRDF와 유사한 샘플링 분포 $p(\omega)$를 갖는 중요도 샘플링을 사용해 나가는 방향 ω 를 생성한다. 예를 들어 디퓨즈 표면에 코사인 가중치 분포를 사용해 미세면 BRDF 에 대한 가시적인 미세면 분포[5]를 샘플링한다.

그러나 반사된 광자를 추적하기 전에 BRDF 시간 $(\omega \cdot \omega_g)$과 샘플링된 방향 확률 간의 비율을 기반으로 랜덤하게 광자를 종료하는 러시안 룰렛을 적용한다. 이 테스트에서 살아남은 광자는 결과가 정확하도록 기여도가 조절된다. 이 방식으로 광선이 적은 빛을 반사하는 표면과 만났을 때 표면이 입사광의 대부분을 반사하는 것보다 적은 광자만이 지속된다. 방출된 힘을 기반으로 광자에 빛을 할당하는 것과 마찬가지로 모든 살아있는 광자가 거의 동일한 기여를 하게 해서 결과를 향상시킨다.

광자의 힘은 여러 채널을 가지므로 (RGB 색상 모델에서) 러시안 룰렛 테스트는 채널당 테스트하는 대신 한 번만 수행하도록 수정할 수 있다. 젠센[Jensen][7]이 기술한 방법으로 이를 처리하고 다음 수식으로 종료 확률을 설정한다.

$$q = \frac{\max\left(\rho_r \Phi_{i,r}, \max\left(\rho_g \Phi_{i,g}, \rho_b \Phi_{i,b}\right)\right)}{\max\left(\Phi_{i,r}, \max\left(\Phi_{i,g}, \Phi_{i,b}\right)\right)} \tag{1}$$

여기서 q는 스칼라 종료 확률이고 Φ_i는 광자의 들어오는 힘이며 ρ는 BRDF 시간 $(\omega \cdot \omega_g)$와 산란 방향 확률 밀도 함수[PDF] 사이의 비율이다. 나가는 광자 힘은 성분별 곱셈을 지닌 $\Phi_i \frac{p}{q}$ 다.

매 프레임에 같은 랜덤 샘플을 사용하는 대신 매번 새로운 랜덤 시드를 사용하도록 주의해야 한다. 이는 각 프레임마다 추적된 광자 경로가 달라지게 하므로 다른 샘플 세트를 제공하고 여러 프레임에 걸쳐 더 큰 샘플 세트가 누적된다.

광자는 글로벌 카운터를 원자적으로 증가시켜 항목이 할당되는 곳의 배열에 저장된다. 여기서의 목적은 간접 조명만을 계산하는 것이므로 RSM에서 초기 광자/표면 교차에 대한 광자를 저장하지는 않는다. 셰도우 맵이나 셰도우 레이 트레이싱 같은 다른 테크닉을 이용해 더 잘 처리되는 직접 조명을 표현하기 때문이다. 또한 법선이 카메라에서 먼 쪽을 향하는 표면의 광자나 카메라 프러스텀 외부에 위치한 광자는 저장하지 않는다. 둘 다 최종 이미지에 영향을 주지 않으며 스플래팅되기 전에 가장 잘 컬링된다. 프러스텀 컬링은 광자를 점으로만 간주하고 스플랫 반경을 무시한다. 따라서 프러스텀의 가장자리에 있는 실제로 광도 추정에 기여할 수 있는 일부 광자가 잘못 컬링된다. 이 문제는 컬링에 사용하는 카메라 프러스텀을 확장해 해결할 수 있다. 그러나 이 오류는 화면 공간의 커널 크기가 충분히 작을 때 중요한 시각적 아티팩트를 유발하지는 않는 것으로 보인다.

각 광자의 표현은 32바이트며 표 24-2에 나와 있다.

속성	포맷
Position	float3
Power	uint – 공유 지수 패킹
Normal	2 × float16 – 스테레오그래픽 패킹
Light Direction	2 × float16 – 스테레오그래픽 패킹
Ray Length	float
법선/방향과 패딩용 사인 비트	uint

24.2.3 DXR 구현

DXR을 사용한 광자 추적의 구현은 꽤 간단하다. 각각의 후속 광자 광선을 시작점으로 사용해 샘플링된 모든 RSM 점에 대해 광선 생성 셰이더를 호출한다. 그런 다음 최대 바운스 횟수에 도달하거나 러시안 룰렛으로 경로가 종료될 때까지 후속 광선의 추적을 담당한다.

성능을 위해 두 최적화가 중요하다. 첫 번째는 레이 페이로드의 크기를 최소화하는 것이다. 16비트 **float16** 값과 32비트 **rgb9e5** 값인 RGB 광자 힘을 사용해 광선 방향을 인코딩하는 32바이트 광선 페이로드를 사용했다. 페이로드의 다른 필드는 의사 난수 생성기의 상태, 광선의 길이, 바운스 횟수를 저장한다.

두 번째 핵심 최적화는 새로운 광선 방향을 샘플링하고 가장 가까운 충돌 셰이더에 러시안 룰렛을 적용하기 위한 로직을 이동하는 것이다. 이렇게 하면 레지스터 압력을 줄여 성능을 크게 향상시킨다. 광선 생성 셰이더에 대해서는 다음과 같은 사항이 있다.

```
1  struct Payload
2  {
3      // 다음 광선 방향, 마지막 요소는 패딩
4      half4 direction;
```

```
 5        // RNG 상태
 6        uint2 random;
 7        // 압축된 광자 힘
 8        uint power;
 9        // 광선 길이
10        float t;
11        // 바운스 횟수
12        uint bounce;
13    };
14
15    [shader("raygeneration")]
16    void rayGen()
17    {
18        Payload p;
19        RayDesc ray;
20
21        // 우선 RSM으로부터 최초 샘플을 읽는다.
22        ReadRSMSamplePosition(p);
23
24        // 바운스 횟수와 광선 길이(0은 추적 종료 혹은 미스)까지
25        // 바운스를 계속하는지 확인한다.
26        while (p.bounce < MAX_BOUNCE_COUNT && p.t != 0)
27        {
28            // 상태를 위해 광선의 원점과 방향을 얻는다.
29            ray.Origin = get_hit_position_in_world(p, ray);
30            ray.Direction = p.direction.xyz;
31
32            TraceRay(gRtScene, RAY_FLAG_FORCE_OPAQUE, 0xFF, 0,1,0, ray, p);
33            p.bounce++;
34        }
35    }
```

가장 가까운 충돌 셰이더는 광선 페이로드에서 필요한 값의 압축을 풀고 다음 추적할 광선을 결정한다. 곧 정의할 validate_and_add_photon() 함수는 카메라에 광자가 보이는 경우 저장된 광자 배열에 광자를 저장한다.

```
 1    [shader("closesthit")]
```

```
2   void closestHitShader(inout Payload p : SV_RayPayload,
3   in IntersectionAttributes attribs : SV_IntersectionAttributes)
4   {
5       // 충돌에 대한 표면 속성을 불러온다.
6       surface_attributes surface = LoadSurface(attribs);
7
8       float3 ray_direction = WorldRayDirection();
9       float3 hit_pos = WorldRayOrigin() + ray_direction * t;
10      float3 incoming_power = from_rbge5999(p.power);
11      float3 outgoing_power = .0f;
12
13      RandomStruct r;
14      r.seed = p.random.x;
15      r.key = p.random.y;
16
17      // 러시안 룰렛 확인
18      float3 outgoing_direction = .0f;
19      float3 store_power = .0f;
20      bool keep_going = russian_roulette(incoming_power, ray_direction,
21          surface, r, outgoing_power, out_going_direction, store_power);
22
23      repack_the_state_to_payload(r.key, outgoing_power,
24          outgoing_direction, keep_going);
25
26      validate_and_add_photon(surface, hit_pos, store_power,
27              ray_direction, t);
28  }
```

마지막으로 24.2절에서 설명한 것처럼 저장된 광자는 항목 할당을 위해 원자 연산을 사용해 선형 버퍼에 추가한다.

```
1   void validate_and_add_photon(Surface_attributes surface,
2       float3 position_in_world, float3 power,
3       float3 incoming_direction, float t)
4   {
5       if (is_in_camera_frustum(position) &&
6           is_normal_direction_to_camera(surface.normal))
```

```
7    {
8        uint tile_index =
9            get_tile_index_in_flattened_buffer(position_in_world);
10       uint photon_index;
11       // 광자 버퍼와 간접 인수의 오프셋
12       DrawArgumentBuffer.InterlockedAdd(4, 1, photon_index);
13       // 광자는 압축돼 올바른 오프셋에 저장된다.
14       a dd_photon_to_buffer(position_in_world, power, surface.normal,
15           power, incoming_direction, photon_index, t);
16       // 타일 기반 광자 밀도 추정
17       DensityEstimationBuffer.InterlockedAdd(tile_i * 4, 1);
18   }
19 }
```

24.3 화면 공간 조도 추정

광자 배열이 주어지면 다음 과제는 배열을 사용해 이미지의 간접 조명을 재구성하는 것이다. 각 광자에는 기여할 수 있는 씬(이미지)의 정도를 나타내는 관련 커널을 가진다. 작업은 각 픽셀에 각 광자의 기여를 축적하는 것이다.

이 문제에는 수집과 산란이라는 두 가지 일반적인 접근 방식이 적용됐다. 수집은 본질적으로 픽셀에 대한 루프며 여기서 공간적 데이터 구조를 사용해 광자 주변의 각 픽셀이 발견된다. 산란은 본질적으로 광자에 대한 루프이고 각 광자는 겹치는 픽셀에 기여한다. 마라^{Mara} 등[9]이 제공한 실시간 수집과 산란 기술 양쪽에 대한 포괄적인 개요를 보자. 광자 맵을 생성하고자 현대 GPU에서 매우 효율적인 레이 트레이싱을 고려할 때 재구성이 효율적이어야 한다는 점 역시 중요하다. 여기서의 구현은 산란에 기반을 두며 효율적으로 스플래팅 커널을 그리고자 래스터화 하드웨어를 활용한다. 결과는 블렌딩을 사용해 누적된다.

점에 도달하는 빛의 코사인 가중치 분포인 조도를 재구성하고자 광자를 사용한다. 그런 다음 평균 입사 방향을 사용해 광자의 조도와 표면의 BRDF에 의해 표면에서 반사된 빛을 근사한다. 이렇게 할 때 간접 조명의 방향성 분포를 버리고 점의 셰이딩에 영향을 주는 모든 광자에 대한 반사 모델의 값비싼 평가를 피한다. 이는 디퓨즈 표면에 대한 올바른 결과를 주지만 표면이 더 광택 나고 간접 조명의 분포가 불규칙해지면 오류가 발생한다. 실제로는 이 근사치에서 불쾌한 오류를 보지는 못했다.

24.3.1 스플래팅 커널 정의

각 광자에 대해 좋은 커널 크기를 선택하는 것은 중요하다. 커널이 너무 넓으면 빛이 지나치게 흐려지고 너무 좁으면 얼룩이 생긴다. 커널이 더 넓을수록 광자가 더 많은 픽셀을 다루게 해 광자에 대한 더 많은 래스터화, 셰이딩, 블렌딩 작업을 발생시키기 때문에 너무 넓은 커널을 피하는 것이 중요하다. 광자 매핑을 위한 잘못된 커널 선택은 여러 가지 종류의 바이어스와 오류[14]를 유발할 수 있다. 이를 최소화하는 것은 상당히 연구의 초점이었다.

여기서의 접근 방식에서는 구체형 커널로 시작한 다음 다양한 종류의 오류를 최소화하고자 많은 수정을 적용한다. 이 수정은 균일한 스케일링과 커널 모양의 수정인 두 가지 주요 타입으로 분류할 수 있다.

24.3.1.1 커널의 균일한 스케일링

커널의 균일한 스케일링은 두 항의 곱이며 첫 번째는 광선 길이를 기반으로 하고 두 번째는 광자 밀도 분포의 추정을 기반으로 한다.

광선 길이 선형 보간을 사용하는 광선 길이에 따라 커널을 일정한 최대 길이로 조정한다. 이 방법은 광선 미분의 근사치며 광자가 광선 대신 원뿔을 따라 이동하고 높이가 증가함에 따라 원뿔 베이스의 성장을 고려해 광자를 처리하는 것으로 해석할 수 있다. 또한 광선 길이가 증가함에 따라 더 낮은 광자 밀도를 가정할 수 있다. 광자가 더 큰 월드 공간 볼륨으로 산란될 가능성이 있기 때문이다. 따라서 이 경우 비교적 넓은 커널을 원한다. 스케일링 계수는 다음과 같다.

$$s_l = \min\left(\frac{l}{l_{max}}, 1\right) \qquad (2)$$

여기서 l은 광선 길이며 l_{max}는 최대 광선 길이를 정의하는 상수다. 그러나 l_{max}는 광자 추적 중에 캐스팅되는 광선의 최대 길이일 필요는 없지만 원뿔의 최대 높이로 간주되는 길이다. 이 상수는 씬의 전체 스케일과 관련이 있어야 하고 경계 상자에서 파생될 수 있다.

광자 밀도 주변의 로컬 광자 밀도에 따라 각 광자의 커널의 크기를 더 조정하려고 한다. 더 많은 광자가 근처에 있다면 커널은 더 작아진다(작아져야 한다). 문제는 각각에 가까운 광자의 수를 효율적으로 결정하는 것이다. 각 화면 공간 타일의 카운터를 유지하는 간단한 근사치를 적용한다. 광자가 타일에 들어갈 때 카운터는 원자적으로 증가한다. 이는 밀도 함수의 대략적인 근사치지만 상당히 좋은 결과를 산출하는 것으로 보인다.

그런 다음 뷰 공간에서 타일 영역의 함수로 밀도 기반 스케일링을 구현한다.

$$a_{view} = z_{view}^2 \frac{\tan(\alpha_x/2)\tan(\alpha_y/2)t_x t_y}{r_x r_y} \qquad (3)$$

여기서 α_x와 α_y는 카메라 프러스텀의 조리개, z_{view}는 카메라부터의 거리, t_x와 t_y는 픽셀 단위의 치수, r_x와 r_y는 이미지의 해상도를 나타낸다. 대부분의 경우 타일은 균일한 깊이를 갖지 않으므로 광자 위치의 깊이를 사용한다. 이 산술의 대부분은 미리 계산될 수 있고 카메라 상수로 대체될 수 있다.

$$a_{view} = z_{view}^2 c_{tile} \qquad (4)$$

따라서 뷰 공간에서 타일과 같은 공간을 갖도록 원형 커널의 크기를 다음과 같이 계산할 수 있다.

$$a_{view} = \pi r^2 n_p, \quad r = \sqrt{\frac{z_{view}^2 c_{tile}}{\pi n_p}} \qquad (5)$$

여기서 n_p는 타일의 광자 개수다. 이 값은 극단적인 경우를 제거하고자 클램프된 다음 각 픽셀에 기여할 것으로 예상되는 광자의 수와 동일한 상수 n_{tile}을 곱한다.

$$s_d = \text{clamp}(r, r_{min}, r_{max})n_{tile} \tag{6}$$

이 방정식의 HLSL 구현은 간단하다.

```
1  float uniform_scaling(float3 pp_in_view, float ray_length)
2  {
3      // 광자 밀도 추정으로서의 타일 기반 컬링
4      int n_p = load_number_of_photons_in_tile(pp_in_view);
5      float r = .1f;
6
7      if (layers > .0f)
8      {
9          // 식 (5)
10         float a_view = pp_in_view.z * pp_in_view.z * TileAreaConstant;
11         r = sqrt(a_view / (PI * n_p));
12     }
13     // 식 (6)
14     float s_d = clamp(r, DYNAMIC_KERNEL_SCALE_MIN,
15         DYNAMIC_KERNEL_SCALE_MAX) * n_tile;
16
17     // 식 (2)
18     float s_l = clamp(ray_length / MAX_RAY_LENGTH, .1f, 1.0f);
19     return s_d * s_l;
20 }
```

24.3.1.2 커널 모양 조정

커널 모양을 조정해 재구성된 결과를 더욱 향상시킬 수 있다. 여기서는 두 가지 요소를 고려한다. 첫 번째로 광자가 교차한 표면의 법선 방향으로 커널의 반경을 줄인다. 두 번째로 표면에서 덮는 투영된 영역을 모델링하고자 빛의 방향으로 커널 크기를 조정한다. 그 결과 커널은 3축 타원체가 되는데, 법선의 방향 ω_g를 가진 하나의 축 n을 가진다. 다른 두 축은 커널 평면이라고 부르는 광자 법선으로 정의

된 탄젠트 평면에 배치된다. 둘 중 첫 번째인 u는 커널 평면에 투영된 ω_i의 방향을 가지며 두 번째인 t는 그 방향과 직교하고 같은 평면에 위치한다. 이 벡터 기준은 그림 24-4에 설명돼 있다.

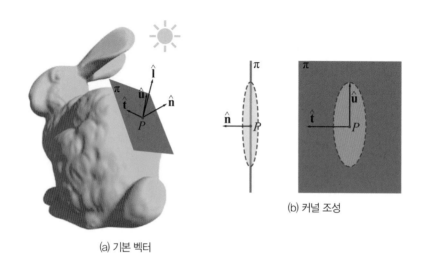

(a) 기본 벡터

(b) 커널 조성

▲ **그림 24-4.** 왼쪽: 커널 공간의 기본 벡터: ω_g는 광자 법선 $\hat{n}$에 정렬되며 이는 커널 평면 π도 정의한다. 두 개의 다른 기본 벡터는 π에 있으며 따라서 $\hat{u}$는 커널 평면에 대한 빛 방향 ω_i의 투영이며 $\hat{t}$는 $\hat{u}$에 직교한다. 오른쪽: 커널의 모양은 이러한 벡터를 따라 스케일링해 수정된다.

n의 크기는 $s_n s_t s_d$다. 여기서 s_n은 법선을 따라 커널을 압축해 표면에 더 가깝게 하는 상수다. 이는 일반적인 접근 방식이다. 젠슨[Jensen][7]은 다양한 수집 반경을 얻고자, 맥과이어[McGuire]와 뤼케[Luebke][10]는 분산 커널을 위해 수행했다. 구형 커널과 비교해 좀 더 나은 표면 근삿값을 제공한다. 그러나 커널이 너무 압축되면 커널이 평면에서 멀리 떨어진 샘플을 무시하므로 복잡한 모양을 갖거나 표면 곡률이 큰 객체의 분포가 부정확해진다. 크기를 표면 곡률의 함수로 만들어 부정확함을 보완할 수 있지만, 여기의 구현에서 이 요소는 일정하다.

u의 크기는 $s_u s_t s_d$며, 여기서 s_u는 충돌 법선과 빛 방향 사이 각도의 코사인 함수로 정의된다.

$$s_u = \min\left(\frac{1}{\omega_g \cdot \omega_i},\ s_{\max}\right) \tag{7}$$

여기서 s_{max}는 최대 스케일링 계수를 정의하는 상수다. 그렇지 않으면 크기는 ω_g와 ω_i 사이의 각도가 0으로 감소함에 따라 무한대로 접근한다. 이 방정식의 직관intuition은 광선 미분과 광자의 원뿔 표현에서 비롯된다. 광자의 들어오는 방향이 표면의 법선 방향과 직교함에 따라 커널 평면에 투영되는 원뿔의 밑면 영역이 증가한다.

마지막으로 t의 크기는 $s_l s_d$다.

다음 코드는 모양 수정의 구현을 보여준다.

```
1  kernel_output kernel_modification_for_vertex_position(float3 vertex,
2      float3 n, float3 light, float3 pp_in_view, float ray_length)
3  {
4      kernel_output o;
5      float scaling_uniform = uniform_scaling(pp_in_view, ray_length);
6
7      float3 l = normalize(light);
8      float3 cos_alpha = dot(n, vertex);
9      float3 projected_v_to_n = cos_alpha * n;
10     float cos_theta = saturate(dot(n, l));
11     float3 projected_l_to_n = cos_theta * n;
12
13     float3 u = normalize(l - projected_l_to_n);
14
15     // 식 (7)
16     o.light_shaping_scale = min(1.0f/cos_theta, MAX_SCALING_CONSTANT);
17
18     float3 projected_v_to_u = dot(u, vertex) * u;
19     float3 projected_v_to_t = vertex - projected_v_to_u;
20     projected_v_to_t -= dot(projected_v_to_t, n) * n;
21
22     // 식 (8)
23     float3 scaled_u = projected_v_to_u * light_shaping_scale *
24         scaling_Uniform;
25     float3 scaled_t = projected_v_to_t * scaling_uniform;
26     o.vertex_position = scaled_u + scaled_t +
27         (KernelCompress * projected_v_to_n);
28
```

```
29      o.ellipse_area = PI * o.scaling_uniform * o.scaling_uniform *
30          o.light_shaping_scale;
31
32      return o;
33  }
```

24.3.2 광자 스플래팅

구체에 대한 근사치로서 20면체의 인스턴스화된 간접 그리기를 사용해 광자를 스플래팅^{splatting}한다(드로우 콜에 대한 간접 인수는 validate_and_add_photon() 함수에서 원자 카운터를 사용해 설정된다). 이전 절에서 소개한 커널 모양을 적용하고자 버텍스 세이더의 버텍스를 적절하게 변환한다. 원래 커널은 구형이므로 커널에서 객체 공간의 좌표 프레임을 월드 공간의 좌표 프레임으로 가정해 버텍스 위치를 만든다.

$$\mathbf{v}_{kernel} = \begin{pmatrix} \mathbf{n} & \mathbf{u} & \mathbf{t} \end{pmatrix} \begin{pmatrix} \hat{\mathbf{n}}^\mathsf{T} \\ \hat{\mathbf{u}}^\mathsf{T} \\ \hat{\mathbf{t}}^\mathsf{T} \end{pmatrix} \mathbf{v} \tag{8}$$

성능 병목이 되기 쉽기 때문에 스플래팅 커널을 위해 픽셀 세이더를 최대한 간단하게 유지한다. 주요 작업은 광도를 계산하기 위한 G 버퍼 표면이 커널 내에 있는지를 확인하기 위한 깊이 검사다. 깊이 검사는 커널 압축 상수에 의해 스케일링된 상숫값에 대한 커널 평면과 표면 사이의 월드 공간 거리에 대한 클리핑 작업으로 수행된다. 깊이 검사 후에 커널을 스플래팅한 결과에 적용한다.

$$E_i = \frac{\Phi}{a} \tag{9}$$

여기서 a는 타원의 면적이며 $a = \pi \|\mathbf{u}\| \|\mathbf{t}\| = \pi (s_l s_d)(s_l s_a s_u)$다. 여기서의 조도는 코사인 항으로 스케일링되므로 기하학적 법선에서 암시적으로 정보를 포함시킨다.

조도 축적을 위해 하위 비트 형식의 숫자 문제를 피하고자 반정밀도 부동소수점 수 형식을(채널마다) 사용한다. 또한 평균 빛 방향을 반정밀도 **float**의 가중치 합으로 누적한다. 또한 방향을 저장하는 동기는 24.4.3절에서 다룬다.

다음 코드는 스플래팅을 구현한다. 커널의 모양을 조절하고자 이전에 정의된 두 함수를 사용한다.

```
 1  void VS(
 2      float3 Position : SV_Position,
 3      uint instanceID : SV_InstanceID,
 4      out vs_to_ps Output)
 5  {
 6      unpacked_photon up = unpack_photon(PhotonBuffer[instanceID]);
 7      float3 photon_position = up.position;
 8      float3 photon_position_in_view = mul(WorldToViewMatrix,
 9          float4(photon_position, 1)).xyz;
10      kernel_output o = kernel_modification_for_vertex_position(Position,
11          up.normal, -up.direction, photon_position_in_view, up.ray_length);
12
13      float3 p = pp + o.vertex_position;
14
15      Output.Position = mul(WorldToViewClipMatrix, float4(p, 1));
16      Output.Power = up.power / o.ellipse_area;
17      Output.Direction = -up.direction;
18  }
19
20  [earlydepthstencil]
21  void PS(
22      vs_to_ps Input,
23      out float4 OutputColorXYZAndDirectionX : SV_Target,
24      out float2 OutputDirectionYZ : SV_Target1)
25  {
26      float depth = DepthTexture[Input.Position.xy];
27      float gbuffer_linear_depth = LinearDepth(ViewConstants, depth);
28      float kernel_linear_depth = LinearDepth(ViewConstants,
29          Input.Position.z);
30      float d = abs(gbuffer_linear_depth - kernel_linear_depth);
31
32      clip(d > (KernelCompress * MAX_DEPTH) ? -1 : 1);
```

```
33
34     float3 power = Input.Power;
35     float total_power = dot(power.xyz, float3(1.0f, 1.0f, 1.0f));
36     float3 weighted_direction = total_power * Input.Direction;
37
38     OutputColorXYZAndDirectionX = float4(power, weighted_direction.x);
39     OutputDirectionYZ = weighted_direction.yz;
40   }
```

이전에 언급했듯이 광자의 기여를 축적하고자 부가 블렌딩을 사용한다. 최신 그래픽 API는 픽셀 블렌딩이 제출 순서대로 발생하도록 보장하지만 여기서는 필요 없다. 대안으로 래스터 순서 뷰를 사용하려고 시도했지만 블렌딩보다는 느렸다. 그러나 엔비디아 GPU에서 확장으로 사용할 수 있는 부동소수점수 원자 내장 함수를 사용하면 화면 공간에서 많은 광자가 겹치는 상황에서의 성능이 향상됐다 (코스틱의 일반적인 시나리오).

24.3.2.1 감소된 해상도를 사용한 스플래팅 최적화

스플래팅은 비싼 과정이 될 수 있으며, 특히 고해상도 이미지를 렌더링하는 경우에 해당된다. 이미지 해상도를 원래 렌더링 해상도의 절반으로 줄여도 최종 결과의 시각적 품질이 눈에 띄게 감소하지 않았으며 성능이 크게 향상되는 것을 발견했다. 낮은 해상도를 사용하려면 표면 사이의 조도 블리딩[bleeding]을 제거하고자 픽셀 셰이더에서 깊이 클리핑을 변경해야 한다. 스텐실 드로잉에 사용되는 반해 상도 스텐실은 카메라와 가장 가까운 픽셀을 사용해 축소해야 하지만 픽셀 셰이더 클리핑에 사용되는 깊이는 카메라에서 가장 먼 픽셀을 사용해 축소해야 한다. 따라서 전체 해상도 커널 내에 있는 픽셀들에 대해서만 스플래팅 커널을 그린다. 이로 인해 스플래팅 결과에서 들쭉날쭉한 가장자리가 발생하지만 필터링으로 없앤다.

24.4 필터링

실시간 몬테카를로 렌더링 방법에서 일반적으로 낮은 샘플 수를 보상하고자 이미지 필터링 알고리즘을 적용해야 한다. 최근 몇 년간 노이즈 제거가 크게 발전했지만 광자 분배 커널에 의한 노이즈는 경로 추적에서 나오는 고주파 노이즈와는 상당히 다르며 노이즈 제거 노력의 주요 초점이었다. 따라서 다른 해결책이 필요하다.

지오메트리 기반 가장자리 정지 기능이 있는 샘플의 시간적 및 공간적 축적을 사용한다. 여기의 접근 방식은 다메즈^{Dammertz} 등[4]과 치드^{Schied} 등[13]의 공간 필터링을 위해 가장자리 회피 Á-Trous 웨이블릿 변환을 사용한 구현을 따른다. 간접 조명은 일반적으로 저주파이기 때문에 계산 비용을 낮추고자 낮은 해상도에서 필터링하는 것을 고려했지만 G 버퍼 불일치로 인한 아티팩트를 접해 최종 해상도에서 필터링하는 것으로 되돌렸다.

시간적 및 공간적 필터링 알고리즘은 두 픽셀 간의 깊이 차이와 표면 법선의 차이를 기반으로 하는 가장자리 중지 기능을 사용한다. 치드 등[13]의 작업물을 기반으로 한 이 기능은 두 개의 서로 다른 픽셀 p와 q의 표면 속성에 기초해 가중치를 생성함으로써 기하학적 경계를 가로질러 필터링하는 것을 방지하려고 한다. 깊이 차이 가중치 w_z는 다음과 같이 정의된다.

$$w_z(P, Q) = \exp\left(-\frac{|z(P) - z(Q)|}{\sigma_z|\nabla\mathbf{z}(P)(P-Q)| + \varepsilon}\right) \tag{10}$$

여기서 $z(P)$는 픽셀 위치 P의 화면 공간 깊이이고, $\nabla\mathbf{z}(P)$는 깊이 그라디언트 벡터다. 실험 후 $\sigma_z = 1$이 잘 작동하는 것을 발견했다.

다음으로 법선 차이 가중치 w_n은 표면 법선의 차이를 설명한다.

$$w_n(P, Q) = \max\left(0, \hat{\mathbf{n}}(P)\cdot\hat{\mathbf{n}}(Q)\right)^{\sigma_n} \tag{11}$$

여기서 $\sigma_n = 32$가 잘 작동하는 것을 발견했다.

24.4.1 시간적 필터링

시간적 필터링은 이전 프레임의 값을 누적해 이미지 품질을 향상시킨다. 속도 벡터를 사용해 이전 프레임의 필터링된 조도 값을 재투영해 구현한 다음 모든 픽셀 p에서 이전 프레임의 재투영된 필터링된 조도 값 $\tilde{E}_{i-1}(P)$와 함께 제공하고 스플래팅을 사용해 계산된 조도 $E_i(P)$ 사이의 지수 이동 평균을 계산해 시간적으로 필터링된 조도 값 $\tilde{E}_i(P)$로 제공한다.

$$\tilde{E}_i(P) = (1-\alpha)E_i(P) + \alpha\tilde{E}_{i-1}(P) \tag{12}$$

이것은 조도에 적용한 카리스[Karis]의 시간적 안티앨리어싱[TAA] 접근법[8]이다.

시간적 필터링은 제거, 지오메트리 이동, 조명 이동이 고려되지 않으므로 α에 상숫값을 사용하면 심각한 고스트 현상이 발생한다. 그러나 픽셀에서의 조도 값 E_i는 프레임 사이에서 상당히 변할 수 있으므로 TAA에 사용된 색상 공간 클리핑 방식은 잘 맞지 않는다. 따라서 지오메트리 기반 방법을 사용하고 가장자리 중지 함수를 사용해 α를 다음과 같이 정의한다.

$$\alpha = 0.95 w_z(P, Q) w_n(P, Q) \tag{13}$$

여기서 P는 현재 픽셀 샘플이고 Q는 이전 프레임에서 투영된 샘플이다. 가중치 기능을 평가하려면 이전 프레임의 G 버퍼에서 법선과 깊이 데이터를 유지해야 한다. 쪼개진 타깃의 해상도가 필터링 타깃보다 낮으면 이중 선형 샘플링과 같이 보내지는 시간적 필터링의 시작에 쪼개진 결과를 업스케일링한다.

24.4.2 공간적 필터링

가장자리 회피 Á-Trous 웨이블릿 변환은 각 단계 i에서 증가하는 커널 풋프린트 Ω를 갖는 다중 패스 필터링 알고리즘이다. 이는 그림 24-5에서 1차원으로 설명돼 있다. 필터링 탭 간격은 각 단계에서 두 배가 되며 필터링 탭 사이의 중간 샘플은 무시된다. 따라서 필터는 필요한 계산의 과도한 증가 없이 큰 공간적 범위를 가질 수 있다. 이 알고리즘은 GPU 구현에 특히 적합하며 그룹 공유 메모리는 커널을 평가하는 다른 픽셀에서 효율적으로 표면 속성을 공유하는 데 사용할 수 있다.

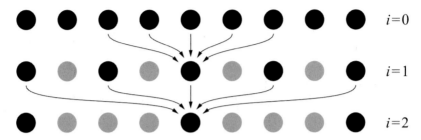

▲ **그림 24-5.** Á-Trous 접근법의 기초를 형성하는 1차원 고정 웨이블릿 변환의 3가지 반복. 화살표는 현재 요소에 기여하는 이전 결과의 0이 아닌 요소를 보여주며, 회색 점은 0인 요소를 나타낸다(대메르츠(Dammertz) 등[4]의 그림).

구현은 각 반복을 5 × 5 교차 양면 필터로 실현하는 대매르츠 등[4]과 치드 등[13]을 따른다. 기여 샘플은 함수 $w(P, Q)$에 의해 가중되며 여기서 P는 현재 픽셀이고 Q는 필터 내의 기여 샘플 픽셀이다. 첫 번째 반복은 시간적으로 필터링된 조도 값을 사용한다.

$$s_0(P) = \frac{\sum_{Q \in \Omega_0} h(Q) w(P, Q) \tilde{E}_i(Q)}{\sum_{Q \in \Omega_0} h(Q) w(P, Q)} \tag{14}$$

그런 다음 각 단계에서 이전 것을 필터링한다.

$$s_{i+1}(P) = \frac{\sum_{Q \in \Omega_i} h(Q) w(P, Q) s_i(Q)}{\sum_{Q \in \Omega_i} h(Q) w(P, Q)} \tag{15}$$

여기서 $h(Q) = (1/8, 1/4, 1/2, 1/4, 1/8)$은 필터 커널이며 $w(P, Q) = w_z(P, Q) w_n(P, Q)$다.

24.4.2.1 세부 계수의 다양한 클리핑

과도한 흐림을 피하려면 이미지 내용의 정확성을 기반으로 하는 이미지 필터링을 조정하는 것이 중요하다. 예를 들어 치드 등[13]은 가중치 함수의 일부로 분산 추정치를 사용했다. 이는 고주파 노이즈에는 적합하지만 광자 매핑에서의 저주파 노이즈에는 적합하지 않다. 따라서 Á-Trous 변환에서 각 단계 사이 차이의 분산 클리핑을 기반으로 새로운 필터링 알고리즘을 개발했다.

고정 웨이블릿 변환[SWT]은 원래 이산 웨이블릿 변환의 단점 중 하나를 해결하고자 도입됐는데, 이는 변환이 변하지 않는 것이 아니다. 이 문제는 각 반복마다 픽셀당 세부 계수를 저장해 해결했다. 세부 계수는 다음 수식으로 정의할 수 있다.

$$d_i = s_{i+1} - s_i \tag{16}$$

이렇게 하면 SWT가 본질적으로 중복된다. 원래 신호를 재구성하는 방법을 고려한다면 다음 수식을 가진다.

$$s_0 = s_n - \sum_{i=0}^{n-1} d_i \tag{17}$$

여기서 n은 반복 횟수다. 보다시피 원래 신호를 재구성하려면 세부 계수의 합만 필요하다. 그러면 필요한 메모리의 양을 원래 이미지 해상도를 가진 텍스처 2개로 줄일 수 있다. 그럼에도 시작한 곳과 동일한 지점인 원래의 필터링되지 않은 이미지에 남긴다.

그러나 합계에 더하기 전에 각각의 세부 계수에 분산 클리핑[12]을 적용할 수 있다. 이 방법은 필터링되지 않은 프레임 조도 값 E_i와 달리 잘 작동하는데, 시간적으로 필터링된 값으로 시작하기 때문이다. 공간 커널 내에서 조도의 분산에 따라 색-공간 경계(b_i로 표시)를 계산한다. 결과적으로 이러한 경계는 세부 계수를 클리핑하는 데 사용되며 다음과 같이 최종 필터링된 조도 값을 계산한다.

$$E_{\text{final}} = s_n - \sum_{i=0}^{n-1} \text{clamp}\left(d_i, -b_i, b_i\right) \tag{18}$$

마지막으로 필터링된 조도를 표면에 적용한다. 이전에 설명한 것처럼 간접 조명의 방향성 분포는 무시한다. 대신 BRDF를 평가하고자 평균 방향을 입사광 파라미터로 사용한다. 조도는 받은 BRDF 값으로 곱한다.

$$L_{\text{final}} = E_{\text{final}} \, f_{\text{BRDF}} \tag{19}$$

그림 24-6은 이 방법의 다양한 전달을 보여준다.

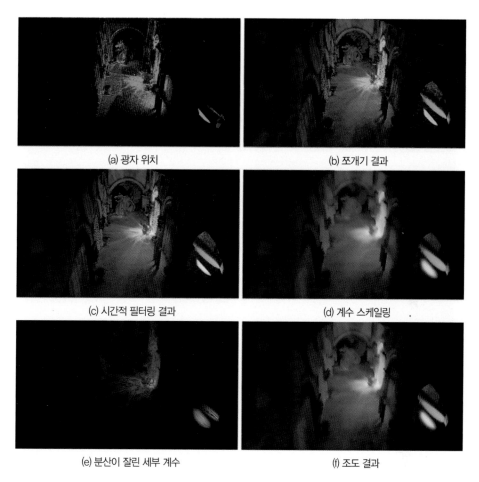

(a) 광자 위치

(b) 쪼개기 결과

(c) 시간적 필터링 결과

(d) 계수 스케일링

(e) 분산이 잘린 세부 계수

(f) 조도 결과

▲ **그림 24-6.** 3개 바운스의 간접광, 4개의 광원, 3백만 개의 초기 광자, 4개의 공간적 필터링 반복이 포함된 스폰자 (Sponza) 씬을 사용하는 알고리즘의 다른 패스에 내한 결과. (a) 빨강, 초록, 파랑은 바운스 횟수에 해당한다. (b) 스플래팅된 결과와 비교해 (c) 시간적 필터링 결과에서의 계층화된 샘플링과는 다른 샘플 서브세트의 축적에 주목하자. 또한 (e) 세부 계수의 분산 클리핑 효과는 (f) 조도 결과가 (d) 스케일링 계수만 사용될 때 손실되는 세부 정보를 많이 유지하므로 명확하게 볼 수 있다.

24.4.3 셰이딩 법선 효과의 증가

광자 매핑은 방향성 정보를 조도 계산의 암시적인 부분으로 포함한다. 다가오는 빛 방향을 향하는 지오메트리 법선을 가진 표면은 광자에 부딪힐 확률이 높기 때문이다. 그러나 이 과정은 법선 맵과 같은 머티리얼 속성이 제공하는 세부 사항을 캡처하지 않는다. 이는 사전 계산된 전역 조명 방법에서 일반적으로 알려진 문제며 해결하기 위한 몇 가지 접근법이 있다[11]. 비슷한 조명 품질을 얻으려면 광자 매핑에서도 이 요소를 고려해야 한다.

헤이츠^{Heitz} 등[6]에게서 영감을 받은 해결책을 개발했다. 빛의 방향 ω_i를 별도의 항으로 필터링한다. 그런 다음 조도를 계산할 때 방향 ω_i의 내적에서 기하 법선 ω_{ng}로 원래 코사인 항을 효과적으로 제거하고 ω_i의 내적 및 셰이딩 법선 ω_{ns}로 변경한다. 이는 식 (19)를 다음과 같이 변경한다.

$$L_{final} = E_{final} f_{BRDF}\left(\omega_i \cdot \omega_{ns}\right) \ \min\left(\frac{1}{\left(\omega_i \cdot \omega_{ng}\right) + \varepsilon}, s_{max}\right) \tag{20}$$

여기서 ω_i는 빛 방향의 가중 평균이며 s_{max}는 24.3.1.2절에서 사용된 최대 스케일링 계수다.

이 방식으로 표면 법선을 계산하면 성능 비용이 발생한다. 각 필터링 단계에 대한 추가 입출력과 함께 스플래팅에 대한 추가 혼합 대상이 필요하기 때문이다. 그러나 조도를 계산할 때 G 버퍼 법선을 읽지 않고 법선 맵의 정보를 적용할 수 있다.

빛의 방향 대신 BRDF를 필터링하면 반사 표면에 대해 좀 더 정확한 결과를 얻을 수 있다. 그러나 이 방식은 조도 추정 동안 BRDF를 평가해 머티리얼 속성을 읽어야 한다. G 버퍼를 각 픽셀 셰이더 호출마다 읽어야 하므로 스플래팅으로 구현할 때 상당한 성능 비용이 발생한다. 셰이더 기반 수집 방식의 계산은 오직 한 번만 머티리얼 속성을 로드해 이런 문제를 피하지만 여전히 BRDF의 평가 계산 비용을 지불한다.

24.5 결과

회의실(그림 24-7), 스폰자(그림 24-8), 3D마크 포트 로얄(그림 24-9)의 세 가지 씬에서 구현을 평가했다. 회의실은 하나의 광원을 갖고 스폰자는 4개의 광원을 가진다. 포트 로얄은 드론에 하나의 스폿라이트가 있고 카메라를 가리키는 또 다른 하나가 있다. 포트 로얄 씬의 렌더링은 간접 조명 효과를 강화하고자 광자력에 대한 예술적 멀티플라이어가 포함된다.

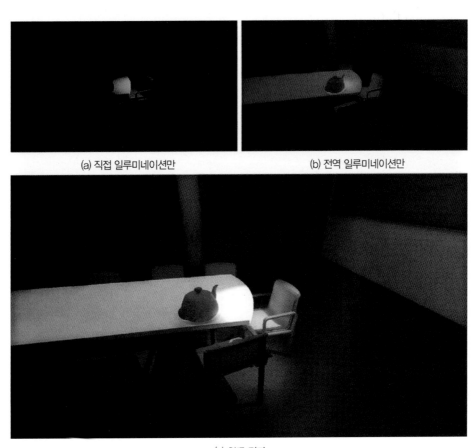

(a) 직접 일루미네이션만   (b) 전역 일루미네이션만

(c) 최종 결과

▲ **그림 24-7.** 회의실 테스트 씬

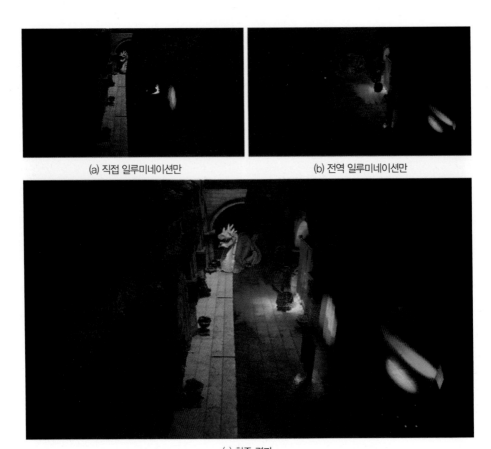

(a) 직접 일루미네이션만   (b) 전역 일루미네이션만

(c) 최종 결과

▲ **그림 24-8.** 수정한 스폰자 테스트 씬

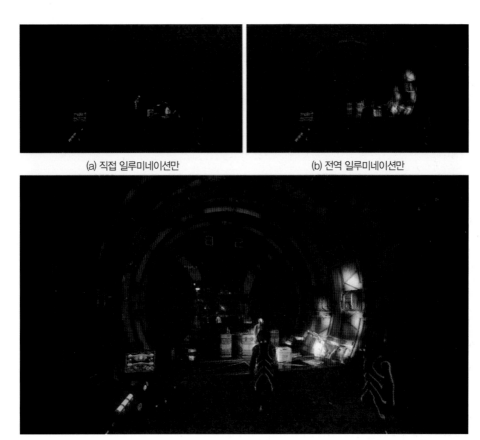

(a) 직접 일루미네이션만

(b) 전역 일루미네이션만

(c) 최종 결과

▲ **그림 24-9.** 3D마크 포트 로얄 레이 트레이싱 테스트 섹션

표 24-3은 1,080p 해상도, 초기 3백만 광자, 간접광 3회 바운스, 공간 필터의 4회 반복과 같은 고품질 설정으로 이러한 씬의 계산 시간을 밀리초 단위로 보고한다. 결과는 엔비디아 RTX 2080 Ti를 사용해 측정됐다. 모든 씬에서 가장 비용이 많이 드는 단계는 스플래팅이다. 필터링에 소요되는 시간은 씬의 지오메트리 복잡성과는 독립적이지만 이미지 공간 작업이므로 모든 씬에서 거의 동일하다.

▼ **표 24-3.** 시간을 밀리초 단위로 측정한 엔비디아 RTX 2080 Ti의 각 장면에 대한 광자 매핑 구현 성능.

Scene	RSM	Tracing	Splatting	Filtering	Total
Conference Room	1.6	5.2	7.5	3.3	17.6
Sponza	2.1	3.0	5.5	3.6	14.2
3DMark Port Royal	2.1	8.0	8.3	3.3	21.7

표 24-4에서는 일부 파라미터 변경 시의 영향을 검사한다. 예상한 대로 RSM, 레이 트레이싱과 광자 스플래팅에 소요되는 시간은 추적된 광자 수에 따라 증가한다. 러시안 룰렛에서의 경로 종료로 인해 바운스 수를 늘리는 것은 해당하는 초기 광자 숫자를 추가하는 것보다 성능이 떨어진다. 상응하는 이미지 해상도의 증가는 스플래팅과 필터링 시간을 모두 늘린다.

▼ 표 24-4. 밀리초 단위로 측정한 다른 설정으로 스폰자 씬에서 광자 매핑 알고리즘의 성능. 필터링은 4개의 공간적 반복으로 수행된다. 기준선은 포톤 매핑을 위한 '낮은' 설정(백만 개의 광자와 하나의 바운스)으로 간주되는 것으로 설정했다.

Photons	Bounce	Res.	RSM	Tracing	Splatting	Filtering	Total
1 M	1	1080p	1.4	0.7	1.2	3.1	6.1
1 M	1	1440p	1.4	0.7	1.6	5.6	9.3
2 M	1	1080p	1.8	1.3	2.3	3.1	9.0
3 M	1	1080p	2.1	1.8	3.9	3.1	10.8
1 M	3	1080p	1.4	1.3	2.1	3.1	7.9

24.6 향후 작업

여기에 설명된 접근 방식의 성능이나 품질을 향상시킬 수 있는 여러 영역이 있다.

24.6.1 스플래팅 건너뛰기를 통한 조도 분포 최적화

고밀도 함수를 사용하면 스플래팅 커널의 화면 공간 크기가 픽셀 크기에 도달할 수 있으므로 스플래팅 커널의 드로잉을 낭비하게 한다. 이는 스플래팅 대신 프레임 버퍼에 직접 조도 값을 작성하면 해결할 수 있다.

24.6.2 세부 계수의 분산 클리핑에 대한 적응형 상수

불행하게도 조도의 분산이 적은 샘플 개수로 인한 것인지 아니면 실제 조명 조건 차이로 인한 것인지를 판단할 수 없다. 이는 계층화된 샘플링이 제공하는 더 큰 샘플 세트에 의해 부분적으로 완화된다. 이 샘플은 시간적 필터링을 사용해 누적되므로 시간적 샘플이 거부되는 경우 노이즈가 보이게 된다. 따라서 이러한 영역에 대한 덜 제한적인 분산 클리핑 경계를 사용하는 것이 좋다. 이러한 시스템은 시간적 샘플의 누적을 정의하는 데 사용하는 가중치를 기반으로 분산 클리핑 상수를 스케일링해 구현할 수 있다.

참고 문헌

[1] Clarberg, P., Jarosz, W., Akenine-Möller, T., and Jensen, H. W. Wavelet Importance Sampling: Efficiently Evaluating Products of Complex Functions. ACM Transactions on Graphics 24, 3 (2005), 1166-1175.

[2] Dachsbacher, C., and Stamminger, M. Reflective Shadow Maps. In Proceedings of the 2005 Symposium on Interactive 3D Graphics and Games (2005), pp. 203-231.

[3] Dachsbacher, C., and Stamminger, M. Splatting Indirect Illumination. In Proceedings of the 2006 Symposium on Interactive 3D Graphics and Games (2006), ACM, pp. 93-100.

[4] Dammertz, H., Sewtz, D., Hanika, J., and Lensch, H. Edge-Avoiding Á-Trous Wavelet Transform for Fast Global Illumination Filtering. In Proceedings of High-Performance Graphics (2010), pp. 67-75.

[5] Heitz, E., and d'Eon, E. Importance Sampling Microfacet-Based BSDFs using the Distribution of Visible Normals. Computer Graphics Forum 33, 4 (2014), 103-112.

[6] Heitz, E., Hill, S., and McGuire, M. Combining Analytic Direct Illumination and Stochastic Shadows. In Proceedings of the ACM SIGGRAPH Symposium on Interactive 3D Graphics and Games (2018), pp. 2:1-2:11.

[7] Jensen, H. W. Realistic Image Synthesis Using Photon Mapping. A K Peters, 2001.

[8] Karis, B. High-Quality Temporal Supersampling. Advances in Real-Time Rendering in Games, SIGGRAPH Courses, 2014.

[9] Mara, M., Luebke, D., and McGuire, M. Toward Practical Real-Time Photon Mapping: Efficient GPU Density Estimation. In Proceedings of the ACM SIGGRAPH Symposium on Interactive 3D Graphics and Games (2013), pp. 71-78.

[10] McGuire, M., and Luebke, D. Hardware-Accelerated Global Illumination by Image

Space Photon Mapping. In Proceedings of High-Performance Graphics (2009), pp. 77–89.

[11] O'Donnell, Y. Precomputed Global Illumination in Frostbite. Game Developers Conference, 2018.

[12] Salvi, M. An Excursion in Temporal Supersampling. From the Lab Bench: Real-Time Rendering Advances from NVIDIA Research, Game Developers Conference, 2016.

[13] Schied, C., Kaplanyan, A., Wyman, C., Patney, A., Chaitanya, C. R. A., Burgess, J., Liu, S., Dachsbacher, C., Lefohn, A., and Salvi, M. Spatiotemporal Variance- Guided Filtering: Real-Time Reconstruction for Path-Traced Global Illumination. In Proceedings of High-Performance Graphics (2017), pp. 2:1–2:12.

[14] Schregle, R. Bias Compensation for Photon Maps. Computer Graphics Forum 22, 4 (2003), 729–742.

실시간 레이 트레이싱용 하이브리드 렌더링

시드/일렉트로닉 아츠의 콜린 바레-브리스보이스(Colin Barré-Brisebois), 헨릭 할렌(Henrik Halén), 그라함 윌리달(Graham Wihlidal), 앤드류 로리첸(Andrew Lauritzen), 재스퍼 베커스(Jasper Bekkers), 토마스 스태호이악(Tomasz Stachowiak), 요한 안델슨(Johan Andersson)

개요

25장에서는 절차적으로 조립된 세계에서 자가 학습 에이전트를 특징으로 하는 실시간 레이 트레이싱 실험 요소인 PICA PICA를 위해 개발된 렌더링 파이프라인을 설명한다. PICA PICA는 오프라인 경로 추적의 품질에 근접한 실시간 비주얼을 구현할 수 있는 래스터화, 계산, 레이 트레이싱 셰이더가 함께 작동하는 하이브리드 렌더링 파이프라인을 보여준다.

PICA PICA의 하이브리드 레이 트레이싱 기술을 실현하는 데 필수적인 구현 세부 사항을 포함해 이러한 파이프라인의 다양한 단계 뒤의 디자인을 설명한다. 레이 트레이싱 셰도우와 앰비언트 오클루전에 대한 의사 코드로 보완되는 다양한 레이 트레이싱 단계의 구현에 대한 조언이 제공된다. 반응성 멀티스케일 평균 추정기 형태의 지수 평균에 대한 대체재도 포함된다. PICA PICA의 세계는 질감이 가볍고 작지만 25장에서는 모든 AAA 게임에 특화된 하이브리드 렌더링 파이프라인의 필수 구성 요소를 설명한다. 궁극적으로 25장에서는 시각적 스타일에 호환되는 모듈 방식으로 레이 트레이싱을 사용해 기존의 물리 기반 지연 렌더링 파이프라인을 보강할 수 있는 전반적인 좋은 디자인을 독자에게 제공한다.

25.1 하이브리드 렌더링 파이프라인 개요

PICA PICA[2, 3]에는 최신 그래픽 파이프라인의 래스터화와 계산 단계, 최근에 추가된 레이 트레이싱 단계[23]에 의존하는 하이브리드 렌더링 파이프라인이 있다. 그림 25-1을 참고하자. 독자는 온라인에서 사용할 수 있는 비디오를 통해 이러한 결과를 볼 수 있다[10]. 그림 25-2에서 블록으로 시각화된 이러한 파이프라인의 여러 측면은 사용할 수 있는 그래픽 단계의 혼합과 일치로 실현되며 파이프라인은 각 스테이지의 고유한 기능을 하이브리드 방식으로 활용한다.

▲ 그림 25-1. PICA PICA의 하이브리드 레이 트레이싱

G-Buffer
(Raster)

Direct Shadows
(Ray Trace or Raster)

Direct Lighting
(Compute)

Reflections
(Ray Trace or Compute)

Global Illumination
(Ray Trace and Compute)

Ambient Occlusion
(Ray trace or Compute)

Transparency & Translucency
(Ray Trace and Compute)

Post-Processing
(Compute)

▲ 그림 25-2. 하이브리드 렌더링 파이프라인

작업을 해결하기 위해 여러 그래픽 단계의 상호작용에 의존하고 각 단계의 고유한 기능을 사용함으로써 렌더링 과정의 모듈화는 각 시각적 측면을 최적으로 달성할 수 있게 한다. 다이렉트X의 상호운용성 덕분에 패스 간의 중간 결과를 공유할 수 있으며 궁극적으로 이러한 기술을 최종 렌더링된 이미지와 결합할 수 있다. 또한 구획화된 접근 방식은 확장 가능하며 그림 25-2에 언급된 기술은 사용자의 하드웨어 기능에 따라 조정될 수 있다. 예를 들어 1차 가시성과 셰도우는 래스터화 또는 레이 트레이싱화될 수 있으며 반사와 앰비언트 오클루전은 레이 트레이싱화되거나 광선 마칭될 수 있다.

전역 조명, 투명, 반투명은 레이 트레이싱을 전부 필요로 하는 PICA PICA의 파이프라인에서 유일한 기능이다. 그림 25-2에 설명된 다양한 단계는 다음 순서로 실행된다.

1. 객체 공간 렌더링

   1.1. 텍스처 공간 객체 파라미터화

   1.2. 투명과 반투명 레이 트레이싱

2. 전역 조명(디퓨즈 상호 반사)

3. G 버퍼 레이아웃

4. 다이렉트 셰도우

   4.1. G 버퍼에서의 셰도우

   4.2. 셰도우 노이즈 제거

5. 반사

   5.1. G 버퍼에서의 반사

   5.2. 반사 교차에서의 레이 트레이싱된 셰도우

   5.3. 반사 노이즈 제거

6. 다이렉트 라이팅

7. 반사와 광채 결합

8. 포스트 프로세싱

25.2 파이프라인 분석하기

다음 절에서는 PICA PICA의 파이프라인에서 하이브리드 특성을 보여주는 렌더링 블록을 분석하고 설명한다. 셰도우, 반사, 앰비언트 오클루전, 투명, 반투명, 전역 조명도 다룬다. 문서화가 잘된 최첨단 접근 방식으로 만들어진 G 버퍼와 포스트 프로세싱 블록은 다루지 않을 것이다.

25.2.1 셰도우

정확한 셰도우는 렌더링된 이미지의 품질을 확실히 향상시킨다. 그림 25-3에서 보이듯이 레이 트레이싱된 셰도우는 훌륭하다. 씬에서 물체를 완벽하게 땅에 놓아 작거나 큰 규모의 셰도잉을 한 번에 처리하기 때문이다.

▲ **그림 25-3.** 하이브리드 레이 트레이싱된 소프트 셰도우

가장 단순한(단단한) 형태로 레이 트레이싱된 셰도우를 구현하는 것은 간단하다. 표면에서 빛을 향해 광선을 발사하고 광선이 메시에 닿으면 표면을 셰도우가 지게 만든다. 여기서의 접근 방식은 하이브리드다. 표면의 월드 공간 위치를 재구성하고자 G 버퍼 래스터화 중에 생성된 깊이 버퍼에 의존하기 때문이다. 이 위치는

셰도우 광선의 원점으로 사용된다.

접촉 경화를 갖는 소프트 페눔브라 셰도우는 문헌[1, 21]에 설명된 것처럼 원뿔 모양의 광선을 발사해 구현된다. 소프트 셰도우는 크기와 거리를 전달할 때 하드 셰도우보다 우수하며 실제 세계의 셰도잉을 더 잘 나타낸다. 하드 셰도우와 소프트 셰도우는 그림 25-4에 나와 있다.

▲ 그림 25-4. 하이브리드 레이 트레이싱된 셰도우: 하드(왼쪽)와 소프트 및 필터링된 것(오른쪽).

다이렉트X 레이 트레이싱^{DXR}을 사용하면 광선 생성 셰이더와 미스 셰이더를 통해 레이 트레이싱된 셰도우를 얻을 수 있다.

```
1   // HLSL 의사 코드 --- 컴파일되지 않는다.
2   [shader("raygeneration")]
3   void shadowRaygen()
4   {
5       uint2 launchIndex = DispatchRaysIndex();
6       uint2 launchDim = DispatchRaysDimensions();
7       uint2 pixelPos = launchIndex +
8           uint2(g_pass.launchOffsetX, g_pass.launchOffsetY);
```

```
9      const float depth = g_depth[pixelPos];
10
11     // 하늘 픽셀을 건너뛴다.
12     if (depth == 0.0)
13     {
14         g_output[pixelPos] = float4(0, 0, 0, 0);
15         return;
16     }
17
18     // 깊이 버퍼에서 위치를 계산한다.
19     float2 uvPos = (pixelPos + 0.5) * g_raytracing.viewDimensions.zw;
20     float4 csPos = float4(uvToCs(uvPos), depth, 1);
21     float4 wsPos = mul( g_raytracing.clipToWorld, csPos);
22     float3 position = wsPos.xyz / wsPos.w;
23
24     // 할톤 시퀀스를 초기화한다.
25     HaltonState hState =
26         haltonInit(hState, pixelPos, g_raytracing.frameIndex);
27
28     // 임의의 숫자를 생성해 할톤 시퀀스를 회전한다.
29     uint frameseed =
30         randomInit(pixelPos, launchDim.x, g_raytracing.frameIndex);
31     float rnd1 = frac(haltonNext(hState) + randomNext(frameseed));
32     float rnd2 = frac(haltonNext(hState) + randomNext(frameseed));
33
34     // 원뿔 각도를 기준으로 임의의 방향을 생성한다.
35     // 원뿔이 넓을수록 셰도우는 더 부드러워진다(노이즈도 많아진다).
36     // [pbrt]의 uniformSampleCone()
37     float3 rndDirection = uniformSampleCone(rnd1, rnd2, cosThetaMax);
38
39     // 셰도우 광선 준비
40     RayDesc ray;
41     ray.Origin = position;
42     ray.Direction = g_sunLight.L;
43     ray.TMin = max(1.0f, length(position)) * 1e-3f;
44     ray.TMax = tmax;
45     ray.Direction = mul(rndDirection, createBasis(L));
46
47     // 페이로드를 초기화한다. 무언가와 부딪혔다고 가정한다.
```

```
48      ShadowData shadowPayload;
49      shadowPayload.miss = false;
50
51      // 광선 발사를 가정한다.
52      // API에게 충돌 셰이더를 건너뛴다고 말한다.
53      TraceRay(rtScene,
54          RAY_FLAG_SKIP_CLOSEST_HIT_SHADER,
55          RaytracingInstanceMaskAll, HitType_Shadow, SbtRecordStride,
56          MissType_Shadow, ray, shadowPayload);
57
58      // 페이로드를 읽는다. 놓친 경우의 셰도우 값은 흰색이다.
59      g_output[pixelPos] = shadowPayload.miss ? 1.0f : 0.0f;
60  }
61
62  [shader("miss")]
63  void shadowMiss(inout ShadowData payload : SV_RayPayload)
64  {
65      payload.miss = true;
66  }
```

의사 코드에 표시된 것처럼 미스 셰이더 페이로드는 광선 지오메트리 가시성 정보를 전달하는 데 사용된다. 또한 어떠한 충돌 셰이더 결과도 필요하지 않음을 TraceRay() 함수에 알리고자 RAY_FLAG_SKIP_CLOSEST_HIT_SHADER 플래그를 사용한다. API는 충돌 셰이더를 호출할 필요가 없음을 미리 알기 때문에 성능을 향상시킬 수 있다. 드라이버는 이러한 광선을 적절히 스케줄링해 성능을 최대화하고자 이 정보를 사용할 수 있다.

코드는 페눔브라의 부드러움을 구동하는 원뿔 각도 함수 uniformSampleCone()의 사용을 보여준다. 각도가 넓을수록 페눔브라는 부드러워지지만 노이즈가 더 많이 발생할 것이다. 이 노이즈는 추가 광선을 발사해 완화할 수 있지만 필터링으로 해결할 수도 있다. 후자는 그림 25-5에서 보여준다.

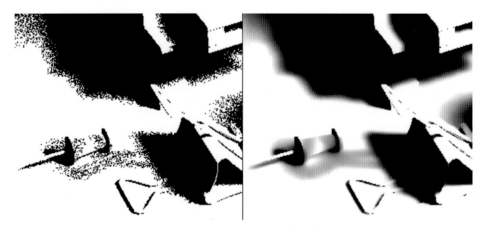

▲ 그림 25-5. 하이브리드 레이 트레이싱된 셰도우: 필터링되지 않은 것(왼쪽)과 필터링된 것(오른쪽)

셰도우를 필터링하고자 셰도우를 나타내는 단일 스칼라 값을 지닌 시공간 분산 유도 필터링[SVGF][24]에서 파생된 필터를 사용한다. 단일 스칼라는 전체 색상에 비해 평가하는 것이 더 빠르다. 시간적 지연을 줄이고 전체 응답성을 향상시키고자 카리스[Karis][15]가 제안한 것과 유사한 픽셀 값 경계 상자 클램프와 결합시킨다. 살비 분산 기반 방법[Salvi variance-based method][22]을 사용해 5 × 5 픽셀의 커널 풋프린트로 경계 상자의 크기를 계산한다. 전체 과정은 그림 25-6에 시각화돼 있다.

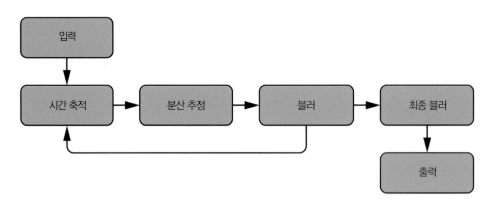

▲ 그림 25-6. 스키드 등의 작업에서 영감을 받은 셰도우 필터링

가장 가까운 충돌 셰이더로 셰도우를 구현해야 한다는 점에 유의하자. 셰도우는 임의 충돌 셰이더를 통해 구현할 수 있으며 첫 번째 정렬되지 않은 충돌에 대해서만 처리하도록 지정할 수 있다. PICA PICA의 초목과 같은 알파 테스트된 지오메트

리가 없었으므로 이 데모에서는 임의 충돌 셰이더가 필요하지 않았다.

이 접근 방식은 불투명 셰도우에 적용되지만 투명한 셰도우에 대해서도 유사한 접근 방식을 사용할 수 있다. 실시간 그래픽에서 투명은 어려운 문제다. 특히 래스터화로 제한되는 경우에 말이다. 레이 트레이싱을 사용하면 새로운 대안이 가능하다. 투명한 표면을 통한 재귀 레이 트레이스로 일반 셰도우 추적 코드를 대체해 투명한 셰도우를 만든다. 결과는 그림 25-7에 나와 있다.

▲ **그림 25-7.** 하이브리드 레이 트레이싱된 투명 셰도우

두꺼운 미디어 내부의 광전송과 관련해 실시간으로 적절한 추적[11]을 하는 것은 쉽지 않다. 성능상의 이유로 박막 근사를 따르며, 이는 색상이 물체의 표면에 있다고 가정한다. 거리 기반 흡수를 구현하면 향후 개선될 수 있다.

셰도우가 필요한 표면의 경우 빛을 향해 광선을 쏜다. 불투명한 표면에 부딪히거나 놓친 경우 광선을 종료한다. 투명한 표면에 부딪히면 물체의 알베도를 기준으로 흡수를 누적한다. 모든 빛이 흡수되거나 추적을 놓치거나 불투명한 표면과 충돌할 때까지 빛을 계속 추적한다. 그림 25-8을 참고하자.

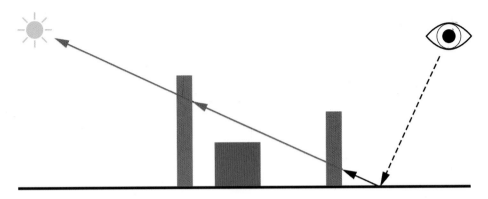

▲ **그림 25-8.** 하이브리드 레이 트레이싱된 투명 셰도우 축적

이 접근 방식은 인터페이스 전환에 프레넬 효과^{Fresnel effect}를 고려하지만 코스틱 효과의 복잡성을 무시한다. 이를 위해 스클릭^{Schlick}의 프레넬 근사법[25]은 매체의 입사면에서 중간의 굴절률이 먼 면보다 높을 때 떨어진다. 따라서 여기서는 스클릭의 모델에서 수정된 전체 내부 반사[16]를 사용한다.

불투명 레이 트레이싱된 소프트 셰도우와 비슷하게 수정한 SVGF 필터로 투명한 소프트 셰도우를 필터링한다. 다이렉트 셰도우의 맥락에서 투명한 셰도우만 계산한다는 점을 유의해야 한다. 다른 패스에 빛 가시성 샘플링이 필요한 경우 성능상의 이유로 모든 표면을 불투명하게 처리해 가시성을 근사한다.

25.2.2 반사

레이 트레이싱을 이용하는 주요 기술 중 하나가 반사다. 반사는 렌더링된 이미지의 필수 부분이다. 올바르게 수행한다면 씬의 지면 물체를 반사해 시각적 충실도를 크게 향상시킬 것이다.

최근 비디오 게임은 실시간 제약 조건으로 반사를 계산하고자 로컬 반사 볼륨[17]과 화면 공간 반사^{SSR}[27]에 의존했다. 이러한 기술은 일반적으로 설득력 있는 결과를 제공할 수 있지만 종종 강력하지는 않다. 뷰 의존적 정보가 없거나 단순히 상호 반사의 복잡성을 포착할 수 없어 쉽게 분리될 수 있다. 그림 25-9에서 볼 수 있듯이 레이 트레이싱은 강력한 방식으로 완전히 역동적인 복잡한 반사를 가능케 한다.

▲ **그림 25-9.** 하이브리드 레이 트레이싱된 반사

셰도우와 앰비언트 오클루전에 대한 접근 방식과 유사하게 반사 광선은 G 버퍼에서 시작되므로 기본 가시성의 레이 트레이싱이 필요하지 않다. 반사는 픽셀당 광선의 1/2 혹은 1/4에서 추적된다. 이것이 제한적으로 들릴 수도 있겠지만 다단계 재구성과 필터링 알고리즘은 반사를 최대 해상도로 가져온다. 공간 및 시간적 일관성에 의존함으로써 누락된 정보가 채워질 수 있고 성능을 유지하면서 시각적으로 설득력 있는 반사가 계산될 수 있다. 여기의 기술은 다양한 법선, 거칠기, 머티리얼 타입을 가진 임의의 불투명 표면에서 작동한다. 초기 접근은 성능을 위해 SSR과 결합시켰지만 결국 단순성과 균일성을 위해 레이 트레이싱된 반사에서만 의존하기로 했다. 여기서의 접근법은 추적 후 화면 공간 흐림 대신 확률론적 샘플링과 시공간적 필터링에 의존한다. 따라서 BRDF에서의 확률적 경로 구성에 의해 표면의 생김새가 유도되므로 이런 방식은 실제 경로 추적과 더 가까울 것이다. 또한 이 방식은 화면 공간 필터링 접근법에서 흐릿함 문제가 발생할 수 있는 물체의 경계에서 특별한 주의를 요구하지 않는다.

반사 시스템에는 그림 25-10에 표시한 대로 자체 파이프라인이 제공된다. 이 과정은 재료 중요도 샘플링을 통해 광선을 생성하는 것으로 시작한다. 사야 방향이 주어지면 레이어된 BRDF를 고려한 반사된 광선이 생성된다. 웨이들리치[Weidlich]와 윌

키[Wilkie]의 연구[29]에서 영감을 받은 머티리얼 모델은 여러 레이어를 하나로 통합한 표현형 BRDF로 결합한다. 이 모델은 모든 빛과 렌더링 모델에서 작동하고 에너지를 절약하며 레이어 간의 프레넬 효과를 처리한다. 완전한 머티리얼의 샘플링은 복잡하고 비용이 많이 들기 때문에 정규 분포만 중요도 샘플링한다. 입사면 벡터를 반사하는 미세면 법선을 선택하고 반사된 광선 방향이 생성된다. 따라서 반사된 광선은 머티리얼의 특성을 따른다.

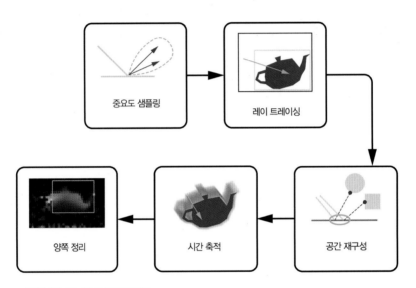

▲ **그림 25-10.** 반사 파이프라인

픽셀당 1/4의 광선만 있으므로 고품질 분포를 보장해야 한다. 계산이 쉽고 낮고 높은 샘플 개수에서 잘 분포됐으므로 불일치가 적은 준무작위 할톤 시퀀스를 사용한다. 모든 소스 픽셀마다 고유한 지터링된 시퀀스를 얻고자 픽셀당 추가적인 지터링을 위해 크랜리-패터슨 회전[Cranley-Patterson rotation][7]과 결합한다.

샘플 공간의 모든 지점에서 반사 방향이 생성된다. 정규 분포에서만 샘플링하기 때문에 수평선 아래를 가리키는 반사 광선이 가능하다. 그림 25-11에서 파란색 선으로 표시된 것처럼 이 바람직하지 않은 경우를 감지하고 대체 반사 광선을 계산한다.

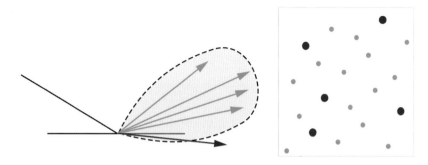

▲ **그림 25-11.** 왼쪽: BRDF 반사 샘플링. 오른쪽: 크렌리-패터슨이 할톤 시퀀스를 회전했다. 확률 분포(점선 바깥선을 지닌 밝은 회색 영역)에는 유효한 BRDF 중요도 샘플링 반사 광선(녹색)과 수평선 아래의 반사 광선(파란색)이 포함된다.

머티리얼 모델을 샘플링하는 가장 간단한 방법은 균일한 확률로 레이어 중 하나를 선택한 다음 그 레이어의 BRDF를 샘플링하는 것으로, 낭비가 될 수 있다. 매끄럽고 투명한 코트 레이어는 거의 보이지 않지만 스침각$^{grazing\ angle}$에서 우세하다. 샘플링 방식을 개선하고자 각 레이어의 대략적인 가시성을 기반으로 확률 질량 함수에서 레이어를 그린다. 그림 25-12를 참고하자.

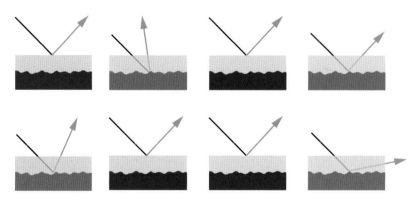

▲ **그림 25-12.** 머티리얼 레이어 샘플링의 8 프레임

머티리얼 레이어를 선택한 후 앞에서 언급한 미세면 법선 샘플링 알고리즘을 사용해 속성과 일치하는 반사 광선을 생성한다. 반사 벡터 외에도 샘플링된 확률도 필요하다. 중요도 샘플링 알고리즘에 따라 이 값의 역으로 조명 기여도를 나중에 조절할 것이다. 여러 레이어가 동일한 방향을 생성할 수 있다는 점을 명심해야 한

다. 그러나 우리는 개별 계층이 아닌 전체 스택의 확률에 관심이 있다. 따라서 최종 값이 개별 레이어가 아닌 전체 스택에서 방향을 샘플링한 것과 일치하도록 확률을 더한다. 이렇게 하면 후속 재구성 패스가 단순해지며 그 부분 대신 전체 머티리얼을 추론하는 데 사용할 수 있다.

그림 25-13과 같이 경로 추적된 이미지의 반사 구성 요소와 비슷하지만 절반의 해상도와 단일 바운스를 가진 결과를 얻는다.

```
1  result    = 0.0
2  weightSum = 0.0
3
4  for pixel in neighborhood:
5      weight = localBrdf(pixel.hit) / pixel.hitPdf
6      result += color(pixel.hit) * weight
7      weightSum += weight
8
9  result /= weightSum
```

▲ 그림 25-13. 픽셀당 1/4 광선에서 하이브리드 레이 트레이싱된 반사

반해상도 결과가 계산되면 공간적 필터가 적용된다. 결과는 그림 25-14에 표시돼 있다. 출력에 여전히 노이즈가 있지만 이제는 전체 해상도다. 이 필터는 스테호이

악Stachowiak[27]과 헤이츠Heitz 등[12]의 작업과 유사하게 실제로 픽셀당 16개의 광선을 촬영하는 것과 유사한 분산 감소를 제공한다. 모든 전체 해상도 픽셀은 반사를 재구성하고자 광선 충돌 세트를 사용하며 기여도를 측정하는 데 사용되는 로컬 픽셀의 BRDF가 있는 가중 평균이 있다. 기여도는 분포를 설명하고자 소스 광선의 역 PDF로 스케일링된다. 이 작업은 편향돼 있지만 실제로는 잘 작동한다.

▲ **그림 25-14.** 전체 해상도에서 재구성된 하이브리드 레이 트레이싱된 반사

반사 파이프라인의 최종 단계는 남은 노이즈 일부를 제거하는 간단한 양방향 필터링이다. 이러한 종류의 필터는 이미지를 과도하게 흐리게 할 수 있는 무딘 기기일 수 있지만 고조도 반사에 필요하다. SSR과 비교해 레이 트레이싱은 사전 필터링된 빛을 위해 흐린 버전의 화면에 의존할 수 없다. SSR에 비해 훨씬 많은 노이즈를 생성하므로 좀 더 적극적인 필터가 필요하다. 그럼에도 필터의 효과를 여전히 제어할 수 있다. 그림 25-15와 같이 공간적 재구성 패스 동안 이미지의 편차를 추정하고 양자 커널을 조정하고자 이것을 사용한다. 분산이 낮은 경우 과도한 흐림을 방지하도록 커널 크기와 샘플 개수를 줄인다.

▲ 그림 25-15. 반사 분산

프레임의 거의 끝에서 시간적 안티앨리어싱을 적용하고 매우 깨끗한 이미지를 얻는다. 그림 25-9를 볼 때는 프레임당 픽셀당 1/4 반사 광선에서 비롯되며 동적 카메라 및 동적 객체와 함께 작동한다는 것을 기억하는 것이 중요하다.

매끄러운 반사부터 거친 반사까지 생성하기 위한 확률론적 샘플링에 의존하므로 이 접근 방식은 본질적으로 노이즈가 생긴다. 확률론적 샘플링은 노이즈 발생이 쉽지만 충분한 샘플링을 제공하면 올바른 답을 준다. 다른 방법은 높은 거칠기를 위해 거울 같은 반사를 흐리게 하는 것이다. 이러한 포스트 필터는 작동할 수 있지만 블리딩을 발생시킬 수도 있다. 필터링은 흐릿한 반사를 생성하고자 넓은 픽셀 풋프린트를 필요로 하며 여전히 고주파 디테일에서 노이즈 출력을 생성할 수도 있다. 구조화된 앨리어싱도 필터링하기 어렵기 때문에 확률론적이 아닌 효과는 확률론적 효과보다 깜빡임이 더 많이 발생할 수 있다. 이와 동시에 확률론적 기법은 씬의 분산을 증폭시킬 수 있다. 특히 작은 밝은 소스에서 말이다. 알고리즘을 비확률적 방식으로 전환하는 것으로, 작은 밝은 소스는 좀 더 많은 바이어스로 발견되고 처리할 수 있다. 여기에 추가적인 연구가 필요하다. 반사 파이프라인은 확률론적 샘플링을 공간적 재구성과 결합해 이 방향으로 이미 진행했다. 실제로 광선이 거울 방향과 약간 더 가깝게 가도록 기본 샘플 공간을 바이어스한 다음 필터링 바이어스 중 일부를 취소한다.

시간적 축적의 경우 이전 프레임의 상단에 혼합되는 간단한 지수 다듬기^{smoothing} 연산자로는 충분하지 않다. 재투영은 프레임 간의 결과를 연관시켜야 하므로 시간적 기술에서의 움직임은 특히 어렵다. 반사를 재투영할 때의 두 가지 다른 방법이 떠오른다. 먼저 리플렉터의 모션 벡터를 사용할 수 있으며, 하이브리드 파이프라인의 다른 기술에서 본질적으로 재사용할 수 있다. 둘째로 반사는 자체 시차로 이동하고 반사 광선의 평균 길이를 찾아 추적할 수 있으며, 각 픽셀의 평균 충돌 지점을 통해 재투영할 수 있다. 두 방법 모두 그림 25-16에 나와 있다.

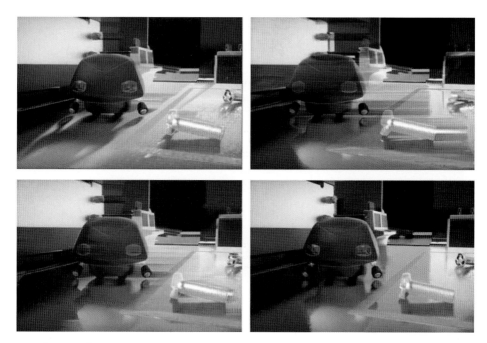

▲ **그림 25-16.** 상단 왼쪽: 모션 재투영. 상단 오른쪽: 충돌 지점 재투영. 하단 왼쪽: 모션과 충돌 지점 재투영 혼합. 하단 오른쪽: 재투영 클램핑 포함

각각의 방법은 그만의 장점이 있다. 그림 25-16에서 보이는 것처럼 모션 벡터는 거칠고 구부러진 표면에 적합하지만 반짝이는 평평한 표면에는 적합하지 않다. 반면에 충돌 지점 재투영은 바닥에서 작동하지만 곡면에서는 실패한다. 또는 새로 생성된 이미지의 모든 픽셀에 대한 간단한 통계를 작성하고 이 통계를 사용해 재투영 방식을 선택할 수 있다. 모든 새로운 픽셀의 평균 색상과 표준 편차를 계산하면

거리 측정법을 정의할 수 있으며, 재투영된 값을 측정하는 데 사용할 수 있다.

```
1  dist = (rgb - rgb_mean) / rgb_deviation;
2  w = exp2(-10 * luma(dist));
```

마지막으로 카리스^{Karis}[15]가 입증한 것처럼 재투영된 값을 거부하거나 클램프하고자 로컬 픽셀 통계를 사용할 수 있으며 새로운 분포에 맞게 강제할 수 있다. 결과가 완벽하지는 않더라도 확실히 진일보했다. 이렇게 하면 결과를 바이어스하며 약간의 깜빡임을 생성할 수 있지만, 고스팅을 깔끔하게 정리하며 실시간 목적으로는 충분하다.

25.2.3 앰비언트 오클루전

오프라인과 실시간 그래픽에서 앰비언트 오클루전^{AO}[18]은 일반적인 전역 조명 솔루션이 실패하는 부근의 필드 렌더링을 개선하는 데 사용된다. 이는 다이렉트 셰도우가 거의 보이지 않도록 인식된 품질과 지면 객체를 향상시킬 수 있다. 비디오 게임에서 AO는 종종 실시간으로 미리 계산되거나 화면 공간 정보를 사용해 실시간으로 계산된다. 베이킹으로는 정확한 결과를 제공할 수 있지만 동적 지오메트리를 표현할 수는 없다. 실제 앰비언트 오클루전^{GTAO}[14]과 수평선 기반 앰비언트 오클루전^{HBAO}[5] 같은 화면 공간 기술을 사용하면 설득력 있는 결과를 생성할 수 있지만 화면에서 사용할 수 있는 정보로 제한된다. 화면 공간 기술의 실패는 상당히 삐걱거릴 수 있다. 특히 오프스크린 지오메트리가 오클루전에 영향을 끼쳐야만 하는 경우에 그렇다. 이러한 지오메트리가 뷰 절두체 안에 있지만 폐색된 경우도 마찬가지다.

실시간 레이 트레이싱을 통해 방금 언급한 래스터 기반 기술의 제약이 없는 방식으로 고품질 앰비언트 오클루전을 계산할 수 있다. PICA PICA에서는 반구에 무작위로 광선을 생성해 오클루전 함수를 확률적으로 샘플링한다. 노이즈를 줄이고자 코사인 가중 분포[9]로 샘플링한다. 또한 품질과 시각적 품질 목적을 위해 최대 광선 거리를 씬당 구성 가능한 변수로 노출한다. 노이즈를 더욱 줄이고자 레이 트레이싱된 셰도우에 사용된 것과 유사한 기술로 순수 레이 트레이싱된 앰비언트 오클루전을 필터링한다.

```
1    // AO 광선 생성 셰이더의 부분 코드. 간결성을 위해 잘랐다.
2    // 전체 셰이더는 셰도우 광선 생성과
3    // 본질적으로 동일하다.
4    float result = 0;
5
6    for (uint i = 0; i < numRays; i++)
7    {
8        // AO 광선의 임의의 방향을 선택한다.
9        float rnd1 = frac(haltonNext(hState) + randomNext(frameSeed));
10       float rnd2 = frac(haltonNext(hState) + randomNext(frameSeed));
11       float3 rndDir = cosineSampleHemisphere(rnd1, rnd2);
12
13       // 반구를 회전한다.
14       // Up은 픽셀 표면 법선의 방향이다.
15       float3 rndWorldDir = mul(rndDir, createBasis(gbuffer.worldNormal));
16
17       // 광선과 페이로드를 생성한다.
18       ShadowData shadowPayload;
19       shadowPayload.miss = false;
20
21       RayDesc ray;
22       ray.Origin = position;
23       ray.Direction = rndWorldDir;
24       ray.TMin = g_aoConst.minRayLength;
25       ray.TMax = g_aoConst.maxRayLength;
26
27       // 광선을 추적한다.
28       // 놓쳤는지 다루기 때문에 셰도우의 미스 코드를 사용한다.
29       TraceRay(g_rtScene,
30           RAY_FLAG_SKIP_CLOSEST_HIT_SHADER|
31               RAY_FLAG_ACCEPT_FIRST_HIT_AND_END_SEARCH,
32           RaytracingInstanceMaskAll,
33           HitType_Shadow,
34           SbtRecordStride,
35           MissType_Shadow,
36           ray,
```

```
37          shadowPayload);
38
39      result += shadowPayload.miss ? 1 : 0;
40  }
41
42  result /= numRays;
```

레이 트레이싱된 앰비언트 오클루전의 셰이더 코드는 셰도우의 코드와 유사하므로 여기서는 AO 관련 부분만 나열한다. 셰도우와 마찬가지로 G 버퍼를 사용해 화면에 보이는 각 픽셀의 월드 공간 위치와 법선을 재구성한다.

셰도우 페이로드의 미스 플래그는 거짓으로 초기화되고 미스 셰이더에서만 True로 설정되므로 성능을 위해 충돌 셰이더를 건너뛰도록 RAY_FLAG_SKIP_CLOSEST_HIT_SHADER를 설정할 수 있다. 또한 교차점이 얼마나 멀리 떨어져 있는지는 신경 쓰지 않는다. 교차가 있는지만 알고 싶기 때문에 RAY_FLAG_ACCEPT_FIRST_HIT_AND_END_SEARCH도 사용한다. 마지막으로 샘플의 코사인 가중 분포는 단위 반구에서 생성되고 G 버퍼 법선에서 생성된 기준을 사용해 월드 공간으로 회전된다.

그림 25-17에서는 최대 광선 길이가 0.6미터인 다양한 버전의 앰비언트 오클루전 간의 비교를 볼 수 있다. 왼쪽 상단에서 픽셀당 1,000 샘플로 샘플링해 진짜를 생성했다. 이는 실시간에서는 너무 느리다. PICA PICA에서는 픽셀당 하나 혹은 두 개의 광선으로 샘플링해 그림 25-17의 오른쪽 상단에 보이는 약간 노이즈 있는 결과를 생성한다. 필터를 적용한 후에는 같은 그림의 왼쪽 하단에서 볼 수 있듯이 결과가 시각적으로 더 좋다. 필터링돼 레이 트레이싱된 앰비언트 오클루전은 약간 덜 선명하지만 픽셀당 하나의 경우에서 기준과 잘 일치한다.

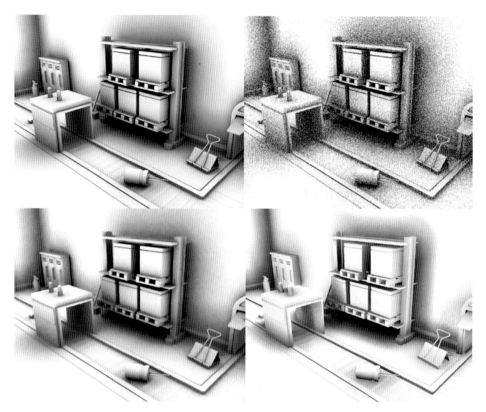

▲ **그림 25-17.** 상단 왼쪽: 레이 트레이싱된 AO(1000 spp). 상단 오른쪽: 하이브리드 레이 트레이싱된 AO(1 spp). 하단 왼쪽: 필터링된 하이브리드 레이 트레이싱된 AO(1 spp). 하단 오른쪽: GTAO

25.2.4 투명도

투명한 지오메트리의 렌더링을 불투명한 지오메트리와 별도로 처리하는 래스터화와 달리 레이 트레이싱은 씬의 나머지와 함께 두꺼운 매체 내부의 빛 전송 계산을 간소화하고 통합할 수 있다. 주목할 만한 예는 유리와 같은 투명한 표면에 대한 현실적인 굴절을 렌더링하는 것이다. 그림 25-18을 참고하자.

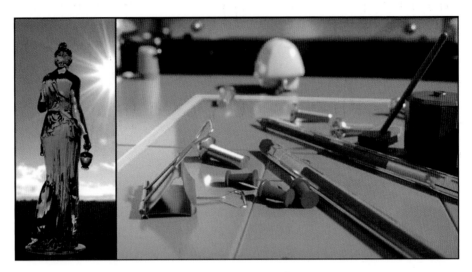

▲ **그림 25-18.** 왼쪽: 물체 공간 레이 트레이싱된 투명도 결과. 오른쪽: 텍스처 공간 출력

레이 트레이싱을 사용하면 각 전환이 교차의 일부이므로 인터페이스 전환을 추적하기가 더 쉽다. 그림 25-19에서 볼 수 있듯이 광선이 매체 내부로 온 다음 외부로 나갈 때 해당 매체의 광학 법칙과 파라미터에 따라 변경될 수 있다. 중간 빛 전송 정보는 페이로드의 일부로 광선과 함께 수정되고 전달되므로 흡수와 산란 같은 시각적으로 확실한 효과의 계산을 가능케 한다. 후자는 25.2.5절에서 설명한다.

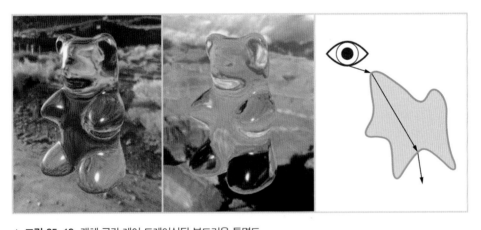

▲ **그림 25-19.** 객체 공간 레이 트레이싱된 부드러운 투명도

매질 전환을 추적할 때 레이 트레이싱은 순서 독립적인 투명성과 다른 씬 지오메트리를 통한 투명 메시의 정확한 정렬을 가능케 한다. 순서 독립적인 부드러운 굴

절은 간단하고 거친 굴절도 가능하지만 더 주의해야 한다. 그림 25-20에 표시된 것처럼 거친 굴절을 노이즈 없는 결과로 수렴하려면 여러 샘플이 필요하다. 이러한 굴절은 화면에 다수의 층이 겹칠 가능성으로 인해 순서에 상관없이 필터링하기가 어렵다. 오늘날 성공적인 노이즈 제거기는 단 하나의 표면층만 가정하므로 화면 공간 노이즈 제거는 순서 독립적인 투명도를 위해 다루기가 어렵다. 또한 장면 복잡도에 따라 픽셀당 순서 독립적 투명도는 메모리를 많이 사용하고 성능을 저하시킬 수 있다.

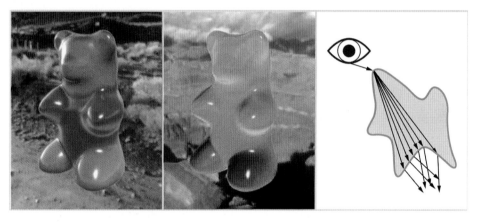

▲ **그림 25-20.** 물체 공간 레이 트레이싱된 거친 투명도

이를 완화하고자 물체 공간 레이 트레이싱을 텍스처 공간 파라미터화 및 통합과 결합한 하이브리드 방식을 채택한다. 텍스처는 안정적인 통합 영역과 예측 가능한 메모리 풋프린트를 제공한다. 레이 트레이싱을 위한 텍스처 공간에서의 객체 공간 파라미터화는 프레임당 객체당 예측 가능한 광선의 수를 가져오므로 예산을 책정할 수 있다. 이 수준의 예측 가능성은 실시간 제약에는 필수적이다. 레이 트레이싱 전에 요청 시 생성되는 텍스처 공간 파라미터화의 예는 그림 25-21에 나와 있다. 이 접근 방식은 최소한으로 위치와 법선을 필요로 하지만 추가적인 표면과 머티리얼 파라미터는 비슷한 방식으로 저장할 수 있다. 이는 객체별 G 버퍼와 유사하다. 겹치지 않는 UV 언랩도 필요하다. 레이 트레이싱된 결과는 그림 25-22에 나와 있다.

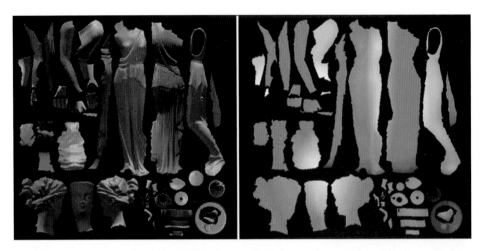

▲ 그림 25-21. 객체 공간 파라미터화: 법선(왼쪽)과 위치(오른쪽)

▲ 그림 25-22. 객체 공간 레이 트레이싱된 투명도: 결과(왼쪽)와 텍스처 공간 출력(오른쪽)

파라미터화와 카메라 정보를 사용해 추적 중에 광선 원점과 광선 방향을 유도한다. 투명한 유리 굴절은 스넬의 법칙을 사용해 달성하고 거친 유리 굴절은 물리 기반 산란 기능[28]을 통해 달성한다. 후자는 마이크로 페이시트에서 굴절된 광선을 생성해 거친 인터페이스를 위해 더 넓은 원뿔로 퍼진다.

이 기술을 가능하게 하는 DXR의 특징은 한 매체에서 다른 매체로 전환했는지를 알 수 있게 하는 기능이다. 이 정보는 HitKind() 함수로 제공하며 지오메트리의 앞면이나 뒷면과 충돌했는지를 알려준다.

```
1   // 공기에서 유리, 혹은 유리에서 공기로 가는 경우
2   // 올바른 굴절률의 인덱스를 선택한다.
3   bool isBackFace = (HitKind() == HIT_KIND_TRIANGLE_BACK_FACE);
4   float ior = isBackFace ? iorGlass / iorAir : iorAir / iorGlass;
5
6   RayDesc refractionRay;
7   refractionRay.Origin = worldPosition;
8   refractionRay.Direction = refract(worldRayDir, worldNormal, ior);
```

이러한 정보를 통해 굴절률을 변경하고 미디어 전환을 올바르게 처리할 수 있다. 그런 다음 비어의 법칙$^{Beer's\ law}$으로 근사된 매체의 흡수로 결과를 조정해 광선을 추적하고 빛을 샘플링하고 마무리할 수 있다. 파장 길이에 따른 굴절률을 근사하고자 색 수차를 적용할 수도 있다.

이 과정은 성능 목표에 따라 재귀 한계가 설정돼 재귀적으로 반복된다.

25.2.5 반투명

반투명을 가진 세 개의 레이 트레이싱된 이미지가 그림 25-23에 나와 있다. 투명 객체와 비슷하게 텍스처 공간에서 반투명 객체를 파라미터화한다. 산란 과정은 그림 25-24에 표시된다. (a) 광원과 표면으로 시작해 (b) 표면 법선을 사용해 유효한 벡터를 고려한다. 지금은 하나의 법선 벡터에 초점을 맞추고 (c) 그런 다음 표면 안으로 벡터를 넣는다. 그 후 (d) 크리스텐센^{Christensen} 등[6]의 연구와 유사한 균일 구 분포로 광선을 발사한다. 한 번에 여러 광선을 발사할 수 있지만 프레임당 하나만 발사한다. 마지막으로 (e) 교차점에서 빛이 계산되고 (f) 이전 결과가 수집된 다음 현재 결과와 혼합된다.

▲ **그림 25-23.** 레이 트레이싱된 반투명

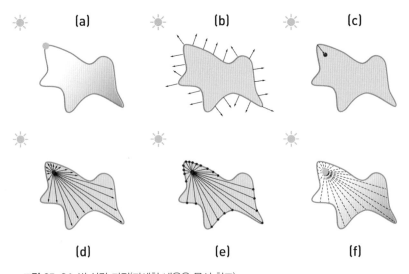

▲ **그림 25-24.** 빛 산란 과정(자세한 내용은 문서 참고)

결과는 시간적 누적을 통해 여러 프레임으로 수렴된다. 그림 25-25를 참고하자. 효과의 확산 특성으로 인해 충분한 노이즈를 마주치지는 못했지만 공간적 필터링도 사용할 수 있다. 물체가 움직일 때 조명 조건이 변경될 수 있으므로 시간적 필터는 결과를 무효화하고 역동성을 조절해야 한다. 여기서는 간단한 지수 이동 평균으로 충분할 수 있다. 응답과 안정성을 개선하고자 동적으로 변하는 조건에 빠르게 수렴하려면 히스테리시스를 변경하는 지수 평균화[26]를 기반으로 하는 적응형 시간적 필터를 사용한다. 이에 대해서는 다음 절에서 자세히 설명한다.

▲ **그림 25-25.** 텍스처 공간 레이 트레이싱된 반투명 누적

25.2.6 전역 조명

전역 조명[GI]의 일부로서 표면에 디퓨즈 방식으로 적용되는 간접 조명은 씬 요소를 서로 맞추고 결과를 현실로 나타낸다.

PICA PICA에는 UV 좌표 같은 사전 계산이나 사전 생성된 파라미터화가 필요하지 않은 간접 디퓨즈 라이팅 솔루션이 있다. 이는 아티스트의 정신적 부담을 줄이고 GI 시스템의 구현 세부 사항을 걱정할 필요 없이 기본적으로 현실적인 결과를 제공한다.

동적 씬과 정적 씬을 지원하며 반응성이 좋고 시간이 지남에 따라 고품질 결과를 얻을 수 있다. 프레임 픽셀당 GI를 고품질로 해결하는 것은 실시간 속도에서 현재는 불가능하므로 공간적 또는 시간적 축적이 필요하다. 이 프로젝트의 경우 프레임당 25만 개의 광선이 디퓨즈 상호 반사를 위해 책정됐다.

이 성능 목표를 품질로 달성하고자 동적으로 분산된 서펄^{surfels}의 월드 공간 구조가 생성된다. 그림 25-26을 참고하자. 이 씬에서는 프레임당 서펄당 하나의 광선에 해당되는 최대 25만 개의 서펄을 사용한다. 각 서펄은 위치, 법선, 반지름, 조도로 표시된다. 월드 공간에 지속적으로 적용되며 시간이 지나면서 디스오클루전 문제없이 결과가 누적된다. 이는 서펄의 자유로운 형태 구름이므로 씬의 파라미터화가 필수적이지는 않다. 애니메이션 오브젝트의 경우 서펄은 생성된 객체를 기억하고 매 프레임마다 업데이트한다.

▲ **그림 25-26.** 서펄 기반 디퓨즈 상호 반사

사전 할당된 서펄 배열이 시작 시 생성된다. 그런 다음 뷰 카메라를 기반으로 서펄이 점진적으로 생성된다. 그림 25-27을 참고하자. 후자의 단계는 서펄이 할당됨에 따라 증가하는 원자 카운터를 사용해 GPU에서 수행된다. 서펄 배치 알고리즘은 G 버퍼 정보를 사용하며 반복적인 프로세스다. 16 × 16 타일에서 현재 서펄 세트에 의해 각 픽셀의 적용 범위를 계산하는 것으로 시작한다. 낮은 커버리지를 가진 픽셀에 관심이 있다. 그곳에 새로운 서펄을 만들고 싶기 때문이다. 최상의 후보를 찾고자 최악의 커버리지가 먼저 선택된다. 화면을 타일로 세분화하고 각 타일에서 가장 낮은 범위를 찾아 이를 감지한다. 일단 발견하면 G 버퍼 법선과 깊이를 사용해 픽셀 위치에 서펄을 생성할 수 있다. 그런 다음 픽셀은 서펄 구조에 추가된다.

▲ **그림 25-27.** 씬에 점진적으로 할당된 서펄

서펄은 확률적으로 생성된다는 점에 유의하자. 카메라가 서펄이 없는 벽 가까이로 이동하는 경우 갑자기 모든 픽셀이 낮은 커버리지를 가지며 서펄을 필요로 할 것이다. 화면 타일이 서로 독립적이므로 작은 영역에 많은 서펄을 만들 수 있다. 이 문제를 해결하고자 스폰 휴리스틱은 월드 공간에서 픽셀의 투영 영역에 비례한다. 이 과정은 모든 프레임에서 실행되며 커버리지가 낮은 곳에서 서펄을 계속 생성한다. 또한 화면 공간 제약 조건을 기반으로 서펄이 할당되므로 갑작스럽지만 첫 번째로 보인 영역으로의 지오메트리나 카메라 전환이 놓친 디퓨즈 상호 반사를 보여줄 수 있다. 이 '첫 번째 프레임' 문제는 시간적 상각에 의존하는 기술에서는 일반적이며 사용자가 알아챌 수 있다. 후자는 PICA PICA에서 문제가 되지 않았지만 이 접근 방법의 목표 사용법에 따라 달라질 수 있다.

일단 할당되면 서펄은 배열과 씬에서 지속된다. 그림 25-28을 참고하자. 이는 디퓨즈 상호 반사 축적의 증가 측면에서 필요하다. PICA PICA 씬의 단순한 특성으로 인해 복잡한 서펄 재활용을 관리할 필요가 없다. 단순히 씬 재로딩 시에 원자 카운터를 재설정한다. 25.3절에서 본 것처럼 현재 레이 트레이싱 하드웨어의 성능은 25만 개의 서펄에 대해 0.35ms의 비용이 들며, 이는 관리 가능하다. 성능적인 문제가 되기 전에 서펄 숫자가 상당히 증가할 수도 있다. 비디오 게임과 같은 좀 더 복잡한 사용 사례에 이 기술을 사용하고자 하는 경우 좀 더 고급스러운 할당과 해제 체계가 필요할 수도 있다. 추가 연구가 필요하며, 특히 대규모 오픈 월드 게임을 위한 세부 수준 관리에 대한 추가 연구가 필요하다.

▲ **그림 25-28.** 서펄 화면 애플리케이션

화면에 적용될 때 서펄은 광원과 유사하게 렌더링된다. 레티넨^{Lehtinen} 등[19]의 접근 방식과 유사하게 법선 방향으로 서펄을 진입^{squash}하고자 부드러운 단계 거리 감쇄 기능이 마할라노비스^{Mahalanobis} 메트릭과 함께 사용됐다. 각도 감소도 사용되지만 각 서펄의 페이로드는 방향성 없이 단지 조도다. 성능상의 이유로 추가적인 월드 공간 데이터 구조는 3차원 공간에서 디퓨즈 간접 조명의 쿼리를 가능케 한다. 모든 셀이 서펄 목록을 저장하는 이 그리드 구조체는 컬링 메커니즘으로도 사용된다. 공간의 각 픽셀이나 점은 포함하는 셀을 조회하고 모든 관련된 서펄을 찾을 수 있다.

물론 서펄 사용의 단점은 제한된 해상도와 고주파 디테일의 부족이다. 이를 보완하고자 화면 공간 앰비언트 오클루전[14]의 색상이 입혀진 다중 바운스 변형이 계산된 픽셀당 조도에 적용된다. 여기서 고주파 AO를 사용하면 이론에서 기술이 벗어나게 하지만 고주파 디테일의 부족을 보완하는 것은 미학적인 선택이다. 또한 이 색이 입혀진 다중 주파수 방식은 장난감 같은 씬에서 따뜻함을 유지하는 데 도움을 준다. 그림 25-29를 참고하자.

▲ **그림 25-29.** 왼쪽: 색이 입혀진 GTAO. 중앙: 서펄 GI. 오른쪽: 색이 입혀진 GTAO를 지닌 서펄 GI

서펄 조도는 명시적인 빛 연결을 가진 기본 단방향 경로 추적기를 구축해 계산된다. 새로 생성된 서펄에 더 많은 경로가 할당돼 빠르게 수렴한 다음 샘플 속도가 프레임당 하나의 경로로 천천히 감소한다. 전체 재귀 경로 추적은 약간 비싸며 여기서는 아주 불필요하다. 이전 출력을 재사용해 시간적 일관성을 활용하고 시간이 지남에 따라 추가 바운스를 상각할 수 있다. 그림 25-30과 같이 단일 광선을 발사하고 즉시 이전 프레임의 결과를 샘플링해 경로 길이를 하나의 가장자리로 제한한다. 서펄 경로는 전체 다중 바운스 경로로 가는 대신 (시간이 지남에 따라 수렴하는) 해당 바운스의 다른 서펄에서 간접 셰이딩이 발생해 한 번의 바운스를 추적한다. 여기서의 접근 방식은 경로 추적보다 라디오서티^radiosity에 더 가깝지만 시각적 효과는 주로 확산되는 씬과 비슷하다.

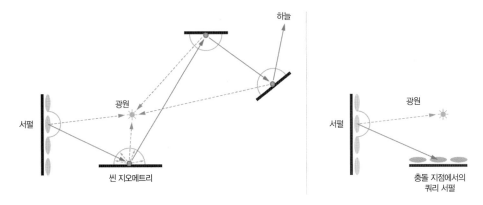

▲ **그림 25-30.** 왼쪽: 전체 재귀 경로 추적. 오른쪽: 이전 프레임 경로 추적 증가

경로 추적은 일반적으로 몬테카를로 통합을 사용한다. 계속된 평균 추정자[mean estimator]로 표현되는 경우 적분은 선형으로 내려가는 가중치를 갖는 기여도의 평균이다. 이것의 수렴은 피적분 함수가 불변인 것에 달려있다. 동적 GI의 경우 정수는 언제나 바뀐다. 대화식 경로 추적기와 프로그레시브 라이트 맵 베이커[8, 13]는 일반적으로 변경할 때 누적을 재설정해 이를 해결한다. 목표는 약간 다른데, 시간이 지남에 따라 올바른 솔루션으로 수렴하려고 시도하며 에러를 허용하지 않으려고 한다. 따라서 하드 리셋은 실제로 둘에게는 바람직하지만 실시간 데모에는 적합하지 않다.

적절한 몬테카를로를 사용할 수 없으므로 수렴하는 것을 완전히 포기한다. 대신 수정된 지수 평균 추정자를 사용한다.

$$
\begin{aligned}
\bar{x}_0 &= 0 \\
\bar{x}_{n+1} &= \text{lerp}\left(\bar{x}_n, x_{n+1}, k\right)
\end{aligned} \tag{1}
$$

이 수식은 평범한 몬테카를로 수식과 유사하다. 차이점은 혼합 계수 k가 정의되는 방식이다. 지수 평균화에서 새 샘플의 가중치는 일정하고 일반적으로 낮게 설정되므로 입력 편차는 작은 값으로 조절되고 출력에서 왜곡되지 않는다.

입력이 높은 분산을 갖지 않으면 출력도 갖지 않는다. 그런 다음 더 높은 혼합 계수 k를 사용할 수 있다. 정수의 세부 사항은 항상 변경되므로 동적으로 추정해야 한다. 단기 평균 및 분산 추정기를 실행한 다음 주요 혼합 계수를 알리는 데 사용한다. 또한 단기 통계는 입력 샘플이 떨어지는 타당한 범위의 값에 대한 아이디어를 제공한다. 드리프트하기 시작할 때 혼합 계수를 증가시킨다. 이는 실제로 잘 작동하며 데모에서 보이는 것처럼 반응성 간접 디퓨즈 라이팅 솔루션을 가능하게 한다(내가 보기 좋게 했고 콤마를 추가했다. – 에릭).

```
1   struct MultiscaleMeanEstimatorData
2   {
3       float3 mean;
4       float3 shortMean;
5       float vbbr;
6       float3 variance;
7       float inconsistency;
8   };
9
10  float3 MultiscaleMeanEstimator(float3 y,
11      inout MultiscaleMeanEstimatorData data,
12      float shortWindowBlend = 0.08f)
13  {
14      float3 mean = data.mean;
15      float3 shortMean = data.shortMean;
16      float vbbr = data.vbbr;
17      float3 variance = data.variance;
18      float inconsistency = data.inconsistency;
19
20      // 반딧불을 억제한다.
21      {
22          float3 dev = sqrt(max(1e-5, variance));
23          float3 highThreshold = 0.1 + shortMean + dev * 8;
24          float3 overflow = max(0, y - highThreshold);
25          y -= overflow;
26      }
27
28      float3 delta = y - shortMean;
29      shortMean = lerp(shortMean, y, shortWindowBlend);
30      float3 delta2 = y - shortMean;
31
32      // 단기 평균이 나올 때 편차가 작아지는 것을 피하기 위해
33      // shortWindowBlend보다 긴 창이어야 한다.
```

```
34      float varianceBlend = shortWindowBlend * 0.5;
35      variance = lerp(variance, delta * delta2, varianceBlend);
36      float3 dev = sqrt(max(1e-5, variance));
37
38      float3 shortDiff = mean - shortMean;
39
40      float relativeDiff = dot(float3(0.299, 0.587, 0.114),
41      abs(shortDiff) / max(1e-5, dev) );
42      inconsistency = lerp(inconsistency, relativeDiff, 0.08);
43
44      float varianceBasedBlendReduction =
45          clamp(dot(float3(0.299, 0.587, 0.114),
46          0.5 * shortMean / max(1e-5, dev) ), 1.0/32, 1 );
47
48      float3 catchUpBlend = clamp(smoothstep(0, 1,
49          relativeDiff * max(0.02, inconsistency - 0.2)), 1.0/256, 1);
50      catchUpBlend *= vbbr;
51
52      vbbr = lerp(vbbr, varianceBasedBlendReduction, 0.1);
53      mean = lerp(mean, y, saturate(catchUpBlend));
54
55      // 출력
56      data.mean = mean;
57      data.shortMean = shortMean;
58      data.vbbr = vbbr;
59      data.variance = variance;
60      data.inconsistency = inconsistency;
61
62      return mean;
63  }
```

25.3 성능

여기서는 하이브리드 렌더링 파이프라인의 레이 트레이싱 측면에서 다양한 성능
수치를 제공한다. 그림 25-31의 숫자는 시험판 엔비디아 Turing 하드웨어와 드라
이버에서 그림 25-32에 표시된 씬과 뷰에 대해 측정했다. SIGGRAPH 2018[4]에서

PICA PICA는 1920 × 1080 해상도에서 초당 60 프레임^{FPS}으로 실행했다. 당시 최고급 GPU인 엔비디아 타이탄 V(Volta)에 대해서도 성능 수치가 포착됐다.

	Volta (ms)			Turing (ms)			×-faster
Shadows							
1 SPP		1.48			0.44		3.3×
2 SPP		2.98			0.77		3.9×
4 SPP		5.89			1.31		4.5×
8 SPP		11.53			2.33		4.9×
16 SPP		23.54			4.65		5.0×
AO							
	0.5m	2.0m	20m	0.5m	2.0m	20m	
1 SPP	1.67	2.18	2.50	0.54	0.62	0.62	3.0–3.6×
2 SPP	3.41	4.48	5.08	0.88	1.01	1.01	3.8–4.4×
4 SPP	6.71	8.81	10.03	1.48	1.64	1.64	4.5–5.3×
8 SPP	13.27	17.44	19.85	2.55	3.02	3.02	5.2–5.7×
16 SPP	26.56	34.90	39.96	4.90	5.82	5.82	5.4–6.0×
Reflections		2.97			1.45		2.0×
Trans. & Transp.		0.47			0.25		1.9×
GI		1.70			0.35		4.8×

▲ 그림 25–31. 밀리초 단위의 성능 측정. SIGGRAPH 2018 타이밍은 녹색으로 강조 표시된다.

▲ 그림 25–32. 퍼포먼스 씬

25.4 향후

PICA PICA의 하이브리드 렌더링 파이프라인 기술은 프레임당 픽셀당 추적되는 광선이 상대적으로 적지만 노이즈가 거의 없는 동시에 (거의) 경로 추적된 품질로 실시간으로 시각적으로 만족스러운 결과를 가능하게 한다. 실시간 레이 트레이싱을 사용하면 까다로운 해킹스러운 코드를 통합된 접근 방식으로 대체할 수 있어 화면 공간 광선 마칭과 같은 이슈가 발생하기 쉬운 알고리즘과 이를 조절하는데 필요한 모든 아티스트 시간을 단계적으로 제거할 수 있다. 이를 통해 콘텐츠 제작자가 고품질의 결과를 얻고자 전문가가 될 필요 없는 진정한 포토리얼리즘의 문을 열 수 있다.

표면은 거의 긁히지 않았으며 실시간 레이 트레이싱으로 새로운 가능성의 세계가 문을 연다. 개발자는 좀 더 많은 성능을 요구하지만 오늘날 보유하고 있는 하드웨어는 실시간 성능으로 고품질 결과를 얻을 수 있다. 광선 예산이 현명하게 고안되면 하이브리드 렌더링을 통해 오프라인 경로 추적기의 품질을 실시간으로 따라잡을 수 있다.

25.5 코드

```
1  struct HaltonState
2  {
3      uint dimension;
4      uint sequenceIndex;
5  };
6
7  void haltonInit(inout HaltonState hState,
8                  int x, int y,
9                  int path, int numPaths,
10                 int frameId,
11                 int loop)
12 {
13     hState.dimension = 2;
```

```
14    hState.sequenceIndex = haltonIndex(x, y,
15        (frameId * numpaths + path) % (loop * numpaths));
16  }
17
18  float haltonSample(uint dimension, uint index)
19  {
20      int base = 0;
21
22      // 소수를 사용한다.
23      switch (dimension)
24      {
25          case 0: base = 2; break;
26          case 1: base = 3; break;
27          case 2: base = 5; break;
28          [...] // 순서가 지정된 소수로 채운다. 0-31.
29          case 31: base = 131;    break;
30          default: base = 2; break;
31      }
32
33      // 라디컬 인버스(radical inverse)를 계산한다.
34      float a = 0;
35      float invBase = 1.0f / float(base);
36
37      for (float mult = invBase;
38          sampleIndex != 0; sampleIndex /= base, mult *= invBase)
39      {
40          a += float(sampleIndex % base) * mult;
41      }
42
43      return a;
44  }
45
46  float haltonNext(inout HaltonState state)
47  {
48      return haltonSample(state.dimension++, state.sequenceIndex);
49  }
50
51  // [pbrt]에서 수정함
52  uint haltonIndex(uint x, uint y, uint i)
```

```
53  {
54      return ((halton2Inverse(x % 256, 8) * 76545 +
55          halton3Inverse(y % 256, 6) * 110080) % m_increment) + i * 186624;
56  }
57
58  // [pbrt]에서 수정함
59  uint halton2Inverse(uint index, uint digits)
60  {
61      index = (index << 16) | (index >> 16);
62      index = ((index & 0x00ff00ff) << 8) | ((index & 0xff00ff00) >> 8);
63      index = ((index & 0x0f0f0f0f) << 4) | ((index & 0xf0f0f0f0) >> 4);
64      index = ((index & 0x33333333) << 2) | ((index & 0xcccccccc) >> 2);
65      index = ((index & 0x55555555) << 1) | ((index & 0xaaaaaaaa) >> 1);
66      return index >> (32 - digits);
67  }
68
69  // [pbrt]에서 수정함
70  uint halton3Inverse(uint index, uint digits)
71  {
72      uint result = 0;
73      for (uint d = 0; d < digits; ++d)
74      {
75          result = result * 3 + index % 3;
76          index /= 3;
77      }
78      return result;
79  }
```

감사의 글

저자들은 일렉트로닉 아츠의 기술적이고 창조적인 조사부서 SEED의 PICA PICA 팀에 감사를 표한다. 또한 하이브리드 렌더링 파이프라인을 구축할 때 좋은 토론과 공동 작업을 진행한 프로스트바이트와 DICE의 친구들에게도 감사를 전한다. 또한 엔비디아와 마이크로소프트의 다이렉트X 팀의 지원 없이는 이러한 노력이 불가능했을 것이다. 또한 25장의 리뷰를 해준 모건 맥과이어[Morgan McGuire], 통찰력과 지원을 제공해준 토마스 아키나인 몰러[Tomas Akenine-Möller]와 에릭 헤인스[Eric Haines]에게 감사를 전한다.

참고 문헌

[1]   Akenine-Möller, T., Haines, E., Hoffman, N., Pesce, A., Iwanicki, M., and Hillaire, S. Real-Time Rendering, fourth ed. A K Peters/CRC Press, 2018.

[2]   Andersson, J., and Barré-Brisebois, C. DirectX: Evolving Microsoft's Graphics Platform. Microsoft Sponsored Session, Game Developers Conference, 2018.

[3]   Andersson, J., and Barré-Brisebois, C. Shiny Pixels and Beyond: Real-Time Raytracing at SEED. NVIDIA Sponsored Session, Game Developers Conference, 2018.

[4]   Barré-Brisebois, C., and Halén, H. PICA PICA and NVIDIA Turing. NVIDIA Sponsored Session, SIGGRAPH, 2018.

[5]   Bavoil, L., Sainz, M., and Dimitrov, R. Image-Space Horizon-Based Ambient Occlusion. In ACM SIGGRAPH Talks (2008), p. 22:1.

[6]   Christensen, P., Harker, G., Shade, J., Schubert, B., and Batali, D. Multiresolution Radiosity Caching for Global Illumination in Movies. In ACM SIGGRAPH Talks (2012), p. 47:1.

[7]   Cranley, R., and Patterson, T. Randomization of Number Theoretic Methods for Multiple Integration. SIAM Journal on Numerical Analysis 13, 6 (1976), 904-914.

[8]   Dean, M., and Nordwall, J. Make It Shiny: Unity's Progressive Lightmapper and Shader Graph. Game Developers Conference, 2016.

[9]   Dutré, P., Bekaert, P., and Bala, K. Advanced Global Illumination. A K Peters, 2006.

[10]   EA SEED. Project PICA PICA-Real-Time Raytracing Experiment Using DXR (DirectX Raytracing). https://www.youtube.com/watch?v=LXo0WdlELJk, March 2018.

[11]   Fong, J., Wrenninge, M., Kulla, C., and Habel, R. Production Volume Rendering. Production Volume Rendering, SIGGRAPH Courses, 2017.

[12]   Heitz, E., Hill, S., and McGuire, M. Combining Analytic Direct Illumination and Stochastic Shadows. In Symposium on Interactive 3D Graphics and Games (2018), pp. 2:1-2:11.

[13] Hillaire, S. Real-Time Raytracing for Interactive Global Illumination Workflows in Frostbite. NVIDIA Sponsored Session, Game Developers Conference, 2018.

[14] Jiménez, J., Wu, X., Pesce, A., and Jarabo, A. Practical Real-Time Strategies for Accurate Indirect Occlusion. Physically Based Shading in Theory and Practice, SIGGRAPH Courses, 2016.

[15] Karis, B. High-Quality Temporal Supersampling. Advances in Real-Time Rendering in Games, SIGGRAPH Courses, 2014.

[16] Lagarde, S. Memo on Fresnel Equations. Blog, April 2013.

[17] Lagarde, S., and Zanuttini, A. Local Image-Based Lighting with Parallax-Corrected Cubemap. In SIGGRAPH Talks (2012), p. 36:1.

[18] Landis, H. Production-Ready Global Illumination. RenderMan in Production, SIGGRAPH Courses, 2002.

[19] Lehtinen, J., Zwicker, M., Turquin, E., Kontkanen, J., Durand, F., Sillion, F., and Aila, T. A Meshless Hierarchical Representation for Light Transport. ACM Transactions in Graphics 27, 3 (2008), 37:1–37:10.

[20] McGuire, M., and Mara, M. Phenomenological Transparency. IEEE Transactions on Visualization and Computer Graphics 23, 5 (2017), 1465–1478.

[21] Pharr, M., Jakob, W., and Humphreys, G. Physically Based Rendering: From Theory to Implementation, third ed. Morgan Kaufmann, 2016.

[22] Salvi, M. An Excursion in Temporal Supersampling. From the Lab Bench: Real-Time Rendering Advances from NVIDIA Research, Game Developers Conference, 2016.

[23] Sandy, M. Announcing Microsoft DirectX Raytracing! DirectX Developer Blog, https://blogs.msdn.microsoft.com/directx/2018/03/19/announcing-microsoft-dire ctxraytracing/, March 2018.

[24] Schied, C., Kaplanyan, A., Wyman, C., Patney, A., Chaitanya, C. R. A., Burgess, J., Liu, S., Dachsbacher, C., Lefohn, A., and Salvi, M. Spatiotemporal Variance- Guided Filtering: Real-Time Reconstruction for Path-Traced Global Illumination. In Proceedings of High-Performance Graphics (2017), pp. 2:1–2:12.

[25] Schlick, C. An Inexpensive BRDF Model for Physically-based Rendering. Computer Graphics Forum 13, 3 (1994), 233–246.

[26] Stachowiak, T. Stochastic All The Things: Raytracing in Hybrid Real-Time Rendering. Digital Dragons Presentation, 2018.

[27] Stachowiak, T., and Uludag, Y. Stochastic Screen-Space Reflections. Advances in Real-Time Rendering, SIGGRAPH Courses, 2015.

[28] Walter, B., Marschner, S. R., Li, H., and Torrance, K. E. Microfacet Models for Refraction through Rough Surfaces. In Eurographics Symposium on Rendering (2007), pp. 195-206.

[29] Weidlich, A., and Wilkie, A. Arbitrary Layered Micro-Facet Surfaces. In GRAPHITE (2007), pp. 171-178.

26장

지연된 하이브리드 경로 추적

엔스케이프 GmbH의 토마스 윌버거(Thomas Willberger), 클레멘스 머스텔레(Clemens Musterle), 스테판 버그만(Stephan Bergmann)

개요

실시간 전역 조명을 달성하고자 기존 래스터화 기반 기술을 활용하고 레이 트레이싱과 결합하는 하이브리드 렌더링 방식을 설명한다. 화면 공간에서 교차점을 찾고 재투영과 필터링을 통해 이전 프레임의 정보를 재사용해 추적하는 광선의 개수를 줄인다. 효율적인 메모리 접근을 보장하고자 인공조명은 공간 가속 구조의 노드에 저장된다. 여기서의 기술은 수동 전처리가 필요 없고 몇 초의 사전 계산만 필요하다. 건축 설계용 실시간 렌더링 솔루션으로 개발됐지만 다른 목적에도 적용할 수 있다.

26.1 개요

GPU 가속 레이 트레이싱의 최근 발전에도 불구하고 수용할 수 있는 성능을 유지하면서 많고 다양한 씬 복잡성에 걸쳐 레이 트레이싱 기반 알고리즘을 원활하게 확장하는 것은 여전히 어려운 문제다. 게임과 달리 레이 트레이싱에 적용해야 하는 범위와 디테일 레벨이 얼마나 되는지 아티스트가 정의할 수 없는 시나리오에서는 특히 그렇다. 인식할 수 있는 사전 계산이 없고 씬에 대한 가정이 거의 없는 대부분의 정적 씬 콘텐츠에 대한 전역 조명을 제공하는 것을 목표로 한다.

이를 위해 먼저 G 버퍼를 씬으로 렌더링한 다음 G 버퍼에서 광선을 생성해 빛을 평가한다. 성공적인 경우 공간 데이터 구조에서 광선을 추적하는 것이 보통 훨씬 빠르기 때문에 각 광선에 대해 화면 공간에서 교차를 찾는다. 또한 누적된 다중 바운스 라이팅을 얻고자 이전 프레임에서 완전히 밝게 된 픽셀을 사용한다. 화면 공간에서의 추적이 성공적이지 않으면 최대한 시각적 품질 저하를 낮게 유지하면서 공간적 데이터 구조(여기서는 바운딩 볼륨 계층^{BVH})에서 추적을 계속한다. 그림 26-1은 구현의 실제 이미지 결과를 보여준다.

▲ **그림 26-1.** 설명한 접근법을 사용해 렌더링한 이미지. 유리 표면을 위한 반사 광선은 BVH에서 추적된 반면, 필요한 광선의 대부분은 화면 공간에서 추적됐다. 유리에서 반사한 지오메트리는 화면을 벗어나기 때문이다. 대부분의 영역은 간접적으로 빛이 비쳐지긴 하지만 씬에는 씬의 조명과 그럴듯하게 통합되는 다양한 머티리얼이 포함돼 있다. BVH에서 추적된 광선은 하나의 간접 바운스를 발생시키는 반면, 화면 공간의 충돌은 재귀적인 다중 바운스의 혜택을 받는다(이미지는 노보 노르딕 파운데이션(Novo Nordisk fonden)을 위한 빌헬름 로리첸 아키텍터(Vilhelm Lauritzen Arkitekter)의 호의인 프로젝트 'LIFE'에서 제공).

26.2 하이브리드 접근법

효율성 향상을 위해 반사와 확산 라이팅 구성 요소를 개별적으로 처리한다(예, 이전 프레임의 뷰 독립적 확선 구성 요소의 재사용). 파이프라인은 그림 26-2에 나와 있다. 두 조명 구성 요소는 다음과 같은 일반적인 개념이 있다.

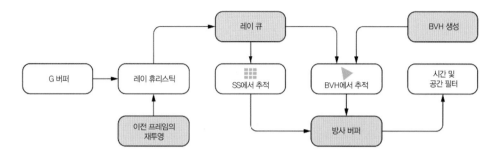

▲ **그림 26-2.** 확산과 반사 BRDF 모두에 대한 광선 생성 체계의 개요

1. **광선 휴리스틱:** 먼저 새 광선이 필요한지 결정한다. 가능한 경우 카메라 움직임에 대해 이전 프레임의 필터링되지 않은 결과를 재투영한 다음 각 픽셀에 대해 대상 광선 수와 비교해 수행한다.

2. **화면 공간 순회:** 마지막 프레임의 깊이 버퍼에서 순회를 시작한다(그림 26-3). 하나의 Z 버퍼 레이어만을 사용하므로 다음 수식으로 정의되는 현재 마치 위치$^{\text{march position}}$에서 카메라까지의 거리와 시야에 비례하는 특정 두께 t를 가정한다.

$$t = \frac{d \tan(\alpha_{\text{fov}} / 2)}{wh} \tag{1}$$

여기서 α_{fov}는 카메라의 시야, d는 프래그먼트와 카메라 간의 거리, w는 픽셀 단위인 화면의 너비, h는 화면의 높이다. 두께 근사는 큰 깊이 그라디언트가 존재하는 픽셀 가장자리에서 닫힌 표면을 투과하는 광선을 피하는데 필요하다. 더 높은 해상도와 감소된 시야를 위해서는 더 작은 두께가 필요하다. 깊이 차이가 더 작아지기 때문이다. 이 방법은 기하학적 법선을 고려하지 않으므로 수밀성을 보장하지 않는다. 그러나 대부분의 경우에 충분히 정확하다. 화면 해상도와의 관계는 해상도나 카메라 거리와 독립적인 수밀적인 표면을 보장한다.

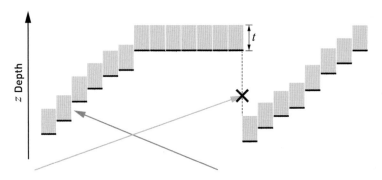

▲ **그림 26-3.** 화면 공간에서의 광선 통과. Z 버퍼의 전방 레이어 깊이(보라색 선 부분)는 두께 t를 갖는 것으로 가정한다. 그러면 광선이 닫힌 표면(녹색 광선)에 침투하는 것을 방지할 수 있다. 오류를 최소화하고자 전방 레이어의 가정된 두께(노란 광선) 뒤의 영역으로 들어갈 때 화면 공간 광선을 버리고 BVH에서 추적을 계속한다.

잘못된 충돌을 피하고자 약간 작은 두께를 선택해야 한다. 화면 공간 광선 마치 중에 깊이 버퍼 뒤에 (카메라보다 더 멀리 떨어져 있는) 샘플링 지점이 있을 수 있지만 허용된 두께 범위 내에 있기는 너무 멀리일 수 있다. 폐색된 지오메트리에 대해 신뢰할 만한 정보가 없다. 따라서 광선은 충돌한 것으로 간주되지 않으므로 화면 공간 통과를 즉시 중지한다. 화면 공간에 존재하지 않는 지오메트리가 더 있는지를 확신할 수 없으므로 이러한 광선을 충돌 없음으로 분류한다.

그러나 조명 정보의 일부는 뷰 의존적이므로 마지막 프레임에서의 조도 결과에서 읽는 것은 정확하지 않다. 이를 해결하고자 뷰 종속 컴포넌트(스페큘러) 또는 알파 혼합 지오메트리 없이 버퍼를 저장한다. 이는 현재 일정한 요인에 의해 보상되는 에너지 손실을 초래한다. 광선 마치 결과는 광선 길이의 버퍼에 기록된다. 그런 다음 순회 중에 텍스처 캐시 사용을 활용하고자 후속 패스에 대해 마지막 프레임 버퍼의 패치 위치를 재구성한다.

3. **BVH 순회:** BVH에서 화면 공간 캐스트가 끝나는 위치에서 광선 순회를 계속하고 방사도 값을 평가한다. 충돌이 없는 경우 누적 버퍼에 스카이박스 패치를 써넣어 모든 레이 캐스트의 복사량 합계를 저장한다. 이 패치는 추정된 로브 크기에 따라 필터링된 밉 레벨에서 읽어 분산을 줄이고자 약간 바이어스될 수 있다.

4. **필터링:** 순회 결과를 합성하기 전에 공간적 필터와 시간적 필터를 사용한다.

26.3 BVH 순회

고객 씬의 복잡성 범위는 다소 크다. 성능과 메모리 요구 사항에 합리적인 영향을 미쳐 큰 씬도 처리할 수 있도록 하고자 BVH는 모든 씬 지오메트리를 포함하지 않는다. 즉, 주어진 시간에 오직 BVH에 전체 씬의 일부만을 포함시킨다. 이 일부는 일반적으로 카메라를 중심으로 하며 카메라의 위치에 따라 BVH를 지속적으로 비동기적으로 구성해 달성하며, 카메라가 씬에서 움직이는 동안 지오메트리는 제거되고 추가된다. 다양한 복사량 버퍼의 시간적 캐싱으로 인해 지오메트리 변화는 대부분 매끄럽다. 그러나 알파 블렌딩 지오메트리처럼 안정적인 시간적 축적이 없는 일부 표면에서는 눈에 띌 수 있다. BVH의 성능 예산 내에 시각적으로 가장 관련성 높은 객체만 포함시키는 것이 문제다.

26.3.1 지오메트리 선택

관련 지오메트리를 선택하려면 전체 씬 지오메트리를 BVH에 포함시키고자 독립적으로 선택 가능한 의미 있는 부분으로 나눠야 한다. 이 파티션은 객체의 계층 수준에서 수행할 수 있지만 삼각형 개수가 많은 오브젝트는 더 세분화해야 하므로 자동 세분화를 포함했다. 시각적 중요성 j를 설명하는 객체당 score 함수를 정의한다.

$$j = \frac{a}{d^2} p \tag{2}$$

a는 투영된 표면 영역이고 d는 객체에서 카메라까지의 거리다. 첫 번째 항은 카메라에서 볼 때 객체의 종속 입체각과 비슷하다. 두 번째 항 p는 방출면에 대해 1보다 큰 객체 특유 중요도 요소로 $p = 1$에서 비방출 표면보다 부재가 더 큰 시각적 영향

을 미치기 때문이다.

모든 객체는 시각적 중요도 j에 따라 정렬된다. 원하는 품질 수준에 따라 원하는 프레임 비율을 보장할 수 있는 총비용 예산을 정의한다. 예산에 도달할 때까지 가장 높은 중요도 점수를 가진 객체를 포함한다. 폴리곤 수 외에도 비용에 성공적으로 프리미티브와 교차하거나 모델의 바운딩 박스를 떠나는 데 축 정렬 바운딩 박스 테스트가 얼마나 필요한지를 예측하려고 하는 효율성 요소가 곱해진다. 이 요소를 위해 삼각형 메시에서 공유되는 버텍스 수를 기반으로 하는 휴리스틱을 사용한다. 이 휴리스틱은 삼각형이 버텍스를 거의 공유하지 않는 경우(초목의 경우처럼) 순회 성능이 일반적으로 덜 효율적이라는 경험에 의해 동기가 부여된다.

결국 10MB 미만의 BVH 트리가 CPU에서 GPU로 몇 밀리초 내에 업로드된다. 이 지연은 일반적으로 이중 버퍼링으로 숨길 수 있다.

26.3.2 버텍스 전처리

BVH의 각 버텍스에 대해 BVH 구성 동안 단일 조도 값을 사전 계산한다. 이는 첫 번째 충돌 이후에 BVH의 추적을 계속 해야 하는 것을 피하는 것으로 수행되며 비용이 비쌀 것이다. 광선은 점점 불일치가 되고, 따라서 계산과 메모리 접근 비용이 높아지기 때문이다. BVH의 각 버텍스에 대해 버텍스를 포함하는 모든 영향력 있는 영역의 모든 빛을 사용해 조도 값을 계산한다. 가시성을 테스트하고자 각 버텍스 빛 조합의 섀도우 광선을 추적한다. 이러한 사전 계산된 조도 값이 추적 중에 조명 계산에서 사용될 때 BVH에서 G 버퍼의 경로는 다음과 같은 결과/단순성을 가진다.

- 대략적인 근사치일 뿐이더라도 BVH 내에서 추적할 때 조명 계산에 2회의 바운스를 가진 경로를 포함시킨다.

- 디퓨즈 셰이딩 구성 요소만을 포함하는 경우 BVH 순회의 셰이딩을 단순화하며 삼각형 표면에서 각 지점의 조도는 삼각형 버텍스에서 조도의 무게 중심 보간이라고 가정한다.

두 번째 단순화로 인해 너무 시각적으로 눈에 띄는 오류를 피하고자 인접한 버텍스의 조도 값 처리가 사전 구성된 임곗값을 초과하는 삼각형을 세분화한다.

26.3.3 셰이딩

머티리얼 데이터 혹은 UV 좌표에 대한 추가 접근을 피하고자 BVH에 삼각형당 하나의 알베도 값만 저장한다. 따라서 BVH를 만들 때 텍스처의 알베도는 평균화된다. 컷아웃 마스크의 경우 보이는 픽셀의 수를 계산하고 절차적 컷아웃 패턴으로 비율을 근사한다. 컷아웃 패턴은 충돌을 버린 삼각형/광선 교차 테스트 후에 교차 셰이더에서 저렴하게 평가할 수 있다. 이 근삿값은 디퓨즈 조명에 적합하지만 누락된 머티리얼과 텍스처 정보는 선명한 반사에서 분명해질 수 있다. 따라서 광택 있는 스페큘러 반사를 위해 표면의 알베도 텍스처를 샘플링한다. 이 모드는 선택 사항이며 가상 현실과 같은 시나리오에서 더 높은 성능을 보장하고자 비활성화할 수 있다.

총 셰이딩은 버텍스당 인공 조명량, 셰도우 매핑 햇빛, 마지막 광선 교차에만 적용되는 다중 바운스 누락을 보상하기 위한 앰비언트 양으로 구성된다. 앰비언트 양은 대기 스카이박스 읽기(코사인 분포와 관련됨) 및 앰비언트 오클루전 인자와 비례한다. 지수 함수에 표면을 향한 광선 거리 $-d$와 경험적으로 선택된 스케일링 계수 k를 곱해 앰비언트 오클루전을 근사한다. 이는 하나의 샘플만 있는 반구 추정이지만 실내 시나리오에서 앰비언트 인자를 줄여 앰비언트 인자로 빛이 새는 것을 막는 데 도움을 준다.

$$a = m(e^{-dk} r_{skybox} + r_{vertex} + r_{sun}) \tag{3}$$

여기서 m은 알베도고 r은 다양한 방사원을 나타낸다.

26.4 확산 빛 전송

26.4절에서는 확산과 근처 확산 간접광을 다루는 방법을 설명한다. 다음 절의 설명은 그림 26-2의 주요 블록과 블록에서 발생하는 것을 설명한다. 그림 26-4는 사용자 생성 콘텐츠의 예를 보여준다.

▲ **그림 26-4.** 아키텍처에서의 다양한 빛 전송 시나리오를 보여주는 이미지. 왼쪽: 다른 모든 빛과 씬 콘텐츠가 보통 1초 내에 업데이트되므로 햇빛을 동적으로 조정할 수 있다. 오른쪽: 대부분의 시각적 씬 콘텐츠가 이미지에서 보이므로 화면 공간 광선을 사용해 정확한 다중 바운스 근사치를 얻을 수 있다(세르지오 페르난도의 이미지).

모든 머티리얼에 대해 나가는 복사량을 확산과 반사 성분으로 나눈다. 반사 성분은 프레넬 함수에 따라 반사되는 빛의 양을 특징으로 하는 반면에 확산 성분은 표면을 관통할 수도 있고 뷰 벡터와 독립적이다(적어도 램버트 같은 좀 더 간단한 모델에서는). 확산 로브는 일반적으로 좀 더 크므로 수렴에 도달하고자 더 많은 샘플 개수가 필요하다. 반대로 확산 구성 요소는 공간 분산이 적기 때문에 더 큰 공간적 픽셀 이웃을 통합하는 좀 더 적극적인 필터링 접근이 가능하다.

26.4.1 광선 휴리스틱

샘플링 전략의 문제점은 나중에 적용되는 필터 반경 내에서 가능한 한 많은 정보를 포함하는 의사 랜덤 샘플 분포를 얻고 싶다는 점이다. 현재 오프라인 렌더러는 상관 멀티지터 샘플링[9]처럼 수렴률을 높이고자 공간적, 시간적 샘플 다양성을 최대화하는 샘플링 전략을 사용한다. 다른 상황으로 인해 더 간단한 로직을 선택했다.

- 일반적으로 이미지 픽셀의 샘플은 화면 공간 교차를 통해 다른 이미지 영역이나 이전 프레임에 누적된 과거 샘플에 의존하지 않는다. 우리의 경우 샘플은 재투영으로 인해 여러 화면 공간과 뷰 공간 위치에 축적되며 여러 프레임에 걸쳐 분산된다.

- 광선 통과 자체는 비교적 저렴하며 복잡한 샘플링 로직을 매력적이지 않게 만든다.

- 샘플 재사용과 조명 근사치에 의해 도입된 바이어스는 좀 더 고급화된 퀴시-몬테카를로 방식의 잠재적인 수렴 이득보다 크다.

코사인 분포를 샘플링하는 것으로 시작해보겠다. 코사인 분포는 각 프레임을 번갈아가는 할톤^{Halton} 2, 3 시퀀스[4]의 크랜리-패터슨 회전$^{\text{Cranley-Patterson rotation}}$[2]과 64^2 픽셀 타일 블루 노이즈 텍스처로 나타난다. 원하는 픽셀당 샘플 수는 다이렉트 라이트의 양과 품질 설정에 따라 다르다. 확산 복사량 버퍼의 히스토리 재투영 (26.4.2절 참고)이 많은 샘플을 포함하면 새로운 광선이 생성되지 않는다. 법선 벡터 n과 뷰 벡터 v 및 사전 계산된 스페큘라 DFG(분포, 프레넬, 지오메트리) 항과 유사한 거칠기 인자의 내적에 의존하는 함수를 곱해 뷰 의존 확산 모델을 설명한다. 뷰 벡터에서의 분리는 다른 뷰 각도에서 샘플을 재사용하는 데 필요하다.

새 광선을 쿼리하기로 결정하면 요청이 목록에 추가된다(그림 26-2의 광선 큐에 따라). 이 요청은 화면 공간 순위에 의해 사용된다. 이전 프레임의 깊이 버퍼에서 유효한 충돌을 찾아내면 결과는 복사량 누적 텍스처(복사량 버퍼)에 기록된다. 그렇지 않은 경우에는 글로벌 BVH의 광선 통과가 초기화된다.

26.4.2 마지막 프레임의 재투영

재투영의 목적은 이전 프레임의 셰이딩 정보를 재사용하는 것이다. 그러나 두 프레임 사이에서 카메라는 일반적으로 움직이므로 특정 픽셀에 담긴 색상과 셰이딩 정보는 이 픽셀에서 더 이상 유효하지 않으며 새로운 픽셀 위치로 재투영해야 한다. 재투영은 화면 공간에서만 발생하며 저장된 복사량의 원점(BVH 혹은 화면 공간 광선 통과)과는 무관하다. 이는 뷰 독립적이기 때문에 확산 셰이딩에서만 가능하다.

성공적인 재투영을 위해서는 문제의 셰이딩 지점(즉, 현재 처리된 픽셀)이 이전 프레임에서 보이는지의 여부를 결정해야 한다. 그렇지 않으면 재투영할 수 없다. 색상 정보에 대한 신뢰할 수 있는 소스가 있는지 확인하기 위해 모션 벡터를 고려하고 처리된 셰이딩 점에 대한 이전 프레임의 깊이 버퍼 내용이 모션 벡터와 일치하는지 확인한다. 일치하지 않는다면 현재 위치에서 디스오클루전이 발생할 것이며 새 광선을 요청해야 한다.

새 광선을 요청하는 또 다른 이유는 지오메트릭 구성의 변경 때문이다. 카메라가 썬을 통과함에 따라 일부 표면에서 카메라로의 거리와 각도를 변경한다. 이로 인해 화면 공간에서 이미지 내용이 기하학적으로 왜곡된다. 확산 복사량 버퍼를 재투영할 때 기하학적 왜곡을 고려해야 한다. 화면 픽셀당 일정한 광선 밀도를 달성하기 원하며 설명된 기하학적 왜곡은 로컬 샘플 밀도를 변하게 할 수 있다. 여기서는 축적할 수 있는 샘플 수만큼 미리 곱한 복사를 저장하고 알파 채널을 사용해 샘플 수를 저장한다. 재투영 패스는 이중 선형 필터로 히스토리 픽셀을 측량하고 4개의 필터링되지 않은 패치 각각에 대해 식 (4)에 따라 왜곡 계수 b를 적용해야 한다. 예를 들어 벽에서 멀어질 때 왜곡 계수는 1 이상이 될 수 있다. 왜곡 계수는 다음과 같이 표현된다.

$$b = \frac{\mathbf{n} \cdot \mathbf{v}_{current}}{\mathbf{n} \cdot \mathbf{v}_{previous}} \frac{d_{current}^2}{d_{previous}^2} \tag{4}$$

여기서 d는 카메라까지의 픽셀 거리며 $\mathbf{v}$는 뷰 벡터다.

그림 26-5는 디스오클루전이나 샘플 밀도 부족으로 인해 새로운 광선을 요청하고자 레이 휴리스틱으로 인한 재투영이 발생한 씬 영역을 보여준다.

▲ **그림 26-5.** 이 이미지는 새로운 확산 광선이 요청된 영역(초록색)을 강조 표시한다. 왼쪽: 카메라는 움직이지 않는다. 시간적 안티앨리어싱 카메라 서브픽셀 오프셋으로 인해 지오메트리 가장자리에서 재투영은 실패한다. 오른쪽: 카메라는 오른쪽으로 이동한다. 이전 뷰에는 없던 지오메트릭 오클루전과 영역에서 새 광선이 요청된다. 축적된 샘플의 밀도 감소로 인해 부분적으로 녹색 벽이 나타난다.

26.4.3 최적화된 다중 패스를 통한 시간적 및 공간적 필터링

이미지 필터는 많은 메모리 읽기로 인해 대역폭이 바운드되게 한다. 이를 완화하는 한 가지 방법은 s 샘플을 사용한 여러 반복 n에서 재귀적으로 희소 필터를 적용하는 것이다. 필터 결과에 기여하는 유효 샘플량은 s^n이다. 이 희소성이 3×3 픽셀 윈도우 내에서 변화하는 시드와 함께 무작위로 분포되면 결과는 인접 클램프 시간적 필터로 필터링될 수 있다. 이웃 클램프 필터는 픽셀 값의 롤링 지수 평균을 생성하고 픽셀 히스토리를 거부해 고스트를 피하고자 오래된 픽셀이 새로운 픽셀의 이웃과 혼합된다는 가정을 이용한다. 고스팅을 증가시키는 깜빡임을 줄이고자 클램프 창을 공간적으로 확장할 수 있다.

원하는 반경을 유지하면서 창 내에서의 중복 패치 양을 최소화하도록 패치 위치가 결정된다. 이를 위해 필터의 n회 반복 후 효과적으로 포함되는 소스 픽셀 패치 위치의 목록을 계산한다. 유전적 진화 기반 수치 최적화 알고리즘의 손실 함수는 최종 3×3 픽셀 창에서 중복 소스 픽셀 패치의 개수다. 이는 시간적 필터 내에서 최대 샘플 다양성을 보장한다. $r = s_{seed}/n$에 따라 타일링 아티팩트를 숨기려면 확산 광선 방향 시드 텍스처의 크기 s_{seed}에 따라 반경 r을 선택해야 한다. 필터링 후 시간적 누적이 발생하므로 반경은 시간 누적을 위한 3×3 창과는 관련이 없다. 일반적으로 샘플까지의 거리로 근처 샘플의 관련성을 모델링하고자 가우스 분포로 측량한다. 다중 패스 방식에서는 원 모양 커널의 반복 샘플링은 외부 메모리 읽기에 불이익을 주지 않으면서 적절한 비선형 폴오프를 발생시키므로 필요하지 않다 (카와세[Kawase]의 논문[8] 참고). 앨리어싱된 소스 버퍼에서 이산 깊이와 법선 가중치를 보장하고자 하드웨어 텍스처 필터링을 사용하는 읽기는 없다. G 버퍼 법선과 시야 공간 깊이는 대머츠[Dammertz] 등[3]의 기술과 유사하게 양자 무게를 조절하는 데 사용한다. 그림 26-6은 다중 패스 접근 방식과 스키드[Schied] 등[12]의 방식을 비교한다.

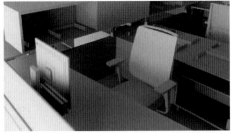

▲ **그림 26-6.** 왼쪽: 시공간 분산 유도 필터링(SVGF)[12](2.6 ms). 오른쪽: 우리의 멀티패스 필터(0.5 ms). 총 화면 해상도는 1920 × 1080이다. 두 필터 모두 동일한 최대 반경을 다루며 필터가 스파스하고 분산 기반 가장자리 정지 기능이 없다. SVGF는 간접 조명 세부 사항을 좀 더 높은 비용으로 보존하는 데 더 정확하다. 스파스 필터링은 최종 시간적 안티앨리어싱 필터가 반딧불을 어둡게 하는 반면 SVGF는 시간적 안티앨리어싱 클램프 창을 일부만 비추는 경향이 있다.

26.5 스페큘러 빛 전송

디퓨즈 필터링과는 달리 스페큘러 필터링은 반사에서 세부 사항이 시각적으로 과도하게 흐려지는 경향이 있다. 스페큘러 로브의 추정치를 생성하고자 병합하는 샘플을 신중하게 선택하고 측량해야 한다. 스태호이악[Stachowiak][13]에게서 영감을 받아 스페큘러 광선을 절반의 해상도로 추적한 후 비율 추정기를 사용해 전체 해상도로 분해한다. 도입된 바이어스는 수용 가능하며, 추정기는 법선 맵 디테일과 거칠기 변동을 보존할 수 있다. 거친 금속 표면과 같은 고분산 시나리오에서 노이즈를 줄이는 동시에 가능한 한 적은 바이어스를 추가하는 것이 주요 과제다. 샘플링하는 동안 미세면의 분포 항만을 중요도 샘플링한다. 프레넬과 지오메트리 항은 룩업 테이블[6]을 통해 근사한다.

26.5.1 시간적 축적

확산 패스와 비슷하게 픽셀의 위치를 이전 스페큘러 버퍼로 재투영해 픽셀의 히스토리를 찾는다. 이는 스태호이악[13]과 아이젠슈타인Aizenshtein[1]의 가상 광선 길이 보정 기술을 사용해 수행된다. 하드웨어 이중 선형 필터링으로 인한 아티팩트를 피하려면 4개의 이중 선형 샘플을 개별적으로 측량하고 총 중량을 계속 추적해야 한다. 디스오클루전처럼 재투영이 완전히 실패하는 경우 새롭게 업샘플된 결과만 사용할 수 있다. 반딧불을 숨기고자 지각 양자화 전자 광학 전송 기능(높은 동적 범위 비디오 신호 프로세싱에서 감마 곡선으로 사용되는)과 같은 비선형성을 지닌 업샘플링된 버퍼의 3 × 3 가우시안 블러 버전을 사용한다.

시간적 필터링의 분산 기반 이웃 클램프를 사용하면 잘못된 재투영을 버릴 수 있다. 그러나 대상 광도가 로컬 YCoCg 바운딩 상자의 일부가 아닌 경우 깜빡임이 발생한다. 이는 스페큘러 로브[13]를 바이어싱하거나 시간적 축적 후에 분산 기반 포스트 필터를 적용[14]하거나 주변의 공간 크기를 확대하거나 바이어스를 유발하는 밝은 픽셀을 어둡게 하는 것으로 대응할 수 있다. 깜빡임은 대부분 시간적으로 불안정한 최대 휘도 구성 요소로 인해 발생한다. 따라서 결과 색상 클램프의 최대 휘도를 일시적으로 매끄럽게 했다. 이는 오직 한 가지 추가적인 값의 저장만을 필요로 하며 부수 효과를 거의 발생시키지 않는다.

26.5.2 확산 로브의 재사용

확산 패스 이후에 스페큘러 패스가 수행된다. 다음의 두 가지 이유로 스페큘러 패스에서 필터링된 확산 결과를 재사용한다.

- **높은 거칠기, 유전체 스페큘라 로브에 대한 저분산 폴백:** 확산 로브를 스페큘러 로브의 근사치로 사용하는 것은 부정확하다. 그러나 로브 에너지가 유사한 범위에 있으므로 시각적으로는 그럴듯하다. 이는 중간 정도의 시각적 영향인 거친 표면에서의 성능을 절약한다. 금속의 경우 반사 성분이 너무 잘 보이기 때문에 이러한 단순화에 의존할 수 없다.

- **반사에서 지오메트리의 앰비언트 라이팅 양:** 더 이상 추적하지 않고 충돌 지점에서 다가오는 빛을 수집하려고 한다면 앰비언트 라이팅 계수를 가정해야한다. 반사 표면의 확산 라이팅은 적은 비용으로 좋은 근사치가 된다는 것으로 입증했다.

26.5.3 경로 추적된 간접광

경로 추적된 간접광의 추가는 거울 같은 표면에서 필요하다. 비일관적인 메모리 읽기로 인해 비용이 많이 들고 분산이 높아진다. 리우[Liu][10]는 미러링된 표면의 간접 확산 성분과 함께 간접 확선 성분의 필터링을 제안한다. 알베도와 직사광으로부터 필터링된 빛을 올바르게 분리하려면 반사를 위해 여러 개의 추가적인 버퍼를 저장하고 가져와야 한다. 대신 리졸브 패스 동안 랜덤 시드 텍스처(여기서는 5×5)의 차원을 필터링하고 반딧불을 줄이고자 톤 매핑된 평균과 결합했다. 필터는 양방향이며 반사의 지오메트리 실루엣과 법선 맵 디테일을 유지하고자 반사 광선 길이와 G 버퍼 법선을 고려한다. 특수 필터링과 간접 확산 필터링은 낮은 거칠기의 금속성 표면에만 적용되므로 추가 작업이 저렴해진다. 추가적인 광선을 추적하지 않는 더 빠른 변형은 가상 화면 깊이로 해석할 수 있는 광선 길이에 따른 화면 공간 앰비언트 오클루전 인자와 결합된 앰비언트 인자로 구성된다.

26.5.4 로브 풋프린트 추정

리우[Liu]의 연구[10]와 유사하게 투영된 반사 로브 풋프린트의 화면 공간 크기에 따라 필터링 패치의 수를 조절한다. 이는 2차원 행렬의 치수를 계산하는 것으로 수행할 수 있다.

대부분의 표면은 평평하지 않으므로 국소 곡률을 추정해야 하고 그에 따라 풋프린트를 왜곡시켜야 한다. 이는 G 버퍼 법선의 로컬 파생물을 계산해 수행한다. 이웃은 2차원 로브 왜곡 행렬의 고유 벡터에 따라 선택되는데, 로브 신장과 탄젠트 공간에서의 수축을 설명하고 화면 공간 단위로 투영된다. 두 이웃의 가장 작은 파생물은 지오메트리 가장자리에서 아티팩트를 피하고자 사용한다. 마지막으로 샘플의 수는 행렬의 결정 요인에 비례한다. 필터 크기가 추적 해상도보다 $\sqrt{2}$ 배 작으면 대신 고정된 3×3 픽셀 커널로 전환한다. 이를 통해 모든 이웃을 고려할 수 있으며, 이는 절반 해상도 추적에서 곡선 (혹은 법선 매핑) 광택 표면을 처리할 때 재구성 품질을 향상시킨다. 다음 코드에 요약했다.

```
1  mat2 footPrint;
2  // '바운스 오프' 방향
3  footPrint[0] = normalize(ssNormal.xy);
4  // 측면 방향
5  footPrint[1] = vec2(footPrint[0].y, -footPrint[0].x);
6
7  vec2 footprintScale = vec2(roughness*rayLength / (rayLength + sceneZ));
8
9  // 볼록한 공간에서 추정된 풋프린트는 더 작다.
10 vec3 plane0 = cross(ssV, ssNormal);
11 vec3 plane1 = cross(plane0, ssNormal);
12 // estimateCurvature(...)는 풋프린트에 저장된 방향을 따라
13 // G 버퍼의 깊이에서 깊이 경사를 계산한다.
14 vec2 curvature = estimateCurvature(footPrint, plane0, plane1);
15 curvature = 1.0 / (1.0 + CURVATURE_SCALE*square(ssNormal.z)*curvature);
16 footPrint[0] *= curvature.x;
17 footPrint[1] *= curvature.y;
18
19 // 다른 카메라 렌즈에서 일정한 배율을 유지한다.
20 footPrint *= KERNEL_FILTER / tan(cameraFov * 0.5);
21
22 // NoV 비례 로브 왜곡에 따라 조절한다.
23 // NoV는 뷰 벡터의 포화 내적과 표면 법선을 포함한다.
24 footPrint[0] /= (1.0 - ELONGATION) + ELONGATION * NoV;
25 footPrint[1] *= (1.0 - SHRINKING) + SHRINKING * NoV;
26
27 for (i : each sample)
28 {
29     vec2 samplingPosition = fragmentCenter + footPrint * sample[i];
30     // ...
31 }
```

26.6 투명도

알파 혼합된 표면의 반사는 각 알파 레이어에 대한 픽셀 기록을 저장하지 않으려고 하기 때문에 더 복잡하다. 가능은 하지만 구현의 메모리 요구 사항을 증가시킨다. 대신 확률적 노이즈를 처리하고자 주요 시간적 안티앨리어싱을 사용한다. 대부분의 알파 혼합 표면(유리 같은)은 낮은 거칠기를 가지므로 스페큘러 분포의 중요도 샘플링 동안 많은 편차가 발생하지 않기 때문에 수용할 수 있다. 순서 독립적인 투명성 접근 방식은 알파 픽셀을 셰이딩하기 전에 레이어로 분류하므로 각 레이어마다 다른 품질 설정을 할 수 있게 한다. 불투명한 지오메트리의 스페큘러 성분과 마찬가지로 모든 레이어를 절반의 해상도에서 추적한다. 스페큘러 패스와는 달리 G 버퍼가 없으므로 동일한 업스케일 알고리즘을 사용할 수 없다. 대신 전체 해상도 패스에서 픽셀당 블루 노이즈 기반 오프셋을 사용해 시공간 셔플을 구현한다. 이는 하나의 페치만이 있는 흐림 필터로 볼 수 있다. 시간적 안티앨리어싱 필터와 결합하면 언더샘플링 아티팩트를 노이즈와 교환하는 데 사용할 수 있다.

26.7 성능

성능 결과는 1,920 × 1,080 해상도의 엔비디아 타이탄 V 하드웨어를 사용해 측정했다. 현재 구현에서는 여전히 순회에 다이렉트X 레이 트레이싱 대신 커스텀 셰이더를 사용한다. 씬은 1,500만 개의 다각형을 포함하며 그림 26-7에 표시된 것처럼 평균적인 건축 씬을 나타낸다. 이 측정 동안 총 프레임 시간은 지속적으로 9ms 미만이었다.

▲ **그림 26-7.** 벤치마킹을 위한 테스트 씬. 씬은 오토데스크 Revit에서 작성됐으며 다양한 내부 객체, 나무, 물, 다양한 재료를 포함한다.

표 26-1은 기본 고품질 구성의 실시간 연습 시나리오에서 관련 부분의 타이밍을 보여준다. 품질을 높이고 스틸샷이나 비디오 같은 진실에 좀 더 근접하게, 혹은 경험하는 데 낮은 프레임 시간이 필수적인 가상 현실^{VR} 렌더링의 성능을 높이고자 많은 시스템 파라미터가 조정될 수 있다. 샘플 수, 빛 반사 횟수, 필터 커널 크기, BVH 폴리곤 개수 같은 일반적인 파라미터 외에도 원하는 사용 사례에 대해 품질과 프레임 시간 사이의 균형을 유지하는 효과적인 도구가 되고자 최대 광선 길이와 스페쿨러에서 디퓨즈 폴백의 임곗값(26.5.2절 참고)을 조정하는 것도 발견했다.

▼ 표 26-1. 스페쿨러와 확산 빛 전송의 패스 시간. 디퓨즈 패스의 타이밍은 하나의 간접 바운스에 제공된다. 새로운 광선의 수는 마지막 프레임의 재투영 성공 여부에 달려 있다. 따라서 카메라 이동은 높은 작업량을 유발한다. 확산 필터링은 화면에 보이는 지오메트리 픽셀의 백분율에만 의존한다. 스페쿨러 추적은 절반의 해상도에서 수행된다. 확산 패스와 달리 스페쿨러 빛 전송의 재투영은 시간적 필터에서 발생한다. 좀 더 큰 풋프린트로 인해 거친 머티리얼에서는 공간적 필터의 런타임이 증가한다.

흐른 시간(ms)	재투영	경로 트레이싱		필터링
		화면 공간	BVH	
디퓨즈 대기	0.18	0.05	0.25	0.47
디퓨즈 이동	0.18	0.21	1.10	0.47
스페쿨러	-	0.20	0.49	1.07

26.7.1 가상 현실을 위한 스테레오 렌더링

VR의 경우 주로 사용할 하나의 눈을 선택하고 각 프레임을 번갈아 선택했다. 주로 사용할 눈을 위해 확산 라이팅을 업데이트한다. 다른 눈을 위해서는 과거 프레임의 정보를 일반적인 씬 렌더링 사이클에서 확산과 스페쿨러 버퍼를 재투영하는 것과 같은 방식으로 재투영한다. 그러나 이 방법은 아티팩트를 만든다. 기하학적인 오클루전은 카메라 이동 중에 구멍을 야기한다. 샘플링의 확률적 특성으로 인해 스테레오스코픽 헤드셋으로 볼 때 통합 결과의 차이는 명확해진다. 차이는 동일한 월드 공간 위치에서 다른 샘플링 시드의 결과일 수 있다. 두 문제를 모두 해결하고자 주로 사용하는 눈의 새롭게 업데이트된 정보를 재투영하는 것으로 재사용한다. 그런 다음 다른 눈의 상수 혼합 요소 γ와 병합한다. 마지막 프레임에서 동일한 눈에서의 과거 정보를 사용할 수 없지만 성공적으로 재투영한 경우 $\gamma = 1$이다.

확산 광선 휴리스틱의 경우 이미지 중심에서 원하는 샘플 밀도를 증가시킨다. 외부 지역에서는 샘플 밀도를 1보다 낮게 한다. 이는 재투영 후에 발생할 수 있지만 대부분의 시나리오에서 여전히 허용할 수 있다. 계산 리소스를 가장 효율적인 곳에 집중하고자 이런 포비에이션foveation 방식을 사용한다.

26.7.2 토론

여기서 설명한 전역 조명 알고리즘은 다양한 성능 요구 사항에 따라 확장될 수 있다. 다중 바운스를 지닌 고품질 이미지를 출력할 수 있으며 다른 파라미터 세트를 사용하면 거의 동일한 코드 경로를 사용해 VR에 필요한 낮은 프레임 시간에 도달할 수 있다. 포스트 프로세스 깊이나 모션 블러 같은 최첨단 이미지 G 버퍼 기반 기술 중 일부는 효율성이 높으면서도 잘 동작한다. 셰도우 매핑 같은 다른 것은 레이 트레이싱으로 개선할 수 있다. 레이 트레이싱으로 셰도우 매핑된 많은 양의 빛을 교체하는 것은 성능적인 부분의 문제를 남기긴 하지만 고품질의 결과[5]를 약속한다.

또한 다중의 알파 혼합된 레이어에서 레이 트레이싱된 반사의 확장성을 개선할 여지가 있다. 이는 현재 볼륨 텍스처에서 조명에 의해 근사되는 표면 아래의 산란 현상의 계산과 관련이 있다. 확산과 스페큘러 통합을 위해 각 프레임마다 모든 화면 영역을 동일하게 샘플링하는 대신 광선 휴리스틱에서 스페큘러 레이 트레이싱이 이득을 얻게 하고 싶다.

감사의 말

26장을 크게 향상시키도록 가치 있는 입력, 교정, 제안을 해준 토마스 스태호이악 Tomasz Stachowiak과 편집자들에게 감사를 전한다.

참고 문헌

[1] Aizenshtein, M., and McMullen, M. New Techniques for Accurate Real-Time Reflections. Advanced Graphics Techniques Tutorial, SIGGRAPH Courses, 2018.

[2] Cranley, R., and Patterson, T. N. L. Randomization of Number Theoretic Methods for Multiple Integration. SIAM Journal on Numerical Analysis 13, 6 (1976), 904–914.

[3] Dammertz, H., Sewtz, D., Hanika, J., and Lensch, H. P. A. Edge-Avoiding Á-Trous

Wavelet Transform for Fast Global Illumination Filtering. In Proceedings of High-Performance Graphics (2010), pp. 67–75.

[4]   Halton, J. H. Algorithm 247: Radical-Inverse Quasi-Random Point Sequence. Communications of the ACM 7, 12 (1964), 701–702.

[5]   Heitz, E., Hill, S., and McGuire, M. Combining Analytic Direct Illumination and Stochastic Shadows. In Symposium on Interactive 3D Graphics and Games (2018), pp. 2:1–2:11.

[6]   Karis, B. Real Shading in Unreal Engine 4. Physically Based Shading in Theory and Practice, SIGGRAPH Courses, August 2013.

[7]   Karis, B. High-Quality Temporal Supersampling. Advances in Real-Time Rendering in Games, SIGGRAPH Courses, 2014.

[8]   Kawase, M. Frame Buffer Postprocessing Effects in DOUBLE-S.T.E.A.L (Wreckless). Game Developers Conference, 2003.

[9]   Kensler, A. Correlated Multi-Jittered Sampling. Pixar Technical Memo 13-01, 2013.

[10]   Liu, E. Real-Time Ray Tracing: Low Sample Count Ray Tracing with NVIDIA's Ray Tracing Denoisers. Real-Time Ray Tracing, SIGGRAPH NVIDIA Exhibitor Session, 2018.

[11]   Salvi, M. High Quality Temporal Supersampling. Real-Time Rendering Advances from NVIDIA Research, Game Developers Conference, 2016.

[12]   Schied, C., Kaplanyan, A., Wyman, C., Patney, A., Chaitanya, C. R. A., Burgess, J., Liu, S., Dachsbacher, C., Lefohn, A. E., and Salvi, M. Spatiotemporal Variance-Guided Filtering: RealTime Reconstruction for Path-Traced Global Illumination. In Proceedings of High-Performance Graphics (2017), pp. 2:1–2:12.

[13]   Stachowiak, T. Stochastic Screen-Space Reflections. Advances in Real-Time Rendering in Games, SIGGRAPH Courses, 2015.

[14]   Stachowiak, T. Towards Effortless Photorealism through Real-Time Raytracing. Computer Entertainment Developers Conferences, 2018.

27장

고충실도 공상과학 시각화용 인터랙티브 레이 트레이싱 기술

우르바나-캠페인의 일리노이 대학교 벡만 선진 과학 기술 연구소의 존 스톤(John E. Stone)

개요

27장에서는 인터랙티브 과학적, 기술적 시각화용 레이 트레이싱을 사용할 때의 렌더링 기법과 구현 고려 사항을 설명한다. 레이 트레이싱은 과학 원고에 대한 출판 품질의 이미지를 직접 생성할 수 있을 뿐만 아니라 WYSIWYG[What-You-See-Is-What-You-Get] 렌더링 환경에서 높은 상호성을 제공하는 충실도 높은 렌더링 엔진을 구축하기 위한 편리한 프레임워크를 제공한다. 상호작용과 정교한 렌더링의 결합은 일반적으로 컴퓨터 그래픽이나 렌더링 기술에 전문가가 아닌 과학자가 일상적인 작업에 고급 렌더링 기능을 즉시 적용할 수 있게 한다. 27장에서는 레이 트레이싱 기술을 과학적 시각화, 특히 분자 시각화에 적용해 얻은 기술과 실제 접근 방식을 요약한다.

27.1 서론

과학적, 기술적 시각화는 가설의 개발을 돕고 설계 문제를 발견하며 협업을 촉진하고 의사 결정에 도움을 주고자 복잡한 데이터, 개념, 물리적 현상을 설명하는 데 사용한다. 이러한 시각화에서 발생하는 씬은 주요 구조와 메커니즘의 세부 사항과 관계, 혹은 연구 중인 복잡한 과정의 역학을 그래픽적으로 표현한 것이다. 고품질 레이 트레이싱 기술은 복잡한 씬을 설명하는 시각화의 생성에 큰 도움을 줬다.

상호작용은 과학적 시각화의 효과에 강력한 도움을 준다. 사용자가 통찰력을 얻고 가설을 확인하거나 버리는 데 도움이 되도록 데이터, 모델, 그래픽 표현을 빠르게 탐색하고 조작하도록 시각화를 허용하기 때문이다.

이해하기 쉬운 시각화의 생성에서 발생하는 일부 문제는 상세하게 표시되는 내용, 중요한 시각적 콘텍스트를 제공하고자 표시되는 내용, 시각적 커뮤니케이션의 명확성을 위해 제거해야 하는(종종 희생해야 하는) 내용 사이의 절충과 관련이 있다. 고급 렌더링 기술은 이러한 종류의 문제에 대해 다양한 솔루션을 제공한다. 레이 트레이싱 알고리즘은 고급 조명과 셰이딩 모델을 통합하고 다양한 기하학적 프리미티브와 데이터 유형을 지원하는 상대적으로 쉬운 방법이어서 과학적, 기술적 시각화에서 발생하는 기하학적으로 복잡한 씬의 인터랙티브 렌더링용 강력한 도구가 됐다[2, 7, 17, 20, 24, 25].

레이 트레이싱은 수십 년간 오프라인이나 배치 모드 기반으로 이러한 시각화를 제작하는 데 사용됐지만, 최근에는 래스터화를 기반으로 하는 기존 방법과의 경쟁이 치열한 수준까지 도달했으며, 여기서 상호작용이 핵심 요구 사항이다. 고성능 하드웨어 최적화된 레이 트레이싱 프레임워크의 개발과 상용 GPU에서 사용할 수 있는 가장 최근의 레이 트레이싱 관련 하드웨어 가속 기술은 과학적 시각화[13, 25, 26]를 위해 인터랙티브 레이 트레이싱의 광범위한 사용을 위해 필요한 조건을 생성했다. 고성능 컴퓨팅에서 가장 널리 사용되는 과학적 시각화 도구 중 일부인 ParaView, Visit, Visual Molecular Dynamics[VMD], Visualization ToolKit[VTK]는 지난 몇 년 동안 각각 인터랙티브 레이 트레이싱 기능을 통합했다. 최근 출시될 레이 트레이싱 관련 하드웨어 가속으로 인한 성능 향상은 일상적인 과학적, 기술적 시각화에 적용될 인터랙티브 레이 트레이싱을 위한 많은 새로운 기회를 만들어줄 것이다.

27장에서 제공하는 나머지 토론과 코드 샘플은 널리 사용되는 분자 시각화 도구[5, 17, 19, 20, 21]인 VMD 내에서 세 가지 서로 다른 인터랙티브 레이 트레이싱 엔진의 개발과 통합 경험을 통해 얻은 몇 가지 고려 사항, 실제 기술, 미래 전망 요소를 문서화하기 위한 것이다.

27.2 대형 씬을 레이 트레이싱하는 것과 관련된 문제점

과학적 시각화에서 자주 발생하는 반복되는 문제 중 하나는 사용할 수 있는 물리적 메모리의 한계에 도달하는 씬을 렌더링해야 한다는 점이다. 래스터화를 기반으로 하는 시각화는 스트리밍 특성에서 이득을 얻으며 일반적으로 메모리 요구량이 적다. 반대로 레이 트레이싱 방법은 전체 씬 설명을 메모리에 유지하거나 필요에 따라 레이 트레이싱 엔진에서 사용할 수 있어야 한다. 이는 광범위한 렌더링과 시각화 문제에 대한 유연성, 우아함, 적응성을 대체하는 레이 트레이싱 방식의 주요 단점이다.

집필 시점에 경계 볼륨 계층[BVH] 순회와 광선/삼각형 교차 테스트 모두를 가속화하는 전용 하드웨어를 통해 GPU에서 레이 트레이싱 성능이 크게 향상됐다. 이 발전은 상대적으로 저렴한 셰이딩을 사용하는 과학적 시각화의 경우 메모리 대역폭이 예측 가능한 미래에 피크 레이 트레이싱 성능을 제한하는 중요한 요소 중 하나가 되게 할 정도로 레이 트레이싱 성능을 향상시켰다. 이러한 문제를 함께 고려하면 까다로운 과학적 시각화 시나리오에서 레이 트레이싱을 장시간 성공적으로 적용하는 것이 메모리 용량과 대역폭을 모두 효율적으로 사용하는 기술의 개발과 적용에 따라 달라진다는 점은 분명하다.

27.2.1 직업을 위한 올바른 기하학적 프리미티브 사용

메모리 용량과 대역폭을 절약하기 위한 최고의 방법 중 일부는 시각화를 구성하는 데 사용되는 기하학적 프리미티브의 선택과 관련이 있다. 예를 들어 구의 위치와 반경에 대한 메모리 풋프린트는 4개의 부동소수점 값인 반면 각각의 버텍스 법선을 갖고 공유 버텍스가 없는 각각의 삼각형에는 18개의 값이 필요하다. 삼각형 메시를 표현할 때 공유 버텍스는 버텍스 인덱스(삼각형당 세 개의 버텍스 배열 인덱스)를 사용해 명시적으로 나열할 수 있으며, 가능하다면 삼각형 스트립 버텍스 인덱스 순서(첫 번째 삼각형에 대한 세 개의 버텍스와 각 후속 삼각형에 대한 오직 하나의 인덱스)로 암시할 수 있다. 표면 법선의 메모리 비용은 버텍스화하거나 압축해서 줄일 수 있으며 버텍스당, 삼각형당 메모리 비용을 추가로 줄일 수 있다. 궁극적으로 이와 관련된 기술은 삼각형 메시의 메모리 비용을 크게 줄일 수 있지만 작은 삼각형 메시가 아닌 구체, 실린더, 원뿔의 다이렉트 레이 트레이싱은 언제나 적은 메모리를 사용하며, 장기적으로 더 중요한 것은 메모리 대역폭을 덜 사용한다는 것이다. 분자 시각화와 같은 일부 영역의 경우 소수의 맞춤형 기하학적 프리미티브 구현을 통해 큰 메모리 효율성을 향상시킬 수 있음이 분명하지만 다른 과학 분야에서는 덜 분명하다. 또한 고려할 수 있는 기하학적 프리미티브 대안은 광선/프리미티브 교차 테스트 구현에서의 수치 정밀도나 수렴 문제, 혹은 모든 경우에 효과적으로 사용하기 어려운 성능 속성이나 변칙을 포함할 수 있다.

27.2.2 중복성, 압축, 정량화 제거

가장 좋은 기하학적 프리미티브를 선택했다면 메모리 용량과 대역폭을 줄이는 데 비용이 조금 드는 나머지 방법으로 대량의 기하학적 프리미티브의 배치 내에서 고수준의 중복성을 제거하는 방법이 있다. 예를 들어 유체 흐름, 자기장, 정전기 포텐셜 필드potential field의 시각화에 사용되는 입자 이류 유선advection streamlines은 수백만 개의 세그먼트를 포함할 수 있다. 모든 구성 세그먼트가 동일한 반경을 갖는 경우 튜브형 유선을 그릴 때 실린더나 구마다 반경을 저장하는 이유는 무엇일까?

래스터화 파이프라인이 다양한 삼각형 메시 형식과 버텍스당 데이터를 지원하는 것과 마찬가지로 레이 트레이싱 엔진은 유사한 유연성의 이점을 누릴 수 있지만 훨씬 광범위한 기하학적 프리미티브에 적합하다. 예를 들어 다양한 종류의 유선형을 많이 포함한 씬을 렌더링하는 데 사용하는 레이 트레이싱 엔진은 실린더와 구마다 지정된 반지름으로 특수한 여러 지오메트리 배치 타입을 사용할 수 있으며, 모든 구성 실린더와 구에 일정한 반지름을 가진다. 기본 레이 트레이싱 프레임워크의 프로그래밍 가능성에 따라 실린더와 구 프리미티브가 동일한 버텍스 데이터를 공유하게 할 수도 있다. 또한 원본 유선 버텍스 자체로 인해 정의된 곡선 공간을 따르거나 원래 데이터[23]와 맞는 계산된 제어점을 따르는 스윕 구의 효과를 구현하거나 모방하는 완전히 맞춤화된 유선 렌더링 프리미티브를 구현하는 것이 가능할 수도 있다. 레이 트레이싱 프레임워크에서 사용할 수 있는 프로그래밍 기능이 많을수록 대형 시각화로 인한 메모리 용량과 성능 문제를 해결하는 데 가장 유용한 애플리케이션이 기하학적 프리미티브를 고르고 지오메트리 배치에 접근하기 더 쉬워진다.

지오메트리에서 큰 배치의 인코딩과 파라미터화에서 높은 수준의 중복성이 제거된 후 접근해야 할 다음 영역은 이웃 그룹 수준이나 관련된 기하학적 특성에서 보다 현지화된 데이터 중복을 제거하는 기술이다. 현지화된 데이터 크기 감소는 종종 데이터 압축이나 기하학적 특성의 양자화 표면 정밀도 감소 혹은 둘의 조합을 통해 이룰수 있다. 양자화나 다른 손실 압축 기술이 사용됐을 때 허용할 수 있는 오차는 현재 시각화 문제의 세부 사항에 의존할 수 있다. 이 기술의 대표적인 예는 ZFP 라이브러리[8, 9]에서 제공하는 볼루메트릭 데이터, 스칼라 필드, 텐서의 압축과 8면체 법선 벡터 인코딩[4, 12]에서와 같은 표면 법선의 양자화된 표현이다. 8면체 법선 인코딩을 사용한 법선 패킹과 언패킹 구현 예제는 리스트 27-4를 참고하자.

리스트 27-1. 이 코드 조각은 8면체 법선 벡터 인코딩을 사용해 법선의 패킹과 언패킹을 구현하는 데 필요한 주요 기능을 나열했다. 이 루틴은 3개의 단일 정밀도 부동소수점 값과 단일 패킹된 32비트 부호 없는 정수 인코딩으로 표현된 법선 벡터 사이에서 앞뒤로 변환된다. 여기서 많은 성능 최적화와 개선이 가능하지만 이러한 루틴은 자체 레이 트레이싱 엔진에서 쉽게 시도할 수 있다.

```
 1  # include <optixu/optixu_math_namespace.h> // make_xxx() 함수를 위해서
 2
 3  // 8면체 법선 벡터 인코딩의
 4  // 부동소수점 단계를 구현하는 헬퍼 루틴
 5  static _ _host_ _ _ _device_ _ _ _inline_ _
 6  float3 OctDecode(float2 projected) {
 7      float3 n;
 8      n = make_float3(projected.x, projected.y,
 9          1 .0f - (fabsf(projected.x) + fabsf(projected.y)));
10      if (n.z < 0.0f) {
11          float oldX = n.x;
12          n.x = copysignf(1.0f - fabsf(n.y), oldX);
13          n.y = copysignf(1.0f - fabsf(oldX), n.y);
14      }
15      return n;
16  }
```

```
17
18  static _ _host_ _ _ _device_ _ _ _inline_ _
19  float2 OctEncode(float3 n) {
20      const float invL1Norm = 1.0f / (fabsf(n.x)+fabsf(n.y)+fabsf(n.z));
21      float2 projected;
22      if (n.z < 0.0f) {
23          float2 tmp = make_float2(fabsf(n.y), fabsf(n.x));
24          projected = 1.0f - tmp * invL1Norm;
25          projected.x = copysignf(projected.x, n.x);
26          projected.y = copysignf(projected.y, n.y);
27      } else {
28          projected = make_float2(n.x, n.y) * invL1Norm;
29      }
30      return projected;
31  }
32
33  // 부호 없는 정수 표현에서 양자화하거나
34  // 양자화를 되돌리는 헬퍼 루틴
35  static _ _host_ _ _ _device_ _ _ _inline_ _
36  uint convfloat2uint32(float2 f2) {
37      f2 = f2 * 0.5f + 0.5f;
38      uint packed;
39      packed = ((uint) (f2.x * 65535)) | ((uint) (f2.y * 65535) << 16);
40      return packed;
41  }
42
43  static _ _host_ _ _ _device_ _ _ _inline_ _
44  float2 convuint32float2(unit packed) {
45      float2 f2;
46      f2.x = (float)((packed      ) & 0x0000ffff) / 65535;
47      f2.y = (float)((packed >> 16) & 0x0000ffff) / 65535;
48      return f2 * 2.0f - 1.0f;
49  }
50
51  // 레이 트레이싱 전에 지오메트리 버퍼를 준비할 때와
52  // 렌더링 중에 즉시 디코딩할 때 호출되는 루틴
53  static _ _host_ _ _ _device_ _ _ _inline_ _
54  uint packNormal(const float3& normal) {
55      float2 octf2 = OctEncode(normal);
```

```
56        return convfloat2uint32(octf2);
57    }
58
59    static _ _host_ _ _ _device_ _ _ _inline_ _
60    float3 unpackNormal(uint packed) {
61        float2 octf2 = convuint32float2(packed);
62        return OctDecode(octf2);
63    }
```

그림 27-1에 나온 원자 세부 분자 구조는 이 절에서 설명한 모든 기술의 사용을 보여준다. 지오메트리 인코딩과 배치에 적용되는 중복 제거 접근 방식 및 8면체 법선 벡터와 함께 삼각형 메시와 맞춤형 기하학적 프리미티브 구현을 사용했다. 8면체 법선 인코딩을 사용한 법선 패킹의 예제 구현은 인터랙티브 레이 트레이싱에서의 기술 가치와 적용을 설명하고자 포함했다. 광선/삼각형 교차 테스트에는 버텍스 법선이 필요하지 않다. 법선은 가장 가까운 충돌 결과를 찾았을 때에만 참조되며 셰이딩돼야 한다. 따라서 셰이딩 중 즉석 역양자화나 압축 해제의 비용은 저렴하며 크고 기하학적으로 복잡한 씬의 인터랙티브 레이 트레이싱을 위해 상당한 메모리 절약을 제공하는 동시에 프레임 속도에 무시할 만한 영향을 미치는 경향이 있다. 버텍스별 색상과 다른 속성에도 비슷한 접근 방식을 적용할 수 있으며 잠재적으로 훨씬 더 실질적인 효과가 있다.

▲ **그림 27-1.** 광합성 크로마토그래피 구조에서 지질막의 원자 세부 모델의 근접 촬영 시각화. 모델의 문맥적 부분은 8면체 법선 벡터를 사용해 삼각형 메시 표면으로 시각화된다. 지질막에 나타난 원자의 세부 사항은 수천만 개의 개별 구체와 실린더로 구성된다. 커스텀 구체와 실린더 배열에서 직접 레이 트레이싱의 사용과 관련된 메모리 절약은 상용 GPU에서 높은 성능을 유지하면서 이 큰 구조의 인터랙티브 레이 트레이싱을 가능하게 한다.

27.2.3 레이 트레이싱 가속 구조에 대한 고려 사항

주어진 기하학적 프리미티브와 관련된 다이렉트 메모리 비용 외에도 BVH나 궁극적으로 이를 포함하는 다른 레이 트레이싱 가속 구조와 관련된 프리미티브당 메모리 비용을 고려해야 한다. 최신 레이 트레이싱 가속 구조에서 데이터 압축 기술을 사용함에도 불구하고 때때로 가속 구조 자체가 인코딩하는 씬 지오메트리만큼 크거나 혹은 그보다 더 큰 크기를 가질 수 있다는 점은 놀라울 수 있다. 따라서 가속 구조와 공간 대 시간 트레이드오프는 과학적 시각화에 레이 트레이싱을 적용하는 데 있어 중요한 관심 영역이다. 가속 구조 구성, 저장, 순회는 모두 레이 트레이싱의 성능을 결정하는 부분이기 때문에 자주 독점적이며 하드웨어에 높게 최적화돼 있으므로 선호하는 것보다 유연성이 떨어지는 경우가 많다.

정적 구조의 시각화를 위해 크고 높게 최적화된 가속 구조는 건설과 업데이트 비용이 상대적으로 중요하지 않으므로 최고의 성능을 보여준다. 시뮬레이션 궤적과 같은 시계열 데이터를 인터랙티브하게 표시하려면 지오메트리 버퍼 업데이트와 가속 구조 (재)빌드에 소요되는 시간이 상호작용의 중요한 요소가 된다. 시계열 애니메이션은 예를 들면 멀티스레딩 기술을 통해 동시성이 향상되는 것으로 이득을 얻을 수 있는 훨씬 복잡한 경우다. 진행 중인 인터랙티브 렌더링과 디스플레이에서 지오메트리 업데이트와 가속 구조 (재)빌드를 완전히 분리하려면 핵심 레이 트레이싱 데이터 구조의 이중 혹은 다중 버퍼링을 사용해야 한다. 레이 트레이싱 데이터 구조의 멀티버퍼링은 진행 중인 렌더링과 동시에 비동기적으로 씬 업데이트가 되도록 허용한다.

레이 트레이싱 가속 구조 최적화의 유연성에 대한 요구 사항은 대규모 정적 씬과 동적 시계열 시각화에 특히 중요하다. 지오메트리 복잡성이 매우 큰 규모로 과학적 씬을 시각화할 때 종종 가속 구조에 필요한 메모리가 사용할 수 있는 용량을 초과하는 경우가 있다. 이런 경우 증가된 기하학적 구조를 위해 일부 성능을 희생하는 적당히 거친 가속 구조를 구축하는 것이 일반적으로 바람직하다. 또한 더 거친 가속 구조의 사용은 시계열 시각화를 위한 바람직한 트레이드오프로 판명될 수도 있다. 기존의 일부 레이 트레이싱 프레임워크는 이러한 목적으로 가속 구조 구성 휴리스틱과 튜닝 가능성에 대한 간단한 제어를 제공한다. 이는 미래의 레이 트레이싱 엔진이 크게 발전할 것으로 기대되는 활발한 개발 영역으로 남아 있다.

27.3 시각화 방법

이번 절에서는 실제 사용과 구현에 대한 설명과 함께 간단하지만 매우 유용한 여러 가지 레이 트레이싱 호환 셰이딩 기술을 설명한다. 시각화 도구를 사용하는 과학자와 기술자는 상당한 도메인 전문 지식을 갖고 있지만, 종종 광학, 조명, 셰이딩, 컴퓨터 그래픽 기술에 어느 정도 친숙하다. 여기에 설명된 기술의 핵심 구성 요소는 비전문적인 시각화 실무자가 쉽게 사용할 수 있으며, 특히 점진적 개선과 기타 기능을 가진 완전한 인터랙티브 레이 트레이싱 엔진에서 구현할 때 쉽게 사용할 수 있다는 것이다. 래스터화를 기반으로 한 과학적 시각화 적용에서 탁월한 셰이딩 기술을 사용할 수 있다. 그러나 그중 상당수는 래스터화 관련 기술이나 API 기능에 따라 달라지며 인터랙티브 레이 트레이싱 시각화 엔진에서 일반적으로 사용되는 다양한 조명 및 셰이딩 기술과 호환되지 않을 수 있다. 다음에 설명하는 기술은 성능 비용이 낮고 다른 레이 트레이싱 기능과 결합할 수 있으며, 가장 중요한 것은 효과적인 시각화 생성에서 지속적으로 사용된다는 것이다.

여기에서 설명하는 레이 트레이싱 방법은 앰비언트 오클루전 조명, 비사실적 투명 표면, 불투명 표면의 가장자리 외곽선, 평면과 구체 클리핑용 여러 유용한 과학적 시각화 도구를 제공하며, 각각은 결과 시각화의 선명도와 해석을 향상시키는 데 기여할 수 있다.

27.3.1 과학적 시각화에서의 앰비언트 오클루전 라이팅

과학적, 기술적 시각화용 앰비언트 오클루전[AO] 라이팅의 주요 가치는 시간을 크게 절약하는 것이다. 특히 복잡한 씬 및 다른 고선명 레이 트레이싱 기술과 함께 사용할 때 해당된다. AO는 복잡한 모델의 인터랙티브 보기에서 유용할 수 있다. 특히 궤도 시뮬레이션 같은 시계열 데이터에서 원하는 라이팅 결과[19, 22]를 얻고자 수동으로 배치한 조명을 지속적으로 조정하는 것이 실용적이지 않은 경우 유용할 수 있다. AO 라이팅의 '앰비언트' 측면은 전문가가 아닌 사용자에게 편리한 도구다. AO와 프로그레시브 레이 트레이싱의 인터랙티브한 사용이 있으면 사용자는 조명 설계 전문가가 될 필요가 없으며, 일반적으로 수동으로 배치된 하나 혹은 두 개의 디렉셔널 라이트나 포인트 라이트 소스의 조합으로 하나 혹은 두 개의 핵심 앰비언트 오클루전 조명 파라미터를 조정해 대신 '좋은' 조명 배열을 달성할 수 있다. 이것은 분자 시각화 같은 어떤 종류의 사실적인 씬을 복제하려는 의도가 아닌 시각화 조명 디자인이 분자 구조의 세부 사항을 설명하기 위한 영역에서 특히 맞아떨어진다. 초보자가 AO를 쉽게 적용할 수 있는 한 가지 방법은 AI(앰비언트)와 수동 배치된(다이렉트) 광원 모두에 대해 독립적인 조명 스케일 요소를 감수시키는 것이다. 앰비언트와 다이렉트 라이팅에 별도의 사용하기 쉬운 글로벌 강도 스케일링 계수를 제공하는 것으로 초보자는 조명 설계의 균형을 쉽게 잡을 수 있으며, 각각 라이팅 문제를 발생시키는 포켓, 구멍, 터널 등의 기하학적으로 복잡한 씬에서 쉽게 발생할 수 있는 과도하거나 저조한 밝힘 조건을 피할 수 있다.

27.3.1.1 제한된 오클루전 거리가 있는 AO

높은 밀도로 압축된 지오메트리를 지닌 씬을 탐색할 때 종종 나타나는 AO의 문제점은 바이러스 주변이나 세포막과 같은 복잡한 구조 내에서 '주변' 빛이 깊어지는 경로가 거의 없다는 것이다. 이 문제에 대한 간단하지만 효율적인 해결책은 앰비언트 오클루전이 무시되는 최대 오클루전 거리로 AO 조명을 계산하는 것이다. 이 기술을 사용하면 그림 27-2와 같이 시각화 목적으로 AO의 주요 이점을 유지하면서 제한된 시야 공간에 잘 맞는 최대 오클루전 거리를 선택할 수 있다. 카메라 중심의 포인트 라이트를 어두운 인터리어 혹은 크거나 가득한 근접 구조를 밝히는 데 사용할 수 있지만 바람직하지 않은 평평하게 보이는 표면이 나올 수 있다. 여러 포인트 라이트나 영역 라이트를 주의해서 수동이나 오프셋으로 배치하면 문제를 해결할 수 있지만, 복잡한 모델이나 시뮬레이션 결과의 무제한 인터랙티브 탐색에서 벗어나는 바람직하지 않은 방해 요소다. 제한된 오클루전 거리를 지닌 AO의 사용은 무제한 인터랙티브 씬 탐색을 유지하면서 바람직하지 않은 문제를 피할 수 있다. 또한 예기치 않은 이런 종류의 접근법의 이점은 최대 AO 오클루전 거리를 특정 최대 직경 범위의 구멍, 포켓을 가리고자 혹은 AO 조명을 가벼운 정도의 선택으로 특정 기하학적 특성을 강조할 수 있는 도구로 변환하는 데 사용할 수 있다. 이 기술은 원한다면 사용자 지정 AO 폴오프 감쇠 계수를 통합해 더 세분화할 수 있다. 간단한 예제 구현은 리스트 27-2를 참고하자.

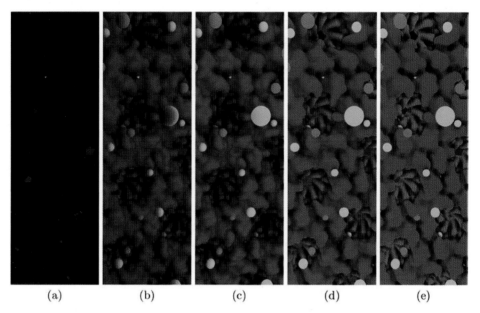

▲ **그림 27-2.** AO 조명 최대 오클루전 거리의 다양한 설정에서 HIV-1 캡시드 인테리어의 시각화. (a) 기본의 AO 조명: 바이러스 캡시드가 시점을 완전히 둘러싸기 때문에 캡시드 구조의 구멍을 통해 약간의 얇은 빛 샤프트만이 내부로 들어오므로 거의 어둡다. (b) 사용자 지정 최대 오클루전 거리는 캡시드의 최소 내부 직경보다 약간 작게 설정됐다. 나머지 이미지는 이 거리가 (c) 2, (d) 8, (e) 16의 계수만큼 감소됐음을 보여준다.

리스트 27-2. 가장 가까운 충돌 셰이더 코드 조각은 입사 광선이 사용자 정의한 투명 표면의 최대 개수를 통과했을 때 투명한 표면의 셰이딩을 건너뛰고 대신 투과 광선을 발사하고 광선/표면 교차가 없는 것처럼 계속 진행한다.

```
1  struct PerRayData_radiance {
2      float3 result;      // 최종 셰이딩된 표면 색상
3      // ...
4  }
5
6  struct PerRayData_shadow {
```

```
 7     float3 attenuation;
 8   };
 9
10   rtDeclareVariable(PerRayData_radiance, prd, rtPayload, );
11   rtDeclareVariable(PerRayData_shadow, prd_shadow, rtPayload, );
12
13   rtDeclareVariable(float, ao_maxdist, , ); // 최대 AO 오클루더 거리
14
15   static _ _device_ _
16   float3 shade_ambient_occlusion(float3 hit, float3 N,
17                                  float aoimportance) {
18       // 상용구 AO 셰도잉 머티리얼을 여기서 건너뛴다.
19
20       for (int s=0; s<ao_samples; s++) {
21           Ray aoray;
22           // 상용구 AO 셰도잉 머티리얼을 여기서 건너뛴다.
23           aoray = make_Ray(hit, dir, shadow_ray_type,
24                            scene_epsilon, ao_maxdist);
25
26           shadow_prd.attenuation = make_float3(1.0f);
27           rtTrace(root_shadower, ambray, shadow_prd);
28           inten += ndotambl * shadow_prd.attenuation;
29       }
30
31       return inten * lightscale;
32   }
33
34   RT_PROGRAM void closest_hit_shader( ... ) {
35       // 상용구 가장 가까운 충돌 셰이더 머티리얼을 여기서 건너뛴다.
36
37       // 활성화됐다면 앰비언트 오클루전 디퓨즈 라이팅을 추가한다.
38       if (AO_ON && ao_samples > 0) {
39           result *= ao_direct;
40           result += ao_ambient * col * p_Kd *
41               s hade_ambient_occlusion(hit_point, N, fogf * p_opacity);
42       }
43
44       // 가장 가까운 충돌 셰이더 내용으로 계속한다.
45
```

```
46    prd.result = result; // 결과 색상을 트리로 다시 전달한다.
47  }
```

27.3.1.2 몬테카를로 샘플링 노이즈 줄이기

시각화 도구를 자주 사용하는 과학자들은 팀 회의와 프레젠테이션에서 일상적인 사용을 위해 빠른 '스냅샷' 렌더링을 자주 생성해야 한다. 시간이 부족하기 때문에 사용자는 고화질 렌더링 방식을 선호하는 경향이 있지만 어느 시점에서든 렌더링을 중단할 수 있는 상태에서 완전히 수렴된 조명이나 피사계 심도 초점 흐림이 없이도 '그레인'이나 '반점'이 없는 이미지를 제공한다.

실시간 노이즈 제거를 위한 최첨단 기술의 특별히 유망한 클래스는 조심스럽게 훈련된 딥 뉴럴 네트워크를 사용해 몬테카를로 렌더링[3, 6, 10, 15, 16]으로 생성한 이미지의 언더샘플링된 영역에서 그레인과 반점 노이즈를 제거한다. 소위 인공지능[AI] 노이즈 제거라고 불리는 것의 성공은 노이즈 제거자가 노이즈와 언더샘플링된 이미지 영역의 식별을 좀 더 잘하게 돕는 깊이, 표면 법선, 알베도, 기타 정보 유형을 포함하는 보조 이미지 데이터 버퍼의 가용성에 따라 종종 달라진다. AI 노이즈 제거자의 인터랙티브 비율 성능은 하드웨어 가속 AI 추론의 가용성에 달려 있기 때문에 전용 레이 트레이싱 하드웨어 가속 기능이 달린 하드웨어 플랫폼에서도 노이즈 제거자가 무차별 강제 샘플링을 실행할 수 있다. AI 노이즈 제거는 정교한 경로 추적과 레이 트레이싱 엔진에서 더 일반적으로 노이즈 제거를 위한 가장 광범위하고 가장 많이 사용되는 방법 중 하나인 것으로 보인다. 기법은 특정 렌더러와 씬 내용에 맞게 특별히 조정되거나 훈련될 수 있기 때문이다.

정교한 노이즈 제거 기술 외에도 고주파 노이즈 함량과 확률적 샘플의 상관관계 사이에서 잠재적으로 유리한 절충점을 만들 수 있다. 예를 들어 언더샘플링된 인터랙티브 렌더링에서 AO 셰도우 경계의 가장자리가 가시적으로 나타난다. 종래의 레이 트레이싱 기술에서 앰비언트 오클루전 라이팅과 다른 몬테카를로 샘플링 구현은 셰이딩되는 표면에 수직인 반구 내의 AO 조명 셰도우 필러[feeler] 광선의 방향을 생성하고자 일반적으로 완전히 관련되지 않은 의사 랜덤 혹은 준랜덤 숫자 시퀀스를 사용한다. 상관되지 않는 샘플링 방식을 사용하면 충분한 AO 라이팅 샘플 수를 가져왔을 때 매끄러운 입자 없는 이미지가 나온다. 그러나 수렴되지 않은 샘플링 과정을 조기에 종료하면 거친 이미지가 나타난다. 예를 들어 같은 시드로 AO 난수 생성기나 준랜덤 시퀀스 생성기를 시딩하는 것처럼 모든 이미지 픽셀에서 AO 샘플을 의도적으로 관련시키면 이미지의 모든 픽셀은 같은 AO 셰도우 필러 방향을 선택할 것이고 AO으로부터의 이미지 그레인은 없을 것이다. 이 방법은 입자가 없는 이미지를 없애고자 많은 샘플 수가 필요한 기하학적으로 복잡한 씬의 인터랙티브 레이 트레이싱에 특히 적합하다.

27.3.2 가장자리 강화 투명 표면

분자 시각화에서 발생하는 일반적인 문제는 분자 복합체나 구성 하위 요소의 경계를 명확히 표시하면서 내부 구조의 세부 사항을 쉽게 볼 수 있게 해야 한다는 점이다. 분자 과학자들은 무엇이 보여야 하고 어떻게 출력해야 하는지를 선택하고자 많은 노력을 기울인다. Raster3D[11], Tachyon[18], VMD[5, 20]는 뷰어 방향 표면을 완전히 투명하게 만들면서 가장자리에 보이는 경계 영역을 불투명하게 남기는 것으로 구조 내부를 쉽게 볼 수 있게 하는 특수한 셰이더를 사용한다. 표면 셰이더는 시야 방향의 변화에 즉시 적응해 사용자가 내부의 세부 사항에서 가려지지 않은 뷰를 유지하면서 분자 복합체를 자유롭게 회전할 수 있게 한다. 이 기술은 빛 수확 콤플렉스와 광합성 반응 센터에 적용하는 그림 27-3과 용매 상자와 용매/단백질 인터페이스에 적용한 그림 27-4에서 효과적으로 설명했다. 셰이더 구현에 대한 세부 사항은 리스트 27-3을 참고하자.

▲ **그림 27-3.** 살아있는 세포의 화학 연료인 ATP를 생성하고자 광합성을 사용하는 크로마토그래피 광 수확 소포에서 세포 내 패킹의 시각화. 전경 크로마토그래피 소포는 각각의 개별 광합성 복합체와 반응 센터 내의 엽록소 안료 고리의 선택된 내부 원자 구조를 나타내고자 투명한 분자 표면으로 표시됐다. 불투명 크로마토그래피의 배경 사례는 보라색 박테리아의 세포질 내에서 크로마토그래피 소포의 밀집된 패킹을 보여준다.

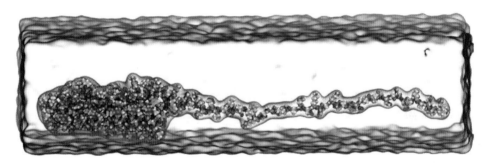

▲ **그림 27-4.** 가장자리 강화 투명 표면 셰이딩 기술을 사용해 렌더링된 용매(물과 이온) 표면을 사용해 펼쳐진 안키린 단백질의 분자 역학 시각화

리스트 27-3. 이 예제 코드 조각은 뷰어를 향하는 표면을 완벽히 투명하게 보이게 하면서 가장자리에서 보이는 표면은 좀 더 잘 보이고 불투명하게 한다. 이 종류의 렌더링은 밀집된 생체 분자 복합체와 같이 복잡한 장면의 내부를 쉽게 볼 수 있게 하는 데 매우 유용하다.

```
1  RT_PROGRAM void closest_hit_shader( ... ) {
2      // 가장 가까운 충돌 셰이더 머티리얼은 여기서 건너뛴다.
3
4      // 전형적인 전송 광선 발사 코드에 대한
```

```
5        // 예시적인 단순화된 플레이스홀더
6    if (alpha < 0.999f) {
7        // Tachyon / Raster3D의 각도 의존 표면 불투명도 모방
8        if (transmode) {
9            alpha = 1.0f + cosf(3.1415926f * (1.0f-alpha) *
10               dot(N, ray.direction));
11           alpha = alpha*alpha * 0.25f;
12       }
13       result *= alpha; // 새로운 투명도에 따라 라이팅의 스케일 축소
14
15       // 새로운 투과 광선을 준비하기 위한 상용구 코드를 건너뛴다.
16       rtTrace(root_object, trans_ray, new_prd);
17   }
18   result += (1.0f - alpha) * new_prd.result;
19
20   // 일반적인 가장 가까운 충돌 셰이더 내용으로 이어간다.
21
22   prd.result = result; // 결과 색상을 트리로 다시 전달한다.
23 }
```

27.3.3 투명한 표면 벗겨내기

과학적 시각화 내의 많은 영역은 부분적으로 투명한 상당한 양의 지오메트리를 포함하는 장면을 생성하며, 전자 밀도 맵, 의료 이미지, 저온 전자 현미경의 단층 촬영, 전산 유체 역학 시뮬레이션의 유동장 같은 다양한 종류의 볼루메트릭 데이터 내에 표면을 종종 표시한다. 복잡하거나 노이즈 있는 볼륨 데이터가 포함된 씬을 렌더링할 때 투명한 등가 곡면과 포함되는 지오메트리는 시각적으로 해석하기 더 어려워질 수 있으며, 투명한 표면의 첫 번째 혹은 처음 소수의 레이어를 제외한 모든 부분을 '벗기는' 의도적으로 비사실적인 렌더링을 만드는 것이 종종 도움이 된다. 따라서 특별한 관심이 있는 특징 뒤에 산만한 배경을 만들지 않는다. 그림 27-5를 참고하자. 표준적인 가장 가까운 충돌 프로그램에 약간의 수정을 가해 설명한 대로 투명한 표면을 벗길 수 있다. 추가적인 광선당 데이터 항목으로 투명한 표면 교차를 위한 추가 카운터를 저장하자. 주요 광선이 생성될 때 교차 카운터는

최초에 보이는 투명한 표면의 최대 개수로 설정된다. 광선이 씬을 따라 추적됨에 따라 광선당 투명한 표면 교차 카운터는 0에 도달할 때까지 각 투명 표면에서 감소한다. 0에 도달하면 모든 투명 표면과의 후속 교차가 무시된다. 즉, 셰이딩되지 않고 최종 색상에 영향을 주지 않으며 교차가 발생하지 않은 것처럼 계속 투과 광선이 생성된다. 구현 예제는 리스트 27-4를 참고하자.

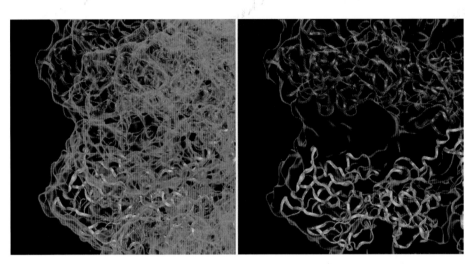

▲ **그림 27-5.** X선 결정학과 전산 모델링을 통해 획득하고 분자 역학의 유연한 피팅을 사용하는 저온 전자 현미경의 저해상도 전자 밀도 맵에 적합한 토끼 출혈성 질환 바이러스의 원자 세부 구조의 근접 촬영 시각화. 기존의 레이 트레이싱된 투명도(왼쪽)와 맞춤 내부 원자 구조의 세부 사항을 모호하게 하는 투명도 벗김 방식(오른쪽)의 결과

리스트 27-4. 이 가장 가까운 충돌 셰이더 코드 조각은 입사 광선이 사용자가 정의한 최대 개수의 투명 표면을 통과할 때 투명한 표면의 셰이딩을 건너뛰면서 대신 투과 광선을 발사하고 아무 광선/표면 교차가 없는 것처럼 계속 진행한다.

```
1  struct PerRayData_radiance {
2      float3 result;      // 최종 셰이딩된 표면 색상
3      int transcnt;       // 투과 광선 표면 횟수/깊이
4      int depth;          // 현재 광선 재귀 깊이
5      // ...
6  }
7
8  rtDeclareVariable(PerRayData_radiance, prd, rtPayload, );
9
```

```
10  RT_PROGRAM void closest_hit_shader( ... ) {
11      // 가장 가까운 충돌 셰이더 머티리얼은 여기서 생략한다.
12
13      // 최대 transcnt에 도달하면
14      // 투명 표면을 셰이딩하지 않는다.
15      if ((opacity < 1.0) && (transcnt < 1)) {
16          // 투과 광선을 생성한다.
17          // 셰이딩은 아무 교차가 없는 것처럼 동작한다.
18          PerRayData_radiance new_prd;
19          new_prd.depth = prd.depth; // 재귀 깊이를 늘리지 않아야 한다.
20          new_prd.transcnt = prd.transcnt - 1;
21          // 새 광선의 여러 가지 다른 속성을 설정/업데이트한다.
22
23          // 새로운 투과 광선을 발사하고
24          // 이 투명 표면과 교차가 없었다면 색상을 반환한다.
25          Ray trans_ray = make_Ray(hit_point, ray.direction,
26                                   radiance_ray_type, scene_epsilon,
27                                   RT_DEFAULT_MAX);
28          rtTrace(root_object, trans_ray, new_prd);
29      }
30
31      // 교차가 있다면
32      // 이 투명 표면 충돌 지점을 정상적으로 셰이딩한다.
33
34      // 일반적인 가장 가까운 충돌 셰이더 내용을 계속한다.
35      prd.result = result; // 결과 색상을 트리로 다시 전달한다.
36  }
```

27.3.4 가장자리 외곽선

불투명한 지오메트리의 가장자리 외곽선을 추가하면 근처 물체나 같은 색상의 표면 사이 깊이와 공간적 관계를 훨씬 더 명확하고 해석하기 쉽게 만들어 준다. 가장자리 외곽선 작업은 돌출부, 구멍, 포켓과 같은 표면 구조의 두드러진 디테일의 가시성을 좀 더 향상시키고자 사용할 수 있으며, 세부 렌더링을 위해 조명 효과와 함께 혹은 피사계 심도나 깊이 큐에 의해 흐려지거나 희미해질 때 가시성을 유지하고자 좀 더 강력하게 사용할 수 있다. 그림 27-6은 피사계 심도 초점 흐림과 깊이

큐의 조합으로 전경과 배경 상황에 맞는 구조에 적용되는 가장자리 외곽선 작업의 두 가지 예를 보여준다.

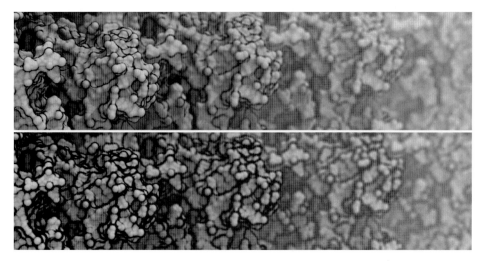

▲ **그림 27-6.** 중요한 구조적 특징의 가시성을 높이고자 사용된 피사계 심도와 깊이 큐(안개)를 가진 가장자리 외곽선이 적용된 분자 표면의 시각화. 상단: 가장자리 외곽선은 상대적으로 조금만 적용됐으며 초점이 맞는 전경 분자 표면에서 쉽게 볼 수 있다. 하단: 가장자리 외곽선 너비가 크게 증가했다. 넓은 가장자리 외곽선이 초점 내의 전경 구조에 적용될 때 과도할 수 있더라도 흐려지고 희미해진 가장 먼 구조에서도 분자 구조의 두드러진 특징을 볼 수 있게 한다.

기존 래스터화 파이프라인에는 다양한 외곽선 작업 기술이 있지만 일반적으로 깊이 버퍼에 자주 접근해야 하는 다중 패스 렌더링 접근 방식으로 구현되는데, 이는 대부분의 레이 트레이싱 엔진의 내부 작업과는 적합하지 않다. 수년 동안 VMD와 타키온은 깊이 버퍼 접근, 지연된 셰이딩, 기타 추가적인 렌더링 패스가 필요하지 않으므로 레이 트레이싱 엔진 내에서 구현하기 쉬운 간편한 외곽선 셰이더를 구현했다. 구현 예제는 리스트 27-5를 참고하자.

리스트 27-5. 이 예제 코드 조각은 밀접하게 묶여 있거나 시각적으로 구분되지 않을 수도 있는 객체를 강조하는 데 도움을 주고자 지오메트리의 가장자리에 어두운 윤곽선을 추가한다.

```
1  struct PerRayData_radiance {
2      float3 result;     // 최종 셰이딩된 표면 색상
3      // ...
4  }
```

```
 5
 6   rtDeclareVariable(PerRayData_radiance, prd, rtPayload, );
 7
 8   // 외곽선 작업이 활성화된 셰이더의 인스턴스화 예제
 9   RT_PROGRAM void closest_hit_shader_outline( ... ) {
10       // 가장 가까운 충돌 셰이더 머티리얼은 여기서 건너뛴다.
11
12       // 해당하는 경우 가장자리 셰이딩을 추가한다.
13       if (outline > 0.0f) {
14           float edgefactor = dot(N, ray.direction);
15           edgefactor *= edgefactor;
16           edgefactor = 1.0f - edgefactor;
17           edgefactor = 1.0f - powf(edgefactor, (1.0f-outlinewidth) * 32.0f);
18           result *= _ _saturatef((1.0f-outline) + (edgefactor * outline));
19       }
20
21       // 일반적인 가장 가까운 충돌 셰이더의 내용을 계속한다.
22
23       prd.result = result; // 결과 색상을 트리로 다시 전달한다.
24   }
```

27.3.5 평면과 구체 클리핑

고급 레이 트레이싱 엔진의 사용자가 오랫동안 누린 가장 강력한 렌더링 기능 중 하나는 CSG(건설적인 견고한 지오메트리)로 임의의 수의 기본 기하학적 프리미티브 간의 결합, 교차, 차이로 복잡한 지오메트리를 모델링한다. CSG는 복잡한 모양을 모델링하기 위한 강력한 도구일 수 있지만 과학적인 시각화에서는 사용자가 CSG 차이만으로 수행할 수 있는 시각적 모호함을 없애기 위한 사용하기 쉬운 도구를 자주 필요로 한다. 큰 씬을 인터랙티브하게 시각화할 때 사용할 수 있는 프레임 속도 예산 내에서 씬의 기본 모델이나 데이터를 크게 변경하는 것은 비현실적이다. 그러나 모델을 변경하지 않고 로우레벨 렌더링 프로세스만 조작하는 접근 방식은 이러한 제약 조건에서 여전히 가능하다. 완전히 일반적인 CSG 구현에는 다소 광범위한 부기^{bookkeeping}가 필요하지만 클리핑 지오메트리는 훨씬 간단하게 달성할 수 있는 특별한 경우다. 레이 트레이싱 엔진은 교차점을 계산하고 정렬해 작

업을 수행하므로 교차 관리 로직 내에서 사용자 정의 클리핑 평면 구체, 다른 클리핑 지오메트리를 구현하기 쉽다. 클리핑 지오메트리가 씬의 모든 부분에 전체적으로 적용되는 경우 특히 그렇다. 이 경우 중요한 부기 오버헤드가 발생하기 때문이다. 글로벌 클리핑 지오메트리는 클리핑 지오메트리 교차 거리를 계산하고 나머지 씬 지오메트리를 렌더링할 때 사용할 수 있도록 광선당 데이터에 저장해 레이 트레이싱 엔진에 일반적으로 추가할 수 있다. 구현 예제는 리스트 27-6을 참고하자.

리스트 27-6. 이 타키온에서의 발췌 부분은 클리핑 평면 정보를 광선당 데이터에 저장하고 테스트할 클리핑 평면 각각에 대한 간단한 거리 비교를 추가함으로써 기본 사용자 정의 클리핑 평면 기능을 구현할 수 있는 단순성(활성화된 경우 모든 객체를 전체적으로 클리핑함)을 보여준다.

```
 1   /* 가장 가까운 교차만 유지하고 클리핑이나 CSG는 유지하지 않는다. */
 2   void add_regular_intersection(flt t, const object * obj, ray * ry) {
 3       if (t > EPSILON) {
 4           /* maxdist 전에 뭔가와 부딪히면 maxdist를 업데이트한다. */
 5           if (t < ry->maxdist) {
 6               ry->maxdist = t;
 7               ry->intstruct.num=1;
 8               ry->intstruct.closest.obj = obj;
 9               ry->intstruct.closest.t = t;
10           }
11       }
12   }
13
14   /* 가장 가까운 교차를 유지하고 클리핑온 디루되 CSG는 다루지 않는다. */
15   void add_clipped_intersection(flt t, const object * obj, ray * ry) {
16       if (t > EPSILON) {
17           /* maxdist 전에 뭔가와 부딪히면 maxdist를 업데이트한다. */
18           if (t < ry->maxdist) {
19
20               /* 클립된 오브젝트 테스트 처리 */
21               if (obj->clip != NULL) {
22                   vector hit;
23                   int i;
24
25                   RAYPNT(hit, (*ry), t); /* 차후 테스트를 위한 충돌 지점 찾기 */
```

```
26          for (i =0; i<obj->clip->numplanes; i++) {
27              if ((obj->clip->planes[i * 4    ] * hit.x +
28                    obj->clip->planes[i * 4 + 1] * hit.y +
29                    obj->clip->planes[i * 4 + 2] * hit.z) >
30                    obj->clip->planes[i * 4 + 3]) {
31                  return; /* 충돌 지점이 클리핑됐다. */
32              }
33          }
34      }
35
36      ry->maxdist = t;
37      ry->intstruct.num=1;
38      ry->intstruct.closest.obj = obj;
39      ry->intstruct.closest.t = t;
40    }
41  }
42 }
43
44 /* 셰도우 광선에만 해당, 다른 것은 안전하지 않음 */
45 void add_shadow_intersection(flt t, const object * obj, ray * ry) {
46   if (t > EPSILON) {
47     /* maxdist 전에 뭔가와 부딪히면 maxdist를 업데이트한다. */
48     if (t < ry->maxdist) {
49       /* 이 물체가 셰도우를 생성하지 않고 */
50       /* 5 이하로 투명 표면의 수를 제한하지 않는다면 */
51       /* 불투명도 값으로 빛을 변조한다. */
52       if (!(obj->tex->flags & RT_TEXTURE_SHADOWCAST)) {
53         if (ry->scene->shadowfilter)
54           ry->intstruct.shadowfilter *= (1.0 - obj->tex->opacity);
55         return;
56       }
57
58       ry->maxdist = t;
59       ry->intstruct.num=1;
60
61       /* maxdist 전에 뭔가와 충돌하고 셰도우 광선을 발사한다면 */
62       /* 셰도우를 레이 트레이싱하는 것을 완료한다. */
63       ry->flags |= RT_RAY_FINISHED;
64     }
```

```
65          }
66  }
67
68  /* 클리핑된 셰도우 광선에서만 의미 있고 나머지 경우에는 안전하지 않다. */
69  void add_clipped_shadow_intersection(flt t, const object * obj,
70              ray * ry) {
71      if (t > EPSILON) {
72          /* maxdist 전에 충돌하면 maxdist를 업데이트한다. */
73          if (t < ry->maxdist) {
74              /* 물체가 셰도우를 비추지 않고 */
75              /* 5회 미만으로 투명 표면의 숫자를 제한하지 않는다면 */
76              /* 불투명도 값으로 빛을 변조한다. */
77              if (!(obj->tex->flags & RT_TEXTURE_SHADOWCAST)) {
78                  if (ry->scene->shadowfilter)
79                      ry->intstruct.shadowfilter *= (1.0 - obj->tex->opacity);
80                  return;
81              }
82
83              /* 클리핑된 객체 테스트 조정 */
84              if (obj->clip != NULL) {
85                  vector hit;
86                  int i;
87
88                  RAYPNT(hit, (*ry), t); /* 차후 테스트를 위한 충돌 지점 찾기 */
89                  for (i=0; i<obj->clip->numplanes; i++) {
90                      if ((obj->clip->planes[i * 4    ] * hit.x +
91                          obj->clip->planes[i * 4 + 1] * hit.y +
92                          obj->clip->planes[i * 4 + 2] * hit.z) >
93                          obj->clip->planes[i * 4 + 3]) {
94                          return; /* 충돌 지점이 클리핑됐다. */
95                      }
96                  }
97              }
98
99              ry->maxdist = t;
100             ry->intstruct.num=1;
101
102             /* maxdist 전에 뭔가와 충돌하고 셰도우 광선을 발사한다면 */
103             /* 셰도우를 레이 트레이싱하는 것을 완료한다. */
```

```
104             ry->flags |= RT_RAY_FINISHED;
105         }
106     }
107 }
```

27.4 생각 닫기

27장에서는 과학적 시각화용 인터랙티브 레이 트레이싱 기술의 사용과 관련된 많은 장점과 문제점을 설명했다. 레이 트레이싱의 주요 장점은 잘 알려져 있기 때문에 27장에서는 까다로운 시각화 문제를 해결하기 위한 전통적인 레이 트레이싱의 장점과 비현실적인 접근을 결합한 몇 가지 독창적인 기술을 포함했다. 주어진 대부분의 예제 이미지와 동기는 본질적으로 생체 분자지만, 이 접근법은 다른 많은 분야에서도 가치가 있다.

나와 다른 이들의 연구에서 흥미로운 분야는 과학적 시각화용 인터랙티브 경로 추적과 같은 기술 사용의 지속적인 개발이다. 경로 추적은 과학자가 매일 수행할 수도 있는 일상적인 많은 시각화 작업에 넣기에는 너무 비용이 많이 든다. 그러나 최신 하드웨어가 제공하는 레이 트레이싱 성능이 몬테카를로 이미지 노이즈 제거용 최신 기술과 결합되면 인터랙티브 경로 추적은 상호작용성이나 이미지 품질을 손상시키지 않고도 광범위한 시각화 워크로드에 적합하게 된다. 이러한 개발은 개선된 포토리얼리즘이 중요한 과학과 기술 시각화에서 특히 유용하다.

27장과 함께 제공되는 코드 예제는 추가적인 전문화를 위한 모범적인 출발점으로 사용된다. 여기에 설명된 것 이상으로 새로운 기능을 추가하고자 각 기술을 크게 확장할 수 있으며, 단순성, 재사용성, 완전성 사이의 균형을 맞추고자 노력했다.

감사의 글

이 작업은 국립 보건원의 보조금 P41-GM104601에서 부분적으로 지원받았다. 저자는 크로마토그래피 모델의 사용에 대해 멜리 세너[Melih Sener]와 안젤라 바라간[Angela Barragan]에게 감사한다. 저자는 일리노이 대학의 이론 및 전산 생물 물리학 그룹에 있는 현재 및 이전의 많은 동료에게 VMD 분자 시각화 소프트웨어의 설계와 효과적인 시각화의 제작용 고급 렌더링 기술의 사용에 대한 수년간의 협력에 감사를 표하고 싶다.

참고 문헌

[1] Borkiewicz, K., Christensen, A. J., and Stone, J. E. Communicating Science Through Visualization in an Age of Alternative Facts. In ACM SIGGRAPH Courses (2017), pp. 8:1-8:204.

[2] Brownlee, C., Patchett, J., Lo, L.-T., DeMarle, D., Mitchell, C., Ahrens, J., and Hansen, C. D. A Study of Ray Tracing Large-Scale Scientific Data in Two Widely Used Parallel Visualization Applications. In Eurographics Symposium on Parallel Graphics and Visualization (2012), pp. 51-60.

[3] Chaitanya, C. R. A., Kaplanyan, A. S., Schied, C., Salvi, M., Lefohn, A., Nowrouzezahrai, D., and Aila, T. Interactive Reconstruction of Monte Carlo Image Sequences Using a Recurrent Denoising Autoencoder. ACM Transactions on Graphics 36, 4 (July 2017), 98:1-98:12.

[4] Cigolle, Z. H., Donow, S., Evangelakos, D., Mara, M., McGuire, M., and Meyer, Q. A Survey of Efficient Representations for Independent Unit Vectors. Journal of Computer Graphics Techniques 3, 2 (April 2014), 1-30.

[5] Humphrey, W., Dalke, A., and Schulten, K. VMD - Visual Molecular Dynamics. Journal of Molecular Graphics 14, 1 (1996), 33-38.

[6] Kalantari, N. K., Bako, S., and Sen, P. A Machine Learning Approach for Filtering Monte Carlo Noise. ACM Transactions on Graphics 34, 4 (July 2015), 122:1-122:12.

[7] Knoll, A., Wald, I., Navrátil, P. A., Papka, M. E., and Gaither, K. P. Ray Tracing and Volume Rendering Large Molecular Data on Multi-Core and Many-Core

Architectures. In International Workshop on Ultrascale Visualization (2013), pp. 5:1–5:8.

[8]   Lindstrom, P. Fixed-Rate Compressed Floating-Point Arrays. IEEE Transactions on Visualization and Computer Graphics 20, 12 (Dec. 2014), 2674–2683.

[9]   Lindstrom, P., and Isenburg, M. Fast and Efficient Compression of Floating-Point Data. IEEE Transactions on Visualization and Computer Graphics 12, 5 (Sept. 2006), 1245–1250.

[10] Mara, M., McGuire, M., Bitterli, B., and Jarosz, W. An Efficient Denoising Algorithm for Global Illumination. In Proceedings of High-Performance Graphics (2017), pp. 3:1–3:7.

[11] Merritt, E. A., and Murphy, M. E. P. Raster3D Version 2.0 – A Program for Photorealistic Molecular Graphics. Acta Crystallography 50, 6 (1994), 869–873.

[12] Meyer, Q., Süßmuth, J., Sußner, G., Stamminger, M., and Greiner, G. On Floating-Point Normal Vectors. In Eurographics Symposium on Rendering (2010), pp. 1405–1409.

[13] Parker, S. G., Bigler, J., Dietrich, A., Friedrich, H., Hoberock, J., Luebke, D., McAllister, D., McGuire, M., Morley, K., Robison, A., and Stich, M. OptiX: A General Purpose Ray Tracing Engine. ACM Transactions on Graphics 29, 4 (2010), 66:1–66:13.

[14] Roth, S. D. Ray Casting for Modeling Solids. Computer Graphics and Image Processing 18, 2 (1982), 109–144.

[15] Santos, J. D., Sen, P., and Oliveira, M. M. A Framework for Developing and Benchmarking Sampling and Denoising Algorithms for Monte Carlo Rendering. The Visual Computer 34, 6–8 (June 2018), 765–778.

[16] Schied, C., Kaplanyan, A., Wyman, C., Patney, A., Chaitanya, C. R. A., Burgess, J., Liu, S., Dachsbacher, C., Lefohn, A., and Salvi, M. Spatiotemporal Variance- Guided Filtering: Real-Time Reconstruction for Path-Traced Global Illumination. In Proceedings of High-Performance Graphics (2017), pp. 2:1–2:12.

[17] Sener, M., Stone, J. E., Barragan, A., Singharoy, A., Teo, I., Vandivort, K. L., Isralewitz, B., Liu, B., Goh, B. C., Phillips, J. C., Kourkoutis, L. F., Hunter, C. N., and Schulten, K. Visualization of Energy Conversion Processes in a Light Harvesting Organelle at Atomic Detail. In International Conference on High Performance

Computing, Networking, Storage and Analysis (2014).

[18]   Stone, J. E. An Efficient Library for Parallel Ray Tracing and Animation. Master's thesis, Computer Science Department, University of Missouri-Rolla, April 1998.

[19]   Stone, J. E., Isralewitz, B., and Schulten, K. Early Experiences Scaling VMD Molecular Visualization and Analysis Jobs on Blue Waters. In Extreme Scaling Workshop (Aug. 2013), pp. 43-50.

[20]   Stone, J. E., Sener, M., Vandivort, K. L., Barragan, A., Singharoy, A., Teo, I., Ribeiro, J. V., Isralewitz, B., Liu, B., Goh, B. C., Phillips, J. C., MacGregor-Chatwin, C., Johnson, M. P., Kourkoutis, L. F., Hunter, C. N., and Schulten, K. Atomic Detail Visualization of Photosynthetic Membranes with GPU-Accelerated Ray Tracing. Parallel Computing 55 (2016), 17-27.

[21]   Stone, J. E., Sherman, W. R., and Schulten, K. Immersive Molecular Visualization with Omnidirectional Stereoscopic Ray Tracing and Remote Rendering. In IEEE International Parallel and Distributed Processing Symposium Workshop (2016), pp. 1048-1057.

[22]   Stone, J. E., Vandivort, K. L., and Schulten, K. GPU-Accelerated Molecular Visualization on Petascale Supercomputing Platforms. In International Workshop on Ultrascale Visualization (2013), pp. 6:1-6:8.

[23]   Van Wijk, J. J. Ray Tracing Objects Defined by Sweeping a Sphere. Computers & Graphics 9, 3 (1985), 283-290.

[24]   Wald, I., Friedrich, H., Knoll, A., and Hansen, C. Interactive Isosurface Ray Tracing of TimeVarying Tetrahedral Volumes. IEEE Transactions on Visualization and Computer Graphics 13, 6 (11 2007), 1727-1734.

[25]   Wald, I., Johnson, G., Amstutz, J., Brownlee, C., Knoll, A., Jeffers, J., Gunther, J., and Navratil, P. OSPRay - A CPU Ray Tracing Framework for Scientific Visualization. IEEE Transactions on Visualization and Computer Graphics 23, 1 (2017), 931-940.

[26]   Wald, I., Woop, S., Benthin, C., Johnson, G. S., and Ernst, M. Embree: A Kernel Framework for Efficient CPU Ray Tracing. ACM Transactions on Graphics 33, 4 (July 2014), 143:1-143:8.

PART 7

전역 조명

7부

전역 조명

실세계의 라이팅은 현저하게 복잡한데, 크게 보자면 다중으로 산란되는 빛 때문이다. 광원을 떠난 광자, 다른 비방출 표면에서의 반사, 씬에서 간접적으로 물체를 비추기 등 이런 라이팅 효과를 모델링하는 것이 실세계에서 매번 보는 것처럼 렌더링된 이미지의 리얼리즘에 크게 기여하는 전역 조명이라고 알려진 것이다.

거의 20년 전에 프로그래밍 가능한 GPU의 출시가 된 이후로 개발자는 실시간 전역 조명 알고리즘을 개발하고자 노력해 왔다. 대단한 혁신이 있었지만 최근까지 가시성 알고리즘으로 래스터화만을 제공하는 GPU에 의해 방해받아왔다. 전역 조명의 과제는 만들고자 하는 가시성 쿼리가 고도로 일관된 점대점 테스트라는 것이다. 래스터화에는 모두가 적합하지는 않다.

RTX GPU의 도입에 따라 레이 트레이싱은 이제 실시간 그래픽 파이프라인에서 사용할 수 있다. 당연히 이 기능을 갖는 것이 모든 것을 쉽게 만드는 것은 아니다. 여전히 조심스럽게 광선을 선택하고 현명한 알고리즘을 사용하고 노이즈 제거를 고려해야 한다. 7부는 전역 조명용 레이 트레이싱의 최신 작업을 설명하는 다섯 개의 장이 포함돼 있으며, 모두 GPU 렌더링에 적합하다.

28장, 불균일한 볼륨의 레이 트레이싱에서는 레이 트레이싱을 사용한 렌더링 볼루메트릭 산란 렌더링을 설명한다. 구름, 연기, 폭발의 렌더링용 핵심 테크닉을 표면 레이 트레이싱에 깨끗하게 통합하는 방법과 함께 설명한다. 설명하는 알고리즘의 전체 구현이 포함된다.

29장 레이 트레이서에서의 효율적인 입자 볼륨 스플래팅에서는 엄격하게 말해 전역 조명과 관련되진 않지만 래스터화 대신 레이 트레이싱을 사용해 수억 개의 입자를 효율적으로 렌더링하는 방법을 이야기한다. 이 테크닉은 작은 많은 입자에서 모든 종류의 다른 복잡한 산란 효과를 레이 트레이싱하는 데 적용할 수도 있다.

30장, 화면 공간 광자 매핑을 사용한 화면에서는 빛의 반사나 곡면에서의 굴절에서 나타나는 결과인 아름다운 빛 패턴인 코스틱에 완전히 초점을 맞췄다. 방출기에서 빛 입자를 추적하고 코스틱을 그곳에서 평가하고자 셰이드되는 지점에서 지역 밀도를 사용하는 것에 기반을 둔 기술인 광자 매핑을 사용해 렌더링하는 방법을 설명한다.

현대의 빛 전송 알고리즘을 통해 수학적 혁신은 코드 최적화 및 성능만큼이나 중요할 수도 있다. **31장, 경로 재사용이 있는 상태에서 풋프린트 추정을 통한 편차 감소**에서는 양방향 경로 탐색과 광자 매핑을 결합한 하이브리드 빛 전송 알고리즘을 사용할 때 빛 전송 경로에서 가중치의 작업을 고려하고 이런 문제를 위한 새로운 접근법을 소개한다.

32장, 라디언스 캐싱을 통한 정확한 실시간 스페큘러 반사에서는 스페큘러 표면과 큐브맵 라디언스 프로브에서 레이 트레이싱을 결합하는 스페큘러 반사를 정확하게 렌더링하는 테크닉을 소개한다.

이 모든 것이 명백하게 밝혀지는 7부를 즐기길 바란다. 7부에서 제시하는 많은 흥미로운 아이디어는 미래에 접할 렌더링 도전에서 분명히 유용할 것이다.

매트 파르^{Matt Pharr}

28장

불균일한 볼륨의 레이 트레이싱

엔비디아의 마티아스 라브(Matthias Raab)

개요

산란 및 흡수 매체와 빛의 상호작용을 시뮬레이팅하려면 부피 투과율에 비례하는 거리의 중요도 샘플이 필요하다. 중성자 수송 시뮬레이션에서 비롯된 간단한 방법을 사용하면 임의의 매체가 있는 광자 같은 입자 충돌 이벤트의 중요도 샘플을 사용할 수 있다.

28.1 볼륨에서의 빛 수송

광선을 따라 빛이 볼륨을 통과할 때 빛의 일부는 매체의 빛 상호작용 특성에 따라 산란되거나 흡수될 수 있다. 이는 매체의 산란 계수 σ와 흡수 계수 α로 모델링된다. 일반적으로 둘 다 위치에 따라 달라지는 기능이다. 둘을 더해 산란과 흡수로 인한 총 손실을 특징으로 하는 소멸 계수 $\kappa = \sigma + \alpha$를 얻는다.

거리 s에서 산란되거나 흡수되지 않는 빛의 비율을 볼륨 투과율 T라고 하며 비어-램버트 법칙으로 설명된다. 방향 $\mathbf{d}$의 위치 $\mathbf{o}$에서 시작하는 광선을 따르는 경우 투과율은 다음과 같다.

$$T\big(\mathbf{o}, \mathbf{o} + s\mathbf{d}\big) = \exp\left(-\int_0^s \kappa\big(\mathbf{o} + t\mathbf{d}\big)\,dt\right) \tag{1}$$

이 용어는 빛 전송을 제어하는 적분 방정식에서 두드러지게 나타난다. 예를 들어 거리 s에 대한 광선을 따라 산란된 광도는 (산란 계수 σ_s 및 위상 함수 f_p에 따라) 투과율 가중 산란 광도를 적분해 제공된다.

$$L(\mathbf{o}, -\mathbf{d}) = \int_0^s T(\mathbf{o}, \mathbf{o} + t\mathbf{d}) \left(\sigma_s(\mathbf{o}, \mathbf{o} + t\mathbf{d}) \int_\Omega f_p(\mathbf{o} + t\mathbf{d}, -\mathbf{d}, \omega) d\omega \right) dt \qquad (2)$$

몬테카를로 경로 추적기는 일반적으로 T에 비례한 거리를 중요도 샘플링하려고 한다. 물리적 해석은 광자에 대한 상호작용이 발생하는 거리를 확률적으로 시뮬레이션한다는 것이다. 경로 추적기는 이벤트가 흡수인지 산란인지를 무작위로 선택할 수 있으며, 산란인 경우 위상 함수에 따라 샘플링된 방향으로 광자를 계속 추적한다. T에 비례하는 확률 밀도는 다음과 같다.

$$p(t) = \kappa(\mathbf{o} + t\mathbf{d}) T(\mathbf{o}, \mathbf{o} + t\mathbf{d}) = \kappa(\mathbf{o} + t\mathbf{d}) \exp\left(-\int_0^t \kappa(\mathbf{o} + t'\mathbf{d}) dt' \right) \qquad (3)$$

매질이 균일한 경우(즉 κ가 상수) 지수 분포 $\kappa e^{-\kappa t}$로 단순화되고 거리를 구하고자 반전 방법이 균일하게 분포된 ξ에 대한 원하는 분포로 적용될 수 있다.

$$t = -\ln(1 - \xi)/\kappa \qquad (4)$$

그러나 불균일한 매체의 경우는 작동하지 않을 것이다. 일반적으로 식 (3)의 적분 κ를 분석적으로 풀 수 없거나 풀 수 있더라도 역수를 구할 수 없기 때문이다.

28.2 우드콕 추적

(광자와 함께 동일한 종류의 방정식을 다루는) 중성자의 궤적을 추적하는 맥락에서 불균일한 매체의 거리를 중요도 샘플링하는 기술은 1960년대에 널리 사용됐다. 우드콕Woodcock 등[5]의 간행물을 참조해 종종 우드콕 추적Woodcock tracking이라고 부른다. 아이디어는 매우 간단하며 균일한 볼륨을 쉽게 처리할 수 있다는 사실을 기반으로 한다. 인공적인 균질한 설정을 얻고자 실제 소멸과 가상 소멸의 합이 어디에서나 최대 κ_{max}와 같게 가상 소멸 계수가 추가된다. 인공 볼륨은 흩어져 흡수되는 실

제 입자와 아무것도 하지 않는 가상 입자의 혼합으로 해석할 수 있다. 그림 28-1을 참고하자.

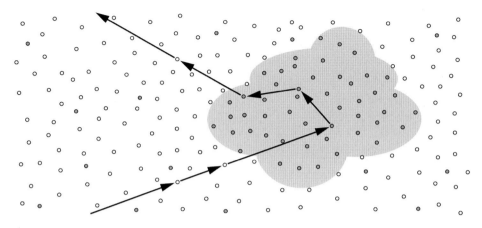

▲ **그림 28-1.** 구름 영역의 밀도가 높고 주변의 밀도가 낮은 비균일 매체를 통한 경로 그림. 실제 '입자'는 회색으로, 가상 입자는 흰색으로 표시된다. 가상 입자와의 충돌은 궤도에 영향을 주지 않는다.

상수 흡광 계수 κ_{max}를 사용해 식 (4)로 거리를 샘플링할 수 있으며 입자는 그 위치로 진행한다. 충돌은 실제 충돌이거나 가상 충돌일 수 있으며, 이는 해당 위치에서 실제 소멸과 가상 소멸의 비율에 따라 무작위로 결정될 수 있다(실제 충돌의 확률은 $\kappa(x)/\kappa_{max}$다). 가상 충돌의 경우 입자는 조기에 중지됐으며 경로를 계속 따라야 한다. 지수 분포는 메모리가 없기 때문에 실제 충돌이 발생할 때까지 이전 단계를 반복해 새로운 위치에서 광선을 따라갈 수 있다. 식 (3)의 확률 밀도 함수를 중요도 샘플링하는 기술의 증거를 포함해 정확한 수학은 콜만[1]이 설명했다.

우드콕의 원래 동기는 임의의 불균일한 매체를 처리하는 것이 아니라 균일한 머티리얼을 단순화하고 좀 더 효율적으로 처리하는 것이다. 전체 리액터를 단일 매체로 처리하면 복잡한 리액터 지오메트리로 모든 레이 트레이싱 작업을 피할 수 있다.

우드콕 추적은 κ_{max}가 알려진 모든 종류의 매체에서 작동하는 우아한 알고리즘이며 몇 줄의 코드로 구현할 수 있다.

```
1  float sample_distance(Ray ray)
2  {
3      float t = 0.0f;
4      do {
5          t -= logf(1.0f - rand()) / max_extinction;
6      } while (get_extinction(ray.o + ray.d*t) < rand()*max_extinction);
7
8      return t;
9  }
```

광선이 주변 진공으로 진행되면 루프를 종료하는 기능이 필요할 수도 있다. 이 경우 매체와의 추가 상호작용이 발생하지 않으며 FLT_MAX가 반환될 수도 있다. 절차가 편파적이지 않으므로 프로그레시브 몬테카를로 렌더링에 적합하다.

28.3 예제: 간단한 볼륨 경로 추적기

우드콕 추적의 적용을 설명하고자 CUDA에서 간단한 몬테카를로 볼륨 경로 추적기의 구현을 제시한다. 매체에서 나올 때까지 카메라에서 볼륨을 따라 경로를 추적한다. 그런 다음 환경 텍스처나 간단한 절차적 그라디언트로 구성할 수 있는 무한의 환경 돔에서 기부^{contribution}를 수집한다. 매체의 경우 산란 계수는 상수 알베도 ρ, 즉 $\sigma(x) = \rho \cdot \kappa(x)$ 에 의해 소멸 계수와 비례하도록 암시적으로 정의한다. 카메라, 볼륨 절차, 환경 라이트를 정의하는 모든 파라미터가 렌더링 커널로 전달된다.

```
1   struct Kernel_params {
2       // 출력
3       uint2 resolution;
4       float exposure_scale;
5       unsigned int *display_buffer;
6
7       // 프로그레시브 렌더링 상태
8       unsigned int iteration;
9       float3 *accum_buffer;
10      // 경로 길이의 제한
```

```
11      unsigned int max_interactions;
12      // 카메라
13      float3 cam_pos;
14      float3 cam_dir;
15      float3 cam_right;
16      float3 cam_up;
17      float cam_focal;
18
19      // 환경
20      unsigned int environment_type;
21      cudaTextureObject_t env_tex;
22
23      // 볼륨 정의
24      unsigned int volume_type;
25      float max_extinction;
26      float albedo; // sigma / kappa
27  };
```

경로당 많은 난수가 필요하고 병렬 컴퓨팅에서 안전해야 하므로 CUDA의 curand
를 사용한다.

```
1  #include <curand_kernel.h>
2  typedef curandStatePhilox4_32_10_t Rand_state;
3  #define rand(state) curand_uniform(state)
```

볼륨 데이터는 원점을 중심으로 한 단위 큐브로 제한되게 정의한다. 매체의 진입
점을 결정하고자 교차점 루틴이 필요하고, 광선이 매체를 떠날 때를 결정하려면
포함에 대한 테스트가 필요하다.

```
1  _ _device_ _ inline bool intersect_volume_box(
2  float &tmin, const float3 &raypos, const float3 & raydir)
3  {
4      const float x0 = (-0.5f - raypos.x) / raydir.x;
5      const float y0 = (-0.5f - raypos.y) / raydir.y;
6      const float z0 = (-0.5f - raypos.z) / raydir.z;
```

```
 7      const float x1 = ( 0.5f - raypos.x) / raydir.x;

 8      const float y1 = ( 0.5f - raypos.y) / raydir.y;

 9      const float z1 = ( 0.5f - raypos.z) / raydir.z;

10

11      tmin = fmaxf(fmaxf(fmaxf(

12          fminf(z0,z1), fminf(y0,y1)), fminf(x0,x1)), 0.0f);

13      const float tmax = fminf(fminf(

14          fmaxf(z0,z1), fmaxf(y0,y1)), fmaxf(x0,x1));

15      return (tmin < tmax);

16  }

17

18  _ _device_ _ inline bool in_volume(

19      const float3 &pos)

20  {

21      return fmaxf(fabsf(pos.x), fmaxf(fabsf(pos.y), fabsf(pos.z))) < 0.5f;

22  }
```

볼륨의 실제 밀도는 0과 κ_{max} 사이의 소멸 계수를 조정하는 인공 절차가 구동한다. 예를 들면 부분 상수 멩거 스폰지$^{Menger\ sponge}$와 나선을 따르는 부드러운 떨어짐의 두 가지 절차를 구현했다.

```
 1  _ _device_ _ inline float get_extinction(

 2      const Kernel_params &kernel_params,

 3      const float3 &p)

 4  {

 5      if (kernel_params.volume_type == 0) {

 6          float3 pos = p + make_float3(0.5f, 0.5f, 0.5f);

 7          const unsigned int steps = 3;

 8          for (unsigned int i = 0; i < steps; ++i) {

 9              pos *= 3.0f;

10              const int s =

11                  ((int)pos.x & 1) + ((int)pos.y & 1) + ((int)pos.z & 1);

12              if (s >= 2)

13                  return 0.0f;

14          }

15          return kernel_params.max_extinction;

16      } else {
```

```
17        const float r = 0.5f * (0.5f - fabsf(p.y));
18        const float a = (float)(M_PI * 8.0) * p.y;
19        const float dx = (cosf(a) * r - p.x) * 2.0f;
20        const float dy = (sinf(a) * r - p.z) * 2.0f;
21        return powf(fmaxf((1.0f - dx * dx - dy * dy), 0.0f), 8.0f) *
22            kernel_params.max_extinction;
23    }
24 }
```

볼륨 내에서는 매체를 떠난 경우 조기에 중지할 수 있는 다음 상호작용 지점을 샘플링하고자 우드콕 추적을 사용했다.

```
1  _ _device_ _ inline bool sample_interaction(
2      Rand_state &rand_state,
3      float3 &ray_pos,
4      const float3 &ray_dir,
5      const Kernel_params &kernel_params)
6  {
7      float t = 0.0f;
8      float3 pos;
9      do {
10         t -= logf(1.0f - rand(&rand_state)) /
11             kernel_params.max_extinction;
12
13         pos = ray_pos + ray_dir * t;
14         if (!in_volume(pos))
15             return false;
16
17     } while (get_extinction(kernel_params, pos) < rand(&rand_state) *
18             kernel_params.max_extinction);
19
20     ray_pos = pos;
21     return true;
22 }
```

이제 모든 유틸리티가 준비됐으니 볼륨을 통한 경로를 추적할 수 있다. 볼륨 큐브와 경로를 교차시킨 다음 매체로 진행하는 것부터 시작한다. 내부로 들어가면 다음 상호작용을 결정할 때 우드콕 추적을 적용한다. 각 상호작용 지점에서 알베도로 가중치를 부여하고 0.2보다 작은 가중치를 가진 경로를 확률적으로 종료하고자(그리고 최대 길이를 초과하는 경로를 무조건 종료하고자) 러시안 룰렛을 적용한다. 종료가 발생하지 않으면(등방성) 위상 함수를 샘플링해 계속 진행한다. 매체를 떠나게 되면 환경 조명 기여를 찾고 경로를 끝낼 수 있다.

```
1   __device__ inline float3 trace_volume(
2       Rand_state &rand_state,
3       float3 &ray_pos,
4       float3 &ray_dir,
5       const Kernel_params &kernel_params)
6   {
7       float t0;
8       float w = 1.0f;
9       if (intersect_volume_box(t0, ray_pos, ray_dir)) {
10
11          ray_pos += ray_dir * t0;
12
13          unsigned int num_interactions = 0;
14          while (sample_interaction(rand_state, ray_pos, ray_dir,
15              kernel_params))
16          {
17              // 경로 길이가 초과됐는가?
18              if (num_interactions++ >= kernel_params.max_interactions)
19                  return make_float3(0.0f, 0.0f, 0.0f);
20
21              w *= kernel_params.albedo;
22              // 러시안 룰렛 흡수
23              if (w < 0.2f) {
24                  if (rand(&rand_state) > w * 5.0f) {
25                      return make_float3(0.0f, 0.0f, 0.0f);
26                  }
27                  w = 0.2f;
28              }
29
30              // 등방성 위상 함수 샘플링
31              const float phi = (float)(2.0 * M_PI) * rand(&rand_state);
```

```
32              const float cos_theta = 1.0f - 2.0f * rand(&rand_state);
33              const float sin_theta = sqrtf(1.0f - cos_theta * cos_theta);
34              ray_dir = make_float3(
35                  cosf(phi) * sin_theta,
36                  sinf(phi) * sin_theta,
37                  cos_theta);
38          }
39      }
40
41      // 환경 찾기
42      if (kernel_params.environment_type == 0) {
43          const float f = (0.5f + 0.5f * ray_dir.y) * w;
44          return make_float3(f, f, f);
45      } else {
46          const float4 texval = tex2D<float4>(
47              kernel_params.env_tex,
48              atan2f(ray_dir.z, ray_dir.x) * (float)(0.5 / M_PI) + 0.5f,
49              acosf(fmaxf(fminf(ray_dir.y, 1.0f), -1.0f)) *
50                  (float)(1.0 / M_PI));
51          return make_float3(texval.x * w, texval.y * w, texval.z * w);
52      }
53  }
```

마지막으로 각 픽셀마다 카메라에서 경로를 시작하는 로직을 추가한다. 결과는 점진적으로 누적되고 각 반복 후의 출력을 위해 톤 매핑된 버퍼로 전송된다.

```
1 extern "C" _ _global_ _ void volume_rt_kernel(
2      const Kernel_params kernel_params)
3 {
4      const unsigned int x = blockIdx.x * blockDim.x + threadIdx.x;
5      const unsigned int y = blockIdx.y * blockDim.y + threadIdx.y;
6      if (x >= kernel_params.resolution.x ||
7              y >= kernel_params.resolution.y)
8          return;
9
10     // 의사 난수 생성기(PRNG) 초기화;
11     // 4096개 이상의 난수는 필요 없다고 가정한다.
```

```
12    const unsigned int idx = y * kernel_params.resolution.x + x;
13    Rand_state rand_state;
14    curand_init(idx, 0, kernel_params.iteration * 4096, &rand_state);
15
16    // 핀홀 카메라에서 추적한다.
17    const float inv_res_x = 1.0f / (float)kernel_params.resolution.x;
18    const float inv_res_y = 1.0f / (float)kernel_params.resolution.y;
19    const float pr = (2.0f * ((float)x + rand(&rand_state)) * inv_res_x
20        - 1.0f);
21    const float pu = (2.0f * ((float)y + rand(&rand_state)) * inv_res_y
22        - 1.0f);
23    const float aspect = (float)kernel_params.resolution.y * inv_res_x;
24    float3 ray_pos = kernel_params.cam_pos;
25    float3 ray_dir = normalize(
26        kernel_params.cam_dir * kernel_params.cam_focal +
27        kernel_params.cam_right * pr +
28        kernel_params.cam_up * aspect * pu);
29    const float3 value = trace_volume(rand_state, ray_pos, ray_dir,
30        kernel_params);
31
32    // 축적
33    if (kernel_params.iteration == 0)
34        kernel_params.accum_buffer[idx] = value;
35    else
36        kernel_params.accum_buffer[idx] =
37            kernel_params.accum_buffer[idx] +
38            (value - kernel_params.accum_buffer[idx]) /
39            (float)(kernel_params.iteration + 1);
40
41    // 디스플레이 버퍼 업데이트(간단한 라인하르트 톤 매퍼 + 감마)
42    float3 val = kernel_params.accum_buffer[idx] *
43        kernel_params.exposure_scale;
44    val.x *= (1.0f + val.x * 0.1f) / (1.0f + val.x);
45    val.y *= (1.0f + val.y * 0.1f) / (1.0f + val.y);
46    val.z *= (1.0f + val.z * 0.1f) / (1.0f + val.z);
47    const unsigned int r = (unsigned int)(255.0f *
48        fminf(powf(fmaxf(val.x, 0.0f), (float)(1.0 / 2.2)), 1.0f));
49    const unsigned int g = (unsigned int) (255.0f *
50        fminf(powf(fmaxf(val.y, 0.0f), (float)(1.0 / 2.2)), 1.0f));
```

```
51      const unsigned int b = (unsigned int) (255.0f *
52          fminf(powf(fmaxf(val.z, 0.0f), (float)(1.0 / 2.2)), 1.0f));
53      kernel_params.display_buffer[idx] =
54          0xff000000 | (r << 16) | (g << 8) | b;
55  }
```

제시된 경로 추적기가 생성한 렌더링의 예는 그림 28-2에서 볼 수 있다.

▲ **그림 28-2.** 간단한 그라디언트(위)와 환경 맵(아래)으로 조명되는 샘플 경로 추적기에서 구현된 두 가지 절차적 볼륨 함수. 알베도는 0.8로 설정되고 최대 볼륨 상호작용 개수는 1024로 제한된다(그레그 잘, https://hdrihaven.com의 환경 지도 이미지 제공).

28.4 더 읽을거리

우드콕 추적 방법은 가령 볼륨을 통해 셰도우 광선을 추적하는 데 필요한 투과율을 확률적으로 평가하는 데 사용할 수도 있다. 이는 잠재적으로 다중의 거리를 샘플링하고 추정으로 '여행을 생존'하는 거리 비율을 사용해 달성할 수 있다[4]. 최적화로서 경로를 계속하기 위한 랜덤 변수는 예상 값으로 대체할 수도 있다. 확률 $1-\kappa(x)/\kappa_{max}$로 경로를 계속하는 대신 확률의 곱(거리가 커버될 때까지)이 사용될 수 있다[2].

씬에서 최대 소멸 계수가 일반적으로 접하는 계수보다 훨씬 높으면 많은 반복이 필요하며 방법은 비효율적이게 된다. 노박[Novák] 등[3]의 상세한 최신 보고서는 추가적인 최적화를 위한 좋은 요약을 제공한다.

참고 문헌

[1]   Coleman, W. Mathematical Verification of a Certain Monte Carlo Sampling Technique and Applications of the Technique to Radiation Transport Problems. Nuclear Science and Engineering 32 (1968), 76–81.

[2]   Novák, J., Selle, A., and Jarosz, W. Residual Ratio Tracking for Estimating Attenuation in Participating Media. ACM Transactions on Graphics (SIGGRAPH Asia) 33, 6 (Nov. 2014), 179:1–179:11.

[3]   Novák, J., Georgiev, I., Hanika, J., and Jarosz, W. Monte Carlo Methods for Volumetric Light Transport Simulation. Computer Graphics Forum 37, 2 (May 2018), 551–576.

[4]   Raab, M., Seibert, D., and Keller, A. Unbiased Global Illumination with Participating Media. In Monte Carlo and Quasi–Monte Carlo Methods, A. Keller, S. Heinrich, and N. H., Eds. Springer, 2008, pp. 591–605.

[5]   Woodcock, E. R., Murphy, T., Hemmings, P. J., and Longworth, T. C. Techniques Used in the GEM Code for Monte Carlo Neutronics Calculations in Reactors and Other Systems of Complex Geometry. In Conference on Applications of Computing Methods to Reactor Problems (1965), pp. 557–579.

29장

레이 트레이서에서의 효율적인 입자 볼륨 스플래팅

엔비디아의 아론 놀(Aaron Knoll), 케이쓰 멀레이(R. Keith Morley), 잉고 발드(Ingo Wald), 닉 리프(Nick Leaf), 피터 메스머(Peter Messmer)

개요

입자 데이터 세트의 렌더링은 게임, 영화, 과학적 시각화 등의 많은 영역에서 일반적인 문제다. 통상적으로 문제 크기에 따라 선형으로 스케일링되는 래스터화 기반 스플래팅 방식을 사용해 문제를 해결했다. 대수적 복잡성을 갖고 충분히 저렴한 비용의 광선 통과를 고려할 때 레이 트레이싱 프레임워크 내의 스플래팅은 더 큰 지오메트리로 스케일링할 수 있다. 29장에서는 RT 코어 기술이 적용된 엔비디아 RTX 2080 Ti(Turing) GPU와 같은 아키텍처에서 더 큰 입자 데이터를 효율적으로 렌더링하고 광선 일관성과 하드웨어 가속 탐색을 활용하는 방법을 알아본다.

29.1 동기

래스터화 기반 GPU 스플래팅 접근법은 대부분의 프리미티브가 서브픽셀 풋프린트로 깊이 정렬을 할 필요가 있을 때 일반적으로 사용한다. 그러나 심도 분류 프래그먼트의 선형 비용과 비일관적인 프레임 버퍼 트래픽으로 인해 실제로 GPU에 따라 2천만 개가 넘는 입자 수에 의해 인터랙티브 성능이 저하한다. 뷰 종속 공간적 세분화, 디테일 수준, 깊이 테스트와 알파 블렌딩 비활성화, 텍스처 슬라이스와 같은 프록시로 리샘플링을 비롯해 래스터 성능을 빠르게 하는 여러 가지 해결 방안이 있다. 그러나 이런 방법 모두 많은 수의 입자를 실제로 렌더링할 때 성능이 저하된다.

전체 입자 데이터를 효율적으로 탐색하고 렌더링하기 위해 레이 트레이싱 아키텍처를 동등하게 사용할 수 있다. 가속 구조의 순회는 일반적으로 로그 시간 복잡성을 가지며, 하나의 큰 정렬 대신 여러 개의 작은 지역화된 프리미티브 정렬을 조성하는 방식으로 이뤄질 수 있다. 이 방식에서는 전체 씬의 총 복잡성이 아니라 각 광선에서 실제로 교차하는 프리미티브의 숫자를 미러링하기 위한 성능을 원한다. 레이 트레이싱 프레임워크 내에서 입자 데이터를 렌더링하는 다른 이유가 있다. 예를 들어 반사 내에서 입자 효과를 효과적으로 렌더링할 수 있다. 많은 양의 투명한 지오메트리를 레이 캐스팅하는 데는 자체적인 문제를 제기한다. 29장에서는 이런 문제의 해결책을 제공하는데, 특히 그림 29-1에 나와 있는 자유롭게 사용할 수 있는 DarkSky 우주 데이터 세트[6]와 같은 N-body와 유사한 시뮬레이션의 대형 희소 입자 데이터를 시각화하는 데 적합하다. 또한 분자, 재료, 유체 역학 시뮬레이션, 게임, 영화에서의 더 큰 입자 효과로 사용할 수 있다.

▲ **그림 29-1.** RT 코어 기술이 적용된 엔비디아 RTX 2080 Ti에서 디테일 수준 없이 35 FPS(1080p)나 14 FPS(4k)로 완전히 렌더링된 DarkSky N-body 중력 우주 시뮬레이션의 1억 개 입자 서브세트

29.2 알고리즘

목표는 레이 트레이싱 순회를 사용해 래스터화 기반 빌보드 스플래팅(예를 들어 웨스토버^{Westover}의 작업 참고[7])에 확장할 수 있는 아날로그를 만드는 것이다. 핵심 아이디어는 가시광선을 따라 각 입자를 중심점에 가깝게 샘플링한 다음 광선을 따라 깊이로 분류된 일련의 샘플에 통합하는 것이다.

프리미티브는 반경 r, 입자 중심 P, 폭 $2r$의 입자 주변에 중심을 둔 바운딩 박스로 정의한 경계를 갖는 방사형 기본 함수^{RBF, Radial Basis Function}다. 샘플(교차 충돌) 지점 X는 원점 O와 방향 $\mathbf{d}$를 갖는 광선을 따라 평가된 입자 P의 중앙까지 거리로 주어진다.

$$X = O + \|\mathrm{P} - O\|\mathbf{d} \tag{1}$$

그런 다음 이 샘플 지점에서 가우시안 방사형 기저 함수를 평가한다.

$$\phi(X) = e^{-(X-P)^2/r^2} \tag{2}$$

이 프리미티브 테스트는 래스터화된 스플래터의 2차원 빌보드와 달리 3차원 바운딩 상자 내에서 RBF로 샘플링된 오브젝트 공간에서 발생한다. 입자 중심으로 확대할 때 더욱 지속적인 결과를 낳으며 카메라 정렬 빌보드 지오메트리로 가속 구조를 재설정할 필요가 없다.

그런 다음에는 각 광선을 따라 깊이 분류된 샘플 세트 $\{\phi(X_i)\}$를 over 연산자를 사용해 합성한다.

$$c_f = (1 - \alpha)c_b + \alpha\mathbf{c} \tag{3}$$

여기서 샘플의 불투명도 $\alpha = \phi(X_i)$이고 색상 $\mathbf{c} = c(\phi(X_i))$는 전송^{transfer} 함수를 통해 매핑된 현재 샘플에 해당하며 f와 b는 각각 블렌딩 작업에서 앞과 뒤의 값을 나타낸다.

29.3 구현

이제 과제는 레이 트레이싱 프레임워크 내에서 가능한 한 많은 입자를 효율적으로 탐색하고 정렬하는 것이다. 과학적 시각화와 리눅스에서 실행되는 고성능 컴퓨팅 애플리케이션에 적합한 엔비디아 OptiX SDK[4]를 사용하기로 했다. 좀 더 메모리 효율적인 접근 방식이 도움이 되긴 하지만 이 샘플에서는 레이 트레이싱 API에서 제공하는 기본 가속 구조 및 순회 메커니즘과 쌍을 이루는 일반 16바이트(float4) 프리미티브를 사용한다.

이 방법은 OptiX의 가장 가까운 충돌 프로그램을 통해 나이브한 구현을 할 수 있으며, 종료될 때까지 각 입자 충돌에 대한 1차 광선을 먼저 캐스팅한 다음에 2차 투과 광선을 캐스팅한다. 그러나 이 방법은 많은 수의 비간섭 광선을 수반하므로 성능 저하를 불러일으킨다.

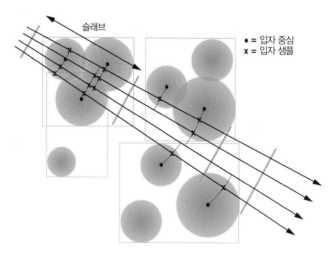

▲ **그림 29-2.** 알고리즘의 개요. 기하학적 프리미티브는 점을 중심으로 한 구형 방사형 기저 함수다. 충돌 위치는 뷰 레이를 따라 평가된 입자 중앙까지의 거리다. 이 지오메트리를 탐색하는 동안 일관된 동작을 보장하고자 광선을 따라 볼륨을 세그먼트로 분할해 슬래브(slabs)를 만든다. 그런 다음 각 슬래브 내에서 교차된 입자 세트를 탐색하고 정렬한다.

따라서 그림 29-2에 표시된 것처럼 가능한 한 적은 순회로 볼륨의 하위 영역을 일관되게 가로지르고 교차하는 접근 방식을 사용한다. 이 방식은 RBF 체적법[2]과 규칙적으로 나열된 2차원 텍스처 슬라이스로 리샘플링되는 게임 입자 효과와 유사하다. 다만 오버플로를 방지하고자 충분히 큰 버퍼를 제공하면 교차하는 모든 입자를 충실하게 재생한다는 점에서 좀 더 간단하고 무차별 대입적인 방식이다. 29.3.2절에서 설명한 것처럼 OptiX의 임의 충돌 프로그램을 사용해 구현한다.

29.3.1 광선 생성 프로그램

접근 방식은 다음과 같다. 볼륨 경계 상자를 교차하고 slab_spacing 간격으로 나열된 슬래브로 결과 거리를 나눈다. 각 슬래브에 대해 가속 구조 순회를 적절하게 제거하고자 ray.tmin과 ray.tmax를 설정한다. 그런 다음 PerRayData의 버퍼를 해당 슬래브 내에서 교차한 샘플로 채우는 rtTrace()로 횡단한다. 버퍼에 샘플 목록을 정렬하고 통합한다. 다음 의사 코드는 일부 세부 사항(방사형 기저 함수 평가와 전달 함수 적용)을 생략한다. 전체 코드는 함께 제공되는 소스를 참고하자(29.5절).

```
1  struct ParticleSample {
2      float t;
3      uint id;
4  };
5
6  const int PARTICLE_BUFFER_SIZE = 31;  // Turing은 31, Volta는 255
7
8  struct PerRayData {
9      int         tail;                    // 배열의 마지막 인덱스
10     int         pad;
11     ParticleSample    particles[PARTICLE_BUFFER_SIZE]; // 배열
12 };
13
14 rtDeclareVariable(rtObject,       top_object, , );
15 rtDeclareVariable(float,          radius, , );
16 rtDeclareVariable(float3,         volume_bbox_min, , );
17 rtDeclareVariable(float3,         volume_bbox_max, , );
18 rtBuffer<uchar4, 2>               output_buffer;
19
20 RT_PROGRAM raygen_program()
21 {
22     optix::Ray ray;
```

```
23    PerRayData prd;

24

25    generate_ray(launch_index, camera);  // 핀홀 카메라 또는 유사한 것
26    optix::Aabb aabb(volume_bbox_min, volume_bbox_max);

27

28    float tenter, texit;
29    intersect_Aabb(ray, aabb, tenter, texit);

30

31    float3 result_color = make_float3(0.f);
32    float result_alpha = 0.f;

33

34    if (tenter < texit)
35    {
36        const float slab_spacing =
37            PARTICLE_BUFFER_SIZE * particlesPerSlab * radius;
38        float tslab = 0.f;

39

40        while (tslab < texit && result_alpha < 0.97f)
41        {
42            prd.tail = 0;
43            ray.tmin = fmaxf(tenter, tslab);
44            ray.tmax = fminf(texit, tslab + slabWidth);

45

46            if (ray. tmax > tenter)
47            {
48                rtTrace(top_object, ray, prd);

49

50                sort(prd.particles, prd.tail);

51

52                // 깊이로 정렬된 입자 목록을 통합한다.
53                for (int i=0; i< prd.tail; i++) {
54                    float drbf = evaluate_rbf(prd.particles[i]);
55                    float4 color_sample = transfer_function(drbf); // RGBA 반환
56                    float alpha_1msa = color_sample.w * (1.0 - result_alpha);
57                    result_color += alpha_1msa * make_float3(
58                        color_sample.x, color_sample.y, color_sample.z);
59                    result_alpha += alpha_1msa;
60                }
61            }
```

```
62              tslab += slab_spacing;
63          }
64      }
65
66      output_buffer[launch_index] = make_color( result_color ));
67  }
```

29.3.2 교차와 임의 충돌 프로그램

교차 프로그램은 광선/구체 교차와 비교하면 간단하다. 입자 중앙부터 가시광선 까지의 거리를 충돌 지점 **sample_pos**로 사용한다. 샘플이 RBF 반경 내에 있는지 확인하고 반경 내라면 교차를 보고한다. 임의 충돌 프로그램은 교차된 입자를 슬 래브 횡단이 완료될 때 광선 생성 프로그램이 정렬한 버퍼에 추가한다.

```
1  rtDeclareVariable(ParticleSample,hit_particle,attribute hit_particle,);
2
3  RT_PROGRAM void particle_intersect( int primIdx )
4  {
5      const float3 center = make_float3(particles_buffer[primIdx]);
6      const float t = length(center - ray.origin);
7      const float3 sample_pos = ray.origin + ray.direction * t;
8      const float3 offset = center - sample_pos;
9      if ( dot(offset, offset) < radius * radius &&
10         rtPotentialIntersection(t) )
11     {
12         hit_particle.t = t;
13         hit_particle.id = primIdx;
14         rtReportIntersection( 0 );
15     }
16 }
17
18 RT_PROGRAM void any_hit()
19 {
20     if (prd.tail < PARTICLE_BUFFER_SIZE) {
21         prd.particles[prd.tail++] = hit_particle;
22         rtIgnoreIntersection();
```

```
23     }
24  }
```

29.3.3 정렬과 최적화

PARTICLE_BUFFER_SIZE의 선택과 결과적으로 이상적인 정렬 알고리즘은 rtTrace()의 예상되는 성능에 따라 다르다. 전용 순회 하드웨어가 있는 엔비디아 Turing 아키텍처에서 31 크기의 배열과 버블 정렬로 최고의 성능을 달성했다. 배열의 크기가 작고 요소가 이미 경계 볼륨 계층 순회에서 부분적으로 정렬돼 있으니 가능한 일이다. Volta 같은 소프트웨어 순회가 있는 아키텍처에서 255의 더 큰 배열, 상대적으로 적은 슬래브(순회), 비트닉 정렬로 최상의 결과를 얻었다. 둘 다 참조 코드에서 구현된다.

particlesPerSlab의 값은 원하는 반경과 입자 중첩 정도에 따라 신중하게 선택해야 한다. 이 샘플에서는 기본으로 16을 설정한다. 입자가 겹칠 수 있는 더 큰 반경 값을 위해서는 정확성을 위해 더 큰 PARTICLE_BUFFER_SIZE가 필요하다.

29.4 결과

1080p(2메가픽셀)와 4k(8메가픽셀) 화면 해상도에서 설정한 DarkSky 데이터의 전체 화면에 대한 엔비디아 RTX 2080 Ti(Turing)와 타이탄 V(Volta) 아키텍처의 기술 성능은 표 29-1에서 제공한다. Turing의 RT 코어 기술은 Volta보다 최소 3배 빠른 성능을 제공하며, 작은 씬의 경우에는 거의 6배까지 빠른 성능을 제공한다.

▼ 표 29-1. 다양한 입자 수의 DarkSky 참조 씬을 화면 가득 채우는 데 드는 성능(밀리초)

#Particles	1080p		4k	
	RTX 2080 Ti	Titan V	RTX 2080 Ti	Titan V
1M	2.9	17	7.4	33
10M	9.1	33	22	83
100M	28	83	71	220

29.2절에서 언급했던 나이브한 가장 가까운 충돌 접근 방식보다 슬래브 기반 접근 방식이 Turing에서는 대략 3배 이상 빠르고 Volta에서는 6~10배 빨랐다. 또한 고정 크기 버퍼를 과도하게 실행하지 않는 이점을 갖는 삽입 정렬을 기반으로 한 방법도 테스트했다. 이 방법은 일반적으로 Turing과 Volta의 슬래브 접근 방식보다 각각 2배, 2.5배 느렸다. 마지막으로 래스터화 스플래터[5]와 성능을 비교했다. 유사한 카메라와 반경을 가진 엔비디아 RTX 2080 Ti에서 4k와 1080p 해상도의 100M 입자 데이터 세트에서 레이 트레이싱 방법이 7배 더 빨랐다.

29.5 정리

29장에서는 하드웨어 광선 통과를 통해 Turing과 향후 엔비디아 RTX 아키텍처에 효율적으로 적용할 수 있는 방법을 살펴봤다. 커스텀 프리미티브를 사용함에도 불구하고 여기서의 방식은 Volta보다 Turing에서 3배 빠르며, 나이브한 가장 가까운 충돌 접근보다 대략 3배 빠르며 깊이 정렬이 있는 유사한 래스터화 기반 스플래터보다 몇 배 더 빠르다. 디테일한 레벨을 요구하지 않으면서 전체 깊이 정렬과 혼합으로 1억 개의 입자를 실시간으로 렌더링할 수 있다.

접근 방식은 과학적 시각화의 희소 입자 데이터에 주로 맞춰져 있지만 다른 입자 데이터에 쉽게 적용할 수 있다. 입자가 크게 겹치면 전체 RBF 볼륨 렌더링이나 프록시 지오메트리, 또는 구조화된 볼륨으로 리샘플링하는 것이 더 유리할 수 있다.

OptiX 심화 샘플은 깃허브 저장소(https://github.com/nvpro-samples/optix_advanced_samples)에 코드를 올려뒀다.

참고 문헌

[1]   Green, S. Volumetric Particle Shadows. NVIDIA Developer Zone, https://developer.download.nvidia.com/assets/cuda/files/smokeParticles.pdf, 2008.

[2] Knoll, A., Wald, I., Navratil, P., Bowen, A., Reda, K., Papka, M. E., and Gaither, K. RBF Volume Ray Casting on Multicore and Manycore CPUs. Computer Graphics Forum 33, 3 (2014), 71–80.

[3] Levoy, M. Display of Surfaces from Volume Data. IEEE Computer Graphics and Applications, 3 (1988), 29–30.

[4] Parker, S. G., Bigler, J., Dietrich, A., Friedrich, H., Hoberock, J., Luebke, D., McAllister, D., McGuire, M., Morley, K., Robison, A., et al. OptiX: A General Purpose Ray Tracing Engine. ACM Transactions on Graphics 29, 4 (2010), 66:1–66:13.

[5] Preston, A., Ghods, R., Xie, J., Sauer, F., Leaf, N., Ma, K.-L., Rangel, E., Kovacs, E., Heitmann, K., and Habib, S. An Integrated Visualization System for Interactive Analysis of Large, Heterogeneous Cosmology Data. In Pacific Visualization Symposium (2016), pp. 48–55.

[6] Skillman, S. W., Warren, M. S., Turk, M. J., Wechsler, R. H., Holz, D. E., and Sutter, P. M. Dark Sky Simulations: Early Data Release. arXiv, https://arxiv.org/abs/1407.2600, July 2014.

[7] Westover, L. Footprint Evaluation for Volume Rendering. Computer Graphics (SIGGRAPH) 24, 4 (1990), 367–376.

30장

화면 공간 광자 매핑을 사용한 화면

넥슨 코리아 데브캣 스튜디오(devCAT Studio, NEXON Korea)의 김혁

개요

광자 매핑은 빛에서 방출된 광자의 이동을 시뮬레이션해 화면과 간접 조명을 렌더링하기 위한 전역 조명 기술이다. 30장에서는 하드웨어 레이 트레이싱과 화면 공간 노이즈 제거기를 통해 실시간으로 화면 공간에서 광자 매핑으로 코스틱 caustics을 렌더링하는 기술을 소개한다.

30.1 소개

광자 매핑은 헨릭 완 얀센Henrik Wann Jensen[2]이 발명한 새로운 전역 조명 기술로, 전역 조명과 코스틱 같은 집중된 빛 이미지를 얻기 위한 빛 전송 시뮬레이션을 위해 광자를 사용한다. 코스틱 렌더링에는 유용하지만 기존의 광자 매핑은 실시간 게임에는 실용적이지 않았다. 부드러운 이미지를 얻으려면 많은 광자가 필요했다. 상당한 레이 트레이싱이 필요하다는 뜻이다.

맥과이어McGuire와 루브케Luebke는 이미지 공간 광자 매핑ISPM, Image Space Photon Mapping[4]을 실시간으로 개발했다. ISPM은 월드에서 광자를 볼륨으로 저장하는데, 실세계의 광자보다 광자가 훨씬 적기 때문에 어떤 방식으로든지 분산시켜야 한다. 30장에서 광자는 월드 공간에서의 광자 볼륨이나 서펠 대신 화면 공간에서 텍셀로 저장한다. 화면 공간 광자 매핑SSPM, Screen-Space Photon Mapping이라고 하는 이 방법은 몇 가지 제한이 있지만 코스틱과 같은 몇 가지 장점을 가진다.

코스틱은 강렬한 빛의 결과다. 공기에서 유리 혹은 공기에서 물 같이 상이한 굴절률을 갖는 두 매체를 광자가 통과하는 경우 광자는 굴절되고 전파 방향이 바뀐다. 굴절된 광자는 산란되거나 농축될 수 있다. 이러한 농축된 광자는 코스틱을 생성한다. 또는 반사가 코스틱을 만들 수도 있다. 반사된 광자는 주변 물체에 의해 집중될 수도 있다. 코스틱의 예는 그림 30-1에 나와 있다. 상단 오른쪽 이미지에서 노란색 코스틱은 링에서 반사돼서 생성된다.

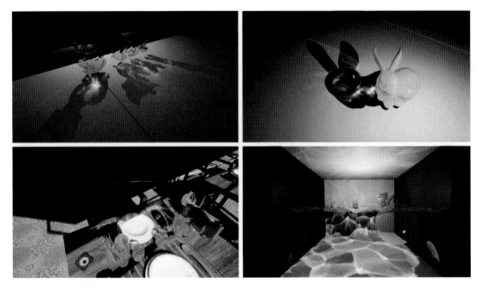

▲ **그림 30-1.** 화면 공간 광자 매핑으로 생성된 코스틱. 각 씬마다 2k x 2k 광자를 가진다. 왼쪽 상단부터 오른쪽 하단까지 회의실, 회의실의 반지와 토끼, 비스트로, 코넬 박스다. 성능 측정은 표 30-2에 나와 있다.

30장에서 화면 공간 광자 매핑은 전체 씬의 전역 조명이 아닌 코스틱을 위해 순수하게 사용됐다. 전역 조명을 얻고자 다른 최적화된 범용 '대형' 광자 수집 기술은 더 나은 해결책을 제시할 수 있다.

30.2 개요

광자 매핑은 일반적으로 광자 맵 생성과 렌더링의 두 단계로 수행된다. 여기서는 다음과 같은 세 단계로 나눴다.

- 광자 방출과 광자 추적(산란)

- 광자 수집(노이즈 제거)

- 광자 맵을 통한 조명

첫 번째 단계는 광자 방출과 광자 추적이며 30.3.1절에서 자세히 설명한다. 다이렉트X 레이 트레이싱[DXR] 광선 생성 셰이더의 각 광선은 하나의 광자에 해당한다. 하나의 광자가 광원에서 불투명한 표면으로 추적되면 광자는 화면 공간에 저장된다. 광자의 방출과 추적은 화면 공간 작업이 아니다. DXR을 사용하면 화면 공간 반사와 같이 화면 공간 대신 월드 공간에서 레이 트레이싱이 수행된다. 레이 트레이싱 후에 광자는 화면 공간에 저장된다. 광자를 저장하는 렌더 타깃 텍스처는 화면 공간 광자 맵이 된다.

광자가 화면 공간 텍스처의 텍셀로 저장되기 때문에 화면 공간 광자 맵에는 노이즈 있는 코스틱이 있다(예, 그림 30-4의 왼쪽 부분에 표시). 이러한 이유로 2단계인 광자 수집이나 광자 노이즈 제거가 광자 맵을 매끄럽게 하기 위해 필요하다. 이는 30.3.2절에서 설명한다. 모든 광자가 수집된 후에는 매끄러운 광자 맵을 얻는다. 마지막으로 광자 맵은 30.3.3절에서 설명하는 직접 조명 과정에서 사용된다.

여기서는 지연 렌더링 시스템을 가정한다. 깊이 버퍼나 거칠기 버퍼를 포함하는 지연 렌더링용 G 버퍼는 화면 공간에 광자를 저장하고 수집하는 데 사용한다.

30.3 구현

30.3.1 광자 방출과 광자 추적

표 30-1은 30.3.1절에서 사용되는 기호를 요약한 것이다.

기호	양	등식
Φ_e	빛의 방사속	30.1, 30.3
l_e	빛의 복사량	30.2
p_w, p_h	광자(광선)의 길이와 높이	
w, h	화면의 길이와 높이	
a_l	(디렉셔널 라이트를 위한) 빛 영역	
a_p	픽셀 영역	30.4
l_p	픽셀에 저장된 복사	30.5

30.3.1.1 광자 방출

광자는 월드 공간에서 방출되고 추적된다. 방출된 광자는 색상, 강도, 방향을 가진다. 월드에서 멈추는 광자는 색상과 강도만을 가진다. 하나의 픽셀에 하나 이상의 광자를 저장할 수 있으므로 들어오는 방향을 유지할 수는 없다. 광자 플럭스(색상과 강도)는 방향 없이 픽셀에 저장된다.

포인트 라이트의 경우 광자는 빛의 위치에서 방출된다. 식 (1)은 광자의 방출 플럭스 Φ_e가 광선의 강도를 갖는 것을 보여준다.

$$\Phi_e = \frac{l_e}{4\pi} \frac{1}{p_w p_h} \tag{1}$$

여기서 p_w와 p_h는 광자 광선의 크기고 l_e는 광원으로부터 빛의 방사율이다.

$$l_e = \text{빛의 색상} \times \text{빛의 강도} \tag{2}$$

디렉셔널 라이트를 위한 식은 비슷하다. 포인트 라이트와 달리 디렉셔널 라이트의 광자는 감쇠 없이 전체 씬에 퍼진다. 각 광자는 다중 레이 트레이싱에 해당되므로 광자 낭비의 감소는 품질과 성능 모두에 중요하다. 낭비를 줄이고자 얀센Jensen[2]은 중요한 영역에 광자를 집중하기 위해 투영 맵을 사용했다. 투영 맵은 광원에서 본 지오메트리의 맵이며 빛에서 지오메트리가 특정 방향에 존재하는지의 여부에 관한 정보를 포함한다.

단순성과 효율성을 위해 디렉셔널 라이트에 투영 볼륨이라고 하는 바운딩 박스를 사용했는데, 목적은 얀센의 투영 맵의 셀과 동일하다. 투영 볼륨은 그림 30-2에서 볼륨 V로 표시된 것처럼 코스틱을 생성하는 오브젝트가 존재하는 바운딩 박스다. 상자를 디렉셔널 라이트의 음의 방향으로 투영하면 영역 A로 표시된 직사각형의 빛 영역을 얻을 수 있다. 투영 볼륨으로만 광자를 방출하면 광자는 디렉셔널 라이트용 코스틱을 생성하는 물체에 집중할 수 있다. 또한 일관된 품질이나 일관된 성능, 즉 일정한 광자 방출 영역이나 일정한 레이 트레이싱 횟수를 얻고자 광선의 수를 조절할 수 있다.

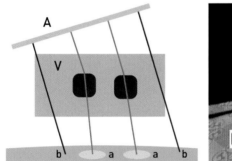

▲ **그림 30-2.** 왼쪽: 투영 볼륨 V와 해당하는 빛 영역 A. 오른쪽: 투영 볼륨은 투명한 물체를 포함하는 테이블에 배치된다. (a) 투명한 물체를 통해 코스틱 추적을 생성하는 광선은 주황색으로 표시된다. (b) 직사광에 해당하는 광자는 빨간색으로 표시된다. 이 광자는 폐기된다. (c) 투영 볼륨 외부에서는 광선이 방출되지 않는다.

투영 맵 V로 생성된 빛의 영역 A의 해성노에서 $p_w p_h$는 포인트 라이트와 같은 디스패치된 광선으로 전달되는 광선 생성 셰이더의 크기다. 각 광선 생성 셰이더의 광선은 영역 A에서 방출된 광자를 운반한다. 각 광자는 빛 영역의 일부에 해당하므로 각 광자는 빛 영역 a_l에 대한 영역 $1/(p_w p_h)$를 가진다. 디렉셔널 라이트의 방출 플럭스는 다음과 같다.

$$\Phi_e^D = l_e \frac{a_l}{p_w p_h} \tag{3}$$

그러나 a_l은 월드 공간 단위에서 빛 영역 A의 면적이라는 점에 유의해야 한다.

30.3.1.2 광자 추적

광자가 방출된 후 최대 수의 레이 트레이싱 단계에 도달하거나 광자와 부딪힌 표면이 불투명해질 때까지 월드에서 광자는 레이 트레이싱된다. 좀 더 자세하게는 광선이 추적되고 어떤 물체와 부딪힌 후에는 머티리얼 정보를 평가한다. 광선과 부딪힌 표면이 충분히 불투명하면 광자는 멈추고 표면이 광자를 화면 공간에 저장할지를 확인하고자 씬 깊이가 평가된다. 아무 물체와도 부딪히지 않았거나 카메라로부터 광자의 씬 깊이가 깊이 버퍼에 저장된 것 이상이면 광자는 버려진다. 광자를 정지하기 위한 또 다른 조건은 광자 세기가 무시할 수 있을 정도로 작을 때, 즉 투명한 물체를 지나면서 광자가 감소한 경우다.

그림 30-2의 빨간 광선은 직사광에 해당하며 저장되지 않는다. 직사광을 별도의 패스로 처리하기 때문에 직사광으로부터 광자를 저장하는 것은 중복이다. 모든 직사광의 제거는 노이즈 제거 단계에서 셰도우 가장자리 주변에 아티팩트를 생성할 수 있지만 그렇게 눈에 띄지는 않는다.

투명한 물체를 통한 레이 트레이싱은 광자 매핑에서 특별한 부분이 아니므로 건너뛰기로 한다.

요컨대 광자가 저장되지 않는 조건은 다음과 같은 네 가지가 있다.

1. 광자의 강도가 무시할 수 있을 정도로 작다.
2. 저장할 위치가 화면 밖이다.
3. 광자가 저장된 깊이 버퍼 값 이상으로 이동했다.
4. 광자가 직사광의 일부다.

광자 생성 코드는 PhotonEmission.rt.hlsl의 **rayGenMain** 함수에 있다.

30.3.1.3 광자 저장

화면 공간 광자 매핑 과정의 중요한 부분은 광자가 단일 픽셀로 압축된다는 점이다. 주어진 픽셀에 대해서는 잘못될 수도 있지만 에너지는 전체적으로 보존된다.

광자가 이웃 픽셀에 퍼지는(산란되는) 대신 압축된 광자를 하나의 픽셀에 저장한다. 저장한 후에 픽셀의 광자는 다음 노이즈 제거 단계에서 이웃으로 흩어질 것이다(즉, 이웃으로부터 수집한다). 월드 공간 단위에서 픽셀의 영역 a_p는 다음과 같다.

$$a_p = \left(\frac{2d\tan\left(\theta_x/2\right)}{w}\right)\left(\frac{2d\tan\left(\theta_y/2\right)}{h}\right) \tag{4}$$

여기서 w와 h는 화면의 너비와 높이다. θ_x와 θ_y는 시야각 x와 y이고 d는 월드 공간에서 눈과 픽셀 간의 거리다.

Φ_e는 복사량이 아니라 플럭스이므로 광자는 적절한 복사량으로 변환돼야 한다. 픽셀에 저장돼야 하는 광도 l_p는 다음과 같다.

$$l_p = \frac{\Phi_e}{a_p} = \left(4 \cdot 4\pi\tan\left(\frac{\theta_x}{2}\right)\tan\left(\frac{\theta_y}{2}\right)\right)^{-1}\frac{l_e}{d^2}\left(\frac{wh}{p_w p_h}\right) \tag{5}$$

화면 공간 광자 매핑의 장점 중 하나는 광자가 저장될 때 눈 벡터를 사용할 수 있다는 점이다. 광자가 표면의 BRDF로부터 평가된 디퓨즈 색상뿐만이 아니라 스페큘러 색상을 가질 수 있다는 것을 의미한다.

그림 30-3은 노이즈를 제거하기 전 다른 수의 광자 비교를 보여준다. 광자 저장 구현 코드는 PhotonEmission.rt.hlsl의 **storePhoton** 함수다.

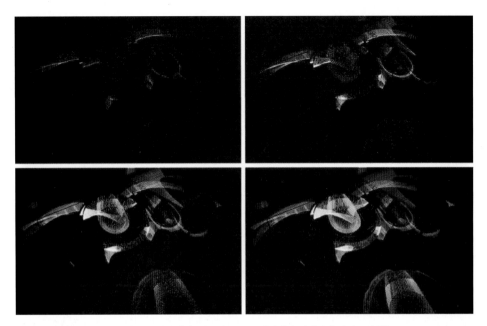

▲ **그림 30-3.** 비스트로 씬에서 각각 왼쪽 상단부터 오른쪽 하단까지 디렉셔널 라이트가 있는 500 × 500, 1000 × 1000, 2000 × 2000, 3000 × 3000 광자

30.3.2 광자 수집

전통적인 광자 매핑은 정확하고 부드러운 결과를 얻고자 몇 가지 기술을 사용한다. 실시간 성능을 얻기 위한, 화면 공간에서 광자를 모으는 가장 쉬운 방법 중 하나는 엔비디아 게임웍스 레이 트레이싱[5]의 반사 노이즈 제거기를 사용하는 것이다. 반사 노이즈 제거기를 사용하면 광자를 일부 트릭이 있는 반사로 생각할 수 있다.

노이즈 제거기는 카메라 데이터(매트릭스), 깊이 버퍼, 거칠기 버퍼, 법선 버퍼를 입력으로 받는다. 카메라 매트릭스와 깊이에서 월드를 구성한 다음 법선과 거칠기를 기반으로 이웃의 반사를 수집한다. 노이즈 제거기는 픽셀에서 반사 충돌까지의 충돌 거리가 포함된 버퍼를 받는다.

광자 노이즈 제거기에서 충돌 거리는 마지막 충돌 지점에서 픽셀까지의 거리가 되며 반사와 기본적으로 동일하다. 그러나 반사와는 달리 광자 맵은 선명하지 않아도 된다. 작은 적중 거리는 광자 맵이 흐려지는 것을 방지하므로 씬을 기반으로 하는 다른 적절한 값으로 거리를 고정했다.

법선과 거칠기는 광자 노이즈 제거기의 정적인 값이다. 한편으로 오브젝트의 원래 법선이 사용되면 광자는 잘 모이지 않을 것이다. 다른 한편으로 거칠기는 노이즈 제거 반사의 중요한 부분이므로 원래 값을 유지하는 것이 이상적이다. 실험 후 픽셀에서 카메라로의 방향으로 법선을 설정하고 거칠기를 0.07 정도의 값으로 설정했다. 이 값은 다른 씬이나 다른 버전의 노이즈 제거기에 따라 변경될 수 있다. 씬의 흐릿함을 위한 전역 파라미터로 거칠기를 설정하고 충돌 거리에 따라 광자당 흐릿함을 조절했다.

그림 30-4의 노이즈 제거 전후 비교를 참고하자.

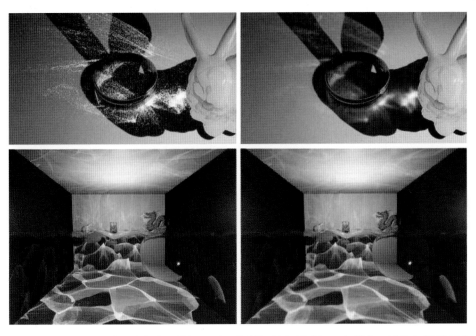

▲ **그림 30-4.** 왼쪽: 노이즈 제거 전. 오른쪽: 노이즈 제거 후. 상단: 반지 & 토끼. 하단: 코넬 박스. 두 씬 모두 포인트 라이트에서 2k x 2k 광자로 렌더링된다.

다음은 광자 노이즈 제거기의 파라미터에 대한 요약이다.

- **법선:** 픽셀에서 카메라로의 방향

- **거칠기:** 상수 파라미터(0.07이 잘 작동했다)

- **충돌 거리:** 최소 및 최댓값으로 고정된 마지막 추적 거리. 씬에서는 300과 2000이 각각 최솟값, 최댓값이었다. 씬에 적합한 거리 함수를 만드는 것을 추천한다.

구현은 PhotonGather.cpp의 `PhotonGather::GameWorksDenoiser` 클래스 안에 있다.

게임웍스 노이즈 제거기의 사용은 잘 작동하지만 노이즈 제거를 위한 좋은 방법 중 하나일 뿐이다. 게임웍스 레이 트레이싱 노이즈 제거기는 레이 트레이싱을 위한 양방향 필터링이기 때문에 독자는 미세 조정과 효율성을 얻고자 광자 노이즈에 대해 구체적으로 노이즈 제거기를 구현하고 싶을 수도 있다.

게임웍스 노이즈 제거기 외에도 PhotonGather.cpp의 `PhotonGather::Bilateral Denoiser` 클래스 내에서 양방향 광자 노이즈 제거기가 제공된다. 양방향 광자 노이즈 제거기는 광자 맵의 다운샘플링과 광자 맵 노이즈 제거의 두 부분으로 구성된다. 다운샘플링된 광자 맵은 가까운 깊이의 표면에 사용된다(여기서는 설명하지 않는다. 자세한 것은 코드의 주석을 참고하자). 양자 필터링에 대한 좋은 참고 자료도 있다.

30.3.3 조명

광자 맵을 통한 조명은 간단하다. 광자 맵 조명은 지연 렌더링 시스템의 화면 공간 조명과 같다. 광자 맵에서 제공하는 광자는 픽셀에 대한 추가 조명으로 간주된다. 그림 30-5의 중앙에는 이 광자 맵만이 표시된다.

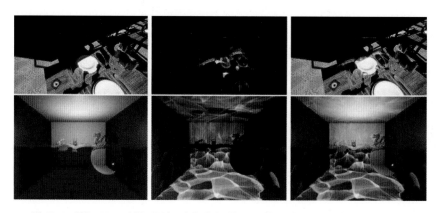

▲ **그림 30-5.** 왼쪽: SSPM 없음. 중앙: 광자 맵만 있음. 오른쪽: 복합. 상단: 비스트로. 하단: 코넬 박스

30.4 결과

마이크로소프트의 DXR과 엔비디아의 RTX 덕분에 실시간 코스틱 렌더링은 몇 가지 제약은 있지만 달성할 수 있다. 그림 30-1은 코스틱의 결과를 보여주며 성능 측정 결과는 표 30-2에 나열됐다. 모든 성능 측정에는 노이즈 제거에 소모된 시간을 포함한다. 노이즈 제거 비용은 약 3~5ms다. 반사 노이즈 제거기를 사용하는 것은 광자 노이즈 제거를 위한 최적화된 해결 방법이 아니다.

▼ **표 30-2.** 1920 × 1080 픽셀의 지포스 RTX 2080 Ti에서 그림 30-1의 씬 성능. 모든 측정값은 밀리초 단위며 괄호 안의 각 숫자는 SSPM이 없는 비용과의 차이다.

Scene	No SSPM	1k × 1k Photons	2k × 2k Photons	3k × 3k Photons
Conference Room	4.79	9.39 (4.6)	11.94 (7.15)	16.20 (11.41)
Ring & Bunny	4.13	9.24 (5.11)	11.44 (7.31)	15.15 (11.02)
Bistro	10.98	11.04 (<1)	12.27 (1.29)	17.15 (6.17)
CornellBox	4.18	9.20 (5.02)	12.62 (8.44)	18.23 (14.05)

30장의 모든 그림은 언리얼 엔진 4로 렌더링됐다. 그러나 함께 제공되는 코드는 엔비디아의 Falcor 엔진을 기반으로 했다. 씬에 오브젝트가 많아 SSPM이 없는 경우와 1k × 1k SSPM의 타이밍 결과는 비스트로에서는 약간의 차이만 보여준다.

30.4.1 제한 사항과 향후 작업

화면 공간 광자 매핑이 실시간에서 실용적이긴 하지만 몇 가지 제한 사항이 있으며 아티팩트가 생성된다. 첫째로 레이 트레이싱 셰이더에서 버퍼에 픽셀을 쓸 때 원자 연산이 없기 때문에 두 셰이더 스레드가 같은 픽셀에 동시에 쓸 때 일부 값이 손상될 수 있다. 둘째로 화면 절두체 근처 깊이의 픽셀은 광자에 대해 너무 높은 해상도이므로 카메라가 코스틱 표면에 접근할 때 광자가 잘 모이지 않는다. 향후 작업을 위해 커스텀 노이즈 제거기와 함께 다른 흐림 기술을 사용해 개선할 수도 있다.

30.4.2 깊이 버퍼의 투명 객체

30장에서는 투명 객체가 불투명 객체와 마찬가지로 깊이 버퍼에서 그려진다. 투명한 물체의 반투명도는 이러한 물체의 표면에서 시작해 레이 트레이싱에 의해 수행된다. 이것이 지연 렌더링의 일반적인 구현은 아니지만 코스틱에 대한 장단점을 가진다. 코스틱 광자는 깊이 버퍼에 그려질 때 투명 물체에 저장될 수 있다. 그러나 투명한 물체 이외의 코스틱은 볼 수 없다. 이 제한은 그림 30-1의 코넬 박스 씬에서 볼 수 있다.

30.4.3 실제 사용

앞에서 언급했듯이 일부 광자는 버퍼에 기록할 때 손실된다. 게다가 광자 수는 실세계 표시에 필요한 양보다 훨씬 적다. 일부 광자는 노이즈 제거 과정에 의해 흐려진다. 실용적이고 예술적인 목적을 위해 코스틱에 강도를 더할 수 있다. 물리적으로 정확한 것은 아니지만 광자의 손실을 보완한다. 여기에서 제시된 수치에는 정확한 결과를 보여주고자 추가적인 강도가 적용되지 않았다.

고려해야 할 것이 한 가지 더 있다. 알다시피 반사와 굴절에서 생성된 코스틱은 제한된 조건 아래에서만 사용해야 한다. 현재 구현은 메인 루프로 투명한 반복을 갖도록 선택됐다. 각 투명 루프에서 반사 코스틱을 일으키는 광선이 생성된다. 30.5절에 이 내용이 나와 있다. 씬이 굴절보다 반사 코스틱에 영향을 받는 경우 반사 루프가 더 적합할 수 있다.

30.5 코드

다음 의사 코드는 광자 저장을 비롯해 광자 방출과 광자 추적에 해당한다. 실제 코드는 PhotonEmission.rt.hlsl에서 찾을 수 있다.

```
1  void PhotonTracing(float2 LaunchIndex)
2  {
3      // 포인트 라이트를 위한 광선 초기화
4      Ray = UniformSampleSphere(LaunchIndex.xy);
5
6      // 레이 트레이싱
7      for (int i = 0; i < MaxIterationCount; i++)
8      {
9          // 광선에 의해 (재구성된) 표면 데이터의 결과
10         Result = rtTrace(Ray);
11
12         bool bHit = Result.HitT >= 0.0;
13         if (!bHit)
14             break;
15
16         // 보관 조건은 30.3.1.2절에서 설명했다.
17         if (CheckToStorePhoton(Result))
18         {
19             // 광자 저장은 30.3.1.3절에서 설명했다.
20             StorePhoton(Result);
21         }
22
23         // 표면이 낮은 거칠기를 가지면 광자는 반사된다.
24         if (Result.Roughness <= RoughnessThresholdForReflection)
25         {
26             FRayHitInfo Result = rtTrace(Ray)
27             bool bHit = Result.HitT >= 0.0;
28             if (bHit && CheckToStorePhoton(Result))
29                 StorePhoton(Result);
30         }
31         Ray = RefractPhoton(Ray, Result);
32     }
33 }
```

참고 문헌

[1]   Jendersie, J., Kuri, D., and Grosch, T. Real-Time Global Illumination Using
       Precomputed Illuminance Composition with Chrominance Compression. Journal of
       Computer Graphics Techniques 5, 4 (2016), 8-35.

[2]   Jensen, H. W. Realistic Image Synthesis Using Photon Mapping. A K Peters, 2001.

[3]   Mara, M., Luebke, D., and McGuire, M. Toward Practical Real-Time Photon
       Mapping: Efficient GPU Density Estimation. In Proceedings of the ACM SIGGRAPH
       Symposium on Interactive 3D Graphics and Games (2013), pp. 71-78.

[4]   McGuire, M., and Luebke, D. Hardware-Accelerated Global Illumination by Image
       Space Photon Mapping. In Proceedings of High-Performance Graphics (2009), pp.
       77-89.

[5]   NVIDIA. GameWorks Ray Tracing Overview. https://developer.nvidia.com/
       gameworksray-tracing, 2018. Weber, M., Milch, M., Myszkowski, K., Dmitriev, K.,
       Rokita, P., and Seidel, H.-P. Spatio-Temporal Photon Density Estimation Using
       Bilateral Filtering. In IEEE Computer Graphics International (2004), pp. 120-127.

31장

경로 재사용이 있는 상태에서
풋프린트 추정을 통한 편차 감소

클라우스 테크놀로지 대학교(Clausthal University of Technology)의 요하나스
엔데세이(Johannes Jendersie)

개요

다중 중요도 샘플링은 샘플링된 함수에 대한 최소 편차를 목표로 다른 샘플러의
결과에 가중치를 부여하는 도구다. 빛 전송 경로에 적용하는 경우 이 도구는 양방
향 경로 추적, 버텍스 연결, 병합과 같은 기술을 사용할 수 있게 한다. 후자는 광자
매핑이라고도 알려져 있으며 병합할 경로 확률 측정을 일반화한다. 안타깝게도
결과 휴리스틱이 실패할 수 있으며 눈에 띄게 노이즈가 증가할 수 있다. 31장에서
는 문제가 발생하는 이유에 대한 통찰력을 제공하고 최적화된 솔루션에 더 가까
우면서도 다양한 씬에서 좀 더 신뢰할 수 있는, 구현하기 쉬운 휴리스틱을 제안한
다. 요점은 모든 광자를 재사용해 도입되는 실제 분산 감소를 예측하고자 서브패
스의 풋프린트 추정치를 사용하는 것이다.

31.1 소개

빛 전송 시뮬레이션에는 그림 31-1에서 볼 수 있는 다양한 샘플링 전략이 있다.
센서에서 시작해 경로를 추적하는 것으로 씬에서 광원을 무작위로 찾을 수 있으
며 샘플링된 경로를 통해 기여도를 계산할 수 있다. 또한 다음 이벤트 추정, 알려
진 광원으로의 연결은 좀 더 작은 광원을 찾는 데 도움이 된다. 두 샘플링 전략은

카지야[Kajiya][8]가 소개한 경로 추적[PT, Path Tracing] 알고리즘을 형성한다. 양방향 경로 추적[BPT, Bidirectional Path Tracing][9, 13]에서 랜덤 뷰 서브패스와 랜덤 라이트 서브패스 사이의 모든 가능한 연결은 추가적인 샘플러를 제공한다. BPT는 PT에서 불가능한 카메라 연결을 사용해 코스틱 경로를 찾을 수 있다.

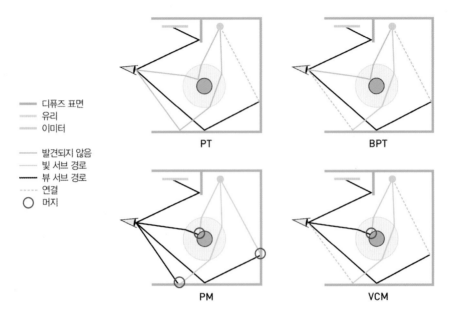

범례:
— 디퓨즈 표면
… 유리
— 이미터

— 발견되지 않음
— 빛 서브 경로
— 뷰 서브 경로
… 연결
○ 머지

PT BPT

PM VCM

▲ **그림 31-1.** 다른 방법으로는 찾을 수 없는 발견된 경로의 시각화. 천장의 영역과 포인트 라이트는 다른 조명 효과를 유발한다.

비치[Veach][14]는 이러한 다양한 샘플러를 거의 최적의 방식으로 결합하고자 몇 가지 가중치 전략을 소개했다. 가장 많이 사용되는 전략은 균형 휴리스틱으로 알려져 있다.

$$w_a = \frac{n_a p_a}{\sum_{b \in S} n_b p_b} \tag{1}$$

여기서 a와 b는 가능한 샘플러의 세트 S에서 확률 밀도 $p_{(a, b)}$와 함께 샘플러의 인덱스다. 샘플러가 여러 번 적용되는 경우 인자 $n_{(a, b)}$로 설명된다. PT와 BPT에서 n은 언제나 1이다. 균형 휴리스틱의 결과는 각 샘플러의 가중치 w이므로 경로의 모든 가중치의 합은 1이 된다. 동일한 경로를 찾기 위한 다른 가능성이 있는 경우 모든 옵션의 가중 평균이 사용된다.

빛 전송 시뮬레이션을 위한 또 다른 성공적인 방법은 얀센^{Jensen}[7]이 소개한 광자 매핑$^{PM, Photon Mapping}$이다. 첫 번째 패스에서 빛 서브패스가 추적되고 버텍스는 광자로 저장된다. 두 번째 패스에서 뷰 서브패스가 생성되고 근처 광자는 현재 경로와 병합된다. 작은 바이어스가 생기지만 BPT보다 더 많은 조명 효과(반사와 굴절 코스틱)를 찾을 수 있다. 조지프^{Georgiev} 등[3]과 하치스카^{Hachisuka} 등[4]은 비치의 MIS 가중치와 호환되는 병합(일명 광자 매핑)을 만드는 경로 확률을 도출했다. 모든 n_Φ 광자가 각각의 뷰 서브패스 버텍스에서 발견될 수 있으므로 많은 양의 경로 재사용이 있다. 이는 병합 샘플러에 대한 균형 휴리스틱(식 1)의 $n = n_\Phi$를 설정해 모델링하는 병합 분산을 줄인다. BPT와 PM으로 구성된 결합된 알고리즘은 버텍스 연결과 병합$^{VCM, Vertex Connection and Merging}$이라고 한다.

안타깝게도 균형 휴리스틱에서의 n_Φ의 선택은 엔더시^{Jendersie} 등[6]이 처음 관찰한 것처럼 분산과 관련된 심각한 계산 오류를 유발할 수 있다. 그림 31-2는 눈에 띄는 문제가 있는 씬을 보여준다. BPT와 비교해 VCM은 새로운 샘플러만을 추가하므로 분산을 줄여야만 하며 더 많은 노이즈를 보여준다. 대부분의 씬에서 이 효과는 선택한 예시처럼 눈에 띄지는 않는다. 그러나 새로운 휴리스틱을 사용하면 이전 휴리스틱과 비교해 모든 씬의 분산이 줄어들어 더 빠른 수렴이 가능하게 한다. 이 방법을 최적화된 VCM$^{OVCM, Optimized VCM}$이라고 부른다.

▲ **그림 31-2.** 각각 50개의 샘플을 가진 비치의 BPT 테스트 샘플의 근접 촬영. 비최적화된 MIS 가중치로 인해 BPT는 VCM보다 성능이 뛰어나다. OVCM은 병합 가중치를 개선하고 분산을 줄인다.

31.2 전체 재사용이 잘못된 가중치를 유발하는 이유

전체 운송 경로의 분산은 뷰 분산과 빛 서브패스의 분산으로 구성된다. 수학적으로 전체 경로의 분산은 두 임의의 변수 X(일반성 손실이 없음, 뷰 서브패스)와 Y(빛 서브패스)의 곱이다.

$$V[XY] = V[X]E[Y]^2 + V[Y]E[X]^2 + V[X]V[Y] \tag{2}$$

두 서브패스의 분산 외에 총 분산은 예상 값 $E[X]$와 $E[Y]$에 따라 달라진다. 두 값은 각각 버텍스에서 들어오는 복사량($E[Y]$)과 그 인접, 들어오는 중요도($E[X]$)다.

n_Φ 광자를 사용하면 병합에서의 빛 서브패스의 분산은 n_Φ의 계수만큼 감소한다. 그러나 전체 분산의 대부분이 뷰 서브패스에서 비롯된 경우 경로 분산의 실제 획득은 n_Φ보다 훨씬 적다. n_Φ 광자의 사용은 $V[Y]$를 낮추므로 식 (2)의 두 번째와 세 번째 항만을 이 계수로 나눈다. 따라서 총 분산이 첫 번째 항 $V[X]E[Y]^2$에 의해 좌우되는 경우 경로 재사용에 대한 분산은 크게 변하지 않으며 n_Φ의 직접 사용은 이벤트 가능성을 심각하게 과대평가할 것이다.

31.3 효과적인 계수 재사용

균형 휴리스틱에 앞의 관측치를 통합하고자 각 병합 샘플러에 대한 계수 n을 변경하려고 한다. 최적의 계수는 여러 서브패스를 병합할 때 전체 경로의 분산이 얼마나 감소했는지를 알려준다. 식 (2)의 분산 특성에서 시작해 병합 샘플러의 실제 유효한 사용은 다음과 같다.

$$n = \frac{V[X]E[Y]^2 + V[Y]E[X]^2 + V[X]V[Y]}{V[X]E[Y]^2 + \dfrac{1}{n_\Phi}\left(V[Y]E[X]^2 + V[X]V[Y]\right)} \tag{3}$$

이는 빛 서브패스 샘플러를 n_Φ번 사용하거나 사용하지 않은 분산의 몫이다. 당연히 식 (3)은 $n_\Phi = 1$인 경우 $n = 1$로 떨어진다. 또한 $n = n_\Phi$는 시야 경로 분산이 0인 경우에만 도달한다. 이 이론적 솔루션은 적용 가능성이 여전히 부족하다. 현재 단일 서브패스 샘플을 기반으로 안정적인 V, E 추정치가 필요하기 때문이다.

엔더시^{Jendersie} 등[6]은 예상되는 광자 수($E[Y]$의 추정)를 쿼리하고자 추가 데이터 구조를 사용했다. 또한 그들의 방법 VCM*은 여기에 표시된 것과 다른 방식으로 추정치를 적용했다. 그러나 전용 데이터 구조를 사용하는 접근 방식에는 추정기 자체 내부의 노이즈, 이산화 아티팩트, 다른 경로에서 $E[Y]$로의 광자를 잘못 계산하는 것과 마지막으로 큰 씬의 확장성 문제라는 여러 문제점이 있다. 다음과 같은 새롭고 좀 더 직접적인 휴리스틱을 제시한다.

31.3.1 적절한 해결책

가장 어려운 질문은 "경로의 수량 V와 E는 무엇인가?"이다. 경로는 여러 몬테카를로 샘플링 이벤트와 하나의 연결 혹은 병합된 이벤트로 구성된다. 샘플링 밀도 p와 목표 함수 f가 비례하는 경우 몬테카를로 적분기에서 계산된 비율 f/p는 모든 샘플에 대해 일정하므로 추정기의 분산은 0이다[14]. p와 f가 거의 비례하면 몬테카를로 샘플러의 분산은 0에 가깝다.

중요도 샘플링에서는 BSDF에 비례해 샘플링 확률 밀도 함수^{PDF} p를 선택하지만 여기서의 목표 함수는 BSDF에 들어오는 방사율을 곱한 것이다. 수학적으로 식 (2)를 사용해 이 프로덕트를 두 개의 하위 문제로 나눌 수 있다. 직접 조명을 예로 들어보자. 결정적인 직사광 계산에서 분산 0을 가진 하나의 무작위 변수의 예상되는 값($E[Y] = L_i$, $V[Y] = 0$)과 $E[X] = 1$(핀홀 카메라 모델의 디자인으로 인해)이고 $V[X] = \varepsilon$(픽셀의 지터링 때문에)인 샘플링된 뷰 서브패스로 들어오는 복사량을 가진다. 최종 분산은 $E[Y]^2 V[X] = L_i\varepsilon$이며 이는 샘플러가 BSDF(혹은 이 경우에 카메라 모델)에 가까이 있더라도 클 수 있다.

긴 경로에도 동일하게 적용된다. 각각의 두 서브패스는 분산을 작은 ε로 근사할 수 있는 여러 몬테카를로 샘플링 이벤트를 포함한다. 들어오는 빛의 강도와 중요성을 근사하려면 평방미터당 밀도와 각 서브패스당 스테라디안^{steradian}이 필요하다. 또는 밀도의 역수(풋프린트 $A[X]$와 $A[Y]$)를 계산할 수도 있다. 그림 31-3을 참고하자. 개념적으로 경로의 풋프린트는 몇 번의 바운스 후 일부 표면에 픽셀이나 광자가 투영되는 것이다.

고밀도 ←→ 작은 풋프린트   저밀도 ←→ 큰 풋프린트

▲ **그림 31–3.** 풋프린트 크기(파란색)와 밀도 간의 유사성. 밀도 p가 높을수록 각 입자의 풋프린트 A는 작아진다 ($A \propto 1/p$).

이 풋프린트 A를 계산할 수 있고 샘플러가 작은 분산 ε를 가진다고 가정하면 식 (3)은 다음과 같이 된다.

$$n \approx \frac{\varepsilon \dfrac{1}{A[Y]^2} + \varepsilon \dfrac{1}{A[X]^2} + \varepsilon^2}{\varepsilon \dfrac{1}{A[Y]^2} + \dfrac{1}{n_\Phi}\left(\varepsilon \dfrac{1}{A[X]^2} + \varepsilon^2\right)}$$

$$\frac{1}{A} \gg \varepsilon \Rightarrow n \approx \frac{\dfrac{1}{A[Y]^2} + \dfrac{1}{A[X]^2}}{\dfrac{1}{A[Y]^2} + \dfrac{1}{n_\Phi}\dfrac{1}{A[X]^2}}$$

$$= \frac{A[X]^2 + A[Y]^2}{A[X]^2 + \dfrac{1}{n_\Phi}A[Y]^2}. \tag{4}$$

이 세 번째 항을 다른 두 항이 지배한다는 가정하에 두 번째 줄에서 ε^2을 0으로 대체했다. 다른 용어 앞의 ε은 자동으로 취소된다. 마지막으로 각 서브패스의 풋프린트를 제공할 수 있다면 최적의 유효 재사용 계수 n의 근삿값을 얻는다.

31.3.2 풋프린트 추정

애플리케이션에서 풋프린트에 대한 가장 중요한 것은 밀도를 눈에 띄게 변화시키는 이벤트를 캡처하는 것이다. 거친 표면은 이러한 이벤트 중 하나를 유발한다. 계산에 BSDF를 포함해야 한다는 뜻이다.

추정치는 이전에 연구됐으며 안티앨리어싱[5](20장에서 설명)과 적응형 커널 재구성[2]에 사용됐다. 투사된 픽셀의 크기를 추정하도록 이게히^{Igehy}는 광선 미분[5]을 도입했다. 광선 미분은 다수의 스페큘러 반사 후에 이방성 풋프린트 추정을 할 수 있지만 거친 BSDF의 처리가 부족하다. 수이켄스^{Suykens} 등[12]은 BSDF의 휴리스틱 처리를 이게히의 광선 미분에 도입했으며 경로 미분이라고 불렀다. 그러나 그들의 접근법은 결정하기 어려운 임의의 스케일 파라미터가 필요하다. 슈조스^{Schjøth} 등[11]은 광자에 사용되는 본질적인 광선 미분인 광자 미분이라고 불리는 것을 탐구했다. 다시 BSDF의 처리가 누락되고 오직 스페큘러 반사만이 처리됐다. 지금까지 가장 편리한 솔루션은 벨코어^{Belcour} 등[2]의 5D 공분산 추적이다. BSDF의 첫 번째 적절한 처리를 포함하지만 계산과 저장에 비용이 많이 든다.

공분산 행렬에서 영감을 받아 단순화된 휴리스틱을 개발했다. 이방성 형태가 아닌 풋프린트 영역에만 관심 있으므로 영역의 변화를 유도하는 데 사용되는 검색된 영역 A와 솔리드 각도 Ω 두 스칼라 값을 저장하고 업데이트하면 충분하다. 공분산 추적에서와 같이 인터랙티브 이벤트로 풋프린트의 변화를 모델링하고자 합성곱을 사용한다.

우리의 것과 유사한 휴리스틱은 베카에트^{Bekaert} 등[1]의 식 (7)에서 포톤 매핑 이벤트를 위한 커널 크기를 추정하고자 사용했다. 휴리스틱과 다른 점은 베카에트 등은 A를 업데이트하고자 이전 PDF만을 사용했다는 점이다. 또한 모든 이전 PDF를 기반으로 하는 누적 솔리드 각도 Ω를 추가로 소개한다.

소스 영역의 모든 점에서 시작해 다른 경로 세그먼트에는 자체 풋프린트가 있을 것이다. 추적된 세그먼트가 입체각 Ω를 가진 원뿔이라고 가정하면 세그먼트 풋프린트를 계산할 수 있다. 소스 위치와 목표 영역을 결합하려면 합성곱이 필요하다. 세그먼트 풋프린트의 제곱근과 소스 영역을 더하고 그 합을 다시 제곱해 수행한다. 원형 풋프린트를 가정하면 그림 31-4의 하단에 표시된다(최종 결과에서 π가 취소된다). 두 정사각형이나 다른 일반 다각형을 관련시키면 동일한 결과가 나온다. 따라서 다음 질문은 두 영역을 얻는 방법이다.

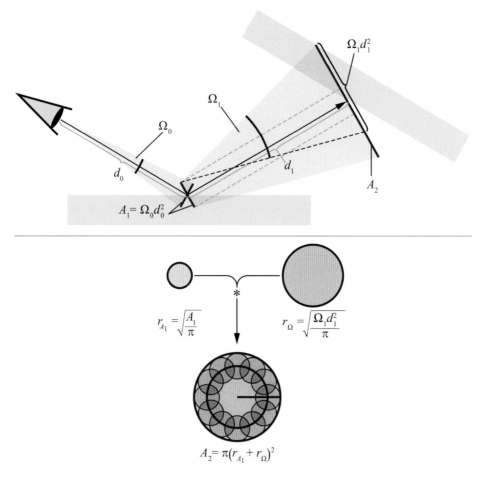

▲ **그림 31-4.** 풋프린트 휴리스틱. BSDF 산란으로 인해 입체각은 각 상호작용($\Omega_1 > \Omega_0$)마다 커진다. 풋프린트 크기는 이전 영역과 새로운 산란을 위한 Ωd^2에 따라 달라진다. 두 영역의 조합은 합성곱(하단)으로 달성한다.

소스 영역은 다음 중 하나다.

- 빛의 경로에서 첫 번째 버텍스의 광원 영역

- 사실적인 카메라 모델의 센서 영역

- 나가는 방향으로 들어오는 영역의 투영

세 번째 옵션은 모든 중간 버텍스에 적용된다. 테스트는 단순히 $A_{out} = A_{in}$을 사용하는 것이 가장 좋은 MIS 가중치를 낸다는 것을 보여줬다. 영역을 들어오는 코사인으로 나누고 나가는 코사인으로 곱하는(즉, 실제 투영을 사용하는) 대안은 더 느리고 품질이 낮은 것으로 판명됐다. 간단한 복사는 합리적이다. 애플리케이션에서 풋프린트가 디퓨즈 확산 이벤트에서 언제나 증가해야 하기 때문이다. 이전 영역을 사용하면 단조로운 기능이 보장된다.

다음으로 단일 경로 세그먼트의 풋프린트 추정치가 필요하다. 추정치는 모든 이벤트(광원, 카메라, 중간 버텍스)에 사용되는 방향성 샘플러의 밀도 p로 제공된다. 방향의 샘플링 밀도는 단위 sr^{-1}을 가진다. 반전시키면 샘플의 입체각 $\Omega = 1/p$이 된다. 광선 미분과 비슷하게 이전 각도 분산이 고려돼야 한다. 따라서 다음 수식을 제공하는 입체각의 합성곱을 적용한다.

$$\Omega_k = \left(\sqrt{\Omega_{k-1}} + \frac{1}{\sqrt{p}} \right)^2 \tag{5}$$

마지막으로 새 버텍스에서 들어오는 영역은 다음으로 계산할 수 있다.

$$A_k = \left(\sqrt{A_{k-1}} + \sqrt{\Omega_{k-1} d_{k-1}^2} \right)^2 \tag{6}$$

여기서 Ωd^2은 마지막 경로 세그먼트의 산란으로 인한 풋프린트인 거리 d에서 입체각 Ω에서 구형 캡의 영역이다. 그림 31-4의 윗부분에도 나와 있다.

지금까지 풋프린트는 모든 경로가 동일한 소스에서 시작한다고 가정했다. 여러 광원(혹은 카메라)이 있는 경우 광자(혹은 임포톤[importon])는 $p_0 < 1$의 확률로 방출된다. 이로 인해 면적이 증가하고 서브패스 X의 최종 풋프린트는 다음과 같다.

$$A[X] = \frac{A_{k,X}}{p_{0,X}} \tag{7}$$

이 절에서 새롭게 파생된 풋프린트 휴리스틱은 주의해서 사용해야 한다. 이는 기하학적 관찰을 기반으로 하며 앞으로 탐구할 가치가 있는 임의의 종류의 곡률 기반 변화나 이방성이 빠져 있다. 지금까지 이 휴리스틱은 주로 분산 추정에 필요한 부분에 중점을 뒀다. 따라서 이전의 광선 미분 방식을 보완하지만 대체하지는 않는다. 안티앨리어싱이나 적응형 광자 매핑에 사용하면 휴리스틱은 실패할 것이다.

또 다른 어려움은 볼륨 전송의 일반화다. 시작하려면 산란 이벤트에도 식 (5)를 사용하는 것이 간단해 보인다. 그러나 매체의 밀도에 따라 광선 방향을 따르는 확산을 추적하는 것이 필요할 것이다. 즉, 영역 A 대신 볼륨을 추적해야 한다.

31.4 임팩트 구현

병합에서 각 서브패스의 풋프린트 영역을 위한 추정치를 가지면 MIS 가중치를 위한 적절한 승수 n을 추정하기 위해 식 (4)를 사용할 수 있다. 이를 위해 버텍스당 두 개의 **float** 값인 $\sqrt{\Omega}$ 와 $\sqrt{A}$ 를 저장한다. 이 제곱근을 직접 사용하면 식 (5)와 (6)의 반복되는 제곱근을 피할 수 있다. 또한 $\sqrt{p}$ 로 나누면 Ω_k의 **float** 또는 **double** 범위를 빠르게 초과해 심각한 수치 문제가 발생할 수 있음을 발견했다. 따라서 몫에 $\epsilon = 1 \times 10^{-2}$을 도입했다. 또한 좀 더 강력한 솔루션을 얻고자 식 (4)를 재정렬할 수 있다. 구현에서 최종적으로 계산된 값은 다음과 같다.

$$\sqrt{\Omega_k} = \sqrt{\Omega_{k-1}} + \frac{1}{\epsilon + \sqrt{p}} \tag{8}$$

$$\sqrt{A_k} = \sqrt{A_{k-1}} + d_{k-1}\sqrt{\Omega_{k-1}} \tag{9}$$

$$n_k = \frac{\left(\dfrac{p_{0,Y}}{p_{0,X}}\left(\dfrac{\sqrt{A_{k,X}}}{\sqrt{A_{k,Y}}}\right)^2\right)^{2+c} + 1}{\left(\dfrac{p_{0,Y}}{p_{0,X}}\left(\dfrac{\sqrt{A_{k,X}}}{\sqrt{A_{k,Y}}}\right)^2\right)^{2+c} + \dfrac{1}{n_\Phi}} \tag{10}$$

식 (10)에서 인공 상수 c를 지수에 추가했다. 결정을 증폭시키는 파워 휴리스틱의 지수와 유사하게 서브패스 추정치 간의 차별화를 증가시킨다. $c = 0.5$를 사용하면 거친 표면의 결과가 향상됐으며 다른 이벤트도 거의 동일하게 유지되는 것을 발견했다. 따라서 인공 수정을 다음의 모든 실험에서 사용한다.

31.4.1 성능 결과

아쉽게도 다른 모든 이벤트의 합을 얻으려면 각 MIS 가중치 계산에 대해 서브패스를 완전히 반복해야 한다. 일반적인 가중치 계산에서는 서브패스에 대한 부분 합을 저장해 전체 반복을 최적화할 수 있다. 최적화는 경로 확률이 많은 항을 공유하는 순수한 곱[10]이기 때문에 가능하다. 합계가 n_k이면 이 최적화는 더 이상 가능하지 않으므로 성능 저하로 이어진다. 일정한 비용인 빠른 표준 구현과 비교할 때 우리의 휴리스틱 비용은 경로 길이에서 선형이 된다. 실제 테스트에서는 씬에 따라 0.3% ~ 3%의 손실이 발생했다. 씬이 단순하거나(낮은 추적과 낮은 머티리얼 평가 비용) 경로가 길면 임팩트는 더 높았다. 좀 더 사실적인 복잡한 씬의 경우 임팩트는 종종 1% 미만이었다.

빠른 구현은 버텍스마다 다른 값 세트를 저장하므로 VCM과 OVCM에는 동일한 양의 메모리가 필요하다.

31.5 결과

31.4절에서 볼 수 있듯이 새로운 휴리스틱은 구현하기 간단하고 좀 더 나은 성능을 가지며 이전 솔루션인 VCM*[6]과 비교해 적은 메모리를 소모한다. 그럼에도 과대평가된 병합 중요도를 피할 수 있다. 그림 31-5와 31-6은 서로 다른 방법으로 렌더링된 5개의 씬을 수렴해서 비교한 것이다. 그림 31-5에서 전체 렌더링이 참고용으로 제공된다. 그림 31- 6은 다른 알고리듬의 많은 반복 횟수에 대한 샘플 분산의 제곱근을 보여준다. 이 시각화에서는 더 어두울수록 더 좋다. 검은색의 이미지는 분산이 0인 완벽한 추정량을 나타낸다. 분산은 종종 이미지의 밝기에 따라 조

정되므로 표준 편차 이미지는 렌더링 자체의 대비를 향상시킨 버전처럼 보인다.

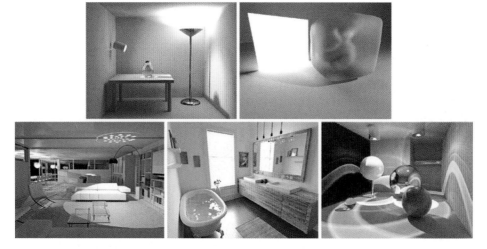

▲ 그림 31-5. 그림 31-6에서 확대한 이미지와 관련된 전체 렌더링

모든 경우에 VCM*과 OVCM은 유사하게 수행된다. 두 경우 모두 BPT나 VCM보다 우수하다. 그러나 여전히 최적화되지 않아 직접 비교에서 눈에 띄게 된다. 두 가지 접근법 중 하나에서 다른 표면이 더 어둡다. 최적의 솔루션은 어디서든 가장 낮은 분산을 가질 것이다. 이러한 차이는 거의 보이지 않으므로 평균 표준 편차는 더 나은 비교를 제공한다.

평균 표준 편차에 따르면 VCM*과 OVCM은 평균적으로 동일하게 좋다.

또한 개선의 여지가 남아 있다. 식 (3)은 최적의 솔루션을 공식화한다. 제안된 휴리스틱은 모든 분산 V를 완전히 제거하고 다른 휴리스틱으로 예상 값 E를 근사한다. 예를 들어 풋프린트 영역의 곡률이나 텍스처 변경을 무시한다. V와 E의 추정치를 개선해 식 (10)의 인공 $c = 0.5$가 불필요해지고 휴리스틱이 최적에 가까워질 것으로 기대한다.

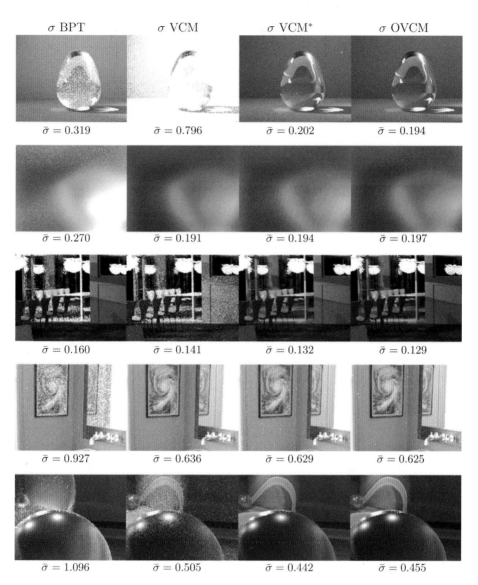

σ BPT	σ VCM	σ VCM*	σ OVCM
$\bar{\sigma} = 0.319$	$\bar{\sigma} = 0.796$	$\bar{\sigma} = 0.202$	$\bar{\sigma} = 0.194$
$\bar{\sigma} = 0.270$	$\bar{\sigma} = 0.191$	$\bar{\sigma} = 0.194$	$\bar{\sigma} = 0.197$
$\bar{\sigma} = 0.160$	$\bar{\sigma} = 0.141$	$\bar{\sigma} = 0.132$	$\bar{\sigma} = 0.129$
$\bar{\sigma} = 0.927$	$\bar{\sigma} = 0.636$	$\bar{\sigma} = 0.629$	$\bar{\sigma} = 0.625$
$\bar{\sigma} = 1.096$	$\bar{\sigma} = 0.505$	$\bar{\sigma} = 0.442$	$\bar{\sigma} = 0.455$

▲ **그림 31-6.** 여기에서는 많은 반복 횟수(10k~65k)에 대한 그림 31-5의 전체 렌더링의 표준 편차 σ(어두울수록 좋음)의 근접 촬영을 보여준다. 전체 이미지의 평균 샘플 표준 편차는 $\bar{\sigma}$로 표시된다.

감사의 글

여기에 표시된 대부분의 씬은 『물리 기반 렌더링(3판)』[10]에서 가져왔다. 화려한 공 씬은 하치스카[T. Hachisuka]가 제공했다.

참고 문헌

[1]   Bekaert, P., Slusallek, P., Cools, R., Havran, V., and Seidel, H.-P. A Custom
      Designed Density Estimator for Light Transport. Research Report
      MPI-I-2003-4-004, Max-P lanck Institut für Informatik, 2003.

[2]   Belcour, L., Soler, C., Subr, K., Holzschuch, N., and Durand, F. 5D Covariance
      Tracing for Efficient Defocus and Motion Blur. ACM Transaction on Graphics 32, 3
      (July 2013), 31:1-31:18.

[3]   Georgiev, I., Křivánek, J., Davidovič, T., and Slusallek, P. Light Transport Simulation
      with Vertex Connection and Merging. ACM Transactions on Graphics (SIGGRAPH
      Asia) 31, 6 (2012), 192:1-192:10.

[4]   Hachisuka, T., Pantaleoni, J., and Jensen, H. W. A Path Space Extension for Robust
      Light Transport Simulation. ACM Transactions on Graphics (SIGGRAPH Asia) 31, 6
      (Nov. 2012), 191:1-191:10.

[5]   Igehy, H. Tracing Ray Differentials. In Proceedings of SIGGRAPH (1999), pp.
      179-186.

[6]   Jendersie, J., and Grosch, T. An Improved Multiple Importance Sampling Heuristic
      for Density Estimates in Light Transport Simulations. In Eurographics Symposium on
      Rendering EI&I Track (July 2018), pp. 65-72.

[7]   Jensen, H. W. Global Illumination Using Photon Maps. In Eurographics Workshop
      on Rendering (1996), pp. 21-30.

[8]   Kajiya, J. T. The Rendering Equation. Computer Graphics (SIGGRAPH) (1986),
      143-150.

[9]   Lafortune, E. P., and Willems, Y. D. Bi-Directional Path Tracing. In Conference on
      Computational Graphics and Visualization Techniques (1993), pp. 145-153.

[10] Pharr, M., Jakob, W., and Humphreys, G. Physically Based Rendering: From Theory
      to Implementation, third ed. Morgan Kaufmann, 2016.

[11] Schjøth, L., Frisvad, J. R., Erleben, K., and Sporring, J. Photon Differentials. In
      Computer Graphics and Interactive Techniques (Dec. 2007), pp. 179-186.

[12] Suykens, F., and Willems, Y. D. Path Differentials and Applications. In Eurographics
      Workshop on Rendering (June 2001), pp. 257-268.

[13] Veach, E., and Guibas, L. J. Bidirectional Estimators for Light Transport. In

Photorealistic Rendering Techniques. Springer, 1995, pp. 145-167.

[14] Veach, E., and Guibas, L. J. Optimally Combining Sampling Techniques for Monte Carlo Rendering. In Proceedings of SIGGRAPH (1995), pp. 419-428.

32장

라디언스 캐싱을 통한 정확한 실시간 스페쿨러 반사

UL 벤치마크의 안티 히르보넨(Antti Hirvonen), 아떼 세팔라(Atte Seppälä), 막심
아이젠슈타인(Maksim Aizenshtein), 니클라스 스몰(Niklas Smal)

개요

동적 환경에서 다양한 광택 표면의 원근법 교정, 실시간 스페쿨러 조명 알고리즘
을 제시한다. 32장의 알고리즘은 렌더링 파이프라인에 레이 트레이싱을 추가해
시각적 오류의 양을 줄이면서 이전 기술(예, 라디언스 프로브와 화면 공간 반사)의 속
성을 활용한다. 이 알고리즘은 머티리얼에 관계없이 모든 표면에 대해 정확한 반
사를 허용하는 것으로 이전 작업을 확장하며 글로벌 일관성을 가진다(즉, 눈에 띄
는 불연속이 없다). 라디언스 캐싱을 사용하면 최종 음영에서 라디언스 계산이 분
리되므로 여러 샘플을 효율적으로 계산할 수 있다. 또한 라디언스 캐시는 레이 트
레이싱 없이 가장 거친 표면에 대한 스페쿨러 항을 근사화하는 데 사용된다.

32.1 소개

실시간 렌더링 엔진은 정확한 시뮬레이션의 계산 비용으로 인해 조명 계산을 근
사화한다. 포인트 라이트와 같은 이상적이거나 이상에 근접한 광원에 대해서만
빛을 빠르게 평가할 수 있다. 그러나 조명은 글로벌 현상이며 표면에서 반사된 빛
과 복잡한 광원에서 방출된 빛의 영향을 크게 받을 수 있다. 이러한 구성 요소의
시뮬레이션은 일반적으로 비싸지만 실제와 같은 조명을 위해서는 전부 고려해야

한다. 이러한 것을 전역 조명이라고 한다. 실시간 그래픽에서 대부분의 전역 조명 관련된 사항은 일반적으로 사전 계산된다.

렌더링 엔진은 일반적으로 표면을 조명에 기여하는 두 개의 별도 레이어인 디퓨즈와 스페큘러로 분리한다. 각 레이어는 기하학적 모델링이 아닌 분포로 설명되는 미세면이라고 불리는 미세한 평면 영역 요소로 구성된다. 평균 기울기(또는 경우에 따라서는 기울기의 표준 편차)는 거칠기라는 표면 파라미터로 설명된다.

디퓨즈 레이어는 산란 분포의 입사광 방향 간의 약한 상관관계를 나타낸다. 디퓨즈 미세면은 입사광 방향과 미세면 법선 방향 사이 각도의 코사인에 비례해 빛 에너지를 산란한다. 평평한 미세 구조를 나타내는 디퓨즈 머티리얼을 램버시안 Lambertian이라고 한다. 디퓨즈 조명의 경우 응답은 대부분 표면의 총 조도에 따라 달라진다. 따라서 어떤 방향으로 산란된 빛의 강도를 계산하려고 입사광의 실제 분포를 알 필요는 없다. 이 관찰은 라이트 맵이나 조도 프로브와 같은 사전 계산된 조도 캐시의 핵심 아이디어다. 입력 데이터의 저주파 특성으로 인해 전체 장면을 다루고자 조도 컴포넌트는 적극적으로 압축되고 효율적으로 저장할 수 있다. 또한 씬의 직접 디퓨즈 조명의 사소한 변경은 간접 디퓨즈 항에 큰 영향을 주지 않는다.

두 번째 용어인 스페큘러 조명specular illumination은 산란 분포와 빛이 들어오는 방향 간의 강한 상관관계를 나타낸다. 모든 스페큘러 미세면은 스넬의 법칙Snell's law에 따라 빛을 반사하며 빛의 반사 에너지는 프레넬 방정식으로 결정된다. 스페큘러 미세면을 갖는 평평한 미세 구조를 나타내는 표면은 이상적인 거울이다. 그러나 머티리얼은 완벽한 거울이 아니며 빛을 한 방향이 아닌 몇 가지 선호하는 방향으로 산란시킨다. 이러한 표면은 광택 있는 거울로 분류된다. 헬름홀츠 교환 조건 Helmholtz reciprocity에 의해 측정된 복사량은 들어오는 복사량 세트에 의존하며 머티리얼이 거칠 때 더 넓은 분포를 고려한다. 스페큘러 용어는 32장의 후반에서 반사라고도 한다.

이러한 관찰은 데이터 구조에 관계없이 많은 복사량 샘플을 저장하는 것을 비현실적으로 만든다. 따라서 현재 렌더링 엔진은 일반적으로 씬의 일부 지점에서 복사량을 단순히 캡처하거나 스페쿨러 환경 용어에 대해 이미 계산된 메인 카메라 복사량을 사용한다. 이러한 근사치는 자체 단점이 있으며 32.2절에서 간략하게 분석한다. 런타임 동안 정확한 스페쿨러 항을 계산하는 실질적인 방법은 실제로 각각의 셰이딩 점에 대해 씬에서 복사량을 샘플링하는 것이다.

32장에서는 씬에 관계없이 다양한 광택의 표면에 대한 간접 스페쿨러 항의 효율적인 계산을 위한 알고리즘을 제공한다. 스페쿨러 BRDF로 정의된 광선 세트에 대한 씬의 전체적인 표면 가시성을 쿼리하고자 다이렉트X 12에 도입된 새로운 마이크로소프트 다이렉트X 레이 트레이싱DXR 파이프라인을 사용한다. 캐시된 접근 방식으로 이러한 광선에 대한 복사량을 효율적으로 계산할 수 있다. 또한 32장의 알고리즘은 뷰 의존적 분산이 낮은 거친 표면에 대한 효율적인 스페쿨러 항 근사를 가능하게 한다. 포스트 필터링 후 최종 결과는 화면의 각 픽셀에 대해 정확한 실시간 스페쿨러 조명 추정치를 제공한다. 그림 32-1을 참고하자.

▲ **그림 32-1.** 후면의 광택 있는 차체, 반사 바닥, 거울 공은 인터랙티브 속도로 로컬 반사를 포착한다.

32.2 이전 작업

전통적이며 널리 사용된 반사 기술은 평면 반사, 화면 공간 반사, 다양한 이미지 기반 라이팅 방식이 포함된다.

32.2.1 평면 반사

평면 반사는 생성하기 쉽지만 각 평면 반사기마다 한 번씩, 여러 번 씬 지오메트리를 렌더링해야 한다. 씬과 엔진에 따라 CPU, GPU, 혹은 둘 다에서 비용이 많이 드는 작업이 될 수 있다. 평면 반사는 평면이나 거의 평면인 반사에서만 잘 작동한다. 거친 표면에서의 반사는 문제가 된다. 평면 반사는 가상 카메라의 방향을 제외하면 복사량을 포착할 수 없기 때문이다.

32.2.2 화면 공간 반사

화면 공간 반사^{SSR, Screen-Space Reflections}는 보이는 표면을 위해 스페큘러 항을 근사하려고 화면 공간 데이터만 사용하는 반사 기법이다. 주요 아이디어는 표면의 스페큘러 BRDF를 따르는 화면 공간에서 하나 이상의 광선을 생성하고 메인 카메라 조명 버퍼에서 광선의 복사량을 근사하는 것이다. 각 광선마다 충돌 위치는 광선 마칭을 사용해 깊이 버퍼 데이터에서 계산한다. 이 계산을 이용하면 복잡한 입력 데이터를 필요로 하지 않으므로 비용이 적게 드는 기술이 되며, 따라서 저가형 하드웨어에서도 사용할 수 있다. 또한 추가 비용 없이 동적 장면이 자연스럽게 지원된다. 자세한 내용은 맥과이어와 마라^{Mara}[12], 스태호이악^{Stachowiak}[16]의 작업을 참고하자.

그러나 SSR은 여러 단점이 있다. 우선 화면 공간 데이터에서만 작동하므로 깊이 버퍼를 기준으로 오클루전이 잘못 해석될 수 있다. 이러한 경우 광선이 너무 빨리 종료되거나 실제로 충돌해야 하는 물체를 통과할 수 있다. 둘째로 메인 카메라 복사량은 자연스럽게 단일 레이어만 가지므로 메인 카메라 뷰에 가려져 있거나 카메라 절두체 외부에 있는 물체는 반사되지 않는다.

32.2.3 이미지 기반 조명

이미지 기반 조명$^{IBL, Image-Based Lighting}$ 기술은 일반적으로 구형 복사량 맵(라디언스 큐브, 반사 큐브, 반사 프로브라고도 한다)을 인코딩하는 라디언스 프로브에 저장된 일부 캡처된 이미지의 조명을 근사한다. 각 프로브는 구체나 박스 같은 씬에서 대략적인 충돌 지점을 제공하는 프록시 지오메트리 객체와 연관될 수 있다[11]. 프로브는 광택 있는 머티리얼의 빠른 근사를 위해 일반적으로 사전 필터링되며 프레임 예산에 따라 사전 계산되거나 실시간으로 업데이트될 수 있다. 독자는 일반적인 IBL에 대한 정보를 위해 데베벡^{Debevec}의 연구[3]를 참조할 수 있다.

32.2.4 하이브리드 접근법

일반적으로 다중 반사 기술은 최종 이미지를 생성하기 위해 결합된다. 예를 들어 화면 공간 반사는 대략적인 실시간 스페쿨러 조명[5]을 생성하기 위해 오프라인에서 생성된 라디언스 프로브와 함께 사용할 수 있다. 그러나 다양한 기술을 혼합하면 반사 기술이 전환되는 지점에서 최종 조명의 불완전환 가시성을 야기할 수 있다.

32.2.5 기타

최근의 접근 방식은 품질이 높지만 계산 비용이 추가됐다. 복셀 콘 트레이싱은 크라신^{Crassin} 등[1]이 제시한 역동적인 씬에서도 사실적인 스페쿨러 항을 생성할 수 있지만 복셀 스케일에서만 작동한다. 맥과이어^{McGuire} 등[13]이 제공한 접근 방식은 사전 계산된 빛 프로브 세트에서 정확한 간접 디퓨즈와 스페쿨러 조명의 계산을 행한다. 이 프로브는 화면 공간 반사와 유시한 레이 마칭 루틴과의 교차를 계산하고자 깊이 버퍼로 보강된다. 그러나 이 기술은 완벽하게 동적이지는 않다. 이러한 기술 중 어느 것도 렌더링 엔진에서 아직 널리 사용되지 않는다.

32.3 알고리즘

현대 렌더링 엔진의 이전 작업과 일반적인 관찰을 기반으로 이 장의 알고리즘을 설계할 때 다음과 같이 관찰한다.

- 화면 공간 반사는 로컬 스페큘러 항에 효과적으로 근사하며 최종 조명에 불연속이 없는 경우, 즉 인접한 텍셀이 성공적으로 화면 공간을 샘플링할 때 실제적인 결과를 제공한다. 그러나 다른 방법(가령 라디언스 큐브에서 샘플링)으로 복사량을 계산할 때 불연속성이 즉시 나타날 수 있다. 이러한 불연속성을 제거하고자 나머지 반사 파이프라인은 화면 공간 데이터와 일치해야 한다. 또한 화면 공간 데이터의 재사용은 비용이 높은 복사량 재계산의 양을 줄여준다.

- 부드럽고 거울 같은 표면에서만 고해상도 렌더링이 필요하다. 낮은 해상도 근사치는 거친 표면의 반사에 적합하다. 결과가 일련의 방향으로 평균화되기 때문이다.

- 표면 세트에서 추적된 광선은 씬에서 대략 같은 지점에 닿을 수 있다. 이는 픽셀당 복사량 샘플의 수가 증가할수록 더 높아진다.

- 게임 환경에서는 적은 수의 동적 객체가 있는 것이 일반적이다.

실제로 이 장의 알고리즘은 레이 트레이싱으로 이전 화면 공간 반사와 라디언스 프로브 기술을 향상시킨다. 여기에는 이러한 기술을 결합하는 방법, 프로브 샘플링을 위해 정의한 휴리스틱, 시간적 반사 필터링을 위한 모션 벡터의 수정을 포함한다.

그림 32-2는 전통적인 지연 렌더링 파이프라인에 통합된 알고리즘의 다양한 단계를 보여준다. 녹색 부분은 간단한 전통적인 지연 렌더링 파이프라인의 단계를 보여주며, 보라색 부분은 레이 트레이싱된 반사의 구현에서 추가된 부분이다. 추가된 부분은 정적 지오메트리를 위한 복사량 캐시의 생성, 복사량 캐시의 조명, 복사량 샘플 생성, 반사 필터링으로 구성된다. 복사량 캐시는 정적 지오메트리의 전처리 단계로 생성된다. 복사량 캐시의 조명은 반사 레이 트레이싱과 샘플링 패스에

대해 분리된 셰이딩으로 볼 수 있으며, 캐시에서 발견되지 않은 광선은 일반 레이 트레이서에서와 같이 머티리얼과 빛 정보를 사용해 간단히 셰이딩된다. 보이는 텍셀에서 추적된 모든 광선의 복사량 값을 계산한 후 시공간 필터를 적용하고 필터링된 결과는 디퓨즈 및 직접 스페큘러 표면 조명과 결합된다. 볼루메트릭 라이팅과 같은 효과는 반사가 완전히 해결된 후 최종 조명에만 적용된다. 샘플링된 화면 공간 조명은 복사량 캐시 및 완전히 셰이딩된 광선과 일치해야 하므로 조명의 불연속을 줄이는 데 필수적이다. 월드 공간 클러스터링 패스는 중요한 역할을 한다. 광선은 씬의 어느 지점과도 충돌할 수 있으므로 월드 공간 데이터 구조는 씬의 모든 조명을 평가하지 않고 조명을 가속화하는 데 사용할 수 있다.

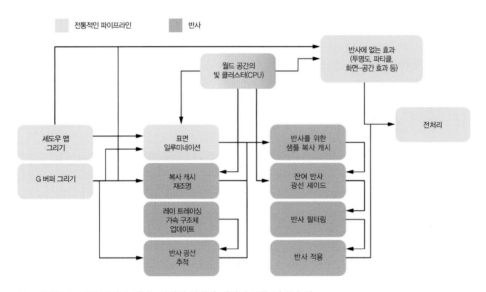

▲ **그림 32-2.** 전체 렌더링 파이프라인의 단계와 데이터 흐름 및 종속성

그림 32-3은 우리의 테크닉을 사용해 레이 트레이싱 파이프라인으로 계산되는 교차점에서 복사량을 샘플링하는 데 화면 공간 조명 텍스처와 라디언스 프로브를 사용하는 방법을 보여준다. 광선 R_2의 교차점이 화면에 표시된다. 라디언스 프로브 1은 광선 R_1, R_2, R_3의 교차점을 보고, 라디언스 프로브 2는 광선 R_1의 교차점을 본다. 이 모든 광선의 복사량은 캐시에서 샘플링할 수 있다. 반대로 광선 R_4의 교차점은 두 프로브나 화면 공간 데이터에서 사용할 수 없으므로 명시적으로 셰이

딩해야 한다. 라디언스 프로브 자체는 셰이딩돼야 하지만 다중 광선은 동일한 사전 계산된 값을 사용할 수도 있으며, 셰이딩이 복잡하고 샘플링된 라디언스 프로브에 큰 해상도가 필요하지 않은 광택 표면이 있는 경우에 큰 이점을 제공한다. 또한 라디언스 프로브의 셰이딩은 국소성의 이점을 지닌다. 인접한 픽셀은 동일한 조명을 계산할 가능성이 높으며 머티리얼은 프로브의 G 버퍼에서 일관되게 샘플링된다. 이 요소는 최신 GPU에서 캐시 조명이 효율적으로 계산되게 한다.

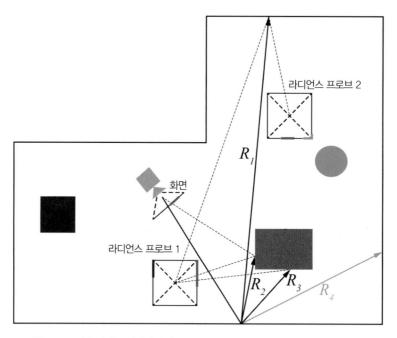

▲ **그림 32-3.** 광택 반사 표면에서의 다중 반사 광선에 대한 캐시 샘플링 전략의 시각화

32.3.1 복사량 캐시

캐시 항목, 즉 라디언스 프로브는 큐브 맵으로 저장된다. 큐브 맵은 공통 그래픽 API의 기본 엔티티이므로 렌더링과 샘플링이 쉽다. 향후 작업으로 맥과이어McGuire 등[13]이 사용한 8면체 투영법 같은 다른 매핑의 연구를 목표로 한다. 이전 방식과 달리 프로브를 사전 필터링하지 않는다. 모든 필터링은 화면 공간에서 실행된다.

이전 기술과 마찬가지로 라디언스 프로브는 대부분의 씬 표면을 덮는 방식으로 씬에 자동이나 수동으로 배치돼야 한다. 여기에서 프로브는 아티스트가 가시성을 최대화하고 겹치는 것을 최소화하는 위치에 수동으로 배치했다. 자동 배치는 향후 작업을 위한 또 다른 방법이다.

32.3.1.1 렌더링

라디언스 캐시에서는 정적 지오메트리만을 렌더링한다. 이는 지오메트리의 래스터화를 사전 계산된 패스로 분리하므로 CPU와 GPU 모드에서 모든 런타임 지오메트리 처리 로드를 제거한다. 런타임 GPU 워크로드는 지연된 조명 패스로 줄어든다. 시스템의 각 라디언스 프로브 알베도, 법선, 거칠기, 금속성, 휘도와 같은 전체 G 버퍼 텍스처 세트로 구성된다. 이 모든 텍스처는 캐시 샘플을 밝히는 데 필요하다.

32.3.1.2 조명

조명 패스는 캐시 샘플에 대한 모든 직접 조명을 평가한다. 라디언스 캐시 조명에는 메인 카메라 조명과 동일한 계산 패스를 사용한다. 현재 시스템 각각의 전체 프로브는 매 프레임마다 다시 조명된다. 캐시에서 광선과 부딪힌 영역만 일루미네이팅해 더욱 최적화할 수 있다. 자세한 내용은 32.7절을 참고하자. 월드 공간 라이팅 클러스터링 알고리즘은 프로브 위치에 관계없이 계산 패스에 대한 라이트를 효과적으로 컬링한다. 메인 카메라 조명에도 동일한 라이트 클러스터링 체계를 사용한다.

캐시 조명에서 주목해야 할 한 가지 중요한 것은 조명 중의 뷰가 메인 카메라의 뷰에 고정돼야 한다는 것이다. 그럼에도 이는 조명을 메인 카메라 조명과 일치시키므로 화면 공간 충돌과 캐시 충돌 혹은 완전히 세이딩된 광선을 결합할 때 발생할 수도 있는 이음새를 제거한다. 이 뷰는 대부분 직접 조명의 스페큘러 항에 영향을 준다.

32.3.2 레이 트레이싱

알고리즘의 주 레이 트레이싱 패스는 스페큘러 BRDF에 따라 샘플 방향을 생성하고 광선을 추적하고 실제로 광선 세트의 복사량을 계산하는 이후의 패스에 대한 충돌 정보를 저장한다.

32.3.2.1 스페큘러 BRDF 샘플링

기하 법선 ω_g를 갖는 점 X에서 뷰 방향 ω_o을 향한 스페큘러 반사로 인한 입사광은 다음 렌더링 방정식에 의해 주어진다.

$$L_o(X, \omega_o) = \int_{\Omega_i} L_i(X, \omega_i) f_s(\omega_i, \omega_o)(\omega_i \cdot \omega_g) d\omega_i \tag{1}$$

Ω_i는 점 X의 양의 반구고 ω_i는 반구에서 가져온 방향이며 BRDF f_s의 경우 미세면 법선의 GGX 분포와 함께 쿡-토렌스$^{Cook\text{-}Torrance}$ 모델을 사용한다. 이는 다음과 같은 중요도 샘플링과 함께 몬테카를로 적분을 사용해 계산할 수 있다.

$$L_o(X, \omega_o) \approx \frac{1}{n} \sum_{i=1}^{n} \frac{L_i(X, \omega_i) f_s(\omega_i, \omega_o)(\omega_i \cdot \omega_g)}{f_{\Omega_i|\Omega_o}(\omega_i)} \tag{2}$$

여기서 $f_{\Omega_i|\Omega_o}$는 샘플링 확률 밀도 함수다. f_s를 샘플링하고자 헤이츠^{Heitz}[7]가 도입한 정확한 샘플링 루틴과 샘플링 루틴에 대한 입력으로 2와 3의 사전 계산된 핼튼 시퀀스$^{Halton\ sequences}$[6]를 사용해, 보이는 법선의 GGX 분포를 활용한다. 그러나 식 2의 근삿값을 직접 사용하는 대신 같은 인자 $\int_{\Omega_i} f_s(\omega_i, \omega_o)(\omega_i \cdot \omega_g) d\omega_i$로 나누고 곱한 다음 분모를 분화해 스태호이악^{Stachowiak}[16, 17]이 제안한 것과 동일한 분산 감소 방식을 따른다.

$$L_o(X, \omega_o) \approx \frac{\sum_{i=1}^{n} \dfrac{L_i(X, \omega_i) f_s(\omega_i, \omega_o)(\omega_i \cdot \omega_g)}{f_{\Omega_i|\Omega_o}(\omega_i)}}{\sum_{i=1}^{n} \dfrac{f_s(\omega_i, \omega_o)(\omega_i \cdot \omega_g)}{f_{\Omega_i|\Omega_o}(\omega_i)}} \int_{\Omega_i} f_s(\omega_i, \omega_o)(\omega_i \cdot \omega_g) d\omega_i \tag{3}$$

$\int_{\Omega_i} f_s(\omega_i,\omega_o)(\omega_i \cdot \omega_g)d\omega_i$ 항은 $\omega_o \cdot \omega_g$, 거칠기 및 입사각 반사율(기본 반사율)의 함수다. 전체 프레넬 항 대신 슐릭의 근사$^{Schlick's\ approximation}$[15]가 대신 사용될 때 기본 반사율은 적분에서 제외될 수 있으며 반구의 BRDF 적분은 합리적인 함수로 근사될 수 있다. 매스매티카^{Mathematica}에서 수치 오류 최소화를 사용해 이러한 근사를 도출하고 다음 수식에 도달했다.

$$\int_{\Omega_i} f_s(\omega_i,\omega_o)(\omega_i \cdot \omega_g)d\omega_i$$

$$\approx \frac{\begin{pmatrix} 1 & \alpha \end{pmatrix}\begin{pmatrix} 0.99044 & -1.28514 \\ 1.29678 & -0.755907 \end{pmatrix}\begin{pmatrix} 1 \\ (\omega_o \cdot \omega_g) \end{pmatrix}}{\begin{pmatrix} 1 & \alpha & \alpha^3 \end{pmatrix}\begin{pmatrix} 1 & 2.92338 & 59.4188 \\ 20.3225 & -27.0302 & 222.592 \\ 121.563 & 626.13 & 316.627 \end{pmatrix}\begin{pmatrix} 1 \\ (\omega_o \cdot \omega_g) \\ (\omega_o \cdot \omega_g)^3 \end{pmatrix}}$$

$$+ \frac{\begin{pmatrix} 1 & \alpha \end{pmatrix}\begin{pmatrix} 0.0365463 & 3.32707 \\ 9.0632 & -9.04756 \end{pmatrix}\begin{pmatrix} 1 \\ (\omega_o \cdot \omega_g) \end{pmatrix}}{\begin{pmatrix} 1 & \alpha & \alpha^3 \end{pmatrix}\begin{pmatrix} 1 & 3.59685 & -1.36772 \\ 9.04401 & -16.3174 & 9.22949 \\ 5.56589 & 19.7886 & -20.2123 \end{pmatrix}\begin{pmatrix} 1 \\ (\omega_o \cdot \omega_g)^2 \\ (\omega_o \cdot \omega_g)^3 \end{pmatrix}} R_0 \tag{4}$$

여기서 α는 GGX 모델에서 선형 거칠기의 제곱이고 R_0은 법선과 평행한 방향으로부터의 반사율이다. 이 기술은 사전 통합된 항이 노이즈에서 자유롭고 전혀 필터링할 필요가 없기 때문에 일부 표면과 관련된 세부 정보를 유지할 수 있다는 이점이 있다. 식 (4)는 이 적분을 평가하는 빠른 방법을 제공한다. 다른 방법은 함수를 테이블로 만들고 해당 테이블에서 조회를 수행하는 것이다[10].

32.3.2.2 광선 생성과 충돌 저장소

이 장의 알고리즘에서 실제 레이 트레이싱 부분은 간단하다. 복사량의 계산은 레이 트레이싱과 분리돼 있기 때문이다. 레이 트레이싱 파이프라인은 올바른 썬 교차점을 찾는 데에만 사용된다. 광선 생성과 충돌 셰이더의 의사 코드는 리스트 32-1에 나와 있다.

중요도 샘플링된 방향을 사용해 광선이 생성되고 G 버퍼 깊이에서 재구성된 표면 위치가 원점으로 사용된다. RT_ROUGHNESS_THRESHOLD 이상의 거칠기 값을 가진 머티리얼에는 광선이 생성되지 않는다. 이러한 머티리얼의 경우 복사량은 방향 벡터만으로 캐시에서 샘플링된다. 추적된 광선의 경우 결과 충돌의 광선 길이, 무게 중심 좌표, 인스턴스 인덱스, 프리미티브 인덱스는 텍스처에 기록되지만 이 패스에서 추가 작업이 필요하지는 않다. $L_i(x, \omega_i)$ 항이 화면 공간 복사나 복사량 캐시에서 항상 발견되는 것은 아니기 때문에 지오메트리 데이터가 저장되며 올바른 머티리얼을 사용해 계산해야 한다. 여기서의 구현은 인스턴스당 단일 머티리얼을 지원하므로 인스턴스 인덱스는 사용된 머티리얼을 고유하게 식별한다. 인스턴스당 여러 머티리얼로 구현하려면 좀 더 많은 데이터를 작성해야 한다.

리스트 32-1. 광선 생성과 충돌 셰이더

```
 1  void rayHit(inout Result result)
 2  {
 3      result.RayLength = RayTCurrent();
 4      result.InstanceId = InstanceId();
 5      result.PrimitiveId = PrimitiveIndex();
 6      result.Barycentrics = barycentrics;
 7  }
 8
 9  void rayGen()
10  {
11      float roughness = LoadRoughness(GBufferRoughness);
12      uint sampleCount = SamplesRequired(roughness);
13      if (roughness < RT_ROUGHNESS_THRESHOLD) {
14          float3 ray_o = ConstructRayOrigin(GBufferDepth);
15          for (uint sampleIndex = 0;
16                  sampleIndex < sampleCount; sampleIndex++) {
17              float3 ray_d = ImportanceSampleGGX(roughness);
18
19              TraceRay(ray_o, ray_d, results);
```

```
20          StoreRayIntersectionAttributes(results, index.xy, sampleIndex);
21          RayLengthTarget[uint3(index.xy, sampleIndex)] = rayLength;
22      }
23    }
24  }
```

32.3.3 광선을 위한 복사량 계산

32.3.2.1절에서 언급한 것처럼 확률적 샘플링 결과를 각 복사량 샘플 가중치의 합으로 나눈 다음 반구에 대한 BRDF 적분의 근삿값을 곱한 분산 감소 방식을 사용한다. L_{total}이 가중 복사량 샘플의 합이고 w_{total}이 단일 픽셀에 대한 샘플 가중의 합이 되도록 식 (3)에 축약 표기법을 적용하면 스페큘러 반사에 의한 총 복사량은 다음과 같이 쓸 수 있다.

$$L_o\left(X, \omega_0\right) \approx \frac{L_{\text{total}}}{w_{\text{total}}} \int_{\Omega_i} f_s\left(\omega_i, \omega_o\right)\left(\omega_i \cdot \omega_g\right) d\omega_i \tag{5}$$

스태호이악[Stachowiak][16]의 연구와 유사하게 모든 항은 시공간 필터링 후에만 결합된다. 비율 추정기를 직접 노이즈 제거하면 근삿값이 올바른 결과로 수렴되지 않기 때문이다. 따라서 픽셀당 합 L_{total}과 w_{total}은 복사량 캐시 샘플링 패스와 광선 셰이딩 패스로 텍스처를 분리하고자 기록된다. 먼저 캐시 샘플링 패스는 캐시에 존재하는 모든 광선에 대한 항을 작성한 다음 광선 셰이딩 패스는 캐시에 복사량 샘플이 없는 광선에 대해 L_{total}과 w_{total}을 누적한다. 캐시 샘플링과 광선 셰이딩 패스의 중요성은 다음 절에서 설명한다.

32.3.3.1 복사량 캐시 샘플링과 화면 공간 조명

캐시와 화면 공간 조명 일치로 계산된 복사량은 복사량 $L_i(x, \omega_i)$를 근사화하는 데 사용할 수 있다. 중요도 샘플링된 방향 ω_i는 레이 트레이싱 패스에서와 동일한 방향을 얻고자 재생성될 수 있으며 레이 트레이싱 패스가 작성한 방향 벡터, G 버퍼, 광선 길이에서 교차점을 계산할 수 있다. 메인 카메라 조명 텍스처를 샘플링하고자 교차점은 화면 공간으로 투영하고 획득한 텍셀 좌표로 샘플링이 계속된다. 화면 공간 G 버퍼 깊이와 계산된 깊이를 비교해 복사량 샘플의 유효성을 검사한다. 샘플링이 실패하면 광선 교차점을 향하는 월드 공간 방향 벡터를 큐브 맵에서 사용해 모든 라디언스 프로브를 샘플링할 수 있지만 뒤에서 설명할 특정 임곗값이 샘플의 정확성을 보장하는 데 필요하다.

샘플링 패스의 개요는 리스트 32-2에 나와 있다. 거칠기가 특정 임곗값(RT_ROUGHNESS_THRESHOLD)을 초과하는 머티리얼의 경우 충돌 지점을 생성하고 해당 방향을 사용해 라디언스 프로브를 샘플링하고자 프록시 지오메트리 교차를 사용한다.

리스트 32-2. 사전 계산된 복사량을 샘플링하기 위한 루틴

```
1  void SamplePrecomputedRadiance()
2  {
3      float roughness = LoadRoughness(GBufferRoughness);
4      float3 rayOrigin = ConstructRayOrigin(GBufferDepth);
5      float3 L_total = float3(0, 0, 0); // 확률론적 반사
6      float3 w_total = float3(0, 0, 0); // 가중치의 합
7      float primaryRayLengthApprox;
8      float minNdotH = 2.0;
9      uint cacheMissMask = 0; 10
11     for (uint sampleId = 0;
12          sampleId < RequiredSampleCount(roughness); sampleId++) {
13     float3 sampleWeight;
14     float NdotH;
15     float3 rayDir =
16         ImportanceSampleGGX(roughness, sampleWeight, NdotH);
17     w_total += sampleWeight;
18     float rayLength = RayLengthTexture[uint3(threadId, sampleId)];
19     if (NdotH < minNdotH)
20     {
21         minNdotH = NdotH;
22         primaryRayLengthApprox = rayLength;
23     }
24     float3 radiance = 0; // 캐시 미스의 경우 0으로 유지된다.
25     if (rayLength < 0)
26         radiance = SampleSkybox(rayDir);
```

```
27          else if (roughness < RT_ROUGHNESS_THRESHOLD) {
28              float3 hitPos = rayOrigin + rayLength * rayDir;
29              if (!SampleScreen(hitPos, radiance)) {
30                  uint c;
31                  for (c = 0; c < CubeMapCount; c++)
32                      if (SampleRadianceProbe(c, hitPos, radiance)) break;
33                      if (c == CubeMapCount)
34                          cacheMissMask |= (1 << sampleId); // 샘플이 발견되지 않았다.
35              }
36          }
37          else
38              radiance = SampleCubeMapsWithProxyIntersection(rayDir);
39          L_total += sampleWeight * radiance;
40      }
41
42      // 광선 셰이딩에서 분기를 피하고자
43      // 미스에 대한 별도의 작업을 생성한다.
44      uint missCount = bitcount(cacheMissMask);
45      AppendToRayShadeInput(missCount, threadId, cacheMissMask);
46      L_totalTexture[threadId] = L_total;
47      w_totalTexture[threadId] = w_total;
48      // 모션의 주요 광성 교차를 근사하고자
49      // 가장 가능성이 높은 광선의 길이를 사용한다.
50      ReflectionMotionTexture[threadId] =
51          CalculateMotion(primaryReflectionDir, primaryRayLengthApprox);
52  }
```

단일 프로브를 샘플링하는 의사 코드는 리스트 32-3에 나와 있다.

리스트 32-3. 단일 프로브 샘플링을 위한 루틴

```
1  bool SampleRadianceProbe(uint probeIndex,
2      float3 hitPos,
3      out float3 radiance)
4  {
5      CubeMap cube = LoadCube(probeIndex);
6      float3 fromCube = hitPos - cube.Position;
7      float distSqr = dot(fromCube, fromCube);
8      if (distSqr <= cube.RadiusSqr) {
```

```
9         float3 cubeFace = MaxDir(fromCube); // (1,0,0), (0,1,0), (0,0,1)
10        float hitZInCube = dot(cubeFace, fromCube);
11        float p = ProbabilityToSampleSameTexel(cube, hitZInCube, hitPos);
12        if (p < ResolutionThreshold) {
13            float distanceFromCube = sqrt(distSqr);
14            float3 sampleDir = fromCube / distanceFromCube;
15            float zSeenByCube =
16                ZInCube(cube.Depth.SampleLevel (Sampler, sampleDir, 0));
17            // 1/cos(뷰 각도), 뷰 광선을 따라 거리를 얻는 데 사용됨
18            float cosCubeViewAngleRcp = distanceFromCube / hitZInCube;
19            float dist = abs(hitZInCube - zSeenByCube) * cosCubeViewAngleRcp;
20            if (dist <
21                    OcclusionThresholdFactor * hitZInCube / cube.Resolution) {
22                radiance = cube.Radiance.SampleLevel(Sampler, sampleDir, 0);
23                return true;
24            }
25        }
26    }
27    return false;
28 }
```

반경 검사는 계산 속도를 높이기 위해 수행되며 반경 밖의 샘플이 존재하지 않거나 충분한 디테일을 갖지 않도록 조정해야 한다. 추가적인 최적화로 포인트 라이트에서 사용된 것과 동일한 방식으로 반경 검사를 피하는 데 클러스터링을 사용할 수 있다. 라디언스 프로브 앞에 폐색된 지오메트리가 있거나 라디언스 프로브에 없는 동적 물체에 교차가 있을 수 있으므로 샘플링한 위치가 실제 충돌 위치에 해당하는지 확인하고자 오클루전 검사를 수행한다. 해상도에 대해 별도로 검사할 것이므로, 저해상도로 인해 생길 수 있는 깊이의 변화를 허용하게끔 거리 임곗값을 정의한다. $\beta \dfrac{z_c}{x_c}$ 함수를 사용하는데, 여기서 z_c는 큐브 교차점의 깊이, x_c는 큐브 해상도, β는 반사 큐브의 뷰 광선에 직각이 아닌 표면에서 샘플링할 수 있을 정도로 충분히 커야 하는 상수다. 그림 32-4는 다른 지오메트리와의 오클루전으로 인해 큐브 맵에서 찾을 수 없는 반사 광선 교차의 예를 보여준다.

706

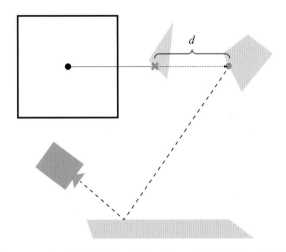

▲ 그림 32-4. 라디언스 프로브 샘플링에 사용되는 임곗값: 실제 교차점과 반사 큐브에서 발견한 위치 사이의 거리

라디언스 프로브 해상도의 임곗값 정의를 위해 방향이 중요도 샘플링된 분포를 고려해 라디언스 프로브의 유한 해상도가 반사 방향에 대해 일으킬 수 있는 오류의 양에 대한 휴리스틱을 사용한다. 이 오류를 양자화하할 때 라디언스 프로브의 동일한 텍셀에 앨리어싱된 샘플링 지점의 확률을 분석한다(리스트 32-3의 함수 ProbabilityToSampleSameTexel). 그림 32-5는 동일한 표면에서의 세 광선 중 2개가 라디언스 프로브에서 단일 샘플로 앨리어싱되는 상황을 보여준다.

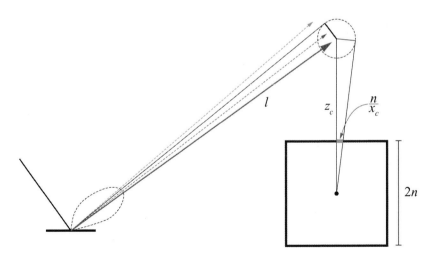

▲ 그림 32-5. 라디언스 프로브 샘플링에 사용되는 임곗값: 해상도 임계 휴리스틱의 시각화. n/x_c 값은 거리 n에서 큐브 맵 근처 평면에 있는 월드 공간에서 너비의 절반 픽셀이다. 이 값은 z_c에서 샘플링된 원의 반지름에 비례한다.

정확한 미세면 법선을 중심으로 하고 라디언스 프로브의 픽셀 사이의 간격에서 파생된 크기를 지닌 영역으로 바운드된 반구의 영역에 다음의 미세면 분포 함수를 통합해 확률을 얻을 수 있다.

$$f_{\Omega_m|\Omega_o} = \frac{G_1(\omega_o, \omega_m) D_{GGX}(\omega_m)(\omega_m \cdot \omega_o)}{(\omega_g \cdot \omega_o)} \tag{6}$$

샘플링 지점(그림 32-5의 원의 중심)은 라디언스 프로브에서 단일 텍셀을 덮는 구에 의해 바운드될 수 있다. 구의 중심이 큐브의 축에 위치한다고 가정하면 반경은 다음과 같다.

$$r_{ref} = \frac{z_c}{\sqrt{1 + x_c^2}} \approx \frac{z_c}{x_c} \tag{7}$$

여기서 z_c는 샘플 점의 선형 깊이고 x_c는 라디언스 프로브에서 큐브 맵의 해상도다. 큐브의 경우 가까운 평면까지의 거리 n이 취소되므로 계산에 영향을 주지 않는다. 축 외부 샘플 지점에 대한 계산을 일반화할 수 있지만 무시할 것이다. 큐브 맵에서 오류는 오직 근삿값에서 유한한 상수에 불과하기 때문이다.

이제 반사된 광선이 구체와 부딪힐 확률을 평가해야 한다. 구 같은 영역[8]에 BRDF를 적분하고자 정확한 근사가 필요하지만 여기서는 계산에 효율적인 조잡한 근사만 필요하다. 반사된 입체각에 대한 반사 방향 밀도는 다음과 같다.

$$f_{\Omega_i|\Omega_o} = f_{\Omega_m|\Omega_o}\left|\frac{d\omega_m}{d\omega_i}\right| = \frac{G_1(\omega_o, \omega_m) D_{GGX}(\omega_m)}{4(\omega_g \cdot \omega_o)} \tag{8}$$

투영된 구체의 입체각이 작다는 가정하에 큐브 맵에서 텍셀을 샘플링할 확률을 대략적으로 계산할 수 있다.

$$\Pr(\omega_i \in S) = \int_{S \subseteq \Omega_i} d\omega_i \frac{G_1(\omega_o, \omega_m) D_{GGX}(\omega_m)}{4(\omega_g \cdot \omega_o)}$$

$$\Pr(\omega_i \in S) = \int\limits_{S \subseteq \Omega_i} d\omega_i \frac{G_1(\omega_o, \omega_m) D_{GGX}(\omega_m)}{4(\omega_g \cdot \omega_o)}$$

$$\approx \frac{G_1(\omega_o, \omega_m) D_{GGX}(\omega_m)}{(\omega_g \cdot \omega_o)} \frac{\pi}{2} \left(1 - \sqrt{1 - \left(\frac{z_c}{lx_c} \right)^2} \right)$$

$$\approx \frac{G_1(\omega_o, \omega_m) D_{GGX}(\omega_m)}{(\omega_g \cdot \omega_o)} \frac{\pi}{4} \left(\frac{z_c}{lx_c} \right)^2 \tag{9}$$

여기서 l은 그림 32-5에서와 같이 반사된 광선의 길이다. 첫 번째 근삿값은 단일 샘플 몬테카를로 적분(구체에 의해 추가된 입체각인 적분량을 곱한 도메인의 일부 값)으로 얻고 두 번째 근삿값은 제곱근 항의 테일러 확장을 취해 얻는다. 그런 다음 임곗값을 0과 1 사이로 정할 수 있다. 예를 들어 0.1의 임곗값은 텍셀을 샘플링할 확률이 10% 이상인 경우 큐브가 거부된다는 뜻이다. 단일 텍셀은 반사를 재구성하는 데 필요한 고주파 정보를 포함하지 않기 때문이다. 그러나 확률이 어느 정도 낮으면 텍셀은 반사 정보를 재구성하기에 충분하다. 후자는 일반적으로 매우 거친 표면인 경우 혹은 샘플링한 방향이 D_{GGX} 분포의 꼬리 끝에 있는 경우다. 완벽하거나 거의 완벽한 거울의 경우, 임곗값은 거의 충족되지 않아도 뷰의 유한 해상도로 인해 샘플은 여전히 허용할 수 있다. 따라서 임곗값을 계산할 때 표면의 거칠기 α를 조정할 수 있는 최솟값으로 고정해 해상도가 비교적 높은 큐브에서 샘플링할 수 있도록 한다. 향후 작업으로 표면의 곡률과 뷰 해상도 자체도 직접 고려할 수 있다.

32.3.3.2 캐시 미스된 광선 셰이딩

일부 프로브에서 모든 점을 볼 수 있게 전체 장면을 라디언스 프로브로 덮으면 실제 장면에서 매우 많은 양의 프로브가 필요하며, 각 점은 샘플링과 조명 패스에 오버헤드를 추가한다. 또한 프로브에 동적 지오메트리를 포함하지 않으며 일부 광선, 특히 매우 부드러운 표면의 경우 프로브의 해상도가 너무 낮을 수도 있다. 따라서 프로브나 화면 공간 조명 텍스처에서 보이지 않는 광선 교차에 대한 복사량을 재구성하는 강력한 방법이 여전히 필요하다.

폴백으로 별도의 계산 패스를 사용해 셰이딩되지 않은 샘플 각각에 대한 복사량을 계산한다. 레이 트레이싱 패스는 지오메트리 인스턴스 인덱스, 프리미티브 인덱스, 무게 중심 좌표를 기록하므로 이 값은 정확한 충돌 지점을 구성하고 조명 패스에 필요한 모든 데이터를 쿼리하는 데 직접 사용할 수 있다. 이제는 스페큘러 하이라이트에 정확한 광선 방향을 사용할 수 있지만 여기서는 카메라 방향을 사용해 복사량 캐시과 화면 공간 조명에 대해 계산된 스페큘러 조명을 일치시킨다.

셰이딩이 필요한 샘플의 수에 따라 워프/웨이브프론트 내의 분기를 피하고자 캐시가 누락된 광선의 인덱스를 샘플링 패스의 별도 버퍼로 압축한다. 또 다른 계산 패스는 버퍼에서 필요한 각각의 광선의 복사량 계산을 적용해 워프/웨이브프론트 내의 각 스레드가 실행할 동일한 작업량을 갖게 한다. 이 작업은 필수적이다. 광택 반사의 경우 픽셀 간의 방향은 큰 분산을 가지므로 캐시 미스가 넓은 지역에 무작위로 흩어지며 일부 워프/웨이브프론트는 하나 혹은 몇 개의 길^{lanes}이 캐시 미스를 가지므로 복사량 계산만을 실행할 것이기 때문이다.

32.4 시공간 필터링

앞에서 설명한 알고리즘은 스페큘러 환경 조명 항의 대략적인 근사치를 제공한다. 그러나 낮은 샘플 카운트 때문에 (극단적인 경우 픽셀당 하나의 샘플) 결과 근사치에 노이즈가 발생한다. 따라서 렌더링된 적분을 언더샘플링해 발생하는 고주파 노이즈를 제거하도록 결과 복사량은 적극적으로 시간적, 공간적으로 필터링돼야 한다. 관찰된 노이즈의 양은 표면 속성과 씬의 빛 분포에 따라 달라진다.

32.4절에서는 32.5절에 표시된 결과를 생성하는 데 사용한 필터링 체계를 설명한다. 필터링은 32장의 주요 주제가 아니므로 참조가 포함된 간략한 설명만 제공한다. 실제로 반사 패스의 노이즈는 경로 추적기의 것과 유사하며 경로 추적된 이미지를 정리하는 데 적합한 알고리즘은 반사 패스에서도 잘 동작한다. 헤이츠^{Heitz} 등 [9]과 유사한 필터링 과정은 여기서 사용하는 비율 추정기의 두 항에 대해 개별적으로 적용되며, 항의 조합은 32.3.3.1절에 언급된 것처럼 필터링 이후에만 수행된다.

32.4.1 공간적 필터링

공간적 필터링은 픽셀 주변에서 샘플을 공유해 적은 샘플 개수를 보상하는 것을 목표로 한다. 샘플은 인접한 픽셀이 표면 속성에서 일치하는 경우에만 공유된다. 여기서의 공간적 필터는 특정 반사 관련 가중치 함수로 강화한 가장자리 회피 Á-Trous 웨이블릿 변환[2]을 기반으로 한다. 각 반복이 스케일링 계수 세트를 생성하는 Á-Trous 웨이블릿 변환의 다중 반복을 수행한다. 이 계수는 원하지 않은 고주파 노이즈 없이 커널 풋프린트의 로우 패스 표현을 제공한다. 변환은 다음 반복 단계에 대한 입력으로 이전 계수를 사용한다. 이를 통해 넓은 화면 공간 영역에 효과적으로 필터링된 샘플을 축적할 수 있으며 `weight` 함수는 유효하지 않은 샘플을 억제한다. 그림 32-6을 참고하자.

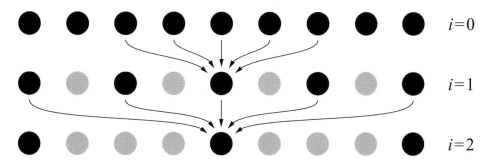

▲ **그림 32-6.** 커널 풋프린트가 기하급수적으로 증가하는 동안 1차원 고정 웨이블릿 변환의 3회 반복. 화살표는 현재 결과에 기여하는 이전 결과의 0이 아닌 픽셀을 보여주며 회색 점은 0 값을 가진 픽셀을 보여준다. 대메르츠 (Dammertz) 등[2]의 그림

이 구현은 대머르츠^{Dammertz} 등[2]과 스키드^{Schied} 등[14]의 이전 작업을 따른다. 각 웨이블릿 반복은 5 × 5 교차 양방향 필터로 수행된다. 기여 샘플은 함수 $w(P, Q)$에 의해 가중되며, 여기서 P는 현재 픽셀이고 Q는 샘플 이웃으로부터의 기여하는 샘플 픽셀이다. 스케일링 계수 S_{i+1}을 다음과 같이 계산한다.

$$S_{i+1} = \frac{\sum_{Q \in \Omega} h(Q) w(P, Q) S_i(Q)}{\sum_{Q \in \Omega} h(Q) w(P, Q)} \qquad (10)$$

여기서 $h(Q) = \left(\frac{1}{8}, \frac{1}{4}, \frac{1}{2}, \frac{1}{4}, \frac{1}{8}\right)$은 필터 커널이다. 가중치 함수 $w(P, Q)$는 해당 샘플의 G 버퍼 속성을 기반으로 샘플 Q의 기여도를 제어한다. 이 가중치 함수에 기여하는 컴포넌트는 가장자리 정지, 거칠기, 반사 방향, 광선 길이의 네 그룹으로 분류할 수 있다. 이 네 그룹은 다음 절에서 설명한다.

weight 함수를 단순화하고자 함수 f_w를 한계 a와 b 간의 부드러운 보간 함수로 정의한다.

$$f_w(a, b, x) = 1 - \text{smoothstep}(a, b, x) \tag{11}$$

여기서 smoothstep은 셰이딩 언어에서 제공하는 표준 입방형 에르미트^{Hermite} 보간기다.

32.4.1.1 가장자리 중지 가중치

가장자리 중지 가중치$^{\text{edge-stopping weights}}$는 기하학적 경계에 걸친 샘플의 분포를 방지하고 P와 Q에서의 깊이와 법선 값의 차이를 고려한다. 이 함수는 스키드^{Schied} 등 [14]의 이전 작업을 기반으로 하며 깊이 가중치 w_z는 다음과 같다.

$$w_z = \exp\left(-\frac{\left|z(P) - z(Q)\right|}{\sigma_z \left|\nabla z(P) \cdot (P - Q)\right| + \varepsilon}\right) \tag{12}$$

여기서 $\nabla z(P)$는 깊이 그라디언트고 $\sigma_z = 1$은 실험으로 정의된 상수며 $\varepsilon = 0.0001$는 0으로 나누기를 막기 위한 작은 상숫값이다. 또한 가중치 w_n은 P와 Q에서 법선 간의 차이를 기반으로 하며 다음과 같이 정의된다.

$$w_n = \max(0, \mathbf{n}(P) \cdot \mathbf{n}(Q))^{\sigma_n} \tag{13}$$

여기서 $\sigma_n = 32$는 실험에 기초한 상숫값이다.

32.4.1.2 거칠기 가중치

거칠기 가중치는 반사 로브에 거칠기의 영향을 시뮬레이션한다. 현재 픽셀과 비교해 유사한 거칠기 값을 가져서 반사 로브와 비슷한 모양인 샘플만 허용한다.

$$w_r = f_w(r_{near}, r_{far}, |r(P) - r(Q)|) \tag{14}$$

여기서 r_{near} = 0.01과 r_{far} = 0.1은 실험을 기반으로 선택한 상수다. 그리고 다음 수식에서 가중치의 거칠기를 기반으로 기여 샘플에 대한 필터링 반경을 조정한다.

$$w_r = f_w(d_{near}, d_{far}, \|\mathbf{d}\|) \tag{15}$$

여기서 d_{near} = 10 $r(P)$, d_{far} = 70 $r(P)$, $\mathbf{d} = P - Q$는 현재 픽셀 위치에서 샘플 픽셀 위치까지의 벡터다.

32.4.1.3 반사 방향 가중치

반사 방향 가중치는 필터링 커널을 반사 방향으로 스케일링해 커널을 이방성으로 만든다.

$$w_s = \text{saturate}(\hat{\mathbf{d}} \cdot \hat{\mathbf{r}}) \, s_{c_s} + s_{c_b} \tag{16}$$

여기서 r은 화면 공간의 반사 방향이고 s_{c_s} = 0.5는 스케일링 계수, s_{c_b} = 0.5는 스케일링 바이어스다.

32.4.1.4 광선 길이 가중치

광선 길이 가중치는 광선 길이의 함수로 수집 반경을 제어하도록 설계됐다. 충돌 지점이 더 가까울수록 기여할 주변 샘플을 덜 원하게 된다. 따라서 가중치 w_l은 다음과 같다.

$$w_l = f_w(l_{near}, l_{far}, \|\mathbf{d}\|) \tag{17}$$

여기서 l_{near} = 0이고 l_{far} = 10.0 $r(P)$다.

마지막으로 모든 가중치를 하나의 함수로 결합할 수 있다.

$$w(P, Q) = w_z(P, Q)w_n(P, Q)w_r(P, Q)w_d(P, Q)w_s(P, Q)w_t(P, Q) \qquad (18)$$

32.4.2 시간적 필터링

불행하게도 공간적 필터는 종종 원하는 품질에 도달하기에 충분하지 않다. 따라서 픽셀 주변에 샘플을 누적하는 것 이외에도 여러 프레임에 걸쳐 시간적으로 샘플을 누적한다. 이는 지수 이동 평균을 사용해 현재 프레임 샘플과 이전 시간적 결과 사이를 보간해 수행한다.

$$C_i = (1 - \gamma)S_i + \gamma C_{i-1} \qquad (19)$$

여기서 C_i는 현재 프레임 출력, C_{i-1}은 속도 벡터를 사용해 투영된 이전 프레임 출력, S는 현재 프레임 입력(즉 반사 버퍼)이다. 반사를 위해 이러한 속도 벡터를 얻는 것은 32.4.3절에 더 자세히 설명했다. 가중치 γ는 히스토리 데이터와 현재 프레임 간의 보간 비율을 나타내며 다중 휴리스틱을 기반으로 한다.

광택 반사는 시간적 샘플 사이에서 상당한 색 변화를 가질 수 있다. 이는 고스트 제거용 분산 클리핑 같은 색상 값을 기반으로 하는 방법에 의존하는 것을 방지한다. 대신 γ 정의를 위해 32.4.1절의 지오메트리 기반 가중치 함수의 서브세트를 사용한다. 우선 속도 벡터를 사용해 기여 샘플의 샘플링 위치를 생성하고자 P를 투영하고 그런 다음 P를 사용해 이전 프레임의 표면 속성을 샘플링하는 것으로 수행된다. 따라서 이전 프레임의 G 버퍼에서 깊이와 법선 속성을 저장해야 한다.

또한 현재 샘플의 거칠기를 기반으로 하는 가중치 $w_{r_{max}}$를 포함한다. 거울과 같은 매우 매끄러운 표면은 가능한 한 모든 고스팅을 제거하고자 불필요한 시간적 샘플을 무시하는 방식으로 수행한다. 이 가중치는 다음과 같이 계산된다.

$$w_{r_{max}} = \mathsf{smoothstep}(0, r_{max}, r(P)) \qquad (20)$$

여기서 $r_{max} = 0.1$은 상수 임곗값이다. 따라서 다음 수식은 현재와 이전 프레임의 가중치를 부여하는 데 사용되는 총 가중치다.

$$\gamma = 0.95 w_z(P, Q) w_n(P, Q) w_r(P, Q) w_{r_{max}} \tag{21}$$

고스팅은 $w_{r_{max}}$로 클램핑되기에 충분하지 않은 정도로 크지만 고스팅이 선명하게 보일 정도로 매끄러운 상수 거칠기를 지닌 평면에서 여전히 나타날 수 있다. 이러한 아티팩트는 밝은 광원의 반사 혹은 밝게 색칠된 물체를 빠르게 움직일 때 가장 두드러진다. 반사체 표면을 비교하는 반사에서 보이는 물체 간의 차이를 설명할 수 없기 때문에 불행히도 지오메트리 가중치 함수로 해결할 수 없다. 따라서 기하학적 경계에 대한 샘플링을 방지하기 위한 가장자리 정지 함수를 사용하면서 들어오는 빛 L과 필터링된 BRDF 양쪽의 분산을 계산하고자 현재 반사 결과에 대해 5×5 필터링 커널을 구현하기로 결정했다. 그런 다음 시간적 필터링 결과 C_i의 색상 공간 분산 클리핑에 사용되므로 현재 프레임과 비교해 완전히 다른 색상 값을 지닌 시간적 결과와 혼합되는 것을 방지한다. 이는 시간적 안티앨리어싱에서 일반적으로 수행되는 분산 클리핑과 유사하며 기하학적 경계를 넘어 샘플링을 방지하고자 균일하지 않은 샘플 가중치만 있다.

32.4.3 반사 모션 벡터

모션 벡터는 화면에 투영한 물체의 속도가 아니라 반사를 통해 보이는 물체의 모션 벡터를 조정해야 한다.

32.4.3.1 문제 이해

문제를 해결하려면 카메라, 반사기, 반사에서 볼 수 있는 물체 등의 완전히 정적인 시스템으로 시작한다. 그림 32-7에서 빛은 P_o의 물체에서 여러 방향으로 방출된다. 광자 중 하나는 $P_{s,0}$에서 반사기로 완벽하게 반사돼 눈에 도달한다. 물체는 광선을 따라 눈과 부딪히는 것처럼 감지된다.

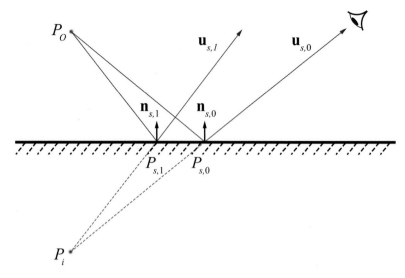

▲ 그림 32-7. 평면에서의 거울 반사

눈이 물체의 빛이 도달하는 다른 위치로 이동한 경우 물체는 같은 장소에 나타난다. 눈을 새로운 지점으로 옮기면 표면 아래 어딘가와 교차하는 여러 개의 광선을 얻는다. 이 교차점은 P_i며 물체의 이미지라고 한다. 특별한 경우 광선은 과거에 교차하므로 이미지는 가상인 반면 다른 구성의 경우 광선은 미래에 교차할 수 있으며 실제 이미지를 얻는다. 더욱이 실제 구성에서 광선은 종종 완벽하게 교차하지 않으며 대신 착란원circle of confusion을 얻는다. 그러나 이 문제를 해결하려면 이 시나리오를 무시하고 광선이 언제나 수렴한다고 가정하자.

일반적인 전략은 이제 명확해져야 한다. 물체의 명시적인 처리를 대체하고 물체의 이미지를 처리해 속도를 수집하고 이 속도를 사용하려고 한다. 화면에서 보는 것은 이미지이므로 물체보다 이미지를 다루는 것이 좀 더 자연스럽다. 따라서 물체 자체가 아닌 이미지를 분석해야 한다.

32.4.3.2 직접적인 해결법

최소 제곱의 의미에서 P_i를 찾는 간단한 방법은 다음 수식으로 주어진 선의 교차 해결법이다.

$$\left(\mathbf{I} - \sum_j \mathbf{u}_{s,j}\,\mathbf{u}_{s,j}^\mathsf{T}\right) P_i = \sum_j \left(\mathbf{I} - \mathbf{u}_{s,j}\,\mathbf{u}_{s,j}^\mathsf{T}\right) P_{s,j}$$

$$\text{여기서 } \mathbf{u}_{s,j} = \left(2\mathbf{n}_{s,j}\,\mathbf{n}_{s,j}^\mathsf{T} - \mathbf{I}\right)\left(P_o - P_{s,j}\right) \tag{22}$$

여기서 $P_{s,j}$는 로컬 풋프린트의 표면에 있는 점이며 $\mathbf{u}_{s,j}$는 그림 32-7에 표시된 것처럼 점으로부터의 반사 방향이다.

속도에 대한 해결법은 시간에 따라 차별화한 후에 얻을 수 있지만, 매우 성가시며 상당한 정보가 필요하다.

32.4.3.3 기하학적 광학 접근법

반사점이 밀접하다고 가정하면 문제를 크게 단순화할 수 있다. 밀접한 점은 국소적으로 구체 같으며 구 표면에서 반사된 물체의 이미지를 찾는 문제는 다음 수식에서 주어지는 얇은 렌즈 방정식으로 해결할 수 있다.

$$\frac{1}{f} = -\frac{2}{r}$$
$$\Leftrightarrow$$
$$\frac{1}{f} = \frac{1}{z_o} + \frac{1}{z_i}$$
$$\Leftrightarrow$$
$$\frac{x_i}{x_o} = -\frac{z_i}{z_o}, \quad \frac{y_i}{y_o} = -\frac{z_i}{z_o} \tag{23}$$

여기서 r은 곡률의 반경이다.

32.4.3.4 광학 파라미터 얻기

이번 절의 첫 부분은 표면의 미분 기하학에 익숙하다고 가정한다. 미분 기하학을 자세히 알고싶다면 카르모Carmo의 책[4]을 참고하라.

그림 32-8에서 P_s는 월드 공간 좌표에서 반사기의 점을 나타내며 이 좌표는 픽셀에 투사되고(화면에서 보임) $P_{s,j}$는 인접 픽셀의 표면 점이다. 반사 상호작용은 반사

점의 탄젠트 면과 직교하고 뷰 벡터를 포함하는 면인 법선 면에서 발생한다. 이 면에서 원형 반사기의 반경은 반사점 P_s에서 탄젠트면상에 투영된 뷰 방향의 법선 곡률 κ_n의 역수다. 그러나 κ_n은 뷰에 따라 달라지며 카메라가 움직일 때 변한다. 따라서 뷰 방향에서 법선 곡률을 사용하는 대신 뷰어에 가장 가까운 이미지를 생성하는 주 곡률 κ_s를 사용한다. 이 값은 두 개의 주 곡률을 계산하고 뷰어 앞에서 가장 가까운 이미지를 생성하는 것을 찾는 것으로 발견할 수 있다(음의 곡률은 뷰어 뒤의 이미지를 생성할 수 있다). 이 결정은 반사기 지점을 효과적으로 밀접하게 강제한다. 뷰에 관계없이 동일한 법선 곡률이 언제나 사용되기 때문에 r은 κ_s의 역수이므로 무한이 될 수 있지만(면의 경우) 0이 될 수는 없다. 초점에도 동일하게 적용된다. 따라서 반경과 초점의 역수로 작업할 것이다.

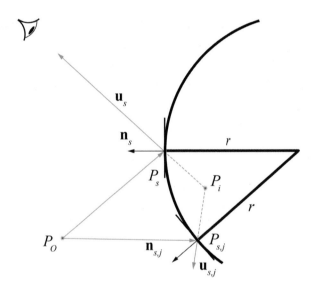

▲ 그림 32–8. 구형 거울에서의 반사

직교 정규도 {$\mathbf{x}$, $\mathbf{y}$, $\mathbf{n}_s$}의 경우 반사된 물체 좌표는 다음과 같다.

$$x_0 = \mathbf{x} \cdot (P_0 - P_s), \ y_0 = \mathbf{y} \cdot (P_0 - P_s), \ z_0 = \mathbf{n} \cdot (P_0 - P_s) \tag{24}$$

여기서 P_o와 P_s는 각각 반사된 물체와 반사기의 월드 공간 위치다. 얇은 렌즈 방정식에서 얻은 이미지 좌표 $(x_i \ y_i \ z_i)^2$은 월드 공간의 이미지 위치를 다음 수식으로 지정한다.

$$P_i = P_s + x_i\mathbf{x} + y_i\mathbf{y} + z_i\mathbf{n}_s \qquad (25)$$

이 수식이 광택 반사의 시간적 필터링 패스를 위한 입력으로 사용됐을 때 샘플 수를 일시적으로 확장시켜 보자. 즉, 동일한 위치와 교차할 가능성이 있는 샘플 대신 유사한 분포에서 샘플링한 히스토리로부터 샘플을 찾는다. 그러므로 주요 반사 방향으로 곱해진 픽셀의 최고 확률 광선 길이를 사용해 가장 가능성 높은 광선의 교차 추정치를 사용한다.

이 방법으로 계산된 모션 벡터는 주요 충돌 표면 모션 벡터보다 혹은 반사 표면의 곡률을 고려하지 않은 접근법보다 곡면에서 충돌 지점을 재투영하기 위한 더 나은 추정치를 제공하는데, 그림 32-9에 나와 있다.

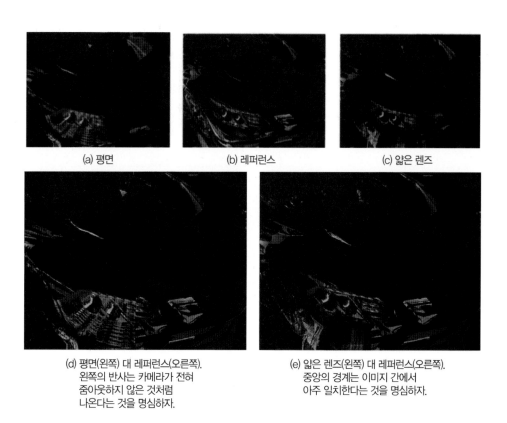

(a) 평면   (b) 레퍼런스   (c) 얇은 렌즈

(d) 평면(왼쪽) 대 레퍼런스(오른쪽).   (e) 얇은 렌즈(왼쪽) 대 레퍼런스(오른쪽).
왼쪽의 반사는 카메라가 전혀   중앙의 경계는 이미지 간에서
줌아웃하지 않은 것처럼   아주 일치한다는 것을 명심하자.
나온다는 것을 명심하자.

▲ 그림 32-9. 추정된 평면 반사기와 얇은 렌즈 근사치에 의한 뷰 의존 속도 벡터 간의 비교. 모션 벡터와의 좌표 오프셋을 사용해 화면에서 이전 프레임의 데이터만 샘플링하는 동안 카메라는 10 프레임 동안 약 1미터 줌아웃된다. 반사는 첫 번째 프레임에 대해서만 계산된다.

32.4.3.5 동적 객체에 대한 속도 변환

뷰에 의존하지 않고 기본 벡터 x와 y를 선택하면 카메라 위치와 관련된 시간 의존성을 갖지 않는다. 반사체가 회전할 때 변하는 표면 법선과 관련해 시간 의존성을 가진다. 그러나 이 변화를 무시하고 $\dot{\mathbf{x}} = 0$, $\dot{\mathbf{y}} = 0$, $\dot{\mathbf{n}} = 0$이라고 가정한다. 식 (24)와 식 (25)의 시간적 미분은 다음과 같다.

$$\dot{x}_0 = \mathbf{x} \cdot (\dot{P}_0 - \dot{P}_s), \quad \dot{y}_0 = \mathbf{y} \cdot (\dot{P}_0 - \dot{P}_s), \quad \dot{z}_0 = \mathbf{n}_s \cdot (\dot{P}_0 - \dot{P}_s) \tag{26}$$

여기서 $\dot{P}_i = \dot{P}_s + \dot{x}_i \mathbf{x} + \dot{y}_i \mathbf{y} + \dot{z}_i \mathbf{n}_s$다.

식 (23)에서 다음을 얻는다.

$$\dot{z}_i = \left(\frac{z_i}{z_o}\right)^2 \dot{z}_o$$

$$\dot{x}_i = -\frac{z_i}{z_o}\dot{x}_o + \frac{x_o}{f}\left(\frac{z_i}{z_o}\right)^2 \dot{z}_o$$

$$\dot{y}_i = -\frac{z_i}{z_o}\dot{y}_o + \frac{y_o}{f}\left(\frac{z_i}{z_o}\right)^2 \dot{z}_o \tag{27}$$

이미지 포인트의 속도는 식 (26)과 (27)에서 쉽게 계산할 수 있고 다음과 같이 화면 공간 모션 벡터를 얻고자 화면에 투영할 수 있다. 월드 좌표에서 화면 좌표로 변환되는 행렬 M과 리플렉터의 화면 좌표 (x_{ss}, y_{ss})는 다음 수식으로 주어진다.

$$v = \frac{1}{\mathbf{m}_{,3} \cdot \dot{P}_i}\left(\begin{pmatrix} \mathbf{m}_{,0} \cdot \dot{P}_i \\ \mathbf{m}_{,1} \cdot \dot{P}_i \end{pmatrix} - \begin{pmatrix} x_{ss} \\ y_{ss} \end{pmatrix} \cdot \left(\mathbf{m}_{,3} \cdot \dot{P}_i\right)\right) \tag{28}$$

여기서 $\mathbf{m}_{,i}$는 M의 i번째 행을 나타낸다. 이는 이미지의 속도만을 설명한다. 카메라 이동으로 인한 추가적인 속도 컴포넌트는 별도로 추가돼야 한다. 그러나 속도는 상대적이므로 식 (26)에서 물체 속도와 반사기 속도에서 카메라 속도를 뺄 수 있다. 이는 계산을 위해 행렬 M을 시간과 무관하게 만든다. 화면 공간 모션 벡터를 계산하는 또 다른 방법은 오일러 반복으로 이미지 위치를 뒤로 이동시키고 화면에 투영한 다음 화면 공간의 차이를 가져오는 것이다.

32.5 결과

다섯 가지 다른 시나리오의 표준 Sponza 씬에서 알고리즘의 결과를 측정했다. 완전히 세이딩된 참조, 즉 캐시가 없는 스페큘러 계산과 비교한다. 씬은 11개의 캐시 샘플링 포인트가 장착됐다. 거칠기 임곗값(RT_MAX_ROUGHNESS)을 0.8으로 했다. 모든 숫자는 엔비디아 RTX 2080 GPU에서 2560 × 1440 해상도로 캡처됐다.

그림 32-10에 표시된 최종 조명과 반사 항 이미지 외에도 반사 마스크 이미지도 포함한다. 마스크는 픽셀당 반사 경로의 유형을 색상으로 구분한 시각화다. 마스크의 보라색은 가장 저렴한 경로를 나타내고, 방향 벡터만 사용해 샘플링한다. 녹색과 주황색 영역은 레이 트레이싱된 것이다. 화면 공간에서 샘플링된 복사량은 어두운 녹색 픽셀, 캐시에서 샘플링된 것은 밝은 녹색 픽셀, 완전히 계산된 것은 주황색 픽셀이며 가장 값비싼 계산 경로를 나타낸다.

▲ **그림 32-10.** 상단부터 하단까지 테스트 케이스: 메인, 스팟, 나무, 타일, 커튼. 왼쪽: 최종 조명. 중앙: 환경 반사항. 오른쪽: 반사 마스크(32.5절에서 설명한 컬러 맵). 이 이미지는 정적 씬을 위해 정적 카메라에서 캡처했다.

32.5.1 성능

1과 표면 조도로 변하는 1부터 4까지의 샘플 개수로 성능을 측정했다. 결과는 각각 표 32-1과 32-2에 나와 있다. 성능은 각 패스마다 별도로 제공된다. 광선은 가능한 한 광선 셰이딩 패스에 필요한 모든 데이터를 기록하는 레이 트레이싱 패스에서만 추적된다. 캐시 재조명 시간은 모든 테스트 케이스에서 (자연스럽게) 일정했다. 다른 부분의 성능은 주로 가져온 샘플 개수와 복사량 캐시의 활용률에 따라 달라진다. 캐시를 전혀 사용할 수 없다면 여기의 기술은 광선의 전체 셰이딩으로 되돌아간다. 이 경우 캐시 조명과 샘플링(모든 샘플 거부)으로 인한 오버헤드는 전체 광선 셰이딩에 더해져 전체가 지불된다. 타일 시나리오는 알고리즘이 전체 셰이딩과 비슷하게 수행되는 경우를 다룬다.

▼ **표 32-1.** 픽셀당 단일 샘플을 가져올 때 다른 카메라에 대해 프레임 시간(ms)으로 NVIDIA RTX 2080에서의 다양한 패스의 성능. 여기의 기술은 '(o)'로 표시되고 '(f)'와 완전히 음영 처리된 비교로 표시된다. 숫자는 Sponza 장면에서 캡처됐다. 모든 경우에 필터링은 약 10ms가 걸렸다. 이러한 테스트 케이스와 일치하는 이미지는 그림 32-10에서 볼 수 있다.

	레이 트레이싱	캐시 재조명	캐시 샘플링 + 속도 + 작업 제네레이션	광선 셰이딩	합계
메인(o) 메인(f)	2.68 3.62	0.87 0	1.70 0.66	1.25 8.40	5.63 12.68 (2.25x)
스폿(o) 스폿(f)	2.08 2.39	0.88 0	0.89 0.63	0.62 6.41	3.59 9.43 (2.63x)
나무(o) 나무(f)	3.87 3.84	0.88 0	1.04 0.62	1 7.06	5.91 11.52 (1.95x)
타일(o) 타일(f)	3.19 3.27	0.88 0	0.91 0.59	3.60 4.62	7.70 8.48 (1.10x)
커튼(o) 커튼(f)	0.24 3.10	0.88 0	1.10 0.66	0.33 8.81	1.72 12.57 (7.31x)

▼ **표 32-2.** 표 32-1과 동일하지만 1개에서 4개의 샘플이 있다. 거칠기를 기준으로 각 픽셀에 대해 샘플 수가 동적으로 선택됐다(표면이 거칠어질수록 샘플 개수가 증가한다).

	레이 트레이싱	캐시 재조명	캐시 샘플링 + 속도 + 작업 제네레이션	광선 셰이딩	합계
메인(o)	8.16	0.88	5.24	3.99	17.39
메인(f)	12.45	0	1.02	34.13	47.60 (2.74x)
스폿(o)	8.16	0.88	4.64	1.63	14.43
스폿(f)	9.57	0	1.09	28.24	38.90 (2.70x)
나무(o)	15.50	0.88	3.32	3.96	22.78
나무(f)	15.45	0	1.07	35.47	51.99 (2.28x)
타일(o)	8.51	0.88	2.49	8.97	19.97
타일(f)	8.61	0	0.95	12.29	21.85 (1.09x)
커튼(o)	0.51	0.88	3.74	0.4	4.65
커튼(f)	12.78	0	1.04	39.98	53.80 (11.57x)

여기의 알고리즘은 레이 트레이싱 부분을 완전히 건너뛸 수 있을 때 최고의 성능을 가진다. 이는 거친 재질을 가진 커튼 시나리오에서 볼 수 있다. 이 경우 성능 차이는 한 샘플에서 거의 7배, 여러 샘플에서 15배다.

시나리오 스폿과 나무는 화면 공간이나 복사량 캐시에서 샘플링한다. 이 시나리오에서는 레이 트레이싱이 필요하지만 셰이딩 중에 빠른 경로를 여전히 사용한다. 이 경우 알고리즘은 전체 셰이딩보다 약 2배 빠르다. 이 경우 반사는 광택이 있으며 캐시 사용을 도와준다.

균형 잡힌 예는 메인 시나리오에서 볼 수 있다. 이 샷에는 거친 암석부터 광택이 나는 타일 바닥까지 모든 종류의 표면이 포함됐다. 여기서는 전체 셰이딩과 비교해 2.5배의 성능 향상을 측정했다.

32.5.2 품질

그림 32-11은 여기에서 설명하는 기법을 사용해 광선당 셰이딩된 참조와 비교해서 계산된 반사율을 지닌 매끄러운 표면을 보여준다. 일부 샘플이 저해상도 캐시에서 가져왔다고 하더라도 기술의 품질은 비슷하다. 일반적으로 반사 품질은 샘플링 휴리스틱으로 인해 캐시 크기에 크게 좌우되지 않는다. 좀 더 작은 캐시는 더 많은 미스를 발생시킬 것이지만 전반적인 품질은 기준과 가깝게 유지된다. 이는 256 × 256의 캐시 해상도가 32 × 32와 비교되는 그림 32-12에 나와 있다.

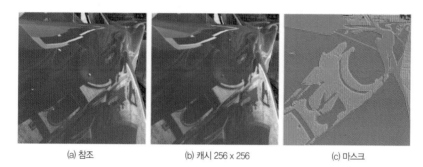

   (a) 참조   (b) 캐시 256 x 256   (c) 마스크

▲ **그림 32-11.** $\alpha = 0$일 때, 즉 반사 마스크를 포함해 머티리얼이 거울 같을 때 여기의 기술과 비교한 참조. 샘플링 휴리스틱으로 인해 표면의 일부가 여전히 캐시에서 샘플링된다.

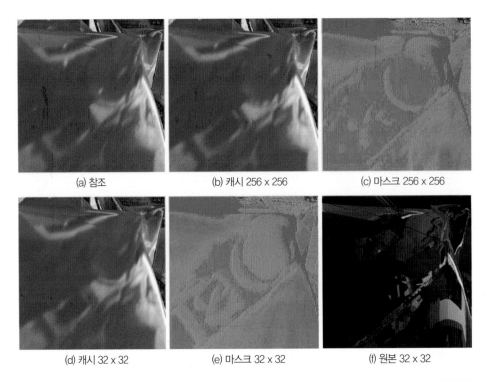

(a) 참조   (b) 캐시 256 x 256   (c) 마스크 256 x 256

(d) 캐시 32 x 32   (e) 마스크 32 x 32   (f) 원본 32 x 32

▲ **그림 32-12.** 두 가지 다른 캐시 크기를 가진 $\alpha = 0.1$일 때 기술과 비교한 참조. 그림 32-11과 비교해 샘플링 휴리스틱을 통해 캐시 적중률이 어떻게 크게 증가하는지 확인하자. 캐시 크기 32 × 32조차도 거친 표면에 대해 많은 캐시 적중을 생성하지만 당연히 256 × 256 크기보다는 적다. 마지막 이미지는 휴리스틱이 비활성화된 캐시에서의 반사 샘플링을 보여준다.

표면의 거칠기가 증가함에 따라 특히 픽셀당 하나의 샘플이 사용될 때 노이즈도 자연스럽게 증가한다. 그러나 시공간 필터링은 노이즈를 크게 줄일 수 있으며 필터링 비용의 균형을 맞추고자 여러 샘플을 수집할 수도 있다. 표면이 좀 더 거칠면 그림 32-13에서 볼 수 있듯이 제한된 해상도의 복사량 캐시는 더 효율적이며 이는 여기에서 설명하는 기술 덕분에 다중 샘플 접근을 좀 더 저렴하게 만든다. 복사량 캐시의 재사용이 늘고 캐시 미스만이 중복으로 셰이딩을 처리해야 하므로 이 기법을 사용하면 여러 샘플을 갖는 것이 더 저렴해진다.

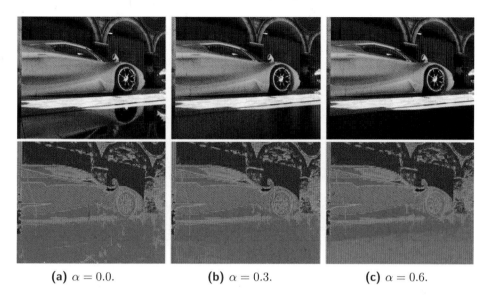

(a) $\alpha = 0.0.$ 　　　　**(b)** $\alpha = 0.3.$ 　　　　**(c)** $\alpha = 0.6.$

▲ **그림 32-13.** 바닥에 반사 맵이 있는 바닥의 머티리얼 거칠기(α)의 다양성. 머티리얼이 거칠어질수록 캐시에서 더 많은 샘플을 가져오거나 화면 공간에서 벗어날 때 완전히 셰이딩된다. 이는 마스크의 바닥이 어두운 녹색에서 밝은 녹색과 주황색으로 변하는 것으로 확인할 수 있다. 거울 같은 표면은 가능한 경우 화면 공간에서 효과적으로 샘플링한다.

시공간 필터링의 노이즈 감소는 그림 32-14에 자세히 나와 있다. 분산 클리핑은 반사에서 실루엣을 움직여 발생하는 모든 고스팅을 제거할 수 없기 때문에 작은 아티팩트를 남길 수 있지만 카메라가 움직일 때는 알아채기가 더 어렵다. 또한 오른쪽 커튼의 거칠기는 RT_ROUGHNESS_THRESHOLD보다 높고 다른 쪽에서는 복사량이 부정확하게 샘플링된다. 이 결과는 최종 결과에서 눈에 잘 띄지 않긴 하지만 좀 더 신중한 프로브 배치로 완화할 수 있다. 언급한 아티팩트 외에도 전체 결과는 수렴할 때까지 여러 샘플로 계산된 참조 이미지에 가깝다.

(a) 필터 없음 (b) 공간적 필터링만

(c) 시공간적 필터링 (d) 레퍼런스

▲ **그림 32-14.** 원시 스페큘러 조명 항의 필터링 효과. 카메라는 약 5m/s로 오른쪽으로 이동하고 자동차는 약 0.8m/s로 오른쪽으로 이동하며 프레임 속도는 30Hz다.

32.6 결론

32장에서는 동적 씬에 대한 현실적인 실시간 스페큘러 조명 생성용 기술을 제시했다. 여기서의 접근 방식은 기존 기술과 새로운 기술을 결합한다. 씬 가시성 쿼리를 위해 새로운 DXR API를 사용하지만 화면 공간이나 캐시 공간에서 대부분의 셰이딩을 수행한다. 두 경우 모두 인접 스레드 간의 일관성으로 인해 최신 GPU의 효율성을 잘 활용한다. 일부 광선만이 더 비싸고 다양한 전체 셰이딩 경로를 통과한다. 거칠기 임곗값을 초과하는 거친 표면의 경우 특히 강력한 성능 향상을 측정할 수 있다. 이러한 표면의 경우 레이 캐스트를 완전히 건너뛸 수 있으므로 많은 광선이 제거된다. 그러나 레이 트레이싱이 없어도 이 표면은 지속적으로 업데이트되는 스파스 라이팅 캐시에서 실시간 스페큘러 항을 얻는다.

32.7 향후 작업

알고리즘의 다양한 부분에서 개선할 수 있는 방법이 있다.

- **간접 확산:** 간접 확산 조명을 계산하고자 유사한 방법을 사용할 수 있다. 캐시를 놓치는 광선은 구멍 채우기 알고리즘 같은 저주파 소스에서 정보를 얻을 수 있다.

- **향상된 캐시 조명:** 현재 캐시는 각 프레임에서 조명된다. 그러나 큐브, 면 또는 실제로 사용되는 샘플까지만 비추는 개선된 시스템을 구축할 수 있다. 예를 들어 가장 중요한 큐브만 프레임당 켤 수 있다.

- **복사량 캐시 지오메트리:** 여기서 설명한 구현은 캐시 저장소를 위해 큐브 맵, 즉 구형 캡처를 사용한다. 그러나 다른 캐시 포인트에서 볼 수 있는 동일한 표면 때문에 공간을 낭비한다. 따라서 캐시 활용도 증가를 위해 다른 캐시 데이터 구조를 조사할 계획이다.

- **구멍 채우기:** 큐브에서 샘플링되거나 전체 광선을 셰이딩한 일부 인접 픽셀을 뜻하는 일부 표면의 경우 반사 마스크에 노이즈가 심할 수 있다. 전체 광선의 셰이딩은 비용이 많이 들기 때문에 작은 구멍 중 일부는 주변 픽셀 데이터, 특히 좀 더 거친 표면에 기반을 두고 채워질 수 있다.

- **필터링:** 32장에서 제시한 필터는 실시간 사용에는 다소 비싸다. 향후 품질과 성능 간의 다른 균형을 맞추는 좀 더 가벼운 필터링 솔루션을 찾는 것을 목표로 한다.

참고 문헌

[1]   Crassin, C., Neyret, F., Sainz, M., Green, S., and Eisemann, E. Interactive Indirect Illumination Using Voxel Cone Tracing. Computer Graphics Forum 30, 7 (2011), 1921–1930.

[2]   Dammertz, H., Sewtz, D., Hanika, J., and Lensch, H. Edge-Avoiding Á-Trous

Wavelet Transform for Fast Global Illumination Filtering. In Proceedings of High-Performance Graphics (2010), pp. 67–75.

[3] Debevec, P. Image-Based Lighting. HDRI and Image-Based Lighting, SIGGRAPH Courses, August 2003.

[4] do Carmo, M. P. Differential Geometry of Curves and Surfaces. Prentice Hall Inc., 1976.

[5] Elcott, S., Chang, K., Miyamoto, M., and Metaaphanon, N. Rendering Techniques of Final Fantasy XV. In SIGGRAPH Talks (2016), pp. 48:1–48:2.

[6] Halton, J. H. Algorithm 247: Radical-Inverse Quasi-Random Point Sequence. Communications of the ACM 7, 12 (1964), 701–702.

[7] Heitz, E. A Simpler and Exact Sampling Routine for the GGX Distribution of Visible Normals. Research report, Unity Technologies, Apr. 2017.

[8] Heitz, E., Dupuy, J., Hill, S., and Neubelt, D. Real-Time Polygonal-Light Shading with Linearly Transformed Cosines. ACM Transactions on Graphics 35, 4 (July 2016), 41:1–41:8.

[9] Heitz, E., Hill, S., and McGuire, M. Combining Analytic Direct Illumination and Stochastic Shadows. In Symposium on Interactive 3D Graphics and Games (2018), pp. 2:1–2:11.

[10] Karis, B. Real Shading in Unreal Engine 4. Physically Based Shading in Theory and Practice, SIGGRAPH Courses, August 2013.

[11] Lagarde, S., and Zanuttini, A. Local Image-Based Lighting with Parallax-Corrected Cubemaps. In SIGGRAPH Talks (2012), p. 36:1.

[12] McGuire, M., and Mara, M. Efficient GPU Screen-Space Ray Tracing. Journal of Computer Graphics Techniques 3, 4 (December 2014), 73–85.

[13] McGuire, M., Mara, M., Nowrouzezahrai, D., and Luebke, D. Real-Time Global Illumination Using Precomputed Light Field Probes. In Symposium on Interactive 3D Graphics and Games (2017), pp. 2:1–2:11.

[14] Schied, C., Kaplanyan, A., Wyman, C., Patney, A., Chaitanya, C. R. A., Burgess, J., Liu, S., Dachsbacher, C., Lefohn, A., and Salvi, M. Spatiotemporal Variance- Guided Filtering: Real-Time Reconstruction for Path-Traced Global Illumination. In Proceedings of High-Performance Graphics (2017), pp. 2:1–2:12.

[15] Schlick, C. An Inexpensive BRDF Model for Physically-based Rendering. Computer

Graphics Forum 13, 3 (1994), 233-246.

[16] Stachowiak, T. Stochastic Screen-Space Reflections. Advances in Real-Time Rendering in Games, SIGGRAPH Courses, August 2015.

[17] Stachowiak, T. Stochastic All the Things: Raytracing in Hybrid Real-Time Rendering. Digital Dragons Presentation, 2018.

찾아보기

ㄴ

ㄷ

레이 트레이싱
DXR과 최신 API를 사용한 고품질 실시간 렌더링

발 행 | 2021년 5월 31일

지은이 | 에릭 헤인스 · 토마스 아케나인 몰러
옮긴이 | 구 진 수

펴낸이 | 권 성 준
편집장 | 황 영 주
편 집 | 조 유 나
디자인 | 송 서 연

에이콘출판주식회사
서울특별시 양천구 국회대로 287 (목동)
전화 02-2653-7600, 팩스 02-2653-0433
www.acornpub.co.kr / editor@acornpub.co.kr

한국어판 ⓒ 에이콘출판주식회사, 2021, Printed in Korea.
ISBN 979-11-6175-514-4
http://www.acornpub.co.kr/book/ray-tracing

책값은 뒤표지에 있습니다.